상상의 제국

현대 중국에 대한 문명사적 성찰

상상의 제국

이종민

현대 중국에 대한
문명사적 성찰

역락

김시준 선생님과 한국중국현대문학학회에

이 책을 바칩니다.

책을 내며

이 책은 중화주의와 서구보편주의를 넘어 한국 표준의 중국학 정립을 위한 연구 작업이다. 나는 이 목표를 향해 시리즈 저술을 하고 있으며, 이 책은 『문명 중국, 현실 중국: 중국을 보는 패러다임의 대전환』에 이은 두 번째 저작이다. 한국 표준의 중국학은 요즘 식으로 K-중국학이라고 하면 뜻이 더 와닿을지도 모르겠다. 첫 번째 저작의 독자 가운데 한국 표준 시각이 가능한가, 라고 의문을 표한 이도 있었고, 중화주의와 서구보편주의에 가린 중국의 새로운 모습을 보면서 나의 뜻을 이해해준 이도 있었다. 시리즈 저술이 이어지다 보면 한국 표준의 중국학이 무엇인지, 지금 왜 이러한 시각이 필요한지 좀 더 구체적인 답변을 내놓을 수 있을 것이다.

이번 책의 목표는 미중경쟁시대 중국의 길에 대해 전망해보기 위한 것이다. 나는 이 문제가 아편전쟁을 통해 중국이 자본주의 세계화에 편입된 사건에서 시작된 것이라고 본다. 중국은 아편전쟁 이후 피동적으로 세계와 연결되면서, 제국에서 민족국가로, 중화질서에서 서구적 세계질서로, 농업문명에서 과학기술문명으로, 조공체제에서 자본주의 세계화로 근대적 전환을 진행하였다. 지금의 미중경쟁은 장기적으로 진행된 중국의 근대적 전환 위에서 출현한 역사적 사건이기 때문에, 그 방향을 예측하려면 반드시 근대적 전환의 역사와 그 추동 원리에 대해 거시적인 고찰을 해야 한다.

나는 이 문제를 근대 중국의 지식인 량치차오의 신중국 상상과 아울러, 세계화와 민족자립의 이중 전략의 시각으로 설명하려고 한다. 이 책의 제목인 '상상의 제국'은 청 제국의 판도를 일체화된 통일국가로 만들려는 량치차오의 구상을 개념화한 것이다. 량치차오의 신중국은 종래에 존재하지 않았던 국가 개념으로, 한족 국가의 측면에서 보면 중원지역을 초월한 광대한 제국이 되고, 전통 제국의 측면에서 보면 제 민족과 지역으로 분리되어 있던 내부가 일체화된 통일국가가 된다. 이러한 국가는 청 제국의 판도를 계승하려 한 한족 엘리트들이 서구 민족국가의 방식으로 근대 중국을 재건하는 과정에서 탄생한 비전이었다.

이러한 국가 비전이 바로 시진핑 시대 중국의 중화민족공동체 통일국가로 이어진 것이다. 중국의 국가 비전을 상상의 제국이라고 한 것은, 민족적 배경과 이해관계가 다양하고 복잡한 구성원들을 하나로 결속하기 위해 만들어진 정치공동체라고 보기 때문이다. 베네딕트 앤더슨의 상상의 공동체가 제국에서 민족국가로 독립한 낯선 구성원들을 결속하기 위한 것이라면, 상상의 제국은 제국의 판도를 그대로 계승하여 일체화된 통일국가로 결속하기 위한 중국적 특수성을 반영한 개념이다.

중국에서는 대체로 상상의 공동체 개념을 부정적으로 보는데, 상상이라는 말을 인위, 허위, 발명, 조작 등의 부정적 의미로 받아들이기 때문이다. 이에 중화민족을 근대에 만들어진 상상의 공동체로 보는 시각을 거부하고, 역사적 실재성을 부각하는 작업에 집중한다. 그렇지만 중국이 역사공정을 통해 정립한 현재주의 역사관이나 중화민족공동체가 현재의 중국 판도 위에서 재구성한 것이라면, 이게 상상의 제국이 아니면 무엇이겠는가.

중국처럼 상상이라는 말을 부정적으로 볼 필요는 없다. 낯선 이들을 하나의 대규모 집단으로 결속하는 허구(상상) 능력은 사피엔스만이 돌연변이적으로 갖게 되어, 그 덕분에 신체 능력이 떨어지는 사피엔스가 지구를 지배할 조직의 힘을 얻은 것이기 때문이다. 상상은 사피엔스의 거대한 조직능력과 생존능력을 증명하는 것이다. 문제는 공동체에게 약속한 희망의 사회가 이뤄지지 않고 소수의 권력-지식 집단이 폭력적으로 지배하는 역사로 굴절되었다는 점이다. 앤더슨은 그 주 원인을 관제 민족주의에서 찾고 있으며, 이렇게 기대를 저버린 반동으로 인해 민족국가 상상은 곧잘 허위적인 것으로 비판되었다.

하지만 그 대안으로 등장한 국제연합, 세계화, 글로벌 사회 등도 사피엔스의 상상 능력이 전 지구적 차원에서 한층 진화된 버전으로 볼 수 있다. 이렇게 사피엔스는 활동 무대가 전 지구로 확장되는 과정에서 상상 능력도 그에 통할 수 있게 발전시킨 것이며, 국지적으로 볼 때는 광활한 영토에서 수많은 종족이 치열한 생존경쟁을 벌이며 통일국가를 이뤘던 지역에서 더욱 진화하였다. 바로 중국이 그러하다.

중국은 다양한 민족들을 공동체로 결속시킨 상상 능력 덕분에 거대한 제국이 될 수 있었던 것인데, 이를 부정적으로 본다는 것은 이상한 일이다. 이러한 상상이 부재한 상태에서는 다양한 이해관계를 지닌 수많은 사람들을 공동체로 결속하기 힘들며, 거대한 국가로 발전하기는 더욱더 어렵다. 21세기 중국의 중화민족공동체 통일국가는 역사적으로 볼 때 세 차례의 국가 상상에 기반하고 있다. 주나라 건국을 하늘의 뜻과 연결한 천명 상상, 종족과 출신 지역이 다른 사람들을 하나의 역사공동체로 만든 사마천의 보편사 상상, 그리고 청 제국의 판도를 일체화된 통일국가로 만들려 한 량치차오의 대민족국가 상상이 그러하다. 21세기 중국은 바로 이 세 차례의 국가 상상을 계승하여, 역대 최고의 통치 능력과 의지를 통해 현실 국가로 만들고 있는 것이다.

상상의 제국으로서 중국은 이렇게 제국 속으로 통합된 이질적인 민족들에 기반하여 구성된 것이었으며, 본래부터 동일한 정체성을 공유한 정치공동체는 아니었다. 사마천 이후 중국의 역사는 유라시아 동부의 많은 민족과 국가들이 참여하면서 더욱 복잡한 구조를 지니게 되었다. 역대 왕조마다 영토 규모와 백성 구성 및 그에 따른 천하관·화이관 등이 달랐으며, 이에 따라 정치공동체의 정의와 결속 방법도 달라졌다. 그리고 근대 중국에 이르러 청 제국의 천하 서사와 서구 민족국가 서사가 결합하면서 새로운 개념의 중국 상상이 탄생한 것이었다.

중국이 역사공정을 통해 실체로 만들려고 한 것이 바로 이 상상의 제국인데, 상상의 제국은 현실 국가가 아니라 현실 국가가 나아갈 비전이라는 점은 반드시 주목해야 한다. 이점을 간과하면 상상의 제국을 현실 중국으로 착각하거나 아니면 중국의 이중성을 강조하는 시각에 머물기 십상이다. 이 문제는 첫 번째 책에서 논의했던, '문명 중국, 현실 중국'의 상호작용의 관계를 이해하는 일이 중국 통찰의 핵심적인 사안이라고 한 것과 상통한다. 이상과 실재가 일치하지 않는 것은 모든 나라가 마찬가지지만, 중국처럼 상상의 제국이라는 국가 비전이 현실 국가에 강한 영향력을 행사하는 경우는 찾아보기 힘들다. 그래서 두 중국이 탄생하는 역사적 맥락과 그 진실이 무엇인지를 이해하는 일이 매우 중요하다.

두 중국을 강조한 것은 중국의 정체성이 자연스럽게 형성된 것이 아니라 특정 권력-지식 집단의 이해관계에 의해 만들어진 것임을 역설하기 위함이다. 역사는 경쟁을 통해 진화하고 또 승자의 시각으로 역사가 쓰인다는 사실을 생각하면, 정체성이 만들어진다는 것은 당연한 일이다. 누구의 시각으로 어떻게 만들어진 것인지가 중요할 따름이다. 이러한 맥락에서 이 책은 량치차오와 근대 중국의 국가 상상에 대해 서술한 1부와, 이들의 국가 상상이 어떠한 현실 국가를 만들고 있는지 서술한 2부로 구성되어 있다.

고대 중국을 이상적 문명세계라고 전제하는 최근 중국 지식계의 문명국가론은, 나의 관점에 따르면, 상상의 제국과 현실 중국을 구분하지 않는 시각이다. 이러한 시각은 역사적 진실을 중시하지 않는 문제가 있을 뿐 아니라, 중국의 현재의 모습을 객관적으로 성찰하지 못하게 만든다. 가령, 2015년 베이징대학 현대중국연구소에서는 중국인이 평화적이라는 믿음과 군비 지출 정책 선호도의 관계를 조사했는데, 평화적이라고 믿는 사람들이 더 군비 지출을 지지한다는 결과가 나왔다. 중국인들은 어렸을 때부터 침략 전쟁을 한 적이 없는 평화적인 민족이라는 교육을 받아왔고, 이를 실제로 믿는 사람들이 많다. 이 때문에 조사 결과처럼 타인의 침략을 막기 위해 군사력을 강화하는 것이 바람직하다고 여기면서, 자신들의 무력행사를 정당하게 보는 것이다.

코로나 사태 직후인 2020년 10월 6일 미국 퓨리서치센터가 한국·미국·독일 등 14개 국가를 대상으로 한 중국에 대한 호감도 조사 결과에 따르면, 전체적으로 중국에 대한 부정적 인식이 73%, 긍정적 평가가 24%로 나타났다. 그 후에도 세계인의 중국에 대한 호감도는 개선되지 않았는데, 문제는 세계인이 왜 중국을 부정적으로 보는지 정작 중국인 자신들은 잘 이해하지 못한다는 것이다. 이러한 간극을 인지하지 못하는 요인 가운데 중국에 대한 이상적 담론을 생산하는 지식인들의 책임은 없는 것일까.

역사는 성찰하지 않는 국가나 민족은 미래가 밝지 않다는 점을 알려준다. 이러한 문제를 통찰하자는 것이 상상의 제국을 제기한 목적이라면, 세계화와 민족자립의 이중 전략은 아편전쟁 이래 서구 중심적 세계질서 속에서 근대적 전환을 이뤄가고 있는 현실 중국의 분투를 설명하기 위한 시각이다. 20세기 중국의 근대적 전환을 거시적으로 고찰한 관점 가운데 리쩌허우의 계몽과 구망의 이중 변주가 있다. 리쩌허우는 근대 중국에 제국주의의 침략에 저항하기 위한 구망(반제)의 과제와 봉건적 이데올로기에서 벗어나 자유, 평등, 민주, 민권 등 인간성의 이념을 구현하기 위한 계몽(반봉건)의 과제가 공존한다고 보았다. 문제는 두 과제가 개인주의의 기초위에서 서구문화를 소개하고 전통을 타도하던 5.4시기에 상호 촉진되었을 뿐이며, 5.30운동, 북벌전쟁, 10년 내전, 항일전쟁 등의 시대적 흐름 속에서 계몽의 과제가 구망의 과제에 압도되었다는 점이다.

리쩌허우는 이러한 관점을 바탕으로 구망에 압도되어 주변부로 밀려난 계몽의 과제를 실천하는 일이 현재 중국의 시급한 과제라고 인식하였다.

내가 제기한 세계화와 민족자립의 이중 전략은 리쩌허우가 반제=구망으로 보는 것과 달리, 제국주의 문제에 피동적 개방과 세계화의 이점이라는 이중적 기제가 있고, 민족자립은 제국주의를 비판하면서 세계화의 이점을 활용하는 이중 전략을 통해 진행된 것이라고 보는 관점이다. 그리고 구망이 계몽을 압도하는 관계로 보는 것과 달리, 민족자립의 과정에서 수행한 국가의 역할과 정책의 성패 요인이 무엇인지에 주목한다.

나는 현재까지 지속되고 있는 중국의 근대적 전환이 세계화의 이점을 활용하여 민족자립을 이루고, 민족자립에 기반하여 세계질서 속에서 세력권을 확장하는 과정이라고 본다. 지금의 미중경쟁은 이러한 근대적 전환 과정 속에서 고찰해야 중국이 어떠한 길을 가게 될 것인지 전망할 수 있으며, 이에 대해서는 13장 전망: 미중 세력 경쟁과 중국식 세계화 상상 부분을 참고하기 바란다.

이재명 정부가 소버린 AI 개발을 선언하였다. AI는 우리에게 방대한 정보를 제공하지만, 그 정보들이 특정한 표준 시각에 의해 가공된 것이라는 점은 주목해야 한다. 현재 우리에게 제공되는 중국 학술 정보는 중국, 미국 그리고 일본의 표준 시각에 의해 가공된 것이 많다. 한국 학계에서도 중국 문제에 대해 자기 목소리를 내고 있지만, 전체적으로 볼 때 한국 표준의 중국학이라고 할 만한 시각이 있는 것일까. 세계 학계의 선도적 연구에서 수용할 부분이 많아서 그렇기도 하지만, 세계 학계의 중국 시각에 내재한 문제점을 발견하고 그 대안을 제기하는 성과들이 총체적으로 연결되어야 가능한 일일 것이다.

두 번째 책을 내놓는다. 많이 공부하고 많이 생각하다 보면 좀 더 믿음직한 대안을 제기할 수 있을 것이다.

차례

2부 상상의 제국, 어떠한 국가를 만들고 있는가

| 서론 |

중국을 만든 세 차례의 국가 상상

1. 중국식 역사관

지금 세계는 탈냉전 세계화 시대의 국면이 균열되면서 국지적 전쟁이 일어나고 국익을 앞세우는 보호주의 시대로 들어서고 있다. 이러한 국면 전환은 전 지구적 차원의 불안감을 조성하고 있는데, 그 진원지는 단연 미중경쟁의 사태일 것이다. 세계화 덕분에 급속한 경제성장을 이룩한 중국으로서는 이러한 국면 자체가 새로운 도전 상황이 되고 있을 뿐 아니라, 코로나 사태 이후 인민의 불신이 더해지면서 개혁개방 이래 최대의 위기에 직면해 있다.

그동안 공산당은 경제성장이라는 업적을 통해 통치 정당성을 얻었던 것인데, 지금의 경기침체와 인민의 불신은 공산당의 집권을 위협할 수 있는 요인이라고 할 것이다. 이러한 위기 상황을 극복하기 위해 공산당이 시행한 정책들을 보면, '국가 안보'와 '인민 결속'이 그 중심에 있다. 국가 안보가 미국의 대공세를 비롯한 외부의 위협을 제거하여 중국의 핵심 이익을 지키기 위한 것이라면, 인민 결속은 내부의 분열과 혼란을 제거하여 애국주의로 일체화된 사회를 만들기 위한 것이라 하겠다.

사실 국가 안보와 인민 결속은 새로운 것이 아니라 공산당 집권 이래 지속되어온 정책 방향이며, 중국이 직면한 대내외적 상황 변화에 따라 대응 정책이 달라졌을 뿐이다. 국가 안보가 대외적 상황과 연결된 보호 정책이라면, 인민 결속은 다민족 국가인 중국의 내부 통합 정책이라고 할 수 있다. 시진핑 시대 들어 위대한 중화민족 부흥을 위한 애국주의 교육이 강화되었으며, 최근 인민의 불신 사태가 불거지면서 내부 결속에 더욱 중점을 두는 실정이다. 이러한 상황 속에서 중화민족 공동체 의식이 한층 강조되고 있는데, 2023년에 출간된 교과서 『중화민족공동체개론』[1]은 주목할 만하다. 중국학계에서는 이 책을 중화민족의 개념과 이론, 형성과 발전, 역사관을 과학적이고 체계적으로 설명한 최초의 교과서라고 평가한다.

그동안 중국은 현재의 중국 영토에서 일어난 모든 민족의 활동을 중국사로 규정하는 '현재주의 역사관'을 주창하였다. 이러한 현재주의 역사관 하에서 한족과 소수민족은 수천 년간의 상호관계를 통해 정체성을 공유하는 중화민족공동체로 규정되었다. 현재주의 역사관과 중화민족공동체는 중국 내외에서 그 실체를 둘러싼 다각적인 논란이 있었는데, 이제 동북공정을 포함한 일련의 역사공정이 마무리되면서 그 성과가 교과서로 속속 출간되고 있는 것이다. 2017년 제정된 역사 교과서 『고등학교표준역사과정普通高中歷史課程

1 中華民族共同體槪論 編寫組 編, 『中華民族共同體槪論』, 北京: 高等教育出版社·民族出版社, 2023. 이 교과서는 총 16강으로 구성되어 있다. 1강에서는 중화민족공동체 기초 이론, 2강에서는 중화민족 역사관을 서술하고, 3강부터 15강까지는 선사시대부터 신중국, 그리고 신시대에 이르기까지 각 시대별로 형성된 중화민족공동체의 특징을 서술하며, 마지막 장인 16강에서는 중화민족공동체와 인류운명공동체의 관계를 통해 중국이 나아가야 할 새로운 방향을 제시한다. 전체적으로 볼 때 교과서 속의 서사는 국가 성립 이전의 고대 문명 시기부터 중국 기원을 주창하며, 그때부터 현재의 중국 영토에서 활동했던 모든 사람들이 경쟁·협력·융합·동화의 역사 과정을 통해 다원 일체의 정치공동체를 건설한 것이며, 그리고 작금의 글로벌 시대에서 인류운명공동체 건설의 주역이 되어 세계 평화를 선도해간다는 비전을 드러내고 있다. 미중경쟁시대에서 이러한 중국식 서사가 의도하는 목적은 자명해 보인다. 이는 중국 내부적으로 인민 교육을 위한 것일 뿐 아니라, 세계를 향해 특히 한국을 포함한 역사 관련 국가에 전파되고 있는 만큼, 중국식 서사를 성찰하는 대안 서사를 모색하는 일이 무엇보다 중요한 과제가 되었다.

標準』에 이어, 『중화민족공동체개론』은 그간의 연구를 종합하여 국가 공인 시각을 정립한 것이라는 점에서, 주목할 학술 정치적 사건이라고 할 것이다. 특히 중화민족을 근대에 만들어진 '상상의 공동체'라고 보는 서구의 시각을 거부하면서 그 역사적 실재성을 강조하고 있다는 점에서 더욱 그러하다.

앞으로 현재주의 역사관과 중화민족공동체론은 중국의 공인 이론으로서 더욱 위세를 떨칠 것으로 보인다. 장기간의 역사공정을 통해 축적된 광범위한 지식과 이론이 유기적으로 결합되어 중국식 서사를 뒷받침하고 있기 때문이다. 중국의 공인 시각이 일정한 체계를 갖춤에 따라 이제 그것을 성찰하기 위해선 상응하는 거시적 시각과 학술 지식을 정립하는 일이 필수적인 과제가 될 것이다. 다시 말하면, 중국식 서사가 완성되어 교과서로 공인됨에 따라, 이제는 세부적인 문제를 넘어 서사 차원에서 거시적으로 대응해야 하는 단계에 이르렀다는 것이다. 이 책은 중국식 서사를 성찰하는 대안 시각의 정립을 목표로 하며, 상상의 공동체에 대한 재인식을 통해 논의의 실마리를 찾아보려고 한다.

중국 지식인들은 대체로 국가 공인 시각에서 벗어나려고 하지 않는데, 거자오광葛兆光은 현재주의 역사관에 비판적 입장을 취하는 예외적인 학자로 꼽힌다. 그는 현재의 중국 영토가 전 중국의 역사에 적용되지 않는다는 상식 위에서, 역대 왕조의 실제 영토에 기반한 현실주의적 역사 해석을 추구한다.[2] 또 영토 문제는 그곳에 거주하는 민족 문제와 연결되어 있기 때문에, 현재의 중화민족이 고대부터 확립된 것이 아니라 영토의 확장에 따라 점진적으로 형성된 것이라고 인식한다.

---

2 역대 왕조의 영토 문제에 대한 거자오광의 관점에 대해서는 『전통시기 중국의 안과 밖: '중국'과 '주변' 개념의 재인식』(김효민 외 옮김, 소명출판, 2019) 참고.

거자오광의 이러한 관점은 국가 공인 시각에서 벗어나 있지만, 중국의 민족국가와 중화민족 공동체를 상상의 공동체로 보는 서구의 이론을 신뢰하지 않는다는 점에서는 국가 공인 시각과 상통한다. 거자오광은 『상상의 공동체(Imagined Communities)』[3]의 저자인 앤더슨(Benedict Anderson)의 시각이 유럽 역사를 배경으로 한 것이며, 유럽과 다른 중국 역사의 특수성을 고려한 것이 아니기 때문에, 상상의 공동체를 중국 연구에 적용하는 관점에 동의하지 않는다.

또 거자오광은 인도계 중국사학자 두아라(Prasenjit Duara)가 『민족으로부터 역사를 구출하기: 근대 중국의 새로운 해석』[4]에서 민족국가는 근대에 탄생한 '논쟁적이고 우연한 민족적 구성물'이라고 인식한 관점에 대해서도 부정적 견해를 표한다. 두아라는 근대 중국사를 대상으로 한 이 책에서 민족국가가 '허구적 동일성'에 의해 만들어진 근대적 개념이라는 점을 부각하며, 역사를 민족국가에 맞추어 재구성하는 목적론적 시각의 오류를 바로잡는 일이 매우 중요한 문제라고 보았다.

그러나 거자오광이 보기에 두아라의 관점은 근대에 이르기까지 지속된 중국사의 거대한 실체를 이해하지 못하는 서구적 편향에 불과하다. 한족 문명의 동일성, 한족의 생활공간과 역대 왕조 공간의 일치, 한족 전통의 지속과

---

3 Anderson, Benedict, *Imagined Community: reflections on the origin and spread of nationalism*, Verso, 2003. 국내 번역본은 윤형숙 옮김, 『상상의 공동체: 민족주의 기원과 전파에 관한 성찰』, 서지원 옮김, 『상상된 공동체: 민족주의 기원과 보급에 대한 고찰』, 길, 2018. 한국에서는 *Imagined Community*를 상상의 공동체, 상상된 공동체 두 가지로 번역하는데, 나는 상상의 공동체라는 용어를 사용할 것이다. 논의 대상인 중국학계에서 상상의 공동체(想象的共同體)를 사용하고 있기도 하고, 내 책의 제목이 상상의 공동체를 중국사적 맥락에서 재구성한 상상의 제국이기 때문이다.

4 Duara, Prasenjit, *Rescuing history from the nation: questioning narrativesof modern China*, University of Chicago Press, 1995. 국내 번역본은 문명기·손승희 옮김, 『민족으로부터 역사를 구출하기: 근대 중국의 새로운 해석』, 삼인, 2004.

한족 정권에 대한 일체화 등은 우연적이고 논쟁적인 구성물이 아니라, 역사 속에서 지속적으로 형성된 중국의 동일성을 증명하는 것이기 때문이다.[5]

거자오광이 이렇게 한족 국가의 역사적 실체와 동일성을 강조하는 것은, 중국의 민족국가와 중화민족이 근대에 인위적으로 만들어진 것이 아니라 점을 부각하기 위함이다. 그의 담론에서 특히 주목할 점은, 송대 이후 중국이 강대한 이민족 국가의 압박 속에서 명확한 영토를 갖고 국제관계를 지닌 민족국가가 형성되었다는 주장이다. 이는 중국 민족국가의 형성이 서구 '근대성'과 관련되어 있지 않다는 것을 뜻한다. 송대는 서구 근대보다 이전 시기로서, 이때 한족 지역 중심의 영토 의식과 국가 의식이 형성되어 중국에서 민족국가가 조숙하게 자기 정체성의 기초를 이루었다는 얘기다. 그리고 당송 이래 국가, 중앙 엘리트, 지방 사대부가 협력하여 유교적 통치 원리를 확산함에 따라, 문명의 동일성이 갖춰지고 민족과 국가를 일체화하는 태도가 형성되었다.

물론 송대 이후 민족국가가 형성되었다는 말이 전통 제국이 사라졌다는 것을 뜻하지는 않는다. 거자오광이 주장하고 싶은 것은, 적어도 송대부터 중국은 전통 제국의 특색과 아울러 근대 민족국가와 유사한 특성을 함께 지니기 시작했다는 점이다.

> 중심 지역이 매우 분명한 국가로서 한족의 중국은 매우 이른 시기에 자기 공간의 경계를 의식하기 시작했고, 그것은 심지어 다른 단일 민족국가(예를 들어 일본과 조선)에 비해서도 더욱 분명하게 그 공간을 민족국가의 공간으로 인정했다. 그렇지만 경계가 상대적으로 모호했던 '중화제국'으로서의 중국 배후에는 오랜 기간 '천하의 중앙', '끝이 없는 대국'의 그림자가 드리워져 있었고,

5 거자오광, 『이 중국에 거하라』(이원석 옮김, 글항아리, 2012), 34-35쪽.

그로 인해 중국은 언제나 자신을 보편적 대제국이라고 여겼다.[6]

거자오광에 따르면, 중국은 진한 이래 통일국가이면서도 강역이 주변으로 확장되어 경계가 모호한 제국이었는데, 송대 이후 중심 지역이 분명한 한족 국가가 형성되었다. 경계가 모호한 제국에서 경계가 분명한 한족 국가가 건립된 것인데, 그 이후에도 제국으로서의 기억이 지속되어 자신을 여전히 보편적 대제국이라고 여겼다. 송대 이후 경계가 모호한 제국과 한족 중심의 민족국가가 중첩된 중국 특색의 국가가 형성된 것이었다. 이는 중국의 민족국가가 서구와 같은 허구적 동일성이 아니라 한족, 중원지역, 유교 문명을 중심으로 지속되어온 역사적 동일성에 기반한다는 점을 뜻한다.

그래서 전통 제국과 근대 민족국가를 나누어 체제의 우열을 정하고, 제국에서 민족국가로 나아가는 것이 진보의 길이라는 보는 서구의 시각은 중국의 역사에 부합하지 않는 이론이 된다. 중국은 경계 없는 제국이라는 의식 속에 유한한 국가라는 관념이 있었고, 유한한 국가라는 인식 속에 경계 없는 제국이라는 현상이 지속되었기 때문이다. 이렇게 민족국가와 제국이 하나로 얽힌 공생의 역사를 이루어, 근대 민족국가가 전통적 중앙 제국으로부터 탈피해 나왔으나 여전히 제국이라는 의식이 남아 있었던 것이다.[7]

거자오광의 관점은 중국의 근대 전환을 문명제국에서 민족국가로의 전환으로 보는 통설에서 벗어나 있다. 아울러 근대국가로서 중화민국, 중화인민공화국의 정체성이 제국과 민족국가의 특성이 중첩된 국가라는 점을 시사한다. 사실 이러한 관점은 국제학계에서 꾸준히 제기되었던 것이다. 서구에서는 1990년에 루시안 파이가 중국을 '하나의 국가로 자처하는 문명국가'라고

---

6 거자오광, 『이 중국에 거하라』, 37쪽.

7 거자오광, 『이 중국에 거하라』, 39쪽.

표현한 이래, 마틴 자크의 『중국이 세계를 지배하면』에 이르기까지 중국의 정체성을 문명국가(제국)로 보려는 시각이 등장하였다. 일본에서는 야마무로 신이치가 근대 중국을 '국민제국'으로 볼 것을 제안하였고, 시라이 사토시는 '제국으로서 중국'의 시각이 현대 중국을 이해하는 통로라고 인식하였다. 한국에서는 유용태가 현대 중국 속의 '내면화된 제국성'의 문제를 제기하였고, 전인갑은 현대 중국을 대일통 제국의 전통이 지속되는 '제국성 국민국가'로 볼 것을 제안하였다.[8]

하지만 제국과 민족국가의 공생론만으로는 청 제국에서 근대 중국으로 전환하는 과정과 근대국가로서 중국이 지닌 복합적 정체성을 충분히 설명하지 못한다. 가령, 거자오광의 관점은 송대에 한족 민족국가의 특성이 형성된 이유는 설명하고 있지만, 이것이 어떻게 근대국가의 탄생으로 이어지는지에 대해선 별도의 설명이 필요하다. 송이 중원지역 안으로 축소된 한족 국가를 형성한 것이었다면, 근대 중국의 목표는 청 제국의 판도 전체를 하나로 결속시킨 대민족 통일국가를 건설하는 일이었기 때문이다.

사실 거자오광의 담론에서는 송 이후 이민족 왕조인 원과 청이 한족 국가를 초월한 대제국을 건설한 사건의 역사적 의미에 대해 중점을 두지 않는다. 세력 판도로 보면 근대 중국은 송대 이후 형성된 한족 민족국가를 다민족 제국으로 확장하는 역사 위에 있다. 명대의 경우도 한족 국가로서의 특성이 강조되기는 하지만, 세력 판도나 통치 체제는 송나라보다 몽골 원나라의 유산을 계승한 것이었다. 송대 이후 중국을 지배한 왕조는 유라시아 차원의 세계사와 연결된 제국의 길로 나아가고 있었다. 그 제국의 통치자는 몽골족-한족-만주족으로 이어지는 새로운 역사의 개척자들이었다.

8 이 문제에 대해서는 백영서, 『핵심현장에서 동아시아를 다시 묻다』(창비, 2013), 284-291쪽 참고.

이점은 중국 정체성을 강조하는 국가 공인 시각이나 거자오광의 담론에서 수용하기 어려운 부분이지만, 중국 근대국가의 복합적 정체성을 이해하기 위해 반드시 논의되어야 할 사안이다. 근대 중국이 제국의 유산을 계승하면서도 이전의 제국과 확연히 다른 점은, 국가건설의 방법에 있어서 경계가 모호한 전통 제국의 방식이 아니라 영토, 주권, 민족, 국가기구, 국제관계가 분명한 서구 근대국가의 방식을 취한 것이었다. 한족 단독의 민족국가 건설론도 제기되었지만, 결국 근대국가의 방향은 청 제국의 판도와 다민족을 하나로 결속한 통일국가의 길이었다.

이 과정에서 주목할 사안은 근대 지식인들이 중국사를 통일국가의 관점에서 재구성하려고 했다는 점이다. 즉 영토 면에서 하상주 시기에 황하 중하류에서 시작했지만 지속적인 강역 확장을 통해 현재의 청 제국 판도에 이르렀고, 민족 면에서도 영토 확장에 따른 제 민족의 융합을 통해 현재의 대민족을 형성한 것이 중국의 필연적인 진화 과정이라고 본 것이다. 이렇게 중국사는 고대부터 한족의 소민족 국가에서 시작하여 근대에 이르러 청 제국 판도의 대민족 국가가 탄생하게 될 필연성을 내재하고 있었다는 얘기다.

근대 지식인들은 청 제국의 판도가 특별한 것이 아니라, 고대부터의 필연적인 진화 추세에 따른 역사 발전의 현재적 국면으로 귀결시킨다. 이는 청조를 중국사의 지속으로 강조하여, 청 제국이 지닌 '단절적'[9] 측면을 약화시킨 것이다. 이렇게 중국 정체성을 강조하는 근대 지식인들의 사유가 바로 21세기 중국의 공인 시각으로 이어진 것이었다. 다만 근대 중국에서는 현재주의 역사관보다는 점진적 확장론을 주장했는데, 이는 거자오광의 시각에 가깝다고 할 수 있다.

---

9 중국사에서 청 제국의 통치가 지닌 역사 단절적 측면에서 대해서는 피터 퍼듀, 『중국의 서진: 청의 중앙유라시아 정복사』(공원국 옮김, 길, 2024), 640-648쪽 참고.

근대 중국은 소민족 한족국가로서의 지속성보다는 대민족 제국을 일체화된 국가로 만드는 과정에서 탄생한 것이었다. 이를 위해 근대 지식인들은 중국사를 통일국가로의 필연적 진화 과정으로 재구성하려 했는데, 이 속에는 두아라가 경계한 목적론적 역사 만들기의 욕망이 내재되어 있었다. 앤더슨의 시각을 빌어, 전통 제국에서 분리되어 하나의 민족국가로 탄생한 것을 상상의 공동체라고 한다면, 근대 중국은 청 제국의 판도를 일체화된 통일국가로 만들려는 '상상의 제국'이라고 해야 할 것이다.

중국 지식인들은 대체로 상상의 공동체에 비판적 입장을 취하는데, 그 이유를 하나 들자면, '상상'이라는 말을 인위, 허위, 발명, 조작 등의 부정적 의미로 받아들이기 때문이다. 거자오광이 송대 한족 국가를 근대국가의 실체적 기반이라고 역설한 것도 이 문제와 관련되어 있다. 하지만 근대 중국의 복합적 특성은 서구 민족국가론은 물론이고, 거자오광의 관점으로도 설명하기 힘든 부분이다. 중국이 근대국가로 전환하는 맥락과 그 과정에서 형성된 국가 정체성을 고찰하기 위해선 좀 더 진전된 시각이 필요하다. 나는 근대 중국을 '상상의 제국'이라는 관점으로 설명하려고 하는데, 그 취지는 다음과 같다.

서구 중심적 세계질서 속에 편입된 근대 중국은 청 제국의 판도를 통합하여 일체화된 통일국가를 만들려 한 것이며, 이는 종래에 존재하지 않았던 국가 개념이다. 한족 국가의 측면에서 보면 그 판도를 초월한 광대한 제국이 되고, 전통 제국의 측면에서 보면 제 민족과 지역으로 분리되어 있던 내부가 일체화된 통일국가가 된다. 이러한 국가는 청 제국에서 한족 국가로 분리되는 것이 아니라, 청 제국의 판도를 계승하려 한 한족 엘리트들이 서구 민족국가의 방식으로 근대 중국을 재건하는 과정에서 탄생한 개념이었다. 이는 중국 역사 속에 실재했거나 타국의 모델 사례가 있는 게 아니며, 청 제국의 천하 서사와 서구 민족국가의 서사가 결합되어 주창된 상상의 제국이라고 할 수 있다. 상상의 제국으로서 근대 중국은 현실 속의 국가라기보다는 앞으로 건설해야 할 국가의 비전에 가깝다.

2. 『상상의 공동체』, 무엇을 말하려 한 것인가

이것이 내가 제안하는 상상의 제국의 개념인데, 근대 중국을 보는 통시적 시각으로 구체화하기 위해 몇 가지 논의해야 할 부분이 있다. 먼저 상상의 공동체에 관한 이해 방식의 문제이다. 중국에서는 상상의 공동체가 근대에 인위적(허위적)으로 만들어진 것임을 부각하는 개념이라 하여 부정적으로 보지만, 정작 앤더슨의 『상상의 공동체』에서는 그런 의미로 쓴 것이 아니었다. 『상상의 공동체』는 근대 세계에 등장한 민족주의의 기원과 전파의 문제를 성찰하기 위해, 아메리카 대륙의 크리올(Creole) 민족주의, 유럽의 인민(popular) 민족주의, 러시아·일본의 관제(official) 민족주의, 아시아 아프리카 식민지의 저항(colonial) 민족주의에 대해 논의한 책이다. 이 책에서 앤더슨은 민족, 민족주의가 유럽에서 탄생한 것이라는 통설과 달리, 18세기 말 아메리카 대륙에서 형성되어 유럽과 아시아 아프리카로 전파된 것이라고 주장한다.

앤더슨이 아메리카 국가를 주목한 이유는 다음과 같다. 16~18세기에 독자적 행정단위였던 아메리카 국가들은 본국의 차별정책이나 이질적 감정으로 인해 독립된 식민공동체를 형성하였다. 식민공동체를 주도한 아메리카 태생의 유럽인인 크리올들은 토착 원주민을 포함한 이질적인 언어와 문화를 지닌 사람들을 공화주의적 이상을 통해 하나의 정치공동체로 결속시켰다. 이 과정에서 대부분의 유럽 국가들보다 빠른 시기에 민족다움(nation-ness)의 관념을 발전시켰으며, 특히 인쇄자본주의는 구성원들이 공유한 언어를 통해 동시대적 생활문화와 정서적 친밀감을 형성하였다.[10]

앤더슨은 이러한 맥락에서 민족, 민족주의가 18세기 말 아메리카에서 기원한 것으로 보며, 이에 기반하여 민족 개념을 영토적으로 제한되고 주권을 가진 것으로 상상되는 정치공동체라고 정의한다.[11] 즉 민족은 광범위하고 느슨하게 묶인 제국에서 분리되어, 제한된 영토 안에서 서로의 존재를 인지하고, 모두가 동등한 주권을 지니며, 공동의 정치적 이상을 추구하는 공동체라는 것이다. 앤더슨의 민족은 경계가 있는 영토와 주권, 정치이념을 공유한다는 의미에서 분명 근대적 산물이다.

그러나 통설과 달리, 민족이 근대 이전 시기의 역사 문화와 무관한 발명품이라거나 허위적으로 만들어진 것이라고 보지는 않았다. 앤더슨은 민족주의가 민족이 없는 곳에서 민족을 발명해낸 것이라는 겔너(Ernest Gellner)의 주장에 동의하면서도, '발명'을 '상상'/'창조'가 아니라 '허위'/'날조'로 받아들이는[12] 점에 대해서는 비판적 입장을 취했다. 또 민족주의를 "자의식적으로 택하는 정치 이데올로기들과 나란히 볼 것이 아니라, 민족주의에 선행했으며 그 안에서 그리고 그에 대항해 민족주의가 태어난 큰 문화적 체계들과 함께 보아야 한다"[13]고 인식하였다.

이러한 개념 인식 하에 앤더슨은 18세기 말 아메리카에서 기원한 민족, 민족주의가 유럽과 아시아 아프리카로 전파되었지만, 각 국가가 처한 역사, 문화, 종족 등의 조건에 따라 상이한 민족, 민족주의가 출현했다고 보았다. 가령, 19세기 유럽에서는 아메리카의 공화주의적 민족주의와 달리 공동의 혈연과 모어를 중심으로 한 인민 민족주의가 발전했으며, 러시아와 일본은 유럽의 인민 민족주의를 자국의 제국 체제와 천황 체제에 결합시켜 중앙집권

10 베네딕트 앤더슨, 『상상된 공동체』(서지원 옮김, 길, 2023), 제4장 크리올 선구자들.

11 베네딕트 앤더슨, 『상상된 공동체』, 25쪽.

12 베네딕트 앤더슨, 『상상된 공동체』, 26쪽.

13 베네딕트 앤더슨, 『상상된 공동체』, 35쪽.

적 관제 민족주의를 형성하였다. 또 인도차이나 국가에서는 민족주의가 서구 제국주의 침략에 저항하는 이념으로 작용하면서 아울러 전통 중화제국 체제에서 벗어나려는 흐름과 연결되어 있었다.

이렇게 앤더슨은 각 국가가 처한 조건에 기반하여 다양한 민족국가가 형성된 것이라고 보는데, 이는 중국의 이해 방식과 상이한 내용이다. 상상의 공동체에 대한 통설이나 오해에서 벗어나려면, 상상의 공동체에 두 가지 의미가 중첩되어 있다는 점을 주목해야 한다. 하나는 민족국가가 이전 시기의 제국과 다른 개념(영토, 주권, 정치이상)으로 새롭게 상상된 공동체라는 의미로, 앞에서 설명한 것이다. 다른 하나는 현실 속에 구현된 공동체의 실상이 원래의 개념으로부터 굴절되어 아직 상상에 머물러 있는 것에 대한 성찰의 의미인데, 이는 앤더슨이 이 책을 쓰게 된 동기와 관련된 것이다.

전자의 의미에 대해 좀 더 부연 설명하자면, 앤더슨은 민족을 혈연이나 종족(ethnic)을 중심으로 사유하지 않는다. 이는 혈연과 모어를 공유하는 한 민족이 국가를 구성하는 유럽 민족주의가 아니라, 이질적인 언어와 문화를 지닌 사람들이 공화주의적 이상으로 결속된 아메리카 민족주의를 바람직한 형태로 보기 때문이다. 종족과 민족의 관계에서 보면, 제한된 영토 안에 거주하는 다양한 종족들이 공화주의적 이상으로 결속된 공동체가 바로 앤더슨이 추구하는 민족이다. 앤더슨의 민족은 혈연공동체보다는 정치공동체로서의 국민에 가까우며, 이러한 민족을 중심으로 건설된 국가가 바람직한 민족국가가 되는 것이다.

그런데 이러한 공화주의적 민족주의가 유럽에서는 혈연을 중심으로 한 1민족 1국가 체제의 이념으로 변형되고, 러시아와 일본에서는 제국 체제와 천황 체제 하에 제 종족들을 하나의 민족으로 일체화시키는 관제 민족주의가 득세하였다. 각 지역의 민족주의는 민족주의 이전에 있었던 역사 문화적 조건에 의해 변형될 수 있지만, 관제 민족주의는 '왕조들의 귀화(natualized)'

에 가까운 것이며, 통치자들이 거짓으로 민족주의를 내세워 자신들과 내부의 인민을 동일시한 것이었다.

앤더슨은 관제 민족주의가 바로 민족주의의 이상을 굴절되게 만든 주 원인이라고 인식한 것인데, 이 문제는 앤더슨이 이 책을 쓰게 된 동기와도 관련되어 있다. 앤더슨은 1978년 12월에 벌어진 베트남의 캄보디아 침공과 연이어 1979년 2월에 발생한 중국과 베트남의 전쟁을 매우 당혹스러운 세계사적 문제로 보았다. 민족과 국가의 장벽을 넘어 인류 보편 세계를 추구한 사회주의 진영 간의 이 전쟁들은, 맑스주의 운동과 국가들이 민족적으로 변해가는 전환점이 되었기 때문이다.

두 차례 세계대전이 민족국가에 기반한 제국주의 전쟁이라는 점을 인지하면서 인류사회는 민족주의를 비판적으로 보았지만, 2차 세계대전 이후 독립한 국가들이 다 민족국가의 형식으로 건립되었다는 사실은 어떻게 이해해야 하는가. 민족주의 시대가 사라질 것이라는 예상과 달리 민족국가가 현대국가의 규범이 된 흐름을 관찰하면서, 앤더슨은 민족은 여전히 우리 시대의 정치적 삶에서 가장 보편적으로 정당성을 띠는 가치라고 인식하였다.[14] 제국주의 식민 통치로부터 해방된 영토에서 구성원 누구나 동등한 권리와 유대감을 지니는 정치공동체는, 신흥 독립국들 모두가 가장 꿈꾸는 가치였기 때문이다.

앤더슨이 아메리카 식민공동체의 공화주의적 민족주의에 주목한 것은 바로 이러한 맥락이었다. 문제는 현실 민족국가의 실상이 공화주의적 이상에서 상당히 굴절되어 있었다는 점이다. 아메리카 국가는 노예 문제가 내재한 불평등한 사회를 형성하였고, 유럽은 민족국가에 기반하여 제국주의적 팽창의 길을 걸었다. 러시아와 일본은 관제 민족주의를 동원하여 군국주의의 길로 나아갔으며, 이로 인해 결국 두 차례의 세계대전이 벌어졌다. 그리고

14 베네딕트 앤더슨, 『상상된 공동체』, 21쪽.

저항 민족주의를 통해 사회주의 국가를 건설한 아시아 국가들의 전쟁은 민족주의를 불신하게 만든 당혹스런 사건이었다.

앤더슨은 민족주의 이상에서 멀어진 국가들의 문제점이, 민족을 내세워 집권한 후에 인민보다 국가(통치집단)의 이익을 우선하는 관제 민족주의로 굴절된 데 있다고 보았다. 아메리카나 유럽의 국가도 이러한 관제 민족주의적 편향에서 자유로울 수 없었으며, 러시아나 일본은 구 체제 하에서 민족주의를 포섭하여 왕조들이 귀화한 국가가 되었다. 또 2차 세계대전 이래 성공한 혁명은 예외 없이 민족적 방식으로 스스로를 정의하고, 그 과정에서 혁명 이전의 과거로부터 물려받은 영토적 사회적 유산을 굳건히 하였다.

이러한 역사 문화적 토양 위에서 아시아 사회주의 국가도 혁명을 내세워 집권했지만, 국가건설 과정에서는 관제 민족주의로 굴절되어 인민의 이익을 우선하지 않았다. 이 과정에서 기대했던 사회주의 세계보다 국가 이익을 우선하는 국가가 만들어졌다. 그 결과 사회주의 진영에서 이념 갈등이 아니라 민족국가화된 국가들 사이의 이익 충돌로 인한 전쟁이 벌어지게 된 것이었다.

이렇게 앤더슨은 민족국가와 사회주의 진영에서 나타난 굴절된 실상들이 다 통치집단의 관제 민족주의에서 기인한 것이라고 보았다. 하지만 그 출로로 탈민족주의의 길을 제시한 것은 아니며, 민족주의의 이상은 여전히 우리 시대에 필요한 가치임을 역설하였다. 앤더슨은 민족주의 이상에 기대를 걸고 있었던 것이며, 과거의 경험에서 교훈을 얻어 그 실천 방법을 찾아보자는 것이 『상상의 공동체』의 저술목적임을 시사하였다.[15]

『상상의 공동체』가 이러한 내용이라면, 탈민족주의로 보는 통설이나 중국의 이해 방식은 수정되어야 한다. 사실 『상상의 공동체』는 중국 민족국가

---

15 베네딕트 앤더슨, 『상상된 공동체』, 243-244쪽.

문제가 주 논의 대상이 아니어서 관련 언급이 그렇게 많지 않다. 역사적 시간에 따라 정리하자면, 인도차이나 국가의 저항 민족주의에 서구 제국주의와 아울러 전통 중화제국이 관련되어 있다는 것,[16] 중화인민공화국이 제국의 유산을 계승하고 관제 민족주의를 동원하여 국가건설을 했다는 것,[17] 그리고 「서론」에서 이 책의 집필 동기가 되는 중국과 베트남 전쟁의 문제에 관한 언급이 전부다.

단편적이기는 하지만 이러한 언급 속에서 앤더슨은 다음과 같은 중국 시각을 드러낸다. 근대 이전 중화제국으로서 주변국에 영향력을 행사하다가, 근대 시기에 혁명에 승리하여 사회주의 국가를 세운 후 국가건설 과정에서 관제 민족주의에 의지하여 인민보다 국가의 이익을 우선하는 국가로 굴절되었다. 이러한 국가 성향으로 인해 중국은 사회주의 연대보다 국익을 위해 사회주의 진영의 베트남을 공격하게 되었다.

중국이 관제 민족주의를 동원하여 국가를 건설했다는 것은, 공화주의적 민족주의를 우선하는 앤더슨의 기준으로 보면 중국 민족국가의 실상이 굴절되었다는 것을 뜻한다. 그렇다고 앤더슨이 중국 민족국가를 실체 없이 인위적(허위적)으로 만들어진 것이라고 보지는 않았다. 앤더슨은 중국이 관제 민족주의로 나아간 요인으로, 제국의 유산을 활용하여 국가의 이익을 우선하는 자기보호 정책을 썼다는 점을 제기한다. 중화인민공화국은 혁명을 내세우면서도 청 제국의 영토와 수도 그리고 통치 유산을 계승하였고, 마오는 진시황의 통치를 찬양하는 등 제국의 관행에서 벗어나지 못했다는 것이다.

이렇게 앤더슨은 근대 중국이 전통 제국의 지속성 위에서 관제 민족주의로 굴절된 것이라고 보았다. 앤더슨이 중국 전문가가 아니기 때문에 제국의

---

16 베네딕트 앤더슨, 『상상된 공동체』, 제7장 마지막 물결.

17 베네딕트 앤더슨, 『상상된 공동체』, 241쪽.

지속성에 관해 자세히 설명하지 않지만, 상상의 공동체의 쟁점이 인위(허위)/실체(진실)의 문제가 아니라는 점은 분명하다. 중국의 이해 방식을 바로잡으려면, 집단 형성에 있어서 상상의 기능을 인류사적 차원에서 접근할 필요가 있다.

3. 중국의 사피엔스와 상상의 제국

상상의 공동체는 근대 민족국가에 내재한 결속의 힘을 설명하는 유효한 시각임에도 불구하고, 지금은 국가의 계급적 폭력성과 인종 차별의 문제가 드러나면서 권력-지식 집단에 의해 허구적으로 만들어진 것이라는 부정적 측면이 강조된다. 민족, 민족주의 개념으로 현대국가를 설명하려고 하면 마치 시대착오적인 낡은 도구를 들이대는 것이 아닌지 망설여질 정도다.

유발 하라리는 『사피엔스』에서 지구의 지배자가 된 첫 번째 성공 요인으로 인지혁명을 들며, 사피엔스가 이를 통해 수많은 이방인을 결속하는 전설, 신화, 신, 종교 등의 허구를 만들어 유연하게 협력할 수 있었다고 한다. 사회를 이루는 능력은 모든 동물이 다 지니고 있지만, 낯선 이들을 하나의 대규모 집단으로 결속하는 허구를 만드는 능력은 사피엔스만이 돌연변이적으로 갖게 된 것이며, 이 덕분에 신체 능력이 떨어지는 사피엔스가 지구를 지배할 조직의 힘을 얻게 되었다.[18]

집단의 정체성과 결속력을 강화하는 유전자 돌연변이는 광야에 홀로 있는 사람들보다 집단을 구성하는 사람들에게 생존 가능성을 높여 주었다. 허구 능력은 사피엔스의 진화 과정에서 부정적 요인이 아니라 생존경쟁에서 승리

---

18 유발 하라리, 조현욱 옮김, 『사피엔스』, 김영사, 2017, 60-61쪽.

하기 위한 우월한 능력으로 작용했던 것이다. 이러한 맥락에서 보면, 앤더슨의 상상의 공동체는 집단 형성을 위한 사피엔스의 허구 능력이 진화하여 근대적 환경에서 출현한 산물이라고 할 수 있다. 가령, 아메리카 국가는 제국의 행정단위에 흩어져 있던 이질적인 사람들을 하나의 정치공동체로 결속했는데, 그 매개가 된 공화주의는 구성원들에게 새로운 삶의 희망을 주는 힘이었다. 아직 현실이 아니라는 측면에서 상상된 것이지만, 실체 없는 허위라기보다는 구성원들의 공감을 기반으로 '우리의' 현실로 만들어야 하는 비전이었다.

이러한 비전이 부재한 상태에서는 다양한 이해관계를 지닌 수많은 사람들을 공동체로 결속하기 힘들며, 거대한 국가로 발전하기는 더욱더 어렵다. 공동체를 결속하는 힘은 집단의 성격에 따라 달라지기 마련인데, 아메리카에서 공화주의가 결속의 힘이었다면, 19세기 유럽에서는 공동의 혈연과 언어가 구심이 되었으며, 러시아·일본·중국에서는 제국-왕조의 위대한 유산을 활용하였고, 아시아 아프리카 식민지에서는 저항과 해방의 서사가 결속의 힘으로 작용하였다. 그리고 공동체 결속의 힘을 발견하고 그 비전을 제시하는 세력이 통치집단으로 나아갈 수 있었다.

문제는 공동체에게 약속한 희망의 사회가 이뤄지지 않고 소수의 권력-지식 집단이 국가를 폭력적으로 지배하는 역사로 굴절되었다는 점이다. 앤더슨은 그 주 원인을 관제 민족주의에서 찾았던 것이며, 기대를 저버린 반동으로 인해 민족국가 상상은 곧잘 허위적인 것으로 비판되었다. 하지만 그 대안으로 등장한 국제연합, 세계화, 글로벌 사회 등도 사피엔스의 허구 능력이 전지구적 차원에서 한층 진화된 버전으로 볼 수 있다. 이렇게 사피엔스는 활동무대가 전 지구로 확장되는 과정에서 허구(상상) 능력도 그에 통할 수 있게 발전시킨 것이며, 국지적으로 볼 때는 광활한 영토에서 수많은 종족이 치열한 생존경쟁을 벌이며 통일국가를 이뤘던 지역에서 더욱 진화하였다. 바로 중국이 그러하다.

인류사 차원의 빅 히스토리(Big History)[19]를 보면 대부분 인지혁명 이후 사피엔스가 도약한 두 번째 사건으로 농업혁명을 꼽는다. 농업혁명으로 정착 생활의 기반을 구축한 사피엔스는 인구가 증가하고 집단의 규모가 커져 도시, 국가, 제국으로 발전하게 된다. 이렇게 거대한 집단이 형성됨에 따라 구성원들을 통치하는 제도가 생존의 관건이 되는데, 세계 각 지역의 제국이 운용한 제도 가운데 가장 혁신적이고 효율적인 것으로 중국의 관료제를 꼽는다. 혈연보다 능력있는 인재를 선발하는 과거제에 기반한 중국의 관료제는 광활한 지역을 효율적으로 통치하여 근대 이전까지 중국이 거대 제국을 유지한 비결이라고 본 것이다.

그런데 중국의 국가 통치에 있어서 관료제와 아울러 주목할 점이 통치 정당성과 집단 정체성을 강화하는 중국의 허구(상상) 능력이다. 중국학계에 통용되는 중국사를 보면, 상나라를 정벌한 주나라가 동성과 이성의 제후들을 분봉하여 천하를 통치하고, 주 왕실이 약해진 춘추전국 시대에 제후국들이 천하 경쟁을 벌이다가 진나라로 통합되고, 진나라를 계승한 한나라에서 통일 국가 체제가 정착된 이래, 중간에 분열의 시기가 있었지만 통일국가가 근대 시기까지 지속된 것으로 본다. 일면 단순해 보이는 중국사의 통일-분열의 순환 서사는 통일국가를 궁극적인 역사 목표로 설정하며, 21세기 중국에서도 소수민족 지역의 일체화와 대만 통일을 위한 정당성으로 작동하고 있다.

중국의 사피엔스가 발전시킨 허구 능력—통일국가 상상—이 유라시아 동부 지역에 살던 수많은 낯선 사람들을 하나의 국가 속으로 결속시키고 있는

19 빅 히스토리 가운데 칼 세이건의 『코스모스』, 재러드 다이아몬드의 『총 균, 쇠』, 유발 하라리의 『사피엔스』 등이 대중적인 인기를 얻고 있는데, 인류사와 연결된 중국사의 문제를 공부하는 데에는 타밈 안사리의 『다시 보는 5만 년의 역사: 인류의 문화, 충돌, 연계의 빅히스토리』(박수철 옮김, Connecting, 2020)가 유용하다.

것이다. 물론 중국의 통일국가도 근대 민족국가처럼 국력과 합법화된 폭력에 기반하고 있지만, 역사적으로 진화한 허구 능력이 없었다면 그 체제가 지속되기 힘들었을 것이라는 점도 분명하다. 중국의 통일국가 상상은 진·한 제국에서 완성되어 장기 지속된 것으로 보는데, 그 기원은 주나라 건국의 시기로 향한다. 이때 백성을 편하게 다스리라는 하늘의 뜻에 따라 국가를 세웠다는 천명 이념과, 이 나라가 세상의 중심이라는 중국 개념이 탄생했기 때문이다.

천명을 내세우면서 하늘 아래의 수많은 백성을 통치할 수 있는 명분을 얻었고, 또 천명을 받은 왕이 있는 곳 혹은 왕이 다스리는 천하의 영토를 중국이라는 신성한 이름으로 부를 수 있었다. 그렇지만 건국 당시 주나라는 천명을 얻을 만한 덕을 쌓거나 힘을 갖춘 나라가 아니었다. 리숴의 『상나라 정벌』[20]에서 말하듯이, 주나라는 상나라의 인신공양 제사를 위한 노예를 포획하여 바치는 주변국에 불과했던 것이다.

주나라는 상나라 정벌과 건국의 정당성을 하늘에서 구했지만, 주나라 왕족을 제외하고는 하늘이 그러한 뜻을 내렸는지 알 수 있는 사람은 없었다. 중국의 역사서 『죽서기년竹書紀年』에서 상나라 마지막 왕 주紂왕 32년의 기사를 보면, "오성이 하늘 방 자리에 모이고, 붉은 새가 주나라 제단에 내려앉았다五星聚于房, 有赤烏集于周社"[21]는 구절이 있다. 주나라 상공에 태양계의 다섯 행성(목성, 토성, 화성, 금성, 수성)이 모인 오성취 현상이 나타난 것인데, 주 문왕이 이를 하늘의 계시로 상상하며 건국을 위한 천명의 신화를 만들었던 것이다.[22] 천명은 상나라에 불만을 지닌 주변 정치 세력을 결속시켰을 뿐 아니라, 백성을 덕으로 다스린다는 통치이념은 수많은 이질적인 사람들을

---

20 리숴, 홍상훈 옮김, 『상나라 정벌』, 글항아리, 2024.

21 『竹書紀年前漢記後漢記』, 臺灣商務印書館 영인, 18쪽.

22 리펑, 이청규 옮김, 『중국고대사』, 사회평론, 2017, 142쪽.

하나의 정치공동체 속으로 포용할 수 있는 힘이 되었다. 우연한 오성취 현상을 수천 년간 지속될 통일국가 이념으로 만든, 중국 사피엔스의 허구 능력이 빛나는 순간이다.

그러나 민족국가 상상이 공동체 성원이 바라던 평등한 사회로 나아가지 않았듯이, 중국의 천명 상상도 백성이 편하게 살아가는 덕치의 나라로 이어지지는 않았다. 통치자는 천명을 내세웠지만 지상에 세운 질서는 하늘의 질서라기보다, 통치자의 조상신과 그 혈족이 통치집단이 되어 지배하는 가족국가의 질서였다. 군주제가 바로 그것이며, 통치자의 최우선적인 관심은 언제나 권력과 부의 보존 강화에 있었다. 그들이 만든 질서는 우주 자연의 보편 가치가 아니라 혈족 안의 대종-소종의 차등, 종족 간의 정치적 차등, 백성 간의 신분적 차등에 기반하고 있었다. 공자가 덕치를 북극성과 뭇별의 관계로 비유하더라도, 그것은 평등한 민주사회가 아니라 최상위 통치자를 중심으로 조화로운 차등질서를 확립하는 것이었다.[23]

공화주의를 내세운 민족국가이든 천명을 내세운 군주국가이든 그 실상이 본래의 상상에서 굴절된 모습으로 나타나는 것은, 특정한 권력-지식 집단이 정치 주체가 되어 인민이 참정할 공간과 제도가 제한되었기 때문이다. 특히 자신의 직분을 잘 지키는 일이 천명 질서라는 관념이 형성된 중국에서는 더욱 그러하였다. 이러한 상황에서 인민을 결속시킬 수 있는 유력한 길은 인민의 직분에 맞는 자원을 공평하게 배분하는 민생 정책이었다. 천명-덕치-민생이 연결된 통치 정당성이 바로 정치공동체 결속의 관건이 되었다. 통치자는 자신이 천명을 받았다는 점을 어떠한 방법으로든 입증하고, 아울러 민생을 풍요롭게 하는 덕치를 통해 인민의 신뢰를 얻어야 왕조를 지속할 수 있었다.

---

23 이종민, 『문명 중국, 현실 중국: 중국을 보는 패러다임의 대전환』(역락, 2024), 60쪽.

통치자의 자격으로서 천명은 왕실의 혈통으로 이어지는 것이어서 좋은 왕을 항상 기대할 수는 없었다. 이에 좋은 인재를 선발하여 행정을 관할하고 민생이라는 업적 정당성을 얻는 일이 통치의 관건이었다. 귀족들이 요직을 독점하던 주나라가 몰락하면서, 춘추시대 제후국들은 출신보다 능력 있는 인재를 등용하여 부국강병을 도모하였다.[24] 천하 경쟁 과정에서 제후국들은 통치자로서의 천명을 주장하고, 인구와 영토 확장을 위한 전쟁에 사활을 걸었다. 농업혁명 이후 국가와 제국이 건설되면서 전쟁의 시대가 열린 것은 동서양 공통의 현상이며, 한정된 영토와 백성을 차지하기 위한 자원 경쟁이었다.

주나라는 천명과 천하, 천자를 내세우기는 했지만, 그들이 실제로 통치한 영토는 황하 중하류 지역이었다. 중국이 자부하는 '중국'이라는 말은 주나라 초기 청동기 <하준>의 "이곳 중심의 땅中國에서 백성을 다스리고자 한다"[25]는 구절에 처음 등장하는데, 여기서의 중국은 주나라 수도인 낙읍을 가리킨다. 주 무왕이 상나라 정벌 후 낙읍에 궁정을 건설하면 이곳이 세상의 중심이 될 것이라는 의미로, 현재의 중국 영토와 같은 광활한 지역을 지칭하는 말이 아니었다. 주나라 이래 중국에는 "넓은 하늘 아래에 왕의 땅이 아닌 곳이 없고, 모든 땅에는 왕의 신하가 아닌 자가 없다"는 관념이나, 중국의 천하를 중원과 사방의 이적으로 구조화하는 화이 관념이 형성되었다. 그러나 이러한 광활한 천하는 주나라의 실제 영토를 초월하는 것이며, 춘추시대에서 전국시대에 걸쳐 유가 사상가들의 천하관에 의해 만들어진 상상 속의 중국이었다.

중국의 영토가 확장되기 시작한 것은 춘추시대 제후국들이 영토와 백성을

24 능력 있는 인재 선발의 전통은 춘추시대부터 시작되었으며, 한나라 찰거제를 거쳐 수당시대에 비로소 과거제가 도입되고 송대에 비로소 완정한 제도로 정착되었다.

25 <何尊>. "余其宅玆中國, 自之辟民."

차지하기 위한 경쟁(전쟁)이 벌어지면서였다. 중국의 제후국은 서구 봉건 영주들이 완정한 영토를 분봉받아 독립 소왕국으로 출발한 것과 달리, 주나라 주변의 안보와 교통 요충지에서 이민족을 정벌하여 지배하는 전초기지에 가까웠다. 주 왕실이 몰락하면서 제후국들은 주변의 이민족 지역과 약소 제후국의 영토를 복속시켜 세력 판도를 확장해갔다. 그 과정에서 중국의 영토가 황하 유역에서 장강 유역까지 확장되었고, 내부에 잡거하던 많은 이민족들을 몰아내거나 중국 안으로 동화시켰다.

이른바 중원지역이 형성되면서 외부의 이민족 국가들과 구별되는, 제하·화하·중화라 불리는 중국 정체성이 점차 만들어졌다. 중국의 광활한 천하 상상은 이러한 영토 확장 과정에서 구상된 것이며, 이는 중화의 덕치가 외부의 야만인을 감화시키는 문명사적 행위라고 정당화하기 위한 것이었다. 주 왕실이나 제후국이 이민족과 맺은 관계를 보면, 문명의 우열이나 정치적 대립으로 확연히 나눠지는 화이 구조가 형성된 것은 아니었다. 가령, 서주시대 마지막 왕인 유왕이 태자를 폐위하여 내전이 일어났을 때, 태자 세력인 신나라 제후가 서융을 끌어들여 유왕 세력을 패퇴시킬 수 있었다. 또 춘추시대 주 양왕襄王이 정나라를 공격하기 위해 적인狄人을 끌어들이자, 대부 부신富辰이 주 왕실의 형제인 정나라와 소소한 원한이 있더라도 친분을 유지하는 것이 덕이며, 정나라를 공격하는 것은 사악한 일이라고 간언한 바 있었다. 이렇게 주 왕실과 제후국이 모두 분쟁에서 승리하기 위해 이민족 세력과 연대하는 일이 빈번했다.

또 B.C 663년 산융이 연나라를 침입해왔을 때 제 환공이 진압한 사례처럼 이민족이 정복의 대상이 되는 경우도 많았고, 제후국들이 이민족을 수용하여 영토를 개척하거나 군사력 강화를 위해 용병으로 활용한 경우도 많았다. 제후국들은 이민족과 협력을 유지해야 세력을 확장할 수 있었기 때문에, 이민족들을 정치적 행정적으로 흡수하기 위한 새로운 정부 체제가 필요해졌다. 이에 이민족을 신민으로 편입시키기 위한 행정단위로서 군현이 만들어졌으며, 어떻게 이들이 충성심을 유지하게 할 것인가의 문제가 논쟁거리가 되었다. B.C 538년 초나라 고관 초거가 군주의 거만하고 불경한 행동이 이민족의 이반을 야기했다고 훈계한 경우처럼, 이민족 백성의 통제 여부는 강제력이 아닌 공정한 수단으로 다스리는 통치자의 능력에 달려있었다.[26] 제후국과 이민족 사이의 적대, 연합, 활용, 동화의 관계를 보면, 문명/야만의 구분보다는 정치적 이해관계가 중요하게 작동한 것임을 알 수 있다. 우호적 관계에 있을 때는 문화 다양성을 존중하지만, 적대적 관계가 되면 문명/야만의 충돌로 변화되는 것이다. 이민족은 이러한 복합적 관계를 거치면서 중원 밖으로 밀려나거나 중국 내부로 동화되어, 춘추시대 말기에 이르면 독립적인 정치단위로 존속하는 집단은 거의 찾아볼 수 없었다.

중국의 화이론에는 이렇게 정치적 이해관계에 따른 문명/야만의 함의 변화가 내재되어 있었는데, 이러한 불안정성만큼이나 제후국 내부에서도 정치공동체로서의 동질성이 확립된 것은 아니었다. 이민족이 밀려나는 과정에서 중원은 화하족이 통치하는 지역이라는 정체성이 형성되었지만, 본래 남만이라고 불리던 초, 오, 월과 서융으로 불리던 진이 중원의 새로운 구성원으로 편입되었던 것이다. 특히 진은 중원 통일이 유력해지는 시기까지도 제후국들로부터 진융이라는 비하적인 호칭으로 불리며 공공의 적으로 간주되었다.

통일전쟁 시대로 돌입하면서 중원 국가들은 국력을 총동원하는 전쟁국가 체제를 갖추어 대규모의 살상이 동반된 전쟁이 상시화되었다. 주나라 친족 사이였던 제후국들은 오랜 전쟁과 이합집산을 거치면서 독자적인 국가 정체성을 지닌 나라로 바뀌어 있었다. 각기 다른 지역과 종족, 문화를 기반으로 성장하면서 중원은 상이한 국가 정체성을 지닌 나라들이 각축전을 벌이는

---

26 니콜라 디코스모, 『오랑캐의 탄생』(이재정 옮김, 황금가지, 2007), 171쪽.

장소가 되었던 것이다. 중원이 화하족 통치 지역이라는 정체성은 중원 밖의 이민족 국가를 상대할 때 유효한 우월감에 가까웠다.

중원의 제후국들이 독자적인 국가 정체성을 형성한 것은, 통치자가 주 왕실에서 독립된 자신만의 천명을 주장하고, 자신이 지배하는 영토(중원의 대천하 아래의 소천하)와 백성이 있고, 자신의 국가가 지속되는 이야기(역사)가 있었기 때문이다. 이렇게 중원의 통일 전쟁은 혈족 간의 분쟁이 아니라, 소천하를 지닌 독립 국가들을 소멸시켜 하나의 대천하 국가를 만드는 일이었다. 중원 국가들 간의 전쟁을 보면 승리자가 패배한 국가의 영토와 백성을 취할 뿐 아니라, 종묘를 파괴하고 사서를 불태우데, 이는 그 국가의 천명을 지우는 상징적인 행위라고 할 수 있다.

이렇게 중원의 소천하 국가들을 하나의 대천하 국가로 통합한 것이 바로 진시황의 통일 제국이었다. 통일 제국은 중원을 하나의 대천하로 통합한 것이지만, 제국 내부에는 상이한 정체성을 지닌 나라들이 대천하 속의 지역 단위가 되어 여전히 독립적인 정체성을 유지하고 있었다. 통일 제국이라는 말 자체가 형용 모순을 내포하고 있듯이, 실제 현실에서 제국은 통일적으로 존재하기 어려운 정치체였다. 진시황 역시 중앙집권적 군현제를 통해 제국을 하나로 결속시키려 했으나, 지역의 반발로 인해 단명하는 결과를 초래하였다.

통일 제국이 결속력을 지니려면, 독립적인 정체성을 유지하는 지역과 종족과 그 역사를 통합하여, 하나의 정치공동체로서 정체성을 공유하는 과정이 수반되어야 한다. 진시황은 군현제와 법치라는 정치적 방식으로 이 문제를 해결하려 한 것인데, 정치공동체라는 관념이 결여된 상태에서는 중앙권력에 의한 강제성으로 귀결되기 십상이었다. 진 제국에 대한 반란이 본래 진나라가 통치하던 지역에서는 일어나지 않았고, 옛 육국 지역에서 토호들을 중심으로 벌어졌다는 사실이 이를 잘 설명해준다.[27]

진 제국의 뒤를 이은 한나라 역시 지역성을 극복하기 위해 제국의 인민을 하나의 정치공동체로 결속할 필요성이 있었는데, 이 과정에서 빛나는 허구(상상) 능력을 발휘한 인물이 바로 사마천이었다. 진 제국이 단명한 것을 보면서, 사마천은 중국이 통일국가로 결속될 수 있는 힘이 있어야 한다고 보았다. 사마천에게 그 힘은 황제를 시조로 하는 화하족의 보편사를 서술하여, 종족과 출신 지역이 다른 사람들을 역사공동체로 만드는 일이었다. 이러한 보편사는 중국 역사의 실재를 기술한 것이 아니라 당위적인 이상세계를 구성한 것이었다. 사마천의 통사 속에서 중국은 왕조 교체 속에서도 끊임없이 지속되는 역사공동체이자 통일국가의 이념으로 탄생되었다. 이로부터 왕조의 창업자는 누구나 분열된 중국을 통일국가로 만드는 일을 자신의 천명이자 통치 정당성으로 내세웠다. 이러한 역사가 지속되면서 2천 년이 훨씬 지난 오늘날에도 『사기』의 보편사가 통일국가의 규범으로 작동하고 있는 것이다.[28]

중국의 통일국가 상상은 주나라의 천명과 사마천의 보편사에 기반한 것이며, 정치공동체로서의 결속을 위한 산물이라는 점에서 앤더슨의 상상의 공동체와 상통하는 것이다. 중국에서 말하는 통일국가는 소천하 국가를 통합한

---

27 금재원, 『진한제국의 지정학』, 진인진, 2023, 144쪽.

28 물론 사마천의 시선이 보편사에 국한된 것은 아니었다. 규범의 차원에서는 중국을 통일국가로 만드는 보편사를 구성하면서도, 현실의 차원에서는 삶의 욕구에 충실한 인간들이 중국을 움직여나가는 세계를 통찰했던 것이다. 사마천은 역사 속에서 중국을 움직이는 인간세계의 힘을 발견했으며, 이것이 『사기』를 인간의 욕망이 출렁이는 삶의 현장으로 만들었다. 통일국가의 규범 하에서 자신의 욕망에 충실한 사람들이 서로 경쟁하며 만들어가는 세계, 그것이 바로 사마천이 『사기』에서 구성한 '이원적 세계'로서 중국의 역사였다. 이러한 이원적 세계에는 필연적으로 보편사와 인간세계의 간극이 내재되어 있었다. 이것은 통일국가를 통치 규범으로 내세우는 제국이 직면할 수밖에 없는 문제이며, 통치자의 입장에서는 이 간극을 얼마나 균형적으로 관리할 수 있는지가 국가안정의 관건이었다. 역대 통치자들 가운데는 대일통 규범은 내세우면서도, 백성의 욕구 충족을 위한 책무를 간과하는 이들이 많았다. 사마천은 중국의 통치자를 위해, 부덕과 실정이 백성의 원망으로 이어지면 왕조 교체의 역사가 반복된다는 사실을 끊임없이 경고하였다. 사마천의 『사기』의 세계에 대해서는 이종민, 『문명 중국, 현실 중국: 중국을 보는 패러다임의 대전환』, 8장 통일국가의 탄생: 진시황과 사마천 참고.

대천하 제국을 의미하기 때문에, 상상의 공동체보다는 상상의 제국이라는 말이 더 적합하다고 생각된다. 상상의 제국으로서 중국은 이렇게 대천하 속으로 통합된 이질적인 종족들에 기반하여 구성된 것이었으며, 본래부터 동일한 정체성을 공유한 정치공동체는 아니었다. 사마천 이후 중국의 역사는 유라시아 동부의 많은 민족과 국가들이 참여하면서 더욱 복잡한 구조를 지니게 되었다. 역대 왕조마다 영토 규모와 백성 구성 및 그에 따른 천하관·화이관 등이 달랐으며,[29] 이에 따라 정치공동체의 정의와 결속 방법도 달라졌다. 그리고 근대 중국에 이르러 청 제국의 천하 서사와 서구 민족국가 서사가 결합하면서 새로운 개념의 중국 상상이 탄생하였다.

4. 량치차오, 근대 중국에서 미래 중국을 보다

근대 지식인 가운데 근대 중국의 길에 대해 가장 체계적으로 상상한 인물을 꼽으라면 단연 량치차오(梁啓超, 1873~1929)이다. 량치차오의 근대 기획은 중국이 청 제국에서 어떠한 국가로 전환하려 한 것인지 알려줄 뿐 아니라, 근대국가의 지속으로서 21세기 중국에 여전히 미완으로 남은 과제가 무엇인지 성찰하게 한다. 이점은 량치차오를 근대적 상상의 제국을 꿈꾼 기획자로 볼 수 있게 한다.

왜 그렇게 보는 것인지 21세기 중국의 상황을 조금 더 얘기해 보자. 21세기 중국은 강력해진 통치능력과 의지를 통해 역대 최고 수준으로 전 영토에 통치력을 행사하고 있다. 과거 중국의 대일통 시각에서 보면, 이는 제국의

---

29 역대 중국 왕조의 천하관과 화이관의 변화에 대해서는 단조 히로시, 『천하와 천조의 중국사』(권용철 옮김, AK, 2023) 참고.

대통합을 실현하여 역사적 정통성을 재확립하려는 과정이다. 21세기 중국의 이러한 지향성은 학술계에서 국학열, 문명국가론, 중국 통사 편찬 등의 작업으로 이어지는데, 그 이면에는 현재주의 역사관, 다원일체의 통일국가, 중화문명의 연속성, 중국 표준의 세계질서 건립 등이 학술 규범으로 작동하고 있다.[30]

그런데 이러한 중국의 학술 규범은 근래 들어 창안된 것이 아니라, 백여 년 전 근대 중국 건설을 위한 량치차오의 고뇌와 실천 속에 내재된 것이었다. 청 제국의 판도 위에 대민족 문명국가 건설을 주창한 량치차오의 시각은 21세기 중국이 추구하는 발전의 길을 20세기에서 기획한 것이라 해도 무방하다. 이와 아울러 주목할 점은 량치차오의 기획이 당시 중국이 결여한 자유, 민주, 법치, 분배 등의 가치를 실현하는 근대국가로서 중국을 구상한 것이라는 사실이다. 이는 량치차오의 사유가 21세기 중국의 길을 예언한 미래기획이면서, 동시에 21세기 중국의 길에 드러난 편향들을 성찰하는 사상의 거울이 될 수 있다는 것을 의미한다.

근대 시기는 중국의 현재의 문제가 발생한 근원지이자 다각적으로 출로를 모색한 실험장이었다. 당시 량치차오는 보수/진보, 자본주의/사회주의, 전통/현대, 국가/세계, 과학/인생관 등의 경계를 넘나들며 새로운 가치를 탐색한 선도적 인물이었다. 자본주의적 경제발전을 승인하면서도 노동과 분배를 중

30 중국의 학술 규범을 대할 때 주의해야 할 점이 있다. 학술 규범적 차원에서의 주장과 현실 중국 사이에 늘 일정한 간극이 존재한다는 사실이다. 중국 내부에서 요구하는 학술 정치적 목표는 이뤄가겠지만, 인접 국가를 포함한 전 세계의 신뢰와 공감이 결여된 상태에서는 중국의 학술 규범이 보편 가치를 만들 가능성은 낮아 보인다. 그렇지만 중국의 학술 규범이 바뀔 가능성이 거의 없는 만큼, 제 영역에서 이에 대응하는 연구 시각을 마련할 필요가 있다. 특히 중국 학술계의 핵심어가 문명국가이고, 중국문명의 부흥을 통한 현대 문명국가 재건이 핵심 목표라는 점은 반드시 주목해야 한다. 중국문명의 부흥은 잊혀진 문명을 되살리는 차원을 넘어, 세계를 대상으로 한 중국문명 확산의 목표도 포함한다.

시하는 사회정책을 수용하였다. 또 1차 대전 이후에는 국가주의·제국주의가 지배하는 국가 간 경쟁체제를 비판하고 세계주의 국가와 국제연맹에 기반한 국가 간 평화체제를 구축하려고 하였다.

이러한 관점은 지금도 여전히 유효한 내용이다. 량치차오의 사상 속에는 미래가 불투명한 오늘날의 텍스트에서 찾아보기 힘든, 어둠을 뚫고 나오는 열정의 빛을 발견할 수 있다. 그 빛은 20세기의 입구에서 미래 세상을 살아갈 후세들을 향해 비춘 것이지만, 불행하게도 전쟁과 혁명의 극단의 시대에 막혀 고스란히 전달되지 못했다.

량치차오가 이 시대의 출로를 찾는 데 유효성이 있다면, 역설적으로 이는 쉽게 바뀌지 않는 인간 세상의 복원력 때문일 것이다. 20세기 중국은 혁명을 통해 완전히 새로운 세상을 모색했지만, 백여 년 후 오늘날에도 여전히 미완의 상태이거나 어떤 면에선 퇴보한 것이 아닌가 의문이 들 정도다. 이는 중국을 움직이는 거대한 시스템의 지속력 때문이기도 하고, 권력과 실리를 우선하는 중국인의 욕망이 변함없이 재생산되었기 때문일 것이다. 21세기 중국의 문제도 이러한 요인과 긴밀히 연계되어 있는 만큼, 근대적 상상의 제국의 기획자인 량치차오에게 돌아가 이 시대를 위한 성찰의 빛을 발견하는 일은 시의성 있는 작업이라 할 것이다.

량치차오의 일생을 돌아보면, 그 자체가 중국 근대사라고 할 만큼 파란만장한 삶을 살았다. 량치차오는 이러한 인생 역정을 바탕으로 정치 경제에서 역사 문화에 이르기까지 방대한 문제를 유기적이면서 실천적으로 사유하였다. 량치차오의 사상 역정은 대개 변법운동 시기, 계몽운동 시기, 인문주의 시기의 세 시기로 구분한다. 그 가운데 인문주의 시기는 1차 세계대전을 계기로 서구 근대문명의 위기를 성찰하면서 중국 전통 혹은 문화보수주의로 회귀한 시기로 평가된다.

그렇지만 인문주의 시기를 들여다보면 '보수로의 회귀'라는 평가와 달리,

근대문명에 대한 량치차오의 성찰이 한층 빛나는 시기로 보인다. 이 시기는 서구 자유주의 문명을 신봉한 계몽주의자 량치차오가 근대 서구세계가 파국에 치달은 원인에 대해 성찰하고, 사회주의·무정부주의 사상의 시대적 의미를 수용한 사회개혁가 량치차오가 세계대전 이후의 인류 평화에 대해 고민하고, 중국 전통사상의 현재화 가능성을 모색한 인문주의자 량치차오가 세계주의 하에서 문명 융합을 모색하는 통섭의 시간이었기 때문이다.

그래서 이 시기 량치차오의 사상 세계 특히 세계대전 직후의 유럽 여행기인 『구유심영록』을 중심으로, 세 시기의 사상이 어떻게 종합적으로 재구성되는지를 성찰하는 작업이 중요하다. 비판적으로 말하자면, 국가주의 프레임으로 량치차오 사상을 협소하게 바라보는 시각에서 벗어나야, 근대 중국이 나아가는 길을 상상의 제국의 관점에서 거시적으로 살펴볼 수 있다는 것이다.

량치차오가 구상한 근대국가는 딜레마에 충만한 국가였다. 청 제국의 판도를 계승하면서도 내부가 결속된 통일국가를 주창했으며, 서구 민족국가의 길을 수용하면서도 공자의 인격 정신이 구현된 도덕국가를 추구했다. 제 민족이 동등한 권리를 갖는 입헌국가를 수용하면서도 한족 문명에 동화되거나 통합된 중화민족 국가를 구상했다. 공공정신을 지닌 인민이 국가의 주체가 되어야 한다고 주장하면서도 현실 속의 중국인은 자질이 부족하다고 여겨 현능한 인재 중심의 엘리트 정치를 우선하였다. 자본주의적 경제성장을 수용하면서도 빈부격차를 예방하는 분배 정책을 중시했으며, 국가를 최상위 정치 단위로 여기면서도 국가 간 평화를 유지하는 세계질서를 고민하였다.

앤더슨의 상상의 공동체에서 보면, 량치차오의 구상은 공화주의적 민족주의와 관제 민족주의가 융화된 기획으로 보인다. 량치차오는 상상의 공동체나 국가주의/세계주의 프레임으로는 이해하기 어려운 딜레마에 충만한 근대국가를 꿈꾸었던 것이다. 이것은 청 제국의 붕괴와 제국주의 침략이라는 대내외적 위기 속에서 량치차오의 빛나는 허구(상상) 능력이 만들어낸 새로운 정치공동체였다. 나는 량치차오의 근대국가 상상이 주나라의 천명 상상-사마천의 보편사 상상을 이어가는 중국사의 세 번째 전환점이라고 생각한다. 물론 이러한 국가는 역사 속에서 실현되지 않았던 상상의 제국이며, 이를 현실 속의 근대 중국과 동일시해서는 안 된다. 상상의 제국은 근대 중국이 나아가야 할 미래 비전을 제기한 것이며, 실제 현실에서는 전쟁과 혁명이 지속된 20세기 중국사가 진행되고 있었기 때문이다. 그래서 비전으로서 상상의 제국과 현실 국가로서 중화민국 및 중화인민공화국 건설의 상호작용을 총체적으로 이해하는 일이 매우 중요하다.

이러한 맥락에서 이 책은 1, 2부로 구성되어 있다. 1부 '량치차오와 근대 중국의 국가 상상'에서는 량치차오와 근대 중국 지식인들이 청 제국의 판도를 계승하여 어떠한 근대국가를 구상했는지 고찰한다. 먼저 량치차오의 『구유심영록』을 중심으로 「세계대전, 문명 성찰 그리고 중국의 길」에 대해 살펴보고, 다음으로 근대 중국에서 구상한 상상의 제국 내부로 들어가 「중국의 존립기반: 청 제국의 판도」, 「국가 정체성: 입헌 중화민족 공동체」, 「인민: 공덕公德을 지닌 신민」, 「문명공동체: 공자의 정신과 관중의 통치」, 「경제: 국가 주도의 혼합경제」, 「미래 목표: 세계질서 속의 중국의 시대」 등의 문제를 논의할 것이다.

2부 '상상의 제국, 어떠한 국가를 만들고 있는가'에서는 중국의 국가 비전으로서 상상의 제국이 실제 현실에서는 어떠한 국가를 만들고 있는지의 문제를 중국사적 지평 위에서 거시적으로 고찰한다. 이를 위해 「인민은 공화국의 주인이 되었는가」, 「국가 주도 경제는 지속 가능한가」, 「사회주의는 평등한 사회를 만들고 있는가」, 「권력은 왜 법 위에 있는가」, 「제국은 통일국가가 될 수 있는가」 등의 문제를 논의하고, 나아가 「미중 세력 경쟁과 중국식 세계화 상상」에서는 세계화와 민족자립의 이중 전략의 시각으로 미중경쟁시대 중국의 길에 대해 전망해보려고 한다.

5. 국가주의/세계주의 프레임을 넘어

이 책의 1, 2부 구성처럼 '상상의 제국/현실 국가'의 시각이 필요한 것은, 량치차오가 제기한 상상의 제국이 두아라가 경계했던 목적론적 역사 만들기에 기반하고 있기 때문이다. 최근의 역사공정과 같은 현재주의 역사관을 주장한 것은 아니지만, 량치차오 역시 점차적인 강역 확장을 통해 현재의 판도에 필연적으로 이르게 된다고 전제하였다. 목적론적 역사를 구상해야 하는 시대적 필요성은 인정하더라도, 우리는 그 안에 내재한 논리의 문제점이 무엇인지 성찰하고 아울러 대안적 해석 시각도 갖추어야 한다.

목적론적 역사 만들기에서 가장 관건이 되는 사안은 국가/천하 개념과 연결된 중국 영토 해석의 문제다. 량치차오의 시각에는 그 근저에 중국인은 '천하만 있는 줄 알고 국가가 있는 것을 모른다'는 문제의식이 깔려있다. 량치차오가 말하는 천하/국가를 거자오광의 시각을 빌면, 천하는 외부로 확장되어 경계가 모호한 제국이고, 국가는 영토가 분명한 한족 국가가 된다. 량치차오는 중국인이 분명한 자기 경계를 지니는 국가 관념 없이, 경계가 모호한 천하에서 개개인이 흩어져 살아온 것이, 열강의 침입을 받게 된 주요 원인이라고 보았다. 이에 명확한 국가 관념을 형성하여 결속하는 일이 바로 당면한 위기를 극복하는 방안이 되었다.[31]

그런데 량치차오의 말처럼 중국인은 정말로 천하만 알고 국가에 대한 관념이 없었던 것일까. 거자오광은 송대 이후 이민족 강대국의 압력 하에서 영토의식과 민족의식이 형성된 국가가 만들어진 것이라고 하는데, 그러면 송 이전은 경계가 모호한 제국과 천하만 존재한 것인가.

이러한 관점 속에서는 국가/천하, 국가/제국이 서로 분리되어 있는 것처럼

31 梁啓超, 「論國家思想」(1902) 참고.

보인다. 가령, 캉유웨이와 같은 천하주의(세계주의) 담론에서 국가는 최상위의 정치체인 천하 속으로 수렴되어야 하는 존재로 규정된다. 이렇게 국가가 천하의 하위 단위로 보이는 것은 수신-제가-치국-평천하의 유교 도덕 정치론에서 천하가 국가의 상위 개념으로 설정된 것과 관련되어 있다.

현실 정치의 관점에서 볼 때 이러한 유교 담론 속의 천하는 실제 세계라기보다, 개인이 수양을 통해 확산할 수 있는 내적 우주의 최대 공간에 가깝다. 가령, 주희朱熹가 말한 평천하를 위한 혈구지도絜矩之道는 천하의 모든 사람을 배려하는 내면 수양의 덕목[32]에 해당하며, 이것을 현실 속의 천하(세계)를 다스리는 통치론과 동일시해서는 안 된다. 이 때문에 현실 정치의 차원에서 국가/천하의 관계를 이해하기 위해선 유교 도덕 정치론을 넘어 새로운 접근 방식이 필요하다.

현실 정치의 관점에서 볼 때 국가/천하의 관계는 중국의 영토를 어떻게 볼 것인지의 문제와 연결되어 있다. 중국의 영토는 크게 당위적 영토, 역사적 영토, 실효적 지배 영토로 나누어 볼 수 있다. 당위적 영토는 우공구주禹公九州나 통일국가론 속의 영토처럼 중국이 마땅히 차지해야 한다고 여긴 이상적 영토이며, 역사적 영토는 역대 중국 왕조들이 제각기 차지했던 상이한 영토이다. 실효적 지배 영토는 중국 왕조의 법도에 따르며 징세·부역의 의무를 지는 실질적인 통치 지역을 뜻한다.

영토는 국경을 획정한 근대국가의 개념으로 이해되고 있지만, 농업국가인 중국에서 땅은 역대 모든 왕조들이 존립하기 위한 핵심 기반이었다. 다만 국경이 선처럼 명확하지 않고 자연 지형이나, 변·지대의 공간으로 존재하여 복수 주체들이 공유하는 경우가 많았다. 이러한 점을 고려하면, 국가의 실제

---

32 朱熹, 『大學章句』. "所謂平天下, 在治其國者, 上老老而民興孝, 上長長而民, 興弟, 上恤孤而民不倍, 是以, 君子有絜矩之道也."

통치 지역은 실효적 지배 영토에 해당한다고 볼 수 있다.

이와 아울러 국가는 자신의 안보를 위해 간접 지배지역이나 완충지대 그리고 교역을 통한 우호적 국제관계를 형성하는데, 이 모든 영역을 총칭하여 국가의 세력 판도라고 할 수 있다. 다시 말하면, 국가의 세력 판도는 실효적 지배 영토를 중심으로 간접 지배지역과 완충지대, 우호적 국제관계권을 포괄한다. 역대 중국 왕조에서는, 실효적 지배 영토인 중원지역, 기미체제·변군체제 등 중국의 안보 역할을 수행하는 간접 지배지역이나 완충지대, 그리고 교역을 매개로 한 우호적 세력권을 형성하고 있었다. 이러한 영역들이 중국의 세력 판도가 되며, 중국과 비중국 국가들은 서로 영토-안보-실리의 관계에 기반하여 다원적인 국제질서를 이루었다.

국가/천하를 이러한 관점에서 보면, 실효적 지배 영토를 지닌 국가가 자신의 세력을 주변으로 확장하여, 간접 지배지역·완충지대 및 우호적 국제관계권을 형성한 것이 바로 천하라고 칭하는 세력 판도라고 할 수 있다. 여기서 주의할 사안은 천하가 실효적 지배 영토와 그 너머의 세력권을 포함하고 있지만, 세력권 전체를 중국 국가의 영토라고 볼 수 없다는 점이다. 중국의 세력권이라 하더라도, 실효적 지배를 하고 있는 다른 국가들이 그 영토의 실제적 통치자였기 때문이다. 그래서 천하는 중국 국가의 실효적 지배 영토 위에서 존립할 수 있으며, 국가가 붕괴하면 천하는 그에 따라 사라지게 되는 것이다. 천하는 새로운 국가가 등장하여 그 세력권을 확장하는 과정에서 다시 만들어지며, 천하의 세력 판도 범위는 그 국가의 역량에 따라 달라졌다.

이것이 현실 정치의 관점에서 본 국가/천하의 관계인데, 유교 도덕 정치론과는 차이가 있다. 개인의 내적 우주 공간이 확장되어 천하에 이르는 것과 국가의 역량에 따라 천하의 세력 판도가 결정되는 것. 이러한 차이로 인해 유교 도덕 정치론에서는 천하를 궁극적인 목표로 삼는 세계주의를 지향하지만, 역량이 결여된 현실 국가에서는 그러한 천하 세계를 실현할 방법을 찾지 못하는 곤혹이 반복되곤 한다. 캉유웨이의 『대동서』뿐만 아니라 『선진정치사상사』에 나타난 량치차오의 대동사회도 이러한 곤혹감에서 자유로울 수 없었다.

이러한 곤혹감은 중국식 서사인, 진한에서 통일국가가 형성되어 중간에 분열의 시기가 있었지만 통일국가가 지속되었다는 관점에서 한층 깊어진다. 량치차오는 중국이 일찍부터 통일국가가 되어 국가 조직에 익숙하지 않았고, 이에 중국인은 천하만 알고 있었다고 했다. 이는 통일국가 진한을 천하로 간주하는 것인데, 즉 통일국가 진한이 건설되면서 중국에 국가가 없어지고 천하만 존재하게 되었다는 얘기다.

세력 판도로 볼 때, 진한은 흩어진 중원의 국가들을 통합하여 실효적 지배 영토로 만들었고, 변경지대에는 군사력을 통해 변군을 설치하거나 완충지대로 만들었으며, 변경 너머의 국가들과는 교역을 통해 우호적 국제관계를 형성하였다. 이 세력 판도 전체를 진한의 천하라고 부를 수 있지만, 진한이라는 국가의 실질적인 통치 영역은 중원지역이었다.

중원지역이 바로 진한의 실효적 지배 영토이고 중원 이외의 지역은 주로 이민족 국가들이 지배하고 있었기 때문에, 중국에 국가가 없어지고 평화로운 천하만 존재하게 되었다고 보기는 힘들다. 오히려 진한의 중앙정부는 내부로는 제후와 토호들이 지배하는 지방정부를 통제하고, 변경지대에서는 이민족 국가들의 침입과 약탈을 방비해야 했다. 또 변경 너머의 수많은 국가들과 우호적 관계를 형성하여 중국의 안전을 도모해야 했다.

이러한 과정에서 중앙정부는 군사력과 아울러 국가 안보를 위한 지정학적 인식 및 외교력을 축적하게 되었다. 중국이 고안한 기미체제나 변군체제, 책봉, 조공, 호시, 교역 등은 한정된 군사력과 비용을 가지고 국가 안보를 유지하기 위한 이른바 문명 질서[33]였다. 천하의 중심으로서 중국의 권위는 이러한 다원적인 방식으로 유지되었으며, 그 관건은 무엇보다 중앙정부의 종합적인 국력이었다.

중국이 일찍이 통일국가를 건설하여 천하만 알게 되었다는 말은 이렇게 국가 안보를 우선했던 현실 역사와 부합하지 않는다. 간접 지배지역이나 완충지대, 안보 울타리 세력은 바로 국가를 지키기 위한 안보 장치였으며, 국가 관념이 없다면 이러한 안보 장치를 만들 수 없었을 것이다. 한 무제 사후 벌어진 염철 논쟁처럼 역대 중국에서는 변경 지대에 주둔할 군사비용을 두고 논란이 끊이지 않았다. 한족 왕조들은 변경 지대를 직접 지배할 군사력이나 재정이 충분하지 않았으며, 이에 통치의 중심 지역인 중원을 보호하는 차원에서 변경 지대의 안정적 관리를 선호하였다.

거자오광이 말한 경계가 모호한 제국은, 중원을 둘러싼 변경 지대가 한족의 명확한 영토가 아니라는 것을 뜻한다. 중원이 제국의 중심으로서 한족 국가의 실효적 지배 영토였다는 점에서 보면, 제국 안에 국가가 있었던 셈이다. 즉 제국은 한족 국가의 실효적 지배 영토인 중원을 기반으로 하여 이민족 지역인 변경 지대까지 세력 판도를 확장한 것이 된다. 송대에 경계가 명확한 한족 국가가 형성된 것은 변경 지대가 이민족 통치 지역이 되고, 송의 판도가 중원 안으로 축소되면서 영토와 민족이 일치된 한족 중심의 국가가 된 것이라고 할 수 있다.

이렇게 보면 제국과 국가는 서로 분리된 것이 아니라, 국가의 역량에 따라

---

33 화이론을 포함한 유교적 문명질서론은, 동중서의 대일통 천하관이 한 제국 건립 이후 통치 정당성을 위해 만들어진 것처럼, 군사 정복 이후 안정적 관리 이론으로 등장한 것이었다. 유교 담론은 제국의 판도를 유지하는데 효과적인 논리가 되었지만, 제국의 통치자 누구나 활용할 수 있는 보편적 구조로 인해 이민족 통치자의 중국 지배 논리로 작용하기도 하였다. 국내 정치든 국제 정치든 공유하는 규범이 있어야 안정적인 질서를 유지할 수 있는 것인데, 유교 담론이 이러한 규범 정립에 공헌했다는 점은 긍정적으로 평가해야 할 것이다. 다만 중국과 비중국 국가 간에 벌어진 실제 역사에서는 유교 규범과는 다른 폭력적 방식으로 작동하는 경우가 많았다는 점은 주의해야 한다.

제국으로 확장되기도 하고 한족 국가로 축소되기도 하는 관계에 있는 것이다. 또 한족 국가의 역량이 미약할 경우 원·청 시대처럼 변경 밖의 이민족 국가가 중원을 정복하여 다민족 제국이 되기도 한다. 이러한 맥락에서 볼 때 중국사에서의 국가/제국은 서구 민족국가론에서 말하는 것처럼, 전통 제국에서 민족국가로 전환되어야 하거나 민족국가가 제국보다 더 우월한 정치체라는 관점이 적용되지 않는다.

18세기 중엽 건륭제가 중앙유라시아 정복을 마친 후 역대 황제가 하지 못한 대사업을 완수했다고 자부한 것은 실제로 과장된 얘기가 아니었다. 역대 왕조에서 변경과 외부로 존재하던 광활한 판도를 청조 내부의 통치 지역으로 만든 역사적 사건이었기 때문이다. 이에 건륭제는 천하가 모두 자신의 판도로 통합되었다는 '천하무외天下無外', '화이일가華夷一家'의 천하관을 내세웠는데, 이는 제국이 하나로 통합된 국가가 되었다는 선언이었다.

그러나 건륭제의 선언은 전 지구가 아니라 중국식 천하에 한정된 것이었다. 건륭제가 천하의 보편 군주로 선언하는 그 순간, 유라시아 열강들은 이미 동진을 개시하여 건륭제의 천하로 들어오고 있었기 때문이다. 건륭제는 혼란한 천하를 하나의 국가로 만들었다고 자부했지만, 공교롭게도 건륭제가 외면했던 천하 너머의 낯선 국가들이 침입하여 유라시아 차원의 새로운 판도가 형성되고 있었던 것이다. 근대 중국인들은 이 새로운 천하의 판도를 세계라고 불렀다. 이 세계에서 중국은 하나의 국가에 불과했다.

량치차오의 국가/천하 개념은 바로 청조도 하나의 국가로 편입된 세계질서 속에서 형성된 것이었다. 그것도 열강들의 침탈을 받는 분열된 국가가 돼버린 상황이었다. 이러한 위기적 상황 속에서 우선적인 과제는 국가 내부의 결속이었으며, 청조를 자신의 국가라고 여겼던 량치차오에게는 청 제국의 판도가 바로 국가였다. 쑨원처럼 청조를 부정하고 한족 국가를 주창했다면 명대의 판도가 근대 중국의 영토가 되었을 수 있다. 하지만 청조와 동일시하였던 한족 엘리트들의 활동으로 청 제국의 판도가 중화민국의 영토로 이어지게 되었다.

문제는 한족 중심의 중화민국은 청 제국의 판도를 실효적으로 지배할 수 있는 힘과 정통성을 결여하고 있었다는 점이다. 이에 몽골, 티베트, 신장 등의 비한족 지역에서는 분리 독립이 추진되었으며, 역설적으로 량치차오의 활동은 이들을 중국 안으로 결속시키기 위한 이론적 실천적 작업이었다. 량치차오의 상상의 제국은 이러한 시대적 맥락 속에서 평가될 수 있으며, 이 평가 속에는 량치차오의 시각에 내재한 목적론적 역사관을 성찰하는 작업도 포함되어야 한다.

중화인민공화국은 20세기의 전쟁과 혁명의 역사 속에서 상상의 제국이 사회주의 국가로 등장한 사건이었다. 평등한 인민의 국가와 사회주의 국제연대를 내세운다는 점에서는 지극히 근대적이었지만, 청 제국 판도의 통일국가를 추구하면서 국익을 위해 세력 판도를 확장한다는 점에서는 제국의 속성을 이어받은 국가였다. 중화인민공화국은 국가/제국이 서로 분리되지 않는, 국가의 통치 역량을 강화하여 세력 판도를 확장하는 일이 통치 정당성의 기준이 되는 그런 비전을 내장하고 있었다.

21세기 시진핑 시대 중국에서 국가/제국의 전환이 가시적으로 나타나고 있다. 백여 년 전 량치차오의 상상의 제국은 인민이 평등하고 부유한 국가를 건설한 후 세계 대국으로 굴기하는 꿈을 꾸었다. 21세기 중국 속에는 이제 새로운 천하 경쟁 하에서 '중국식 세계화'를 상상하는 오래된 DNA가 작동하고 있다. 이러한 상황일수록 중국이 걸어온 길을 통찰하여 어떠한 길을 가는지 이해하는 일이 매우 중요하다. 상상의 제국은 바로 21세기 중국의 길을 성찰하는 역사의 거울이 되어줄 것이다.

1부

량치차오와 근대 중국의 국가 상상

1부에서는 량치차오와 중국 지식인들이 청 제국의 판도를 계승하여 어떠한 근대국가를 구상했는지 고찰한다. 먼저 량치차오의 『구유심영록』을 중심으로 「세계대전, 문명 성찰 그리고 중국의 길」에 대해 살펴보고, 다음으로 근대 중국에서 구상한 상상의 제국 내부로 들어가 「중국의 존립기반: 청 제국의 판도」, 「국가 정체성: 입헌 중화민족 공동체」, 「인민: 공덕公德을 지닌 신민」, 「문명공동체: 공자의 정신과 관중의 통치」, 「경제: 국가 주도의 혼합경제」, 「미래 목표: 세계질서 속의 중국의 시대」 등의 문제를 논의할 것이다.

| 1장 |

세계대전, 문명 성찰 그리고 중국의 길

1. 1차 세계대전과 『구유심영록』

량치차오의 『구유심영록』을 완독한 후 문득 홉스봄이 『극단의 시대: 20세기의 역사』에서 현재 인류가 직면한 문제에 대해 언급한 말이 떠올랐다. "현재 속의 과거를 포함해서 과거가 자신의 역할을 잃어버린 세상, 개별적 집단적으로 사람들을 일생 동안 안내해온 이전의 지도와 해도가 우리가 움직이는 곳의 풍경과 우리가 항해하는 바다를 더 이상 나타내지 않는 세상, 우리가 어디로 여행하고 있는지 모르며 어디로 가야만 하는지조차 모르는 세상이 어떤 모습인지를 아는 것이 금세기말에 처음으로 가능해졌다."[1]

홉스봄의 책은 미래가 불투명한 우리 시대의 출로를 찾기 위해, 1차 세계대전과 소비에트 혁명에 의해 촉발되어 90년대 사회주의 몰락으로 종결되는 20세기의 역사를 성찰한 저작이다. 『구유심영록』을 보면서 홉스봄의 책이 떠오른 것은 『구유심영록』이 1차 대전 전후 세계 문명의 전환에 관해 서술한다는 공통점도 있지만, 무엇보다 자신의 시대를 바라보는 두 저자의 심정이 상통한다는 점을 느꼈기 때문이다. 연배로 볼 때야 량치차오가 한참 선배다.

1 에릭 홉스봄, 『극단의 시대: 20세기 역사』(이용우 옮김, 까치, 1997), 34쪽.

홉스봄이 태어난 이듬해인 1918년에서 1919년 동안 량치차오는 1차 대전의 현장인 유럽을 여행하고 또 소비에트 혁명 과정을 지켜본 후 『구유심영록』을 저술한 것이었다. 하지만 20세기 역사 해석의 주도권을 쥔 서구 저작을 먼저 읽은 나로서는, 『구유심영록』의 탁견에 감탄하면서 거꾸로 홉스봄의 책을 떠올리게 되었다.

홉스봄은 20세기 역사에 대해 자본주의/사회주의의 대립 서사로 보는 통념과 달리, 세계대전 기간 인류 공공의 적인 파시즘에 맞서기 위한 자본주의와 공산주의의 일시적 협력, 전후 두 체제의 장점을 융합하여 이룩한 경제 황금시대 등을 서술하며, 인류사회가 직면한 위기를 두 체제의 경쟁과 협력의 방식으로 해결해가는 역사 시각을 제기하였다. 홉스봄은 이러한 시각을 기반으로 현실 사회주의의 몰락이 프란시스 후쿠야마의 '역사의 종언'처럼 자본주의의 승리로 귀착되는 것이 아니라, 1990년대 이후 극심해진 자본주의적 불평등이 21세기의 미래를 더욱 불투명하게 만들 것이라고 인식하였다. 사회적 불평등의 문제가 20세기 혁명을 일으킨 근본 원인이었는데, 21세기에도 여전히 심각한 문제로 지속될 것이라는 얘기다.

홉스봄이 20세기의 종점에서 근대 인류의 꿈이 전쟁과 극단으로 치달아온 우울한 역사를 성찰했다면, 량치차오는 1차 대전의 출구에서 인류 평화를 위한 새로운 문명을 모색하였다. 량치차오에게 1차 대전은 그동안 인류의 항해지도로 작동하던 서구 근대문명의 환상을 깨트린 충격적인 사건이었다. 량치차오는 영국의 자유주의 문명을 계몽의 거울로 수용하고 있었는데, 1차 대전은 량치차오의 항해지도를 산산조각 냈을 뿐 아니라 앞으로 나아가야 할 항로 자체를 불투명하게 만들었다.

『구유심영록』은 세계대전 후 유럽 여행歐游을 통해 관찰하고 느낀 생각心影에 관한 기록으로, 길이 끊어진 곳에서 다시 새로운 길을 찾는 탐험의 여정이라고 할 수 있다. 량치차오가 유럽 세계대전의 관찰을 통해 어떠한 신문명을 탐색하고 있는지 『구유심영록』의 세계 속으로 들어가 보자.

1918년 10월 23일 량치차오는 장바이리, 류즈카이, 딩원장, 장쥔마이, 쉬전페이, 양딩푸 등 6인의 대원을 데리고 세계대전이 종결된 후 평화회의가 열리고 있는 유럽으로 가기 위해 베이징을 떠났다. 량치차오를 수행한 6인의 대원은 대부분 유럽과 일본에서 유학하며 근대학문을 공부한 인재[2]들로 량치차오가 유럽의 역사문화를 이해하고 세계대전 전후의 국면을 분석하는 데 상당한 도움을 주었다. 량치차오 일행은 10월 28일 상하이에서 일본 우편선 요코하마마루호를 타고 싱가포르, 페낭섬, 스리랑카, 홍해, 지중해를 거쳐 1919년 2월 11일 런던에 도착했다. 2월 18일에 파리로 가 평화회의 정황을 관찰하고 3월 6일 파리를 떠나 세계대전 전장인 랭스, 베르됭, 알자스 로렌 지방 및 라인강 우안의 연합군 주둔지를 여행하고 벨기에를 거쳐 파리로 돌아왔다. 3월 중순에서 5월 초순까지 파리에 머물며 평화회의 상황을 관찰하다가 6월 6일에 파리를 떠나 서유럽 북부의 전장 및 유럽 각국을 유람하고 10월 11일 파리로 돌아와 두 달 체류하였다. 12월 10일 독일 베를린 여행 후 파리로 돌아왔다가 1920년 1월 17일 마르세유로 가서 승선한 후 3월 5일 상하이로 귀국하였다.

『구유심영록』은 1919년 10월 11일 유럽 각국을 유람하다 다시 파리로 돌아온 시점에서 그간 관찰한 바를 회고하는 형식으로 서술된다. 크게 8장으로 구성되어 있는데, 각 장의 내용을 간략히 살펴보자.

---

2 장바이리(蔣百里, 1882~1938)는 군사이론가로 일본과 독일에서 공부했으며, 류즈카이(劉子楷, 1880~?)는 외교가로 일본에서 공부했으며, 딩자이쥔(丁在君, 1887~1936)은 동물학자이자 지질학자로 일본과 영국에서 공부했으며, 장쥔마이(張君勱, 1887~1869)는 철학자로 일본과 독일에서 공부했으며, 쉬전페이(徐振飛, 1890~1938)는 경제학자로 영국과 프랑스에서 공부했으며, 양딩푸楊鼎甫는 민국시기 저명한 지식인으로 생평은 자세하지 않다.

1장 '유럽여행 중의 일반적 관찰 및 감상'은 총론에 해당하는 글로서 상·하편으로 이루어져 있다. 상편 '대전 전후의 유럽'은 세계대전 전후의 국제정세, 세계대전이 일어나게 된 사상 문화적 원인, 새로운 문명 재건의 미래 등에 관해 서술한다. 하편 '중국인의 자각'은 새로운 문명에 적응하기 위해 중국인이 자각해야 할 시대적 과제, 중국 문명이 새로운 문명 건설에 기여할 가능성과 책임 문제 등을 피력한다.

2장 '유럽으로 가는 도중에'는 량치차오 일행이 배를 타고 상하이를 출발하여 남양南洋[3]을 지나가다가, 이곳의 화교들이 수적 우위에도 불구하고 서양의 식민지로 전락한 자치능력의 결함에 대해 한탄한다. 스리랑카에서는 석가가 설법한 능가도와 캔디의 와불사를 관람한 소감을 서술한다. 그리고 선상에서의 일과와 에피소드를 소개하고 홍해, 수에즈, 지중해를 거쳐 영국 런던에 도착하는 과정에서 느낀 감회를 시로 표현한다.

3장 '런던에서의 첫 여행'은 대전 후 런던의 참담한 정경, 웨스트민스터 사원 관람 소감, 1919년 영국 총선 전의 정계 현황, 총선 후의 새 국회, 하원에서의 방청, 의회에 관한 에피소드 등을 서술하면서, 영국이 부강한 국가가 된 것이 국민의 위대한 정신 때문이라는 점을 피력한다.

4장 '파리평화회의 조감'은 파리에서의 현지 관찰을 바탕으로 평화회의 주최국 및 기타 신생국, 평화회의의 유형, 주요 인물, 의제, 에피소드 등을 개괄적으로 설명한다. 그리고 강대국의 이해관계가 얽힌 평화회의의 실제 진행 과정과 그 내막에 대해 비판한다.

5장 '서유럽 전장 형세 및 전쟁 국면 개관'은 세계대전의 개전과 전쟁 진행 과정을 핵심적 격전지인 마른 전투, 베르됭 전투를 중심으로 개관한다.

---

3 남양은 중국의 남쪽 해양 지역을 가리키는 전통 지리 용어로 지금의 동남아시아에 해당한다.

그리고 독일이 패전한 원인을 군사전문가 장바이리의 시각을 인용하여 독일 군국주의의 강경정책에서 비롯된 일이라고 비판한다.

6장 '전장 및 알자스 로렌 지방 기행'은 마른 강 일대에서 베르됭을 거쳐 알자스 로렌 지방 및 라인 강 우안의 연합군 점령지를 관람하고 뫼즈 강을 따라 힌덴부르크 방어선 일대를 통과하여 파리로 돌아온 여행 소감을 피력한다. 그리고 유럽 전쟁의 참상과 역사적 근원 그리고 이를 방지하기 위한 세계정부의 필요성에 대해 서술한다.

7장 '국제연맹에 관한 평론'은 세계대전의 교훈이자 인류 평화를 위한 대 기틀로 국제연맹이 제기된 역사적 내원, 연맹규약 성립 경과, 연맹 구성의 주체, 기관, 군비축소, 전쟁 방지 방법과 위배국가 제재, 기존 국제협정·조약과의 관계 문제 등을 비평한다. 그리고 국제연맹이 불완전하고 미비하기는 하지만 인류의 영구평화를 위한 거대한 진보라는 점을 강조한다.

8장 '국제노동규약에 관한 평론'은 세계대전의 주요 요인이 된 자본주의적 불평등 및 노동문제가 국제적 차원으로 확장됨에 따라 국제노동규약이 파리 평화회의의 주요 의제가 된 점, 국제노동규약이 세계평화를 위한 노동제도 건립을 목표로 한다는 점, 노동의 탈상품화와 노동자의 행복 증진을 위한 공동원칙 및 조직 등에 관해 설명한다. 그리고 국내외 경제구조의 불평등을 개선하는 일이 인류 평화와 사회정의를 추구하는 관건적인 사업이라는 점을 강조한다.

전체적으로 볼 때 『구유심영록』은 세계대전으로 서구 자유주의 문명이 폐허가 된 현장에서 새로운 문명의 가능성을 찾아가는 성찰과 예언의 기록이라고 할 수 있다. 『구유심영록』의 시대적 의미를 이해하려면, 먼저 『구유심영록』에 대한 기존의 평가를 살펴볼 필요가 있다.

박노자는 「1900년대 조선, 양계초에 반하다」[4]에서 "일부 미국 학자들은 『구유심영록』을 '유교적 보수주의로의 회귀'라고 혹평하지만, 이 글은 주변부 지식인 입장에서의 서구 비판의 아주 훌륭한 예"라고 비평한 바 있다. 『구유심영록』에 대해 유교적 보수주의로의 회귀라고 비판하는 것은 1차 대전 전후 시작된 중국 지식계의 동서문화 논전과 밀접한 관련이 있다.

당시 1차 대전의 충격으로 인해 서구 물질문명에 대한 성찰의 공간이 열리면서, 중국 정신문명이 위기 극복에 적극적 역할을 할 수 있다는 이른바 문화보수주의 시각이 대두되었다. 그리고 신해혁명으로 건설된 공화정이 위안스카이의 황제 복귀 욕망, 장쉰의 마지막 황제 푸이 추대 등 보수 세력의 역행으로 위기에 빠지면서, 그 뿌리인 전통문화를 근원적으로 해체하려는 반전통주의 시각이 형성되었다.

이렇게 문화보수주의와 반전통주의 시각이 대립하는 가운데 『구유심영록』이 출판되면서 동서문화 논전이 한층 가열되었고, 문화보수주의 진영은 량치차오의 시각을 전반적 서구화를 주장하는 신문화 진영에 대한 공격의 무기로 사용했다. 『구유심영록』이 서구 물질문명의 위기를 중국 정신문명으로 구원할 수 있다는 문화보수주의의 선언서[5]로 칭해지면서, 신문화 진영은 반대로 이 책을 유교적 보수주의를 대변하는 것이라고 혹평했다.

량치차오 개인사적으로 볼 때 『구유심영록』 저술 시기는 정치적 활동을 중단하고 교육과 전통 학술(문화) 연구에 매진하는 전환기에 위치한다. 량치차오 연구자들은 이 시기를 두고 량치차오가 진보주의자에서 보수주의자로, 서구주의자에서 전통주의자로 전환했다고 평가하곤 한다.[6] 그런데 문제는 두 진영의 옹호와 비판과 달리, 서구 물질문명의 위기/중국 정신문명의 구원

---

4 『한겨레21』 칼럼, 2004.2.18일자.

5 강명희, 「5.4시기 중국의 '제3의 신문명' 건설 탐색: 연구계 량치차오를 중심으로」(『중국근현대사연구』 44집, 2009), 30쪽.

6 백지운, 「반면교사로서 유럽: 량치차오의 『구유심영록』에 대한 일고찰」(『중국현대문학』 39호, 2006), 165-166쪽.

이라는 시각으로는 『구유심영록』의 본의를 포착할 수 없다는 점이다.

또 이 시기 량치차오의 행보를 진보주의자에서 보수주의자로, 서구주의자에서 전통주의자로 전환했다고 보지만, 『구유심영록』은 보수주의자·전통주의자 량치차오의 저작으로 볼 수 없는 더욱 다층적인 시각이 공존한다. 『구유심영록』을 1차 대전 후의 신문명에 대한 성찰과 예언의 기록으로 이해하려는 것은 다음과 같은 의미를 함축하고 있기 때문이다. 성찰은 서구 자유주의 문명을 신봉한 계몽주의자 량치차오가 그 문명이 파국에 치달은 원인에 대해 추궁한다는 뜻이다. 그리고 예언은 사회주의·무정부주의 사상의 시대적 의미를 수용한 진보주의자 량치차오와 중국 전통사상의 실천적 지혜를 신뢰한 인문주의자 량치차오가 서로 소통하며 새로운 문명을 모색한다는 뜻이다.

『구유심영록』은 량치차오의 이러한 성찰과 예언에 기반하여 쓰인 것이었다. 그래서 문화보수주의의 선언서라고 단순히 규정하기는 힘들며, 동시대 세계 변화를 통찰하고 새로운 문명을 탐색한 저작으로 보아야 한다.

2. 상호부조와 인간존중의 길

『구유심영록』이 중국 지식계의 동서문화 논전 및 과학과 인생관 논쟁에서 가장 논란이 되었던 부분은, 1차 대전의 원인과 서구 근대문명의 위기를 과학만능주의와 연계지어 분석하고 있는 '과학만능의 꿈'이다. 아래 구절은 후스가 「과학과 인생관」 서문에서 인용하면서 논란의 중심이 된 내용으로, '과학만능의 꿈'의 논지가 잘 드러나 있다.

> 오늘날 사상계의 최대 위기가 바로 여기에 있다. 종교와 구철학은 이미 과학의 공격에 패배했을 뿐만 아니라, '과학선생'이 적극적으로 나서 자신의 실험에

의거하여 우주의 대원리를 발명하려고 한다. 대원리는 말할 것도 없고 각 분과의 소원리도 나날이 새로워진다. 오늘 진리로 인정되던 것이 내일 오류로 드러난다. 신 권위는 끝내 수립되지 못하고, 구 권위는 회복되어서는 안 된다. 그래서 사회 전체의 인심이 의심과 침울 그리고 두려움에 빠져 있는데, 마치 나침판을 잃어버린 배가 풍랑과 안개 속을 헤매며 어디로 가야 좋을지 모르는 듯한 상황이다. 이렇게 되어 공리주의·강권주의가 갈수록 득세하였다. 사후 천국이 존재하지 않으니 몇십 년의 짧은 인생을 마음껏 즐기지 않을 수 없고, 선악에 책임이 없으니 모든 수단을 동원하여 개인적 욕망을 채워도 무방하다. 그러나 소비할 수 있는 물질 증가 속도가 욕망의 팽창 속도를 따라갈 수 없었고, 양자의 균형을 잡아줄 방도도 없었다. 어떻게 할 것인가? 자신의 힘에 의지하여 자유경쟁을 할 수밖에 없었다. 솔직하게 말하면, 약육강식이다. 최근에 등장한 군벌·재벌은 모두 이러한 경로를 통해 만들어진 것이다. 이번 대전은 바로 인과응보인 셈이다. (중략) 요컨대, 이러한 인생관 하에서라면 수많은 사람들이 연이어 이 세계에 와서 몇십 년을 사는 이유가 무엇인가? 유일한 목적은 빵을 빼앗아 먹기 위해서다. 그렇지 않다면, 우주 물질 운동의 대 바퀴에 동력이 부족할까 걱정되어 특별히 연료를 공급하기 위해 온 것이다. 정말로 이러하다면, 인생에 무슨 의미가 있고, 인류에 무슨 가치가 있는가? 유감스럽게도, 과학의 전성시대에 주요 사조는 이 방면에 편중되었다. 당시 과학만능을 노래했던 사람들은, 과학의 성공으로 황금세계가 머지않아 출현할 것이라고 열망하였다. 오늘날 과학은 성공했다고 할만하다. 백 년 동안의 물질의 진보가 과거 삼천 년 동안 생산한 것보다 몇 배나 증가했기 때문이다. 하지만 우리 인류는 행복을 얻지 못했을 뿐 아니라 오히려 수많은 재난이 일어났다. 이는 마치 사막에 길을 잃은 여행객이 멀리서 커다란 검은 그림자가 보이자 사력을 다해 앞으로 달려가, 길 안내를 받으려고 바짝 다가가니 그림자가 보이지 않아 한없이 처량하고 실망한 것과 같다. 그림자는 누구인가? 바로 '과학선생'이다. 유럽인들은 과학만능의 큰 꿈

을 꾸다가 지금은 오히려 과학의 파산을 부르짖고 있다.[7]

유럽 근세문명에는 봉건제도, 그리스철학, 기독교의 세 가지 근원이 있다. 봉건제도는 개인과 사회의 관계를 규정하여 도덕의 조건과 관습을 형성했고, 그리스철학은 우주 최고원리와 인류 정신작용에 대해 연구하며 최선의 도덕 표준을 제공했다. 그리고 기독교는 감정과 의지의 두 측면에서 '초세계'의 신앙을 제공하여 현세의 도덕이 자연스럽게 이 기준을 따르게 되었다. 그런데 프랑스대혁명 이후 봉건제도가 붕괴되어 옛 도덕의 조건과 관습이 대부분 현실과 멀어지면서 유럽인들의 내부 생활도 점차 동요되기 시작했다. 과학의 발달로 '순물질적이고 순기계적인 인생관'이 형성되어 유럽인을 지배함에 따라 인간의 자유의지가 물질운동의 '필연법칙'으로 대체되었다. 량치차오는 이러한 '순물질적이고 순기계적인 인생관'이 유럽 사회 전체를 회의와 답답함과 두려움 속으로 빠져들게 했으며, 약육강식의 상황을 만들어낸 것이라고 인식했다.

과학만능주의와 아울러 오늘날 빈부격차를 초래한 것이 바로 생물진화론과 자기 본위의 개인주의였다. 다윈의 생물학의 대원리는 생존경쟁과 우승열패의 원리로 귀결할 수 있으며, 밀의 공리주의와 벤담의 행복주의와 결합되어 당시 영국 학술의 중심이 되었다. 동시에 슈티르너와 키에르케고르가 자기 본위설을 제창했는데, 약자를 제거하는 것이 강자의 천직으로 우주 진화의 필연이라고 주장했다. 개인의 측면에서 볼 때 권력 숭배와 물질 숭배가 불변의 진리가 되었고, 국가의 측면에서 군국주의와 제국주의가 가장 유행하는 정치 전략이 되었다. 량치차오는 세계대전이 이러한 담론에서 비롯

---

7 梁啓超, 『歐游心影錄』, 北京: 商務印書館, 2014, 16~18쪽. 번역본은 『구유심영록』(이종민 옮김, 산지니, 2016) 참고.

되었으며, 앞으로 각국 내부에서 벌어질 계급투쟁도 이러한 담론에서 기인할 것[8]이라고 인식했다.

과학기술과 생산력 발전으로 풍요로운 물질생활을 향유하고 개개인이 자유롭고 행복한 세상이 도래할 것이라는 근대문명의 꿈은 세계대전과 빈부격차로 인해 파산 선고가 이뤄졌다. 량치차오는 전쟁과 사회적 불평등이 단순히 물질생산 시스템의 위기에서 초래된 것이 아니라, 근대문명을 지배하고 있던 '순물질적이고 순기계적인 인생관'인 과학만능주의 및 학술계의 생물진화론과 자기 본위의 개인주의에서 연유한다고 보았다.

그러나 문화보수주의자들이 생각하듯이 량치차오가 위기에 빠진 서구 물질문명의 구원자로 중국 정신문명을 즉각 내세웠던 것은 아니다. 량치차오는 유럽이 최근 겪은 물질적 정신적 변화는 개개인의 자각을 통해 날마다 창조해 온 것이며, 지금 문명의 질이 예전보다 떨어지기는 했지만 그 양은 풍부해졌고 힘은 지속될 수 있다[9]고 판단했다. 이러한 맥락에서 량치차오는 '신문명 재건의 미래'에서 유럽이 세계대전 이후 새로운 문명을 모색해가는 내부 동력에 대해 굳건한 신뢰를 보냈다.

> 사회학 분야에서 러시아 크로포트킨 일파의 호조론은 다윈의 생존경쟁설을 대체하여 흥기하고 있다. 크로포트킨은 자아는 발전해야 하는데, 인류는 사회를 떠나 독립할 수 없고 모든 일은 반드시 타인의 도움에 의지해야 하기 때문에, 상호부조가 바로 자아 발전의 유일한 수단이라고 주장하였다. 그의 논거 역시 과학적으로 귀납한 것이어서 갈수록 사상계에서 세력을 넓혀가고 있다. 철학 분야에서는 인격유심론, 직관창조론 등의 새로운 학파가 출현하여 과거 기계적

---

8 梁啓超, 『歐游心影錄』, 14-15쪽.

9 梁啓超, 『歐游心影錄』, 23쪽.

유물적 인생관의 암운을 걷어냈다. 인격유심론은 미국의 제임스가 처음으로 제기하였고 근래 들어 영미 학자들에 의해 더욱 발전되었다. 과거 유심론 철학자들은 '심령'을 절대적 실체로 간주하며, 그의 대상 '세계'와 서로 대립하면서 양분되어 있다고 인식하였다. 그러나 제임스 일파는 과학적 연구방법을 통해 인류의 심리 기능이 외부 세계에 적응하면서 점차 발달하고, 의지와 환경이 서로 협력하여 진화를 완성한다고 증명하였다. …… 앞으로 칸트·헤겔·다윈 등 선배들의 학술과 대등한 권위를 가지고 이 시대 사람들의 마음을 움직일만한 큰 성과가 나올지는 확신하기 힘들다. 하지만 이번 대전의 상처와 고통을 겪고 난 후, 많은 유럽인들의 인생관이 그 충격으로 변화가 일어났다. 그들이 이로부터 새로운 국면을 개척할 것이라는 점에 대해서는 감히 단언할 수 있다.[10]

량치차오는 유럽이 세계대전의 충격으로 고통의 시간을 겪고 있지만 자아 발전을 위한 불굴의 정신으로 새로운 국면을 개척하고 있으며, 그 과정에서 '순물질적이고 순기계적인 인생관'에 커다란 변화가 발생하고 있다고 인식했다. 가령, 사회학 분야에서는 크로포트킨의 상호부조론이 다윈의 생존경쟁설을 대체하여, 자기 본위적 개인주의가 아닌 상호부조가 자아 발전을 위한 동력으로 승인되고 있었다. 철학 분야에서는 인격유심론, 직관창조론 등의 학파가 기계적 유물적 인생관을 비판하고 상호 소통하는 인격 개념을 통해 개인-사회-국가-세계가 서로 협력하는 새로운 인생관을 형성하고 있었다.

유럽에서 형성되고 있는 새로운 인생관은 중국의 과학/현학 논쟁처럼 과학과 대립하거나 독립된 영역으로 존재하는 것이 아니라, 과학적 연구방법을 통해 그 근거를 귀납함으로써 과학과 밀접한 연계성을 지니고 있었다. 량치차오는 세계대전의 충격과 상처 속에서 일어나고 있는 유럽 사회의 변화를

10 梁啓超, 『歐游心影錄』, 24-26쪽.

감지하며, 향후 상호부조와 인격론을 통한 협력과 소통의 세계로 나아가는 것이 바로 새로운 문명 건설의 길이라는 점을 통찰하였다.

량치차오가 『구유심영록』에서 중국 전통사상에 주목한 것은 바로 이러한 세계사적 맥락에서였다. 당시 유럽에서 제창된 실용철학과 창조론 철학은 이상을 현실에 집어넣어 정신과 물질의 조화를 이루려고 하는 것이었다. 량치차오는 중국 선진시대의 사상 역시 이러한 목표에서 발전된 것이라고 인식했다. 특히 공자·노자·묵자의 세 성인은 학파가 다르지만, '이상과 실용의 일치'는 이들의 공통된 귀착점이었다.

량치차오는 공자의 '본성을 다하고 변화를 돕는다盡性贊化',[11] '스스로 굳세게 하며 쉬지 않고 노력한다自强不息',[12] 노자의 '만물이 제 근원으로 돌아간다各歸其根',[13] 묵자의 '위로 하늘을 따른다上同於天'[14]는 모두 대아·영적 자아와 소아·육체적 자아가 동체同體이며, 작은 것을 통해 큰 것으로 나아가고 육체를 통해 영혼과 화합하려는 뜻이라고 인식했다.[15]

또 유럽의 불교 연구가 날로 풍성해져 모든 경전이 거의 번역되었지만 범문 속에서 대승 교리를 얼마나 이해하고 있는지 알 수 없다. 그런데 중국에서 스스로 창시한 종파는 말할 필요 없고, 선종禪宗[16]같은 경우도 응용된 불교이자 세속 불교라고 할 수 있다. 선종은 확실히 인도를 벗어나야 형성될

---

11 『周易』「說卦傳」. 량치차오는 공자와 관련된 저작들을 다 공자 사상으로 귀속시키고 있는데, 이점은 비판적으로 보아야 할 사안이다.

12 『周易』 乾卦에 나오는 괘사.

13 『老子』 제16장.

14 『墨子』「尙同」.

15 梁啓超, 『歐游心影錄』, 50쪽.

16 선종이라는 명칭은 당나라 중기부터 그 종풍이 크게 흥성하여 교종과 대립하면서 사용되기 시작했다. 선종에서는 인간의 마음을 탐구하여 본래 지니고 있는 성품이 부처의 성품임을 깨달을 때 부처가 된다고 인식하며 수행법으로 좌선을 중시한다.

수 있는 불교이면서 중국인의 특성을 분명하게 표현하여, 출세법出世法과 현세법現世法이 공존하며 모순되지 않았다. 지금 베르그송, 오이켄 등이 이 길을 가려고 하지만 아직 도달하지 못하고 있다. 량치차오는 그들이 유식종唯識宗[17]의 서적을 읽을 수 있다면 성취가 지금보다 더 커지고, 선종을 이해할 수 있다면 더욱 진전될 것이라고 역설했다.[18]

이러한 맥락에서 량치차오는 유럽 지식계가 공자, 노자, 묵자 및 불교가 걸어간 길을 따라 '이상과 실용의 일치', '영혼과 육체의 화합', '출세와 현세의 공존'의 세계관을 형성해 나간다면, 1차 대전 이후 현대세계가 요청하는 새로운 문명을 개척할 수 있을 것이라고 보았다.

3. 세계주의 국가

이러한 량치차오의 생각을 볼 때, 『구유심영록』은 서구 물질문명의 위기를 중국 정신문명으로 구원한다는 문화보수주의보다는 동서 융합의 시각에 가깝다. 량치차오가 근대문명의 위기를 배태한 이데올로기로서 과학만능주의를 비판한 것은 사실이다. 그러나 '과학 만능의 꿈'에서 량치차오는 "독자 여러분, 과학을 비하한다고 절대 오해하지 않길 바란다. 나는 결코 과학의 파산을 인정한 것이 아니며, 과학만능을 인정하지 않을 뿐"[19]이라고 했다. 과학기술의 발전이 인간의 물질생활을 풍요롭게 할 수 있다는 점에 대해

---

17 유식종은 당나라 현장과 그의 제자 규기가 창립한 종파로, '모든 법은 오직 식이다萬法唯識'라는 주장 때문에 이 이름이 붙었다. '만법성상'을 밝히는 것을 주된 요지로 삼아 법상종 또는 법상유식종이라고도 한다.

18 梁啓超, 『歐游心影錄』, 50-51쪽.

19 梁啓超, 『歐游心影錄』, 18쪽.

여전히 신뢰를 보낸다는 점을 밝힌 것이다.

세계대전의 위기 속에서 량치차오가 중국 전통사상을 부각시킨 맥락은, 상호부조와 인격론에 기반한 새로운 세계관 건설에 기여할 수 있다고 보았기 때문이다. 그리고 량치차오는 모든 사상은 항상 자신의 시대를 배경으로 삼고 있어서 중국의 사상 자원을 지금 이 시대에 그대로 적용해서는 안 된다고 여겼다. 중국의 사상을 창조적으로 활용하려면, 중국보다 발전된 유럽의 과학적 연구방법과 결합하여 실천의 경로를 찾아야 했다. 그것이 바로 량치차오가 일관되게 주장해온, 서양문명으로 중국문명을 확충하고 중국문명으로 서양문명을 보완하여, 두 문명의 화합을 통해 신문명을 창조하는 방법이었다.[20] 량치차오의 관점은 담론 차원의 논의로서 대안 문명의 창조로 이어지진 못했지만, 동시대 세계와의 소통을 통해 인류 문명이 나아가야 할 방향을 통찰하고 있었다는 점은 높이 평가해야 한다.[21]

신문화 진영의 천두슈陳獨秀는 「과학과 인생관」 서문에서 유럽문화가 파산한 책임을 과학과 물질문명에 돌리는 것은 매우 어리석은 생각이며, 1차 대전은 영국과 독일이라는 양대 공업 자본주의 국가가 세계시장을 선점하기 위한 경쟁 과정에서 발생한 전쟁이라는 사실을 강조했다. 이는 문화보수주의자들의 시각을 비판하기 위한 것이었는데, 신문화운동과 문화보수주의 양 진영의 논쟁이 주로 량치차오가 '과학만능의 꿈'에서 제기한 유럽문명의 위기와 과학의 문제를 둘러싸고 진행되었기 때문이다.

그러나 『구유심영록』은 양 진영의 논쟁을 넘어, 전 지구적 자본주의와 국가 간 경쟁체제, 세계평화를 위한 국제연맹 문제, 빈부격차와 사회주의

---

20 梁啓超, 『歐游心影錄』, 49쪽.

21 Xiaobing Tang, *Global Space and the Nationalist Discourse of Modernity*, Stanford University Press, 1996, 222쪽.

문제, 구 제국의 해체와 민족자결의 문제, 러시아혁명과 세계정세 등 세계대전 전후 유럽 정치경제 및 노동문제를 포괄하고 있었다. 천두슈의 비판 사상과 상통할 수 있는 지점이 있음에도 불구하고, 『구유심영록』에 대한 평가가 진보/보수의 시각으로 양분된 것은 진영 논리에 의한 것으로 보인다.

『구유심영록』은 중국 지식계의 동서문화 논전 및 과학과 인생관 논쟁에 깊이 관여되어 있어서 사상문화 텍스트로 해석되는 경향이 있다. 하지만 『구유심영록』은 전후 유럽문명에 대한 관찰과 정치 경제적 분석이 연결되어 있기 때문에, 사회학적 텍스트로 읽어도 무방하다. 량치차오는 전 지구적 변화에 대한 사회학적 분석을 바탕으로, 전후 새로운 문명 건설을 위해선 무엇보다 국가 간 경쟁체제를 평화체제로 전환하는 일이 급선무라고 인식했다. 그것이 가능하기 위해선 개별 국가들이 내부의 국가주의를 통제하여 국가 간의 상호관계를 중시하는 세계주의 국가를 지향하고, 나아가 개별 국가들 사이에서 세계정부 역할을 수행할 국제연맹을 건립해야 한다고 보았다.

> 국제연맹은 세계주의와 국가주의가 조화되는 첫걸음으로서, 국가 상호 간의 관념을 사람들에게 깊이 인식시키고, 국가의지는 절대적이고 무한한 것이 아니라 외부의 통제를 많이 받아야 한다는 점을 알게 하였다. 솔직히 말하자면, 국가와 국가 상호 간의 관계가 한층 밀접해졌다는 것이다. 우리는 이러한 현황 속에서 '세계주의 국가'를 건설해야 한다. 어찌하여 '세계주의 국가'라고 부르는 것인가? 국가는 사랑해야 하지만, 완고하고 편협한 구사상을 애국이라 여겨서는 안 된다. 왜냐하면 오늘날의 국가는 이렇게 발전할 수 있는 것이 아니기 때문이다. 우리의 애국은 국가만을 알고 개인을 몰라서는 안 되며, 또 국가만을 알고 세계를 몰라서는 안 된다. 우리는 국가의 보호 아래서 개개인의 천부적 능력을 마음껏 발휘하고, 전 세계 인류 문명을 위해 커다란 공헌을 해야 한다. 장래 세계 각국의 추세가 모두 이와 같을 것이며, 우리가 세계주의 국가를 제창

하는 것도 바로 이 때문이다.[22]

1차 대전은 천두슈의 지적대로 민족을 단위로 한 자본주의 국가가 세계시장을 선점하기 위한 경쟁 과정에서 발생한 전쟁이었다. 이 때문에 민족국가 간 경쟁체제를 통제하고 상호부조의 국제적 협력관계를 확립하는 일이 새로운 문명 건설의 관건이었다. 량치차오는 기존의 근대국가가 민족국가 내부의 이익만을 우선하고 국가 상호 간의 평화 관념이 결핍된 국가주의 국가였다고 비판했다. 일국의 이익만을 추구하는 국가주의 국가들이 세계대전을 일으킴에 따라, 민족국가 간의 경쟁을 지양하고 상호 협력을 중시하는 세계주의 국가를 건설해야 한다고 본 것이다. 그리고 이러한 세계주의 국가 간의 평화체제를 확립하는 일이 바로 국가 내부의 발전을 넘어 전 세계 인류의 행복을 위한 문명의 기초라고 보았다. 이를 위해선 개개인이 "인생의 최대 목적은 인류 전체를 위해 공헌하는 일"이라는 인생관을 공유하고, 국제적으로 세계정부의 역할을 할 국제연맹을 건설하는 일이 가장 핵심적인 과제가 되었다.

『구유심영록』에서 량치차오는 1차 대전 이후 현실 국제정세를 결정하게 될 파리평화회의에 주목했는데, 그중 국제연맹과 국제노동규약에 관한 논의를 별도의 장으로 서술하였다. 국제연맹이 국가 간 평화체제 정립을 위한 세계정부의 문제라면, 국제노동규약은 국내외의 경제적 불평등을 해소하기 위한 사회정책의 문제라고 할 수 있다. 이 두 가지 문제는 세계주의 국가가 탄생하여 존립하는 데 필요한 국제환경에 관한 것이었다.

먼저 국제연맹의 문제에 대해 살펴보자. 유럽은 14~15세기 이후 근대국가의 기초가 정립되면서 국가주의가 날로 발전하고 18~19세기에 그 정점에 이르렀을 때 나폴레옹이 등장하였다. 그는 패권적 제국을 건설하려 했고,

22 梁啓超, 『歐游心影錄』, 31쪽.

최근에는 빌헬름 2세가 동일한 몽상으로 세계대전을 일으켰다. 이 때문에 국가보다 상위의 기관을 건설하는 일이 매우 절박한 시대적 과제가 되었는데, 최근 백 년간의 정치사에서 새로운 추세로 나타난 것이 바로 연방제도였다. 스위스와 같은 소국, 독일·미국과 같은 대국, 호주·캐나다·남아프리카 등의 식민지에 이르기까지 모두 소 정치 단위에서 대 정치 단위를 구성하고 있었다.

연방제도는 기존의 소 단위(연방국가나 주)가 주체가 되어, 합의의 형식으로 새로운 대 단위(연방정부)를 구성하였다. 연방정부의 권한의 범위가 일정하지 않지만, 각 주와 제후국은 자신의 본래 주권을 부분적으로 제한하여 두 가지 정부의 형식을 이루었다. 이러한 제도를 시행한 나라들은 그 성과가 매우 컸으며, 국지적으로 이렇게 시행할 수 있다면 전 세계적으로도 시행할 수 있다는 희망을 주었다. '전유럽연방'이나 '전미연방'을 제창하는 이들이 나타나면서, 전 세계를 대상으로 한 국제연맹의 아이디어가 탄생하였다. 원어 "League of Nations"를 직역하면 '국가연합國聯'이 되며, 그것이 취한 노선으로 보면 스위스·독일·미국 등의 연방제도를 확대한 것이 된다.[23]

국제연맹의 이상은 예전부터 제기되어온 것인데 그 시초는 윌리엄 펜[24]으로 17세기 중엽에 국제 재판기관의 필요성을 호소하였다. 칸트는 『영구평화를 위하여』[25]를 저술하여 전 세계가 공화 정체를 수립하고, 국제법은 자유국

---

23 梁啓超, 『歐游心影錄』, 172쪽.

24 윌리엄 펜(William Penn, 1644~1718)은 영국의 식민지였던 미국에 필라델피아를 건설하여 펜실베이니아를 정비한 인물이다. 펜이 보여준 민주주의 중시는 미국 헌법에 영향을 주었다.

25 칸트의 『영구평화를 위하여(*Zum ewigen Frieden Ein philosophischer Entwurf*)』(1795)는 미국의 독립전쟁과 프랑스혁명 이후의 전쟁 등 전 세계에서 전쟁이 끊이지 않던 상황에서 전쟁을 종식시키고 영원한 평화체계를 구축하기 위해 규범적 이상을 넘어 구체적인 제도적 조건과 모델을 탐색한 저술이다. 칸트는 국가 간의 영구평화를 위해 범해서는 안 될 금기조항을 담은 예비조항과 국가 간의 영구평화를 확정짓는 조항, 영구평화를 위한 보증사항

연맹조직에 의해 기초가 수립되어야 하고, 전 인류가 세계시민이 되어야 한다[26]는 세 가지 원칙을 제기하였다. 루소는 한층 더 구체적인 계획을 구상하면서 국제입법부, 국제재판소, 국제치안군대의 필요성을 주장하였다.

하지만 당시 다수의 정치가들은 이러한 이론이 지식인의 공상이라고 여기며 주목하지 않았다. 비엔나회의 때 러시아 황제 알렉산드르 1세가 제창한 신성동맹은 본래 유럽 국제관계를 근본적으로 바꾸려 한 것이었지만, 후에 황제권을 옹호하는 기관으로 변질되었다. 19세기 후반에 각국이 군비확장 경쟁을 하여 전 세계에 전운이 감돌면서 점차 세계주의적인 평화운동이 대두되었다. 1899년과 1907년 두 차례 개최된 헤이그 평화회의는 이러한 목적을 위해 개최된 것이었다. 그리고 1889년 아메리카 대륙에서는 더 절실하고 강력하게 전미회의를 소집하여 상설기관을 건립하였고, 1891년과 1910년에는 권한을 더욱 확충하여 아메리카 대륙에 한정된 국제연맹이 거의 성사되었다.[27]

이러한 역사적 맥락 속에서 1차 대전 후 많은 사람들이 개혁 방법으로 주목한 것이 바로 국제연맹이었다. 각국 명사들 가운데 가장 강력하게 고취한 이들로 영국의 자유당 전 외상 에드워드 그레이,[28] 보수당 솔즈베리 후작의 아들 로버트 세실, 미국 민주당의 대통령 윌슨, 공화당의 전 대통령 태프트,[29] 프랑스 전 총리 레옹 부르주아[30]가 있었다. 각국의 사회당은 줄곧 전쟁

등을 제시하고 있다.

26 칸트는 영구평화를 위해 국내사회, 국제사회, 세계시민사회를 개편할 것을 제안하는데, 국내사회적 차원에서 "모든 국가의 시민적 헌정체제는 공화정이어야 한다", 국제사회적 차원에서 "국제법은 자유로운 국가들의 국제연합체제에 기초해야 한다", 세계시민사회적 차원에서 "세계시민법이 정한 보편적 체류 숙박의 조건"을 실현해야 한다는 것이다.

27 梁启超, 『歐游心影錄』, 172-173쪽.

28 에드워드 그레이(Edward Grey, 1862~1933)는 영국 역사상 가장 오랜 기간(1905~1916) 외무장관으로 재임한 정치가이다.

29 태프트(William Howard Taft, 1857~1930)는 미국의 27대 대통령(1909~1913)이다. 미국 역사상, 행정부와 사법부의 수장을 모두 지낸 유일한 인물이다.

반대와 군비축소를 주장하여 이에 적극 찬성했으며, 일반 상인과 농민은 전쟁을 매우 혐오했기 때문에 근본적인 해결방안을 기대하고 있었다.

학계에서는 그동안 연구한 바를 구체적인 방안으로 만들었는데, 가장 유명한 저작으로 영국의 필모어 박사, 미국의 버틀러 박사 그리고 프랑스 전 총리 레옹 부르주아와 남아프리카 영국령 식민지의 스뫼츠 장군 등의 책이 있다. 이 책들은 국제연맹규약 초안을 매우 상세하게 만들고 해설을 했기 때문에, 윌슨이 국제연맹 문제를 제기했을 때 전 세계 도처에서 호응할 수 있었다.[31]

그러나 국제연맹의 이상과 달리 실제 파리평화회의에서는 기대했던 국제 평화 체제가 이뤄지지 않았고, 전승 강대국의 이해관계에 따라 새로운 패권 질서가 구축되었다. 량치차오는 이를 개탄하면서도 평화회의의 첫 번째 성과가 국제연맹이며, 국제연맹규약에 부족한 점이 많이 있지만 전 인류의 대사업에 기틀을 세웠다고 평가했다. 그리고 중국의 전통적인 천하 관념 및 그 역사 경험을 참고하면, 국제연맹을 실현하기 위한 사상 자원으로 활용할 수 있다고 주장했다.

> 춘추전국 시대에 열국이 병립하여 현재 유럽의 형세와 비슷하였다. 당시는 통일을 모색하는 과도기로 지금의 국제연맹과 유사한 제도가 있었는데, 역사가들은 이를 '패정시대覇政時代' 혹은 '방백方伯집단정치'라고 부른다. 이 제도는 당시 '제하諸夏'의 각국을 하나의 단체로 집결시키는 것인데, 가입 여부는 각국의 자유에 따르고 가입 후에도 각국의 주권은 손상되지 않지만, 맹약에 기재된

30 레옹 부르조아(Léon Bourgeois, 1851~1925)는 프랑스 총리에 재임했고 국제연맹의 결성을 열성적으로 추진해 1920년 노벨 평화상을 수상했다.

31 梁啓超, 『歐游心影錄』, 174쪽.

의무는 반드시 준수해야 한다. 가맹국 가운데 일국 혹은 양국을 '맹주盟主'로 추대하여, 연맹의 사무를 집행하고 연맹국 간의 분쟁을 중재하게 한다. 동맹을 파괴하는 나라에 대해 맹주는 나머지 동맹국들을 규합하여 공동으로 토벌하고, 동맹국 이외 나라의 침입을 받으면 맹주는 동맹국을 규합하여 그 나라를 구원하고, 필요한 병력은 맹주가 각국에서 징발한다. 이러한 입법정신은 국제연맹규약과 매우 유사하다. 중국의 이 제도는 백여 년 실행되다가 후에 형세가 변화하여 연맹의 구속력이 날로 약화됨에 따라 점차 사라지게 되었다. 이후 중국 통일은 이 길을 따라 나아간 것이 아니라 일국이 다른 나라를 전부 병합하는 방식으로 이루어졌으며, 최후에는 전체 인민이 들고 일어나 이 나라마저도 전복시키고 단일 정부를 건설하였다. 이것이 중국이 소 단체에서 대 단체로 진화해온 과정이며, '방백집단'연맹은 그 과정에서 겪은 하나의 파란인 셈이다. 이런 조악한 연맹조직은 당연히 오늘날의 국제연맹과 비교할 수 없지만, 고대 그리스의 도시국가 연맹, 중세 교권 하에서의 각국 연맹, 근래 세계대전 이전에 각국이 종횡으로 구성한 연맹에 비하면, 정신적 차원이 확연히 다른 점이 있다. 그래서 역사적으로 국제연맹의 이상을 논한다면 여전히 중국의 '방백집단'시대가 참고할 가치가 있다고 생각한다.[32]

량치차오는 춘추시대 회맹질서에서 공천하公天下를 실천한 경험이 있으며, 이것이 국제연맹 건설을 위한 사상 자원이 될 수 있다고 보았다. 춘추시대 중국은 열국이 병립하여 현재의 유럽 형세와 비슷했지만, 천하일가의 사상을 바탕으로 통일국가를 건설하기 위한 과도기적인 제도를 운영하였다. 제후국 군주(방백)들이 자유롭게 가입하여 평화체제를 위한 규약을 맺고 맹주를 추대하여 운영을 맡기는 것인데, 이를 방백 집단정치라고 했다.

32 梁啓超, 『歐游心影錄』, 170-171쪽.

춘추시대에 방백 집단정치가 백여 년 실행될 수 있었던 것은 무엇보다 방백 연맹이 천하일가의 사상을 공유하고 있었기 때문이다. 량치차오는 방백 연맹이 기반한 천하일가 사상이 서구의 연맹조직에 비하여 정신적 차원에서 확연히 다른 점이라고 보았다. 이는 중국이 줄곧 국가가 아니라 천하를 인류 최고의 단체로 여기는 세계주의를 숭상한 데서 기원한 것이었다.

국제연맹이 성과를 거두기 위해선 중국과 같은 세계주의가 기반이 되어야 한다는 점을 강조한 것인데, 『구유심영록』에서는 간략한 문제제기를 한 것이고, 구체적인 탐구를 한 저술은 『선진정치사상사先秦政治思想史』(1922)였다. 『구유심영록』과 『선진정치사상사』 속의 세계주의 문제에 대해서는 이 책 5장 3. 공자의 인격 및 7장 5. 대동세계, 민주공화국이 확장된 세계정부의 시대 부분을 참고하기 바라며, 여기서는 량치차오 사상이 21세기에 이르러 자오팅양의 『천하체계』와 같은 신천하주의의 선성을 이룬다는 점을 지적하고자 한다.

자오팅양은 오늘날 세계가 분열과 갈등의 위기에 처하게 된 것은 서구철학이 민족/국가를 절대적 단위로 생각할 뿐 세계를 단위로 하는 사유가 부재한 데서 비롯된다고 주장한다. "사람들은 단지 지리학적 의미에서 세계에 속하고 정치학적 의미에서는 국가에 속할 뿐이다. 세계는 사람들이 책임지지 않고 제멋대로 남용하거나 약탈할 수 있는 '공공 자원'이 되었다."[33] 이러한 맥락에서 자오팅양은 국가가 아닌 천하를 최상의 단위로 삼아 정치적 안정을 도모했던 중국 고대의 천하 이론을 참조하여, 세계 인민을 위한 정치철학을 구축하는 것이 분열과 갈등의 위기에 빠진 세계를 바로잡는 길이라고 인식한다.

국가 간의 냉혹한 생존경쟁을 지양하고 세계 단위에서 인류사회의 안정과 이익을 사유하는 세계 정치철학이 요청된다는 시각은 주목할 만하다. 문제는

---

33 자오팅양, 『천하체계: 21세기 중국의 세계 인식』(노승현 옮김, 길, 2010), 31쪽.

그 실천 가능성이다. 세계를 구원할 사상의 힘이 중국의 천하관에 있었다면, 량치차오 당대처럼 망국 멸종의 위기에 처하지 않았을 것이기 때문이다. 이러한 모순에서 벗어나 세계의 인정을 받기 위해선, 중국의 천하관이 세계 정치철학을 위한 참조모델이 될 만한 것이었는지 실제 역사 속에서 검증해야 한다. 나아가 천하사상을 배태한 중국이 세계인들의 공감을 받을 수 있는 문명사회로 성숙해가고 있다는 점을 현실 정치 속에서 보여주어야 한다.

즉 중국의 천하 담론은 세계사적 맥락 속에서 어떻게 보편이론으로 정립될 수 있는지의 문제와 아울러, 중국 내부에서 어떻게 세계 문명을 선도하는 국가(제국)를 만들 것인지의 문제에 직면해 있다.[34] 『구유심영록』에서 량치차오가 탐색한 세계정부와 선진정치사상에 대한 고민이 21세기 중국 지식계에 고스란히 이어져 있는 것이다.

4. 자본-노동의 협동 경제

다음으로 국제노동규약에 대해 살펴보자. 국제노동규약은 1919년 6월 28일 파리평화회의 결과로 체결한 베르사유조약의 3대 부분(국제연맹규약, 국제노동규약, 대독강화조약) 가운데 하나이다. 량치차오는 중국인들이 국제연맹 문제에 대해 높은 관심을 보인 반면에 국제노동 문제에 대해서는 무관심했는

---

34 자오팅양의 『천하체계』와 더불어 읽어볼 만한 책이 자크 아탈리의 『세계는 누가 지배할 것인가』(권지현 옮김, 청림출판, 2012)이다. 자크 아탈리 역시 작금의 글로벌 위기를 벗어나기 위해서 지구와 인류 전체의 이익을 돌보아줄 바람직한 세계정부가 필요하다고 인식하는 점에서 자오팅양과 동일한 문제의식을 지니고 있다. 하지만 세계정부가 구성되기 위해 세계이념과 세계제도를 내재한 선험적 이론이 전제되어야 한다고 주장하는 자오팅양과 달리, 현실 국제사회의 당대적 조건에서 실현 가능한 방안을 모색해야 한다고 주장하는 차이점이 있다.

데, 이 문제 역시 국제평화 체제 건설을 위한 중요 부문이며 파리평화회의가 이룩한 대사업이라고 인식했다. 당시 세계는 계급 간의 빈부격차로 인해 국가 내부의 사회적 불평등이 야기되었을 뿐 아니라 국가 간에도 산업경쟁력 차이에 따라 지배-착취 관계가 형성되었다. 이에 국내외의 노동문제가 세계가 직면한 최대문제가 될 것이라고 예측되었다.

세계 각국은 노동문제를 해결하기 위해 사회주의와 사회정책의 두 가지 방법을 쓰고 있었다. 사회주의는 경제구조의 불평등성을 근본적으로 개조하려는 것인데, 실천 방법은 이론가에 따라 달랐다. 공산 혹은 집산을 주장하는 이들도 있고, 생산자원의 전부 혹은 일부를 생산자가 관리할 것을 주장하기도 하고, 극단적이고 급진적 수단 혹은 온건하고 점진적 수단을 사용하자고 주장했다. 즉 현재의 경제구조가 인도人道에 맞지 않다고 인식하여 새롭게 조직하려는 것이 바로 사회주의였다.

사회정책은 현재의 경제구조 하에서 불공평한 곳을 구제하려는 것이었다. 구제 방법으로 조세 평균화를 추구하거나 노동자를 보호하여 자본가가 학대하지 못하게 하는 것 등이 있었다. 대부분 선의에서 출발한 좋은 정책이긴 하지만, 근본적인 개조를 추구하지 않는 것이 바로 사회정책이었다. 량치차오는 국제노동규약은 사회정책에 속하며 사회주의를 추구한 것이 아니라고 보았다.[35]

본래 노동문제는 산업혁명의 발원지인 영국에서 노자관계 중심의 근대 자본주의 경제구조가 정립되면서 발생한 것이었다. 이후 세계 각국으로 자본주의가 확대되면서 노동문제가 더불어 발생하고, 자본 수출과 노동력의 해외 이주로 인해 노동문제가 국제화되는 현상이 나타났다. 이러한 흐름 속에서 1848년 마르크스는 「공산당선언」에서 '프롤레타리아는 조국이 없다'는 유명

35 梁啓超, 『歐游心影錄』, 201-202쪽.

한 말을 하며, 국적 국경의 관념은 노동자들의 단결을 교란시켜 계급투쟁의 정신을 말살시키고, 애국이란 말은 자본가가 인류의 유치한 감정을 이용하여 자신의 고유한 세력을 유지하는 것에 불과하다고 비판했다.

량치차오는 이 말이 진리에 부합하는지 여부는 차치하더라도, 세계 대동 관념을 부분적으로 발견한 점은 인정해야 한다고 여겼다. 1864년 국제노동자협회라는 단체가 결성되었지만 1873년에 요절하고 말았고, 1889년 인터내셔널로 재건되어 국제정치 문제에 관한 많은 의견을 내놓았다. 그중 2차 회의에서 만장일치로 통과된 국제노동법초안은 국제노동규약의 최초의 저본이 되었다.

세계대전 중에 교전국 쌍방의 노동자들은 전장에서 각자의 조국을 위해 싸웠지만, 중립국에서 몇 차례 회의를 열어 의견을 교환하고 평화회의 문제에 대한 자신들의 입장을 표명했다. 윌슨의 제14조 대부분은 노동자들의 심리에 맞추어 논조를 높인 것이었다. 휴전 이후 각국의 당국자들이 파리에서 평화회의를 준비하고 있을 때, 각국 사회당도 베른에서 회의를 준비하고 있었다. 바로 두 회의의 내용을 조합하여 국제노동규약이 탄생한 것이었다.[36]

량치차오는 국제노동규약에서 가장 중요한 부분인 총론과 노동제도 일반 원칙을 번역 소개한 후 자신의 비평을 덧붙였다.

> 국제연맹은 본래 세계평화 건설을 목적으로 하기 때문에, 세계평화를 추구하려면 반드시 사회적 공평에 기초해야 한다. 현행 노동제도는 다수 인민을 항상 불공평하고 고통스럽고 궁핍한 상태에 처하게 만들어, 사회의 불안을 초래하고 국제평화와 협력을 위협할 수 있다. 이런 상황은 빨리 개선되어야 한다. 가령 근무시간 규정, 일당·주당 최장 노동시간 규정, 노동력공급 조절, 실업 방지,

36 梁啓超, 『歐游心影錄』, 202-203쪽.

기본 생활을 위한 최저임금 규정, 노동자의 질병 및 산재 보장, 아동·여성 노동자 특별보호, 노인 및 장애인 부양, 외국 노동자 이익보장, 결사 자유 원칙 인정, 직업교육 및 전문교육 조직 등이 그러하다. 각국 가운데 상술한 인도적 노동제도를 채택하지 않는 나라는 다른 나라의 개혁에 장애가 될 수 있다. 그래서 각 협상국에서는 정의·인도 및 세계 영구평화의 확립을 위하여 다음과 같이 협약한 것이다.[37]

량치차오는 국제노동규약이 전적으로 세계평화를 유지하는 데 있으며, 이는 국제연맹의 취지와 동일하다고 인식했다. 세계평화를 파괴하는 데에는 두 가지 길이 있는데, 하나는 종적인 파괴로 갑국과 을국 사이의 전쟁이 그러하며, 다른 하나는 횡적인 파괴로 국내의 전란이 그러하다. 국제연맹은 종적인 파괴를 방지하는 것이고, 국제노동규약은 횡적인 파괴를 방지하는 것이다. 량치차오는 횡적인 파괴를 방지하는 국제노동규약의 효력이 종적인 파괴를 방지하는 국제연맹의 효력보다 미약할 것이라고 판단했다. 국제노동규약의 근본정신이 이른바 노자 타협주의에서 벗어나지 않아서, 완전히 현행 경제구조 하에서의 편향을 바로잡고 폐단을 시정하려는 것이었기 때문이다.

량치차오는 각국이 기존의 공장법·양로제도·보험제도 등을 완전하게 개선하여 통일적으로 실행하기를 희망했다. 이렇게 하면 사회혁명의 정세를 완화시켜 급진파의 침입을 방지할 수 있다고 본 것이다. 그러나 청나라가 예비입헌을 통해 혁명을 제지하겠다고 한 것처럼, 국제노동규약이 문제의 근본적인 해결이 아닌 임시적인 방책에 불과하여 좋은 결과를 기대하기 어렵다고 보았다.

량치차오는 국제노동규약의 노자 타협주의에 대해서는 비판적인 입장을

---

37 梁啓超, 『歐游心影錄』, 207쪽.

보이면서도, 노동제도 일반원칙에 대해서는 신성한 '신인권선언'이라 할 만하다고 평가했다.

> 협약 각국이 노동자의 신체상 도덕상 지식상의 행복을 승인하는 것은 실로 국제사회에서 매우 중요한 사항이다. (중략) 각국의 기후·풍속 및 경제적 기회·산업적 관례가 상이하고 노동제도의 엄격한 통일도 실현하기 어렵다. 그러나 노동자를 절대 상품으로 취급해서는 안 되기 때문에 노동제도 규정의 근거가 될 공동원칙이 있어야 한다. 각국은 자국의 특수한 상황을 고려하여 실천할 수 있는 것은 최선을 다해야 한다. 결여할 수 없는 중요한 원칙 9가지는 다음과 같다.
>
> ① 앞에서 이미 밝혔지만, 노동을 화물이나 상품으로 인식해서는 안 된다.
> ② 고용주와 노동자는 동등하게 법률상의 결사 자유의 권리를 갖는다.
> ③ 최저임금은 각 지역 실정에 따르며 기본생활 유지를 기준으로 삼아야 한다.
> ④ 노동은 1일 8시간 혹은 1주 48시간으로 제한되며, 아직 이 제도를 시행하지 않는 자에게는 빠른 시행을 촉구한다.
> ⑤ 노동자는 매주 최소 24시간의 휴식시간이 있어야 한다.
> ⑥ 아동노동을 금지하고, 청소년 노동은 특별히 제한하여 교육의 연속과 신체의 발달에 지장을 주어서는 안 된다.
> ⑦ 남녀가 동일한 가치의 노동을 하면 동일한 임금을 주어야 한다.
> ⑧ 각국은 국내에 거주하는 모든 노동자에게 경제상의 공평한 대우를 해야 한다.
> ⑨ 노동조례를 보호하기 위해 특별 감독제도를 설립하여 시행을 촉구하고 아울러 부녀자의 감독 참여를 허용해야 한다.[38]

량치차오는 9가지 일반원칙 가운데 두 가지 원칙이 가장 근본적이라고 지적한다. 하나는 노동을 상품으로 보아서는 안 된다는 것이고, 다른 하나는 노동자의 신체상 도덕상 지식상의 행복 증진을 국제사회의 가장 중요한 사항이라고 승인하는 것이다. 이 두 가지 근본원칙이 확립되고 나면 각종 제도혁신에 자연히 하나의 공동 목표가 생겨, 현재 이루지 못한 것은 장래 반드시 이뤄나갈 수 있다. 각종 학술과 정책에 많은 차이가 있지만 이 근본원칙하에서 공동의 건설 방법을 고안할 수 있게 된다.

이 근본원칙은 과거에 경제학자와 사회당 인사들이 오랫동안 호소해온 것이지만, 정식 공문에 들어가 각국 당국자들이 국가의 이름으로 실질적으로 승인한 것은 이번 규약이 처음이었다. 량치차오는 이러한 점을 근거로, 국제노동규약의 역사적 가치가 국제연맹보다 클지도 모르며, 각 조항의 세부원칙은 서구 노동계의 다년간의 숙제였는데 이번 국제노동규약에 집합되는 성과를 이루었다고 평가했다.

유럽은 공업혁명 시기에 이런 문제에 대한 예방책을 수립하지 않아, 노력을 기울여도 효과를 보지 못하고 있었다. 하지만 중국은 후진국이기 때문에 잘못된 길을 피하고 예방책을 잘 활용하기만 한다면, 공업조직이 처음부터 합리적이고 건전하게 발전하여 사회혁명이라는 위험한 관문을 피할 수 있다. 이러한 진단 속에서 량치차오는 현재 중국의 산업 발전을 위해 자본가와 노동자가 협동정신을 발휘하는 일이 중요하다고 보았다.

이를 위한 실천 방법은 각국의 공장에서 노동자에게 주는 이익과 편의를 조사하여 중국 노동자에게 최대한의 복지혜택을 제공하는 일이었다. 또 국가는 세제와 다양한 입법을 통해 공정한 분배를 추구하면서 동시에 생산조합·소비조합을 적극 지원하여, 자본가와 노동자가 정당방위의 무기를 가질 수

---

38 梁啓超, 『歐游心影錄』, 207-208쪽.

있게 하는 것이었다. 량치차오는 상호부조의 정신을 바탕으로 자본주의와 사회주의 정책을 융합한 발전의 길을 가는 것이 바로 신문명의 정치 경제적 조건이라고 보았다.

5. 미래 중국을 찾아서

이상으로 볼 때 상호부조와 인간 존중, 세계주의 국가, 국제연맹, 자본-노동 협동경제, 탈상품화된 노동사회 등이 바로 『구유심영록』에서 량치차오가 예언한 새로운 문명세계라고 할 수 있다. 홉스봄이 20세기의 역사를 극단의 시대라고 개탄한 것을 감안하면, 량치차오의 예언은 분명 이상화된 측면이 있었다. 그러나 『구유심영록』 속에는 오늘날의 텍스트에서 찾아보기 힘든, 어둠을 뚫고 나오는 열정의 빛이 있었다.

『구유심영록』은 보수/진보, 자본주의/사회주의, 전통/현대, 국가/세계, 과학/인생관 등의 경계를 넘나들며 새로운 가치를 탐색하는 텍스트였다. 서구 자유주의의 편향들인 개인주의, 과학만능주의, 약육강식 등을 비판하면서도 자유, 과학, 진화 등이 지닌 본래적 의미를 되살리려고 했다. 자본주의적 경제발전을 승인하면서도 불평등이 초래한 문제를 해결하기 위해 노동과 분배를 중시하는 사회주의 정책을 수용했다. 또 국가주의·제국주의가 지배하는 국가 간 경쟁체제를 비판하고 세계주의 국가와 국제연맹에 기반한 국가 간 평화체제를 구축하자고 역설했다.

홉스봄의 우려대로 현실 사회주의가 몰락하고 신자유주의가 지배하는 전일적 세계가 되었을 때, 인류의 미래는 한층 불투명해졌다. 2008년 미국 금융위기 이후 고삐 풀린 자본주의에 대한 대안 체제를 모색했을 때, 국가의 자본 통제, 공적 부조 및 사회안전망에 관한 복지정책을 반시장적 사회주의라고 거부하는 장면을 량치차오가 보았다면, 아마도 납득하기가 힘들었을 것이다. 과거에 비할 수 없을 정도로 수많은 정보와 이론이 쏟아져 나오고 있지만, 우리 시대의 미래 상상은 오히려 더 협소해진 것이다.

21세기 중국도 예외가 아니다. 개혁개방을 통해 경제대국으로 성장했지만, 20세기 초에 량치차오가 경고한 빈부격차의 사회문제를 예방하지 못했다. 21세기 중국의 미래가 불투명해진 것이다. 이점은 대국굴기에 주력하는 동안, 중화인민공화국이라는 근대국가 건립의 이유에 대한 질문이 잊혀진 점과 맞물려 있다. 잊혀진 질문을 환기하는 일이 바로 현재의 문제를 성찰하는 출발선이다.

백여 년 전 근대 중국의 길을 열었던 량치차오와 개혁자들, 그들은 어떠한 국가를 상상했던 것인가.

| 2장 |

중국의 존립기반: 청 제국의 판도

1. 중화민국 임시약법과 시대정신

신해혁명으로 청 제국이 무너지고 1912년 1월 쑨원을 임시 총통으로 하는 중화민국이 수립되었다. 신해혁명은 우한을 시작으로 각 지역의 무장봉기가 이어진 사변이었지만, 중화민국의 수립은 청의 큰 저항 없이 이뤄졌다. 마치 1644년 산해관을 열어 준 오삼계 덕분에 명의 수도 베이징에 손쉽게 입성하던 때를 보는 듯했다. 그리고 중화민국은 청의 마지막 황제 선통제의 퇴위의 형식을 통해 새 국가의 탄생을 선포했다.

이러한 사실은 역대 제국의 몰락이 그러하듯이, 청의 종말 역시 내부 붕괴에서 기인했다는 점을 보여준다. 그러나 중화민국에게는 역대 왕조 교체와는 확연히 다른 국내외적 난제가 기다리고 있었다. 아편전쟁 이래 제국주의 열강의 위협이 지속되고 있었고, 중국인에게 낯선 공화제와 혼란한 시국은 중화민국의 험난한 미래를 예고하는 것이었다.

그러면 아시아 최초의 공화국이라 불린 중화민국이 어떠한 문제에 직면해 있었던 것인지, 1912년 3월 제정된 <중화민국 임시약법>(이후 <약법>으로 간칭)을 통해 살펴보자.

제1조: 중화민국은 중화인민이 조직한다.

제2조: 중화민국의 주권은 국민 전체에 속한다.

제3조: 중화민국의 영토는 23개의 행성, 내외의 몽골, 티베트, 칭하이이다.

제4조: 중화민국은 참의원, 임시대총통, 국무원, 법원이 그 통치권을 행사한다.

제5조: 중화민국의 인민은 모두 평등하고 종족, 계급, 종교의 구별이 없다.

제6조: 인민은 아래의 각 항의 자유권을 향유한다.[1]

<약법>은 중화민국의 헌법에 해당하는 것으로, 공화국으로서 중화민국의 존립기반과 건설 방향이 명시되어 있다. 크게 보면, 제1조, 제2조, 제3조, 제5조는 중화민국의 존립기반인 주권, 영토, 인민에 관해 명시한 조항이고, 제4조와 제6조는 공화국 건설 방향으로서 통치 주체와 인민의 권리에 관해 명시한 조항이다. 여기서는 <약법>의 국가 존립기반 조항을 중심으로 그 속에 내재된 시대정신에 관해 논의할 것이다.

<약법> 제1조에서는 제국주의 세력이 국가 존립을 위협하는 시대적 상황에서, 중화민국이 외세가 아닌 중화인민에 의해 조직된 독립 국가임을 명시한다. 중화민국이 어떠한 외세로부터도 간섭받지 않는 독립된 주권국가임을 역설한 것이다. 제2조에서도 국가 주권이 국민 전체에 속한다는 내용이 반복되는데, 주권이 없는 식민 상태에서는 국가가 존립할 수 없기 때문이다. 제국주의 세력을 겨냥하여 중화민국이 국가주권과 국민주권을 지닌 독립 국가임을 반복하여 표방한 것이다.

제3조는 중화민국이 통치하는 영토 범위가 23개의 행성, 내외의 몽골, 티베트, 칭하이라고 명시한다. 이는 18세기 중반 청이 개척한 최대의 영토에 해당한다. 23개의 행성은 명대 한족의 영토인 18성에 만주족의 근거지인

---

1 <중화민국 임시약법> 전문은 https://blog.naver.com/harry726/222991172158 참고.

동북 3성과 위구르족의 신장성 그리고 타이완성을 포함한 것이며, 여기에 청이 귀속시킨 몽골과 티베트, 칭하이를 중화민국의 영토로 규정한 것이다. 청 제국의 영토가 공화국인 중화민국의 영토로 귀속된 것이다.

제5조는 중화민국의 정치 주체는 종족, 계급, 종교의 구별이 없는 평등한 인민이라고 명시한다. 이러한 인민 개념에는 두 가지 의미가 함축되어 있다. 하나는 한족, 만주족, 몽골족, 티베트족, 위구르족의 오족을 포괄하는 정치공동체로서 인민이며, 다른 하나는 오족이 모두 어떠한 차별도 없이 평등한 권리를 지니는 주권자로서의 인민이다. 이는 청 제국의 영토에 거주한 모든 민족을 중화민국의 구성원으로 계승하면서, 이들에게 모두 공화국 인민으로서의 권리를 동등하게 부여한다는 것을 뜻한다.

이렇게 <약법>은 주권, 영토, 인민을 중화민국의 존립기반으로 명시하고 있다. 국가의 주권이 인민에게 있고 인민은 모두 평등한 권리를 지닌다는 것은, 중화민국이 전통적인 군주국이 아니라 인민이 주권자인 공화국이라는 점을 표방한 것이다. 동시에 영토 범위와 인민 구성의 면에서는 청 제국의 판도를 계승한다는 점이 헌법 조항으로 명시되어 있다. 중화민국은 청 제국의 판도 위에 건설된 인민주권의 공화국인 것이다.

중화민국의 이러한 정체성은 단순히 법 조항에 그친 게 아니다. 1949년 국공내전에서 승리한 공산당의 중화인민공화국에서도 그 정체성이 이어지기 때문이다. 그리고 21세기 시진핑 시대에서는 청 제국 판도의 완성으로서 타이완 통일 문제와 평등한 인민 공화국을 위한 공동부유의 문제가 국가 의제로 급부상하였다. 공산당이 추진하는 통일국가와 공동부유는 바로 <약법>의 정신을 계승한 것이라고 할 수 있다.

<약법>을 실천하는 정치이념과 통치 주체는 달랐지만, 근현대에서 21세기 중국에 이르기까지 <약법>이 국가 비전으로 이어진 것이다. 이렇게 시대정신으로 계승되고 있는 <약법>이 어떻게 만들어진 것인지 살펴본다면, 량치

차오의 신중국 구상이 <약법>으로 귀결되었다는 사실을 발견할 수 있다.

2. 중국이라는 국호

이렇게 <약법>에 국가의 존립기반이 분명하게 명시되어 있지만, 당시 중국에는 청일전쟁 패배 이후 열강의 영토 분할이 강제되면서, 망국 멸종의 위기감이 고조되어 있었다. 이러한 위기적 상황에서 무엇보다 중요한 일은 국가가 존립할 수 있는 실체적 기반을 재건하는 일이었다.

량치차오는 그 방법을 중국의 통일된 국가 정체성을 확립하는 일에서 찾았다. 중국이 망국의 위기에 처한 원인이 중국인을 결속할 통일된 국가 기반이 부재한 데 있다고 인식했기 때문이다. 중국을 명명할 수 있는 정식 국호도 없고, 중국 영토를 규정하는 명확한 국경도 없고, 중국인을 정의할 수 있는 국민 개념도 없고, 중국이 지속된 시간을 통일적으로 서술할 역사도 없었던 것이다.

> 내가 가장 부끄럽게 생각하는 것은 우리나라에는 국명이 없다는 것 하나이다. 일상적으로 부르는 제하諸夏·한·당 등은 모두 왕조명에 불과하다. 외국인이 부르는 진단眞檀·지나支那는 우리 스스로 명명한 것이 아니다. 하·한·당 등으로 우리 역사를 부르는 것은 국민을 존중한다는 취지에 반한다. 진단·지나 등으로 우리 역사를 부르는 것은, 이름은 주인을 따라야 한다는 이치를 잃어버리는 것이다. 중국, 중화라고 부르는 것은 확실히 자존자대의 뜻이 담겨있어 다른 나라의 비판을 받을 수도 있다. 그러나 한 성姓, 한 왕조의 연대로 우리 국민을 더럽힐 수는 없으며, 외국인이 임시로 정한 것으로 우리 국민을 미혹되게 할 수는 더더욱 없다. 세 가지 모두 중용을 상실한 것이지만, 부득이하게 나는

우리의 습관에 따라 '중국사'로 부르고자 한다. 다소 교만한 표현이지만, 민족마다 제 나라를 받드는 것은 세계에 널리 통하는 일이다. 우리 동포가 진실로 명과 실을 통찰하는 것 또한 정신을 환기하는 하나의 길이 될 것이다.[2]

량치차오의 말대로 중화민국 수립 이전에 중국이라는 국명은 없었다. 중화민국이 정식 국호가 되면서 중국이라는 말이 그 약칭처럼 통용된 것이었다. 중화민국 이전에는 중국을 부르는 세 가지 방식이 있었다. 하·한·당처럼 역대 왕조명으로 부르거나, 진단·지나처럼 외국인이 만든 명칭을 쓰거나, 중국·중화처럼 세상의 중심이라는 문화주의적 개념으로 부르는 방식이었다.

량치차오는 세 가지 명칭을 구분하고 있지만, 중국사에서 왕조 국호와 중국이라는 명칭이 서로 분리된 것은 아니었다. 고대 중국에서 청에 이르기까지 역대 왕조는 자기 고유의 국호를 사용하면서도, 대내외적으로 자신의 정통성을 부각할 때 중국이라는 명칭을 사용했기 때문이다.[3] 량치차오의 제언은 중국이라는 명칭을 공식 국호로 사용하자는 것이다. 중국이라는 의미에

2 梁啓超, 「中國史敍論」(1901).

3 이점은 마테오리치가 유럽 사람들에게 중국의 명칭을 세 가지로 설명하는 데에서도 나타난다. 첫 번째는 유럽이나 다른 문화권에서 중국을 부르던 명칭이다. 여기에는 프톨레마이오스 때부터 사용되어 온 Sina, 마르코 폴로가 사용한 Cathay, 포르투갈 사람들이 사용한 China 등이 포함되는데, 모두 비단(silk)을 뜻하는 '사絲'의 중국어 발음 'si'와 관련된 것으로 보인다. 두 번째는 새로운 나라가 세워졌을 때 지어진 왕조명이다. 당唐은 광활하다는 뜻이고, 우虞는 평온하다는 뜻이다. 하夏는 위대하다는 뜻이고, 상商은 웅장하고 아름답다는 뜻이다. 주周는 완벽하다는 뜻이고, 한漢은 은하수를 뜻한다.…… 명明은 밝음을 뜻하는데, 앞에 대大자를 붙여 대명이라 부르니 크게 빛을 발한다는 뜻이다. 세 번째는 여러 왕조를 거치면서 변함없이 사용하던 이름으로 중국(Ciumquo) 또는 중화(Cimhoa)가 있다. 중국은 왕국, 중화는 화원을 뜻하며 모두 중앙에 있다는 의미로 해석된다(한성구, 『미스터 사이언스: 중국 대중과학 프리즘』, 궁리, 2024, 55-56쪽). 세 가지 설명 가운데 두 번째의 왕조명에 대해 마테오리치는 한자의 뜻으로 보고 있지만, 그보다는 분봉 받은 영지의 명칭에서 기원한 것이고, 원대부터 명, 청, 중화민국, 중화인민공화국의 명칭은 보편적 대의를 뜻하는 것이었다.

"자존자대의 뜻이 담겨있어 다른 나라의 비판을 받을 수" 있지만, "민족마다 제 나라를 받드는 것은 세계에 널리 통하는 일"이었다. 아울러 망국의 위기 속에서 중국이라는 말의 의미를 되새겨, 중국인의 "정신을 환기하는" 작용을 할 수 있다고 보았다.

청말 당시 량치차오의 국호 제언이 특별히 독창적인 것은 아니었다. 장더이張德彝를 비롯하여 유럽, 일본 등을 여행한 지식인들은 외국인들이 자기 나라를 중국이 아니라 차이나, 지나 등의 다른 이름으로 부른다는 사실을 알게 되었고, 이에 민간 차원에서도 국호를 중국으로 통일해야 한다는 생각이 형성되었기 때문이다.[4] 세계 정세를 이해하는 중국 지식인이라면 누구나 공감할 수 있는 생각이었던 것이다.

역대 왕조에서 중국이 국호가 아니면서도 왜 정통성을 상징하는 개념이 된 것인지 간략하게 살펴보자. 중국이라는 말의 초기적 의미는 왕의 도읍을 지칭하는 것이었다. 왕이 통치하는 도읍을 중국이라고 했던 것인데, 당시 왕은 단순한 권력자가 아니라 하늘의 뜻(천명)을 받아 통치하는 신성한 인간이었다. 엘리아데에 따르면, 이러한 왕은 자신의 나라가 대지의 중앙에 놓여 있고, 자신의 도시가 우주의 배꼽을 구성하며, 신전이나 궁전이 바로 진정한 세계의 중심이라고 여겼다.[5] 즉 하늘의 뜻을 인지하는 제사장으로서 왕은 자신이 있는 곳이 우주와 대지의 중앙이며, 신과 인간이 만나는 지점이라고 인식했다는 뜻이다.

문자상으로 볼 때, 상나라 말기에 도읍과는 다른 특별한 읍을 지칭하는 '천읍상(天邑商. 하늘의 도읍 상)'이라는 말이 출현했는데, 이곳에서 상나라의 중요한 제사의식 및 군대의식이 수행된 것으로 보인다.[6] 천읍상은 중상中商이

---

4 리디아 류, 『충돌하는 제국』(차태근 옮김, 글항아리, 2016), 제3장 주권상상 참고.

5 M. 엘리아데, 이은봉 옮김, 『성과 속』, 한길사, 2019, 71쪽.

라고도 불렀는데, 중상을 중심으로 하여 다른 지역을 방위에 따라 동토, 서토, 남토 그리고 북토라고 불렀다.[7] 또 주나라 무왕은 상나라 정벌 후 낙읍에 왕궁을 건설하고, "이 중심의 땅中國에서 백성을 다스리고자 한다"[8]고 했다. 주나라 초기 청동기 <하준何尊>에 나오는 이 구절은 중국이란 말이 사용된 최초의 용례인데, 상나라의 천읍상·중상과 같은 의미라고 할 수 있다.

주나라 왕의 권력이 약화된 춘추전국 시대에는 왕의 도읍이라는 의미가 확대되어, 제후들이 통치하는 나라의 총칭인 제하諸夏나 육국六國이 넓은 의미의 중국으로 쓰였다. 이때의 중국에는 존왕양이처럼 문명의 중심이라는 의미가 포함되어 있었다. 진시황이 육국을 통일한 이후에는 대체로 진나라가 확립한 영토(중원)를 통치하는 나라를 중국이라고 여겼다. 이렇게 중국은 왕의 도읍에서 진나라 영토에 이르기까지 그 공간이 확장되었을 뿐 아니라, 우주와 지상의 중심이자 문명의 중심이라는 뜻이 함축되어 있었다.

역대 왕조에서 중국을 문명 중심 국가의 개념으로 수용한 데에는 사마천의 『사기』가 지대한 역할을 하였다. 진시황이 중국이라는 국가의 영토를 확립했다면, 사마천은 중국이라는 관념과 그 역사를 정립했던 것이다. 사마천은 『사기』에서 황제를 조상으로 하고 우임금의 구주九州를 영토로 하는 화하족의 통일국가로서 중국 개념을 창안하였다. 이러한 중국 개념은 『사기』의 기전체를 모범으로 하는 역대 왕조의 정사 속에서 지속되었다. 남북조 시대 선비족의 북위도 한족의 남조 국가와 마찬가지로 스스로를 중국이라 칭했다.

---

6 제을 제신 시기 갑골문에 나오는 천읍상 용례에 대해서는 김경일, 「제5기 黃組 갑골문에 기록된 商族과 東夷 관련 텍스트의 상관성 분석: '天邑商'과 '征夷' 텍스트를 키워드로」(中國言語研究 第74輯, 2016), 164-168쪽 참고.

7 상나라 도읍지와 읍 그리고 천읍상의 관계에 대해서는 윤내현, 『상주사』(민음사, 1988), 40-47쪽 참고.

8 <何尊>. "余其宅茲中國, 自之辟民."

이민족 국가 요·서하·금에 시달리던 송대에는 문명 정통성에 입각하여 배타적인 중국 의식이 형성되기도 했지만,[9] 마지막 왕조 청에 이르기까지 중원을 차지한 왕조는 민족에 상관없이 스스로를 중국이라고 불렀다.

외교 문서로 볼 때, 1842년 아편전쟁 후 작성된 난징조약에서 중국이라는 말이 처음으로 당사국 명칭으로 등장했다. 1689년 만주어, 러시아어, 라틴어로 작성된 네르친스크조약에서 '중국대황제흠차분계대신'이라는 표현이 있었지만, 중국어 외교문서에 중국 명칭이 등장한 것은 난징조약 이후의 일이었다. 중국이 대외적인 국가 명칭으로 사용되면서, 1907년 일본 와세다 대학 청나라 유학생 졸업 기념 인명록에 자신의 국적을 중국으로 표기한 학생들도 있었다.[10]

이렇게 역대 왕조에서 중국 명칭이 쓰이고 외교 문서에 중국이 등장하기는 했지만, 중화민국에 이르기까지 정식 국호는 역대 왕조의 명칭이었다. 역대 왕조가 교체되는 과정을 보면 그렇게 될 수밖에 없는 상황이었다. 신생 왕조는 전대 왕조를 멸망시키고, 전대의 천명을 대신하여 새로운 천명을 받은 통치자의 나라로 등장한 것이었기 때문이다. 역사적으로 볼 때 송대까지 국호는 통치자의 영지나 근거지 이름을 국호로 사용했고, 원대부터 보편적 대의가 있는 명칭을 국호로 사용하였다. 아울러 왕조의 정통성을 의미하는 중국이라는 말은, 왕조 교체에 상관없이 반드시 계승해야 하는 권위의 상징이 되었다.

량치차오의 중국 국호는 이러한 역사적 맥락과 망국의 위기 속에서, 정통성을 지닌 국가 재건을 위한 제언이었다. 마지막 왕조인 청의 정식 국호는 대청이었으며, 20세기 초에는 예비입헌을 통해 '대청제국'의 새 국호를 쓰려

---

9 거자오광, 『이 중국에 거하라』, 53-55쪽.

10 이성규, 「중화제국의 팽창과 축소: 그 이념과 실제」(『역사학보』 제86집, 2005), 87-88쪽.

고 했다. 그러나 신해혁명으로 청이 멸망하면서 중화민국이라는 새 국호가 탄생한 것이다.

20세기에 건국된 중화민국과 중화인민공화국에서 중국이 정식 국호가 된 것으로 보기도 한다. 그러나 량치차오가 만청 시기부터 중국이 근대국가의 국호가 되어야 한다고 주장했지만, 신해혁명 이후 중국이 아니라 중화민국이라는 명칭이 국호로 결정되었다. 중화민국은 중화라는 정통성과 민국이라는 근대 주권국가의 개념이 결합된 국호이며, 중화인민공화국은 중화라는 정통성과 사회주의 인민의 주권국가라는 개념이 결합된 국호다. 두 국호 모두 중화(중국)의 역사적 정통성을 계승하여 건국한 근대 주권국가라는 의미가 부각되어 있다. 이들 역시 중국이라는 정통성 하에 건국된 신흥 근대국가의 명칭으로 보아야 할 것이다.

3. 국가 존립기반

문제는 국호를 뒷받침하는 실질적인 국가 존립기반을 어떻게 만드느냐에 있었다. 량치차오는 그것을 영토, 민족 그리고 정치공동체로서 중국을 결속시킬 수 있는 역사 정립의 문제로 보았다. 쑨원 등의 혁명파가 전통적 중국 영토 위에서 한족 국가를 수립하려 한 것과 달리, 량치차오는 청 제국의 판도 위에서 통일된 정체성을 지닌 대민족 국가를 건설하려고 했다.

서론에서 살펴보았듯이, 량치차오의 구상한 국가 존립기반을 이해하려면 서구 민족국가론과 아울러 사마천이 『사기』를 저술한 역사적 맥락을 이해해야 한다. 량치차오의 신중국은 사마천이 정립한 통일국가의 규범 위에서 출발하고 있기 때문이다. 사마천은 『사기』에서 통일 제국이 존립할 수 있는 기반을 화하족의 보편사 속에서 재구성하였다. 존립기반은 중국을 존립 가능케 하는 실체적 토대로, 역사·민족·영토를 포괄한다. 진시황의 천하 통일은 전국시대 육국을 병합한 것이지만, 시간을 위로 거슬러 올라가면 흩어져 있던 수많은 종족, 지역, 문화를 하나로 통합한 것이었다. 이들 사이에는 통일이 되어야 할 필연적인 이유가 없었으며, 전쟁의 재앙이 극심해지면서 전쟁을 중단시킬 평화의 시대를 원했을 뿐이었다. 공동체 의식이나 공통의 정체성이 없는 상태에서 천하 통일은 진 제국처럼 단명할 수 있는 내적 원인이 되었다. 제국이 지속되기 위해선 공동체로서 내부 결속력을 갖추어야 했던 것이다.

역사가로서 사마천은 공동의 역사 속에서 내부 결속의 힘을 찾았다. 사람들이 서로 흩어져 살아온 게 아니라, 상고시대부터 동일한 조상과 영토, 규범 속에서 공동체로 살아왔다는 생각이 그것이다. 이에 사마천은 상고시대부터 당대當代에 이르는 통사를 구성하고, 흩어져 있던 각 종족, 지역, 문화를 통합하여 하나의 거대한 역사로 만들었다. 이 통사 속에서 제국의 성원들은 이제 공동의 역사를 지니는 공동체로 재탄생하게 되었다. 역사공동체로서 내부 결속감을 가지는 일이 『사기』 저술로 일시에 이뤄지는 것은 아니지만, 『사기』의 역사 세계가 널리 공유된 후대에 실제적인 힘으로 작용했다는 것은 분명한 사실이다.

이렇게 『사기』가 만들어놓은 공동의 역사, 공동의 민족(조상), 공동의 영토는 중국이 실체적으로 존립할 수 있는 기반이 되었다. 이러한 존립기반이 없으면 중국은 상상 속의 존재에 불과해진다. 고대 세계의 팩트로 보면 과장되게 만들어진 것이지만, 이러한 존립기반 덕분에 중국은 역사가 지속되는 전통 제국으로, 조상이 동일한 대가족 제국으로, 광활한 영토를 지닌 천하 제국으로 자기 정체성을 내세울 수 있었다. 이후 통일국가의 존립기반은 중국의 '핵심이익'으로 자리하여, 역대 왕조가 반드시 지켜야 할 책무이자 정통성의 근간이 되었다.

사마천의 『사기』가 한 무제 시기의 통일 제국 완성을 위한 작업이었다면, 량치차오가 직면한 상황은 청 제국의 판도가 분할되는 위기 국면이었다. 제국 분할의 위기 속에서 새로운 통일국가를 만드는 일이 량치차오의 시대적 사명이었다. 국가의 상황은 사마천과 달랐지만, 영토·민족·역사가 일체화된 통일국가를 지향한 점은 차이가 없었다.

당시 중국은 열강의 영토 분할과 아울러 신장, 티베트, 몽골 지역의 분리 독립 문제에 직면해 있었기 때문에, 영토 문제는 통일국가의 판도를 결정하는 관건적인 사안이었다. 영토 기반을 어떻게 설정하느냐에 따라 근대 중국의 국가 정체성이 달라질 수 있었기 때문이다. 판도만으로 보면, 전통적인 중국 영토 안에서 한족 민족국가를 건설하려는 혁명파의 구상이 사마천의 통일국가에 가까웠다. 이 길을 걸었다면, 근대 중국의 판도는 원 제국을 몽골 초원으로 몰아내고 명을 건국할 때와 유사한 상황이 되었을 것이다.

혁명파의 구상에 비할 때, 량치차오의 신중국은 훨씬 복잡하고 어려운 과제였다. 한족에게 낯선 변강 지역을 내부로 결속시키고, 또 이민족 자치가 아닌 직접적인 행정 방식으로 통치하는 것은, 역대 한족 국가들이 해보지 못한 일이었기 때문이다. 남해안의 광동성 신후이 출신인 량치차오 역시 청의 변강 지역을 직접 체험할 기회가 없었다. 량치차오가 변강의 지리 정보와 지정학적 중요성을 인지한 것은 궁쯔전龔自珍, 웨이위안魏源 등의 연구와 실천을 통해서였다.[11]

궁쯔전, 웨이위안이 서북 변강에 주목한 것은 이 지역에서 일어난 분쟁과

---

11 梁啓超, 『清代學術概論』(1922). "공자진과 위원은 경세제민에 관심이 많았고, 특히 변경 문제에 가장 주의를 기울였다. 공자진은 『서역치행성의』를 지었는데, 광서 연간(1884)에 실제로 성이 설치되었다. 지금의 신강성이다. 또 『몽고도지』를 지어 몽골의 정치 습속을 연구하여 자신의 견해를 덧붙혔다. 위원은 『원사』와 『해국도지』를 지었으며 국경 밖 지리 연구는 위원이 선구적이었다."

러시아의 위협에 대한 대응의 차원이었다. 궁쯔전, 웨이위안 이전에도 서북 지역에 대한 연구성과가 있었다. 1750년대 말 이 지역이 청 제국에 편입되면서, 『서역도지』·『서역동문지』 등의 관찬 서적이 간행되었고, 그곳에 부임했거나 유배되었던 관료 지식인들의 견문록이 축적되어 있었던 것이다.[12] 서북 지역의 위기가 분출된 가경·도광 시기에 쉬송徐松, 장무張穆, 허츄타오何秋濤 등이 서북사지학西北史志學의 성과를 거둘 수 있었던 것도 이런 선행 연구가 있었기 때문이다. 아울러 원사 연구도 활발했는데, 몽골 원나라의 역사를 중국화하여 러시아의 영토 위협에 대응하기 위한 것이었다.

당시 량치차오를 포함한 한족 지식인들이 서북 지역에 관심을 가지게 된 것은 청의 영토개척과 중앙권력 약화의 문제와 연결되어 있었다. 이 문제는 청의 건국 과정부터 시작된 것이었다. 청의 창업주 누루하치는 명나라 요동 지역에서 여진족 세력을 통합하여 후금(1616년)을 건국했다. 이어서 홍타이지는 내몽골과 만주 전역을 장악하고 만주족, 몽골족, 한인으로 구성된 대청(1636년)을 건설했다. 순치제는 1944년 오삼계를 비롯한 한족의 도움으로 베이징에 입성했으나, 남방의 불복 세력으로 인해 명의 전체 영토를 차지하지는 못했다. 이후 남명의 불복 세력을 진압하고, 한인 친왕 세력인 광동의 상가희·복건의 경정충·윈난의 오삼계의 삼번의 난을 진압한 후, 마지막으로 대만의 정성공 세력이 투항한 강희제 시기(1683년)에 이르러 비로소 명나라 판도의 중국을 차지할 수 있었다.

만주, 내몽골과 전 중국을 장악한 강희제는 이제 중앙유라시아[13]를 향한

12 최희재, 「清 嘉慶道光期 西北史地學 연구의 역사적 의의」(『역사문화연구』 제53집, 2015), 304쪽.

13 피터 퍼듀는 『중국의 서진』(공원국 옮김, 길, 2012)에서 청의 정복 활동을 유라시아를 둘러싼 청, 러시아, 몽골 제국의 세계사적 경쟁 과정으로 보았다. 그래서 이 지역을 일반적으로 통칭하는 중앙아시아가 아니라 중앙유라시아라는 용어를 통해 조명하고 있다.

본격적인 정복 활동을 개시하였다. 강희제의 정복 대상은 천산산맥 북쪽 초원을 근거지로 둔 몽골 제국 중가르였다. 중가르 정복은 강희제 때 이루지 못하여, 옹정제를 이어 건륭제 시기인 1750년대 말까지 지속되었다. 이 과정에서 청은 외몽골 초원을 비롯하여 칭하이, 티베트, 신장을 정복하여 청 제국의 최대 판도를 개척했다.

청이 중앙유라시아 정복 활동을 시작할 때 공교롭게 러시아도 동진을 시작했다. 러시아와 중가르의 연합을 두려워한 청은 서둘러 러시아와 네르친스크 조약(1689)과 캬흐타조약(1727)을 체결했다. 이에 청과 러시아 사이의 국경선이 획정되고 교역이 이루어져 청의 정복 활동이 순조롭게 이뤄질 수 있었다. 정복한 서북 지역의 통치는 번부藩部를 관할하는 이번원에서 맡았는데, 주목할 점은 만주족이 관리자로 임명되고 한족은 철저히 배제되어 있었다는 사실이다.

한족 관료들은 명대의 중국 영토인 18성의 관리자로만 부임될 수 있었으며, 만주와 청조의 정복 지역에 대해서는 임명이 제한되어 있었다. 이는 청의 제국 통치가 지역 분리 정책과 그 지역의 종족 문화를 유지하는 간접 지배에 기반하고 있었기 때문이다. 이런 정치적 제약이 풀리기 시작한 것은 건륭제 이후 중앙권력이 약해지고 지역에서 발생한 각종 분쟁에서 한족 관료들이 공로를 세운 이후의 일이었다.

이때부터 서북 지역의 관찬 간행물과 견문록이 유포되고, 그 지역에서 요직을 차지하는 이들이 늘어났다. 또 과밀한 내지 인구의 새로운 이주지로 부각되면서, 한족 지식인들의 서북 지역에 대한 생각에 변화가 일어났다. 야만인들이 사는 척박한 오지이자 유배지라는 편견에서 자신들이 통치하는 새로운 강토라는 인식이 형성되었던 것이다. 그리고 러시아를 비롯한 외세의 위협에 직면하면서 서북 지역에 대한 영토 의식과 아울러 지정학적 중요성을 인지하게 되었다. 이러한 인식 변화 속에서 궁쯔전의 서북 지역 행성화가 주창되었으며, 실제로 광서 연간(1884)에 신장성이 설치되었다.

18세기 말까지 청나라 제국 통치는 한족이 주류에 들기 힘든 구조였지만, 19세기 후반에는 한족 관료들이 제국 통치의 방향을 좌우할 수 있는 세력으로 부상했다. 19세기 중엽 아편전쟁에서 태평천국의 난, 이슬람 반란 등에 이르기까지 절체절명의 위기에 빠진 청을 쩡궈판, 쥐종탕, 리훙장 등 지방의 한족 관료들이 구원하면서 지배구조에 변화가 일어난 것이었다. 이들은 제국 공신 반열에 올랐을 뿐 아니라 만주족을 대신하여 총독, 순무를 맡아 행성의 통치 권력을 장악했다. 또 한족 관료의 임명이 배제되었던 만주와 서북 지역의 제한이 풀리고, 행성 내부에서도 한족 관료들이 다수를 점하게 되었다. 청나라 통치가 과거의 지역 분리 정책과 번부의 간접 지배에서 벗어나, 한족 관료 주도의 행성화와 직접 지배의 방향으로 나아갔던 것이다.[14]

4. 현재주의 역사관

량치차오의 신중국 기획은 이러한 시대 변화 속에서 구상된 것이었다. 만주·서북 지역이 일체화된 중국 영토라는 의식이 형성되고, 또 한족 관료들이 지배구조의 중심으로 진입하면서, 청 제국의 판도 위에서 새로운 통일국가를 구상할 수 있었던 것이다.[15] 이러한 구상은 광서제를 통한 정치개혁이

---

14 구범진, 『청나라, 키메라의 제국』(민음사, 2012), 237-238쪽.

15 쑨원의 경우는 신해혁명 전까지 청 제국의 판도를 수용하지 않았는데, 이는 청의 내부 권력을 장악할 수 있는지에 대한 상이한 전략적 판단에 기초한 것이었다. 중화민국이 수립된 이후 비로소 청 제국의 판도를 수용했으며, 이후 오족 공화를 넘어 한족 중심의 일체화된 중화민족 국가 건설을 추진했다. 1915년 일본의 21개조 요구 이후 반일 정서가 고양되던 시절에도 쑨원은 만주를 지렛대로 일본의 차관을 얻으려 했는데, 당시 한족 민족주의 정치가와 지식인에게 변강 지역은 중앙권력 강화를 위해 협상 가능한 비중국의 영토라는 생각

실패하고 일본에 망명한 시기에도 변하지 않았다. 국가 존립기반의 면에서 보면 캉유웨이, 량치차오 등의 입헌파 활동 덕분에 청 제국의 판도가 중화민국으로 이어질 수 있었다.

그러면 량치차오가 청 제국의 판도를 어떻게 근대 중국의 영토로 계승하고 있는지 살펴보자. 중화민국 건립 이전에 량치차오는 신중국의 영토를 ① 중국 본부本部, ② 신장, ③ 칭하이, 티베트, ④ 몽골, ⑤ 만주로 보았다.[16] 중화민국 수립 이후에는 ① 18행성, ② 동북성 및 특별 구역, ③ 신장, ④ 외몽골, ⑤ 칭하이 및 촨볜川邊, ⑥ 티베트 등 6부로 나누었다.[17] 지역의 구분 방식은 조금 달라졌지만 모두 청 제국의 판도를 포괄하고 있었다. 량치차오의 영토 구분은 크게 보면, 중국의 전통적 영토인 18행성(본부)과 이민족 변강 지역으로 나눈 것이었다.

이렇게 근대 중국의 영토를 본부/변강으로 구분하는 관념 속에는 청 제국의 판도가 중국의 당위적 영토이지만, 현실에서는 모든 영토가 아직 중국 내부로 일체화되지 않았다는 곤혹감이 내재되어 있었다. 실제로 량치차오는 이민족 변강 지역은 중국의 주권 하에 있으나 인종적 동화가 이루어지지 않았거나, 중국 주권이 실질적으로 관철되지 않는 지역이라는 사실을 인정하고 있었다.[18]

량치차오가 인정한 이러한 간극은 청 제국이 정복을 통해 확장한 판도를 한족 중심의 중화민국이 계승할 정당성이 있는지의 문제와 연결되어 있었다. 청의 시대에서는 제국의 구심력이 살아 있었지만, 중화민국은 오족 공화를 내세우기는 했어도 한족 중심의 국가로서 변강의 이민족들을 흡입할 수 있는

이 있었음을 엿볼 수 있다.

16 梁啓超, 「中國史敍論」(1901).

17 梁啓超, 「地理及年代」(1922).

18 梁啓超, 「地理及年代」(1922).

정통성과 힘이 결여되어 있었기 때문이다. 실제로 <약법>의 영토 규정과 달리, 외몽골은 1911년 독립을 선포하면서 러시아의 통제 하에 있었다. 그리고 내몽골, 티베트, 위구르 지역도 중화민국이 실효적 지배를 하지 못하는 공간이었다.

량치차오가 느낀 간극과 중화민국이 직면한 영토 문제를 이해하기 위해선, 중국사 속에서 형성된 세 가지 영토 개념－당위적 영토, 역사적 영토, 실효적 지배 영토－을 구분해서 보아야 한다. 당위적 영토는 사마천이 『사기』에서 하나라의 영토로 설정한 우공구주나 <약법>에서 규정한 중화민국의 영토처럼, 중국이 마땅히 차지해야 한다고 표방한 이상적 영토를 뜻한다.

역사적 영토는 역대 중국 왕조들이 제각기 차지했던 영토를 뜻한다. 량치차오를 비롯한 중국 지식인들은 대부분 현재의 영토를 기준으로 고대 중국의 영토를 포괄하는 현재주의 역사관을 주창하고 있어서, 거자오광 같은 비판적 학자를 제외하고는 역사적 영토의 다변성에 대해 잘 주목하지 않는다. 현재주의 역사관이 문제가 되는 것은 근대 중국의 영토관에 내재한 현실과의 간극을 은폐하여 량치차오가 느낀 곤혹감을 이해하지 못하게 한다는 점이다. 그래서 현재주의 역사관을 성찰하는 대안 시각이 있어야 근대 중국의 국가 존립기반을 객관화시켜 볼 수 있다.

내가 제기하는 대안 시각은 '동유라시아 속의 중국사'이다. 현재주의 역사관은 현재의 중국 영토에 해당하는 동유라시아를 중국사의 영토로 보는데, 이러한 역사는 중국사를 넘어 동유라시아사에 가깝다. 그래서 역대 중국 왕조의 영토와 역사를 동유라시아와의 관계 속에서 해석하려는 것이 동유라시아 속의 중국사의 시각이다. 고대부터 동유라시아가 중국사의 공간이 된 것이 아니라, 중원 왕조와 동유라시아 국가들 사이의 지속적인 세력 경쟁 과정에서 현재의 동유라시아 판도가 중국사의 공간으로 내재화된 것이라는 얘기다.

량치차오도 중국사의 공간이 점차 세계로 확장되어가는 특성에 주목하여, 고대를 '중국 속의 중국'의 시기로, 중세를 '아시아 속의 중국'의 시기로, 그리고 근대를 '세계 속의 중국'의 시기라고 보았다.[19] 고대는 중국인의 시조인 황제부터 진의 통일(기원전 221년)에 이르는 시기로, 전통적인 중국 영토 내부에서 묘족 등의 야만족에 승리하여 중국 민족을 형성하였다. 중세는 진의 통일에서 청 건륭제 말기(1796)에 이르는 시기로, 중국이 아시아 다른 민족인 묘족, 티베트족, 몽골족, 퉁그스족(만주족), 흉노족(위구르 또는 돌궐족)과 상호 교섭하면서 거대한 민족으로 통합되어 아시아 속의 중국을 형성하였다. 근대는 건륭제 말기에서 서구 세계와 연결된 현재에 이르는 시기로, 중국이 전 아시아 민족들과 함께 서구 국가들과 경쟁하는 '세계 속의 중국'이 탄생하였다. 이렇게 량치차오는 중국사가 중원지역의 고대 중국에서, 청 제국 판도의 아시아로 확장된 중세 중국으로, 그리고 세계질서 속에 편입된 근대 중국으로 진화한다고 보았다.

량치차오의 역사관은 고대부터 중국이 아시아의 판도였다고 본 것은 아니다. 하지만 고대에서 근대에 이르는 중국사의 공간 확장이 현재와 같은 한족 중심의 대민족 국가로 진화되는 필연적인 과정이라고 본다는 점에서 현재주의 역사관에 해당한다. 무엇보다 중국사의 공간 확장이 량치차오가 말한 것처럼 필연적인 진화 과정에 의한 것이라고 보기는 힘들며, 중원 국가가 동유라시아의 제 국가와 벌인 복잡한 세력 경쟁 과정에서 현재와 같은 중국사의 공간이 만들어진 것이라고 보는 것이 역사 현실에 근접한다.

하상주 고대 왕조는 황하 중하류 지역을 차지했고, 춘추전국 시대에는 황하에서 장강에 이르는 지역으로 판도가 확장되었으며, 진은 중원지역의

---

19 梁啓超, 「中國史敍論」(1901). 량치차오는 고대-중세-근대의 시기 구분을 상세上世-중세-근세의 용어를 사용하여 구분한다.

국가들을 통합하였다. 중원지역의 천하 경쟁에서 진나라가 승리하여 중원 통일국가를 건설한 이후, 중원 왕조는 중원 밖의 국가들과 동유라시아 차원의 천하 경쟁을 벌였다. 중국사의 통설은 진한시대 통일국가가 형성되어 중간에 분열의 시기가 있었지만, 근대 이전까지 통일-분열의 순환 서사를 거치면서 통일국가가 지속되었다는 것이다.

세력 판도로 볼 때, 진한은 흩어진 중원의 국가들을 통합하여 실효적 지배 영토로 만들었고, 변경지대에는 군사력을 통해 변군을 설치하거나 완충지대로 만들었으며, 변경 너머의 국가들과는 교역을 통해 우호적 국제관계를 형성하였다. 이 세력 판도 전체를 진한의 천하라고 부를 수 있지만, 진한이라는 국가의 실질적인 통치 영역은 중원지역이었다. 중원지역이 바로 진한의 실효적 지배 영토이고 중원 이외의 지역은 주로 이민족 국가들이 지배하고 있었다.

이렇게 고대부터 동유라시아 제 국가들이 세력 경쟁을 벌이면서 거대 천하 문명권이 형성되었다. 동유라시아 문명사에서 볼 때, 하늘에서 통치 정당성을 구하고 자신을 천손이라고 칭하는 군주는 누구나 자신의 국가를 세상의 중심(중국)이라고 여겼다. 일반적으로 중국 중심의 국제질서를 따르거나 중국문명의 영향력 하에 있는 지역을 중화문명권, 중국문명권, 한자문명권 등으로 부른다. 지리적 모형으로 보면 이 문명권은 중국을 중심으로 그 영향력이 동심원으로 확장되는 형태를 띤다.

그러나 동유라시아 문명사 속의 중국 개념을 폭넓게 이해하려면, 특정 국가 중심의 문명권에서 벗어나 '천하문명권' 개념을 재구성해야 한다. 나는 하늘에서 통치와 삶의 정당성을 구하는 민족과 국가 들이 세력 경쟁을 벌이며 형성한 다원적 문명권을 천하문명권으로 정의한다. 즉 천하문명은 천, 천명, 천자, 천손, 천하 등 하늘과 연결된 개념에서 통치 정당성을 구하는 국가와 하늘을 생명의 근원으로 여기는 세계관을 지닌 사람들이 만든 문명을 통칭하는데, 인류사적으로 볼 때 이것은 동유라시아가 공유한 문명적 특성이다. 동유라시아 신석기·청동기 문화에 보이는 제단·신상·무덤, 북방 유목문화의 샤머니즘, 고대 왕조의 탄생 신화 그리고 상나라 상제 신앙과 주나라 천명 등이 바로 그러하다. 천하문명은 지역과 민족 그리고 국가의 조건에 따라 다원적인 형태를 띠며, 중국문명은 이러한 동유라시아 천하문명에 기반하여 형성된 것이다.

중국의 고고학자 쑤빙치는 중국의 고고학적 문화권을 만리장성 중심의 북방문화권, 산동 중심의 동방문화권, 황하 중심의 중원문화권, 태호 중심의 동남부문화권, 동정호·사천 중심의 서남부문화권, 파양호·주강 중심의 남방문화권의 6개 구역으로 나누는데, 이 가운데 중원문화권이 고대 중국문명 구역에 해당한다. 나머지 5개 구역 및 쑤빙치의 문화권 밖에 있는 몽골, 티베트, 신장, 만주 등은 상이한 천하문명을 형성한 지역이다. 동유라시아 차원의 천하문명권을 대천하라고 한다면 내부의 천하문명 지역은 소천하에 해당하며, 이렇게 다원적으로 형성된 소천하 세력들이 장기간의 경쟁(전쟁)과 협력, 통합 과정을 통해 대천하의 천하문명권을 형성한 것이다. 매 역사 시기마다 천하문명권을 구성하는 민족, 국가, 문화, 영토 규모가 다르고 또 이 천하문명권을 최상층에서 통치하는 국가도 달랐다.

진한 이래 중원지역에서 통일국가가 형성되면, 중원 왕조는 중원 밖의 동유라시아 국가들과 끊임없이 세력 경쟁을 벌였다. 이 세력 경쟁은 태항산맥과 황하를 지정학적 축으로 하여, 태항산맥 서쪽의 유목 세력[20]은 중앙유라

20 태항산맥 서쪽을 유목 세력이라고 한 것은 그 지역의 정치적 주역이 유목국가였다는 뜻이며, 그 지역에 거주하는 모든 사람들이 유목 생활만을 했다는 의미는 아니다. 김현진의 『흉노와 훈』(책과함께, 2024)에 따르면, 역사적으로 내륙아시아를 고향으로 삼은 사람들의 삶의 방식도 매우 다양했다. 내륙아시아는 목축민(유목민이라고 잘못 분류되는 경우가 잦다), 농경민(농민), 수렵민, 도시민이 살아간 터전이었다. 이 네 종류의 사람들이 복잡한

시아 및 만주와 연결되어 있었고, 태항산맥 동쪽의 농경·목축·삼림·수산업 혼합 세력은 중원과 교차지대를 이루면서 초원 세력과 연결되어 있었다. 이후 중국사는 중원 왕조가 두 지역에서 탄생한 다양한 세력들과 동유라시아 차원에서 지정학적 경쟁을 벌인 Y자 세력전의 양상으로 전개되었다.[21]

동한이 붕괴되면서 중원지역에 내전이 일어나고 중원 밖의 동유라시아 민족들이 중원으로 들어와 국가를 건설하면서, 중원 안과 밖이 연결된 동유라시아 차원의 국가 경쟁이 일어나게 되었다. 문명사적으로 볼 때 위진남북조시대는 분열의 암흑시대를 넘어 동유라시아의 다원적인 천하문명이 서로 연결되어 거대 천하문명권을 형성하는 시간이었다. 동유라시아 민족들이 세력 경쟁을 벌이던 중원지역은 선비-한족의 수당에 의해 융합 중원제국으로 탄생하였다. 당은 유목 세력을 포섭하여 안보와 경제 이익을 취했으며, 실크로드 주도권을 둘러싸고 아랍·몽골·티베트 세력과 경쟁을 벌였으나, 안사의 난과 탈라스 전쟁 패배 이후 중원은 절도사들에 의해 분할되고 중원 밖에서는 신흥 세력들이 부상하고 있었다.

중원지역은 영토가 축소된 상태로 송에 의해 통일되고, 중원 밖의 동부에서는 요·금이 건국되고, 서부에서는 서하와 몽골 세력이 형성되었다. 천하문명권 안에서 열국체제가 이뤄진 것인데, 안보 위협 속에서 송은 경제력을 통해 평화를 유지하면서 천하문명의 정통성을 주장했지만, 끝내 힘을 앞세운

공생 체제를 이루어 동일한 지역이나 아주 가까운 지역에서 살아간 경우도 많다. 삶의 방식이 어느 하나로 정해지지 않고, 한 종류에 속하는 사람이 살아가면서 다른 종류의 방식으로 전환하는 일도 부지기수였다. 또한 이들 중 대다수는 최소한 알타이어족(튀르크어와 몽골어, 퉁구스어로 구성되나, 각 계통의 언어가 서로 통하지는 않았을 것이다)과 인도유럽어족(대개 이란어와 토하르어), 예니세이어족(현재는 거의 남아있지 않은 시베리아 중부의 케트어가 대표적이다)의 세 개 언어군에 토출된 다중언어 사용자였을 것이다.

21 이 문제에 대해서는 이종민, 『문명 중국, 현실 중국: 중국을 보는 패러다임의 대전환』, 7장 중국의 대국화와 만들어진 변경 참고.

몽골 울르스의 천하 속으로 흡수되었다. 몽골은 초원의 유목세력 통합을 기반으로 동부의 만주 세력과 서부의 중앙유라시아, 티베트 세력을 흡수하여 유라시아 차원의 울르스 천하를 형성하였고, 몽골 울르스 세계관 하에서 중원을 정복하여 원나라를 건설하였다. 원나라 하에서 중국은 유라시아와 연결되었을 뿐 아니라 중원의 경계도 확장되어 새로운 제국의 지평 위에 올라설 수 있었다.

명에 밀려 초원으로 돌아간 몽골은 북원으로 명맥을 유지했으며, 명은 몽골의 통치 유산을 계승하여 한족 제국을 건설하고 몽골이 열어놓은 판도 위에서 천하질서를 재건하였다. 지속된 북로남왜의 안보 위협을 글로벌 교역을 통해 유입된 은으로 억제했으나, 기후 위기와 물가로 인한 농민반란을 막지 못하고 동부에서 흥기한 만주족에게 중원을 넘겨주었다. 만주족 청은 내몽골을 포섭하여 기반을 다진 후 중원을 정복하고, 중원의 경제력을 바탕으로 중가르와 티베트, 위구르 지역을 점령하여 천하제국을 건설하였다. 이전의 중원 왕조에서 천하라고 부르던 지역을 제국 안으로 내재화한 것이었다. 이후 동진을 시작한 유라시아 열강의 세계질서와 충돌하면서 청은 자신의 천하 밖에 세계라고 부르는 낯선 판도가 있고, 그 속에서 하나의 국가에 불과하다는 사실을 자각하게 되었다.

5. 영토-대민족 공동체

이렇게 역대 왕조의 영토는 제각기 달랐으며, 청 이전까지 한족 왕조는 중원지역을 자신의 전통적 영토로 여기고 있었다. 실효적 지배 영토는 중국 왕조의 법도에 따르며 징세·부역의 의무를 지는 실질적인 통치 지역을 뜻한다. 당위적 영토는 국가가 표방하는 이상적인 영토이기 때문에, 실질적으로 통치하는 영토와는 차이가 있었다. 가령, 사마천이 표방한 광대한 우공구주와 하나라의 실효적 지배 영토인 황하 중하류 지역의 차이가 그러했다. 이는 <약법>에서 규정한 영토와 중화민국의 통치력이 미치는 실효적 영토 사이에 간극이 있는 것과 마찬가지였다.

영토는 국경을 획정한 근대국가의 개념으로 이해되고 있지만, 농업국가인 중국에서 땅은 모든 왕조들이 존립하기 위한 근간이었다. 다만 국경이 선처럼 명확하지 않고 자연 지형이나, 변·지대의 공간으로 존재하여 복수 주체가 공유하는 경우가 많았다. 실효적 지배 영토와 아울러 국가는 자신의 안보를 위해 간접 지배지역이나 완충지대 그리고 교역을 통한 우호적 국제관계를 형성하는데, 이 모든 영역을 총칭하여 국가의 세력 판도라고 할 수 있다. 이러한 영역들이 역대 중국의 세력 판도가 되며, 중국과 비중국 국가들은 서로 영토-안보-실리의 관계에 기반하여 다원적인 국제질서를 형성하였다.

이러한 관점에서 량치차오의 신중국 영토를 보면, 전통적인 실효적 지배 영토였던 본부뿐만 아니라 이민족 변강 지역을 포괄하고 있다. 이는 간접 지배지역이나 세력 판도에 속하던 변강 지역을 모두 실효적 지배 영토로 간주한 것이었다. 당위적 영토와 실효적 지배 영토가 일치하지 않는 상황임에도 불구하고, 청 제국의 역사적 영토를 신중국의 실효적 지배 영토라고 선언한 것이었다. 량치차오는 그 간극을 인지하면서 일체화되지 않는 영토 문제를 해결하기 위한 다각적인 설명 방식을 창안했다. 량치차오의 설명 방식을 창안이라고 한 것은 실제 역사에 기반한 것이 아니라 통일국가를 위한 목적론적 역사 만들기에 가깝기 때문이다.

량치차오는 중국의 지리적 특수성이 통일국가로 진화하는 필연성을 지니고 있었다는 지리 대세론을 주창했다. 지세地勢의 측면에서 중국은 산맥, 사막, 바다 등으로 둘러싸여 외부 세계와 단절되어 있었기 때문에, 그 내부에서 통일국가로 나아갈 수밖에 없다. 즉 중국은 외부와 단절된 지리적 환경 하에서 중심과 주변, 본부와 변강의 지속적인 교류와 융합을 통해 그 외연이 확장되어 현재에 이르게 되었다는 얘기다. 일찍이 진한 통일국가를 형성한 이래 중국은 현재의 영토로 자연 진화하는 대일통 국가의 정체성을 지니게 된 것이다. 서구의 진화론을 동원하여 통일국가로서의 영토 정당성을 찾은 것인데, 현재 중국은 영토가 일체화되지 않았더라도 결국 완전한 통일국가로 나아갈 것이라고 설명하기 위함이었다.[22]

이렇게 진화론을 동원하여 정당화하고 있지만, 량치차오의 논리는 몇 가지 비약 위에 놓여 있었다. 역대 중국의 역사적 영토는 통일국가로의 필연적 진화라고 볼 수 없을 정도로 영토적 팽창과 축소가 있었으며, 5호 16국에서 원·청에 이르는 이민족 왕조가 개척한 영토는 복잡한 국내외 정세를 배경으로 한 전쟁과 정복의 산물이었다. 특히 청이 개척한 판도는 명의 방어적인 장성 안보론을 넘어 중앙유라시아로 확장한 것으로써, 영토관의 측면에서는 명과의 연속성보다는 단절성이 더 큰 것이었다.

량치차오의 영토관에서 더 주목할 점은, 청의 판도에서 안보를 위한 우호적 세력권에 속하던 조공국을 근대중국의 속지 영토로 보고 있다는 사실이다. 량치차오는 「오십년래중국진화개론五十年來中國進化概論」(1922)에서 다음과 같이 말했다. 최근 오십 년 동안 내지인이 동북과 서북으로 진출하여 신장성과 동삼성이 설치됨으로써 수천 년간 하지 못했던 민족 확대 사업이 마무리되었다. 그리고 외몽골, 알타이, 칭하이, 촨볜 등지에서도 사업이 진행 중인데, 가장 애석한 일은 타이완, 조선, 베트남 사업이 완전히 실패한 것이다. 조선과 베트남은 역대 선조들이 여러 차례 차지했다가 상실한 조상 전래의 사업인데, 우리 대에 이르러 완전히 남에게 넘어가버렸다.[23]

---

22 梁啓超, 「中國地理大勢論」(1902).

23 梁啓超, 「五十年來中國進化概論」(1922).

량치차오는 청조에서 안보 울타리 역할을 하면서 독립국가를 유지하던 조선, 베트남 등을 일본과 프랑스에게 빼앗긴 중국의 속지로 보면서 되찾아야 할 영토로 생각하고 있는 것이다. 이는 서구 국제질서의 본국-식민지 관계를 중국 천하질서의 종주국-조공국 관계에 적용하여, 조공국을 중국의 식민지로 간주한 것이었다. 이에 량치차오에게 조선, 베트남 등은 잃어버린 옛 식민지 영토가 되는 셈이다.

이는 19세기 말 중국이 서구적 국제질서에 편입되는 과정에서 자국의 이익을 지키기 위해 고안된 논리이지만, 이후 량치차오, 쑨원, 장빙린을 포함한 근대 지식인 대부분이 공유한 영토관이었다.[24] 다만 량치차오는 잃어버린 중국 영토이기는 하지만, 근대 민족자결주의에 입각하여 독립국가로 재건하도록 도와줘야 한다는 입장을 지니고 있었다. 조선, 베트남에 대한 량치차오의 관심은 바로 이러한 이중적 입장에 기반한 것이었다.

량치차오는 이렇게 역사적 영토가 확장되는 과정에서 한족과 제 민족이 융합하여 지금의 대민족을 형성한 것으로 보았다. 영토와 연결된 량치차오의 민족 개념은 국가 유기체론을 주창한 블룬칠리(Bluntschli)의 시각을 수용한 것이었다. 즉 동일한 거주지, 혈통, 신체 형상, 언어, 문자, 종교, 풍속, 경제의 8대 특성을 갖춘 집단이, 부지불식간에 스스로 타족과 구별하여 고유의 성질을 갖는 하나의 특수한 단체를 조성했을 때, 민족이 될 수 있다고 본 것이었다.[25]

민족의 8대 특성 가운데 첫 번째가 동일한 거주지인 땅이었다. 같은 땅 위에 동일한 혈통과 신체를 가진 사람들이 동일한 언어와 문자를 쓰고 동일

---

24 이 문제에 대해서는 유용태, 「四夷藩屬을 中華領土로: 民國時期 中國의 領土想像과 동아시아 인식」(『東洋史學硏究』 제130집, 2015) 참고.

25 梁啓超, 「政治學大家伯倫知理之學說」(1903).

한 종교와 풍속을 이루어 공동으로 먹고사는 과정에서 하나의 집단이 형성되었다는 것이다. 하지만 이것만으로는 한 집단이 민족이 되지 못하며, 반드시 다른 민족 집단과 구별되는 고유의 성질을 이뤄야 비로소 민족이 될 수 있었다. 량치차오는 이러한 민족 고유의 성질이 바로 심리상의 일체감을 형성하는 민족의식이라고 보았다.[26] 이렇게 본다면, 민족 구성 요건은 8대 특성과 민족의식을 합하여 9대 특성이 되는 셈이다.

량치차오는 민족의 9대 특성 가운데 가장 핵심적인 사안을 동일한 영토와 민족의식으로 보았다. 같은 영토에 살면서 동일한 민족의식을 공유할 수 있다면, 종족과 문화가 다르다 하더라도 하나의 민족이 되어 살아갈 수 있다고 본 것이다.[27] 이러한 민족 개념에 기반하여 량치차오는 청 제국의 영토에 거주하는 제 민족을 통합하여, 제국주의 열강의 민족에 대항하는 대민족주의를 주창하였다.

이러한 대민족주의에서 관건은 제 민족을 하나로 통합할 수 있는 민족의식과, 이러한 민족의식을 제 민족이 공유하게 할 수 있는 방법에 관한 문제였다. 이에 대해 량치차오는 제국 정책을 통해 한·만·몽·회·묘·장을 합하여 하나의 대민족을 형성하고, 이를 바탕으로 하나의 국가를 형성해야 한다고 주장했다.[28] 즉 제국 정책을 취하여 대민족을 형성하고 이에 기반한 하나의 국가

---

26 梁啓超, 「中國歷史上民族之研究」(1922).

27 량치차오는 「歷史上中國民族之觀察」(1905)에서 하상주 시대에 중원에서 형성된 화하족이 그 주변의 제 민족들과 지리 문화적으로 변강을 형성하고 그 변강 공간에서 끊임없는 상호 융합이 진행되었다고 보았다. 「中國歷史上民族之研究」(1922)에서는 그 논리를 다듬어, 하상주 시대에 "제 민족들(群后)" 가운데 받들어진 하나의 "중심 민족(元后)"을 중심으로 중화 민족의 골간이 형성되었고, 이후 "諸夏"와 "夷狄"이 지속적인 상호관계를 맺으면서 점차 민족적 통합이 이뤄져 왔다고 인식했다. 중국 민족은 고대 "18행성 지역"에 諸夏, 荊吳, 東夷, 苗蠻, 百越, 氐羌, 群狄, 群貊 등 8개의 민족군이 있었으며, 이후 3천여 년을 경과하는 동안 中華(漢), 蒙古, 突厥, 東胡, 氐羌, 蠻越 등 6개의 민족 계보로 정리되었다.

28 梁啓超, 「政治學大家伯倫知理之學說」(1903).

(통일국가)를 건설하자는 것이다.

량치차오가 말하는 제국 정책은 열강의 제국주의 정책이 아니라, 중국 내부의 제 민족을 하나의 대민족으로 통합할 수 있는 정책을 뜻한다. 이 시기 대민족의 관건은 근대적 환경에서 필요한 공동의 민족의식을 형성하는 것이었다. 량치차오에게 그 방법은 제 민족을 평등한 권리를 지니는 인민으로 만드는 것이었다. <약법>에서 명시한 것처럼, 민족에 상관없이 모두에게 동등한 권리를 부여하는 입헌국가를 건설하는 길이었다.

> 입헌제 아래에서는 이민족도 똑같은 국민이며 자유경쟁으로 정치 능력의 우열을 다투어 정치 능력이 고도한 민족이 정치상의 세력을 차지하게 되는데, 사실 이때가 되면 이는 국민 개인의 경쟁이지 민족 간 경쟁이라 하기 어렵다.[29]

법과 제도를 통해 모든 사람이 동등하고 자유롭게 자신의 능력을 펼칠 수 있는 입헌국가를 건설하면, 민족의 구별이 의미가 없으며 오로지 개인들 간의 능력 경쟁이 중시되는 대민족 국가가 이뤄질 것이라고 본 것이다. 그렇다고 량치차오가 인류 보편 사회를 추구한 것은 아니며, 대민족이 한족 중심의 중화민족으로 전환되는 그러한 국가였다.

> 만주인은 처음 청을 건국했을 때 우리들을 한인이라 하고 자신들은 기인旗人이라 했는데, 지금은 이러한 의식이 사라져 중화민족의 일원이 되었다. 이에 비해 몽골인은 나라가 멸망한 지 수백 년이 지났음에도 그들은 스스로 몽골인이라고 자각한다. 우리들을 한인으로 구별하고 있기 때문에, 몽골인은 여전히 중화민족의 일원이라고 할 수 없다.[30]

---

29 梁啓超, 「申論種族革命與政治革命之得失」(1905).

평등한 인민을 위한 입헌체제와 한족 중심의 중화민족주의의 결합, 이 딜레마에 충만한 국가를 어떻게 건설하려고 한 것인지 근대 중국이 구상한 정치 세계 속으로 들어가 보자.

30 梁啓超, 「中國歷史上民族之硏究」(1922).

| 3장 |

국가 정체성: 입헌 중화민족 공동체

1. 캉유웨이와 량치차오

21세기 중국의 이른바 대륙 신유가 사이에서 캉유웨이康有爲 사상에 대한 재평가가 바람처럼 일어났다. '신캉유웨이주의'로 불리는 이 흐름은 21세기 중국의 출로를 캉유웨이 사상 속에서 찾으려는 것인데, 대체로 세 가지 사안에 핵심이 있는 것으로 보인다. 첫째, 중국은 개혁개방을 통해 놀라운 경제성장을 이룩했으나 그 대가로 빈부격차, 지역격차, 민족차별의 문제가 발생하여, 균열된 중국을 통합할 새로운 정신적 구심이 필요해졌다. 이는 유학이 부흥하게 되는 중국 사회의 변화인데, 특히 캉유웨이는 청 제국의 영토와 다민족을 계승하고 이를 통합할 중국의 구심으로 유교 문명(공자)을 주창한 사상가였다. 이점은 캉유웨이가 하나의 중국을 주창한 선구적 정치가이면서, 21세기 중국이 직면한 분열의 위기를 유교 문명적 차원에서 통합할 사상가로 주목받는 요인이 되었다.

둘째, 2008년 미국발 금융위기로 세계 자본주의가 위기에 처했을 때 중국은 대국굴기에 성공하면서 세계 경제의 구원자 역할을 수행했다. 시진핑이 집권하면서 중국은 인류운명공동체 이념과 일대일로의 경제정책을 기반으로 신자유주의의 대안이 될 중국식 세계질서를 구상하게 되었다. 중국 지식계에서는 이에 호응하여 문명국가, 신천하주의, 신조공체제 등 유교 문명질서에 기반한 천하 담론을 제기했는데, 이는 캉유웨이가 근대 세계질서와 유교 보편주의를 결합하여 구상한 『대동서』의 21세기 버전이라고 할 수 있었다. 중국 내부에서 일체화된 통일국가를 만들고 전 세계에 인류운명공동체의 비전을 제시하려는 욕망을 캉유웨이의 사상 속에서 발견하려 했던 것이다.

셋째, 유학은 5.4 신문화운동 이래 중국을 낙후하게 만든 전통으로 부정되면서, 통치를 위한 정치학으로서의 역할은 위축되고 인격 수양을 위한 심성학으로 명맥을 유지하였다. 사회주의 이념이 지배한 대륙에서는 봉건사상으로 낙인이 찍혔으며, 대만·홍콩 등지에서 심성학을 중심으로 한 현대 신유학이 발전할 수 있었다. 개혁개방 이후 유학 부흥의 시기를 맞이하여 심성학의 철학 범주에서 벗어나 국가 통치를 위한 정치 유학을 주창하는 지식인들이 등장했다. 이들이 바로 장칭·캉샤오광 등이 주축이 된 대륙 신유가였는데, 공자를 내세워 정치 혁신을 주창한 캉유웨이를 선구자로 삼았다. 캉유웨이가 공자를 내세운 것처럼 이들은 캉유웨이를 내세워 정치 구상을 제기한 것이었다.

캉유웨이는 대륙 신유가에게만 사상 자원이 된 것은 아니었다. 유교적 대동세계나 문명국가에서 세계질서의 아이디어를 구하려는 좌우의 많은 지식인들이 캉유웨이 사상을 주목했다.[1] 나는 캉유웨이에게 과연 중국 지식계가 기대한 사상 자원이 있는지의 문제와 아울러, 캉유웨이 사상의 세계주의와 대비하여 량치차오 사상을 국가주의라고 평가하는 것에 대해 질문을 던지려 한다. 국가주의/세계주의 대비 속에는, 근대 이래 중국이 부강한 민족국가 건설을 위해 량치차오의 국가주의를 추구했다면, 부강을 실현한 21세기에는

1 대륙 신유가를 포함한 중국 지식계의 캉유웨이 담론에 대해서는 깐춘송 「유가의 시각으로 본 '국가'와 '신캉유웨이주의' 사조」(나종석 외 엮음, 『유학과 동아시아: 다른 근대의 길』, 도서출판 b, 2018) 참고.

국가의 차원을 넘어 세계 대국이 되기 위해 캉유웨이의 세계주의를 추구해야 한다는 뜻이 내재되어 있었다.

국가를 최고의 정치 단위로 삼아 부강한 주권국가 건설을 목표로 한 사상을 국가주의라고 한다면, 량치차오의 사상이 국가주의 범주에 속한다는 것은 분명하다. 이러한 평가는 중국뿐만 아니라 세계 중국학계의 일반적인 시각이라고 해도 무방하다. 국가주의의 개념 속에는 국가를 다른 어떤 가치보다 우선한다는 뜻이 포함되어 있어서, 량치차오의 한계로 지적되어온 문제들 역시 국가주의와 긴밀히 연결되어 있다.

그러나 량치차오 사상을 국가주의로 손쉽게 규정해버리면 그의 국가론에 내재한 문제의식과 복합적 구조를 간과할 수 있다. 당시 량치차오는 보수/진보, 자본주의/사회주의, 전통/현대, 국가/세계, 과학/인생관 등의 경계를 넘나들며 새로운 가치를 탐색하고 있었다. 가령, 자본주의적 경제발전을 승인하면서도 노동과 분배를 중시하는 사회정책을 수용하였다. 1차 세계대전 이후에는 국가주의·제국주의가 지배하는 국가 간 경쟁체제를 비판하고, 세계주의 국가를 주창하며 국제연맹을 매개로 한 국가 간 평화체제를 구축하려고 하였다.

캉유웨이와 달리 량치차오의 국가론에서 국가/세계는 대립 경쟁하는 정치체가 아니었으며, 국가가 처한 세계질서의 조건이라는 의미로 세계라는 개념을 사용하였다. 량치차오에게 국가사상은 개인·가족·조정朝廷을 넘어 세계 속에서 다른 국가나 민족과 대치되는 자신의 국가가 있음을 아는 일이었기 때문이다.[2] 국가주의/세계주의를 구분하는 관점 속에는 국가가 최상위의 정치체인 천하 속으로 수렴되어야 하는 존재로 규정하는 중국식 사유가 내재되어 있다. 즉 국가가 천하의 하위 단위처럼 보이는 것은 수신-제가-치국-평천

2 梁啓超, 「論國家思想」(1902).

하의 유교 도덕 정치론에서 천하가 국가의 상위 개념으로 설정된 관념에 암묵적인 영향을 받고 있다는 것이다.

현실 정치의 관점에서 볼 때 유교 담론 속의 천하는 실제 세계라기보다, 개인이 수양을 통해 확산할 수 있는 내적 우주의 최대 공간에 가깝다. 개인의 내적 우주 공간이 확장되어 천하에 이르는 것과 국가의 역량을 확장하여 천하의 세력 판도를 결정하는 것은 차원이 다른 영역이다. 유교 도덕 정치론에서는 천하를 궁극적인 목표로 삼는 세계주의를 지향하지만, 역량이 결여된 현실 국가에서는 그러한 천하 질서를 실현할 방법을 찾지 못하는 곤혹이 반복되곤 한다. 이 때문에 국가/세계, 국가주의/세계주의의 관계를 이해하기 위해선 유교 도덕 정치론을 넘어 현실 정치의 관점에 기반한 새로운 접근이 필요하다.

2. 근대 중국의 국가와 세계

량치차오는 「국가사상변천이동론」(1901)에서 국가사상을 과거-현재-미래의 세 시기로 구분한 바 있다. 과거는 가족주의에서 추장주의, (구)제국주의로 시대로 변했고, 현재는 민족주의와 민족제국주의가 공존하고 있으며, 미래는 만국대동주의 시대가 될 것이라고 했다.[3] 세계 각국의 국가사상은 그 나라가 처한 조건에 따라 선후의 차이가 있었다. 유럽의 경우 18세기 후반에 민족주의가 출현하여 19세기 전반에 전성기를 이루었고, 현재는 민족제국주의가 19세기 후반에 출현하여 20세기에 전성기를 맞이할 것으로 보았다.

이에 반해 아시아는 (구)제국주의 시대에 머물러 있다가 현재 민족주의로

3 梁啓超, 「國家思想變遷異同論」(1901).

전환하는 과정에 있다. 유럽과 아시아에 국가사상 발전의 시간 차이가 존재하는 것이다. 민족주의 이전에 출현했던 (구)제국주의 시대는 광범위한 지역을 종교와 문명으로 느슨하게 통치하던 중화제국, 오스만제국, 무굴제국, 러시아제국의 시대를 지칭한다. 유럽은 과거의 (구)제국주의 시대에서 하나의 민족이 자신의 국가를 이루는 민족주의 시대로 나아갔고, 지금은 부강을 이룩한 민족국가들이 세계로 팽창하여 경제적 식민 지배를 하는 민족제국주의 시대로 변천하고 있다. 민족제국주의는 민족국가가 중심이 되어 세계를 경제적으로 지배한다는 점에서 과거의 느슨한 제국주의 시대와 구별되었다.

국가사상의 변천 과정으로 볼 때, 근대 중국은 (구)제국주의에서 민족주의로 전환하는 과정에서 민족제국주의 열강의 침입을 받아 국가 존망의 위기에 처한 시대가 된다. 옌푸嚴復도 세계 국가들이 종법宗法-신권神權-주권主權 국가의 3단계 진화를 한다고 주장하다가, 세계적으로 확산되는 제국주의 풍조에 주목하며 이를 새로운 현실로 인정하였다. 그리고 제국주의 질서를 주권국가의 상위 진화 단계로 규정하고 '정복국가兼併力征之國'라고 명명했다.[4]

당시 중국이 직면한 세계 열강은 바로 민족제국주의 국가들인데, 이들은 모두 민족주의 국가를 성공적으로 건설한 후 세계로 팽창하고 있었던 것이다. 량치차오는 「국가사상」(1902)에서 세계 열강이 민족주의에서 민족제국주의로 변천하는 과정을 다음과 같이 설명한다.

> 16세기 이래(원주-약 3백년 전) 유럽이 발달하고 세계가 진보한 이유는 모두 민족주의(Nationalism)가 성대하게 일어나 서로 부딪히면서 성립했기 때문이다. 민족주의란 무엇인가? 각지에서 같은 종족으로서 같은 언어를 사용하고 같은 종교의 같은 습속을 가진 사람들이 서로를 동포로 여기고 독립과 자치를

4 김종윤, 「청말 개명전제론 신석」(『중국학논총』 제37집, 2012), 284쪽.

위해 노력하여, 완비한 정부를 조직해서 공익을 도모하고 이민족을 막으려는 것이다. 이 민족주의의 발달은 극에 달해 19세기 말(원주-최근 20~30년)에 더욱 나아가 민족제국주의(National Imperialism)로 진행하기에 이르렀다. 민족제국주의란 무엇인가? 그 국민이 실력이 안으로 충만해서 밖으로 넘쳐나지 않을 수 없게 되어, 다른 지역으로 급급히 그 권력을 넓혀 나가는 것을 자신의 귀착점으로 삼는 것이다. 그 시작은 병력이 될 수도 있고 상업이나 공업 혹은 교회가 될 수도 있지만, 한결같이 정책을 써서 그 지역을 지위하고 제어하고 보호한다. 최근에 러시아가 시베리아와 터키를 공격하여 점령하고, 독일이 소아시아와 아프리카를 공격하여 점령하고, 영국이 보어인에게 군사력을 쓰고, 미국이 하와이를 성으로 편입시키고 쿠바를 약탈하고 필리핀을 손에 놓은 것은 모두 이 새로운 주의의 조류가 그렇게 만들지 않을 수 없었기 때문이다.[5]

세계로의 팽창이란 측면에서 보면 (구)제국주의나 민족제국주의나 다 마찬가지다. 그러나 (구)제국주의가 알렉산더, 샤를마뉴, 칭기즈칸, 나폴레옹처럼 웅대한 마음을 품은 한 사람에 의지했다면, 지금의 민족제국주의는 민족 전체의 팽창력에 기반하여 원대하고 강건한 계획을 가지고 움직인다는 점에서 큰 차이가 있다. 그래서 (구)제국은 광대한 지역이 느슨하게 연결되어 인민들이 분산되어 살아가지만, 지금의 민족제국주의는 민족 전체가 세계로 진출한 것이어서 세력이 훨씬 강력하고 공격적이었다.

유럽은 본래 (구)제국의 주변에 있던 도시국가들의 연합체였다. 각국이 소규모의 도시국가에서 경제성장을 통해 민족국가로 발전하고, 19세기 후반에 세계로 팽창하여 (구)제국을 붕괴시키고 민족제국주의 시대를 열어가고 있었다. 바로 (구)제국 중국에서 러시아인이 만주를, 독일인이 산동을, 영국인

5 梁啓超, 「論國家思想」(1902).

이 양자강 유역을, 프랑스인이 양광(광동과 광서)을, 일본인이 복건을 지배하고 있는 것과 같았다.

량치차오가 민족주의를 역설한 것은 (구)제국에 침입한 민족제국주의를 물리치기 위해, 느슨한 중국을 통일적이고 일체화된 국가로 재건하기 위함이었다. 량치차오에게 (구)제국을 민족주의 국가로 재건하는 일은 서구 민족국가처럼 1민족 1국가로 분리 독립되는 것을 뜻하지 않았다. 서구와 달리 중국의 민족주의는 (구)제국의 분열을 차단하여 일체화된 통일국가로 만드는 사상 방법이었다.

> 오늘날 중국을 구하고자 한다면 다른 방법이 없으며, 먼저 민족주의 국가를 건설하는 일 뿐이다. 지구상에서 가장 큰 민족으로서 진화에 적합한 국가를 건설할 수 있다면 천하제일 제국이라는 칭호를 갖게 될 것이다. 누가 그것을 빼앗을 것인가? 우리 민족이 그러한 능력을 가지고 있는지 모르겠다. 있다면 그 무엇보다 강할 것이고 없다면 곧 망하게 될 것이다.[6]

량치차오는 민족주의의 방법을 통해 '천하제일 제국'이라 불릴 만한 국가를 건설하려 한 것이다. 이는 2장 중국의 존립기반에서 살펴보았듯이, 청 제국의 판도를 계승한 '민족제국'으로서의 중국이었다. "예전의 정부는 한 명의 군주를 주체로 하기 때문에 그 제국은 독부獨夫의 제국이었다면, 지금의 정부는 전 민족을 주체로 하기 때문에 그 제국은 민족제국이다."[7] 량치차오는 민족주의에서 민족제국주의로 변천하는 시대에서 중국이 생존할 수 있는 길은 민족주의를 통해 통일국가를 만들고, 나아가 세계 열강과 경쟁할 실력

---

6 梁啓超, 「民族競爭之大勢」(1902).

7 梁啓超, 「國家思想變遷異同論」(1901).

을 갖춘 민족제국으로 성장하는 일이라고 인식했던 것이다.

국가사상 변천론에 따르면, 지금의 민족주의-민족제국주의를 거쳐 미래에는 만국대동주의 시대가 도래할 것으로 전망한다. 그런데 민족주의에서 민족제국주의로 변천하는 것은 국가 간 생존경쟁의 산물이라는 점을 알 수 있지만, 민족제국주의에서 만국대동주의 시대로 변천하는 필연성에 대해서는 상대적으로 설득력이 부족하다. 즉 국가 간 생존경쟁의 정점인 민족제국주의 시대에서 세계평화를 목적으로 하는 만국대동주의 시대로 전환될 수 있는 현실적 동력에 대한 설명이 결여되어 있다는 것이다. 당위적 전환은 다가올 현실이 아니라 미래에 대한 기대감에 가깝다.

이 때문에 량치차오는 허망한 세계주의보다 냉혹한 현실 속에서 생존할 실력을 갖춘 민족주의 국가 혹은 그 발전된 형태로서 민족제국 건설을 우선하였다. 세계평화주의와 무정부주의가 풍미한 청말과 5.4 시기에도 국가를 부정하는 이념에 대한 호응은 적었으며, 밖으로 강권과 대립하고 안으로 실업을 진흥시킬 강한 국가를 추구하는 사상이 지배적이었다.[8] 량치차오가 세계보다 국가 건설을 우선했던 것은 이러한 맥락에서였으며, 그의 국가론 속에 세계평화나 세계질서에 관한 사고가 없었다고 보아선 안 된다.

1차 세계대전 이후 량치차오가 세계주의 국가를 주창한 것은, 국가 간 경쟁이 세계대전을 초래한 점에 대한 성찰과 아울러, 민족국가들을 통제할 세계조직으로서 국제연맹이 현실로 다가온 점에 기반한 것이었다. 당시의 국제연맹에서 지금의 UN에 이르기까지 이들 조직이 만국대동주의 시대를 선도할 세계정부의 역할을 수행하기에는 역량이 부족한 게 사실이다. 하지만 량치차오의 세계주의 국가 속에는 국제연맹이 인류사회 최고의 정치 단위가 되고, 국제연맹의 통제 속에서 민족국가들이 세계주의 국가로 전환할 수

8 강명희, 『근현대 중국의 국가건설과 제3의 길』, 서울대학교출판부, 2003, 23쪽.

있다는 기대감이 충만하였다.

량치차오의 이러한 시각은 분명 캉유웨이의 세계주의와 상통하는 것이다. 그렇다면 캉유웨이는 민족제국주의 시대에서 어떻게 대동세계가 건설될 수 있다고 본 것일까. 일반적으로 캉유웨이의 세계주의를 논의할 때 『대동서』에 묘사된 세계에 근거한다. 『대동서』가 세계 만국과 인류 전체를 대상으로 한 이상적 세계의 모습을 그리고 있기 때문이다. 캉유웨이는 세상의 불행이 고통에서 기인하는 것이며, 이에 고통이 생겨난 근원을 없애고 공평한 사회를 만들어야, 대동세계가 열릴 수 있다고 보았다.

대동세계 건설을 위해 캉유웨이는 서로 연결되어 있는 8가지 방안을 내놓았다. 국경을 없애고 세계를 통합하며, 계급 차별을 없애고 민족을 평등하게 하며, 인종 차별을 없애고 인류를 하나로 한다. 남녀 차별을 없애고 독립을 보장하며, 가족관계를 없애고 자연인天民을 만들며, 산업의 구분을 없애고 생업을 공평하게 한다. 그리고 난세를 없애고 태평 세상을 만들며, 인간과 짐승의 구별을 없애고 뭇 생명을 사랑하게 한다.

『대동서』의 방안은 세상의 차별을 만드는 근원을 제거하여 모든 사람이 평등하고 공정한 사회를 만드는 일이었다. 즉 세상의 차별이 불평등한 제도와 폭력에서 기인한 것이기 때문에, 모든 영역에서 행해지는 불평등을 폐지하고 세계정부 하에 통합하여 모두가 대등한 관계가 되는 세상을 만드는 것이었다. 현상적으로 보면 중국의 대일통 세계와 유사해 보이지만, 대일통 세계가 천자를 정점으로 한 조화로운 차등질서를 추구한다는 점에서 보면, 『대동서』가 훨씬 더 이상적이다. 이 세계는 근대 서구의 자유·평등에 기반한 민주공화제와 대일통 세계가 결합하여 만들어진 상상 세계에 가깝기 때문이다.

캉유웨이는 대동세계로 가는 관문을, 백성을 고통스럽게 하는 군대와 국경을 철폐하여 세계를 통합하는 일로 보았다. 세계 통합은 3단계의 과정을 거치는데, (1) 각국이 평등하게 연맹체를 결성하고, (2) 각 연방이 공의회公議

會 하에 정치를 통합하고, (3) 공정부公政府 하에 국명과 국경을 없애고 세계를 통합한다. 3단계 세계 통합 과정은 공양학의 역사 진화 과정인 거란세-승평세-태평세에 해당하는 것이다.

캉유웨이가 군대를 없애고 공의회를 세우자고 한 것은 국가 간의 풍속과 이해가 달라서 강제할 수 없기 때문이다. 풍속과 이해를 합치하여 국경이 없는 하나의 세계가 만들어지면, 이를 기반으로 계급차별·인종차별·남녀차별이 없는 세상을 건설한다. 더 나아가 태평세에서는 가족관계도 해체한다. 가족을 두게 되면 이기적이고 편협해져, 공공기관 운영과 공공사업에 필요한 비용을 모을 수가 없기 때문이다. 그래서 가족관계 없이 자연인으로서 즐거움을 누리게 하며, 모든 사람을 공립정부가 양육하고 교육하게 한다.[9] 생로병사와 교육 모두를 공립정부에서 주관하게 되면, 차츰 가족관계가 해체되고 교육과 양육을 공공기관에서 주관해주기를 바라게 된다. 이렇게 대동세계는 공정부에 의해 국가와 가족을 해체하고, 통합된 세계의 자연인으로 살아갈 수 있도록 공공 복지사회를 만드는 것으로 귀결된다.

『대동서』는 세계정부 하에서 모든 사람들이 고통과 차별 없이 살아가는 전 지구적 복지사회를 상상한다는 점에서 매우 이상적이었다. 량치차오의 세계주의 국가도 마찬가지였다. 세계정부로서 국제연맹의 통제 하에 각 민족

9 공정부가 보장하는 평생 복지제도는 다음과 같다. 양육을 위해서는 인본원人本院을 두어 산모를 부양하고. 아이가 태어나면 공립육영원公立育英院에 보내서 키우고, 세 살이 되면 공립회유원公立懷幼院으로 옮긴다. 교육을 위해서 6살에 공립몽학원公立蒙學院에 보내고, 10~14세에는 공립소학원公立小學院에, 15~17세까지는 공립중학원公立中學院, 18~20세까지는 공립대학원公立大學院에 보내 모두가 교육을 받게 한다. 이후로도 자연인으로서의 삶을 실현할 수 있도록 도와주어야 한다. 백성들의 구휼을 위해서는 공립의질원公立醫疾院을 두어 환자를 입원시켜 치료받게 하고, 공립양로원公立養老院원을 두어 60세 이상 자활할 수 없는 노인을 돌보며, 공립휼빈원公立恤貧院을 두어 가난하고 의지할 곳 없는 사람을 돌보며, 공립양병원公立養病院을 두어 불치의 환자를 돌보며, 공립화인원公立化人院을 두어 죽은 사람을 안치한다.

국가들이 인류 평화를 우선하는 세상을 기대했지만, 현실은 여전히 강대국의 이익을 우선하는 패권 질서를 벗어날 수 없었기 때문이다. 민족제국들이 충돌하여 세계대전의 참화가 벌어졌음에도 불구하고, 현실 속에는 민족제국주의 시대를 종결하고 만국대동주의 시대를 추동할 세력이 없었다.

캉유웨이의 대동세계와 량치차오의 세계주의 국가 모두 국가 간 경쟁체제라는 냉혹한 현실 앞에서 중국을 세계주의로 인도하기에는 난망한 일이었다.

3. 세계주의와 대일통 국가

『강남해자편년보康南海自編年譜』에 의하면, 캉유웨이가 『대동서』를 구상하기 시작한 것은 1884년 청불전쟁을 겪고 난 후라고 한다. 캉유웨이는 전쟁으로 인한 백성의 고통을 목도하면서 국가를 철폐하지 않으면 전쟁의 참화를 피할 길이 없다고 인식했다. 이러한 생각은 1894년 청일전쟁을 겪으면서 재확인하고, 1898년 무술정변 실패 후 일본과 싱가포르를 거쳐, 1902년 인도의 북쪽 따지링에 머물면서 『대동서』를 집필하였다.[10] 전쟁과 정변의 실패 그리고 망명의 고초 속에서 『대동서』의 유토피아가 탄생한 것이다.

『대동서』의 핵심은 국가 폐지와 세계 통합인데, 이는 캉유웨이 개인의 사상적 신념일 뿐 아니라 당시 세계의 흐름을 관찰한 결과이기도 했다. 사적인 권한을 행사하는 군주국가 체제에서 벗어나, 민권이 향상되고 보장되는 공화국 체제가 되면 국가 간 연합이 보다 쉬워질 것이었기 때문이다.[11] 캉유웨이는 분산된 지역이 하나의 국가로 통합되고, 그 국가가 민권을 보장하는

---

10 蔣貴麟編, 「康南海先生年譜續編」, 『康南海先生遺著彙刊』, 宏業書局, 1976, 31쪽.

11 康有爲, 『대동서』(이성애 옮김, 민음사, 1994), 206쪽.

공화국 체제로 발전하고, 이어서 국가 간 연합이 이루어지는 것이 세계 진화의 흐름이라고 본 것이다.

『대동서』에서 말하는 국가 폐지는 국가의 존재 자체를 없애는 일이 아니라, 세계정부 하에 지역 행정단위로 배치되어 통합된 세계의 구성원이 되는 것이다. 민족주의 국가처럼 자국의 이익을 위해 경쟁하지 않고, 세계정부의 통제 하에 인류 평화와 공영을 우선하는 지역 행정단위로 변화되는 것을 뜻한다. 캉유웨이가 본 세계 진화의 흐름은, 량치차오가 현재 국가사상이 민족주의에서 민족제국주의로 교체되고 있다고 말한 바로 그 상황이었다. 캉유웨이는 그 속에서 대동세계를 만들 가능성을 발견한 것이었다. 량치차오도 민족제국주의의 폭력적 팽창은 우려하면서도 이것이 세계 진화의 추세라는 점은 부인하지 않았다.

그러나 이들의 기대와 달리 현실 속의 민족제국주의는 대동세계나 만국대동주의의 방향과 정반대로 치달려 세계대전의 참화를 초래하였다. 이러한 역설적 상황을 보면, 유토피아는 지그문트 바우만이 말한 것처럼, 어떤 구체적인 목표가 아니라 희망의 길을 찾아가는 방향에 가깝다.[12] 즉 현실 개혁을 위한 실질적 방안이 아니라 현실이 나아가야 할 방향에 대한 상상에 그 역할이 있다는 것이다.

캉유웨이의 『대동서』가 실패와 망명의 고초 속에서 탄생한 것도 유토피아의 역할이 무엇인지 시사해 준다. 유토피아가 개혁의 희망을 이어가는 역할을 하지만, 그것을 구현할 현실적 방안과 결합되지 못할 때는 이데올로기적 수사에 그치는 것이 유토피아의 운명이다. 캉유웨이와 량치차오 역시 이점을

---

12 지그문트 바우만, 윤태준 옮김, 『사회주의, 생동하는 유토피아』, 오월의봄, 2010, 20쪽. 바우만은 유토피아는 '무엇을 알 수 있는가'와 같은 철학적인 질문이나 '무엇을 해야 하는가'와 같은 정치가의 질문이 아니라, '무엇을 희망해야 하는가'라는 질문에 대답하는 일이라고 보았다.

잘 인지하고 있었던 것으로 보인다. 담론에서와 달리 정치개혁에 참여할 때는, 정세 변화와 주체 역량, 경쟁자들과의 관계 등 현실적 조건을 고려하여 임기응변적인 선택을 했기 때문이다.

사실 캉유웨이는 가장 급진적인 유토피아를 주창했지만, 현실 정치에서는 입헌군주 중심의 대일통 체제를 고수하였다. 공화정으로 바뀐 중화민국 시기에도 위안스카이의 황제체제로의 복귀를 지지하여 량치차오와 갈등을 일으킬 정도였다. 캉유웨이의 이러한 정치적 행보를 보면, 『대동서』의 유토피아가 결국 황제 대일통 체제 하의 균질화된 인민의 세계를 추구한 것이라는 생각이 들게 한다.

게다가 부녀자 차별을 없애기 위해 가족이나 사유재산을 없애려 하고, 인종 차별을 없애기 위해 흑인을 도태시키려고 했는데, 이것이 차별받는 사람들을 위한 방안인지 의심스럽게 한다. 이러한 방식은 민족국가가 세계로 팽창하여 민족제국이 되는 과정에서, 차별받는 약자들을 내부로 동화시키는 일에 가까워 보인다. 물론 『대동서』의 취지는 이들이 대동세계의 동등한 구성원이 되어 즐겁게 살아갈 수 있는 사회 조건을 만들어야 한다는 것이었다. 하지만 현실에서 그러한 일이 벌어진다면, 유토피아와 정반대의 끔찍한 사회가 출현할 수 있었다.

유토피아 속의 세계주의는 현실 국제정치 속의 세계주의와는 다른 영역이다. 『대동서』 속의 유토피아가 만일 캉유웨이가 추구한 입헌군주 중심의 대일통 국가 상상에 가깝다면, 이를 세계주의라고 보기는 더 힘들어진다. 캉유웨이의 정치사상으로서 세계주의를 논하려면, 『대동서』를 넘어 캉유웨이의 국가 담론과 그의 실천 행보 속에서 실마리를 찾아야 할 것이다. 다시 말하면, 캉유웨이/량치차오를 세계주의/국가주의 프레임으로 보는 것은 적합하지 않은 관점이며, 캉유웨이 역시 세계주의가 아닌 국가론의 영역에서 그 사상적 의미를 평가해야 한다는 얘기다. 이점과 관련하여, 캉유웨이와 량치차오 사이에 있었던 두 차례의 갈등은 그들의 정치적 지향점을 엿볼 수 있는 사건이었다. 무술변법 실패 후 일본 망명 시기에 있었던 청 정부의 존속 및 입헌공화정을 둘러싼 갈등과, 중화민국 시기에 위안스카이의 황제체제 회귀를 둘러싼 갈등이 바로 그러하다.

일본 망명 초기에 량치차오는 캉유웨이가 혁명파와의 합작에 걸림돌이 된다고 보고, 탕차이창唐才常 등 13인과 공동명의로 캉유웨이에게 편지를 보내 정계 은퇴를 권유했다. 이 편지에서 량치차오는 "모든 정치를 공개하고 공화정으로 개조하지 않으면 위기를 구할 수 없"으며, 광서제는 "장차 혁명이 성공하는 날에 민심의 추대로 총통에 즉위하면 좋을 것"이라고 한 뒤, 캉유웨이에게는 "연로하셨으니 쉬실 때"[13]라고 했다.

이렇게 공화정을 둘러싸고 량치차오는 캉유웨이와 첫 번째 갈등을 벌였다. 그런데 1903년 미국 여행에서 샌프란시스코 차이나타운을 방문한 후 입장의 변화가 일어났다. 캉유웨이에게 "중국에 혁명이 일어나선 안 된다는 선생님의 말씀이 옳다"는 편지를 보낸 것이었다. 화교사회의 가족주의적이고 이기적인 모습과 집단적인 폭력성을 보면서, 중국에 민주주의보다 아직 개명군주의 강력한 리더십이 필요하다고 여긴 것이었다.[14] 량치차오와 캉유웨이가 개명전제론開明專制論에서 다시 정치적 공감대를 이룬 것이다.

신해혁명으로 중화민국이 건립된 이후 위안스카이가 황제체제로의 복귀를 강행하자 캉유웨이는 이를 지지하였다. 캉유웨이는 중국인의 자질이 공화정을 할 수준이 되지 못하며 대일통 군주제가 중국에 적합한 체제라고 본 것이다. 캉유웨이의 행보에 대해 량치차오는 "강가를 노니는 노인네가 홀연 의기양양 강경하게 옳고 그름을 따지면서 민중과 원수가 되고 도적의 앞잡이

---

13 梁啓超, 「致康有爲書」(1902).

14 梁啓超, 『新大陸遊記』(1903).

가 되었다. 나는 그의 낯 두꺼움에 놀랐으며, 그의 꿍꿍이속이 어떤지 한층 알 길이 없다"고 했다. 그리고 "스승의 은혜는 죽도록 잊지 못할 것이지만, 국체와 정세는 온 겨레와 관련되어 있으니 맞장구칠 수 없는 일에는 같이할 수 없다"[15]고 하며 강력하게 비난하였다.

캉유웨이와 량치차오의 두 차례 갈등은 중국에 적합한 국가 형태가 무엇인지에 관한 분쟁이었으며, 세계주의/국가주의의 충돌이 아니었다. 현실 국가에 있어서 캉유웨이의 선택은 세계주의와는 거리가 있는 대일통 군주제였으며, 1차 세계대전 이후 량치차오가 세계주의 국가를 제기했을 때에도 캉유웨이는 별다른 변화가 없었다. 『대동서』와 달리 캉유웨이의 현실적 선택은 국가 안에 머물고 있었던 것이다.

즉 캉유웨이의 행보는 『대동서』처럼 중국이라는 국가를 대동세계에 통합시키는 세계주의의 길을 모색한 것이 아니었다. 당시 민주공화정을 이룬 열강들도 『대동서』의 기대처럼 국가 연맹을 모색한 것이 아니라, 민족제국주의가 되어 식민지 팽창의 길로 들어섰다. 민주공화정의 평등성이 민족국가 내부에서만 작동하고 외부 세계로 확장되지 않았던 것이다. 이로 인해 국가 간에는 세계주의가 아니라 차별과 등급의 벽이 높이 쌓였고, 결국 세계대전의 참극으로 이어지고 말았다. 『대동서』의 세계주의는 현실 국제정치의 본질을 간파하지 못했을 뿐 아니라, 캉유웨이 자신도 민주공화정을 향한 중국 개조의 길로 나아가지 않았다.

캉유웨이의 정치적 선택에 비하면 량치차오의 국가론은 정세에 따라 많은 변화가 있었다. 무술변법 시기에는 광서제를 개명 군주로 삼아 청조 안에서 개혁을 시도했고, 변법운동 실패 후 일본 망명 초기에는 신민에 기반한 입헌국가를 모색했고, 1903년 미국 여행을 한 후에는 공화정을 유보하고 개명전

15 梁啓超, 「辟復辟論」(1916).

제론으로 돌아섰다. 그리고 청 정부의 신정과 예비입헌에 호응하여 입헌군주제를 모색했고, 신해혁명으로 중화민국이 건립된 이후에는 민주공화정을 국가 체제로 수용하였다.

정치적 선택의 변화는 이론적 주장의 변화로 이어졌다. 민권론에 기반한 루소의 사회계약론을 강조하다가 블룬칠리의 국가유기체론을 수용하였다. 그리고 신민을 위한 국민교육을 강조하다가 통치자의 리더십을 중시하는 개명전제로 선회하고, 지방 중심의 연성자치를 강조하다가 중앙집권적 통일국가론으로 돌아가는 등 제 방면에서 모순처럼 보이는 전환이 있었다.

이러한 변동과 전환에 대해 량치차오 자신도 "마음속에서 보수성과 진보성이 항상 서로 갈등을 일으켰고, 주장도 감정의 기복에 따라 앞뒤의 모순을 일으키기도 했다"[16]고 하였다. 량치차오의 선택을 개별적으로 보면 모순되어 보이고, 단기적으로 보면 변덕이 일어난 것처럼 보이는 게 사실이다. 하지만 량치차오의 변동과 전환을 장기적으로 관찰하면, 서로 연결된 내재 원리가 작동하고 있었다. 그의 선택은 모순적인 변동으로 보일지라도 거시적 기획 속에서 시세時勢를 고려한 실천의 과정이었던 것이다.

4. 신중국 상상과 장기적 발전전략

이렇게 모순적 전환이 반복된 량치차오의 정치 주장을 이해하려면, 그의 국가론에 내재한 거시적 기획을 살펴보는 일이 중요하다. 이를 위해선 량치차오의 『신중국미래기』(1902)를 국가 건설론의 시각에서 세밀하게 읽어볼 필요가 있다.

---

16 梁啓超, 『清代學術概論』(1922).

1902년, 무술변법이 실패한 후 망명지 일본에서 절치부심하던 량치차오는 중국의 미래를 위한 두 가지 저작을 저술하기 시작했다. 하나는 입헌국가 중국의 미래를 상상하는 정치소설 『신중국미래기』이고, 다른 하나는 입헌국가 건설의 주체로서 신민新民의 자격을 논한 『신민설』이다. 두 저작 모두 현실 중국에서 부재한 입헌국가와 신민의 문제를 제기한다는 점에서, 지금 여기가 아닌 미래 중국을 위한 기획이었다.

먼저 『신중국미래기』를 중심으로 량치차오의 장기적 국가건설 기획에 대해 살펴보자.

> 이 이야기는 공자 탄생 후 2513년 금년은 2453년 째 해인 서기 2062년 금년은 2002년 임인壬寅년 정월 초하루에서 시작하는데, 바로 중국 전 인민이 유신 50주년 대축제를 거행하는 날이었다. 그때 마침 세계평화회의가 새로 개최되고 있었으며 각국 전권대신全權大臣들은 난징에서 주의 이미 평화조약에 서명한 상태였다. 하지만 세계평화협정 전문 가운데 우리나라 정부 및 각국 대표가 제기한 수십 건이 아직 협의를 보지 못하여 각국 전권대신들은 여전히 중국에 머물러 공무를 처리하고 있었다. 우리가 축제를 거행하고 있는 터라 각 우방국에서는 군함을 보내 경축을 하고 영국 국왕과 왕비, 일본 국왕과 왕비, 러시아 대통령과 영부인 주의, 필리핀 대통령과 영부인 주의, 헝가리 대통령과 영부인 주의 은 친히 와서 축하를 하였고 그 외 열강 국에서도 모두 중요한 흠차대신을 파견해 경축의 뜻을 전하였다. 이들은 모두 난징에 모여 있어서 난징은 매우 분주하고 시끌벅적하였다. 당시 우리 국민은 상하이에서 규모가 성대한 박람회 개최를 결정하였다. 이는 결코 평범한 박람회가 아니어서 상업, 공예품 전시회뿐만 아니라 각종 학문, 종교에 관한 국제 토론회도 열리고 있었다. 대동세계라 할 수 있다. 각국의 대가와 박사들이 천 명을 상회하였고 각국 대학생들은 수만 명이 넘었다. 곳곳에 연설 강단이 설치되었고 매일 강론회가 열려 장베이, 우숭

커우, 충밍현까지 포함한 대 상하이를 온통 박람회장으로 만들어버렸다. 넓다 넓네.[17]

제1회 설자楔子의 서두에 나오는 이 장면은 2010년에 개최된 상하이 엑스포 전후의 중국 상황을 묘사한다 해도 무방할 정도로, 낙관적인 미래 중국의 모습을 그리고 있다. 그러나 1902년 당시 중국이 민족제국주의에 의해 망국 멸종의 위기에 처해 있었고 또 이러한 위기를 극복할 실천 주체가 형성되지 않은 혼란의 시기였다는 점을 감안하면, 미래 중국에 대한 상상과 현실 사이의 거대한 간극을 느낄 수 있다. 『신중국미래기』가 캉유웨이의 『대동서』처럼 희망의 방향을 얘기한 것이라는 점에서는 동질적이다. 하지만 실현 가능한 미래 세계를 예언했다는 점에서 보면, 『대동서』와 같은 유토피아를 추구하지는 않았다.

시간적으로 볼 때 량치차오가 상상하는 신중국의 미래는 공자 탄생 후 2513년째 되는 해이다. 공자가 태어난 해를 통상 BC 551년이라고 본다면 이 해는 서기 1962년이 되는 셈이다. 그런데 량치차오는 이 해를 1962년이 아닌 2062년이라 하고, 이 소설을 쓰고 있는 금년을 1902년이 아닌 2002년이라고 하여 100년의 격차를 보이고 있다. 이것을 먼 미래의 일이라는 점을 부각하려는 량치차오의 '의도된 착각'[18]이라고 간주한다면, 이 소설의 이야기

---

17 梁啓超, 『新中國未來記』, 廣西師範大學出版社, 2008, 6-7쪽.

18 시간문제와 관련하여 한 가지 더 생각해볼 점은, 공자 탄생 후의 시간으로 표시한 연도인 금년 2453년째의 해(BC 551년+1902년), 미래 신중국 2513년째의 해는 정확히 서기 1902년과 60년 후인 1962년에 해당하는데 반해, 서기로 표시한 연도인 금년 2002년, 미래 신중국 2062년은 본래 시간보다 100년 후의 시간으로 설정되어 있다. 즉 공자 탄생 후 연도와 서기 연도 사이에 100년의 간극이 있다는 것이다. 동일한 시간을 중국과 서양의 두 가지 시간 개념으로 표현한 것은, 동서양의 역사가 하나의 시간으로 연결되어 있다는 점을 드러내기 위한 것이다. 그런데 두 연도 사이에 존재하는 100년의 시간 차이는 어떠한 '의도적

는 금년인 1902년에서 60년이 지난 1962년 사이의 일이라고 해야 할 것이다.

『신중국미래기』는 서기 1962년 유신(입헌국가 건립) 50주년 대축제를 거행하는 장면에서 시작한다. 마침 세계평화회의가 중국에서 개최되어 각국의 대표들이 머물러 있을 뿐 각국의 국왕과 대통령 내외가 친히 방문하여 축하를 보낸다. 또한 상하이에서는 박람회가 개최되어 공산품 전시회와 아울러 학문 종교에 관한 국제학술행사가 열린다. 그 가운데 가장 인기 있는 행사는 공자 후손인 쿵훙다오孔弘道의 '중국근육십년사' 강연인데, 세계 각국의 외국인도 이 강연을 들으러 왔다. 이들은 유신을 실시한 이후 학술이 급속히 발달하자 중국으로 유학을 왔던 학생들이었다.

쿵훙다오는 어린 시절 서구로 유학하여 신학문을 공부한 후 민간의 애국지사들과 유신운동을 성공리에 이끈 인물이다. 『신중국미래기』는 쿵훙다오가 유신 50주년 대축제를 거행하는 신중국의 현재에서, 유신운동에 투신한 60년 전의 과거의 일을 회상하는 방식으로 이야기를 전개한다.[19] 제2회부터 쿵훙다오는 직접 화자로 등장하여 상하이 박람회 학술강연회에서 '중국근육십년사'라는 주제로 강연을 하는데, 중국이 입헌국가가 되어 세계 대국으로 부상하는 과정을 여섯 개의 시기로 나누고 있다.

1. 예비입헌豫備 시기: 연합군에 의한 베이징 함락에서 광동 자치 실시까지
2. 분치分治 시기: 남방 각성의 자치 실시에서 전국 국회 개설까지

착각'에서 비롯된 일인지 생각해보아야 한다.

19 '서두 장면제시'로의 시작은 스에히로 뎃초의 정치소설 『설중매雪中梅』를 모방한 것이다. 『설중매』의 서두는 명치 173년(서기 2040년) 10월 3일 도쿄의 국회 154주년의 경축 장면을 묘사하고, 신문과 잘려진 비석에서 "그 당시의 인정과 명치 23년의 정치사회의 경황"을 뽑아 기록하고 나서, 나서 쿠니노모토이國野基의 이야기에 대한 서술로 넘어간다. 이런 수법이 량치차오에게 영향을 미쳤고 이것이 바로 『신중국미래기』 제1회 설자의 직접적인 모델이 되었다. 천핑위안, 『중국소설서사학』(이종민 옮김, 살림, 1994), 71쪽 참고.

3. 통일 시기: 제1대 대통령 뤄자이톈羅在田 부임에서 제2대 대통령 황커창黃克强 임기까지

4. 경제발전殖產 시기: 제3대 대통령 황커창 연임에서 제5대 대통령 천파야오陳法堯 임기까지

5. 대외경쟁外競 시기: 중국·러시아 전쟁에서 아시아 각국 동맹 성립까지

6. 대국굴기雄飛 시기: 헝가리회의에서 지금까지[20]

여섯 시기를 단계적 발전과정으로 보면, 1~3시기는 정치발전의 단계로서 각성의 자치를 기반으로 중앙집권적 통일국가를 건설하는 시간이다. 4시기는 통일국가를 기반으로 경제발전을 이룩하고, 5시기는 축적된 힘을 바탕으로 열강들과의 전쟁에서 승리하여 우호적인 국제관계를 구축한다. 6시기는 종합국력과 국제정치력을 기반으로 세계대국으로 굴기하는 시간이다. 정치발전이 국가건설의 선결 과제이며, 이를 기반으로 경제성장과 우호적인 국제관계를 이룩한 후 세계대국으로 도약한다는 것이 량치차오가 제시한 미래 중국의 청사진이다.

이 가운데 1~3시기의 정치 변화를 보면 량치차오의 국가 발전전략을 살펴볼 수 있다. 예비입헌 시기에서 벌어진 연합군의 베이징 함락과 광동 자치의 문제는 실제 현실에서 벌어진 일이며, 나머지 일은 모두 량치차오의 미래 상상에 해당한다. 광동 자치 방안은 『신중국미래기』가 발표되기 전인 1901년 어우쥐쟈歐榘甲가 「신광동新廣東」에서 제기했던 것이다. 어우쥐쟈는 무능한 청조와 러시아·영국·독일 등의 중국 침략을 비판하면서, 중국이 존립하기 위해선 성들이 연합하여 독립국을 수립하고 자치를 해야 하는데, 선진적인 광동에서 먼저 시작해야 한다고 보았다.[21]

---

20 梁啓超, 『新中國未來記』, 12-13쪽.

량치차오는 어우쥐쟈의 방안을 수용하여 광동 자치를 신중국 건설의 출발점으로 삼은 것이며, 분치 시기에서 남방 성들의 자치가 이어질 것으로 상상했다. 어우쥐쟈는 연성자치를 개별 독립국 수립의 차원으로 보았지만, 량치차오는 전국 국회 개설을 위한 지방 중심의 정치발전 단계로 설정하였다. 이어 전국 국회에서 통일국가를 이끌어 갈 대통령을 선출하여, 신중국은 중앙집권적 통일국가의 면모를 갖추게 된다.

이때 초대 대통령으로 부임한 인물은 뤄자이톈이다. 뤄자이톈은 청조의 황제 광서제를 가리키는데, 광서제의 이름인 아이신교로 자이톈愛新覺羅 載湉을 한족식 이름 뤄자이톈羅在田으로 개명한 것이었다. 광서제를 초대 대통령으로 설정한 것은, 그가 한화漢化 정책을 통해 만한일통을 이루고 공화정으로의 정치개혁을 수용하여 인민의 신뢰를 얻는다는 점을 전제한다. 량치차오는 혁명적 방식보다 개명 군주로서 광서제가 청조를 개혁하여 공화정으로 나아가는 길을 상상한 것이다.[22]

무능하고 부패한 청조 스스로 개혁의 길로 나아갈 가능성이 없었기 때문에, 광동을 필두로 한 연성자치를 통해 청조를 압박하고, 이 과정에서 광서제를 중심으로 예비입헌을 완수하여 전국 국회를 개설한다는 구상이다. 개명 군주가 주도하는 예비입헌 기획은 량치차오가 「입헌법의立憲法義」(1901)에서 제기한 바 있었다.

> 첫째, 황상에 청해 명조明詔를 내려 신민에 보급하고 중국을 '군주입헌제국'

---

21 태평양객, 「신광동」(성근제 외 역주, 『20세기 초 반청 혁명운동 자료선』, 성균관대출판부, 2011).

22 梁啓超, 「莅報界歡迎會演說辭」(1912). "羅在田은 청조 광서제의 이름을 가탁한 것으로 천자의 지위에서 물러나 대총통에 즉위하는 것을 의미하며, 黃克强은 黃帝의 자손이 시련을 극복하고 강하게 독립할 수 있다는 의미를 담고 있습니다."

으로 삼아 만세 불변으로 한다.

둘째, 3인의 대신을 구주 각국 및 미국, 일본에 파견해서 각국 헌법의 이동異同과 득실을 살피게 한다.

셋째, 파견한 대신이 귀국하게 되면 마땅히 궁중에 일종의 입법국을 설립하고 헌법을 초안해서 제정한 후, 수시로 진상해서 어람御覽하게 한다.

넷째, 각국 헌법의 원문 및 헌법에 관한 명저를 해석해서 입법국에서 번역 출판하여 천하에 반포한다.

다섯째, 초고가 완성되면 곧 정본으로 하지 않고 우선 관보국을 통해 반포해서 전국의 인민에게 토론하게 한다. (…) 이와 같이 5년 혹은 10년이 경과한 후에 수정해서 제정한다.

여섯째, 조칙을 내려 정체를 정한 날로부터 20년을 헌법을 실행하는 기한으로 삼는다.[23]

량치차오의 이 방안은 공교롭게도 청조의 예비입헌을 '예비'한 것이었다. 1905년 청조가 구미 각국에 헌정 시찰단을 파견한 이후, 예비입헌을 시행하기 위해 밟은 절차는 량치차오의 방안을 따르고 있었다. 실제로 량치차오도 청조의 헌정 시찰단을 위해 보고서를 대신 작성해주고, 정문사를 창당하여 입헌운동을 적극 추진하는 등 청조의 예비입헌에 상당한 기대감을 품고 있었다.[24] 이후 청조가 정문사 활동을 금지시키고 기만적인 입헌 정책을 내놓기 전까지, 량치차오는 청조에 의한 헌정 개혁을 긍정적으로 바라보았다.

실제 역사에서는 신해혁명으로 청조가 붕괴되지만, 『신중국미래기』에서는 광서제가 개명 군주의 역할을 잘 수행하여 입헌국가의 초대 대통령으로

---

23 梁啓超, 「立憲法議」(1901).

24 정지호, 「梁啓超의 '帝國'論과 '大淸帝國'의 國體」(『동양사학연구』 132집, 2015), 280-281쪽.

부임한다. 그만큼 량치차오의 국가론에서는 개명 군주의 리더십이 정치개혁의 중요한 요소를 차지하고 있었다. 더 정확히 얘기하자면, 량치차오의 국가론에는 개명 군주의 리더십, 개혁 세력의 입헌운동, 국민의 자질 이 세 가지가 정치발전을 위한 핵심 사안이었다. 량치차오의 정치 주장이 정세에 따라 변한 것은 바로 이 세 요소의 역량에 대한 종합적 판단에 기인한 것이었다.

량치차오의 이러한 시각은 쿵훙다오의 담론 속에 잘 드러난다. 쿵훙다오는 미래 신중국을 건설하는 과정에서 핵심적인 역할을 한 일로, 인민의 애국심, 애국지사들의 백절불굴의 투지, 황제가 인민에게 권력을 이양한 세 가지 사건[25]을 꼽는다. 쿵훙다오는 이 가운데 애국지사들이 헌정당을 결성하여 분투한 일을 중심으로 '중국근육십년사'의 이야기를 전개한다.

헌정당은 '입헌기성동맹당立憲旣成同盟黨'의 약칭으로 당시 난립해있던 보황파, 혁명파의 각종 정치 단체와 가로회, 삼합회, 삼정회 등의 비밀결사를 통합하고, 모든 단체의 주요 인물들을 망라하여 조직된 정당이다. 이는 헌정당 이전의 모든 정치 세력들의 총결이라고 할 만한 정당이다. 그리고 유신 이후 결성된 신중국의 3대 정당인 국권당, 애국자치당, 자유당은 모두 헌정당 출신이 조직한 것이다. 그 정당의 정치 목표인 중앙정부의 권력, 지방자치의 권리, 인민 개개인의 행복은 헌정당의 이념이 분화된 것으로, 헌정당이 모든 정당의 효시가 되었다.[26]

쿵훙다오는 당의 강령 가운데 가장 중요한 조목을 뽑아 청중들에게 암송해 주는데, 헌정당의 지향성과 관련하여 주목할 내용이 아래의 조목이다.

> 제3절: 우리 당은 전 국민이 향유해야 할 권리를 옹호하고 전국의 평화와

---

25 梁啓超, 『新中國未來記』, 11쪽.

26 梁啓超, 『新中國未來記』, 14-15쪽.

완전한 헌법 취득을 목표로 한다. 헌법은 군주제, 민주제, 연방제를 막론하고 국민의 뜻에서 나오고 국민의 공론을 통해 이루어진다면 완전한 헌법으로 인정한다.

제4절: 우리 당은 이러한 목표를 갖고 전진하되 후퇴하지 않으며, 목표를 달성할 때까지 중단하지 않는다. 그러나 부득이한 때가 아니라면 절대 급진적이고 과격한 수단을 경솔하게 취하지 않는다.[27]

제3절은 군주제, 민주제, 연방제 등의 정치체제의 차이를 넘어 헌법은 국민의 뜻과 공론을 통해 이루어져야 정당성을 가질 수 있다고 명시한다. 이것은 국민의 뜻과 공론이 헌법을 결정하는 최상의 기준이며, 정치체제는 이러한 헌법의 기초 하에서 실정에 따라 다양하게 선택될 수 있음을 시사한다.

이점과 관련하여 량치차오는 「군정 민정의 상호 변천의 이치를 논함論君政民政相嬗之理」(1897)에서 다음과 같이 말한 바 있다. "천하를 통치하는 방식에 따라 삼세三世가 있다. 첫 번째가 다군정多君政 시대, 두 번째가 군정君政 시대, 세 번째가 민정民政 시대이다. 다군정 시대에는 추장시대, 봉건 및 세경의 시대가 있고, 군정 시대에는 군주시대와 군민공주君民共主의 시대가 있고, 민정 시대에는 총통이 있는 시대와 총통이 없는 시대가 있다. 다군은 거란세의 정치이고, 일군은 승평세의 정치이며, 민은 태평세의 정치이다."[28]

정치체제는 시간에 따라 단계적으로 변화하는데, 현재 중국은 군정의 시대로 군주제에서 군민공주제로 진화하는 단계에 있다. 1899년 일본 망명 이후 량치차오는 서구의 국가론과 헌법을 수용하면서 군주제, 군민공주제, 민주제의 명칭을 바꾸어 전제정체, 입헌정체, 공화정체로 구분했다. 특히 헌정의

---

27 梁啓超, 『新中國未來記』, 16쪽.

28 梁啓超, 「論君政民政相嬗之理」(1897).

유무로 세 정체를 구분했기 때문에, 전제정체는 군주가 헌법에 근거하지 않고 사사로이 천하를 통치하는 부정적인 정체로 인식되었다.[29]

헌정당의 조목을 보면, 정체의 진화를 군주제에서 민주제로 변천해가는 단선적 과정으로 이해하지 않는다. 국민의 뜻과 공론에 따라 헌법이 정립되고 그에 기반하여 선택될 수 있는 정치적 산물로 본 것이다. 조목에서 말하는 군주제는 천하를 사사로이 통치하는 전제군주제가 아니라, 헌정에 기초한 입헌군주제를 지칭한다는 점은 주목해야 한다. 즉 조목에서 언급한 정체는 모두 헌법을 기초로 하는 입헌정체 위에서 형성된 군주제, 민주제, 연방제를 의미하는 것이었다.[30]

쿵홍다오가 말한 "영명하신 예전 황제께서 시대의 흐름을 통찰하여 각종 논란을 물리치고 권력을 인민에게 돌려준" 일은, 전제군주제에서 입헌군주제로 전환하고, 더 나아가 인민에게 권력을 양도하여 민주공화정을 건설한 일을 뜻한다. 량치차오의 국가론에서 볼 때, 개명 군주의 리더십과 개혁세력의 입헌운동 그리고 국민의 자질 향상이 조화롭게 이루어진 가장 이상적인 발전과정이라고 할 수 있다. 1906년 량치차오가 주장한 개명전제론도 궁극적으로 입헌국가 건설이 목표였다. 개혁세력의 입헌운동과 국민의 자질 향상이 결여된 당시 조건에서 개명 군주의 리더십에 의지하는 정치체제를 구상한 것이었다.

가오홍은 『신중국미래기』의 대통령제가 '무헌無憲'의 군주제에서 '유헌有憲'의 군주입헌제로 전환한 것이며, 이점이 헌법을 기초로 하는 새로운 국가 형상이라고 주장하였다.[31] 이는 대통령제를 헌법에 기반한 군주제라고 보는

29 차태근, 「청말 민주/민권, 전제 개념과 정치담론」(『중국문학』 제75호, 2013), 180쪽 참고.

30 조목에서 말하는 군주제, 민주제, 연방제는 미래 신중국이 추구할 수 있는 모델인 영국식 입헌군주제, 프랑스식 민주공화제, 미국식 연방제를 지칭한다.

31 高鴻, 「探尋晩清的"中國夢"-晩清政治小說 『新中國未來記』的法律想像和審美價值」, 『學海』, 2013,

관점이다. 량치차오도 「입헌법의」에서 "민주입헌제는 정책의 변화가 매우 심하고 대통령 선거에서 경쟁이 매우 치열하여 국가의 행복에 간간이 방해가 되지 않은 적이 없다"고 하면서, 입헌군주제를 중국 현실에 가장 적합한 정치체제라고 생각한 때가 있었다.[32]

그러나 대통령제를 군주입헌제라고 보는 시각은 량치차오가 『민보民報』와의 논쟁 시기에 보여준 보황파 입장을 유추한 해석에 가깝다. 이것을 『신중국미래기』의 상상 세계에 그대로 적용해서는 안 된다. 대통령제는 미국식 민주입헌제에 속하는 정체이며, 영국식 군주입헌제와는 성격이 다르기 때문이다. 당시 량치차오는 『신중국미래기』를 『신민설』과 동시에 집필하고 있었는데, 『신민설』이 민주공화정의 인민이 되기 위한 덕목을 제기했다는 점이 이를 반증한다.

5. 입헌국가와 중국인의 정치역량

『신중국미래기』의 장기적 국가 발전전략은 입헌군주제나 보황파의 시각을 통해서는 그 의도를 제대로 파악하기 어렵다.[33] 왜 그런 것인지 황커창과

195쪽.

32 梁啓超, 「立憲法議」(1901).

33 량치차오가 입헌군주제를 선호하며, 『민보』와의 논쟁 당시 량치차오가 공화혁명을 부정하고 개명전제론으로 보수화되었다는 평가로 인해, 량치차오를 공화정과 거리를 둔 인물로 보곤 한다. 그러나 『신민설』이 공화정의 인민을 양성하기 위한 목표를 지니고 있으며, 또 신해혁명을 통해 공화정이 건설된 후 위안스카이가 황제체제로 복귀하려고 할 때 호국전쟁에 참여하여 공화정을 수호한 일로 본다면, 량치차오의 정치적 입장을 입헌군주제 안에 한정할 수 없다. 량치차오를 급진과 보수 사이에서 끊임없이 새로운 세계를 추구한 인물이라고 본 시각에 대해서는 서강, 『양계초: 중화 유신의 빛』(이주노·김은희 옮김, 이끌리오, 2008) 참고.

리취삥李去病의 입헌/혁명 논쟁을 통해 살펴보자.

제3회에서 쿵훙다오는 헌정당 강령의 주요 조목을 암송하고 난 후, 헌정당이 절체절명의 위기적 상황에서 어떠한 방법을 통해 미래 신중국 건설의 주축이 되었는지 설명한다. 당 창립 초기에는 당 세력 확장, 국민교육, 상공업 진흥, 국정 조사, 정무 연습, 의용군 양성, 폭넓은 외교, 법전 편찬 등의 사업을 펼쳤는데, 쿵훙다오는 헌정당 활동의 역사적 의미에 대해 다음과 같이 회고한다.

> 옛말에 '뜻을 품은 사람은 결국 일을 이루게 된다'는 말이 있습니다. 이렇게 볼 때, 한 나라의 대사업이 어찌 정부의 권력을 잡은 몇몇 세력에게만 기대야겠습니까? 자고로 영웅호걸은 모두 자기 힘으로 자기 자리를 얻어낸 것이 아닙니까? 한 나라의 세력과 지위도 전부 그 나라 인민이 스스로 만들어야 가능한 일입니다. 만일 정부나 권력자만 바라보고 있다가 정부와 권력자가 하지 않으려 한다면, 속수무책으로 앉아서 죽음을 기다리는 것과 마찬가지이니, 자포자기하여 인류의 자격을 욕보이는 일이 아니겠습니까?[34]

쿵훙다오는 사람이 살만하지 못한 세상이었던 중국을 미래 신중국으로 재건한 공로를 헌정당에 부여하며, 개혁의 불모지에서 헌정당을 창립한 인물인 황커창에 관한 이야기를 시작한다. 황커창은 광동 출신으로 아버지에게 가학을 전수받았을 뿐 아니라 세계 학문에도 관심이 많았다. 청일전쟁 후 친구 리취삥과 함께 영국 옥스포드대학으로 유학을 가는데, 황커창은 정치, 법률, 경제 등의 학문을 공부하고 리취삥은 과학 철학 등의 학문을 배운다. 대학 졸업 후 리취삥은 프랑스 파리대학에 입학하여 공부하고, 황커창은

34 梁啓超, 『新中國未來記』, 25-26쪽.

독일 베를린대학에 입학하여 당시 유행하던 국가학 및 사회주의에 관해 연구한다.

그들은 유럽에서 무술변법과 의화단사건을 겪고 울분을 터뜨렸으며, 1902년 유학을 마친 후 유럽 몇 나라를 여행하다가 러시아 페테르스부르크에서 기차를 타고 귀국한다. 산해관에 도착하여 그 일대가 러시아의 식민지로 변해버린 것을 보며, "지금 중국은 중국인의 중국이 아니라" 제국주의 국가들의 식민지로 분할되었고, 외국의 세력권에 사는 중국인들이 그들을 미래의 주인으로 복종하는 현실을 개탄한다. 그리고 중국이 이러한 위기에 빠지게 된 원인과 극복 방안에 대한 논쟁을 시작한다.

두 사람은 같은 스승에게서 전통 학문을 배우고 함께 유럽으로 유학하여 신학문을 배우는 등 유사한 성장 과정을 거치지만, 정치사상의 측면에서는 서로 다른 입장을 지닌다. 전체적으로 황커창은 만주족 정부 하의 입헌군주제를 추구한 입헌파의 입장을, 리취뼁은 만주족 정부를 부정하며 민주공화제를 추구한 혁명파의 입장을 대변한다. 두 사람은 만주족 왕조, 중국인의 자치능력, 개혁방법, 외국의 중국 분할 등의 문제를 둘러싸고 입장 차이를 드러낸다.

만주족 왕조에 대한 태도는 두 사람의 차이가 극명하게 나타나는 부분이다. 황커창은 현재의 황제가 인자하고 영명하여 개혁의 희망이 될 수 있다고 인식한다. 이는 현재의 황제가 천하를 사천하私天下 하는 전제군주가 아니라 권력을 인민에게 양도하여 입헌국가를 건설하는 개명 군주가 될 수 있다는 판단이다. 만주족에 대해서도 중원에 들어온 지 오래되어 한족과 거의 쌍둥이로 변하여 서로 나눌 수 없게 되었을 뿐 아니라, 나라의 모든 권리가 동등해져 원한을 가질 필요가 없다고 주장한다. 나아가 전제정치의 문제는 중국에 수천 년간 누적되어온 고질병이라 만주족에게 그 책임을 돌릴 수 없으며, 4억 중국인 모두가 각성하여 입헌국가를 건설할 때 비로소 전제정치가 개혁될 수 있다고 생각한다.[35]

이에 반해 리취뺑은 청조 관료사회의 부패하고 무능한 현실을 볼 때 개혁의 가능성이 없으며, 현재의 황제가 인자하고 영명하더라도 왕조의 실질적 권력을 왕족과 고위 관료들이 가지고 있어서 개명 군주의 역할을 기대할 수 없다고 주장한다. 그리고 만주족에 대해서는 민족감정[36]은 절제하면서 "정권이 항상 다수의 손에 있어야 그 나라가 비로소 안정될 수 있다"는 정치학의 공리에 근거하여 비판한다. 즉 현재의 위기는 소수자인 이민족이 자신의 이익을 우선하고 다수 국민에 대한 책임정치를 하지 않은 데서 비롯되었기 때문에, 다수가 권력을 획득해야 공정한 정치가 가능하다고 본 것이다.[37]

이 문제는 중국인의 자치능력 여부에 관한 논쟁으로 이어진다. 황커창은 중국인에게 자치능력이 결여되어 프랑스나 미국처럼 자유와 평등을 추구하는 인민주의 시대로 나아갈 수 없다고 본다. 그리고 정부의 간섭(보호) 정책하에 장기간 국민의 계몽 교육을 시행하여, 자치의 기반을 형성하는 것이 우선이라고 주장한다.

> 외국의 자치는 모두 권리와 의무의 두 가지 사상에서 발생한 것이기 때문에, 자치단체는 국가의 축소판이며 국가는 바로 자치단체의 확대판이다. 국가에도 소속될 수 있고 당연히 자치단체에도 소속될 수 있기 때문에, 서양의 국민을 시민이라 부르고 시민을 또한 국민이라 부른다. 중국도 이렇게 될 수 있겠느냐? 중국의 자치는 아무런 규칙도 없고 정신도 없어서 몇천 년 동안 조금의 진보도 없었으니 정치학상의 소위 유기체와 완전히 반대이구나! 한두 명의 권세있는

---

35 梁啓超, 『新中國未來記』, 45-46쪽.

36 리취뺑의 발언에는 혁명파가 만주족을 비판할 때 의례 등장하는, '揚州十日', '嘉定三屠' 등의 한족 몰살사건을 통해 만주족에 대한 복수주의를 고취하는 말이 최대한 절제되어 있다.

37 梁啓超, 『新中國未來記』, 46-47쪽.

관리와 신사만이 마음대로 자치단체를 유린하고 파괴할 수 있으니, 이러한 자치가 어떻게 민권을 낳을 수 있겠느냐? 중국의 자치는 민권과 근본적으로 씨앗이 다르다.[38]

황커창은 국민의 자치능력이 충분하지 않으면 민권을 거론할 수 없다고 본다. 개혁의 주체가 될 애국지사들의 경우도 서구 정치사상의 본래적 의미에 대해 통찰하기보다는, 개인 출세를 위한 수단으로 변질시켜 현실의 혼란을 가중시키고 있다고 비판한다. 리취뻥 역시 중국인의 자치능력이 프랑스혁명 시기나 미국 독립운동 시기의 시민 역량과 현격한 차이가 있다는 점을 인정한다. 중국의 전통적인 자치조직은 서구처럼 국가사상과 결합된 단체가 아니라 사익을 추구하는 집단일 뿐이기 때문이다.

하지만 중국인에게 자치능력이 결여된 것은 민족 자체에 선천적인 결함이 있어서 그러한 것이 아니라, 전제정치를 행한 민적들에 의해 강요된 결과이다. 이에 "몇천 년 동안 덮여있는 커다란 종을 꺼내기만 하면, 모든 사람들이 자유롭게 정치 활동을 하고, 몇 년 지나면 숙련될 수 있을 것"[39]이라는 낙관적인 기대를 표출한다. 그러나 리취뻥의 기대감 속에는 청조 내부의 개혁 가능성을 부정하고 국민의 자치능력은 미래에서나 가능한 상황에서, 무엇을 기반으로 현실을 변화시킬 수 있는가 라는 곤혹감이 내재되어 있다.

리취뻥은 그 출로로 청조의 전제정치 밖에서 "모두가 일할 수 있는 곳을 정하여 그곳에서 성실하게 실력을 쌓고, 민적의 굴레에서 벗어나 착실하게 자치제도를 배양하여 조금씩 천천히 확충해나가면, 다른 곳의 사람들도 분명 풍문을 듣고 일어날 겁니다. 이것이 바로 중국을 구하는 유일무이한 방법"[40]

38 梁啓超, 『新中國未來記』, 60-61쪽.

39 梁啓超, 『新中國未來記』, 61쪽.

이라고 주장한다.

황커창은 리취뻥의 생각처럼 청조를 부정하는 혁명이 일어나면 정부는 혁명을 막을 힘이 없어 외국 열강에 토벌을 요청하고, 외국 열강이 중국의 안정을 구실로 계속 주둔하게 되면 중국 전역이 이들에 의해 분할되는 비극을 초래하게 될 것이라고 우려한다. 또 각 성에서 연이어 혁명이 일어나면 성 사이의 이해관계가 일치하지 않아 서로 분열되는 양상이 벌어져, 결국 외국 열강이 중국을 분할하는 빌미로 작용할 것이라고 주장한다.[41]

이에 대해 리취뻥은 현재의 중국은 표면적으로 주권이 있는 듯 하지만 혁명 여부에 상관없이 이미 외국 세력에 분할된 상태라고 비판한다. 특히 상층 관료들은 국민의 이익보다 외국의 이익을 위해 복무하는 노예가 되어 분할의 위기를 가중시키고 있다. 그리고 민적과 난민이 파괴의 주체가 되어 혼란에 빠뜨리는 것과 달리, 혁명은 인자한 선비가 일을 맡아 파괴와 동시에 건설을 진행하는 것이다. 이에 "미래의 우리 목적이 공화든 입헌이든 간에 결국은 혁명이론, 혁명사상이 현 중국에서 결핍되어서는 안 된다"[42]고 주장한다.

두 사람은 이러한 문제를 중심으로 총 44차례의 논박을 주고받은 후, "오늘날 우리는 전국의 지사들을 연계시키고 국민을 배양하여 실행할 때가 되면 임기응변을 발휘하여 일해야 한다. 그러나 절대 부득이한 경우가 아니라면 경솔하게 파괴의 길로 나가서는 안 된다"[43]는 황커창의 말에 대해 리취뻥이 동의하며 논쟁을 마무리한다.

이 논쟁 속에서 량치차오가 의도한 것이 무엇인지 이해하려면, 두 사람의

---

40 梁啓超, 『新中國未來記』, 62쪽.

41 梁啓超, 『新中國未來記』, 67-68쪽.

42 梁啓超, 『新中國未來記』, 74쪽.

43 梁啓超, 『新中國未來記』, 74쪽.

관계를 입헌파/혁명파의 대리 논쟁으로 보는 해석에서 벗어나야 한다. 황커창을 입헌파의 대변자로, 리취뼁을 혁명파의 대변자로 한정하여 해석한다면 『신중국미래기』는 량치차오를 대변하는 황커창이 리취뼁을 논박한 입헌파 텍스트로 규정될 수 있기 때문이다.

그러나 두 사람을 량치차오 내면의 두 가지 경향을 반영하는 긴장관계[44]로 이해한다면, 『신중국미래기』는 두 사람이 서로의 입장을 반추하면서 정치적 통합을 모색하는 텍스트로 해석될 수 있다. 『신중국미래기』에서 두 사람의 논쟁을 긴장관계로 만드는 장치가 바로 화자인 쿵훙다오의 서사 시각과 본문 속에 부가되어 있는 주석이다.

쿵훙다오는 유신이 성공한 미래의 시점에서 과거인 현재를 회고하는 인물로, 중국의 개혁운동을 어느 한 정파만의 힘이 아니라 여러 세력이 연합하여 분투한 이야기로 서사하고 있다. 즉 그의 미래 신중국 서사는 인민의 애국심, 애국지사의 의지, 개명 군주의 권력 이양의 세 가지 사건이 연결되어 있으며, 입헌운동의 중심으로서 헌정당은 보황파, 혁명파, 비밀결사 등 각종 단체를 통합하여 건립한 정당이다.

또 황커창과 리취뼁 논쟁에 있어서 쿵훙다오는 특정 인물을 옹호하기보다는 화자로서 중립적인 위치를 지키며 그들의 개별적 논지를 최대한 부각한다. 논쟁은 황커창의 말에 리취뼁이 동의하는 방식으로 마무리되고 있지만 황커창의 시각은 두 사람의 입장을 절충한 내용[45]이다. 논쟁의 교훈에 대한 쿵훙다오의 평가에서 이점이 잘 드러난다.

---

44 황커창과 리취뼁의 관계를 량치차오의 내면적 긴장관계로 해석하는 시각으로 張灝, 『梁啓超與中國思想的過渡(1890~1907)』(江蘇人民出版社, 1993), 158-159쪽 참고.

45 "절대 부득이한 경우가 아니라면 경솔하게 파괴의 길로 나가서는 안 된다"는 황커창의 말은, 앞에서 살펴본 헌정당 조목 제3절 "부득이한 때가 아니라면 절대 급진적이고 과격한 수단을 경솔하게 취하지 않는다"는 구절과 상통하는 것이다.

오늘날 우리가 그들의 말을 들어보면 무의미하고 진부한 것 같지만 저자는 진부하다는 말로 무얼 해명하려고 한 것인가? 우리들이 가장 본받아야 할 점이 있습니다. 황군과 리군 두 호걸의 우정을 보세요. 그들은 같은 성, 같은 부, 같은 현, 같은 리 출신이며 같은 스승 아래서 함께 배우고 함께 유학하여, 정말로 비익조 비목어처럼 이형동체나 마찬가지였습니다. 공적인 일을 논의할 때 의견이 다르면 조금도 양보하려 하지 않았고, 자신이 신뢰한 이념이 머릿속에서 격렬하게 맴돌아도 함부로 내뱉지 않았습니다. 이런 용기는 보통사람이 배울 수 있는 것입니까? 그들은 공적인 일에서 이렇게 논쟁을 벌였지만, 사적인 정에 있어서는 서로 아끼고 사랑하여 의견 때문에 우정이 상한 적이 없습니다. 근래 초등학교 교과서에서 '황리연상黃李聯床'이란 말이 나오는데 그들 두 사람의 우정을 통해 아이들이 친구를 대하는 모범으로 삼은 게 아닙니까? 여러분! 여러분이 만일 두 호걸을 존경한다면 바로 이러한 점을 정말로 존중하고 모범으로 삼아야 중국의 미래가 날로 밝아질 것입니다."[46]

쿵훙다오의 개혁세력 연대론과 더불어 두 사람의 긴장관계를 유지하는 장치가 바로 본문 속의 주석이다. 위의 인용문 첫 구절에 보이듯이, 『신중국미래기』에는 본문 곳곳에 주석이 달려있다. 이 주석은 미래의 시점에서 현재를 회고하고 있는 쿵훙다오의 서사를, 현재의 시점에 있는 또 다른 화자가 출현하여 그의 미래 예언에 대해 짤막한 비평과 감상을 드러낸 부분이다. 쿵훙다오가 미래 이상세계의 입장에서 현재를 회고한 것이라면, 주석은 미래의 환상에 빠지지 않도록 직면한 현실을 환기하여 긴장감을 유지하는 작용을 한다.

가령, "지금 우리 두 사람은 한낱 청년에 불과하여 권력도 없고 용기도

---

46 梁啓超, 『新中國未來記』, 75쪽.

없지만, 우리가 10년 동안 공부한 것은 무슨 일을 하기 위해서였냐? 청년 학생들은 생각해보시오. 몇 마디 영어나 배워 장래 밥그릇 도구로 삼으려 한 것이겠느냐? 강호 명사들을 따라다니며 격양 강개한 입에 발린 소리나 하고, 어쩔 수 없다는 말로 논조를 얼버무리려 한 것이겠느냐? 청년 학생들은 생각해보시오"의 주석은, 두 사람의 애국적 신념에 대한 쿵훙다오의 회고를 빌어, 학문을 이기적으로 유용하는 현재의 청년 학생들을 경계하는 것이다.

이렇게 볼 때, 황커창과 리취뻥에 대한 주석이 량치차오의 입장에 한층 근접한 것이라고 할 수 있다. 이들의 발언에 대한 주석을 보면 대부분 공감을 표하면서도, 황커창의 발언에 더 우호적인 게 사실이다. 리취뻥의 혁명의 신념에 대해 '여기까지 말하면 어떤 사람이라도 수긍하려 할 텐데, 리군은 여전히 자신의 입장을 내세우려 한다', '달변이면서 고집 센 사내로다' 등의 주석에서 우려를 표하고 있기 때문이다. 하지만 이것을 제외하면, '논리가 죽순을 벗기는 것처럼 한 겹을 벗기면 한 겹이 깊어져 나는 정말로 그를 반박할 방법이 없다', '의지가 강한 사람의 말이다', '기세 등등하다', '논의가 한 걸음 더 나아가니 갈수록 긴장된다', '관리 여러분, 스스로 가슴에 손을 대고 생각해 보십시오. 리취뻥이 도대체 왜 여러분들을 욕하고 있는지' 등의 주석처럼 리취뻥의 견해를 대체적으로 수용하고 있다.

황커창과 리취뻥에 대한 량치차오의 내면적 긴장관계는 제4회와 제5회 그리고 미완의 이야기 속으로 이어진다. 제4회는 논쟁을 마친 후 두 사람이 베이징으로 가려던 예정을 바꾸어 뤼순항, 다롄만 등 러시아 식민지역의 실정을 직접 관찰한 이야기다. 1895년 청일전쟁이 끝난 뒤 약 10년간 러시아는 동아시아 제국주의에서 태풍 같은 존재였다. 러시아는 삼국간섭을 주도하여 일본이 요동반도를 식민화하려는 계획을 포기시키고, 1897년에는 청과의 방어동맹을 기화로 뤼순항을 점령했다. 1898년에는 동청철도에서 뤼순과 다롄만까지 철로지선(남만주철도)을 러시아가 건설하는 권리를 획득했고, 의

화단 사건을 빌미로 10만 대군을 만주에 파견하여 남만주를 자신의 영향권으로 확보했다.[47]

황커창과 리취빵은 이렇게 러시아 식민지가 돼버린 뤼순항 일대를 시찰하다가 광동사람이 운영하는 '광유성廣裕盛'이란 가게에 들어가, 주인에게 러시아의 횡포와 부패한 관료사회 그리고 중국인들의 참담한 생활에 관한 이야기를 듣는다. 러시아인들은 온갖 명목으로 세금을 가혹하게 거둘 뿐만 아니라 무고한 중국인들의 생명과 재산을 약탈하는 일이 빈번하다. 중국인 하위 관리들은 러시아에 충성하는 노예가 되어 양민을 학대하고, 그들의 생활을 더욱 참담하게 만드는 만행을 저지르고 있다. 두 사람은 논쟁 속에서만 오갔던 참혹한 현실을 실제로 목도하며 중국 분할의 위기감이 한층 가중된다.

입헌/혁명의 논쟁 속에서 볼 때, 제4회는 혁명파의 논리를 추궁하는 이야기로 읽을 수 있다. 즉 입헌파는 청 황제의 개명 군주로서의 가능성에 기대하고 있지만 현실에서는 무기력한 모습을 보일 뿐이다. 정부 관리들은 자신의 권력 유지를 위해 러시아의 충복이 되었고, 중국 분할이 혁명에 의해서가 아니라 청조 내부의 무능력과 부정부패에서 근원하고 있기 때문이다. 이와 같은 상황 속에서 입헌파의 논리는 "만일 정부나 권력자만 바라보고 있다가 정부와 권력자가 하지 않으려 한다면, 속수무책으로 앉아서 죽음을 기다리는 것과 마찬가지"라는 쿵훙다오의 비판을 피하기 어렵다.

또 두 사람은 체류하던 숙소에서 천멍이라는 인물을 만난다. 그는 후베이 무비학당을 졸업한 후 교사 생활을 하다가 관리사회의 부패를 간과할 수 없어 사직하고, 지금은 러시아의 본질과 중국 분할 문제를 조사하기 위해 이곳에 거주하고 있는 애국지사다. 그는 러시아의 세력 확장, 철도부설과 군대 주둔으로 이곳이 러시아의 인도가 되었다고 분개하며 이 모든 것이

47 이삼성, 『동아시아의 전쟁과 평화』 2, 한길사, 2009, 385쪽.

전제정치로 인한 정부의 무능에서 비롯된 일이라고 비판한다. 그리고 크롬웰을 도와 영국혁명 대업을 이룬 밀턴과, 이탈리아 비밀당에 입당하여 그리스의 독립을 위해 헌신한 바이런의 시를 애송하며, 그들과 같은 혁명가의 삶을 따르고 있다. 두 사람은 천명과 의기투합하여 러시아의 본질과 중국의 시국에 대해 토론하는데, 천명의 견해는 혁명파의 시각에 가깝다.

제5회에서 두 사람은 천명과 헤어진 후 베이징으로 왔다가 상하이에서 중국-러시아의 비밀조약에 대한 저항운동이 일어나고 있다는 소식을 듣고 상하이로 내려간다. 뜻밖에도 황커창은 상하이에 거주하는 삼촌 천싱난에게서 어머니의 부음과 아버지의 위독을 알리는 전보를 받고 침통해 한다. 중밍이라는 청년이 천명의 소개로 두 사람을 찾아와 러시아에 항거하는 민의공회가 장원에서 열린다는 소식을 알려주어 회의에 참여한다. 그러나 공회에 참여한 애국지사들은 성실하지 않을 뿐 아니라 탁상공론만 늘어놓아 실망케 한다. 하지만 정보차이의 연설을 듣고 탄복하여 밤에 다시 만나 시국에 관한 의견을 나눈다.

정보차이는 작금의 시국에서 혁명에 대한 불가피성을 강조하는데, 리취삥의 견해와 유사하다. 하지만 황커창의 반론을 듣고 혁명에 대한 자신의 맹신을 성찰한다. 다음 날 삼촌과 장원에 가서 매판을 만나는데, 그들의 부패한 모습을 보며 중국의 앞날이 한층 근심스러워진다. 저녁에 정보차이가 보내온 편지에 적혀 있는 애국지사들의 이름과 경력을 보고, 다음 날 상하이를 떠나 광동으로 향한다.

제4회가 입헌파의 논리를 추궁하는 이야기라면, 제5회는 혁명파의 논리를 성찰하는 이야기로 읽을 수 있다. 즉 혁명파는 국민의 자치능력과 애국지사에 의지하여 개혁을 추진해야 하는데, 제5회에 등장하는 애국지사들은 파괴와 건설을 추진할 수 있는 지혜와 도덕성을 지니고 있지 못하기 때문이다. 오히려 그들은 혁명의 참 의미를 고민하기보다는 입신양명을 위한 수단으로 삼거나 탁상공론만을 할 따름이다. 정보차이와 그가 편지로 소개해준 애국지사들이 진정한 혁명의 주체로 성장할 가능성은 있다. 하지만 개별적인 활동에서 벗어나 조직적으로 연대하고, 국민의 자치능력을 제고하는 다각적인 활동을 수행하려면, 예측할 수 없는 장기간의 고난을 이겨내야 한다.

아쉽게도 『신중국미래기』는 이 장면에 이르러 이야기를 멈춘 채, 미래세계로 들어서지 못한다. 두 사람이 광동으로 가기 전에 경유한 홍콩에서 외국 선원이 중국인을 때리는 것을 보고 분노하는 장면에서 소설이 종결되기 때문이다. 화자는 '푸른 눈의 외국인이 우리 법률가를 인정하고, 백면서생이 비밀결사에 투신하다'[48]는 미래의 암시만을 남길 따름이다. 이 남겨진 구절로 이후의 일을 추측하자면, 황커창은 법률 분야에 종사하며 입헌국가의 기틀을 다지고, 리취삥은 혁명 활동에 종사하며 민주공화국을 건설하는 이야기가 이어질 것이다. 그리고 두 사람은 직면한 난국을 헤쳐가며 서로 경쟁하기도 하고 연대하기도 하면서 미래 신중국을 건설하는 주인공이 될 것이다.

『신중국미래기』는 이렇게 5회의 짧은 이야기로 끝을 맺는다. 황커창·리취삥과 그 후예들이 함께 만들어 나갈, 제국주의 열강에 대항하는 평등한 인민의 입헌국가 이야기가 미완으로 남은 것이다. 『신중국미래기』가 미완의 이야기가 된 것은 입헌국가 건설의 주체들이 현실 속에 결여되어 있었기 때문이다. 이러한 맥락에서 『신민설』의 주체 양성론은 『신중국미래기』의 다음 이야기로 읽어도 무방할 것이다.

---

48 梁啓超, 『新中國未來記』, 140쪽.

| 4장 |

인민: 공덕公德을 지닌 신민

1. 중국인의 민족성

19세기 들어 제국주의 열강과의 연이은 전쟁에서 패배하고 청일전쟁에서 주변국으로 여기던 일본에게 충격적인 패배를 당하는 과정에서, 중국인은 민족성이 우매하고, 나약하며, 비겁하다는 등의 모욕적인 수식어를 얻었다. 1860년 제2차 중영전쟁 당시 중국인의 공공정신 결핍을 지적한 아더 스미스의 『중국인의 성격(Chinese Characteristics)』처럼, 청일전쟁 이전에도 중국의 민족성 문제를 지적한 사례들이 있었다.

그렇지만 전쟁의 패배 원인이 중국 민족성의 결함에 있다는 자각이 일어난 것은 청일전쟁 이후라고 해야 한다. 같은 아시아의 황인종이면서 국가와 인구의 크기, 자원과 경제력 등에서 월등한 조건을 갖춘 중국이 일본에 패배하면서, 세계 열강으로부터 '동아병부東亞病夫'[1]라는 불명예를 얻었던 것이다.

---

1 1895년 옌푸는 「原强」에서 '병부'라는 말을 처음 사용하여 중국의 처지를 다음과 같이 비평했다. "국가라는 것은 바로 인간의 신체에 비유할 수 있다. 오늘날, 육신의 안락을 탐하면 쇠약해지고 노고를 거듭하면 강해진다는 말이 당연한 이치로 되어 있다. 그러나 만일 병부에게 날마다 한도를 지나치게 초과하는 일을 하게 해서 강해지기를 구한다면, 그 병부의 죽음을 앞당길 뿐이다. 지금 중국은 아직 그런 병부와 같은 상황이다." 그리고 '동아병부'라

이러한 자각과 반성 속에서 지식인들은 서구와 일본이 부강하게 된 원인이 공공정신을 지닌 국민들이 근대국가를 건설한 데 있으며, 그에 반해 중국인들은 흩어진 모래散沙[2]처럼 단결하지 못하는 결함이 있다고 인식했다. 중국인에게 국가와 국민에 대한 관념이 형성되지 못한 것이 중국을 정체하게 만든 근본 요인이라고 본 것이었다.

이러한 흐름 속에서 량치차오는 중국의 미래를 위한 두 가지 저작을 저술하는데, 하나는 3장에서 살펴본 『신중국미래기』이고, 다른 하나는 근대국가 건설 주체로서 신민新民 양성을 논한 『신민설』이었다. 대민족주의의 입장에서 있던 량치차오의 주 관심사는 종족을 넘어 국민의 자격을 어떻게 배양할 것인가의 문제였다.

량치차오는 『신민설』을 저술하기 이전에도 중국인이 왜 국민의 자격을 결여하고 있는지에 대해 추궁하고 있었다. 「중국이 쇠약해진 원인中國積弱溯源論」(1900)에서 량치차오는 중국의 몰락이 국가 개념이 없는 천하 관념, 국가를 사유화私天下하는 전제정치 그리고 이로 인해 형성된 중국 민족성의 결함에서 비롯된 것이라고 인식했다. 특히 중국인은 천하 관념만을 지니고 있어, 다른 민족과의 경쟁 속에서 국가가 어떻게 형성되는 것인지 몰랐던 것이 근본적인 문제였다.[3]

는 말은 상하이에서 출판된 영문 신문 「North-China Daily News」 1896년 10월 17일자에 영국인이 발표한 글에 나오는 말로써 량치차오가 이를 번역하여 사용한 것인데, 당시 중국 문인들도 종종 이 말을 통해 중국인의 신체적 정신적 허약함을 비유했다.

2 흩어진 모래라는 말이 문헌에 처음 나타난 것은 량치차오의 「十種德性相反相生義」(1901)에서다. 하지만 이것은 량치차오가 만든 표현이 아니라 당시 서양인들이 사용하던 비유를 인용한 것이며 이후 쑨원이 『삼민주의』(1924)에서 이 말을 사용하면서 중국인의 결함을 상징하는 대표적인 용어가 되었다. 그렇지만 손문이 이 말을 사용한 맥락은 중국인의 결함을 비하하기 위한 것이 아니라 중국인이 자유를 모른다는 서양인의 비평을 반박하기 위한 맥락이었다.

3 梁啓超, 「中國積弱溯源論」(1900).

량치차오의 생각은 다음과 같다.[4] 중국은 예로부터 통일이 되어 있었고 주변을 둘러싸고 있는 것은 모두 문화와 정체가 없는 작은 부족들이어서 중국인들은 그들을 평등한 나라로 간주하지 않았다. 그래서 중국은 수천 년 동안 국가 간의 경쟁 없이 홀로 지속되어 세계가 중국만의 천하인 것으로 인식했다. 이러한 천하 관념으로 인해 중국인은 교만하고 거만해져 다른 나라와 왕래 교통하는 것을 원치 않았고, 겁이 많고 유약해져 다른 나라와 경쟁하려고 하지 않았다. 이점이 그리스시대 이래 여러 국가들이 경쟁하는 가운데 저마다의 존립을 추구하여, 언제나 '우리나라'라는 생각을 했던 서구인들과 차이가 나는 이유였다.

또 중국인들은 역대 왕조와 국가의 차이를 구별하지 못하고 동일한 것으로 생각했다. 중국에서는 역대로 수많은 왕조가 교체되었지만 통일된 국가 명칭조차 없었는데, 이는 국가가 한 성씨의 사적 소유물로 여겨 그 왕조의 이름만을 남기게 되었기 때문이다. 국가는 전체 국민의 공유물이며 왕조는 한 성씨의 사유물임에도 불구하고, 중국인들은 이러한 차이를 이해하지 못하여 왕조의 사유물로 전락하고 말았다. 그래서 왕조는 국민을 속박하여 자유를 주지 않고 채찍질을 하는데도, 오히려 국민은 왕조를 숭배하고 옹호하는 습성이 형성되었던 것이다. 이런 습성으로 인해 다른 민족이 중국을 침략하여 영토를 빼앗아도, 중국인들은 그들을 새로운 왕조로 섬겼다. 수천 년 동안 국민을 수탈해온 전제왕조民賊가 국가를 가로채고도 부끄러워함이 없이 대의를 끌어대어 국민을 노예로 만들었다. 이에 국민은 노예근성에 젖어 나라를 사랑하는 마음이 사라지게 된 것이다.

---

4 량치차오의 생각은 중국인이 천하만 알고 국가는 알지 못한다는 전제에서 출발한다. 량치차오의 이러한 생각이 중국의 역사 현실에 부합하지 않는다는 점에 대해서는 「서론」 5. '국가주의/세계주의 프레임을 넘어'를 참고하기 바란다.

중국인은 바로 국가와 국민 의식이 없이 전통적인 천하 관념 속에서 한 왕조의 사유물로 살아오는 동안 민족성의 결함이 생기게 되었다. 노예근성[5]에 젖어 자치능력과 독립심이 없어졌으며, 우매하여 국가를 부강하게 할 수 있는 지혜가 없었다. 이기적이어서 자기만을 위하고 단결할 줄 모르며, 위선적이어서 거짓된 행동을 해도 스스로 깨닫지 못했다. 겁이 많고 나약하여 영토가 쪼개져도 부끄러움이 없으며, 무신경하여 압력이 가해져야 비로소 움직이는 등의 결함이 형성되었다. 이것은 단시일 내에 생겨난 것이 아니라 수천 년을 지나면서 조금씩 누적되어온 것이다. 누가 시킨 사람이 없는데도 모두 그렇게 되었고, 전 중국인에게 퍼져나가 머릿속이 모두 똑같이 되어버린 것이다.

당시 일본에서는 청일전쟁 이후 중국에서 영토 분할의 위기가 가속화되자, 중국을 지원하여 위기에 공동대처해야 한다는 분위기가 형성되었다. 이러한 정세 속에서 중국 민족성에 관한 논쟁이 일어났고, 일본에 망명해 있던 중국 지식인들은 일본의 중국 민족성 비판에 주목하며, 중국인을 새로운 국민으로

---

5 청말 지식인들은 중국인의 이러한 결함 가운데 가장 근원적인 것이 노예근성이라고 인식했다. 국민성담론을 주도한 량치차오는 물론이고, 옌푸는 중국인 스스로가 자신을 노예라고 생각하는 점을 중국 국민성의 가장 심각한 문제라고 제기했다. 저우룽은 중국의 24사를 노예근성의 역사로 규정하고 혁명의 성공을 위해서는 노예근성의 제거가 우선이라는 점을 역설했다. 위안순은 진정으로 두려운 것은 국내 전제정치나 열강의 침략이 아니라 국민의 노예근성이라고 주장했다. 이들은 노예근성을 비롯한 중국인의 결함을 바로 잡기 위해선 왕조가 아닌 국민이 국가의 주인이라는 관념을 정립해야 한다고 보았다. 옌푸는 황제의 천자설이나 황권천수설의 천명론을 비판하며 황제도 국민 출신이라는 점을 제기하고, 탄스퉁은 황제는 국민의 필요에 따라 뽑힌 한 명의 국민일 뿐이라고 인식하며, 량치차오는 국가는 국민의 공적 재산으로 국민이 모여 성립된 것이라고 주장했다. 국민의 바탕 위에 국가가 성립해야 한다는 것은 바로 국민의 지지를 바탕으로 정권의 정당성을 확립해야 한다는 것으로, 국가는 국민의 의사를 근거로 해서 통치를 해야 한다는 논리라고 할 수 있다. 그러나 이러한 주권재민의 논리는 전통적인 천명을 정당성으로 하는 왕조 지배질서를 위협하는 것이어서 현실 지배세력인 청조의 통치 정당성을 뒤흔드는 것으로 위험시되었다.

각성시킬 방안에 대해 고민했다. 새로운 국민상을 정립하기 위한 모색 가운데 당시 일반적으로 수용되던 논리가 바로 량치차오의 '신민설'이었다.

2. 신민, 공덕을 지닌 미래 중국인

『신민설』은 1902년 2월 『신민총보』 창간호에 발표한 「서론」, 「신민은 금일 중국의 제일 급무」, 「신민의 의미」를 시작으로 1906년 1월 72호에 마지막으로 발표한 「민기論民氣」에 이르기까지 총 20장으로 구성되어 있다.[6] 『신민설』은 전체적으로 볼 때 국가의 흥망성쇠와 신민의 관계, 신민 양성의 필요성, 신민 양성의 방법, 신민 양성을 위한 참조모델 등에 관해 서술한 서론 부분과, 공덕·국가사상을 비롯한 신민의 덕목에 대해 서술한 본론 부분으로 이루어져 있다. 먼저 서론 부분에 대해 살펴보자.

1장 「서론」은 현재의 국가 간 경쟁체제에서 국가의 흥망성쇠는 지리적 조건이나 영웅이 아니라 국가를 구성하고 있는 국민에 의해 결정된다고 주장한다. 신체의 각 부분이 허약하면 건강한 몸을 이룰 수 없듯이 국민 개개인이 우매하고 흩어져 있으면 국가가 자립할 수 없기 때문이다. 이에 부강하고 번영한 국가를 이루기 위해선 신민을 우선적으로 양성해야 한다.

2장 「신민은 금일 중국의 제일 급무」는 신민이 금일 중국에서 가장 시급히 해결해야 할 일이 되는 이유를 국내적 요인과 국제적 요인으로 나누어 설명한다. 국내적으로 볼 때 중국은 개혁의 실패로 정부 관리의 실책을 비판하는

6 량치차오는 『음빙실합집』에서 『신민설』을 하나로 묶을 때 그 목차를 『신민총보』에 발표된 문장의 순서에 따랐다. 「민기」만은 순서상 마지막에 발표한 것이지만 그 전에 발표한 「정치능력」 앞에 배치했다.

목소리가 높지만, 관리들 역시 국민 가운데서 선발된 이들이다. 성현 군주가 정치를 하더라도 국민의 문명 수준이 낮으면 그가 물러나는 순간 정치가 퇴보하고, 국민의 문명 수준이 높으면 폭군과 탐관오리가 출현하더라도 국민이 사회를 구할 수 있다. 그래서 신민이 있어야 신제도, 신정부, 신국가가 이루어질 수 있는 것인데, 중국은 신민의 양성을 소홀히 하여 그동안 개혁에 실효가 없었던 것이다.

국제적으로 볼 때 세계는 한 민족이 자치를 통해 독립된 국가를 이루는 민족주의 시대에서, 부강한 국가가 자신의 세력을 타민족 타국가로 확장하는 민족제국주의 시대로 변화하고 있다. 세계 열강은 강압적 수단을 통해 중국을 침탈하고 있는데, 그 원인은 중국 내부가 허약하여 열강에게 침략의 빌미를 제공했기 때문이다. 그래서 열강의 침략을 방어하기 위해선 반드시 중국에 민족주의를 실행하여 신민을 양성해야 한다. 이는 한두 명의 영웅 출현으로 실현될 수 있는 일이 아니며, 모든 중국인의 국민 수준이 향상되어 열강과 세력균형을 이룰 수 있을 때 비로소 가능해진다.

3장 「신민의 의미」는 국민을 새롭게 한다는 것의 의미와 그 방법에 대해 서술한다. 량치차오는 자신이 구상하는 신민이 옛것을 다 버리고 다른 사람의 것을 추종하라는 뜻이 아니라고 주장한다. '신'은 두 가지 의미를 지니는데, 하나는 원래 가지고 있던 것을 단련하여 새롭게 하는 것이며, 다른 하나는 원래 없던 것을 보충하여 새롭게 하는 것이다. 두 가지 가운데 하나라도 결핍될 경우 실효성이 없어진다.[7] 즉 중국 고유의 우수한 특질(문명)을 쇄신하는 한편, 서구의 장점(국민의 자격)을 수용하여 중국의 부족한 점을 보충하는 방법을 통해, 신민을 양성하자는 것이다. 이 과정에서 보수와 진취의 충돌이 일어날 수 있지만, 이러한 충돌을 잘 조화시켜 장점을 취할 수 있는 이들이

---

7 梁啓超, 『新民說』, 遼寧人民出版社, 1994, 7쪽.

위대한 국민이 되어, 우승열패의 세계에서 자립 생존할 수 있게 된다.[8]

4장 「우승열패의 원리로 신민의 결과를 증명하고 신민을 위한 적합한 방법을 논하다」는 세계에서 가장 부강한 국가를 이룩한 인종인 앵글로색슨족과 영국·미국 국민의 우수한 덕목을 중국의 신민 양성을 위한 참조모델로 삼아야 한다고 서술한다. 량치차오는 민족의 대세에 근거할 때, 세계 5대 인종인 백인종, 황인종, 흑인종, 홍인종, 갈인종 가운데 백인종이 가장 뛰어나고 여긴다. 백인종인 라틴족, 슬라브족, 튜튼족 가운데 튜튼족이 가장 뛰어나며, 튜튼족인 게르만족과 앵글로색슨족 가운데 앵글로색슨족이 가장 뛰어나다. 그리고 그들이 세운 영국과 미국이 전 지구에서 가장 부강한 국가라고 인식한다.

이렇게 앵글로색슨족이 다른 종족보다 뛰어난 것은 독립자주, 권리사상, 체력, 강인성, 경제력이 제일 강하며, 아울러 세상의 변화에 맞게 자기 고유의 것을 발전시키는 능력이 가장 우수하기 때문이다. 량치차오는 각 민족의 장단점과 흥망성쇠의 요인을 중국의 경우와 비교하여 중국의 장단점이 무엇인지 분석하고, 아울러 타 민족의 장점을 수용하여 중국인의 결함을 개조해 나간다면, 중국인이 국민의 자격을 얻을 수 있을 것이라고 보았다.

이상의 서론을 바탕으로 량치차오는 중국인이 신민이 되기 위해 새롭게 양성해야 할 덕목으로 「공덕論公德」, 「국가사상論國家思想」, 「진취모험論進取冒險」, 「권리사상論權利思想」, 「자유論自由」, 「자치論自治」, 「진보論進步」, 「자존論自尊」, 「사회 결성論合群」, 「생산과 소모論生利與分利」, 「강인성論毅力」, 「의무사상論義務思想」, 「상무論尙武」, 「사덕論私德」, 「민기」, 「정치능력論政治能力」을 제시한다. 이러한 덕목은 대체로 앵글로색슨족을 참조모델로 삼아 우수한 특성

8 『신민설』 전체로 볼 때 량치차오가 신민의 두 가지 길을 얘기하고 있음에도 불구하고, 18장 「논사덕」을 제외한 나머지 장은 모두 중국 고유의 것의 쇄신보다는 서구 국민의 덕목을 어떻게 수용할 것인가에 초점이 맞춰져 있다.

들을 집약한 것이며, 그 가운데 공덕이 가장 핵심적인 개념이다. 나머지 덕목들은 공덕의 원리에 연계되어 있는 세부 덕목이라고 할 수 있다.

그렇다면 량치차오는 왜 공덕을 신민의 가장 핵심적인 덕목으로 제기한 것인가?

> 공덕은 무엇인가? 사람들이 모여 사회가 이뤄지고 국가가 되는 이유는 공덕에 의지하여 성립된 것이기 때문이다. 사람은 사회를 잘 이루는 동물이다(이는 아리스토텔레스의 말이다). 사람이 사회를 이루지 못하면 금수와 무엇이 다르겠는가? 그러나 공허하게 "사회를 이루자" "사회를 이루자"고 말만 해서는 실현할 수 있는 일이 아니다. 반드시 사람들을 관통하여 연결시킬 수 있는 것이 있어야 사회가 실제로 이뤄질 수 있다. 이와 같은 것을 공덕이라고 한다.[9]

량치차오는 도덕의 본체는 하나인데 그것이 외부로 표출되면서 공덕과 사덕의 구분이 생긴 것이라고 한다. 사덕은 사람들이 홀로 자신을 위해 수양하는 덕목이며 공덕은 사람들이 서로 합심하여 사회를 이롭게 하는 덕목인데, 두 가지 모두 인생에서 결핍될 수 없는 요건이다. 사덕이 결핍되면 자립할 수 없어서 이런 사람들이 아무리 많아도 국가를 구성할 수 없으며, 공덕이 결핍되면 단결할 수 없어서 이런 사람들로는 국가를 건설할 수 없다. 그런데 중국은 도덕이 일찍부터 발전했지만 사덕에 편중되어 있어서 공덕이 결핍되어 있는 실정이다. 중국을 수천 년간 지배해온 유교가 개인의 수양에 관한 사덕에 대해서는 거의 남김없이 얘기하고 있지만, 공덕이 결핍된 채 보신주의가 도덕 교육의 중심이 되었으며, 이에 사회에 무관심하고 자신의 안위를 우선하는 사인(私人) 양산의 결과를 초래했다. 량치차오는 중국인의 이러한

---

9 梁啓超, 『新民說』, 16쪽.

사인성이 서구 앵글로색슨족처럼 부강한 국가를 이루지 못하고 위기에 처한 근본 원인이며, 사인을 공덕을 지닌 신민으로 양성하는 일이 부강한 중국 건설을 위한 급선무라고 인식한다.

도덕은 공덕과 사덕이 겸비되어야 완전해지는 것인데, 사인은 사덕에만 편중되어 공덕의 의미를 이해하지 못하는 불완전한 인간일 수밖에 없다. 사인의 양산은 중국의 윤리가 군신, 부자, 형제, 부부, 붕우 사이의 관계를 정립하는 데 치중한 사덕의 윤리였다는 점과 밀접히 관련된다. 이는 서구의 윤리가 가족윤리·사회윤리·국가윤리의 형태로 존재하며, 사인과 가족·사회·국가 등의 단체와의 관계를 중시하는 공덕의 윤리로 발전한 것과 대비되는 현상이다. 이로 인해 중국은 개인의 사적인 이해관계를 우선하는 풍조가 만연하여, 사회의 공익을 중시하는 공동체 윤리가 발전하지 못하는 현상을 초래했다.

> 요즈음 관리사회에서 가장 화제가 되고 있는 것은 청렴, 성실, 근면 세 가지이다. 청렴, 성실, 근면이 어찌 고상한 사덕이 아니겠는가? 그렇지만 저 관리가 한 사회의 위탁을 받고 일을 할 때 이미 그 사회에 대한 의무가 있을 뿐만 아니라 위탁자에 대한 의무도 있다. 그렇다면 청렴, 성실, 근면 세 가지가 두 책임을 맡기에 충분한가? 이것은 모두 사덕이 있다는 것만 알고 공덕이 있다는 것은 모르는 것이다. 그래서 정치가 진보하지 않고 국가가 날로 정체되는 것은 모두 이 때문이다. 저 공인의 지위에 있는 관리 역시 그러한데, 민간의 사인은 더욱 말할 것도 없다. 우리 국민 중에 국가의 일을 자신의 일처럼 여기는 사람이 한 사람도 없는 것은 모두 공덕의 대의가 밝혀지지 않았기 때문이다.[10]

---

10 梁啓超, 『新民說』, 20쪽.

량치차오는 중국인들이 정부의 공인이든 민간의 사인이든 사적인 이해관계 추구만을 알고, 자신의 행위가 국가와 사회의 공익을 위한 것이어야 한다는 의식을 지니지 못했다고 비판한다. 민간의 사인은 물론이고 정부의 공인이라도 사적인 활동만을 하면 그 사람은 더 이상 공인이 아니라 사인에 불과해진다. 이 때문에 중국에 사회를 이끌어갈 만한 공적 주체가 형성되지 못한 것이었다. 대다수의 중국인들은 사인으로 살아가며 사회의 안전과 공익을 위해 지켜야 할 태도나 정신이 미약한 상태에 있다. 중국은 내부적으로 진보할 수 있는 동력을 상실하여 국가 간 생존경쟁이 벌어지는 세계 속에서 정체될 수밖에 없는 처지에 놓인 것이다. 량치차오가 신민의 자격에서 공덕을 가장 핵심적인 덕목으로 인식한 것은 바로 이러한 맥락이었다.

3. 국가사상과 국민의 덕목

공덕의 목적은 사회를 이롭게 하는 데 있었으며, 「공덕」 이후에 서술되는 덕목들은 공덕을 실천하는 방법이자 세부 덕목이었다. 즉 공덕이 사회의 구성원 누구나 지녀야 할 태도나 정신의 총칭이라면, 국가사상에서부터 정치능력에 이르는 덕목은 사회를 위해 개개인이 갖추어야 할 구체적인 사상이나 능력을 지칭한다. 그렇다면 량치차오가 제기한 공덕의 세부 덕목들은 어떠한 의미를 지니고 있는가.

국가사상은 공덕의 세부 덕목 가운데 가장 먼저 서술된 것이다. 이는 인간사회에서 규모가 가장 크면서 가장 높은 수준의 경쟁이 벌어지는 단체가 바로 국가라고 인식하기 때문이다. 량치차오는 국가사상의 시대적 의미를 설명하기 위해 부민部民과 국민을 구별한다. 부족을 이루어 살면서 스스로 공동 풍속을 형성하는 사람들이 부민이고, 국가사상을 지니면서 스스로 정치를 펼칠 수 있는 사람들이 국민인데, 부민에서 국민으로 전환하는 것이 야만에서 문명으로 진입하는 길이다. 량치차오가 말하는 부민은 한 지역에 자연스럽게 모여 살면서 공동의 조상, 언어, 혈연, 풍속 등을 형성하지만, 특정한 집단의식이나 자치능력 없이 느슨하고 분산적으로 결성된 사회의 구성원을 지칭한다. 도덕의 측면에서 볼 때 공덕보다는 사덕에 의지하여 자신의 안위와 이해관계를 우선하는 사인 집단과 상통한다. 이에 반해 국민은 국가사상과 정치능력을 바탕으로 부강한 국가 건설을 목표로 하는 구성원이다.

이렇게 량치차오는 부민과 국민, 나아가 야만과 문명을 구별하는 기준을 국가사상의 유무로 보았다. 국가사상은 개인, 조정, 타민족, 세계에 대해 국가가 존재해야 하는 의미와 그 중요성을 인지하는 것이다. 개인은 존재적 유한성으로 인해 홀로 생산활동을 하거나 외부의 위협에 대항할 수 없어서, 사회를 결성하여 공동으로 생산하고 안전을 도모해갈 수밖에 없다. 국가는 허약한 개개인이 부득이 사회를 이루어 생존을 추구하는 과정에서 형성된 것이다. 그래서 국가는 한 개인의 힘이 아닌 구성원 상호 간의 단결, 협력, 구원, 이익을 통해야 유지될 수 있다. 개인은 자신의 이익에 우선하는 존재로서 국가의 중요성을 자각하고, 국가의 이익이 곧 자신의 이익이 된다는 점을 인지해야 한다. 이것이 국가사상의 첫 번째 의미이다.

조정은 국가와의 관계에서 볼 때 국가를 대표하는 기관이며, 조정의 권력을 장악한 자는 조정을 책임지는 자에 해당한다. "짐이 국가"라고 말하는 루이 14세 같은 전제정치는 국가와 조정(혹은 그 책임자로서 왕)의 관계를 전도시키는 대역무도한 행위에 불과하다. 조정이 국민의 동의를 거쳐 정식으로 성립될 경우, 그 조정은 국가의 대표가 되어 조정을 사랑하는 것이 국가를 사랑하는 일이 될 수 있다. 하지만 조정이 국민의 동의를 거치지 않고 성립될 경우, 그 조정은 국가의 이익을 해치는 존재가 된다. 그래서 조정은 국가 자체가 아니라 국민의 동의를 거쳐 성립될 때에만 국가를 대표하는 기관이 된다는 점을 인지해야 한다. 이것이 국가사상의 두 번째 의미이다.

한 국가의 명칭은 타민족의 국가에 상대하여 생긴 것으로, 만일 세계에 하나의 국가만 존재했다면 국가의 명칭은 성립될 수 없었을 것이다. 인류는 수천만 년 이전부터 각 지역에 흩어져 살면서, 언어 풍속에서 사상 제도에 이르기까지 그 형식과 정신이 달라 상이한 국가를 형성했다. 각국은 생존경쟁의 공리에 따라 서로 충돌하지 않을 수 없었으며, 이에 국가의 명칭이 생겨나 다른 민족의 국가와 구별되었다. 이러한 민족국가 간 경쟁 속에서 나의 국가라는 관념이 생겨났으며, 진정한 애국자는 타국의 지도자가 아무리 훌륭하더라도 그에 복종하지 않았다. 나의 권리를 다른 민족에 절대 양보하지 않아야 생존이 가능해진다는 점을 인지하게 되었던 것이다. 이것이 국가사상의 세 번째 의미이다.

종교인이 말하는 박애주의, 세계주의가 위대한 이념인 것은 분명하지만, 지금 실현하는 것은 물론이고 수천만 년 이후에도 기대하기 힘든 일이다. 경쟁은 문명의 어머니로서 하루라도 경쟁이 멈추면 문명의 진보가 정지하기 때문이다. 개인 간의 경쟁을 통해 가족이 발전하고, 가족 간의 경쟁을 통해 종족이 발전하고, 종족 간의 경쟁을 통해 국가가 발전하며, 국가 간의 경쟁은 경쟁의 최고 단계가 된다. 그래서 국가 간 경계를 파괴하는 세계주의는 이루어지기 힘들며, 만일 그렇게 된다면 경쟁이 끊어져 문명이 사라지게 될 것이다. 세계주의는 이상적인 가치일 뿐 역사 속에서 실현 가능한 일이 아니기 때문에, 인류사회는 세계가 아니라 국가를 최상위의 단체[11]로 간주해야 한다.

---

11 『신민설』을 서술할 당시 량치차오는 중국인이 개인, 조정, 세계만을 알고 국가를 모르는 것이 당시 세계 추세인 국가 간 경쟁에 뒤떨어진 요인이라고 비판하며 국가를 최상위의 단체라고 인식했다. 그러나 제1차 세계대전 전후 세계 문명이 급변하면서, 국가주의는 타락한 19세기 문명으로 비판되고 이상의 영역에 머물러 있던 세계주의가 20세기의 새로운 문명으로 부상하게 되었다. 세계가 국가 간의 경쟁에서 벗어나 인류사회의 평화를 궁극적

박애를 실현하려면 국가의 경계를 파괴해서는 안 되며, 국가가 사애私愛의 본체이자며 박애의 정점임을 인지하는 것이 국가사상의 네 번째 의미이다.

이렇게 량치차오는 개인, 조정, 타민족, 세계에 우선하는 국가의 존재 의미를 인지하는 것이 국가사상이라고 보았다. 이 문제와 관련하여 량치차오가 구상하는 신민이, 서구 자유주의에서 말하는 국가와 종교로부터 독립된 주체로서의 개인 개념과 차이가 있다는 점을 고려해야 한다. 즉 서구 자유주의가 국가와 종교의 간섭으로부터 자유로운 개인을 주체로 설정하고 있다면, 량치차오는 사회·국가와 무관하게 살아가는 사인이나 부민을 비판하고, 그들을 권리와 책임 의식을 지닌 공인이자 국민으로 양성하는 일을 목표로 삼았다.

표면적으로 볼 때 설정된 주체가 상이하기 때문에, 량치차오의 시각을 국가를 우선시하며 개인의 권리를 희생시키는 국가주의라고 비판할 수 있다. 하지만 량치차오 역시 황제 1인이 권력을 독점하며 국민을 노예화하는 전제국가를 비판하고 있다는 점은 서구 자유주의와 동일하다. 량치차오가 말하는 국가는 공덕과 국가사상을 지닌 개개인이 모여 이룰 수 있는 정치체로, 전제정치 하의 사인이나 부민이 모여 실현할 수 있는 일이 아니었다. 이러한 국가는 현재 중국에서는 부재한 것이며, 『신중국미래기』에서 상상한 미래 중국에서나 가능한 일이다. 이러한 국가를 건설하기 위해선 무엇보다 사인과 부민이 사회의 진보와 공익을 추구하는 것이 바로 자신의 이익이 된다는 점을 자각해야 한다. 서구의 개인과 달리, 중국의 사인과 부민은 근대국가의 주체가 될 수 없는 전제정치의 산물이기 때문이다.

인 목표로 추구해나감에 따라, 세계주의는 더 이상 몽상이 아니라 현실 속에서 추구해야 할 가치로 승인되었다. 량치차오는 이러한 정세 변화 속에서 국가가 아니라 천하가 인류사회의 최고 단위라고 간주하고, 국가를 세계주의 실현을 위한 매개로 그 역할을 조정했다. 『신민설』 시기 국가를 최상의 단체라고 인식한 것은 세계정세에 따른 량치차오의 시각 변화 속에서 이해해야 할 것이다.

서구 자유주의의 개인과 량치차오의 신민은 이러한 개념적 차이를 지니고 있지만, 그러한 주체들이 모여 자신의 이익을 대변할 수 있는 근대국가 건설을 목표로 한다는 점에서는 동일하다. 여기서 더 주목할 사안은, 실제 국가건설과정에서는 추상적인 개인이나 신민보다 특정한 권력-지식 집단이 통치 주체로 부상한다는 사실이다. 자유로운 개인이나 신민을 주체로 설정하는 전략과 그러한 주체들이 실제 현실 속에서 정치적 주체가 되었는지는 별개의 문제이기 때문이다. 이러한 현실을 고려할 때, 특정 정치 세력에 기반한 국가가 광범위한 국민의 권리와 자유를 어떻게 보장하고 발전시키고 있는지의 문제가 중요해진다.

이러한 점을 상기하면서 다시 국가사상의 문제로 돌아가자. 량치차오는 공덕의 핵심인 국가사상을 설명한 후, 근대국가의 국민이 되기 위해 갖추어야 할 제 방면의 덕목을 제기한다. 국가사상 이후에 서술된 국민의 덕목들을 보면, 진취적이고 강인한 정신, 권리와 의무 사상, 사회결성과 안보 의식, 경제관념 그리고 사덕으로 나누어 볼 수 있다.

먼저 진취적이고 강인한 정신에 대해 살펴보자. 진취적이고 강인한 정신은 진취모험, 진보, 강인성을 핵심으로 한다. 이는 수천 년간 지속된 전제정치와 낡은 습성을 극복하고 진보적이고 새로운 세계를 개척하는 데 필요한 정신이나 태도를 지칭하는 것이다. 진취모험은 서양이 낡고 진부한 세계에서 벗어나 부강한 국가가 된 원동력이었다. 대항해를 통해 아메리카 대륙을 개척한 콜럼버스, 부패한 종교계를 개혁한 마틴 루터, 최초로 세계 일주를 한 마젤란을 비롯하여 리빙스턴, 아돌푸스, 피터 대제, 크롬웰, 워싱턴, 나폴레옹, 링컨, 마치니 등이 그러한 정신을 지닌 대표적 인물이다. 진취모험의 본질은 호연지기와 상통하며, 이는 이상세계를 향해 분투하는 희망, 자신을 돌보지 않고 일을 추구하는 열정, 과학적 지식을 통해 획득한 지혜, 실패를 두려워하지 않고 일을 추진해나가는 담력에서 생성되는 것이다.

그런데 새로운 사회를 건설하고 진보를 추구하기 위해선 반드시 구제도 및 악습에 대한 파괴가 선행되어야 한다. 영국이 근대세계의 문명 선진국이 된 것은 1640~1660년 청교도 중심의 시민혁명을 통해 왕당파를 타파하고 의회제도를 확립했기 때문이다. 미국이 1865년 이후 세계대국이 된 것은 영국과의 독립전쟁과 노예해방운동을 통해 식민세력과 악습을 파괴했기 때문이다. 또 유럽의 각국이 1870년 이후 근대국가를 건설한 것도 절대왕권을 파괴한 프랑스 대혁명의 영향으로 인해 정치개혁의 기반을 형성했기 때문이다. 구시대의 악습이 파괴되지 않고 잔존하는 사회에서는 새로운 세계로 진입하기 힘들며, 수많은 파괴가 지속되기 때문에 오히려 사회가 불안정해질 수 있다. 그래서 이러한 악습의 뿌리를 단절시킨 이후에 비로소 새로운 문명 세계를 추구할 수 있는 것이다.[12]

구제도를 파괴하고 새로운 세계를 개척하는 과정에서 수많은 시행착오와 좌절을 겪을 수밖에 없다. 이러한 역경에 직면했을 때 성패의 관건은 희망을 가지고 일을 끝까지 추진해나가는 강인성이 있느냐에 달려있다. 유대인을 이끌고 이집트를 탈출하는 과정에서 수많은 난관을 극복한 모세를 비롯하여 콜럼버스, 디즈레일리, 몽테스키외에서 중국의 장건, 유비 등은 모두 초인적인 의지를 통해 역경을 극복하고 전대미문의 일을 성취한 인물들이다. 강인성은 작은 시련에도 쉽게 좌절하고 현상에 안주하는 중국인의 오랜 습성으로 볼 때, 작금의 위기를 극복하기 위해 필수적으로 요청되는 덕목인 것이다.

---

12 「민기」에서 량치차오가 인민동원을 통해 청조를 전복시키는 혁명파의 방식에 대해 경계하고 있는 것으로 볼 때, 량치차오가 말한 파괴는 혁명파의 혁명을 의미하는 것은 아니라고 보아야 할 것이다. 량치차오의 파괴는 인민동원의 방식보다는 『신중국미래기』에서 구상한 엘리트 중심의 입헌적 개혁을 통해 구제도와 악습을 타파하는 활동에 가깝다고 할 수 있다. 그렇지만 구제도와 현상에 안주하는 중국의 오랜 습성을 고려할 때 량치차오의 파괴 역시 혁명에 필적할 만한 고행의 길이자 단시일 내에 성취할 수 없는 지난한 과제라고 할 수 있다.

다음으로 국민으로서의 권리와 의무 사상에 대해 살펴보자. 국민으로서의 권리와 의무 사상은 권리사상, 자유, 자치, 자존, 의무사상을 핵심으로 한다. 이는 국민 개개인이 지녀야 할 근대적 시민권에 관한 덕목이다. 생물이 태어나면서 자신을 보호할 능력良能을 부여받는 것은 생물계의 공리이지만, 인간만은 생명을 보호하는 형이하학적 생존을 넘어 권리를 보호하는 형이상학적 생존을 추구한다. 즉 생명 보호를 유일한 책임으로 삼는 동물계와 달리, 인류는 생명과 아울러 권리를 보호할 수 있어야 완전한 책임을 다하게 된다는 것이다.

이러한 자기보호 능력은 천부적으로 주어진 것이지만 생존경쟁의 세계에서 권리의 향유는 저절로 누릴 수 있는 게 아니라, 투쟁을 통해 권리를 지켜나갈 때 얻을 수 있다. 타인이 자신의 권리를 침범할 때 이에 저항하지 않고 복종해버리면 권리는 사라지게 된다. 권리를 취득하고 이를 유지하기 위해 부단히 노력하려는 정신이 바로 권리사상의 원천이다. 권리사상의 강약은 그 사람의 품격과 관련이 있다. 서구인들은 자그마한 물건이라도 타인의 침범을 받으면 끝까지 투쟁하여 물건을 보호하는데, 그 목적은 물건 자체가 아니라 물건에 대한 자신의 권리를 지키기 위함이다. 이는 자신의 권리가 타인에 의해 보호되는 것이 아니라 부단한 권리경쟁과 이를 통해 얻어진 부강에 의해 보장되는 것이기 때문이다. 권리사상은 개인을 위한 책임일 뿐만 아니라 집단(국가)을 위해 구비해야 하는 책임이기도 하다. 한 국가의 권리는 개개인의 권리가 모여 이루어지는 것이며, 국가의 권리사상은 바로 개인의 권리사상 양성에서 시작된다.

권리사상이 타인이나 타민족으로부터 자신의 권리를 보호하는 능력이라면, 자유는 외부의 간섭없이 자신의 권리를 행사할 수 있는 능력이다. "자유가 아니면 죽음을 달라"는 정신이 바로 18, 19세기 서구 국민이 국가를 건설한 원천이었다. 이러한 자유정신을 통해 서구인들은 정부가 인민을 착취하지 못하게 하는 정치 자유, 교회가 신도를 착취하지 못하게 하는 종교 자유, 외국 세력이 본국 인민을 착취하지 못하게 하는 민족 자유, 자본가와 노동자가 서로 협력하는 경제 자유를 얻었다. 특히 정치 자유의 측면에서 만민평등, 참정권, 식민자치가 실행되는 성과를 거둘 수 있었다. 자유는 서구 근대정신의 핵심이면서 모든 구속으로부터 독립된 개인의 탄생과 밀접히 관련된 것이었다.

그런데 『신민설』에서 량치차오가 말하는 자유가 서구 자유주의와 맥락이 다른 개념이라는 점을 주목해야 한다. 량치차오는 자유를 야만의 자유/문명의 자유, 개인의 자유/단체의 자유로 구별한다. "자유라는 것은 단체의 자유이지 개인의 자유가 아니다. 야만의 시대에는 개인의 자유가 승리하고 단체의 자유가 소멸하며, 문명의 시대에는 단체의 자유가 강해지고 개인의 자유가 약해진다."[13] 량치차오가 말하는 야만의 자유, 개인의 자유는 개인이 하고 싶은 것을 타인이나 단체의 이해관계에 상관없이 마음대로 할 수 있는 자유를 지칭한다. 외부의 어떠한 구속으로부터 간섭받지 않을 권리로서 서구의 자유 개념이 여기서는 제약되어야 할 '야만의 자유'로 간주되는 듯하다. 이점은 량치차오의 자유 개념이 근대적 개인의 자유를 제약하는 것으로 보일 수 있다.

하지만 량치차오가 제약하는 것은 자유 자체가 아니라 자신의 이기적 생존과 안위를 위해 살아가는 개인(흩어진 모래와 같은 사인)의 자유이다. 중국에 만연한 이러한 방임적인 자유는 "타인의 자유를 침범하지 않는 범위 내에서의 자유"를 추구하는 서구의 자유와 구별되는 것이다. 이는 근대적 의미의 자유라기보다는 타인과 단체의 존재의미를 이해하지 못하는 전근대 시대의 자유에 해당한다. 이러한 방임적인 자유만을 놓고 볼 때, 중국은 자유가 결핍

13 梁啓超, 『新民說』, 61쪽.

된 곳이 아니라 전 세계에서 가장 자유로운 국가라고 할 수 있다. 량치차오의 이러한 자유 개념 속에는 흩어진 모래와 같은 중국인의 이기적이고 방임적인 특성이 서구의 개인이나 자유의 원리와 결합하여, 중국인의 결함이 더 강화되고 합리화될 가능성에 대한 우려가 내재되어 있었다.[14]

이러한 우려와 관련하여 쑨원이 말하는 '흩어진 모래'의 자유에 대해 살펴보자.

> 중국인에게 자유의 지식이 없다고 비평하는 그 외국인이 한편으로는 중국인은 한줌의 흩어진 모래라고 비평한다. 외국인의 이 두 가지 비평, 즉 한쪽에서 중국인은 한줌의 모래처럼 흩어져 있어 단체를 가지고 있지 않다고 말하면서, 다른 쪽에서는 중국인은 자유를 모른다고 말하는 것은 상반된 관계에 있다. 왜 상반된 것인가? 외국인이 중국인에게 한 줌의 흩어진 모래라고 한다면 그것은 요컨대 어떠한 의미인가? 즉 하나하나가 자유이고 사람들에게 자유가 있음을 말하는 것이다. 그리하여 사람들이 자기의 자유를 계속 크게 넓혀 나가다 보면 한 줌의 흩어진 모래가 되고 만다. 그러면 한 줌의 흩어진 모래는 무엇인가? 우리가 손에 모래를 움켜잡으면 그 분량이야 어떻든 간에 한 알 한 알 모래는 모두 고정되지 않고 움직일 수가 없으며, 아무런 속박도 받지 않는다. 이것이 한줌의 흩어진 모래이다. 만일 이 모래에 시멘트를 가하면 결합되어 돌이 되고 견고한 단체로 바뀐다. 그러나 돌로 바뀌고 단체가 견고해지면 흩어진 모래는 자유가 없어진다. 그러므로 흩어진 모래와 돌을 비교해보면 금방 알 수 있다. 돌은 원래 흩어진 모래가 결합하여 만들어진 것이다. 그러나 흩어진

---

14 량치차오의 이러한 우려는 다음의 언급에서 잘 나타난다. "오늘날 자유를 말하는 사람들은 그 사회나 국가의 자유의 진보에 힘쓰는 것이 아니라 오직 사소한 일용할 음식에 대해서만 단호하게 일인의 자유를 주장한다."(梁啓超, 『新民說』, 63쪽)

> 모래는 돌이라는 단체 속에서는 움직일 수도 없고 자유는 상실되는 것이다. 그런데 자유의 해석은 간단히 말하면, 하나의 단체 속에서 움직일 수 있고 뜻하는 대로 오갈 수 있는 것, 이것이 자유다. 중국에는 이러한 말이 없었으므로 모두들 영문을 몰라 하는 것이다. 그러나 우리에게는 자유와 아주 닮은 고유의 말이 있다. 즉 '제멋대로放蕩不羈'라는 말이다. 제멋대로이니까 흩어진 모래와 마찬가지로 저마다 큰 자유를 가지고 있는 셈이다.[15]

쑨원은 중국에 자유의 지식이 없고 중국인은 흩어진 모래 같다는 서양인의 비평에 대한 반박을 통해 중국에서 자유의 의미가 무엇인지 설명하고 있다. 중국인이 흩어진 모래인 것은 자유를 몰라서가 아니라 오히려 속박이 없는 커다란 자유를 누리고 있어서 모래처럼 흩어져 살아왔기 때문이다. 중국인이 자유라는 말 자체를 몰랐을 수는 있으나 그와 아주 상통하는 '제멋대로放蕩不羈'라는 말이 있다. 이 말은 흩어진 모래처럼 구속없이 살아가는 중국인의 자유를 잘 반영하다. 여기서 쑨원이 문제 삼고 있는 것은 중국인이 하고 싶은 일을 마음대로 하는 사적인 자유는 잘 알고 있으나, "하나의 단체 속에서 움직일 수 있고 뜻하는 대로 오갈 수 있는" 자유에 대해서는 근본적으로 알지 못한다는 점이다. 즉 흩어진 모래가 결합하여 하나의 견고한 단체가 되는 능력이 없어서, 단체 속에서 향유하는 자유에 대해서는 무지하다는 것이다. 쑨원은 진정한 자유는 흩어진 모래의 자유가 아니라 단체 구성원들과 더불어 향유하는 자유이며, 이러한 자유를 향유하기 위해선 단결하는 능력을 지녀야 한다고 보았다.

흩어진 모래의 자유는 야만의 자유·개인의 자유에 해당하고, 단체 속에서 향유하는 자유는 문명의 자유가 되는 셈이다. 쑨원 역시 량치차오와 마찬가

---

15 쑨원, 『삼민주의』(권오석 옮김, 홍신문화사, 1995), 172-173쪽.

지로 야만의 자유·개인의 자유를 극복해야 할 대상으로 인식했다. 그리고 야만의 자유가 문명의 자유로 전환하기 위해선, 사인의 이기적 욕망을 절제하여 공적인 단체의 자유로 나아가야 한다는 점을 강조했다. 쑨원과 동일한 맥락에서 량치차오는 중국의 자유가 극단적 이기주의로 흐르지 않고 공공정신의 기제를 형성하기 위해 "법률 하에서의 자유"를 추구해야 한다고 보았다. 서구의 자유가 "타인의 자유를 침범하지 않는 범위 내에서의 자유"인 것처럼, 개인이 무제한적이고 방임적으로 자유를 행사해서는 안 된다. 공공의 약속으로 정한 법률 내에서 자유를 향유하는 것이 문명의 자유라는 것이다. 량치차오에게 진정한 자유는 사인이나 부민이 자신의 사익을 제약없이 추구하는 자유가 아니라, 사회나 국가를 이루는 구성원이 법률을 통해 공적으로 허용된 범위 내에서 누리는 자유를 의미한다.

량치차오의 이러한 법률 중시는 국민으로서의 권리와 의무 사상을 설명할 때 그 책임의 권한이 반드시 법률을 통해 규정되어야 한다는 주장으로 나타난다. 권리사상은 외부로부터 자신의 권리를 보호하는 능력이지만, 그 권리 경쟁은 인위가 아니라 법률에 기반해야 하는 것이다. 자치는 한 사람의 자치에서부터 가정, 향, 시, 국가의 자치에 이르기까지 그 범위는 다르지만 모두 법률에 의거하여 이루어져야 한다.[16] 자존은 인간의 품격을 높이는 능력인데, 문명인이 야만인보다 존중받는 것은 법률을 공유할 수 있어서이다. 의무사상은 권리에 대한 주장에 앞서 국가가 법률로 규정한 의무를 충실히 이행하는 데서 시작된다.

이렇게 법률은 사회 구성원들을 혼연일체된 공동체[17]로 조직하여, 공정하

---

16 "한 사람이 그 몸을 자치하는 것과 수십 명이 그 가정을 자치하는 것과 수백 수천인이 그 향과 시를 자치하는 것과 수억 인이 그 국가를 자치하는 것은 비록 그 자치의 범위는 다르지만 그 정신은 하나다. 하나라는 것은 무엇인가? 법률에 의거한다는 점에서 동일하다."(梁啓超, 『新民說』, 73-74쪽)

고 안전한 질서를 이루게 하는 제도를 의미한다. 즉 공덕이 신민이 되기 위한 공적인 정신이나 태도를 의미한다면, 법률은 공덕을 현실 속에서 구현하기 위해 준수되어야 할 공적인 제도를 총칭하는 것이다. 량치차오는 정신적 도덕적 차원에서 국민으로서의 권리와 의무 사상을 강조하면서, 아울러 제도적 차원에서 이를 실현하기 위한 법률의 제정과 준수를 요청하였다. 이는 『신중국미래기』에서 구상한 입헌국가 건설의 토대가 되는 일이었다.

사회결성과 안보 의식은 이질적인 사람들이 모여 사회를 이루고 아울러 그 사회를 보호하는 능력을 지칭한다. 서구인들은 이 능력을 탁월하게 지니고 있어서 부강한 국가를 건설할 수 있었다. 하지만 중국인들은 수천 년 동안 사덕에 편중되어 공공관념, 내외관념, 공동체의식이 부재하고, 상호간에 질투가 극심하여 사회결성 능력이 결핍되었다. 또 안보 의식은 국가 보전을 위한 능력이라고 할 수 있는데, 중국은 권력자들이 국민을 순종적으로 만들어 민간에서 군인을 경시하는 습관이 형성되었다. 이에 중국은 국가를 건설하고 보전할 수 있는 능력을 상실하여 작금의 위기에 빠지게 된 것이었다.

량치차오는 세계자본주의 시대에 부강한 국가건설을 위해선 합리적인 경제관념이 있어야 한다고 보았다. 중국이 지금처럼 빈곤하게 된 이유는 경제관념이 결핍되어, 생산적인 노동에 종사하는 사람보다 그 생산물을 소모하는 이기적인 자가 더 많은 데서 비롯되었다. 앞에서 서술한 덕목들이 주로 도덕이나 정치사상에 관련된 것이라면, '생산과 소모'는 경제적 차원에서 신민이 구비해야 할 덕목을 설명한 것이다. 경제적 측면에서 볼 때 서구 국가가

---

17 량치차오는 법률 하에 혼연일체된 공동체를 기계나 군대에 비유하는데, 오늘날의 입장에서 볼 때 이것은 개인의 자유를 제약하고 집단의 규율을 강제하는 집단에 대한 부정적인 비유로 다가온다. 하지만 량치차오가 사용하는 맥락은 사적이고 인위적인 폐해를 약화시키고, 공공의 합의와 법률을 통해 균열없이 하나가 된 사회를 지칭한다.

부강한 것은 국부가 날로 증가하기 때문인데, 이는 국부를 창조하는 생산적 노동에 종사하는 이들이 국부를 소모하는 자보다 많았기 때문이다. 그러나 중국은 국부를 소모하거나 비생산적 노동에 종사하는 자들이 국부 생산자보다 많아 국가가 빈곤할 수밖에 없었다. 특히 중상 계층에서 국부를 소모하는 자들이 많은데, 이는 그들이 자신의 권력을 이용하여 타인이 생산한 국부를 소모하며 이기적으로 생활하기 때문이다. 중국인들이 경제·생산에 대해 이러한 태도를 유지하는 이상 국제적인 상업경쟁에서 중국이 승리할 가능성은 없으며, 갈수록 빈곤한 처지에 빠질 수 있었다. 중국인들이 이러한 태도를 극복하기 위해선, 노동을 하지 않고 국부를 소모하는 것이 도덕적으로 부끄러운 일이라는 점을 자각하고, 아울러 새로운 경제관념을 확립하여 생산자의 수를 증가시켜야 했다.

4. 사덕私德, 자기 혁신의 힘

이렇게 량치차오는 신민 양성을 위한 공덕의 중요성과 그 세부 덕목에 대해 역설했다. 그런데 「사덕」에 와서는 근대 중국에서 공덕이 배양되지 못한 요인을 지적하면서, 이 문제를 사덕의 결핍과 관련지어 설명하고 있다. 먼저 공덕이 결핍된 주요 원인으로 다음의 문제를 지적한다. 주변 문명국과의 교류가 차단된 지리적 조건, 황제 1인이 사적으로 통치하는 전제정치, 중국의 체제를 정당화하는 대일통·천하주의·유가의 수구적 학설·명철보신주의, 전제정치에 의한 중국인의 결함으로서 노예근성·이기주의·안주·자기비하·나태·공공관념 결핍·의존·방관 등의 습성.[18]

---

18 량치차오는 공덕 이외에 중국에서 신민의 제 덕목들이 결핍된 원인을 다음과 같이 설명한

이러한 요인 가운데 지리적 조건은 교통수단의 발달과 국제 교류를 통해 해결 가능한 일이고, 전제정치는 제도개혁을 통해 변화시킬 수 있으며, 수구적 학설은 서구의 신학문 수용을 통해 시야를 넓힐 수 있다. 하지만 중국인의 결함은 오랜 시간 누적된 습성이라 단기간에 변화되기 가장 힘든 부분이다. 『신민설』에서 중국인의 결함을 개조할 방안을 내놓았지만, 이는 새로운 학설의 수용이나 열정만으로 실현 가능한 일이 아니었다. 량치차오를 더욱 곤혹스럽게 만든 것은 중국인의 결함이 민간뿐만 아니라, 신민 양성의 주체가 되어야 할 개혁 지식인들에게서도 지속되고 있는 점이었다. 량치차오의 이런 고민이 표출된 글이 바로 「사덕」이었다.

「사덕」에서 량치차오는 근래의 중국 지식인들이 모두 공덕을 주창하고 있지만 별다른 성과가 없다고 보았다. 공덕을 사회를 이롭게 하는데 사용하지 않고, 공덕의 지식을 빌어 자신의 권력과 사적 이익을 도모한 것이었다. 본래 량치차오가 공덕을 강조한 것은 중국의 도덕이 사덕에 치중되어 개개인의 사익 추구를 정당화하는 이데올로기가 되었기 때문이다. 이에 공덕을

다. 국가사상의 결핍은 주변국가로부터 폐쇄된 지리적 조건, 천하 이데올로기 및 그로 인해 형성된 노예근성에서 비롯된 것이다. 진취모험의 결핍은 노자, 공자 학설의 오독으로 인해 형성된 자족적인 습성과 그로 인한 진취적이고 도전적인 정신의 부재에서 비롯된 것이며, 권리사상의 결핍은 양보 인내의 미덕이 후대에 나태하고 자기비하적인 악습으로 변질된 결과이다. 또 자유의 결핍은 중국인이 고인, 세속, 현상, 정욕의 노예가 되어 자유가 사익 도모의 수단으로 변질된 결과이며, 자치의 결핍은 전제통치로 인해 피지배가 습성이 되고 방관자로 전락한 결과이다. 진보의 결핍은 대일통, 주변 경쟁국의 부재, 언어문자의 불일치, 전제정치, 유가의 수구적 학설에서 비롯된 것이며, 자존의 결핍은 전제정치 하의 노예적이고 의존적인 성격에서 기인한 것이다. 사회 결속의 결핍은 공공관념·내외관념·공동체의식·규칙의 부재와 상호 질투에서 비롯된 것이다. '생산과 소모'는 중국이 빈곤하게 된 이유가 경제관념이 결핍되어 생산적인 노동에 종사하는 사람보다 그 생산물을 소모하는 이기적인 자가 더 많은 데서 비롯된 것이다. 강인성의 결핍은 시련과 역경을 극복하는 의지가 약해 쉽사리 포기하는 데서 비롯된 결과이며, 의무사상의 결핍은 의무는 다하지 않고 권리만 향유하는 습성이 지속된 결과이다. 상무의 결핍은 대일통, 천하주의, 역대 통치자들의 순종적 국민 만들기, 군인 경시 습관에서 비롯된 결과이다.

통해 사덕의 단점을 보완하여 중국의 도덕을 일신하려고 했다.

그런데 사익 추구에 길들여진 사람들이 공덕마저 사익의 도구로 전락시킴으로써, 중국의 도덕은 공·사덕이 모두 타락해버리는 결과를 초래하였다. 량치차오는 이러한 문제가 스스로에게도 성실하지 않고 타인과 단체에게도 성실하지 않은, 사적 이해관계만을 앞세우는 타락한 사덕에서 기인한다고 보았다. 이제 사덕의 개조 없이는 공덕의 배양이 이루어질 수 없었다.

중국에서 사덕이 타락한 것은 다음과 같은 원인 때문이다. 대다수 사람들이 전제정치 하에 생존하기 위해 비굴하고 허위적인 습성이 길러지고, 역대 통치자들이 정의롭고 유덕한 인재를 억압하여 간사하고 용렬한 습성이 지속되었다. 수차례의 패전 속에서 생존을 위한 사악한 습성이 형성되고, 생활이 궁핍하여 비천하고 열등한 습성이 양산되었다. 소수의 선도적 지식인들이 전통 학문과 새로운 서양 학문의 취지를 오도하여 나라를 폐단에 빠지게 하고, 이를 사익 추구를 위한 수단으로 삼았다.

량치차오가 제시한 사덕 타락의 원인은 사실 공덕과 그 세부 덕목들이 결핍된 원인과 일맥상통하는 것이다. 다만 타락한 사덕을 개조하기 위해 요청하는 덕목이 공덕에서처럼 서구 민족의 장점이 아니라 양명학의 정본(正本. 사물의 근본을 바르게 함), 신독(愼獨. 홀로 있을 때에도 도리에 어긋나지 않음), 근소(謹小. 작은 일도 성실하게 대함)의 덕목이라는 점은 주목할 필요가 있다.

주지하듯이 양명학은 지행합일 즉 지식과 행동의 일치를 강조하는 사상이다. 량치차오가 이런 양명학의 덕목을 요청하는 것은 근대 중국에서 사덕의 타락이 지식과 행동의 불일치에서 기인하다고 보았기 때문이다. 즉 근대 중국 지식인들이 공덕 및 서구 지식을 그 본래의 정신에 따라 성실하게 실천하지 못하는 불일치가 타락의 근원이며, 이를 극복하고 지행합일의 상태로 돌아가는 일이 사덕을 회복하는 길이었다. 양명학의 덕목 가운데 정본은 서구 지식의 근본을 이해하지 못한 채 이를 공리적으로 사용하는 자들에게,

그 지식의 근본을 바르게 이해하는 일이 무엇보다 중요하다는 점을 일깨우는 덕목이다. 신독은 자신이 마치 중국을 구원할 영웅인 듯이 자처하며 무책임한 행위를 일삼는 자들에게, 자신의 행위가 도리에 맞는 것인지 성찰케 하는 덕목이다. 근소는 큰일만 관심을 갖고 작은 일에 소홀히 하며 자신의 잘못을 관대하게 넘어가는 자들에게, 작은 일부터 성실하게 대한 후에 큰일을 완수할 수 있다는 점을 반성케 하는 덕목이다.

공덕을 통해 중국의 도덕을 일신하려는 시도가 사덕의 타락으로 위기에 처함에 따라, 사덕을 일신하는 일이 중요해진 것이다. 이는 공덕의 중요성을 부정하거나, 공덕과 사덕의 위상을 역전시키기 위한 것이 아니다. 지행합일의 관점에서 공덕과 사덕을 일치시키려는 성찰의 산물이라고 할 수 있다. 「사덕」에 나타난 량치차오의 시선 가운데 주목할 점이 두 가지가 있다. 하나는 공덕이 국민 개개인이 함양해야 할 덕목인 반면에, 사덕은 국민 개개인이 아니라 그들을 계몽할 지식인들이 배양해야 할 덕목으로 제기된 점이다. 다른 하나는 「사덕」 이전에는 국민의 정치사상을 강조한 반면, 「사덕」 이후에는 정치사상보다 실질적인 정치능력을 더 강조한다는 점이다. 이는 「사덕」 이후 량치차오의 관심이 신민의 자격에 관한 문제를 넘어, 신민을 양성할 주체는 누구인지, 신민이 단시간 내에 양성되기 힘든 상황에서 정치개혁은 어떻게 추진해야 하는지 등의 현실 문제로 전환되었기 때문이다. 량치차오의 이러한 고민이 표출된 글이 「민기」와 「정치능력」이었다.

민기는 국가의 존엄과 공익을 옹호하기 위해 대다수의 국민이 지녀야 하는 기세이다. 민기는 반드시 국민의 실력과 지혜 그리고 공익을 우선하는 도덕이 밑받침되어야 생존경쟁에서 승리의 동력이 될 수 있다. 이러한 덕목들이 갖춰지지 않은 상태에서 민기만이 표출될 경우, 국민을 선동하여 사회를 혼란케 하는 결과를 초래할 수 있다. 민기를 자극하는 일은 쉬우나 이것으로는 신민을 양성할 수 없기 때문이다. 국민의 실력, 지혜, 도덕을 축적하는 일은 민기 표출에 비해 지난하면서도 장기간의 시간이 필요하다. 민기는 이 기반 위에서 표출되어야 효과를 볼 수 있다. 그러나 근대 중국의 현실은 신민이 갖추어야 할 실질적 덕목을 배양하기보다는, 국민을 선동하여 급진적 파괴를 진행함으로써 민기가 부정적으로 작용하는 폐해를 낳고 있었다.

량치차오는 이러한 문제가 정치능력의 결핍에서 비롯된 일이라고 보았다. 중국은 수천 년간 전제정치가 지속되어 근대국가를 이루지 못한 것은 사실이지만, 역사적으로 볼 때 전제정치가 미약한 시기에도 중국인들은 자치 독립을 이루지 못했다. 전제정치가 미치지 않는 지역에서도 중국인들은 자치단체를 결성하지 못했으며, 전제정치가 미치지 않는 분야에서도 중국인들은 독립적인 성과를 이루지 못했다. 량치차오는 중국인들에게 정치능력이 결핍되어 그러한 것이라고 보았다. "오늘날 구국을 논하는 자는 국민 능력의 양성이 가장 시급하다고 한다. 그렇지만 국민은 양성의 객체이기 때문에 국민을 양성하는 주체가 더욱 시급하다. 이 문제가 해결되지 않으면, 아무리 국민을 양성해야 한다고 하더라도, 이룰 수 있는 길이 없다. 주체는 어디에 있는가? 강력한 정권이나 대다수의 백성이 아니라 사상을 지닌 중등사회에 있다." 여기서 량치차오는 국민 개개인을 신민으로 양성하는 것이 급선무라는 주장에서, 신민 양성의 주체로서 중등사회 즉 신사층의 양성이 우선이라는 계몽 주체론으로 선회하고 있었다.

5. 중국인의 자질과 계몽의 문제

흩어진 모래로 살아가는 현실 중국인을 어떻게 신민으로 양성할 것인가의 문제는 『신민설』에 내재한 곤혹스런 질문이었다. 『신민설』에서 량치차오는 자족적으로 살아가는 부민을 국가건설의 주체인 국민으로 양성시키는 방법을 모색했지만, 이는 『신중국미래기』에서 상상한 입헌국가처럼 먼 미래에나 실현 가능한 일이었다. 량치차오가 말하는 부민은 아더 스미스가 『중국인의 성격』에서 관찰한, 소농경제 하에서 자연적 생존력에 기대어 고립 분산적으로 살아가는 농민들이었다. 이와 대비되는 국민은 근대 자본주의 사회에서 성장하여 공공질서와 효율성을 중시하는 근대 서구인에 근접한 도시인이었다. 만청 지식인들이 꿈꾸는 신민 양성의 일은 『중국인의 성격』 속의 농민을 스미스와 같은 서구인으로 변신시키는 것이라고 할 만큼, 단기적으로 이루기 힘든 일이었다.[19]

이러한 곤혹 속에서 신민 양성의 문제는 누가 중국인의 결함을 개조할 것인가, 라는 계몽자의 문제로 전환되었다. 현실 중국인은 계몽을 통해야 국민이 될 수 있다고 보았기 때문이다. 근대 지식인들은 입헌파/혁명파의 차이를 넘어 스스로를 계몽자로 설정한다는 점에서 공통성을 지니고 있었다. 그들은 신민을 양성하는 계몽자로서, 전제군주와 몽매한 백성 사이에서 근대 국가를 확립하여 중국의 위기를 극복할 정치 주체로 자처하였다.

하지만 장기간 중국인의 결함을 형성한 정치 경제적 조건에 대한 변혁 없이, 지식인의 계몽운동을 통해 새로운 국민을 배양한다는 것은 거의 불가능에 가까운 일이었다. 국민 계몽운동의 한계 속에서 1903년 러시아의 만주 진출 기도를 저지하려는 반러시아 운동과 프랑스 세력의 광서지역 진출에 대항한 반프랑스 운동이 전국적으로 일어났다. 반외세 운동에 현실 중국인들이 대거 참여하면서 이들을 계몽대상으로만 간주할 수 없는 변화가 일어난 것이었다. 특히 반러시아 운동은 당시 친러파의 핵심 인물이 서태후와 리훙장이었음을 감안할 때, 반청 혁명운동의 성격을 강하게 지니고 있었다.

---

19 아더 스미스의 『중국인의 성격』에 대해서는 이종민, 『흩어진 모래: 현대 중국인의 고뇌와 꿈』(산지니, 2013), 1장 루쉰의 유언과 아더 스미스 참고.

이 운동에는 차이위안페이를 비롯한 많은 혁명파 세력들이 가담하였고, 상하이에서는 애국학사가 조직되어 저우룽과 장스자오 등이 적극적으로 혁명운동을 선전하였다. 후난에서는 황싱과 숭자오런이 화흥회를 조직하는 등 혁명운동이 고조되었다. 혁명의 기운이 확산되면서 입헌파와 혁명파는 정치적 견해 차이를 드러내기 시작하였다. "신민이 있으면 신제도나 신정부, 신국가가 없다고 해서 무슨 걱정이 있겠는가?"라는 량치차오의 입장은 신제도, 신정부, 신국가의 건립을 갈망하는 혁명파에게는 불만족스러울 수밖에 없었다.

이들은 신민이 우선인가, 신정부가 우선인가의 문제를 놓고 논쟁을 벌였지만, 실질적으로 이것은 실천주체로서 국민의 자질을 어떻게 평가할 것인지의 문제와 연결되어 있었다. 입헌파의 경우 국민의 자질이 아직 낮기 때문에, 현재의 정치체제를 유지하는 상태에서 국민 계몽을 지속해야 한다는 입장이었다. 혁명파의 경우 중국인의 노예근성을 비판하던 입장에서 선회하여 국민성이 신정부를 건설할 수준으로 향상되었다고 높이 평가하였다. 그래서 1905년 이후부터 혁명파가 더 이상 국민성 개조 논쟁에 참여하지 않았고, 이에 혁명파 진영에서는 국민성 개조론이 사라지게 되었다.

량치차오의 경우도 1906년 개명전제론을 취소하고 조속한 국회개원을 청원하면서 중국 국민성에 대한 입장을 변경하였다. 중국은 국민과 정부가 모두 서양보다 수준이 낮지만, 어차피 다 같이 수준이 낮은 상태라면 수준 낮은 국민이 수준 낮은 국가에 대해 나름대로 감독할 수 있는 역량을 지닌다고 보았던 것이다. 이처럼 국민성 개조론이 정치적 입장에 따라 중점이 변화되면서 더 이상 사람들의 관심을 끌지 못했으며, 1907년 이후부터 신해혁명까지 국민성 개조론은 거의 지상에서 사라지게 되었다.[20]

---

20 이 문제에 대해서는 김종윤, 「청말 국민성 개조론에 대한 고찰」(『중국학논총』 제28집, 2009) 참고.

국민 계몽운동이 다시 출현하게 된 것은 중화민국 초기 수구적 퇴행으로 인해 중국 정치운동에 대한 근본적인 반성과 회의가 일어나는 신문화운동 시기였다. 이때 신문화운동 세대가 담론의 출발점으로 착안한 것은 량치차오의 신민이 아니라, 외부의 모든 구속으로부터 자유로운 존재로서 개인의 개념이었다. 량치차오 역시 신문화운동이 제기한 개인의 중요성을 인정하면서 분열된 국가와 민족 통합을 위한 중국인 교육을 역설하였다. 당시 량치차오가 주창한 개념은 국성國性이라는 낯선 용어였다. 1차 세계대전 전후 탈서구적 문명 전환의 흐름 속에서 중국 문명정신을 되살린 중화민족 국가를 건설하기 위해 창안한 개념이었다.

20세기 중국의 국민 계몽운동은 언제나 실천방법으로서 사상문화 운동과 연결되어 있었다. 이것은 경제발전을 위해선 먼저 그에 적합한 민족성과 문화로 개조해야 한다고 주장하는 문화주의자의 입장과 상통하는 것이었다. 즉 근대국가를 건설하기 위해 먼저 민족성을 개조하여 국민을 양성해야 한다거나, 사회주의를 건설하기 위해 먼저 봉건적이거나 부르주아적인 사상 문화를 개조하여 인민을 양성해야 한다는 입장을 취했던 것이다.

이러한 입장은 종종 문화와 경제 권력을 소유한 자들이 인민을 소외시키거나 현실을 임의적으로 재단하는 결과를 초래하였다. 가령 신해혁명 이후 수립된 공화정에서 선거인 자격에 미달한 국민에게 선거권을 부여하지 않았고, 사회주의 시기에는 출신 성분과 혈통에 따라 정치적 차별을 가하였다. 현재의 당국 체제에서도 인민의 소질 부족을 이유로 정치참여를 제한하는 일들이 이어지고 있다. 국민 계몽운동의 본래 의도와 달리, 국민의 자격이나 소질 여부로 국민의 참정권 제한을 정당화하는 논리로 작동한 것이었다.

20세기 중국의 문화혁명은 신민이나 인민 양성을 위한 사상문화 개조를 내세웠지만 결국 특정 권력 집단을 대변하는 역할에 그치고 말았다. 국민 계몽운동에 내재한 역설이 국민을 소외시키는 결과를 초래했던 것이다. 21세기 중국에서는 중화민족공동체 문명국가 건설을 위한 교육 운동이 강화되고 있는데, 공교롭게도 그 기저에는 량치차오가 제기한 신민과 국성 개념이 자리하고 있었다.

| 5장 | 문명공동체: 공자의 정신과 관중의 통치

1. 민족국가와 문명국가

중국의 대표적 신좌파 사상가로 불리는 간양은 2003년 「민족-국가에서 문명-국가로」[1]라는 글을 발표했다. 이 글에서 간양은 21세기 중국의 중심 문제는 20세기 중국의 중심 문제인 민족국가 논리를 뛰어넘어, 문명국가(civilization-state)를 재건하기 위해 자각적으로 나아가는 일이라고 주장했다. 민족국가에서 문명국가로의 진화를 역설하는 간양의 논리는 조지프 레븐슨의 『유교 중국과 근대적 운명』에 기반하면서 그것을 넘어서려는 것이었다.

레븐슨은 20세기 중국의 역정이 문명국가에서 민족국가로 변신하는, 중국 용어로는 천하에서 국가로 변모하는 과정이었다고 보았다. 천하는 지리적 공간이 아닌 역사 문명 차원의 개념으로, 중국이 전통시대에 형성한 생활양식과 문화적 이상을 최고라고 여기는 중국인이 예로부터 가져온 사상문화적 형태를 뜻한다. 그러나 근대 이래 중국인은 서양 열강의 침략을 받으면서, 천하 관념을 버리고 국가와 종족의 보호를 가장 절박한 중심 문제로 인식하게 되었다.

---

1 간양, 「민족-국가에서 문명-국가로」(송인재 옮김, 『문명 국가 대학』, 글항아리, 2023).

레븐슨은 근대 중국 민족주의의 가장 근본적인 특징이 중국의 고전 문명을 격렬하게 배격하고 근대적 민족국가를 건설하는 것이라고 여겼다. 20세기 이후 중국인이 중국의 문명 전통을 지속적으로 배격한 운동과 오늘날 중국인이 여전히 지니고 있는 강렬한 반전통적 정서는 이러한 근대 민족주의의 산물이었다. 그 원동력은 바로 중국을 근대적 민족국가로 건설해야 한다는 초조함에 있었다.

간양은 레븐슨의 이러한 관점이 '천하만 있는 줄 알고 국가가 있는 것을 모른다'고 역설한 량치차오의 『신민설』에서 유래한 것이라고 보았다. 량치차오의 담론이 서구 근대의 민족주의 사조와 민족국가 건설의 길과 상당히 일치하였고, 또 중국을 근대국가로 만들려면 새로운 국민과 근대적 민족이 조상 대대로 내려오는 법도(문명)를 배격할 수밖에 없었기 때문이다.

그런데 간양은 20세기 중국 사상가들에게 민족국가 건설이 급선무였지만, 근대국가 건설의 장기적 비전은 아니었다는 사실을 주목한다. 민족국가가 중국이 추구한 근대국가의 모든 것으로 보아선 안 된다는 얘기다. 가령, 량치차오는 『신민설』을 발표한 지 10년이 지난 뒤 「『대중화大中華』 발간사」에서 '대중화 문명국가'의 구상을 발표했다. 이 구상 속의 국가는 민족국가가 아닌 문명국가의 개념이며, 이른바 '국성國性'에 토대를 둔 것이었다.

> 국성은 귀로 듣거나 눈으로 볼 수 없다. 그 구체적인 모습을 어렴풋하게나마 꼽아보자면 언어, 문자, 사상, 종교, 습속이라 할 수 있다. 이것에서 예문禮文과 법률이 파생되고 이것이 있어서 온 나라 사람이 덕과 사랑과 기술과 지혜를 소통하고 서로 깨우친다. 이것이 있어서 온 나라 사람이 정감과 애욕으로 이어져 서로 가까워지며 돕는다. 이것은 아주 어렵게 만들어지고 일단 만들어지면 쉽게 사라지지 않는다.[2]

위 구절은 간양이 인용한, 량치차오가 국성에 대해 설명한 부분이다. 량치차오는 국성이 무형의 공공의 신조가 되는 국가의 특성으로, 역대 중국에서 형성되어 지속되어온 것이라고 보았다. 국성의 실체에 대해서는 뒤에서 논의하기로 하고, 먼저 간양이 국성을 제기한 맥락에 대해 살펴보자. 간양은 량치차오가 말하는 국성이 근대국가 건설의 가장 근본이 되는 토대로서, 근대 신민 운동의 산물이 아니라 신민 운동의 전제이자 의지처라고 해석한다. 그리고 근대국가 건설의 장기적 비전은 민족주의가 아니라 웅대한 중국이 문명국가로서 지닌 특유의 국성을 발휘하는 것이라고 본다. 이렇게 되지 못할 경우, 중국은 근대로 전환하는 도중에 자신의 국성을 잃어버려, 문명이 다시 살아나지 않고 위축되거나 멸망할 수 있다. 간양은 이러한 맥락에서 량치차오의 신민설이 20세기 중국의 민족주의 경향을 대변한다면, 「『대중화』 발간사」에서 제기한 대중화 문명국가 구상은 21세기 중국 사상의 출발점이 되어야 한다고 생각한다.

즉 근대 중국의 역정은 고전 문명국가에서 근대국가로 변모하는 과정이며, 근대국가의 장기적 비전은 서구를 모방한 민족국가 단계에서 중국의 국성을 발휘한 문명국가로 나아가는 일이라는 것이다. 레븐슨이 중국의 근대국가를 민족국가 건설로 한정하는 시각을 넘어, 간양은 민족국가 다음 단계로서 문명국가 건설을 21세기 중국의 과제로 제기한다. 민족국가와 문명국가의 과제는 근대 중국 사상가들의 담론 속에 내재되어 있으며, 량치차오 신민설의 민족국가와 「『대중화』 발간사」의 문명국가 구상이 대표적이라고 본 것이다.

중국 근현대사에서 볼 때, 이 문제는 중국의 근대화(근대성)가 무엇이고 또 어떻게 실천할 것인가에 관한 오랜 논의의 연장선 위에 있다. 간양이 이 문제를 제기한 2003년은 공산당의 통치와 경제성장에 기반하여 민족국가

---

2 梁啓超, 「『大中華』發刊辭」(1915).

의 목표를 이룩하고 새로운 미래를 향해 나아가는 시점이었다. 근대화의 목표인 서구 따라잡기를 통해 민족국가 건설을 실현했다는 자신감 속에서 근대화 이후의 미래 중국의 길에 관한 논의가 시작된 시기였다.

이 논의를 위해 간양은 새뮤얼 헌팅턴이 『문명의 충돌』에서 제기한 21세기 다문명 질서에 대해 주목한다. 헌팅턴은 탈냉전 이후 21세기의 모든 국가가 고유의 문명 모체와 신화성을 가지고 있는지의 문제에 직면할 것이라고 예측했다. 즉 21세기 다문명 시대에 어떤 국가가 고유의 문명 모체에 뿌리박지 못한 채 개종을 시도해 다른 문명의 모체에 진입하려 한다면, 그 국가는 필연적으로 '자아분열 국가'가 되어 앞날이 우울해질 것이라는 뜻이었다.

간양은 헌팅턴의 다문명론이 이미 량치차오의 국성과 문명국가론에서 예견된 것이라고 여기며, 량치차오 담론의 현재적 의미에 대해 다음과 같이 설명한다.

> 량치차오는 모든 국가에 국성, 즉 깊이 있고 두터운 문명적 잠재력이 있다고 생각하지 않았습니다. 그와 정반대로 어떤 국가는 본래 국성이 없고 어떤 국가는 국성이 미성숙하다고 보았습니다. 그리고 이런 국가들도 근대로 진입할 수는 있지만 본래 갖고 있던 고유 문명의 멸망, 다시 말하면 문명의 의미에서 망국을 대가로 치르고 근대로 진입한다고 했습니다. 고유 문명이 죽었기 때문에 이런 국가들은 '다른 것으로 새로 태어나고 싶어도 그럴 수 없다'는 문제에 직면하게 됩니다. 헌팅턴이 말한 '자아분열 국가'는 바로 이런 뜻입니다. 그는 튀르키예를 '자아분열 국가'의 가장 전형적인 사례로 들었습니다. 량치차오도 당시에 튀르키예를 '다른 것으로 새로 태어나고자 했으나 할 수 없었던 나라'로 거듭 거론하면서 중국의 교훈으로 삼았습니다. 다른 점이 있다면, 량치차오는 당시에 튀르키예의 길이 아직 완전히 종결되지 않았을 때 이미 '다른 것으로 새로 태어나고 싶어도 그럴 수 없는' 튀르키예의 운명을 예견한 반면, 헌팅턴은 20세기 말에

튀르키예가 '자아분열 국가'의 곤경에 빠진 것을 목격하고 그 실패의 교훈을 결산했다는 것입니다. 우리는 튀르키예의 길을 눈여겨보아야 합니다. 오늘날 중국의 적지 않은 이른바 지식인들이 걸핏하면 자신도 모르게 중국이 튀르키예의 길을 가야 한다고 주장하기 때문입니다.[3]

간양의 설명에 나타나듯이, 문명국가론에는 서구 따라잡기에 성공하더라도 자기 문명의 모체와 민족정체성을 상실하면 '자아분열 국가'가 될 수 있다는 우려가 투영되어 있다. 이는 근대화가 서구화를 의미하는 것이 아니며, 서구 따라잡기는 궁극적으로 중국이 근대적 환경에 적응하여 자기 문명의 빛을 발휘하기 위한 기반 조성의 과정이라는 얘기다. 즉 민족국가가 근대국가가 되기 위한 토대 구축의 과정이라면, 문명국가는 민족국가의 토대 위에서 자기 고유의 문명을 발전시켜가는 근대국가 성숙의 과정이라고 할 수 있다.

튀르키예는 자아분열 국가의 전형적인 사례로 등장하는데, 이는 서구화를 근대화로 여기며 자기 고유의 이슬람 문명을 포기하고 서구 문명의 일부가 되려고 했기 때문이다. 당시 튀르키예는 이슬람 문명과 단절하려고 했으나 인민들의 반발에 봉착했고, 또 서구 세계로 편입하려 했으나 서구 국가들의 반대에 직면했다. 간양이 량치차오의 국성에 주목한 것도 튀르키예의 길을 걷지 않고 문명국가로 나아가야 한다는 당위성을 강조하기 위한 것이었다.

이렇게 량치차오는 국성을 문명국가의 기반이라고 여겼을 뿐 아니라, 세계사적 시야에서 각국의 흥망성쇠의 관건이 국성의 수준에 달려있다고 보았다. 량치차오는 국성의 수준에 따른 세계 각국의 흥망성쇠의 양상을 4가지로 분류했다. 첫째, 본래 국성이 없었기 때문에 멸망한 경우로 인도를 들었다.

---

3 간양, 「민족국가에서 문명국가로」.

"인도는 광활한 대륙 위에서 일찍이 통일국가를 이룬 적이 없고, 오늘날에도 언어와 문자는 80여 종이며, 부락의 군장 역시 수십 명이다."[4] 이렇게 인도는 유사 이래 통일국가를 구축하지 못하여 국성이 없었기 때문에 국가가 망하게 되었다.

둘째, 국성이 아직 성숙되지 않았는데 갑자기 강적을 만나 멸망한 사례로 베트남과 조선을 들었다. "베트남과 조선은 천여 년 동안 중국의 속국으로 완전히 독립된 언어와 문자, 예교, 풍속을 지니지 못했다. 중국에서 벗어나 독립하고자 했으나 국성이 성숙되지 않았는데, 갑자기 무도한 세력의 먹이가 되어 멸망하였다."[5] 하지만 프랑스와 일본이 베트남과 조선의 국성을 완전히 제거하지 못했는데, 이는 국성이 끈질긴 생명력을 지니고 있다는 사실을 알려준다.

셋째, 국성이 성숙되어 있었지만 스스로 훼손하여 멸망한 사례로 로마, 신성로마제국, 투르크제국 등을 들었다. 특히 로마는 "본래 매우 뛰어난 국성을 겸비해서 전성기에는 전 유럽을 로마인들이 지배했다. 하지만 자신들보다 훨씬 많은 수의 피지배자를 동화시키기에는 역부족이었다. 오히려 소수의 로마인이 현지에 동화됨에 따라 로마 고유의 국성을 점차 상실하여 멸망하게 되었다."[6] 몽골이나 만주도 국성을 훼손하여 멸망한 경우에 해당하는데, 로마만큼 국성이 성숙하지는 못하여 다시 부흥하지 못했다.

넷째, 매우 특수한 경우로 국성이 성숙했고 스스로 훼손하지 않았는데 갑자기 멸망한 사례로 카르타고를 들었다. 이렇게 량치차오는 국성을 상실하여 멸망한 나라들을 소개하면서, 그리스처럼 국성이 심후하여 전 국민이

4 梁啓超, 「『大中華』發刊辭」(1915).

5 梁啓超, 「『大中華』發刊辭」(1915).

6 梁啓超, 「『大中華』發刊辭」(1915).

자각할 경우 타국에 멸망되지 않았으며, 유대나 폴란드, 이집트 등과 같이 이미 망한 나라도 다시 부활할 수 있다고 보았다.

그러나 국성을 국가 흥망성쇠의 관건이라고 보는 것은 민족성이 그 관건이라고 보는 것만큼이나 문화주의적인 해석이며, 4가지 사례에 해당하는 국가의 국성 수준도 그렇게 판단할 만한 근거가 분명하지 않았다. 이들의 사례는 열강의 위협에 처해 있던 중국인들에게 국성을 지키는 일이 구국의 관건이라는 점을 강조한 것으로 보아야 할 것이다.

2. 국성國性, 중국을 지속시키는 힘

량치차오가 국성을 제기한 상황은 간양이 문명국가론을 역설한 21세기의 시대 상황과 큰 차이가 있었다. 량치차오가 국성을 처음 언급한 것은 1912년 『용언庸言』 창간호에 발표한 「국성편國性篇」이었으며, 「『대중화』 발간사」(1915)에서 국성은 량치차오 담론의 핵심 개념이 되었다. 당시 중국은 신해혁명을 통해 아시아 최초의 공화정인 중화민국을 건립했지만, 망국을 걱정할 정도로 사회는 심각한 혼란에 빠져 있었다.

중국인들에게 낯선 공화정은 권력 암투와 폭력이 끊이지 않았고, 급기야 위안스카이의 황제체제 복귀 시도까지 벌어졌다. 신해혁명이 일어나기 전까지 량치차오는 중국인에게 국민의 자질이 부족하다고 여겼으며, 중화민국 건립 이후에는 공화정을 받아들였지만 국민 교육의 필요성을 끊임없이 제기하였다. 량치차오가 보기에, 당시의 사회 혼란은 자신의 생각이 틀리지 않았음을 반증하는 것이었다.

> 진실로 국성이 없는 국가는 스스로 국가를 세울 능력이 없는 것이다. 국성이

성숙되지 않은 국가는 비록 국가를 세웠더라도 견고하지 못하다. 국가를 세운 이후 국성을 상실하면 곧 그 국가는 망하게 된다.[7]

량치차오는 사람에게 인성이 있듯이 국가에게는 저마다의 국성이 있으며, 인성을 상실하면 사람이라고 할 수 없듯이 자신의 국성을 상실하면 국가가 망할 수 있다고 보았다. 중국의 통치는 고유의 국성에 기반하여 이뤄져야 하며, 서구의 공화정은 이를 운영할 만한 중국인의 자질을 형성한 후에야 중국에 수용할 수 있는 것이다. 자신의 국성을 상실한 채 타인의 제도에 기반하여 국가를 세우면, 당시의 중화민국처럼 견고하지 못할 뿐 아니라 심지어 망국을 우려해야 하는 처지가 될 수 있었다.

량치차오의 국성은 한족 사회에 대한 경고이면서, 아울러 오족공화를 구성하는 제 민족을 결속시키기 위한 것이었다. 국성이 분열되면 나라도 분열되며, 국가의 어느 지역에서 국성을 상실하면 그만큼 국가가 약해진다고 보았기 때문이다.[8] 량치차오는 본래 한족 중심으로 제 민족이 통합된 대민족주의를 주창했는데, 오족공화는 한족 이외의 민족들을 중화민국 안으로 통합할 강제력이 약한 체제였다. 중화민국의 헌법인 <약법>에서 모든 민족의 평등한 권리를 명시하고 있었지만, 량치차오는 국성의 차원에서도 분열을 막을 기강이 세워져야 국가가 통합될 수 있다고 보았다.

그런데 1914년에 세계대전이 벌어지고, 1915년에 중국의 이권을 침탈하는 일본의 21개조의 요구를 위안스카이 정부가 조인하면서, 중국 사회 전반에 망국의 심리가 팽배하였다. 국성을 역설한 량치차오의 「『대중화』 발간사」(1915)는 혼란과 분열 그리고 망국의 심리가 중첩된 사회 분위기 속에서 발표

7 梁啓超, 「國性篇」(1912).

8 梁啓超, 「國性篇」(1912).

된 것이었다. "우리 국민의 지기志氣의 쇠락함이 오늘에 이르러 심각해졌구나. 마치 온 나라가 장송곡을 부르는 황폐한 묘지가 되었으며 우리 국민이 오랫동안 바라던 꿈은 이제 사라져버렸다."[9]

간양의 문명국가론이 희망찬 시대 분위기 속에서 부상한 것과 달리, 량치차오의 국성은 이렇게 암울한 국운 속에서 새로운 길을 찾기 위해 제기한 것이었다. 국성이 간양에게는 문명국가로 안내하는 고전 문명의 빛으로 인식되었다면, 량치차오에게는 중국의 지속적 생존을 위해 역사에 호소하려는 것이었다. 그러면 량치차오가 말하는 국성의 실체가 무엇인지 살펴보자.

량치차오는 국성을 제기하면서, "진·한·위·진·수·당·송·명·청이 일찍이 망했어도 중국은 지금까지 한 번도 망한 적이 없다"[10]고 말한다. 역사 속에서 명멸한 왕조들과 중국을 구별하고 있는 것이다. 2장에서 설명했듯이, 중국이라는 말은 본래 국명이 아니라, 왕의 수도라는 뜻에서 출발하여 세상의 중심이자 선진 문명국의 개념으로 확대된 것이다. 진·한·당·송 등으로 불리는 왕조의 명칭이 국명이었으며, 중원을 차지한 왕조들은 한족이든 이민족이든 스스로를 중국이라고 자부하였다.

량치차오는 일찍이 중국이라는 말과 역대 왕조들의 국호가 혼용되는 것을 보며, 향후 수립될 근대국가는 중국을 정식 국호로 쓰자고 제안한 바 있었다. 이 제안 속에는 세상의 중심이자 선진 문명국으로서 중국의 옛 지위를 되찾으려는 뜻이 내재되어 있었다. 량치차오가 말하는 국성은 바로 이 중국 개념과 연결되어 있으며, 역대 왕조들이 자부한 중국의 전통 문명과 가치를 포괄하는 것이었다.

앞에서 간양이 인용한 량치차오의 국성 설명을 보면, 국성은 귀로 듣거나

---

9 梁啓超, 「『大中華』發刊辭」(1915).

10 梁啓超, 「『大中華』發刊辭」(1915).

눈으로 볼 수 없지만 언어·문자·사상·종교·습속에 기반하여 형성된다. 이 기반 위에서 국가를 보호하고 결속하는 예문과 법률의 규범이 만들어지며, 규범을 공유하는 사람들이 서로 덕·사랑·기술·지혜를 소통하고 계발한다. 그리고 이를 통해 온 나라 사람들이 정감과 사랑으로 이어져 서로 친해지고 돕게 된다. 국성은 이렇게 국가의 성원들이 오랜 시간 함께 생활하면서 형성한 무형의 신조로, 아주 어렵게 만들어지지만 일단 만들어지면 쉽게 사라지지 않는 것이다.

중국은 역대 왕조들의 끊임없는 명멸 속에서도 국성이 사라진 적이 없는데, 이는 공인된 도덕적 신조가 "선천적 유전과 후천적 감화를 통해 사람들의 뇌리 속에 깊숙이 들어가 내면화"[11]되었기 때문이다. 즉 국성은 국가의 구성원 모두에게 공인된 도덕적 신조로서, 이것이 선천적 후천적으로 사람들의 내면에 깊이 작용하여 사회의 생명력을 유지할 수 있게 한 것이다. 량치차오는 도덕적 신조가 중국에서 오랫동안 지속된 이유가 보은報恩, 명분明分, 여후慮後의 세 가지 관념이 밑받침되었기 때문이라고 보았다.

세 가지 관념의 의미를 보면, 보은은 이전 사람들의 활동 덕분에 현재의 사람들이 존재하는 것임을 알고 그 은혜에 보답하는 것이다. 명분은 현재 자신에게 합당한 직분이 무엇인지 잘 이해하고 그에 맞게 생활하는 것이다. 여후는 사회가 영원히 지속될 수 있도록 후세 사람들의 삶을 생각하는 것이다. 시간적으로 볼 때, 보은은 현재와 과거를 이어주는 것이고, 여후는 현재와 미래를 이어주는 것이며, 명분은 현재를 안정되게 하는 것이다. 시간을 이어주고 현재를 안정시키는 세 가지 관념이 중국인들에게 오랜 시간 내면화되어 중국 사회를 결속시키는 동력이 되었던 것이다.

량치차오는 이 세 가지 관념은 "배우지 않아도 알고 고려하지 않아도 할

---

11 梁啓超,「中國道德之大原」(1912).

수 있는 것不學而知, 不慮而能"으로, 중국이 수천 년간 수많은 혼란 속에서도 국성을 상실하지 않았던 요인이라고 보았다.[12] 이렇게 국성은 국가 존립을 위해 잃어버려서는 안 되는 것이지만, 국성 가운데 낙후했거나 시대 환경에 적합하지 않은 요소가 있다면 바로잡고 개혁하는 것이 마땅하다.[13] 국성은 묵수하는 것이 아니라 시대 현실의 변화에 적응해야 현재적 의의를 지닐 수 있기 때문이다.

국성이 쇠락하면 전수받은 문명 유산에 대해 의심을 품거나 경멸하고, 도덕적 신조가 추락하면 사회 규범이 혼란해져 공동의 생활 기반이 무너진다. 이렇게 개인에서 가족, 사회 국가에 이르기까지 모두 결속력을 잃어버리면 조그마한 외부 충격에도 사회가 붕괴되는 것이다. 량치차오는 분열과 망국의 심리가 팽배해진 당시 상황 속에서, 국성을 되살리는 일이 바로 국가의 결속과 생존을 위한 길이라고 여겼다.

이상으로 보면 량치차오의 국성은 국가의 성원들이 오랜 시간 공유한 전통 문명과 가치 그리고 공동의 신조를 포괄하는 개념이라 할 수 있다. 그리고 국성이 실천적 의미를 지닐 수 있는 관건은 예전 그대로의 회복이 아니라, 시대 변화에 적합하게 되살리는 일이었다. 사실 전통 문명에 자부심을 느끼게 되는 것은 문명 자체보다 그 나라의 현재 국력 수준에 의해 결정된다. 량치차오와 간양은 공히 전통 문명을 국성의 핵심으로 보았지만, 간양의 시대가 전통 문명을 중국 부흥의 위대한 상징물로 보는 반면, 량치차오의 시대는 중국을 낙후하게 만든 봉건적 상징물로 여겼다.

이러한 차이는 전통 문명을 평가하는 현재 사람들의 시각에 의해 결정된 것이다. 량치차오가 전통 문명의 중요성을 아무리 역설한다고 하더라도, 망

---

12 梁啓超, 「中國道德之大原」(1912).

13 梁啓超, 「國性篇」(1912).

국의 심리에 젖은 중국인들에게 자부심을 가지게 하는 것은 쉬운 일이 아니었다. 더군다나 낮은 정치의식을 지닌 대중들 속에서 일시에 국성을 되살리는 것은 불가능에 가까운 일이었다. 이점이 바로 량치차오 국성론의 딜레마였다.

3. 공자의 정신과 문명 중국

4장에서 살펴보았듯이, 량치차오는 신민 양성을 위한 방법으로, 중국 고유의 의식에 대한 쇄신과 아울러 서구 국민의식을 새롭게 수용하는 방식을 제기하였다. 그렇지만 『신민설』 전체를 보면, 「사덕」을 제외한 나머지 장은 중국 고유 의식의 쇄신보다는 서구 국민의식을 어떻게 수용할 것인가에 초점이 맞춰져 있었었다. 국성론 역시 중국 고유의 문명의식과 도덕적 신조를 되살리려는 것이지만, 세계적 시대 변화 속에서 무엇을 어떻게 되살릴 것인가의 문제에 직면해 있었다.

전통 문명과 도덕적 신조를 국성의 핵심으로 보면서, 량치차오는 공자가 2천여 년간 중국의 일체성을 유지해온 '무형의 중심축'이라고 보았다.[14] 캉유웨이와 량치차오는 일찍이 변법운동 시기부터 공자 사상에서 정치개혁의 정당성을 구했다. 그후 캉유웨이가 공자교의 차원에서 정치의 중심축으로 만들려고 했다면, 량치차오는 인격 교육의 차원에서 공자를 존중하였다. 즉 공자의 의미를 "사람이 사람다운 법을, 사회가 사회다운 법을, 나라가 나라다운 법을 가르치는 데 있다"[15]고 본 것이다.

---

14 梁啓超, 「吾今后所以報國者」(1915).

15 梁啓超, 「保教非所以尊孔論」(1902).

당시 량치차오가 공자를 국성의 모범으로 본 것은, 영국이 인격 양성을 위주로 한 교육 덕분에 세계를 제패할 수 있었다는 인식에서 촉발된 것이었다. 량치차오는 영국인이 이상적으로 생각하는 '젠틀맨'은 중국의 '군자'에 해당하며, 모두 인격 양성을 목적으로 했기 때문에 영국과 중국의 교육 정신은 일치한다고 보았다. 그러나 영국의 젠틀맨은 '무형의 모범'으로서 사람들의 의식 속에 깊이 자리하고 있었던 반면, 중국의 군자는 "몽롱하고 힘이 매우 미약하여 사회를 통제하지 못했기 때문에, 사람들은 군자가 되려고 노력하지 않는"[16] 상태가 되었다.

량치차오는 공자 혼자서 군자상을 만든 것은 아니지만 공자가 집대성하여 자신의 언어와 행동으로 가르친 것이기 때문에, 공자가 제시한 인생의 길을 배워야 한다고 강조했다. 공자를 통해 사람다워지는 법을 배우고 나아가 중국의 국민으로서 국민다워지는 법을 배우는 일이, 바로 우수한 국성을 되살려 국가와 민족을 통합하는 길이라고 본 것이다.

그렇지만 량치차오가 공자 사상을 예전 그대로 수용한 것은 아니었다. 신민설이 서구 국민의식을 통해 중국인의 의식을 쇄신하려고 한 것이었듯이, 공자 사상도 당시 세계가 필요로 하는 새로운 사상과 연결된 것이었다. 즉 선진시대의 공자 사상이 아니라 1차 대전 전후의 세계 사상의 흐름 속에서 새롭게 발견한 공자 사상이라는 것이다.

량치차오는 1차 대전 직후의 유럽 여행기인 『구유심영록』에서, 앞으로 세계 사상이 민족주의, 유물론, 진화론 중심의 물질적이고 경쟁적인 철학에서 세계주의, 개성의 발달, 상호부조에 기반한 평화적인 인생철학으로 변화할 것이라고 보았다. 이러한 세계 사상의 흐름은, 량치차오가 보기에, 선진시대부터 이미 성숙한 중국 사상의 특성으로, 이를 잘 발휘한다면 중국이 세계

16 梁啓超, 「『大中華』發刊辭」(1915).

평화와 문명 발전에 기여할 수 있었다. 이는 중국 사상의 빛으로 세계의 어둠을 밝히는 일이면서, 세계가 필요로 하는 중국의 국성을 되살리는 길이기도 했다.

『구유심영록』에 이어 저술한 『선진정치사상사』(1922)는 이러한 목표하에서 구상된 것이었다. 『선진정치사상사』에는 두 가지 관점이 중첩되어 있는데, 하나는 세계가 필요로 하는 사상을 중국 사상 속에서 발견하는 것이고, 다른 하나는 이와 연결된 중국 사상들을 비교 검토하여 그 정수를 되살리는 것이었다. 구체적으로 말하자면, 량치차오는 향후 세계 사상의 주요 흐름이 세계주의, 평민주의, 사회주의가 될 것이라고 보았고, 이 세 정신을 선진시대 제자백가 속에서 발견하여 공자 사상을 중심으로 종합하려고 한 것이다.

『선진정치사상사』의 시각을 정리하면 다음과 같다. 1차 대전 이후 급부상한 세계주의는 국가 간 경쟁을 부추기는 국가주의와 대립되는 개념이다. 국가주의는 서양 고대 도시, 중세의 성곽에서 유래한 것으로 내적인 단결과 외부를 향한 적대감에 기반한다. 서양의 애국심이라는 것은 타인에 대한 질시의 감정을 이용한 것이며, 국가주의로 인해 현대 사회가 점차 왜곡되고 있다. 서구와 달리 중국인은 전 인류 가운데 한 구역, 한 부분만의 이익을 꾀하는 정치를 인정하지 않았다. 국가를 조직하는 것을 좋아하지 않을 뿐 아니라 국가를 조직하는 데도 서툰 민족이다. 근래 백여 년 동안 그러한 유산을 물려준 조상들을 원망한 일도 있었지만, 앞으로 중국인의 반국가주의, 초국가주의가 인류 문화에서 커다란 의미를 지니게 될 것이다.

평민주의는 모든 국민이 평등한 권리를 지닌 정치 주체라는 것으로, 전제군주의 강권이나 맑스주의의 계급투쟁을 경계하기 위한 개념이다. 서구에는 자유방임 경제와 자본주의의 발전으로 인해 계급 간의 빈부격차와 인권 차별이 심해졌다. 서구와 달리 중국에는 2천 년 전부터 계급이 없었기 때문에, 계급투쟁 자체가 문제가 되지 않았다. 또 링컨의 '국민의, 국민을 위한, 국민에 의한' 세 가지 원칙 가운데 '국민에 의한' 원칙이 중국에 없기는 했지만, 군주 한 사람을 제외하면 모든 인민이 법률 앞에서 평등했다. 군주는 백성을 국가의 근본으로 삼았으며, 백성은 간섭받지 않는 자유로운 분위기 속에서 생활하였다.

사회주의는 생산보다 분배를 중시하는 것으로, 사회혁명을 추구하는 맑스주의·공산주의와 구별되는 개념이다. 공자, 묵자를 비롯한 제자백가는 분배에 중점을 둔다는 점에서 사회주의 색채를 지니고 있었다. 변법운동 시기부터 량치차오는 빈부격차로 인한 사회문제를 예방하기 위해 사회주의 분배 정책을 중시했는데, 이는 계급투쟁에 의한 사회주의 혁명은 반대하면서 사회주의 정신은 수용한 것이었다. 제자백가는 서구보다 먼저 사회주의 정신과 분배 정책을 주창했으며, 이에 중국의 사회문제도 고유의 사상을 통해 해결할 수 있다고 보았다.

이렇게 세계대전 이후 새롭게 부상한 세계주의, 평민주의, 사회주의 사상이 제자백가와 연결되었으며, 지금 세계가 직면한 문제들은 중국에서 선진시대부터 발생하여 그 해법을 모색하고 있었던 것이다. 특히 유가, 묵가, 도가, 법가를 중심으로 "도가는 극좌당, 법가는 극우당, 유가는 중앙당, 묵가는 중앙의 오른쪽 당"으로 배치하였다. 그 기준은 개성과 자유를 추구하면 좌로, 국가와 권력을 추구하면 우로 하여, 중앙당의 유가는 이를 중도적으로 종합하는 사상이 되었다.

량치차오는 이러한 기준에 따라, 도가는 "절대적 자유의 이상 위에" 정치를 구현하려는 '무치주의無治主義'로, 법가는 "유물론"에 기반하여 "인류 개성의 신성함을 인정하지 않고" "정부의 만능"을 믿는 '물치주의物治主義'라고 평가했다 그리고 유가는 "인류의 동정심에 의한 사회의 결합"으로 "신분에 따른 상대적 자유와 평등"을 추구하는 '덕치주의德治主義'로, 묵가는 "유가와 마찬가지로 동정심에 중점을 두지만" "자유는 승인하지 않는" '상동주의尙同

主義'라고 했다.

량치차오 이렇게 도가, 법가, 묵가가 지닌 시대적 의미와 한계를 평가하면서, 유가가 그 장점을 종합하여 선진시대에 이미 세계에서 가장 선도적인 사상을 만들었다고 보았다. 제자백가는 선진시대 중국의 사상이면서, 세계대전 이후 다양한 사조들이 경쟁하는 이 시대를 위한 사상의 거울이 된 것이다. 그리고 제자백가를 집대성한 공자와 유가는 세계 사상들이 나아가야 할 미래의 길이라고 보았다.

> 인류의 정신생활은 물질생활과 떨어져서 독존할 수 없다. 인류의 물질생활은 정신생활의 발전을 방해하지 않는 범위에서 이뤄져야 한다. 너무 풍부해도 방해가 되고 너무 빈곤해도 방해가 된다. 너무 풍부하거나 빈곤하지 않도록 균등하게 하여, 정신생활의 자유를 조성하고 향상하게 해야 한다. 유가가 바로 이 정신에 근거하여 문제의 해법을 찾기 때문에, 인생 문제의 해결에 있어 유가가 가장 합리적이다. 도가의 '무욕'의 주장이나 묵가의 '자기 고통'의 주장은 실천 불가능한 것이다. 도가 가운데 양주 일파나 대부분의 법가가 주장하는 '인생에는 물질 이외에 아무것도 없다'는 이론에는 결코 찬성할 수 없다.[17]

당시 세계가 직면한 전쟁, 강권 세력에 의한 권력 독점, 자본가계급에 의한 빈부격차 등의 문제는 물질적 이익이 정신적 자유를 침해한 현상으로, 양자의 조화로운 공존이 이뤄져야 문제를 해결할 수 있다. 이 문제의 해법은 도가의 무욕이나 묵가의 자기 고통적 금욕에서 법가의 엄격한 법치에 이르기까지 제자백가가 다각적으로 모색했던 것이다. 그러나 이들의 해법은 인간생활의 특정한 부분에 치우쳐 있기 때문에, 균등한 물질 분배 하에 정신의

---

17 梁啓超, 『先秦政治思想史』(1922).

자유를 추구한 유가의 조화 정신이 바로 이 문제를 해결하는 합리적 방안이다.

유가의 조화 정신은 세계 사상계에, 현대 과학이 만든 풍요로운 물질적 조건 하에서 어떻게 개개인이 불만 없이 자유로운 삶을 향유하게 할 수 있는지를 보여주는 것이었다. 문제는 조화 정신의 실현은 인류가 하나의 대가족이라는 동류의식을 가지고 있을 때 가능한 일이라는 점이다. 량치차오는 유가의 근본정신을 인仁이라고 보며, 인의 의미를 동정심, 동류의식으로 해석하였다. 동정심, 동류의식에 기반한 인간관계는 일방적인 권리나 의무의 관계가 아니라 평등한 인간 사이의 관계이다. 유가의 정치는 성인 군주와 현인 재상 중심의 현능정치를 추구하지만, 평등한 인민을 근본으로 여기기에 민주정신에 가까운 것이다. 유가의 정치는 도덕과 습관의 양성을 통해 자율성을 획득한 인민이 조직하는 공동체 사회를 추구한다. 이러한 사회 건설은 무엇보다 동류의식을 확대하고 국민의 자격을 고양하는 일이 선결되어야 한다.

량치차오는 유가의 동류의식을 확대하여 인의 세계가 완성된 상태를 대동이라고 보았다. 이 세계는 초국가적인 조직으로, 인민의 선거에 의해 조직되는 정부가 있고, 동류의식에 의해 결속된 지역사회가 있다. 일반 사회조직은 가족을 기초로 하면서도 초가족적인 정신으로 임하여, 생리적 차별 이외에는 모든 인류가 평등하며 서로 돕는다. 경제적으로는 생산을 장려하면서도 자본의 사유화를 중시하지 않는다. 잉여 가치의 착취에 반대하며 노동을 신성시한다. 그 노동은 반드시 자신만을 위한 것이 아니므로 물질적 향락을 위한 노동과는 구별된다. 이러한 의미에서 대동 사회는 '능력에 따라 일하고 필요한 만큼 사용한다'는 사회주의에 부합하지만, '간섭 없이 자율적으로 행하는無所爲而爲' 정신은 유물론과는 다른 온화한 인생관을 배경으로 한 것이었다.

4. 대동사회와 세계주의

량치차오가 말하는 대동사회는 가족 단위의 지역공동체와 최상위의 세계정부로 구성되며, 운영원리에 있어서는 전통적인 공동체주의와 자본주의적 생산력 발전, 사회주의적 분배 정책을 융합한 이상적 세계에 가깝다. 문제는 국가 간 생존경쟁이 지배하는 세상에서 대동사회가 과연 실현 가능한 일인가 하는 점이었다. 량치차오 자신도 유가 정치의 가능성에 대해 확신하지 못하고 있었다.

> 유가 정치의 목적은 한때, 한 장소에서의 효과를 가지고 가늠할 수 있는 것이 아니다. 우주는 본래 미완성의 것으로 창조와 진화가 그칠 날이 없다. 그리하여 우리가 만족할 수 있는 일이 있다면 우주의 작용도 멈출 것이다. 어떤 사람이 공자를 평하여 '안 되는 줄 알면서도 하는 사람'이라고 했는데, '안 되는' 것이 바로 우주의 항상된 모습이며 '하는' 것이 인간이 인간일 수 있는 도이다.[18]

익숙한 유가적 해명이지만, 이러한 불확신은 량치차오의 시각 자체에 내재한 것이었다. 량치차오는 당시 세계적 대안 사조인 세계주의·평민주의·사회주의를 선진정치사상과 연결하면서, 중국 민족은 본래부터 세계주의를 지향하는 민족이며 세계대전의 주범인 민족주의·국가주의와 무관하다고 역설하였다.[19] 이러한 시각은 『구유심영록』에서 형성되어 세계주의 국가에 대한 제창으로 나타났다. 그런데 『선진정치사상사』에서는 세계주의가 부각되어 국가를 세계의 하위 단위로 배치하였다. 이에 민족주의·국가주의를 극복의

---

18 梁啓超, 『先秦政治思想史』(1922).

19 이혜경, 『천하관과 근대화론: 양계초를 중심으로』, 문학과지성사, 2002, 329쪽.

대상으로 여기고, 국가가 아닌 세계정부에 의해 운영되는 공동체로서 대동사회를 역설했던 것이다.

그간 량치차오가 중국인은 천하만 알고 국가사상이 없는 점에서 위기의 원인을 찾았던 것을 생각하면, 상당한 논리적 변동이 생긴 것이다. 서구의 민족주의·국가주의와 거리를 두면서 대동사회가 중국이 추구해야 할 세계주의 공동체로 부상한 것이었다. 이 속에는 두 가지의 이상화가 중첩되어 있다. 하나는 선진정치사상을 세계주의를 구현한 이상적 사상으로 보는 것이고, 다른 하나는 대동사회를 세계주의가 구현된 이상적 세계로 보는 것이다. 고대 중국사상의 이상화와 그 속에서 시대적 가치를 발견하려는 욕망, 이 두 가지 방향이 교차하는 지점에서 량치차오의 대동사회가 탄생한 것으로 보인다.

량치차오는 선진정치사상의 시대적 가치를 이상화하며, 참정권 이외의 다른 개혁 분야는 중국 사상을 통해 도달할 수 있다고 여겼다. 이 문제를 성찰하기 위해 나는 량치차오의 『선진정치사상사』와 동일한 시대를 분석한 저서에서, 역사적 사실보다 믿고 싶은 규범을 내세워 자신의 행위를 정당화하는 일이 중국의 역사가 된 것이라고 주장한 바 있다.[20] 량치차오와 같은 사유방식이 역사 속에서 일종의 중국식 특성을 형성하고 있었으며, 그 목표는 문명(규범)을 내세워 자기주장의 정당성을 확립하면서 실익을 얻는 방안을 모색하는 데 있었다. 역사 현실로 볼 때, 공자가 내세운 주나라 주공의 시대 역시 믿고 싶은 사실을 규범으로 만든 것이었다. 공자에게 중요한 것은 역사적 팩트보다는 혼란한 현실 세계를 바로잡기 위한 이상적 규범이었다. 공자는 그 규범을 통해 개혁의 정당성을 역설했으며, 이는 주공이라는 거울을 통해 공자 시대가 나아가야 할 방향을 비추기 위한 것이었다.[21]

---

20 이종민, 『문명 중국, 현실 중국: 중국을 보는 패러다임의 대전환』, 375쪽.

량치차오가 이상화한 대동사회는 한나라 문헌인 『예기禮記』 「예운禮運」편에 간략한 설명이 있다.

> 대도大道가 행해질 때 천하에 천자 질서가 세워졌다天下爲公. 현명하고 능력 있는 자를 뽑아 썼으며 믿음을 중시하고 화목을 실천했다. 그리하여 사람들은 자기 부모만을 부모로 여기지 않았고 자기 자식만을 자식으로 여기지 않았다. 노인들은 편안히 생을 마칠 수 있었고 젊은이들은 일할 곳이 있었고 아이들은 안전하게 길러졌다. 홀아비나 과부, 고아, 자식 없는 사람, 장애인이 모두 부양을 받았다. 남자에게는 직업이 있었고 여자에게는 혼처가 있었다. 재물을 땅에 버리는 낭비는 싫어했지만 그렇다고 재물을 자기의 것으로만 여기진 않았다. 일하지 않는 것을 싫어했지만 그렇다고 자기만을 위해 일하지는 않았다. 그리하여 모략이 벌어지지 않았고, 도적이나 폭력이 일어나지 않아서, 집 문을 잠그지 않았다. 이러한 세상을 대동이라고 한다.[22]

대동은 중국의 전통적인 이상사회로 전국시대에 그 개념이 형성된 것으로 알려져 있다. 위 구절이 수록된 『예기』가 유교적 통치를 위해 예제禮制를 정리한 문헌이라는 점에서 대동세계를 유가의 이상사회로 인식하는 이들이

---

21 이종민, 『문명 중국, 현실 중국: 중국을 보는 패러다임의 대전환』, 181쪽. 공자가 주나라를 따르려 했던 것은 덕치가 구현된 세계라고 믿었기 때문이며, 주공을 존숭한 것은 위기의 왕실을 구원하고 덕치를 구현하는 충직한 신하의 모범으로 보았기 때문이다. 공자는 주공을 통해 무도한 시대에 사계층이 해야 할 정치적 역할을 제시하고, 그것을 자신의 천명으로 삼으려 했던 것이다.

22 『禮記』 「禮運」. "大道之行也, 天下爲公, 進賢與能, 講信修睦. 故人不獨親其親, 不獨子其子. 使老有所終, 壯有所用, 幼有所長. 矜寡孤獨廢疾者皆有所養. 男有分, 女有歸. 貨惡其棄於地也, 不必藏於己, 力惡其不出於身也, 不必爲己. 是故謀閉而不興, 盜竊亂賊而不作, 故外戶而不閉. 是謂大同."

많았다. 그런데 전국시대 묵자와 맹자가 추구한 세계의 차이를 이해한다면, 대동세계는 맹자보다는 묵자에 더 가까워 보인다. 현능한 이를 임용하고 사회적 약자를 보호하는 것은 맹자와 묵자 공통의 사안이지만, 자기 자신·자기 부모·자기 자식만을 편애하지 않고 사람들을 서로 아끼는 삶은 맹자의 별애別愛보다는 묵자의 겸애兼愛에 바탕한 것이기 때문이다. 자신만을 생각하지 않고 다른 사람의 정당한 몫을 배려하는 것이 겸애의 의미이며, 이것이 사회적으로 확장된 것이 바로 대동세계라고 할 수 있다.

대동은 제자백가 누구나 공유한 세계인 만큼, 전국시대의 학설을 종합하여 고대 이상사회를 묘사한 것이라고 보는 것이 무난하다. 문제는 전국시대에 대동세계가 이미 사라지고, 천하가 통치 가문의 세상으로 변했다는 점이다.

> 오늘날 대도가 이미 사라져 천하에 가문의 질서가 세워졌다天下爲家. 모두 자신의 부모만을 부모로 여기고, 자신의 자식만을 자식으로 여기며, 재화와 노동은 자신만을 위해 사용했다. 통치자들大人은 세습을 예라고 여기고, 성곽과 해자로 자신을 지켰다. 예의를 기강으로 삼아 군신 관계를 바로잡고, 부자 사이를 돈독히 하며, 형제를 화목하게 하고, 부부를 화합하게 했다. 또 제도를 만들고, 밭과 마을의 경계를 세우고, 용맹과 지혜를 존중하고, 자신을 위하여 공을 세웠다. 그래서 간사한 꾀가 생겨나고, 전쟁도 이로 인해 일어났다. 우·탕·문왕·무왕·성왕·주공은 이렇게 하여 뛰어난 업적을 이루었다. 이 여섯 군자는 예에 힘쓰지 않은 적이 없었다. 예로 의를 드러내고 믿음을 이루었다. 예로 잘못을 드러내고 인을 본받으며 겸양을 행하여, 백성에게 기강常을 보여주었다. 만약 예를 따르지 않는 자가 있으면 집권자라도 백성이 재앙으로 여겼다. 이러한 세상을 소강이라고 한다.[23]

---

23 『禮記』「禮運」. "今大道旣隱, 天下爲家, 各親其親. 各子其子, 貨力爲己. 大人世及以爲禮, 城郭溝

가문이 지배하는 천하에서 소강은 예의를 통해 기강을 세운 모범적인 세계에 해당한다. 소강은 삼대의 성왕인 우·탕·문왕·무왕·성왕··주공이 만든 평화의 세계로, 맹자가 이상으로 삼은 왕도정치가 구현된 세계이기도 하다. 그런데 소강이 삼대 성왕이 만든 세계이기는 하지만, 가문의 통치자가 예를 통해 질서를 유지한 '힘의 세계'인 점은 주목할 필요가 있다.

이는 맹자가 왕도정치를 인자무적仁者無敵의 덕의 세계라고 칭한 것과는 차이가 있다. 맹자는 왕도정치를 확신하며, 『상서』에서 무왕이 은나라 주왕을 토벌할 때 '그들이 흘린 피로 절굿공이가 둥둥 떠내려 갔다'고 한 것조차, 인자인 무왕의 정벌을 왜곡한 것이라고 주장한 바 있다.[24] 맹자의 신념이 잘 드러나는 대목인데, 상앙의 경우는 무왕이 제후의 신분으로 무력을 사용하여 천하를 빼앗았지만, 즉위 후에는 문덕과 겸양과 의로움을 통해 왕업을 유지했다고 보았다.[25]

상앙의 시각이 소강의 실재에 한층 근접한 것으로 보인다. 하지만 실제 역사는 무왕의 정벌 이후에도 대외 정복 전쟁을 지속하며 힘으로 세상의 평화를 유지했다. 주나라 초기 성강지치成康之治의 모습이 바로 그러했다. 그렇지만 제자백가가 고대 세계를 끌어들인 이유가 혼란한 현실 세계를 위한 이상적 규범 정립에 있었다는 점을 주목하면, 고대 세계의 실재성 여부는 관건적인 문제가 아닐 수 있다. 춘추전국시대 지식인들이 이러한 사유방식을 공유하고 있었던 만큼, 고대 세계의 규범을 통해 제기하려는 개혁 방안이

池以爲固. 禮義以爲紀, 以正君臣, 以篤父子, 以睦兄弟, 以和夫婦, 以設制度, 以立田里, 以賢勇知, 以功爲己. 故謀勇是作, 而兵由此起, 禹湯文武成王周公, 由此其選也. 此六君子者, 未有不謹於禮者也. 以著其義, 以考其信, 著有過, 刑仁講讓, 市民有常. 如有不由此者, 在執者去, 衆以爲殃, 是爲小康."

24 『孟子』「盡心 下」.

25 『商君書』「開塞」.

현실성이 있는지가 더 중요한 사안이었다.

이렇게 보면 대동은 이상적 규범에 가깝고, 소강이 바로 당대에 실현할 목표로 제기된 것이라고 볼 수 있다. 이상세계로서 대동과 실천 가능한 세계로서 소강. 그러나 소강도 삼대 성왕의 세계로 설정한 것을 보면, 이조차 현실 속에서 실현하기 쉽지 않다는 생각이 내재된 것으로 보인다.

소강이 대동세계와 다른 근본적인 차이는, 천하가 천자의 질서天下爲公인지 가문의 질서天下爲家인지에 있다. 일반적으로 이 두 구절은 천하가 '공동의 것'이 되었다/'가문의 것'이 되었다, 천하가 '공유'되었다/'사유'되었다 등의 의미로 해석된다. 이는 천하가 백성 모두가 공유하는 것에서 특정 가문이 사유하는 것으로 변화되었음을 뜻한다. 그러나 이렇게 공유/사유로 보면 전국시대의 질서를 이해하는 데 문제가 생긴다. 왜 그런 것인가.

서주시대에는 공公이 왕실을 지칭했으며, 가 혹은 사私는 왕실 이외의 귀족이나 제후국 가문을 뜻했다. 춘추시대에는 주 왕실과 아울러 제후국 공실이 공이 되고, 그 하부 단위의 귀족 가문이 사가 되었다. 이때 공/사는 귀족 가문의 서열을 정하는 것으로, 현대적 의미의 공/사 관계를 지칭하는 것은 아니었다.

그런데 춘추시대에 중앙집권제가 출현하면서 국가 통치를 위한 공적 규범이 필요했는데, 이를 개개인의 사사로운 행위와 대비하여 공/사로 구분하기 시작했다. 이로부터 공은 군주와 공적 규범(행위)의 의미를 포괄하게 되고. 사는 군주 이외의 귀족 가문과 사사로운 개인 행위의 의미로 쓰이게 되었다. 그리고 공적 규범(행위)/사사로운 행위가 대비되면서 긍정/부정의 가치판단이 개입되었다.

전국시대에 논의된 천자 질서는 전쟁을 중단시킬 정치체제로 구상된 것이었다. 천자는 통일 시대의 최고 권력자이면서, 천하 통치를 위한 공적 규범을 제정하는 대일통 군주로 인식되었다. 천자는 백성 누구에게나 적용되는 통일된 법으로 천하를 다스리며, 백성 개개인의 직분에 따라 재화가 공평하게 분배하도록 관리해야 할 책무가 있었다. 이러한 통일시대에서 공은 천자와 천자가 제정한 대일통 규범이 되며, 사는 천자 아래의 백성 개개인과 사사로운 행위가 되었다.

이러한 공/사 개념과 전국시대 제자백가의 눈으로 '天下爲公'을 보면, 천하는 공동의 것이 되었다거나 공유되었다는 의미보다는 '천하에 천자 질서가 세워졌다'는 뜻이 된다. 천자 질서는 천자가 현능한 인재를 등용하여 신뢰있고 화목한 사회로 만들어, 백성 누구나 걱정 없이 살아가는 세상이다. 그러한 세상은 궁극적으로 공동체를 위한 것이 되고 백성이 부를 향유하는 세계가 된다. 천하위공을 공유의 의미로 해석하는 관점을 보면, 대개 요순시대 왕위 선양을 그 근거로 든다. 왕위를 세습하지 않고 현자에게 선양하는 것이 천하를 공유한 것이라고 본 셈이다. 그러나 왕위 선양은 천자를 선출하는 방식이지 백성과 더불어 천하를 공유한 증거가 되지는 못한다.

상고시대에 천하를 왕과 백성이 공유한다는 관념이 있었다고 보기는 힘들며, 전국시대에도 이러한 생각은 출현하지 않았다. 그래서 천하를 공유한다는 것보다는, 천하에 천자 질서가 세워져 전쟁과 혼란이 종식되고 백성이 평화롭게 살 수 있는 세상이 열렸다는 뜻이 되어야 한다. 이 속에는 다분히 전국시대의 시각이 개입되어 있는데, 이와 관련하여 주목해야 할 사안이 있다.

"대도가 행해질 때 천하에 천자 질서가 세워졌다"를 사건의 순서로 보면, 대도가 행해지고 나서 그 후 천자 질서가 이루어진 것이 된다. 즉 대도가 행해지기 이전에 혼란된 상황이 있었으며, 대도로 혼란된 상황을 바로잡으면서 비로소 천자 질서가 세워졌다는 얘기다. 그렇다면 누가 혼란된 상황에서 대도를 행한 것인가. 『예기』에는 이 질문에 대한 정보를 제공하지 않는다. 『묵자』에 고대 원시 사회에 대한 역사철학적 설명을 한 구절이 있는데, 그 내용을 이 문제와 연결지어 생각해 볼 수 있다.

> 지금으로부터 옛날에 사람이 처음 생겨나 지도자正長가 없던 시절로 돌아가면, 대략 다음과 같았을 것이다. 천하의 사람은 저마다 의義가 달라, 한 명이면 한 개의 의가 있고, 두 명이면 두 개의 의가 있고, 열 명이면 열 개의 의가 있고, 백 명이면 백 개의 의가 있었다. 사람이 많아지면서 각기 주장하는 의도 많아지게 되어, 자기의 의는 옳다고 하면서 다른 사람의 의는 잘못이라고 여겼다. 그래서 사람들은 서로를 비난하게 되었다. 집안에서는 부자나 형제들이 원망하고 미워하며, 다들 헤어지려는 마음을 가져 화합할 수 없었다. 여력이 있어도 버려두며 서로 돕지 않고, 좋은 도를 감춘 채 서로 가르쳐 주지 않고, 여분의 재물이 있어도 서로 나눠주지 않았다. 천하가 어지러워져 금수처럼 되었다. 군신, 상하, 노소 사이의 절도와 부자형제 사이의 예가 없어져 이에 천하가 혼란해졌다. 백성에게 지도자가 없으면 천하의 의가 통일되지 않아, 천하가 어지러워진다는 것은 명백하다. 그래서 천하에서 현명하고 지혜롭고 언변이 좋은 사람을 골라 천자로 세우고 천하의 의를 통일시켜야 한다.[26]

묵자는 인류의 원시 사회가 혼란에 빠지게 된 상황을 묘사하며, 그 원인이 사람들이 자기만의 의義를 주장하며 다른 사람과 화합하지 않는 데 있다고 설명한다. 묵자가 말하는 의는 자신에게 이로운 것을 추구하려는 마음으로,

---

26 『墨子』「尙同 中」. “方今之時, 複古之民始生, 未有正長之時, 蓋其語曰, 天下之人異義, 是以一人一義, 十人十義, 百人百義。其人數茲衆, 其所謂義者亦茲衆。是以人是其義, 而非人之義, 故相交非也。內之父子兄弟作怨讎, 皆有離散之心, 不能相和合。至乎舍餘力, 不以相勞; 隱匿良道, 不以相教; 腐朽餘財, 不以相分。天下之亂也, 至如禽獸然。無君臣上下長幼之節、父子兄弟之禮, 是以天下亂焉。明乎民之無正長以一同天下之義, 而天下亂也, 是故選擇天下賢良、聖知、辯慧之人, 立以爲天子, 使從事乎一同天下之義.”

사람들은 자신에게 이로운 일이 의로운 일이라고 여긴다. 이는 인간의 이익 추구를 자연스런 본성으로 간주하는 관념이 투영된 것이다.

그런데 문제는 사람들이 자신이 추구하는 의는 바르지만 다른 사람의 의는 잘못이라고 여겨, 사회가 분열하고 혼란된 상황이 벌어진다는 것이다. 사람들이 이렇게 자신만의 의를 주장하는 것은 생존조건이 열악하여 이기적인 생활을 하지 않으면 생존 자체를 유지하기 힘들기 때문이다. 이로 인해 서로 원망하고 미워하는 감정이 생겨, 천하가 화합하지 못하는 금수와 같은 세상이 된다. 이렇게 사람들의 이해관계가 충돌하는 어지러운 세상이 바로 대도가 행해지기 전의 천하의 상황이었다.

묵자는 천하가 혼란해진 것이 천하의 의를 통일시킬 수 있는 지도자가 없어서 그러하다고 여긴다. 그래서 천하에서 현능한 사람을 골라 천자로 세우고, 천하의 의를 통일시켜야 천하가 안정될 수 있다고 본다. 이는 천자가 천하의 의를 균형있게 조정하여 모든 사람들의 욕구를 충족시켜야 한다는 것을 뜻한다. 이것이 바로 대도이다. 이렇게 천자가 대도를 행하여 천하에 천자 질서가 세워지면서, 『예기』에서 말한 대동세계가 만들어진다.

『예기』에는 대동세계를 만든 정치적 주체가 명시되지 않아, 일반 백성이 그렇게 한 것으로 보곤 한다. 그렇게 보면 백성이 천하를 공유하는 것이 되고, 대동세계는 원시 공산사회를 묘사한 것이 된다. 그러나 묵자의 세계에서 백성은 천자를 여론으로 추천할 수 있지만, 정치에 직접 참여할 기회는 주어지지 않는다. 천자의 임명도 하늘이 하는 것이어서, 결국 천자가 정점이 되는 중앙집권 체제가 형성된다.

대동세계로 알려진 요순시대도 『상서』에 근거하면, 왕이 하늘과 소통하는 제사장이자 천자가 되어, 현능한 관리를 임용하여 백성을 다스린다. 대동세계를 원시 공산사회라고 보곤 하지만, 그 실제 역사 배경인 신석기시대는 생존 여부가 자연에 의해 결정되는 낮은 생산력의 시대였다. 제사장은 신령에게 제사를 올리며 생존의 안정을 빌었고, 공동체는 제사장을 중심으로 협력하며 전체의 생존을 도모했다.[27] 이들의 공동체는 분산되어 살아가던 부족들의 연맹체였다.

요순시대의 수장들 명칭을 보면 당요唐堯·우순虞舜·하우夏禹 등으로 부르는데, 당요는 당 지역 부족의 수장이 요이고, 우순은 우 지역 부족의 수장이 순이며, 하우는 하 지역 부족의 수장이 우라는 뜻이다. 이러한 명칭은 요순시대에 각기 다른 지역의 부족을 다스리는 수장들이 연합하여 공동체를 이루고, 또 부족의 수장 가운데 가장 영적이고 유능한 이를 선발하여 제사장이자 최고 수장을 맡겼다는 것을 시사한다. 최고 수장은 공동체 전체의 생존을 위해 재화를 균형있게 분배하고, 이를 위한 공동체 의식과 제도를 정립했을 것이다. 묵자가 말한 천자는 바로 이러한 공동체 질서를 세운 최고 수장이었다.

소강은 천자 질서의 대동세계가 사라지면서 출현한 세상이다. 『예기』에는 대동세계가 사라진 이유에 대한 설명 없이, 대도가 사라져 가문이 다스리는 세상이 되었다고 말한다. 역사에서 사라졌다는 말은 보통 '자연도태'라기보다는 외부 세력이 개입하여 붕괴되었다는 의미에 가깝다. 그런데 가문 질서가 하나라 우임금에서 시작된다는 점은 주목을 요한다.

우임금은 순임금에게서 선양을 받아 평화로운 권력 교체를 이룬 성왕인데, 대동/소강이 분기되는 장본인이 된 것이다. 우임금이 왕위를 선양 받은 후 그 왕위를 자기 자식에게 물려준, 세습 왕조를 만들었다는 점이 분기의 기준이 된 것이다. 즉 내전이나 외세 침입과 같은 물리적 사태가 아니라 왕위를 선양에서 세습으로 전환된 데서 가문의 질서가 시작된다고 본 셈이다. 그렇다면 이는 질서가 붕괴되거나 사라진 것이 아니라 주체적인 전환을 이룬 것이 된다.

---

27 이준갑 외, 『아틀라스중국사』, 사계절, 2015, 16쪽.

왕위 선양은 유가들이 주창한 것이지만, 묵자도 현자에게 왕위를 선양해야 한다는 생각을 견지했다. 그러나 중국 역사에서 왕조 교체가 순수한 선양으로 이루어진 적이 없다고 보는 사람들처럼, 요순시대의 선양을 부정하는 시각이 있었다.

> 요가 덕이 쇠하니 순이 요를 가두었다.[28]

> 순이 요를 사로잡고 다시 요의 아들 단주를 막아 아버지 요를 못 만나게 했다.[29]

> 요순 선양은 허언이다. 이는 소견이 천박한 자가 전한 것으로 견문이 적은 자의 설이다.[30]

> 순이 요를 협박하고, 우가 순을 협박하고, 탕이 걸을 협박하고, 무왕이 주왕을 정벌한 이 4인의 왕자는 신하가 그 임금을 시해한 것이다.[31]

『죽서기년』, 『순자』, 『한비자』 등은 요순시대의 평화적인 선양을 부정하고 힘에 의한 정권 교체가 이루어진 것으로 보고 있다. 부족연맹의 수장들 사이에 권력 경쟁이 있었고 권력 경쟁에서 승리한 수장이 임금의 자리에 올랐다는 얘기다. 중국 역사를 포함한 인류사에서 익숙한 정권 교체의 방식이다. 요순시대 역시 이러한 방식으로 권력 교체가 이루어졌다면 선양의 문제는

---

28 張守節 『史記正義』에서 인용된 『竹書紀年』. "堯徳衰為舜所囚也."

29 張守節 『史記正義』에서 인용된 『竹書紀年』. "舜囚堯復偃塞丹朱使不與父相見也."

30 『荀子』「正論」. "堯舜擅讓은 是虛言也. 是淺者之傳, 陋者之說也."

31 『韓非子』「說疑」. "舜偪堯, 禹偪舜, 湯放桀, 武王伐紂, 此四王者, 人臣弑其君者也."

사라지고, 대동/소강의 구분도 의미가 없어진다. 오히려 우임금의 왕위 세습이 하나라 왕조를 안정적으로 유지하여, 요순처럼 지속된 왕조의 이름도 없이 임금 교체로 기록되는 시대를 벗어나게 된다.

평화적인 선양을 사실로 보더라도, 요순 임금의 단기간에만 유지되어 안정적인 기반을 확립하지 못한 것은 변함이 없다. 이것이 대동세계가 사라진 이유가 된다. 안정적인 권력 기반 없이 통치 질서가 유지되기는 힘들기 때문이다. 물론 단기간이라 하더라도 혼란된 상황을 극복하고 안정된 질서를 세웠다면, 이는 역사적으로 의미 있는 일이다. 그래서 이 짧은 요순시대가 대동세계로 이상화된 것이라고 보인다. 하지만 대동세계 실현의 비결이 선양에 있었다고 주장하는 것은 사실관계 자체도 불분명할 뿐 아니라 권력 안정의 실효성도 증명할 수 없는 일이다. 이에 사라 알란은 선양을 춘추전국시대 사 계층이 세습 군주와 권력을 공유하기 위해 만든 이념적 근거로 보기도 한다.[32]

이것이 대동사회에 대한 역사적 이해인데, 량치차오의 시각 속에는 이러한 모습이 잘 드러나지 않는다. 대동사회가 세계주의를 구현한 고대 중국의 세계라는 점을 부각하기 위해서였을 것이다. 『선진정치사상사』에 따르면, 세계주의는 국가주의를 극복한 후에 실현 가능한 사상이 된다. 그러나 국제정치의 현실로 볼 때, 개별 국가를 폐지하고 세계정부가 통치하는 세상이 도래할 것이라거나 또 그 세상이 유토피아처럼 행복할 것이라고 확신할 근거는 없었다. 『구유심영록』의 다음 구절을 보면 량치차오도 이점을 잘 인지하고 있었다.

국제연맹은 세계주의와 국가주의가 조화되는 첫걸음으로서, 국가 상호간의

32 사라 알란, 『선양과 세습』(오만종 옮김, 예문서원, 2009), 44-46쪽.

관념을 사람들에게 깊이 인식시키고, 국가의지는 절대적이고 무한한 것이 아니라 외부의 통제를 많이 받아야 한다는 점을 알게 하였다. 솔직히 말하자면, 국가와 국가 상호간의 관계가 한층 밀접해졌다는 것이다. 우리는 이러한 현황 속에서 '세계주의 국가'를 건설해야 한다. 어찌하여 '세계주의 국가'라고 부르는 것인가? 국가는 사랑해야 하지만, 완고하고 편협한 구사상을 애국이라 여겨서는 안 된다. 왜냐하면 오늘날의 국가는 이렇게 발전할 수 있는 것이 아니기 때문이다. 우리의 애국은 국가만을 알고 개인을 몰라서는 안 되며, 또 국가만을 알고 세계를 몰라서는 안 된다. 우리는 국가의 보호 아래서 개개인의 천부적 능력을 마음껏 발휘하고, 전 세계 인류 문명을 위해 커다란 공헌을 해야 한다. 장래 세계 각국의 추세가 모두 이와 같을 것이며, 우리가 세계주의 국가를 제창하는 것도 바로 이 때문이다.[33]

여기서 량치차오는 인류의 당면과제로 국가 폐지가 아니라 세계주의 국가의 건설을 역설한다. 국가와 국가 상호 간의 관계가 밀접해진 지금, 자기 국가만을 생각하는 완고하고 편협한 국가주의는 외부의 통제를 받아야 한다. 오늘날 필요한 국가는 개인과 국가와 세계의 관계를 잘 이해하는 세계주의 국가로, 국민 개개인이 자신의 천부적 능력을 마음껏 발휘하여 전 세계 인류 문명을 위해 공헌하는 나라이기 때문이다.

국가주의에 갇혀있는 나라들은 세계정부로서 국제연맹이 이들을 통제하여, 국가 간 상호 협력의 관념을 인식시키고, 이렇게 해야 자신의 국가가 발전할 수 있다는 생각을 가지게 해야 한다. 이러한 과정에서 개별 국가는 국가주의의 편협성을 넘어 세계주의 국가로 나아갈 수 있으며, 이러한 국가들이 많아져 세계 추세를 형성하면 인류 평화의 미래가 열릴 수 있는 것이다.

---

33 梁啓超, 『歐游心影錄』(1920).

세계주의 국가는 분명 국가 폐지를 전제로 하는 유토피아보다 훨씬 현실적인 생각이다. 하지만 국제연맹이 유명무실한 기구로 전락하고, 열강들이 여전히 자국의 이익을 우선하는 상황에서는, 세계주의 국가 역시 기대하기 힘든 일이었다.

5. 관중의 통치와 현실 중국

이렇게 량치차오가 주창한 세계주의는 중국의 역사 현실 속에서 찾아보기 힘든 것인데, 이는 공자의 정신이 구현된 실제 세계를 발견하기가 어렵다는 것을 뜻한다. 그럼에도 불구하고 량치차오는 공자 사상 가운데 중도적 조화, 인류 동류의식, 대동의 이상이 중국이 되살려야 하는 국성이면서 당시 세계가 필요로 하는 정신이라고 보았다. 공자 사상을 국성으로 되살려 국가를 결속시키려고 한 것인데, 관건은 국민의 자질이 결여된 상태에서 어떻게 공자 사상을 교육할 수 있는가의 문제였다. 이는 신민설에서 국성론에 이르기까지 량치차오의 계몽론이 직면할 수밖에 없는 딜레마였다. 인민의 역량이 결핍된 상황에서 량치차오의 현실적 선택은 개명된 통치자가 다스리는 현능정치였다.[34] 신민설의 현실적 대안이 정치 능력을 지닌 엘리트 통치로 향했듯

---

34 현능한 인재가 국가 통치를 해야 한다는 보는 현대 중국의 현능주의는 교육, 시험, 실적, 평가 등을 통해 현명하고 유능한 인재를 양성 임용하는 제도로, 투표를 통해 인재를 선출하는 민주주의보다 훌륭한 인재를 더 지속적으로 공급할 수 있다고 본다. 그리고 중국의 고속성장을 이끈 당 지도자와 관리의 유능함을 근거로, 서구 민주주의보다 중국의 현능주의가 더 우월하다고 역설한다. 이것은 유능한 지도자와 공무원 선발제도를 넘어, 중국이 덕과 능력 있는 인재를 존중하고 이들이 인민을 위한 좋은 국가를 만든 것이라는 체제의 자신감을 표출한 것이다. 이러한 현능주의는 현대 중국에서 시작된 것이 아니며, 전통적 인재 선발의 이념이자 제도였다. 고대 중국에서부터 지속되어 온 선양禪讓, 상현尙賢, 과거제 등의 전통 위에 기반한 것이었다. 중국의 현능주의와 현능정치의 문제에 대해서는 이종민,

이, 국성론의 실천 방향 역시 현능정치의 틀에서 벗어날 수 없었다.

량치차오에게 공자가 중국 문명정신(인격)의 상징이었다면, 관중管仲은 바로 문명정신을 현실정치에서 구현한 통치의 상징이었다. 관중은 중앙집권과 민생경제를 실현하여 제 환공을 춘추시대 첫 번째 패자로 만든 인물이다. 량치차오는 관중의 성공적인 국가 정책 속에서 근대국가가 나아가야 할 방향을 발견하고, 근래 2, 3백 년간의 정치 자산은 관중이 이미 오래 전에 실천한 것이라고 주장했다. 새롭게 흥기한 세계 사상이 선진시대에 조숙하게 형성되었다고 한 것처럼, 근대국가의 정치발전도 관중에 의해 일찍이 구현되었다고 본 것이다.

량치차오는 이에 관중을 통치의 모범으로 격상하여 『관자전』(1909)[35]을 저술하고 근대국가 건설을 위한 역사의 거울로 삼았다. 중국에서 관중은 패도정치를 시행한 인물이라고 맹자가 비난한 이래 부정적인 평가를 받았다. 이러한 평가는 후학들이 관중을 곡해한 것이며, 공자는 관중이 없었다면 중원이 북방 이민족의 지배를 받았을 것이라고 높이 평가한 바 있었다. 량치차오는 공자의 시각을 계승하는 한편, 관자의 정치론이 서구 마키아벨리·홉스의 학설과 상통하면서도 그들의 편향을 바로잡은 것이라고 높이 평가했다.

근대 서구의 정치 학설은 주권의 소재에 따라 군주주권, 국가주권, 인민주권의 세 가지 주장이 있는데, 량치차오는, 군주주권과 인민주권은 이익보다 폐해가 많아서, 최근 2, 30년 동안에는 국가주권이 정론이 되었다고 보았다. 군주주권은 전제군주가 통치할 때 국가를 사적으로 지배하는 폐해가 있고, 인민주권은 정치능력이 결여된 인민이 득세할 때 국가가 혼란에 빠지는 결함

『역사의 거울로 보는 시진핑 시대 중국과 그 딜레마』(서강대학교출판부, 2023), 1장 현능정치, 독재가 좋은 통치를 할 수 있는가 참고.

35 梁啓超, 『管子傳』(1909).

이 있다. 국가주권은 국가가 법치를 통해 인민의 이익을 도모하고 해로움을 제거하는 것인데, 근래의 강국들이 다 국가주권을 따르고 있다. 량치차오는 국가주권의 발흥이 관자에게서 시작된 것이며, 세계에 자부할 만한 업적이라고 여겼다.

국가주권은 인민의 자질이 결여된 상황에서 개명된 통치자가 국가를 다스리는 것인데, 전제군주가 임의대로 통치하는 것과 달리 법에 따라 공정하게 다스리는 일이 관건이었다. 진상에 따라 엄정하게 상벌을 시행하는 것이 법치 정신[36]인데, 통치자가 이러한 법치 정신이 없는 상태에서는 좋은 정치가 이루어질 수 없었다. 관자는 입헌국가처럼 인민의 참정을 통해 법을 만든 것은 아니지만, 인민을 위한 법을 만들어 엄정하게 시행하는 법치 정신을 지니고 있었기 때문에, 국가 발전에 성공할 수 있었던 것이다. 그렇지만 관자가 강력한 법 시행만을 추구한 것은 아니었다. 법 시행을 통해 예의염치를 아는 인민을 양성하는 것이 관자의 목표였다.

> 덕으로 이끌고 예로 가지런히 하여 한 나라의 백성을 모두 덕과 예로 감화시킬 수 있다면 얼마나 좋겠는가? 그러나 덕과 예의 영향력을 입을 수 있는 사람은 나라 안의 사군자士君子인데, 사군자는 덕과 예를 가지고 인도하지 않아도 스스로 알아서 할 수 있는 사람들이다. 그 이외의 일반 사람들을 덕과 예에 의지해서 감화시키려고 하는 것은 분명 헛된 일이다. (…) 법을 통해 사악한 곳으로 가는 문을 닫고 길을 막고 그 흔적을 없애, 백성이 사악한 곳을 접하지 못하게 한다. 이렇게 하면 백성은 나날이 덕으로 나아가고 나날이 예를 몸에 익히게 되는데, 이 모두가 법치의 효과이다. 그래서 인의예악이 다 법에서 나온다고 하는 것이다.[37]

---

36 梁啓超, 『管子傳』(1909).

관자는 사군자와 일반 백성의 소양의 차이를 인정하며, 일반 백성은 덕과 예로 감화시켜 통치하기는 힘들다고 보았다. 사군자의 엘리트는 스스로 알아서 행하는 자율적 인간이지만, 백성들은 법을 통해 선악을 인지하고 행한 후에 점차 예의염치의 윤리를 익힐 수 있다. 백성은 덕과 예만으로는 정책을 따르게 하기가 쉽지 않으며, 공정한 법 시행을 통해 백성의 삶이 나아질 때 비로소 감화될 수 있다는 것이다. 법치를 통해 예의염치를 알게 하는 것이 법치의 효과인데, 인의예악이 다 법에서 나온다는 것은 이를 두고 한 말이다.

공자가 덕과 예를 통해 사람의 감화를 이룰 수 있다고 한 것과 의미의 차이가 있지만, 관자 역시 예의염치를 아는 백성의 양성을 목표로 하고 있었다. 공자도 덕과 예만을 강조하며 행정과 형벌이 무용하다고 본 것은 아니었다. 공자가 우려한 점은 행정·형벌의 강제적 시행만으로는 자율적 인간이 될 수 없다는 것이었다.

공자의 주된 관심은 통치 엘리트가 될 군자 양성에 있었으며, 이들은 덕과 예를 통해 인격을 수양하는 것이 우선이었다. 현실 정치가로서 관자는 백성의 효율적인 통치가 주 목적이었으며, 이를 위해 공정한 법 시행과 아울러 백성을 부유하게 일을 우선하였다.

> 나라를 다스리는 도는 반드시 백성을 부유하게 하는 일을 우선해야 한다. 백성이 부유하면 다스리기 쉽지만, 백성이 가난하면 다스리기 어렵다. 어떻게 그러함을 아는가? 백성이 부유하면 고향을 편안하게 생각하고 가정을 중시한다. 고향을 편안하게 여기고 가정을 중시하면 윗사람을 공경하고 죄를 두려워한다. 윗사람을 공경하고 죄를 두려워하면 다스리기 쉽다. 백성이 가난하면 고향을

37 梁啓超, 『管子傳』(1909).

위태롭게 여기고 가정을 경시한다. 고향을 위태롭게 여기고 가정을 경시하면 윗사람을 능멸하고 금령을 어긴다. 윗사람을 능멸하고 금령을 어기면 다스리기 어렵다. 그러므로 잘 다스려진 나라는 부유하지만 어지러운 나라는 반드시 가난하다. 이 때문에 나라를 잘 다스리는 사람은 반드시 먼저 백성을 부유하게 한 후에 다스린다.[38]

이 구절은 『관자전』 제11장 관자의 경제정책에서 『관자』 「치국」편의 핵심 내용을 인용한 것이다. '정치의 근본은 백성을 부유하게 하는 일'이라는 이 말에 관자의 통치론이 함축되어 있다고 보아도 무방하다. 백성이 가난하면 다른 나라를 찾아 흩어지고, 가르침을 받아들이지 않고, 법령을 따르지 않아서 정치가 혼란해질 수밖에 없다. 그래서 백성을 부유하게 하는 일이 좋은 나라를 만드는 근본이 되는 것이다. 이를 위해선 백성을 가난하게 만든 원인을 찾아 시정하는 일이 중요하다.

량치차오는 가난의 원인에 대한 관자의 진단을 여섯 가지로 들고 있다. 생산이 풍요하지 못한 것, 통치집단의 수탈, 부호들의 토지 겸병, 사치한 습속, 돈의 흐름이 막히는 것, 재화의 외부 유출 등이 바로 백성을 가난하게 만든 원인이었다. 그리고 이에 대한 구제 방안으로 관자는 생산 장려 정책, 건전한 소비 정책, 균등 분배 정책, 국가 재정 정책, 국제 경제 정책 등을 실행하였다.

여기서 주목할 점은 량치차오가 관자를 국민경제 건설의 선구자로 본다는 점이다. 서구에서는 아담 스미스가 처음으로 경제학의 중요성을 인지했는데, 개인을 본위로 하는 경제를 주창하여 많은 나라의 발전에 도움을 주었다. 그러나 근래 들어 인류의 욕망이 증대하면서 개인 본위의 생산으로는 공급을

38 『管子』 「治國」. 원문과 번역은 『관자』(김필수 외 옮김, 소나무, 2021), 496쪽 참고.

감당할 수 없는 상황이 되었다. 이에 전 국민을 화합하여 경제를 발전시키는 국민경제학이 중요해졌는데, 관자가 2천 년 전에 이미 국민경제의 시초를 열었다는 것이다.

다소 과장된 평가이지만, 관자의 경제정책이 국민경제를 지향했다는 것은 틀린 말이 아니다. 관자는 사농공상의 직분에 따른 산업정책을 통해 능력주의 생산사회를 만들었고, 생산물의 건전한 소비를 통해 백성의 소득을 향상시켰다. 또 소득에 따른 징세를 통해 부의 균형 분배를 이루었고, 국가의 염철 전매와 조세정책을 통해 재정 수입을 증대시켰으며, 국가 간 관세를 낮추어 제나라 상품이 널리 판매되게 함으로써 국부를 축적하였다.[39] 관자의 이러한 경제정책은, 량치차오가 보기에, 국가 주도의 국민경제를 건설하기 위한 것이었다. 바로 량치차오가 주창했던 근대 중국의 경제개혁의 방향이었다.

공자는 정치가 해야 할 일이 '가까이 있는 백성의 삶을 편안하게 하여 기쁘게 하고, 멀리 있는 각지의 사람들이 살고 싶어 오게 하는[40] 것이라고 했다. 제나라는 관중의 경제정책이 결실을 거두면서 백성이 살기 좋은 나라라는 소문이 널리 퍼지게 되었고, 이에 인구가 증가하였다. 이러한 사실은 공자의 문명 정신이 널리 통하려면, 관자와 같은 현실주의 통치가 기반이 되어야 한다는 점을 보여준다. 예나 지금이나 인민이 부유하지 않는 문명국가는 공허한 이야기로 들리기 때문이다.

량치차오는 중국의 문명 전통으로서 공자를 근대국가의 통합 정신으로 내세웠지만, 국가건설을 위한 개혁 정책에서는 관자의 현실주의 통치를 역사적 유산으로 계승하였다. 량치차오가 현실정치에서 추구한 현능정치와 법치

---

39 관중의 경제정책에 대해서는 이종민, 『문명 중국, 현실 중국: 중국을 보는 패러다임의 대전환』, 3장 중앙집권과 부강의 길—제 환공과 관중 참고.

40 『論語』「子路」. "近者悅, 遠者來."

가 그러하며, 세계자본주의 시대에서 중국이 생존하기 위해 제기한 경제개혁 정책에서도 관자를 역사의 거울로 비춘 것이었다. 근대 중국의 경제 개혁안에는 바로 관자의 부유한 나라를 만드는 방안이 투영되어 있었다.

| 6장 |

경제: 국가 주도의 혼합경제

1. 민족제국주의 시대와 세계 경제

『신중국미래기』에서 량치차오가 상상한 국가발전 과정을 보면, 예비입헌-분치-통일의 시기를 거쳐 중앙집권적 통일국가를 건설하고, 다음으로 경제발전 시기가 이어져 있다. 정치안정의 기반 위에서 경제성장을 이룰 수 있다는 단계적 발전전략이 투영된 것이다. 이는 제국주의 시대에서 생존하기 위한 최우선 과제가 주권국가를 건설하는 일이었기 때문이다. 량치차오는 현능한 통치자, 입헌정치, 국민의식에 기반한 중앙집권적 통일국가를 중국이 추구할 이상적 체제로 보았다.

량치차오는 근대국가 건설을 위한 토대로 국민 양성의 문제를 중시하며 핵심 과제로 인식했지만, 실제 현실에서는 정세 변화에 따라 중국인이 입헌정치를 수행할 자질이 부족하다고 보며 그 실천이 유보되곤 하였다. 사실 국민의 자질 향상은 장기적인 국가 정책과 교육 그리고 개개인의 자각을 통해 이뤄질 수 있는 지난한 과제로, 어느 정파의 일시적인 주장으로 가능한 일이 아니었다. 게다가 당시 중국이 직면한 실질적인 위협은 열강의 영토 분할과 개항장·관세·철도부설 등을 둘러싼 경제적 이권 침탈의 문제였다.

량치차오에게 중앙집권적 통일국가 건설이 열강의 군사 안보적 위협에 대항하는 정치적 해법이라면, 열강의 자본주의 팽창과 식민 정책에 대항하는 경제적 해법은 바로 국민경제의 발전이었다. 이는 제국주의 열강의 중국 분할이 군사 정치적 지배를 넘어 경제적 지배에 주목적이 있었기 때문이다. 량치차오는 군사 정치적 지배와 경제적 지배를 유형의 분할/무형의 분할로 구분하며, 열강의 중국 분할은 베트남이나 필리핀에 대한 군사적 식민화와 달리 무형의 경제적 지배에 중점이 있다고 보았다.[1]

열강은 이러한 경제 전략을 통해 중국을 분할하여 자신의 통제 하에 두려고 했으며, 자본과 과학기술이 결핍된 중국이 즉시 열강에 대항할 방법은 없었다. 국가적 차원에서 적극적인 보호 정책을 통해 경제발전을 추진하는 일이 중국이 선택할 수 있는 유력한 길이었다.

열강의 경제 팽창이 시작된 이 시기는 량치차오가 서구 국가사상이 민족주의에서 민족제국주의로 전환되었다고 한 바로 그 시기에 해당한다.[2] 열강들은 세계적 불황으로 인한 자국의 경제 위기를 식민지 팽창 정책으로 해결하려고 했으며, 이로 인해 중국은 열강의 거대 산업자본에 직면하게 되었다. 세계 경제의 변화에 따라 량치차오의 경제관에도 상응하는 변화가 나타났다. 본래 량치차오는 루소의 사회계약론에 기반하여 인민의 자유와 공정을 추구하는 국가를 민족주의의 이상으로 여겼으며, 경제론에 있어서는 분업 생산에 기반한 자유시장 경제를 추구하는 아담 스미스의 경제사상을 높이 평가하였다. 유럽 문명이 흥기하게 된 동력이 경제학이며, 그 가운데 자유시장 경제를 주창한 아담 스미스의 시대적 의미를 인정했던 것이다.[3]

그러나 세계적 불황으로 인해 자유 무역주의 시대가 지나가고, 보호 무역

---

1 梁啓超, 「民族競爭之大勢」(1902).

2 梁啓超, 「論國家思想」(1902).

3 梁啓超, 「論學術之勢力左右世界」(1902).

주의·기업의 대규모 독점화·제국주의적 팽창의 시대가 도래하면서, 중국에 필요한 경제정책은 국가 주도의 국민경제를 발전시키는 방안이라고 여겼다. 량치차오의 경제관이 이렇게 변모한 것은 민족제국주의 시대에 대한 독서와 고민의 산물이었으며, 세계 경제의 변화를 실제로 체감한 것은 1903년 미국 여행을 하던 시기였다. 미국 여행 이전에 량치차오는 독서를 통해 미국이 세계 경제의 중심지로 부상하게 된 원인을 다음과 같이 파악하고 있었다.

> 미국인의 상업 진보가 빠른 것은 전례 없는 일이다. 1899년과 1900년을 비교하면 1년 사이에 수출액은 4억 6백만 원이 증가했다. 거대한 제철 사업의 규모는 유럽 기업들의 간담을 서늘하게 할 만하며, 최근 트러스트 제도의 시행으로 경제계가 일변하였다. 뉴욕, 시카고 등 대도시는 전 세계의 화폐를 흡수하여 전 세계 금융의 중심지가 되었다. 경제의 대권이 마침내 구미에서 미국으로 옮겨갔다.[4]

이글에서 량치차오는 세계 경제의 대권이 미국으로 옮겨간 동인을 트러스트 제도의 시행으로 보고 있다. 미국의 제철, 금융 등이 전례없는 성장을 이룩한 것이 트러스트 제도를 통해 경제계의 조직을 일변시켰기 때문이라고 본 것이다. 특히 세계 금융 중심도시로 급부상한 뉴욕의 장대한 광경을 미국 여행에서 직접 목격하면서 트러스트 제도의 위력을 실감하게 되었다.

트러스트는 한 산업 내의 독립기업들을 단일 기업으로 통합하여 두터운 신임을 받는 소수의 수탁자에게 전권을 위임하는 기업 결합 방식이다. 량치차오는 트러스트를 경제계의 제국주의라고 보았는데, 정치계가 제국주의로 나아가듯이 세계 경제계도 트러스트로 나아가는 것이 자연 진화의 흐름이라

---

4 梁啓超, 「論民族競爭之大勢」(1902).

고 인식했던 것이다.

또 트러스트가 미국 기업계를 석권하면서 향후 10년 안에 하나의 업종에 하나의 트러스트만이 살아남을 것이며, 50년 안에 세계 경제계는 수십 개의 대기업만이 남게 될 것이라고 예견하였다. 나아가 미국에서 시작된 트러스트가 전 세계로 확대되면서 국제 트러스트로 진화하고 있으며, 10년 안에 중국에도 풍미할 것이라고 보았다.[5]

1870년대 전후 세계 경제사에서 중요한 변화 가운데 하나는 대기업이 본격적으로 출현했다는 점이었다. 이는 당시 경제를 주도한 산업이 철강, 전기, 화학, 기계 등 대규모의 중화학 공업이라는 점과 아울러, 세계적 불황 속에서 기업들이 다양한 형태로 결합하여 거대한 기업 집단을 형성했기 때문이다. 당시 세계 경제에서 대기업 형성을 주도한 국가는 바로 미국이었다. 미국에서 기업 결합은 주로 트러스트 형태로 이뤄졌다. 가장 대표적인 트러스트는 록펠러가 주도하여 1879년에 설립한 스탠더드 오일 트러스트였다. 이 트러스트를 통해 록펠러는 미국 석유 생산의 약 90%를 지배하게 되었다. 그의 전례를 따라 여러 산업에서 15개에 달하는 트러스트가 형성되었다. 그러나 트러스트의 독점력이 초래하는 폐해에 대한 비난 여론이 비등하면서 정부가 규제에 나서게 되었다. 1890년에 셔먼법이 제정되어 트러스트가 금지되었고, 그 결과 스탠더드 오일 트러스트는 20여 개 회사로 분열되었다.

트러스트가 금지된 후 미국의 기업 결합은 주로 콘체른 형태로 이루어졌다.[6] 콘체른은 지주회사가 주식 소유를 통해 다수의 기업을 지배하는 방식인

---

5 梁啓超, 「二十世紀之巨靈托辣斯」(1903).

6 기업 결합 방식은 트러스트 이외에 카르텔, 신디케이트, 콘체른, 머저 등 여러 가지 방식이 있었다. 카르텔은 동일한 산업 내의 독립 기업들이 가격, 생산량, 판매방식 등에 대한 담합은 하지만 경영은 독자적으로 행하는 방식이다. 신디케이트는 카르텔의 결속력을 강화하여 공동의 판매 기구를 운영하는 방식이다. 콘체른은 지주회사가 주식 소유를 통해 다수의

데, 가장 대표적인 사례는 1901년 모건의 주도로 이루어진 철강 공업에서 나타났다. 카네기 철강 회사를 포함한 7개의 대형 철강 회사가 석탄 회사를 통합하는 수직적 결합을 통해 초대형 기업 유에스 스틸로 탄생한 것이다. 1914년 클레이턴법에 의해 독점적 기업 형성에 대한 규제가 강화되기는 했지만, 대규모의 독점화 경향은 1차 세계대전 이후까지 지속되었다.[7]

이렇게 미국에서 트러스트는 세계적 대기업을 탄생시킨 유력한 기업 결합 방식이었지만, 조만간 미국 전역에서 하나의 업종에 하나의 트러스트만이 살아남거나 세계 경제에서도 수십 개의 국제 트러스트만이 존립하게 될 것이라는 량치차오의 예측은 좀 과장된 것이었다. 대규모의 독점적 기업이 미국 경제를 새롭게 주도한 것은 맞지만, 시장 독점의 폐해에 대한 사회적 저항과 정부의 규제가 이어졌기 때문이다. 1890년에 셔먼법이 제정되어 트러스트가 금지되었고, 1914년에는 클레이턴법이 제정되어 독점 기업에 대한 규제가 강화되었던 것이다.

량치차오는 세계 경제계의 경쟁이 중국의 생존에 위협적이라고 보면서도, 중국이 직면해야 할 기업조직으로서 트러스트의 장단점을 잘 파악하고 있었다. 즉 염가의 원료를 구입하고 기계를 잘 이용할 수 있고 분업을 세밀하게 실행할 수 있는 점을 장점으로 보았다. 하지만 규모가 너무 커서 통일적인 관리가 쉽지 않고 독점으로 인해 기술개발에 부진하고 다수의 공장을 도태시켜 고용율 저하를 낳을 수 있는 점을 문제로 보았다. 이러한 장단점을 인지하면서 량치차오는 트러스트가 자유경쟁의 폐단을 바로잡는 경제발전의 추세로서, 사회모순의 해결과 아울러 기업 경영관리에 유리한 제도가 될 것이라

기업을 지배하는 방식이다. 그리고 머저는 둘 이상의 기업이 합병하여 하나의 기업으로 통합되는 방식이다. 기업들은 자국의 상황에 맞게 다양한 기업 결합 방식을 활용했는데, 규모의 경제를 통해 시장 지배력과 수익을 추구하기 위해서였다.

7 송병건, 『경제사: 세계화와 세계 경제의 역사』, 480-483쪽.

고 긍정하였다.[8]

규모의 경제를 통해 생산비용을 절감하고, 생산을 조절하여 물가의 등락을 막고, 외부 시장에 대한 두려움에서 벗어날 수 있었기 때문이다. 이렇게 량치차오는 트러스트가 기업의 이익뿐 아니라 소비자와 전 국민의 이익이 될 수 있는 제도라고 보았다.[9] 그리고 세계적 추세인 트러스트에 대비하기 위해 중국도 트러스트를 도입하여 구미 산업계에 대응해야 한다고 주장하였다.

2. 자본주의 경제발전과 사회문제 예방

량치차오의 트러스트에 대한 기대감을 보면, 경제발전과 사회모순 해결이라는 두 가지 목표가 연결되어 있음을 알 수 있다. 두 가지 목표는 량치차오뿐만 아니라 실업구국實業救國을 주창한 근대 중국의 개혁가들에게 공통된 것이었다. 그들은 중국의 경제발전을 위해 서구 자본주의의 장점을 수용하면서도, 자본주의가 초래한 빈부격차 문제가 중국에 출현하지 않도록 경계하고 있었다.

사회모순이 심화된 상태에서는 국가가 발전할 수 없다는 생각은 입헌운동이 시작된 19세기 말부터 서구 사회혁명에 대한 관심으로 나타났다. 쑨원이 사회혁명을 제안하기 이전에 량치차오와 탄쓰통은 이미 서양의 사회혁명均貧富 활동에 상당한 관심을 지니고 있었으며, 『시무보』에 그 활동을 선구적으로 소개하였다.[10] 또 옌푸가 『천연론』을 저술할 때 저본이 된 헉슬리의 『진화와

---

8 梁啓超, 「二十世紀之巨靈托辣斯」(1903).

9 강명희, 『근현대 중국의 국가건설과 제3의 길: 비자본주의의 이론과 실천』, 서울대학교출판부, 2003, 25-26쪽.

10 민두기, 『중국초기혁명운동의 연구』, 서울대학교출판부, 1997, 28쪽.

윤리』는 자유방임적 진화를 내세운 자본의 폭력으로부터 인간사회를 보호하기 위한 윤리적 선언문이었다. 캉유웨이도 『대동서』에서 자본주의 고도 발전 이후 자본의 독점과 빈부격차로 인해 노자 갈등이 첨예화되어, 사회주의人群의 설과 공산주의均產의 설이 세계 제일의 대 논제가 될 것이라고 하였다. 사회주의 간행물이 정점을 이룬 1903~1905년 중국 지식인들은 세계 사조 가운데 사회주의가 20세기를 주도할 새로운 사조가 될 것이라고 인식하였다.

이러한 중국 지식계의 흐름은 동시대 서구의 사회혁명에 대한 정보를 기반으로 한 것이었다. 1870년대 세계적 불황에 직면하여 서구 자본가들이 보호무역주의 하에서 대규모의 독점화 방식으로 대응해 나갔다면, 노동자·여성·아동 등의 사회적 약자들은 빈부격차·인권차별을 포함한 사회문제를 제기하며 거대한 사회혁명 세력으로 등장하였다. 서구사회에 모순적으로 공존하는 이 두 흐름은 중국 지식인들이 주시해야 할 문제였으며, 이에 자본주의 경제발전과 아울러 사회문제를 예방할 수 있는 길을 함께 고민하게 되었던 것이다.

주목할 점은 당시 중국 지식인들이 사회주의를 받아들인 목적이 중국에서 사회주의 혁명이 일어나지 않도록 예방하기 위한 것이었다는 사실이다. 혁명파와 입헌파 모두 사회주의 이념을 긍정적으로 수용했으나, 계급혁명을 의미하는 사회주의 혁명은 반대하였다. 이들은 대체로 서구에서 사회문제가 발생한 원인이 빈부격차를 용인한 경제 방임주의를 추구하고, 인민 복지를 위한 정책을 쓰지 않은 점에 있다고 보았다. 그리고 사회문제를 예방하기 위한 사회혁명 혹은 사회개혁 정책을 그 대안으로 생각하였다.

량치차오의 경제론도 경제발전과 사회모순 해결이라는 두 가지 목표하에 제기된 것이었다. 특히, 아편전쟁 이래 중국에 들어온 외국의 상품과 자본, 기업(외국의 공장은 청일전쟁 이후 설립 허용)에 대항하여 중국의 경제를 보호육성하는 일이 급선무였다. 이에 량치차오는 시대에 뒤떨어진 중국 내부의 경제 관행을 바로잡고 아울러 세계 경제를 선도하는 근대적 산업 제도의 도입을 대안으로 제기하였다.

량치차오의 경제론은 크게 경제발전론과 재정정책론, 경제제도론으로 나누어볼 수 있다. 경제발전론은 중국의 경제성장을 위한 방안으로, 중점은 근대적 기업과 토지개혁에 관한 문제였다. 재정정책론은 국가의 재정수입을 증대하기 위한 방안으로, 중점은 조세제도와 화폐제도 개혁에 관한 문제였다. 경제제도론은 경제성장에 필요한 근대적 제도와 법적 기반을 정비하는 일이었다. 세 가지 영역은 국민경제 건설의 목표하에 서로 긴밀히 연결되어 있었다.

먼저 근대적 기업 문제에 대해 살펴보자. 청일전쟁 이후 본격적으로 중국에 진출한 외국 기업은 주식회사 체제의 조직이었는데, 개인이나 개인 간의 파트너십이 중심이 된 중국 기업과는 달랐다. 중국 기업은 대부분 개인이 출자한 독자獨資기업이나, 두 사람 이상이 출자하여 공동으로 사업을 운영하는 합과合夥기업으로 이루어진 조직이었다.[11] 그러나 1901년 청 정부의 실업진흥 정책으로 민간 기업 설립이 장려되면서 주식회사 형태의 기업들이 출현하기 시작했다.

사실 서구에서도 주식회사가 출현하기 전에는 중국과 마찬가지로 인적 결합으로 이루어진 조직이 대부분이었다. 중상주의 시대에 해외무역이 새로운 수익 영역으로 떠오르면서 이에 대규모의 자본을 동원할 수 있는 기업이 필요하게 되었다. 16~17세기 영국의 러시아 회사, 동인도 회사, 허드슨 만 회사, 남해 회사 등이 바로 그러한데, 해외무역에 주력하는 이들 회사에게 정부는 중상주의 경제정책의 일환으로 법인 고유의 특권뿐만 아니라 특정 지역에 대한 독점적 무역권을 부여하였다.

---

11 전통 중국 기업인 합과의 경영 관행과 근대 이후 변화 과정에 대해서는 정지호, 『합과: 전통 중국 상공업의 기업 관행』(세창출판사, 2022) 참고.

기업은 원료의 획득, 자본의 조달, 제품의 판매 등에 있어서 자연인이 가질 수밖에 없는 불확실성을 극복하고 영업의 연속성을 보장할 수 있으며, 사업의 각 단계에서 발생하는 거래 비용을 크게 감소시킬 수 있었다. 법적으로 경제행위를 할 수 있도록 허용된 법인이 가진 이러한 장점은 기업의 진화를 이끌었으며 그 귀결은 주식회사였다. 주식회사는 이전의 회사들과 달리 법인체의 성격을 지녔기 때문에 기업 활동에 있어서 장기적인 안정성을 확보할 수 있었고, 또한 투자자가 유한책임만을 진다는 점을 명확히 함으로써, 다수의 소액 투자자를 모을 수 있는 장점을 지녔다.[12]

량치차오는 중국의 구식기업과 다른 이러한 회사를 신식기업이라 명명하며, "오늘날 실업을 진흥시키려면 우선 주식회사를 발전시키지 않으면 안 된다"[13]고 주장했다. 구식기업은 1인이나 가족이 경영하여 고용인이 작은 데 반해, 신식기업은 자본 규모가 거대하며 고용인이 매우 많았다. 산업 경쟁이 날로 치열해지는 추세로 보면, 중소기업은 경쟁에 패하여 도산하고 대기업만이 생존할 것이라고 예측되었다.

량치차오는 주식회사가 중국 경제발전을 이끌 새로운 기업 모델이라고 주장하는데, 그렇게 되기 위해선 먼저 주식회사가 중국에 안착할 수 있는 새로운 환경을 조성해야 한다. 서구에서 주식회사가 발전할 수 있었던 것은 법률의 관리 감독을 따르는 법치 관념, 주주들의 공적 책임감, 증권거래소와 은행과 같은 금융기관, 기업 경영 능력을 지닌 인재 등의 요건이 갖추어졌기 때문이다.[14]

주식회사는 구식기업의 무한책임과 달리 유한책임을 부여하고 있으며,

---

12 송병건, 『경제사: 세계화와 세계 경제의 역사』, 286-287쪽.

13 梁啓超, 「警告國中之談實業者」(1910).

14 梁啓超, 「警告國中之談實業者」(1910).

구식기업이 기업인과 기업을 동일시하는 것과 달리 주식회사는 회사가 하나의 인격(법인)이면서 권리 의무의 주체가 된다. 그래서 주식회사가 유지되기 위해선 국가가 엄격한 법률로 회사를 감독해야 한다. 중국에도 1904년 기업법公司律이 제정되었지만 조항이 거칠고 소략하였다. 구식기업은 수천 년간 관습으로 유지되어 법률이 없어도 존립할 수 있었으나, 미비한 법치 하에서 신식기업의 발전은 기대하기 어려웠다.

또 주식회사는 책임감이 강한 국민이라야 폐해가 적은데, 중국인은 책임감이 부족하여 회사에 충성을 다하지 않으며, 심지어 회사의 직무를 이용해 사익을 채우기도 했다. 회사의 경영 책임을 물을 수 있는 주체는 주주인데, 주식을 구매하는 자는 대개 투자금 회수보다는 주가 상승을 이용해 주식을 팔아 수익을 올리는 데 목적이 있었다. 이 때문에 주주가 책임을 다하기는 쉽지 않았으며, 더군다나 중국은 사私를 우선하고 공公을 뒤로 하는 책임감 결핍 때문에, 그동안 설립된 수많은 주식회사가 자본을 탕진하고 사라졌다.

주식회사의 주식은 일종의 유가증권으로서 언제든지 전매하거나 저당을 통해 투자금을 회수할 수 있었다. 주식의 자유로운 거래를 위해선 증권거래소股份懋遷公司와 은행의 보조 역할이 필수적이었다. 두 기관은 주식을 시장에 유통시키는 데 필요한 매개 기관인데, 중국에는 이 기관이 없었기 때문에 회사가 대규모의 자본을 모집하는 데 어려움이 있었다.

주식회사는 기업의 규모가 거대하여 한두 사람의 힘으로 움직일 수 있는 것이 아니었다. 회사 내부 조직이 복잡할수록 업무량도 많아지기 때문에 이를 효율적으로 운영할 인재가 필요하였다. 그런데 중국은 전통적으로 상인을 천시하는 풍토가 있어서 국민의 경영 능력이 결핍되어 있었다.[15] 세계 경제계가 치열하게 경쟁하는 상황에서, 국민의 경영 능력을 성장시키지 않는

---

15 梁啓超, 「警告國中之談實業者」(1910).

다면 대자본을 투여하더라도 기업을 곤경에 빠트릴 수 있었다.

량치차오는 주식회사가 중국 경제발전의 새로운 동력이 되려면 이러한 내부 문제를 선결해야 한다고 보았다. 내부 환경 혁신을 통해 주식회사가 성장할 수 있는 기반을 구축한 후, 량치차오가 궁극적으로 목표한 것은 열강의 대규모 독점기업과 경쟁할 수 있는 중국 대기업의 육성이었다. 이러한 시각은 미국 여행을 통해 트러스트 기업이 세계 경제를 주도하는 성장 동력이라는 점을 통찰한 결과였다.[16]

주식회사가 중국의 신식기업이 추구해야 할 기본적인 조직 모델이라면, 대기업은 개별 주식회사가 대규모의 자본 모집을 통해 기업의 역량을 키우거나 주식회사들이 트러스트와 같은 기업 결합을 통해 규모를 키운 거대 기업이었다. 량치차오는 중국 대기업의 역량이 바로 민족제국주의 시대 경제 경쟁에서 중국의 운명을 좌우할 관건이라고 보았다.

량치차오가 1905~1906년 쑨원 등의 혁명파와 벌인 '대기업 발전/독점자본가 통제' 논쟁도 이러한 경제관 속에서 이해해야 한다. 통설과 달리, 당시 량치차오와 혁명파는 자본주의/사회주의와 같은 대립적인 관점을 지니지 않았으며, 자본주의 발전의 필요성과 아울러 자본주의가 초래할 사회문제 예방의 목표를 공유하고 있었다. 그런데 1905년 쑨원이 「민보발간사」에서 사회문제 예방을 위한 민생주의를 강조하자, 펑즈여우 등의 혁명파들이 이에 호응하여 량치차오가 긍정한 트러스트를 민생주의와 '절대적 반대'에 위치한다고 비판하였다. 트러스트는 천부의 인권 자유를 유린하고, 소수 부호의 사리를 증대시키는 것이며, 일반 노동계급을 대자본가의 노예로 만들고, 중등자본가를 망하게 하는 결과를 초래할 것이라는 주장이었다.[17]

---

16 梁啓超, 「雜答某報」(1906).

17 馮自由, 「民生主義與中國政治革命之前途」(1905).

1906년 12월 『민보』 발간 1주년 기념 강연에서 쑨원은 토지문제 해결을 위한 '평균지권'이 민생주의를 실행하는 핵심 방법이라고 주창하였다. 평균지권 주창 이후 량치차오와의 대립점이 더욱 부각되는데, 쑨원의 요지는 다음과 같다. 중국에서 정치혁명이 성공하면 문명(상공업)이 발전할 것이고, 그렇게 되면 지가가 날로 상승할 것이다. 지주가 아닌 국가가 지가 상승으로 발생하는 이익을 향유하여, 소수의 지주가 문명 발달의 이익을 취하지 못하게 한다. 이것을 평등을 도모하는 사회혁명이라고 부를 수 있다. 혁명이 성공한 초기는 아직 문명이 발달하지 못한 시기이므로, 정치혁명과 사회혁명을 일거에 실행하여 부자는 날로 부유해지고 빈자는 날로 가난해지는 상황을 예방해야 한다. 사회혁명이 실행된 후에는 개인은 납세할 필요가 없고, 국가는 토지세만을 거두어도 지구상에서 가장 부유한 국가가 되어 중국이 다시는 남에게 뒤떨어지지 않게 할 수 있다.[18]

평균지권에 기대어 혁명파는 량치차오의 트러스트와 대기업 발전론을 독점자본의 이익을 옹호하는 길이라고 비판하면서, 개발이익을 전유하여 빈부 격차를 막고 인민의 복지를 향상시키는 일을 그 대안으로 제기하였다. 그러나 평균지권의 토지세는 상공업이 발달한 후에 얻을 수 있는 개발이익인데, 혁명파의 주장에는 어떻게 상공업을 발전시킬 수 있는지에 대한 방안이 빠져 있었다. 또 량치차오의 대기업 발전론을 독점자본가를 옹호하는 일이라고 비판하지만, 열강과의 경제 경쟁에서 중국이 대항할 방법에 대해선 침묵하고 있었다. 경제발전의 문제보다 그것이 초래할 사회문제의 예방을 우선하면서, 중국이 해결해야 할 현재의 문제를 놓치는 공허한 주장이 돼버린 셈이다.

량치차오는 혁명파의 이러한 문제점을 직시하면서, 자본가와 기업을 보호 육성하여 국제 경쟁에서 중국이 생존하는 일을 더 우선적인 과제라고 보았

---

18 민두기, 『중국초기혁명운동의 연구』, 30쪽.

다. 그렇다고 량치차오의 시각을 순수하게 자본가의 이익을 옹호하기 위한 주장이라고 볼 수는 없다. 청 신정 시기 실업진흥 정책으로 신식기업이 설립되는 것을 목도하면서, 량치차오는 국가가 자본가를 장려하여 생산력을 발전시키게 하면 외국과의 경쟁에서 유리한 국면을 만들 수 있다고 보았다. 국가 주도의 발전정책을 통해 민간 기업을 보호 육성하고, 외국과의 경쟁이 치열한 분야에서는 대기업을 양성하여 중국 경제계를 지키려 한 것이다. 트러스트에서 경영의 효율성과 아울러 사회모순 해결이 가능하다고 본 것처럼, 중국에서 대기업은 자유경쟁이 아니라 국가정책을 통해 육성될 수 있기 때문에, 혁명파처럼 자본의 이익 독점으로 인한 빈부격차 문제가 심각해질 것이라고 여기지 않았다. 경제발전 초기 단계인 중국에서는 자본을 통제하기보다는 적극 육성함으로써, 경제성장의 효과가 인민에게 확산되어 중산층이 넓어질 수 있다고 보았다.

특히 량치차오가 고민한 점은 주식회사에 대한 기본적 이해와 운영 능력도 떨어지는 상황에서, 대규모 자본과 선진 기술, 우수한 인재를 갖춘 대기업을 중국이 어떻게 육성할 수 있는지의 문제였다. 이점은 1978년 중국이 개혁개방을 시작할 때까지 지속되었던 문제로, 량치차오 당시에도 중국 내부의 힘만으로 해결할 수 없는 것이었다. 국가 주도로 장기 발전전략을 세워 내부 자원을 총동원하고, 다른 한편으로 외국 자본과 기술의 도움을 받는 길이 유력한 방안이었다.

쑨원은 신해혁명 이후 비로소 중국의 이러한 현실을 직시하게 되었다. 모호한 민생주의보다 산업 생산력을 향상시키는 일이 국가건설을 위한 당면 과제임을 인식했던 것이다. 량치차오의 경우도 중화민국 시기에 현실정치에 뛰어들면서, 민간 자본에 기대하기보다는 국가 주도의 국민경제 건설을 더욱 강조하였다.[19]

중화민국 시기에는 량치차오와 쑨원 모두 국가 주도의 경제건설을 표방하고, 산업발전을 우선적인 과제로 인식했기 때문에, 과거와 같은 대립점은 사라졌다. 이 시기에는 오히려 쑨원이 집권을 위해 보다 현실주의적인 사유를 하면서, 국가 주도 국민경제의 핵심 내용을 제기하였다. 평균지권과 함께 쑨원 민생주의의 대표적 강령으로 알려진 '절제자본節制資本' 정책이 이 시기에 등장하였다. 신해혁명 후 민영기업 창립 열풍 속에서 쑨원은 실업을 발전시키는 것이 가난 구제救貧의 양약이라고 보면서, 토지, 철도, 광산, 대공장 등의 국유화를 중심으로 하는 경제정책을 구상하였다. 즉 민간기업과 국가경영, 외자도입의 세 영역으로 나누어, 민간 운영이 적합한 부문은 보호 장려하고, 기간산업이나 금융 등의 공적 부문은 국가가 경영하고, 외자를 도입하여 실업을 발전시킨다는 계획이었다.

절제자본 정책은 이러한 구상을 구체화한 것인데, 그 핵심은 은행, 철도, 항공과 같이 독점성이 있거나 규모가 커서 개인이 경영할 수 없는 기업은 국가가 관리하여 사유 자본이 국민경제를 조종하지 못하게 한다는 점이다. 국민경제에 큰 영향을 끼치는 공적 부문은 사유 자본의 진출을 제한(절제)시켜 국유 대기업 중심으로 운영하고, 그 외의 부문에서는 민간 기업을 보호 육성하며, 아울러 외자를 도입하여 산업 발전을 도모하겠다는 '혼합경제'의 구상인 것이다.[20]

이러한 혼합경제가 쑨원이 구상한 국가 주도 국민경제의 주요 내용인데, 이는 량치차오가 구상한 국가 주도 하에 주식회사를 보호 육성하고 외국과 경쟁할 수 있는 대기업을 키우려는 계획과 상통하는 것이다. 결국 관건은 국민경제를 주도하는 국가의 통치 주체가 누가 되느냐에 있었다. 이들의 정책 방향에 따라 국유기업, 민간기업, 외자도입 세 부문의 비중이 달라질

---

19 梁啓超, 「中國立國大方針」(1912).

20 강명희, 『근현대 중국의 국가건설과 제3의 길: 비자본주의의 이론과 실천』, 32-45쪽.

수 있었는데, 이는 경제발전과 사회문제 예방의 두 목표 가운데 어디에 중점을 두느냐의 문제와 연결된 것이었다.

3. 농촌경제와 토지개혁

도시의 경제발전이 근대적 기업을 중심으로 이루어진다면, 중국 인민의 대다수가 거주하는 농촌에서는 토지문제가 관건이었다. 쑨원의 평균지권은 도시와 농촌의 토지를 포괄한 것인데, 중화민국 시기 삼민주의 속에서 한층 현실적으로 변모하였다.

> 상승한 부분의 땅값을 대중의 공유로 돌리는 이 방식이야말로 국민당이 주장하는 지권의 평균이고 민생주의이다. 이 민생주의는 곧 공산주의이다. (중략) 유럽, 미국의 이른바 국유화가 인민이 이미 소유한 재산을 정부에게 몰수당하는 것과는 엄청난 차이다. 우리의 지권 균형의 방식을 지주가 정말로 이해한다면 결코 두려워할 이유가 없다. 우리의 방식에 의하면 현재 정해져 있는 땅값은 여전히 지주의 사유에 속하기 때문이다. 토지문제가 해결되면 민생문제의 반은 해결되었다고 할 수 있다. 문명 도시가 이 지가세를 실행하면 일반 시민의 부담은 감소되고 많은 이익이 생길 것이다.[21]

쑨원의 평균지권은 토지는 본래 사회 공동의 것으로 개인이 사적으로 소유할 수 있는 대상이 아니라는 생각에서 출발한다. 이러한 생각을 실현하기 위해 공산주의에서는 국가가 모든 토지를 수용하여 국유화하는 방법을 취한

---

21 孫文, 『三民主義』(1924).

다. 이와 달리 쑨원은 현재 토지 소유자의 권한을 인정하고, 대신 향후 토지 가치의 증가분이나 토지의 지대에 대해서는 공공의 이익으로 환수하자고 한다. 즉 토지 소유자의 사용, 수익, 처분 등의 소유권을 기본적으로 인정하되, 소유자의 노력에 의하지 않은 가치의 증가분이나 지대는 공동체가 공평하게 향유하려는 것이다. 지대는 산업 발전, 물류 발전, 인구 증가 등을 통해 특정 지역에 사회적 부가 증대된 것이므로, 이는 공동체 구성원 모두가 향유하는 것이 마땅하다는 얘기다.

토지 공개념에 기반한 평균지권은 현실적으로 토지 소유자들의 반발이 심했으며, 행정적 시행을 위해선 토지 소유자의 노력과 사회적 증가분을 나누는 기준, 토지 지가, 토지세 과세액, 공공 환수 범위 등의 복잡한 문제를 해결해야 했다. 특히 농촌에서는 부재 지주들에게 높은 세율의 보유세를 부과하여 농민이 되게 하거나 소유를 포기하게 함으로써 '경자유전'의 원칙을 확립하려고 했다.

평균지권의 목적은 공공 이익을 환수하여 인민의 복지재정으로 사용하고, 농민들이 자작농이 되어 안정된 삶을 향유하게 하는 것이었다. 이 일을 추진하려면 중앙정부의 강력한 의지와 행정력이 있어야 했지만, 당시 쑨원이 감당할 수 있는 상황은 아니었다. 게다가 1906년 평균지권의 강령을 처음 제기했을 때부터, 산업발전(자본) 문제가 토지문제보다 더 급선무였으며, 평균지권을 부자의 땅을 몰수하려는 토지국유론이라는 반발에 직면하였다.

량치차오도 중국에 토지문제가 심각하다는 점은 인지하고 있었으나, 중국의 경제발전 동력은 도시의 기업 성장에 있다고 보았다. 그래서 농촌의 경제발전 방안에 대해서는 특별한 언급을 하지 않았으며, 주로 농촌의 토지세에 관한 것이었다. 쑨원의 평균지권이 도시의 개발이익 환수 문제에 중점이 있었다면, 량치차오의 토지세는 농촌에 등록되지 않은 땅으로 인한 세수의 누실과 해결방안에 관한 것이었다.

량치차오는 정부가 전국의 은닉된 토지를 조사하여 세금을 부과하면 징수액을 크게 늘릴 수 있다고 보았다. 그리고 모든 토지에 일괄적인 세금 부과는 불합리하다고 여겨 토지에서 취득한 이익을 기준으로 세금을 징수하자고 했다.[22] 토지조사를 통해 토지대장을 작성하면 은닉된 토지를 최소한 2~3배 이상 파악할 수 있고, 이에 인민에게 큰 부담을 주지 않고도 징수액을 크게 늘릴 수 있었다. 그러나 토지조사는 막대한 조사비용과 행정력도 문제이지만, 지방정부와 농민의 수익을 건드리는 일이었던 만큼, 중앙정부가 이를 단행할 수 있는 의지와 힘이 있어야 했다.

량치차오는 이러한 충돌을 예방하기 위하여, 은닉된 토지를 정부가 몰수하는 것이 아니라, 원 지주가 그대로 관리하고 은닉 부분에 대해서만 새롭게 등록印契하여, 그 토지의 지가에 따라 등록세印稅를 부과하게 했다. 이렇게 하면, 국가는 세액이 증가할 뿐 아니라 등록세 수입도 적지 않을 것이며, 인민들도 등록세 납부를 통해 토지 소유권을 보장받을 수 있기 때문에, 모두에게 이익이 될 것이라고 보았다.

또 경작지 이외에 택지에도 세금을 부과하는 방식으로 토지세를 개정하게 되면 전국 18개 성의 토지세 수입 총액은 3억량(신화폐로 환원하면 약 5억 원) 이상에 달할 것이라고 주장했다. 이는 당시 토지세 징수액이 2,800여만 량에 불과한 것에 비하면 10배 이상 증액된 수치였다. 문제는 현실이었다. 량치차오는 중국 전역의 토지조사 비용으로 1억 량 정도 소요될 것이라고 했는데, 당시 중앙정부의 허약한 재정으로는 도저히 감당할 수 없는 비용이었다. 또 은닉된 토지에 대해 소유권을 인정해 준다는 조건만으로, 인민들이 등록세를 납부하면서까지 따를 것이라고 기대하기도 힘들었고, 게다가 응하지 않을 경우에는 제재할 마땅한 방법도 없었다.[23]

22 梁啓超, 「中國改革財政私案」(1927).

량치차오의 토지조사는 중앙정부의 재정 수익을 증대시키기 위한 것이었으며, 농촌의 경제발전을 위한 방안으로 이어지진 않았다. 불평등한 토지소유제 개혁은 말할 것도 없고, 근대적 경작 혁신을 위한 기술 문제나, 농촌의 수공업이 외국 상품과의 경쟁에서 생존할 수 있는 경영 방안, 과도한 소작료 개선을 위한 제도 등 농민들이 필요로 하는 부분에 대해 특별히 주목하지 않았던 것이다. 도시의 기업 근대화를 중심으로 중국의 경제발전을 사고한 결과로 보인다.

4. 재정문제와 조세제도

경제발전에 있어서 량치차오와 쑨원 모두 국가의 역할을 역설하고 있었지만, 국가가 투자할 재정이 부족한 상태에서는 분산된 민간 자본을 결집하거나 외자도입에 기댈 수밖에 없었다. 그래서 국가 재정 확충의 방안은 경제발전에 성공하기 위한 관건적인 문제 가운데 하나였다. 당시 중국의 국가 재정이 튼실하지 못한 것은 량치차오가 제기한 것처럼, 재정 수입의 상당 부분을 차지하는 토지세를 제대로 징세하지 못해서이기도 했지만, 역사적으로 볼 때 국가 재정구조에 내재한 오랜 취약성 때문에 그러하기도 했다.

재정 면에서 청조의 중앙과 지방의 관계를 보면, 명목적으로는 지방에서 세금을 거두어 중앙에서 지출하는 형식이지만, 실제로 세입은 우선 본성의 필요경비를 제하고存留, 남는 것은 이웃 성들의 부족분에 대한 원조로 지불하고協餉, 그 잔액을 최종적으로 중앙재정으로 송금起運하는 방식을 취하고 있었다. 이에 청조에는 실질적으로 중앙재정의 직접적인 재원이 존재하지 않았

23 정지호, 「淸末 梁啓超의 財政改革案과 國民國家」(『명청사연구』 39호, 2013), 156-157쪽.

고, 지방재정을 거친 잔액만이 들어오고 있었다.[24]

중앙-지방의 이러한 재정구조는 중당 시기 절도사처럼 지방 세력이 독립적인 권력을 행사할 때일수록 더욱 심각한 문제로 나타났다. 청조는 건륭제 말기에 연이어 발생한 민중 기의와 서북 변경의 이민족 반란을 진압하는 과정에서 중앙정부의 재정이 고갈되기 시작하였다. 이후 쩡궈판, 줘쫑탕, 리훙장 등의 지방 세력이 중앙정부를 대신하여 내부 반란을 진압하고, 군사력과 산업의 근대적 발전을 위한 양무운동의 주역으로 등장하였다. 청 정부는 태평천국의 난 진압 과정에서 지방 군대에게 일종의 유통세인 이금釐金의 징수권을 부여함으로써 지방정부의 자율성이 더욱 커질 수 있었다.

국가 재정 면에서 볼 때, 청일전쟁으로 인해 배상금이 과도하게 지출되기 전까지는 지출이 수입을 초과하는 재정 불균형이 일어나지는 않았다. 청일전쟁 배상금을 각 성에 분담시킨 것을 시작으로, 1896년 청 정부는 서구 열강에게 빌린 차관 원금과 이자 상환을 각 성과 해관에 명령하는 '탄파攤派'가 본격적으로 시작되었다. 아울러 중앙집권적 재정구조를 정립하기 위해 서양의 근대제도를 도입하고, 토지세 의존적인 전통적 재정에서 벗어나 근대적 상공업 부문에 대한 직접세 및 간접세 수입을 강화하려고 하였다.[25]

이러한 시대 흐름 속에서 량치차오도 재정문제에 많은 관심을 가지게 되었다. 국가 주도의 경제발전이 실질적으로 가능하려면 장기적 발전전략과 아울러 이를 추진할 수 있는 재정이 뒷받침되어야 했기 때문이다. 무엇보다 중앙집권적 재정구조를 만들어 분산적이면서 자의적으로 운영되었던 전통적 재정 시스템을 개혁하는 일이 필요하였다. 이를 위해 량치차오는 재정 업무를

---

24 정지호, 「淸末 梁啓超의 財政改革案과 國民國家」, 165쪽.

25 강진아, 「제국 재정의 근대적 변용: 청 말 광동(廣東)의 지방 재정을 중심으로」(『中國近現代史硏究』 제69집, 2016), 41-42쪽.

총괄할 중앙기구로서 탁지부度支部의 권한이 강화되어야 한다고 보았다.

탁지부는 지방정부에 세입을 의존하던 데서 벗어나, 국가 세입의 총액을 파악한 후 세출 항목에 대해서는 내각 각부에 필요한 액수를 제출하게 한다. 국가 재정은 세입-세출의 균형을 추구하며, 반드시 인민의 번영을 위해 사용한다. 이에 탁지부는 각 부서의 예산을 조정하고 경우에 따라서는 거부할 수 있다. 외부 각 성에 대해서는 중앙행정과 지방행정의 계통을 구분한다. 중앙행정에 속하는 것은 중앙조례에 비추어서 지급하고, 그 외 지방행정 계통에 속하는 것은 지방세 및 기타 지방 수입으로 충당한다. 부족하면 탁지부에 보조를 요청할 수 있는데, 탁지부는 요청 예산을 조정하고 경우에 따라서는 거부할 수 있다. 이렇게 량치차오는 중앙의 탁지부 총괄 하에 각부의 예산을 조율함으로써 국가 재정을 유기적으로 정비하고, 나아가 중앙과 지방의 행정체계를 명확히 구분함으로써 중앙집권적 재정구조를 확립하려고 한 것이다.

그리고 이를 기반으로 세제 개혁을 추진하여 국가 재정을 확대하려고 했다. 전통적으로 농업국가였던 중국은 세입의 대부분을 농민의 토지세에서 충당되었다. 가령, 청대 경제의 전성기인 1766년 국가 수입을 보면 73.8%가 토지세에서 나왔으며, 국가가 전매한 소금세는 8.2%, 글로벌 교역과 연결된 관세는 7.7%였다.[26] 토지세의 압도적 비중과 상업세의 핵심인 소금세와 관세의 상대적으로 낮은 비중은 청대 경제에서 차지하는 농업의 비중을 알려준다.

18세기 중엽 이후 인구 증가와 서북 변경으로의 주민 이주로 새로운 토지가 개간되었고, 또 근대적 상공업 부분이 점차 성장하고 있음에도 불구하고, 청조의 세입은 그만큼 증대되지 않았다. 그에 반해 내부 반란 진압 비용을 시작으로 청일전쟁 후 배상금으로 인한 지출이 급격히 늘어나면서 국가 재정

26 리처드 폰 글란, 류형식 옮김, 『폰 글란의 중국경제사』, 소와당, 2019, 558쪽.

에 심각한 적자가 발생하였다. 량치차오가 토지조사를 통해 은닉된 토지에 징세하자는 등의 세제 개혁을 제기한 것은 이러한 재정 상황을 돌파하기 위한 것이었다.

량치차오의 조세 개혁은 크게 네 가지 방안이다. 전통적 세목 가운데 토지세, 염세 등은 세제를 개혁하여 세수를 증대시키고, 기존의 세목 가운데 불필요하거나 중복된 조세는 폐기하고, 근대적 상공업 발전으로 소득이 생기거나 증가한 부문에 대해 직접세와 간접세를 부과하고, 열강과의 불평등 조약으로 맺은 관세를 회복하는 것이었다.

전통적 세목 가운데 토지세는 앞에서 얘기했으니 생략하고, 염세에 대해 살펴보자. 역사적으로 볼 때 염세는 국가가 독점적 권한을 행사하여 막대한 세수를 얻은 재원인데, 당시에는 염세법의 폐해로 인해 세수가 충분하지 못한 상황이었다. 즉 염세율이 높은데다 지역마다 제각각이며, 소금 판매 구역이 생산지마다 지정되어 전국 유통이 차단되어 있었으며, 염상이 독점권을 장악하여 소금이 널리 보급되지 않아 사염이 판을 치고 있었다. 이에 대해 량치차오는 다음과 같은 개혁안을 제기하였다.

염상의 독점권을 폐지하고 전국의 소금을 모두 정부 전매로 하고, 제염사와 염무관을 두어 10개의 염구를 관리하게 하며, 제염인은 반드시 제염사의 비준을 거친 후에 영업을 할 수 있게 한다. 그리고 매 소금에 대해 100근당 염세 1량 5전을 징수하면 매년 염세는 8,400여 만 량에 달하는데, 이는 당시 징수액인 2,000만 량보다 4배가 넘는 것이었다. 이렇게 전국의 염구를 관리하고 제염인을 통제하기 위해서는 중앙정부의 강력한 통제력이 있어야 하는데, 지방의 영향력이 강한 당시의 상황에서는 기대하기 어려운 것이었다.

토지세와 염세는 세제 개혁을 통해 수입을 올릴 수 있는 것이었지만, 중국 경제발전에 저해되는 불합리한 세원은 제거해야 했다. 량치차오는 폐지해야 할 세목으로, 이금, 상관세常關稅, 차세, 도박세 등을 제기하였다. 이금은 정규

세 외의 잡세로서, 지역 관리들의 부정부패를 비롯한 폐단이 있는 점을 청 정부도 인지하고 있었다. 하지만 군비 부족을 이유로 폐지하지 못한 채 민국 시기까지 이어지고 있었다. 외국 화물의 경우에는 '자구반세子口半稅'를 납부함에 따라 이금을 면제받았지만, 국내 화물의 경우에는 이금으로 가격이 상승하여 국내 상품의 원활한 유통을 저해하고 있었다.

상관세는 관세와 이금의 중간적 성질을 지닌 것으로 외국 화물에 대한 수입세와 국내 화물의 통과세를 말한다. 해관 설치 이후 외국 화물에 대해서는 관세를 징수했기 때문에, 실질적으로 국내 화물에 대한 통과세인 이금의 일종이었다. 량치차오는 상관세는 중복과세에 해당하며 징수액도 100여 만 량에 불과하기 때문에 폐지해야 할 조세라고 주장했다. 이렇게 상품의 자유로운 유통을 막고 국내 상품의 경쟁력 저하를 초래하던 이금이 폐지된 것은 국민당 정부 시기인 1930년 5월에 이르러서였다.

차세의 경우, 당시 중국의 차 수출은 인도 차와 일본 차의 성장으로 매년 감소하여 세계시장에서의 입지가 점점 좁아지고 있었다. 이에 량치차오는 차 사업을 진흥시키기 위해 차세를 폐지할 뿐만 아니라 정부에서 보조금을 지급하여 장려해야 한다고 주장했다. 또 광동에서는 도박세로 매년 5-6백만 량을 징수하였고, 각 성에서도 복권을 발행하여 힘들이지 않고 막대한 수입을 올리고 있었는데, 량치차오는 이것이 일국의 자산을 침식하는 것으로서 마땅히 폐지해야 한다고 여겼다.

량치차오가 보기에, 이러한 세목들은 국내 상품의 원활한 유통을 저해하여 국가 경제발전에 해로운 것이었다. 또 지방재정의 확충을 위해 만들어진 것이어서 중앙정부의 수입 악화를 초래할 수 있는 것이었다. 실제로 이금, 상관세 등의 징수액은 중앙정부의 호부에 보고되지 않고 지방장관이 장악하고 있었으며, 이러한 간접세의 팽창은 중앙 재정의 확대에 장애가 되는 요인이었다.

량치차오는 이렇게 국가 경제발전이나 중앙재정 확충에 장애되는 세목은 폐지하고, 그 대신 근대적 상공업 발전으로 소득이 생기거나 증가한 부문에 대해 과세하자고 했다. 그리고 국가 재정을 위해서는 조세수입을 증가시켜야 하지만, 조세는 기본적으로 인민의 경제생활을 저해하지 않는 범위 내에서 골고루 부담하게 하며, 일상생활에 필요하지 않은 것에는 세금을 무겁게 하고, 필요한 것에는 세금을 가볍게 하는 조세 원칙을 제기하였다. 이러한 원칙 하에 량치차오가 새롭게 조정한 세목은 주세, 담배세, 설탕세, 등록세, 인화세印花稅, 유산세, 통행세 등이었다.

연주세煙酒稅로 통칭되는 술, 담배에 대한 과세를 최초로 한 것은 이금이었다. 이금은 태평천국의 난 진압 비용으로 지방정부에 부여한 세수로, 유통과 영업 부문에 부과할 수 있는 징세권이었다. 1884년 청 정부는 술, 담배의 소매업자에게 영업허가세인 패조세牌照稅를 거두었는데, 청불전쟁 비용 때문이었다. 청일전쟁을 겪으면서 부가세가 추가 징수되었으며, 이후 직예성에서 북양신군의 훈련비용으로 연주세가 이금에서 독립하여 따로 징수되기 시작했다.[27]

이렇게 연주세는 근대적 상공업 발전으로 전국 각지에서 생산과 소비가 가장 증가한 품목으로 전통적 토지세를 대체하는 조세가 되었다. 문제는 지방정부의 필요에 따라 각기 과세하고 중앙재정으로 올라오는 세수도 미약했다는 것이었다. 이에 량치차오는 위안스카이가 직예총독으로 있을 때 60만 량의 주세를 징수한 바 있는데, 이를 중국 전체에 시행하면 5천만 량을 거둘 수 있다고 보았다. 담배는 국가 전매의 방식으로, 국내산 연초와 외국산 연초를 모두 정부에서 수매한 후 담배 제조업자에게 판매하고, 밀매를 방지하기

27 강진아, 「중화민국 시기 광동성의 술·담배 과세 개혁과 재정 근대화」(『東洋史學硏究』 제142집, 2018), 243쪽.

위해 담배 농사 구역을 지정하여 농사짓는 사람은 등록하게 했다.

설탕세의 경우는 적당赤糖은 1담(100근)에 은 2전을 징수하고, 백당白糖은 은 3전을 징수하면, 4억의 중국인이 매년 3천만 담을 소비하므로 설탕세로 대략 9백만 량의 국가 수입을 올릴 수 있다고 보았다. 등록세는 국가에서 인민의 권리를 증명하여 보장해주는 데에 따른 세금으로, 외국에서는 선박등록세, 공사등록세, 민법상의 법인등록세, 상표등록세, 저작권 등록세 등이 있었다. 등록세는 세금 부담도 무겁지 않으며, 인민의 권리를 보호할 수 있기 때문에 중국에서도 이를 시행할 것을 주장했다.

인화세는 상공업과 은행업의 발달에 따라 징수하는 것으로, 현재는 미미하지만 향후 중국의 경제력이 성장하게 되면 그 세액이 증가할 수 있는 세목이었다. 통행세는 선박이나 철도, 전차의 표를 구매할 때 부과하는 세금으로, 거리 및 표의 등급에 따라 세율을 달리한다. 현재 부과하면 징수액이 2백만 량 내외로 예상되지만, 향후 교통기관의 발달에 따라 징수액이 증가할 것으로 보았다.

이상의 세목은 간접세에 해당하는 것이며, 유산세는 소득 당사자에게 부과하는 직접세에 속한다. 유산세는 상속받은 유산을 국가가 증명해 주고 그에 대한 세금을 징수하는 것으로, 상속액에 따라 누진세를 적용한다. 량치차오는 "우리나라에서 이 세금을 갑자기 징수하면 인민들이 혼란해 할 수 있다. 하지만 유산 문제로 인한 송사가 빈번하기 때문에 납세 후에 법률적으로 확실한 보호를 받으면, 인민들의 환영을 받을 수 있을 것"[28]이라고 보았다. 일본의 경우에는 매년 4백여만 원을 징수하고 있는데, 중국은 일본보다 가난하지만 인구가 10배나 많기 때문에, 매년 1~2백만 정도 징수할 수 있을 것이라고 주장했다.

28 梁啓超, 「中國改革財政私案」(1927).

이러한 국내 조세와 아울러 국가 재정 확충의 관건적인 사안은 바로 관세권을 회복하는 일이었다. 중국은 아편전쟁으로 체결한 난징조약에서 관세자주권을 상실한 이후 중화민국 초기부터 관세권 회복을 끊임없이 시도했으나, 국민당 정부 시기인 1928~1930년에 이르러 성공할 수 있었다.

1905년 량치차오는 "관세는 국내의 행정이다. 독립된 주권을 가진 국가는 이 권리를 장악하고 있어야 하며, 절대로 외국인에 위탁해서는 안 된다"[29]고 하며, 당시 국고 총수입의 1/3을 차지하고 있는 관세 수입의 권리를 회복해야 한다고 주장했다. 구미 열강의 강압에 의해 체결된 협정관세율은 중국의 일방적인 손실만을 초래했기 때문이다. 이에 협정관세율을 폐지하여 국정관세율을 실행하고, 그것이 여의치 않다면 쌍무적인 협정관세율로 변경하는 일이 관건이었다.

관세는 재정 수입뿐만 아니라 산업이 낙후한 국가에서는 자국 산업을 보호하는 기능을 수행하였다. 외국 상품에 무거운 관세를 부과하여 자국 상품의 경쟁력을 키우는 일은 근대적 기업을 보호 육성하여 경제발전을 이루려는 국가에게 불가피한 일이었다. 더욱이 중국에게 관세자주권 회복은 아편전쟁 이래 열강과 맺은 불평등조약을 해소하여 민족자립을 이루는 역사적인 과업이었다.

5. 국제금융과 통일화폐

청조의 세제 개혁이 천문학적인 배상금으로 인한 재정 확충의 필요성에서 시작되었듯이, 화폐 개혁도 배상금 문제와 연결되어 있었다. 국제금융의 측

29 梁啓超, 「關稅權問題」(1905).

면에서 볼 때 중국은 은에 연동하여 통화가치를 정하는 은본위제 국가에 속했는데, 청조의 배상금은 금 가격을 기준으로 결정된 대외 채무였다. 당시 세계는 패권국인 영국의 금본위제를 서구 열강들이 따르고 있었으며, 1890년대에는 인도, 일본, 러시아 등이 은본위제를 포기했고, 20세기 들어서는 필리핀, 멕시코도 금본위제를 도입하려고 하였다.

이렇게 국제 통화가 금본위제로 통합되는 과정에서 국제 은 가격이 하락하는 사태가 벌어졌는데, 이는 금-은 환차손으로 인해 청조의 배상금이 가중된다는 것을 뜻했다. 이에 청 정부는 국제 통화제도에 대응하는 화폐 개혁의 필요성을 인지하게 되었으며, 이 속에는 지방정부의 독자적 화폐 주조로 인한 재정 감소의 문제를 해결할 수 있는 전국적 통일 화폐 발행의 의도도 포함되어 있었다.

청은 원활한 화폐 개혁을 위해 미국 정부에 자문 요청을 하였고, 1903년 6월 미국은 국제외환위원회를 구성하여 열강들과의 협의를 거쳐 중국에 금본위제를 즉각 도입하라고 제안하였다. 그리고 1904년 초 국제외환위원회 미국 대표인 젱크스(Jenks)는 중국을 방문, 광서제를 알현하고 화폐개혁안을 제출하였다. 그 주요 내용은 금본위제의 즉각적인 도입, 외국인 사천관司泉官 초빙과 열강의 화폐제도 운영에 대한 감독, 신권 유지를 위한 금 준비금 조성 방법과 운영 등이었다.

젱크스는 이후 한커우, 상하이, 광저우 등을 여행하며 지방 고관들의 화폐 개혁안에 대한 의견을 들었다. 그들은 금본위제 도입의 당위성은 인정하면서도 준비금에 필요한 금이 절대 부족하기 때문에, 즉각적인 도입보다는 은본위제에 의한 중국 화폐의 통일을 이루는 일이 우선이라는 것과, 외국인 사천관 초빙과 열강의 감독 조항이 중국의 내정 간섭이 될 수 있다는 우려를 표하였다. 젱크스는 이들의 의견을 수용하여 금화와 은화의 비가를 고정시키는 금은 복본위제의 수정안을 제시하였다. 또 고관들이 우려한 내정 간섭의 문제에 대해선 열강의 감독 없는 공개성의 원칙과 외국인 전문가를 초빙하되 해임 가능하다는 등의 타협안을 제기하였다.[30]

젱크스가 수정 제안한 금은 복본위제는 결국 장즈동을 포함한 지방 세력에 의해 무산되었지만, 량치차오는 젱크스의 개혁안에 대해 긍정적인 평가를 하였다. 량치차오는 젱크스의 개혁안이 나오기 이전부터 통일적 본위가 없는 화폐제도가 중국경제의 심각한 문제점이라고 인식하였다. 세계는 금이나 은으로 통화의 본위를 정하여 통일적 화폐 체계를 확립하고 있는데, 중국은 예전부터 본위가 없었으며, 현행 화폐 중에서 본위를 기준으로 하면 동전만 해당되고 은은 무게를 달아 사용하는 것으로서 화폐라고 할 수 없다고 보았다.[31]

글로벌 교역을 통해 은이 대량 유입된 명대 중엽이래 량치차오의 당대에 이르기까지, 중국에는 세금을 은으로 받는 일조편법을 포함하여 은과 동전의 이중화폐제[32]가 형성되었다. 즉 동전은 국가 조폐창인 전장국에서 표준 화폐로 주조한 데 반해, 고액 화폐인 은은 서구 은화처럼 표준 화폐가 아니라 은괴나 쇄은처럼 무게를 달아 사용하였다. 은과 동전의 상이한 통화 방식 때문에 량치차오는 중국 화폐에 통일적 본위가 없다고 본 것이다. 그러나 은이 동전처럼 표준화되지는 않았지만, 은과 동전 사이에는 일정한 비가가 있었다. 동전은 지역마다 종류가 다양한 '현지통화'로 통용되고 있었으며, 은은 각 지역의 동전을 연결하는 '지역 간 결제통화'가 되었을 뿐 아니라, 글로벌 교역에서 국제통화의 기능을 수행하였다. 이러한 은의 기능으로 볼 때 명청대는 은본위제 경제라고 보아도 무방할 정도였다. 다만 지방마다

---

30 구범진, 「젱크스(Jenks)의 幣制改革案(1904)과 淸末의 幣制 問題」(『동양사연구』 64집, 2004), 69-73쪽.

31 梁啓超, 「中國貨幣問題」(1904).

32 오카모토 다카시 엮음, 『중국경제사』(강진아 옮김, 경북대학교출판부, 2023), 329-334쪽.

다종의 동전이 통용되고, 또 청말에는 은도 각 지방에서 표준 화폐로 주조되기 시작했기 때문에, 량치차오처럼 중앙정부에서 본위를 확립하여 통일적 화폐를 발행해야 한다는 입장에서는 본위 없는 혼란한 화폐제도로 보였을 것이다.

량치차오는 오랜 은 제국인 중국이 본위를 확립한다면 당연히 은본위제로 가는 게 현실적이지만, 금본위제로 통합되는 세계 경제의 추세 하에서 중국도 장기적으로 금본위제로 전환해야 한다고 보았다.[33] 은 보유량이나 은이 오랜 시간 중국인이 가장 신뢰한 부의 척도이자 화폐가 되었던 현실로 볼 때 중국이 은본위제를 선택하는 것은 자연스런 일이었다. 역대 왕조 가운데 원과 명에서는 지폐가 전국적인 표준 화폐로 통용된 적이 있었다. 원에서는 은을 지폐의 준비금으로 비축하여 현재의 은본위제에 가장 가까운 제도를 시행하였고, 명을 건국한 주원장은 지폐를 통용시키기 위해 은 사용을 금지하는 금은령을 내렸지만, 민간에서는 여전히 은을 신뢰하고 있었다. 원의 경제 전성기처럼 지폐는 은과 태환될 때 신뢰받을 수 있었지만, 전쟁이나 통치집단의 탐욕 등으로 인해 발행을 남발하여 태환되지 못하는 상황이 되었을 때는 폐지나 다름이 없었다. 주원장의 명 초기처럼 준비금 없이 지폐가 불태환 화폐가 되었을 때는, 금은령같은 강제력으로도 민간의 신뢰를 지속시키기가 어려웠다.

그러나 은 제국의 전성기가 지나 은이 유출되는 경제 쇠퇴의 시대가 되었고, 더군다나 국제 은가 하락으로 배상금의 부담이 가중된 당시의 현실로 볼 때, 중국이 세계 경제의 주축인 금본위제와 연동된 제도로 전환하는 것은 불가피한 일이었다. 량치차오는 국제 은가 하락이 무역 이익에 유리한 조건이라고 보았는데, 그것은 상품 경쟁력이 있을 때의 상식이고 당시 중국의

33 梁啓超, 「中國改革財政私案」(1902).

무역 수지는 적자를 기록하고 있었다.[34] 중국의 상품 경쟁력은 산업혁신이 수반되어야 향상될 수 있는 일인데 반해, 금 가격에 연동된 배상금 부담 가중은 금본위제 전환으로 해결 가능한 가시적인 일이었다.

이러한 중국의 상황에서 량치차오는 젱크스의 제안이 가장 적합한 방안이라고 보았다. 즉 금-은을 연동하여 국제 은가 하락에 영향을 받지 않으면서 현행 은본위제를 통일적인 화폐제도로 개혁하는 것이었다. 량치차오는 이러한 개혁안을 허금본위제虛金本位制, 금환본위제金換本位制, 금은복본위제金銀復本位制라고 부르면서, "젱크스의 안은 금본위이면서 은본위이고 복본위이기도 하지만, 금본위도 아니고 은본위도 아니며 복본위도 아닌 일종의 기이한 형태의 불가사의한 화폐제도"[35]라고 하였다. 중국의 현실을 고려한 혼합적인 방식의 화폐제도라고 본 것인데, 이 개혁안의 핵심은 금화를 가격의 표준으로 삼아 금화와 은화의 비가를 1:32로 정하고, 실제 통화에서는 은본위제에 입각한 전국적 표준 화폐를 발행하는 것이었다.

이렇게 량치차오는 이른바 허금본위제가 작금의 중국 현실에 가장 적합한 제도라고 보았지만, 그것이 최종적인 목표는 아니었다. 허금본위제로 전환하여 안정적으로 정착된 후에는, 본국의 금광을 채굴하거나 타국에 승전하여 획득한 배상금을 이용해 완전한 금본위제로 나아가야 한다[36]고 보았다. 그러나 완전한 금본위제 도입을 위한 조건으로 생각한 금광 채굴이나 배상금 획득은 불투명한 일이었던 만큼, 허금본위제의 안정적 운영이 량치차오가

34 1891년에서 1902년까지 은 1량을 파운드-스털링貨로 표시한 가치가 59펜스에서 31.2펜스로 약 47.1% 하락했음에도 불구하고, 무역 수지는 오히려 1891년 약 1,696,000량 흑자에서 1902년 62,378,000량 적자를 기록하였다. 구범진, 「젱크스(Jenks)의 幣制改革案(1904)과 淸末의 幣制 問題」, 79쪽.

35 梁啓超, 「中國貨幣問題」(1904).

36 梁啓超, 「幣制條議」(1910).

추구한 개혁안이라고 봐도 무방할 것이다.

젱크스가 제안하고 량치차오가 긍정한 허금본위제는 끝내 장즈동을 포함한 지방 세력의 반대에 의해 무산되고 말았다. 국가적 차원에서는 이익이 될 수 있었지만, 지방 고관들이 이에 반대한 것은 무엇보다 화폐 개혁으로 인해 향유하던 이익을 빼앗길 우려 때문이었다. 역대 왕조에서 볼 때 지방 세력의 화폐 발행은 줄곧 있었던 일이며, 이에 재정 확충을 시도한 중앙정부는 언제나 지방의 화폐 발행권을 제한하려고 했다. 그렇지만 화폐 주조를 통한 이익이 지방 세력의 주요 수입원이었기 때문에, 이를 제한하려는 중앙 정부의 시도는 저항에 직면할 수밖에 없었다.

량치차오 시대의 허금본위제도 마찬가지였다. 금-은 가격이 고정된 기반 하에 은본위제를 시행하는 것이어서 사실상 현행 제도와 큰 차이는 없었다. 또 열강의 내정 간섭이 우려되었으나 젱크스의 수정안에서는 공개성 원칙과 자문 역할로 제한되어 반대할 명분도 사라졌다. 그럼에도 불구하고 지방 세력이 반대한 핵심 원인은 중앙정부가 신권 발행을 일원화하여 지방의 이익을 제한한 데 있다고 봐야 할 것이다.

량치차오가 전국적 통일 화폐제를 역설한 것은 1890년 광동에서 은원 발행이 허가된 이래 각 성에서 주조 이익을 위한 은원 발행이 확산됨에 따라 심각한 경제 혼란이 벌어졌기 때문이었다. 지방의 통화발행을 제한하려 한 것은 조세제도의 중앙화 개혁과 마찬가지로 중앙정부의 재정을 확충하기 위한 것이었다. 하지만 지역 발전을 위한 지방세 문제와, 화폐 발행이 지방 고관 및 하위 관리의 수입이 되는 문제가 개선되지 않는 상황에서, 지방 세력의 저항은 반복될 수밖에 없는 일이었다.

중국의 화폐 통일은 1935년 난징 국민당 정부가 은본위제를 폐지하고 표준 지폐를 발행한 법폐개혁을 통해 실현되었다. 법폐개혁은 1934년 미국의 은 구매 정책으로 국제 은값이 폭등하는 압박 하에서 이뤄진 것이지만, 법폐의 가치를 달러·파운드의 환율과 연동시킴으로써 신뢰를 높일 수 있었다. 그러나 화폐제도의 불안정성으로 인한 국제금융 문제 및 중앙-지방 간의 불신은 여전히 해결해야 할 미완의 과제로 남아 있었다.

중국은 아편전쟁으로 세계경제에 피동적으로 개방되었지만, 열강의 경제 식민지가 되거나 종속된 것은 아니었으며, 세계화의 이점을 활용하여 경제 근대화를 이루기 위한 다각적인 방안을 모색하였다. 혁명파든 입헌파든 공히 경제발전을 위한 국가의 역할을 강조했으며, 국영부문·민간부문·외자부문·농업경제 등 혼합경제 제 부문의 균형적 성장을 통해 경제발전을 이루려고 하였다. 아울러 중국경제의 폐단을 개혁하기 위한 방안을 제기했는데, 그 핵심은 중앙정부의 재정 확충을 위한 조세 개혁과 화폐 개혁에 있었다. 그러나 개혁을 추진할 중앙정부의 힘이 제한적이고 또 중앙과 지방의 균형발전을 위한 정책이 결여된 상태에서, 국가 주도 경제발전은 지방 세력의 저항에 직면할 수밖에 없었다.

근대 중국은 지역 군벌 간의 내전의 시기였으며, 군벌들은 세력 확장을 위해 자기 지역에 진출한 열강과 정치 경제적 협력관계를 맺고 있었다. 이러한 상황은 중국의 경제발전에 있어 치명적인 두 가지 문제점을 드러냈다. 하나는 군벌-열강-해외 교역 관계의 형성으로 인해 중국 내부 지역 간 교역이 단절 혹은 분절되어 전국적 차원에서 통합된 시장경제 체제가 형성될 수 없었다는 점이다. 다른 하나는 군벌들이 지방정부로 각기 독립되어 있어서 중국경제를 통일된 국민경제로 발전시킬 중앙정부의 역할이 미약했다는 점이다. 열강들은 무역 장벽을 통해 자국 경제를 보호하면서 해외 시장과 식민지에서 약탈적 이익을 얻고 있었는데, 열강의 이러한 추세로부터 국민경제를 보호 육성하기 위해선 지역 군벌들을 결속시킬 통일정부의 수립이 이루어져야 했다.

| 7장 |

미래 목표: 세계질서 속의 중국의 시대

1. 근대, 고난을 넘어 부흥의 시대로

서구 중심적 세계질서 속에 편입된 근대 중국은 청 제국의 판도를 통합하여 일체화된 통일국가를 만들려 했는데, 이는 종래에 존재하지 않았던 국가 개념이었다. 한족 국가의 측면에서 보면 그 판도를 초월한 광대한 제국이 되고, 전통 제국의 측면에서 보면 제 민족과 지역으로 분리되어 있던 내부가 일체화된 통일국가가 된다. 이러한 국가는 청 제국의 판도를 계승하려 한 한족 엘리트들이 서구 민족국가의 방식으로 근대 중국을 재건하는 과정에서 탄생한 비전이었다.

이러한 비전은 제국주의 침입이라는 망국 멸종의 위기 속에서 미래 가능성을 찾으려 한 것인데, 특히 중국과 세계의 관계를 재구성한 역사 서사가 중요한 역할을 하였다. 두아라는 이러한 근대 중국의 역사 서사가 서구의 진보 서사를 수용하여 만들어진 것이라고 보았다. 즉 고대-중세-근대로 진보하는 역사 시기 속에서 근대를 위대한 고대가 부흥하는 르네상스 시기로 보는 서사가 바로 그러했다.[1] 이러한 서사에서 절망적 현재는 부흥의 미래로

1 프라센지트 두아라, 『민족으로부터 역사를 구출하기: 근대 중국의 새로운 해석』, 65-66쪽.

나아가는 고난의 시기로 인식되었고, 이에 근대 중국의 국가 비전이 세계적이고 미래지향적인 메시지를 지닐 수 있었다.

량치차오에게 근대 중국은 부흥의 시대일 뿐 아니라, 중국사의 공간이 세계로 확장된 시기이기도 했다. 량치차오는 중국사의 공간 확장성에 주목하여, 고대를 '중국 속의 중국'의 시기로, 중세를 '아시아 속의 중국'의 시기로, 그리고 근대를 '세계 속의 중국'의 시기로 보았다.[2] 고대는 중국인의 시조인 황제부터 진의 통일(기원전 221년)에 이르는 시기로, 중국 민족이 스스로 경쟁하면서 발전해온 통합의 시간이다. 량치차오는 이 시기를 전통적인 중국 영토 내부에서 묘족 등의 야만족에 승리하여 중국 민족이 형성된 '중국 속의 중국' 시기라고 보았다.

중세는 진의 통일에서 청 건륭제 말기(1796)에 이르는 시간이다. 이 시기는 중국이 아시아 다른 민족들과 상호 교섭하면서 중앙집권적인 전제군주제를 발전시켜나간 시간이다. 중세 중국은 청이 개척한 '아시아 속의 중국' 판도에서 한족, 묘족, 티베트족, 몽골족, 퉁그스족(만주족), 흉노족(위구르 또는 돌궐족)의 아시아 종족들이 외부 종족에 대항하면서 거대한 민족을 형성하였다.

근대는 건륭제 말기에서 서구 세계와 연결된 현재에 이르는 시간이다. 이 시기는 중국이 전 아시아 민족들과 함께 서구 국가들과 경쟁하면서, 전제군주제를 청산하고 입헌민주제로 나아가는 '세계 속의 중국'이 탄생한 시기이다. 이렇게 량치차오는 중국사가 중원지역의 고대 중국에서, 청 제국 판도의 아시아로 확장된 중세 중국으로, 그리고 세계질서 속에 편입된 근대 중국으로 진화한다고 보았다.

이러한 역사 속에서 고대는 중국 민족과 문화와 통일국가가 형성된 순수성

---

2 梁啓超, 「中國史敍論」(1901). 량치차오는 고대-중세-근대의 시기 구분을 상세上世-중세-근세의 용어를 사용하여 구분한다.

의 시대이며, 중세는 내부의 병폐와 외부 이민족의 침입으로 인해 고대의 순수성이 파괴된 시기였다. 그리고 근대는 중세의 전제군주제를 타파하고 입헌민주제 국가를 건설하여, 세계질서 속에서 고대 중국의 순수성을 회복하는 르네상스 시기로 인식되었다. 이러한 서사 덕분에 현실 중국은 망국 멸족의 위기에 처해 있지만, 장기적 역사 속의 근대 중국은 고난을 극복하고 위대한 부흥의 시대를 여는 르네상스 시기가 되었다.

고난의 차원에서 보면 중세와 근대는 연결되어 있었다. 중세의 시간 동안 한족은 시종 중앙아시아 유목 민족들에게 압도되었으며, 근대는 세계 열강의 침입이라는 더 큰 고난에서 시작되었기 때문이다. 이에 량치차오의 서사는 중국사의 공간이 중원지역에서 세계로 넓어지기는 했지만, 한족이 주도한 시기는 고대에 한정되고, 중세와 근대는 이민족이 위력을 떨치는 시기라는 곤혹감이 내재되어 있었다.

량치차오도 이 점을 잘 인지하고 있어서, 중세에 한족이 중앙아시아 유목 민족들에게 압도되기는 했으나, 정신적인 면에서 승리하여 결국 거대한 중국 민족으로 통합되었다고 주장하였다. 이러한 서사 하에 몽골 원의 통치는 남북으로 분열된 중국을 통일한 것이 되고, 만주족 청이 개척한 제국의 판도는 근대 중국이 반드시 계승해야 할 유산이 되었다. 정신적인 면에서의 승리는 곧 중국문화로의 동화를 뜻하는데, 이는 국가 통치에서의 이민족 지배와 정신적 문화적 차원에서 한족 우월성이라는 이원 구조를 지니고 있었다. 이 이원 구조는 한족이 통치집단이 되어 이민족을 통합(동화)할 때 해소될 수 있는 것이었다. 량치차오가 주창한 대민족 통일국가는 바로 중세의 이원 구조를 한족 중심으로 통합하면서 아울러 근대 세계질서 속으로 진화해가는 미래 비전이라고 할 수 있다.

량치차오의 서사가 청 제국 판도의 계승을 전제한 것이었다면, 한족 민족국가 건설을 주창한 그룹에서는 이와 상이한 서사를 제기하였다. 왕징웨이汪

精衛의 「민족적 국민」[3]에서 주장한 서사가 대표적인데, 그 핵심에는 한족과 이민족의 동화 문제가 있었다. 왕징웨이는 이 문제를 고찰하기 위해 세계사적 차원에서 벌어진 종족-민족의 경쟁과 진화 방식을 4가지 유형으로 정리하였다.

① 동등한 힘을 지닌 종족들은 통합하여 하나의 새로운 민족을 형성한다.
② 정복한 다수 종족은 정복당한 소수 종족을 흡수한다.
③ 정복한 소수 종족은 다수 종족을 동화시킨다.
④ 정복한 소수 종족은 정복당한 다수 종족에 동화된다.

이러한 유형은 종족 간의 경쟁과 진화 방식에 주목하여 량치차오의 판도 중심의 서사와 차이를 보이는데, 이러한 시각 차이는 역사 해석의 상이함으로 나아간다. 왕징웨이는 만주족 청이 건국하기 전까지 중국사는, 진晉대에서 수대 그리고 원대의 시기를 제외하면, 대부분 ②한족이 정복한 다수 종족이 되어 소수 종족을 흡수한 것으로 보았다. 그러나 만주족 청이 건국한 이후에는 ③만주족이 정복한 소수 종족이 되어 다수 종족인 한족을 동화시키는 시대로 전락하였다. 량치차오가 진시황에서 건륭제 말기까지의 중세를 이민족이 한족을 압도한 시기로 본 것과 달리, 왕징웨이는 청 이전까지는 대부분 한족이 지배한 시기로 보고 있다.

그러나 청 이후는 만주족에게 동화되어 흡수될 위험에 빠지게 된 것이 한족의 실정이며, 이를 극복하여 ④만주족을 한족에 동화시키는 일이 민족국가 건설의 당면과제가 되었다. 이렇게 왕징웨이의 서사는 고난의 시대인 만주족 지배를 극복하여 한족국가를 건설함으로써, 중국사의 대부분을 차지

3 汪精衛, 「民族的國民」(1905).

한 한족 통치의 역사를 회복하는 방향으로 나아간다. 이러한 점에서 보면 서사 틀에 있어 판도/종족의 차이가 있지만, 량치차오와 왕징웨이의 서사 모두 근대 중국을 고난 극복과 위대한 고대의 회복으로서 르네상스 시기로 보고 있었다.

량치차오와 달리 왕징웨이는 하나의 종족으로 구성된 국가가 복수의 종족으로 구성된 국가보다 뛰어나고 여겼다. 왕징웨이가 보기에, 동일 종족의 인민은 서로 형제이며 이들이 형제일 때 자연스럽게 평등해진다. 그리고 정복당한 종족은 자유가 제한되고 다른 종족과 늘 다투기 때문에, 단일한 종족으로 구성된 인민이어야 자유를 누릴 수 있다. 왕징웨이는 평등과 자유의 관점에서 동일 종족이 국가를 구성하는 것이 이상적이라고 본 것인데, 그렇다고 한족만을 민족국가의 구성원으로 제한한 것은 아니었다.

왕징웨이가 종족적 순수성을 강조한 것은 사실이지만, 다른 종족도 문명화된 종족으로 흡수 될 때 진보할 수 있다고 보았다. 과거 중국사에서 한족은 다른 종족을 흡수한 영광스런 역사를 보유하고 있었으며,[4] 이에 만주족뿐 아니라 청 제국 판도의 이민족들도 한족문화를 수용하면 민족국가의 구성원으로 받아들일 수 있었던 것이다. 이러한 통합(동화)의 논리는 혁명파의 한족국가론이 신해혁명 이후 오족공화론을 수용하고 나아가 한족 중심의 중화민족론을 주창하는 기반이 되었다. 이렇게 중화민족이 진영의 차이를 넘어 부흥의 시대를 열어가는 새로운 정치공동체로 상상되고 있었다.

중세의 이민족에 의한 수난과 근대의 제국주의 침입으로 인한 수난을 넘어, 각성된 중화민족이 새로운 정치공동체를 형성하여 부흥의 시대를 열어가는 중국의 국가 비전은 이러한 역사 서사 속에서 탄생한 것이었다. 공화정을 수립한 중화민국과 사회주의 국가 중화인민공화국 그리고 21세기 미중경쟁

4 프라센지트 두아라, 『민족으로부터 역사를 구출하기: 근대 중국의 새로운 해석』, 69쪽.

시대에서도 '백년국치'의 설욕은 중국식 르네상스 서사의 역사적 사명이 되었다.

2. 전 지구, 제국이 개척할 새로운 판도

고난의 시대인 19세기가 지나고 20세기의 빛이 떠오를 즈음, 량치차오는 중국의 시대가 도래할 것을 염원하였다. 그 빛은 청의 아시아 판도 너머의 태평양에서 시작되어 세계 속의 중국이 나아갈 길을 예언처럼 노래하고 있었다.

> 아하, 태평양! 태평양! 그대의 얼굴은 비단 같은 곳, 그대의 등은 아수라장, 해저케이블이 부설되고, 전함이 더욱 증강하고, 시베리아 철도가 완성되고, 파나마 해협의 운하가 개통되는 날, 그때 태평양의 20세기 천지는 비극과 희극, 장관과 참극이 함께 울려 퍼지리라. (…) 듣건대 해양 국가의 민족사상은 고상하고 활발하다 하니, 우리 동포가 바람을 타고 비상하길 바라고, 우리 동포가 물결을 헤치며 일어서길 염원하네.[5]

1899년 12월 30일, 이 노래는 량치차오가 샌프란시스코를 가기 위해 요코하마에서 배를 타고 태평양을 항해하는 도중에 부른 것이다. 당시 량치차오는 변법운동에 실패하고 망명지 일본에서 고난의 시간을 보내고 있었지만, 20세기를 앞둔 태평양을 항해하며 세계적 문명 전환이 도래하고 있음을 직감하였다. 그리고 새로운 문명을 주도하는 해양 국가의 침탈을 극복하고 중국이 20세기의 주역으로 일어설 수 있기를 염원하였다.

---

5 梁啓超, 「二十世紀太平洋歌」(1902).

이렇게 량치차오는 태평양에서 세계 문명 흐름에 대한 특별한 감회를 느끼고 있었다. 인류 문명은 나일강, 티그리스 유프라테스강, 인더스강, 황하에서 발상한 하천 문명시대를 지나, 지중해, 아라비아해, 황해, 발해 등을 중심으로 한 내해 문명시대로, 그리고 대항해 이후 전 지구적인 해양 문명시대로 나아가고 있었다. 태평양은 바로 대서양에 이어 해양 문명시대의 새로운 중심 무대로 부상하는 공간이었던 것이다.

태평양 시대는 영국과 러시아가 경쟁하는 가운데 독일·미국·일본 등이 뛰어들어, 해저케이블이 부설되고 전함이 증강하고 시베리아 철도가 완성되고 파나마운하가 개통되면서 열린 것이었다. 세계 열강들이 대서양에서 태평양으로 몰려온 것은 평화로운 문명 전환이 아니라 동아시아 대제국 중국에 남아있는 거대한 이권을 차지하기 위해서였다. 전 세계가 태평양과 동아시아 중국을 중심으로 새로운 문명의 시대를 열어가는 20세기, 량치차오는 근대 중국의 역사 서사처럼 고난을 극복하여 중국의 세기를 만들려는 부흥의 꿈을 꾸고 있었다.

제국주의의 위협 속에서 태평양 시대를 노래한 그해, 량치차오는 「중국 인종의 미래」[6]라는 글에서 20세기에 중국인이 세계에서 가장 강력한 세력을 지닌 인종이 될 것이라고 주장하였다. 그 주요 근거는 국가적 차원에서 중국이 풍부한 인적 물적 자원과 문명창조 능력을 지니고 있고, 아울러 중국인이 자치능력·모험심·독립성이 강하다는 것이었다. 량치차오는 근면하고 인건비가 저렴한 중국의 농민·노동자가 전 세계 노동시장을 장악하고 있으며, 지금까지 개척한 남미와 아프리카·태평양 지역뿐 아니라 브라질·멕시코 등도 중국인에 의해 개척될 것이라고 보았다. 향후 세계 경제에서 자본가와 노동자 간의 갈등이 심해지고 생산비용과 노동비용이 증가하여 지속적인

6 梁啓超, 「論中國人種之將來」(1899).

성장이 어려워지면, 중국의 저렴하고 풍부한 노동력이 문제 해결을 위해 중요한 역할을 할 것이라고 전망하였다.

역사적으로 볼 때 중국인은 국가에 의존하기보다는 종족이나 향촌을 단위로 한 독립적인 자치를 시행했고, 또 모험심이 강하여 온갖 역경을 견디며 해외에서 새로운 삶의 공간을 개척하였다. 이에 세계 각지의 화교들은 고유의 풍속을 유지하며 지역의 중요한 세력이 되었는데, 영국 네덜란드 등이 장악하고 있는 동남아시아 역시 유럽보다 중국인이 먼저 발견한 것이었다.

이러한 점은 량치차오가 『신민설』에서 중국인에게 결핍되었다고 보았던 덕목이었다. 더 정확히 말하면, 본래 전통시기 중국이 제국을 건설할 때 장점으로 발휘된 능력이었는데, 근대 중국에 이르러 능력을 상실하면서 위기에 처하게 된 것이었다. 『신민설』에서 량치차오는 이 능력을 회복하기 위한 최상의 모범으로 영국의 앵글로색슨족을 부각했지만, 중국인의 역사적인 경험 자체를 부정하지는 않았다. 량치차오는 제국 건설의 과정에서 발휘된 중국인의 능력과 근대 유럽의 제국 건설 능력에 대한 학습을 기반으로 근대국가를 건설한다면, 20세기 태평양 시대는 중국의 세기가 될 수 있을 것이라고 본 것이다.

그런데 20세기 태평양 시대는 제국이 경쟁하는 민족제국주의 시대였기 때문에, 중국의 세기가 되기 위해선 내부적으로 제국주의 침탈을 극복하면서 해외에서 미지의 공간을 개척해야 하는 이중 과제를 안고 있었다. 이 미지의 공간은 과거 제국주의 시대의 영토 확장을 넘어 경제적 이익을 얻을 수 있는 전 지구적인 상업 시장이었다. 이 시대는 경제적 식민지 개척이 국가의 핵심 과제였으며, 중국으로서는 내부의 인구 압력을 이주를 통해 해소할 수 있는 방안이기도 했다. 이에 량치차오는 중국 역사 속의 식민지 개척자들의 업적을 발굴했는데, 이는 중국인의 잠재 능력을 보여주는 것일 뿐 아니라 국가적 차원의 제국 경쟁에서 중국이 나아가야 할 방향을 시사하는 것이기도 했다.

량치차오는 중국에서 2천 년 동안 유럽의 콜럼버스 같은 신대륙 개척 사상을 지닌 인물이 한두 명뿐이라고 개탄하면서, 중국사에서 모범이 될만한 개척자 몇 명을 소개하였다. 전국시대 유목문화를 수용하여 강국을 만든 조나라 무령왕, 한대 서역을 개척한 장건과 반초, 명대 인도양과 아프리카 동부 해안을 원정한 정화, 명청대 인도차이나와 동남아시아 식민지를 개척한 8명의 민간인이 그 주인공이었다. 영토 확장과 식민지 개척의 측면에서 보면, 요금의 정복 군주나 원대 칭기스칸, 청대 강희제·건륭제 등이 꼽힐 수 있지만, 량치차오는 이민족보다 한족 출신 인물을 선정하여 중국인의 진취성과 상무 정신을 진작시키려 했다.

조 무령왕은 유목민의 호복기사胡服騎射를 받아들여 흉노를 제압하고 북방 영토를 개척한 인물이다. 량치차오는 무령왕이 진한의 제국주의로 발전해가는 과도기에 이민족 정복에 힘썼으며, 말년에 유폐되어 죽지 않았다면 천하 통일은 진시황이 아니라 그에 의해 이루어졌을 것이라고 주장하였다. 량치차오는 중앙아시아를 비롯한 서역에서 군사 정복 활동을 벌인 한나라를 한족 중심의 제국주의 시기이며, 장건과 반초가 개척자로서의 혁혁한 공로를 세웠다고 보았다. 장건은 대월지와의 동맹을 위한 외교전과 아울러 흉노 정벌에 직접 참여하기도 했으며, 특히 서역에 대한 인식과 교류를 촉진하는 데 지대한 공헌을 하였다. 반초는 서역 정복 활동을 이끈 장수였는데, 량치차오는 반초가 사용한 이이제이의 방법이 야만족을 다루는 최상의 방법이었으며, 서구가 동양을 식민화하는 동방정책에서 이를 활용하였다고 보았다.

정화는 해양 원정을 통해 중국의 해상권을 대외적으로 신장시킨 인물로, 1405년부터 1433년까지 7차례에 걸쳐 동남아시아, 인도, 아라비아반도, 아프리카 동부 연안까지 원정하여, 많은 국가들을 조공체계에 편입시켰다. 량치차오는 정화의 원정이 마르코폴로가 남긴 서구에 대한 관심에서 촉발되어, 콜럼버스·바스코 다가마 등의 대항해보다 수십 년 빨랐다고 했다. 그리고 정화의 대항해에 기반하여 명청대에 동남아시아에 진출, 식민지를 건설한 8명의 중국인이 있었다. 이들은 해적으로 몰려 국가의 탄압을 받으면서도 해외에서 식민지를 개척한 선구자였다. 수마트라의 삼불제의 국왕 양도명과 장련, 보르네오섬의 파라국 국왕 왕모씨, 자바의 순타국 국왕 왕모씨, 섬라국 국왕 정소, 보르네오섬 가운데 칼리만탄주 북부의 대연국 국왕 오원성 및 같은 섬에 위치한 곤륜국 국왕 나대, 그리고 영국령 몰루카 해협의 식민지를 개척한 섭래가 바로 그러했다.

량치차오는 이들이 국가에 의지하지 않고 모험심과 상무정신을 기반으로 식민지를 개척한 것이며, 이는 서구의 콜럼버스·리빙스턴·클라이브·윌리엄 팬 등에 필적할 만하다고 칭송하였다. 이렇게 중국에도 제국주의 정책을 통해 영토를 확장하거나 강한 생존능력을 기반으로 해외 식민지를 건설한 인물들이 있었다. 그럼에도 불구하고, 근대에 중국이 오히려 세계 열강의 식민지로 전락한 원인은 무엇인가. 세계 열강의 식민지 개척은 모두 국가의 강력한 해상권과 제국주의 정책 하에 국민이 주체가 되어 이뤄진 것이었다. 그러나 중국의 제국주의는 국민이 주체가 아니라 황제 개인의 허영심에 의해 추진되어 욕망이 충족되면 중단되곤 하였다. 이에 대외 팽창으로 국가의 세력과 백성의 부가 증대되는 것이 아니라 오히려 국력이 소모되는 결과를 초래하였다. 대외 정복으로 획득한 점령지에 백성을 이주시켜 그 지역의 자원을 장악하고 영지로 복속시키는 것이 아니라, 피정복민을 국내로 이주시켜 백성의 토지를 이민족에게 주어 황제의 관용을 과시하는 등의 허영심을 채웠던 것이다.[7]

명청대에 동남아시아에 식민지를 건설한 8명의 중국인들은 국가의 지원이 아닌 탄압 속에서 성취를 이루었지만, 해상권을 장악한 세계 열강의 제국주

7 차태근, 『제국주의 담론과 동아시아 근대성』, 334쪽.

의가 이곳에 이르자 모든 이권을 양보하고 굴복할 수밖에 없었다. 이렇게 전 지구적 차원에서 식민지 경쟁이 벌어지는 태평양 시대에서, 중국의 세기를 만들기 위해선 무엇보다 과거 중국과 다른 방식의 국가의 역할이 필요하였다. 중국의 세기는 해상권 장악을 위한 군사력과 제국 정책, 그리고 세계 자본주의를 선도하는 과학기술의 발전 없이는 불가능한 일이었다.

량치차오를 비롯한 계몽주의 지식인의 입장에서는 중국사 속의 제국 경험과 개척자 정신을 부각하는 것이 중요한 일이었지만, 국가 통치집단의 입장에서는 실질적인 군사력 강화 방안을 마련하는 일이 급선무였다. 역대 통치자들이 가장 두려워한 것은 자신의 권력을 위협하는 세력들이었는데, 아편전쟁이래 몇 차례의 전쟁을 겪으면서 청조는 견선포리堅船砲利라고 부른 열강의 군함과 대포의 위력 앞에 속수무책이었다. 청조의 무기력한 패배는 서구 군사기술의 힘을 깨닫게 해주었고, 이에 서구의 장점을 배워 군수산업을 육성하기 위한 양무운동이 추진되었다.

양무운동의 추진 주체는 중앙정부가 아니라 쩡궈판, 리훙장, 줘종탕 같은 지방의 한족 관료들이었다. 18세기 말 이래 지속적으로 벌어진 민란에서 청조의 정규군은 한계를 보이기 시작했고, 특히 태평천국의 난 진압 과정에서 지방의 한족 관료가 주축이 된 군사 집단들이 큰 역할을 하면서, 이들이 청조의 실질적인 군사력을 장악하게 되었던 것이다. 양무운동 초기의 사업은 각지에 병기공장을 설립하는 것이었다. 쩡궈판은 안칭에서 화기와 기선의 시범 제작을 했고, 리훙장은 상하이에 강남제조국, 난징에 금릉기기국을 설립하여 본격적으로 병기와 함선을 제조하였다. 줘종탕은 푸저우선정국을 만들어 남해해군을 창설하고 여러 곳에 병기공장을 설립하였다. 이것들은 모두 지방 한족 관료들에 의해 국가적 차원에서 운영되었으며, 기선회사, 탄광 개발, 철도 건설, 직물 공장 등 군사 관련 사업들도 더불어 발전하였다. 양무운동의 최후를 장식한 사업은 리훙장이 주도한 북양해군 설립과 장즈동이

주도한 한양제철소 건설이었다.[8]

청일전쟁에서 양무운동이 자랑한 북양해군이 침몰하면서 서태후의 예산 남용 등 낡은 정치체제의 문제가 드러났고, 이에 정치개혁을 핵심으로 하는 변법론이 부상하였다. 변법론은 캉유웨이, 량치차오 등 입헌파 지식인들이 주축이 된 정치운동이었는데, 이로부터 근대 중국의 개혁 중심이 군사력·과학기술 방면에서 정치제도 방면으로 옮겨간 것이라는 통설이 형성되었다. 이러한 통설은 국민성 개조를 중심으로 하는 5.4 신문화운동과 연결되어 근대 중국의 개혁운동이 양무운동-변법운동-신문화운동으로 진화한다는 시각에 기반한 것이다.[9] 그러나 군사력 강화와 이를 위한 과학기술의 문제가 통치집단의 최우선적인 관심에서 벗어난 적이 없었으며, 청일전쟁 패배 이후 영토 분할의 위기에 처하면서 군사력은 더욱더 절박한 현안이 되었다.

변법운동과 신문화운동은 젊은 지식인들이 중심이 된 개혁운동이며, 군사력 강화는 중앙정부뿐만 아니라 지방의 유력 관료들과 군벌들이 자신의 세력을 유지 확장하기 위한 관건적 사안이었다. 군사력의 중요성은 통치집단을 넘어 계몽주의 지식인들도 모두 역설하는, 주권국가가 되기 위해 반드시 갖춰야 하는 생존의 문제였다. 량치차오는 『신민설』에서 군사력과 연결된 상무尙武 정신의 중요성을 다음과 같이 강조하였다.

> 세상 사람들이 하는 말에, "야만인은 힘을 숭상하고 문명인은 지식을 숭상한다"는 것이 있다. 아아! 이는 2×5가 10이라는 것은 알면서 1×10이 10이라는 것은 모르는 소리이다. 세상의 추이에 대해 대략만 알고 자세하게는 모르는

---

8 야부우치 기요시, 전상운 옮김, 『중국의 과학문명』, 사이언스북스, 2023, 185-186쪽.

9 3단계 개혁론에 내재한 문제점 비판과 대안 시각에 대해서는 이종민, 『근대 중국의 문학적 사유 읽기』(소명출판, 2004), 제2장 근대 중국의 시대 인식 참고.

것이다. 로마 문화가 대지에 찬란하여 차바퀴와 말 발자국이 전 유럽을 유린했지만, 한 번 산림 속의 야만족인 게르만을 만나게 되자 결국은 넘어져서 스스로 설 수 없게 되고 제국의 기강은 무너져 내렸다. 당시 로마의 지식 정도가 어찌 야만족보다 절대적으로 높지 않았겠는가만, 유약한 문명은 결국 야만의 무력을 당해 낼 수 없다. 그러므로 상무라는 것은 국민의 원기이고, 국가가 의지해서 성립할 수 있는 기반이며, 문명이 의지해서 유지될 수 있는 근거이다. 비스마르크는 세상에서 믿고 의지할 수 있는 것은 공법公法이 아니라 검은 철과 붉은 피뿐이라고 말했다. 공법은 오히려 믿을 수 없으며, 나라를 세우는 데 상무의 국민과 철혈주의가 없으면, 문명이 있고 지식이 있고 많은 백성이 있고 넓은 영토가 있더라도, 분명 이 극렬한 경쟁의 무대에서 자립할 수 없다.[10]

군사력은 국가의 안보와 생존을 위한 필수 기반이며, 국민은 국가를 지키기 위한 상무 정신을 함양해야 한다. 문명과 지식이 뛰어난 로마가 야만족인 게르만에게 굴복당한 원인이 스스로를 지킬 힘이 부족해서였던 것처럼, 중국이 세계 열강에 의해 영토 분할의 위기에 처한 것 역시 무엇보다 군사력이 약했기 때문이다. 량치차오는 나폴레옹에 유린당한 독일이 지금과 같은 강력한 제국이 된 것은, 온 나라 국민이 20세가 되면 모두 병사가 되는 군사제도 개혁을 이뤘기 때문이라고 보았다. 군사 민족주의라고 부를 수 있는 이러한 생각은 변법론과 신문화운동을 추진한 지식인들이 공유하고 있었던 시대적 상식이었다.[11] 신문화운동 세대인 마오쩌둥의 모든 권력은 총구에서 나온다는 생각 역시 이러한 군사 민족주의에서 파생된 것이라고 할 수 있다.

---

10 梁啓超, 「論尙武」(1903).

11 근대 중국의 군사 민족주의 형성에 대해서는 클라우스 뮐한, 『현대 중국의 탄생: 청 제국에서 시진핑까지』(너머북스, 2023), 253-256쪽 참고.

당시 중국이 직면한 영토 분할의 위기는 내륙뿐만 아니라 해양에서도 발생한 일이었다. 아편전쟁이래 벌어진 대외 전쟁이 다 바다에서의 충돌이었으며, 전쟁 패배로 개항장이 생기면서 중국의 강과 바다의 이익은 외국인의 손에 넘어가기 시작했다. 양무운동 시기 조약체제의 출현으로 해양질서가 재편되었고, 이에 전통적인 범선 항운업이 쇠퇴하고 근대적인 윤선 항운업이 흥기하였다. 특히 윤선의 등장으로 항해 이권이 서양 상인들의 손에 넘어갔는데, 대형윤선회사들이 상하이를 중심으로 중국 연근해의 항구는 물론 장강 등 내하에서 항운사업을 전개했기 때문이다. 리훙장 등의 양무 인사들은 이에 대항하기 위해 윤선초상국을 설립했으며, 1888년 북양해군의 건설은 해상권 장악을 위한 노력의 정점이었다. 청일전쟁에서 북양해군이 격파되기는 했지만 청말 신정시기에 해군이 재건되었으며, 이 시기에는 어업이익과 영해인식, 섬에 대한 주권의식, 화교에 대한 관심 등 해양 영토에 대한 주권의식이 한층 강화되었다.[12]

20세기 태평양 시대 중국은 이러한 분쟁을 통해 내륙과 해양에서 공히 영토 주권의식에 눈을 뜨고 있었다. 더 나아가 서구의 제국과 식민 개념을 확대 적용하여 전통적인 조공국을 독립국이 아닌 식민 속국으로 규정하고, 또 현재 남중국해 동중국해의 국제 해양 분쟁의 기원이 되는 근대적 사건들을 통해 중국식 영토의식을 형성하고 있었다.[13]

---

12 조세현, 『천하의 바다에서 국가의 바다로: 해양의 시각으로 본 근대 중국의 형성』, 일조각, 2016, 474-478쪽.

13 중국의 국제 해양 분쟁의 기원이 되는 근대적 사건에 대해서는 빌 헤이턴, 『중국이 말하지 않는 중국: 현대 중국 탄생에 숨겨진 빛과 그림자』(조율리 옮김, 다산초당, 2023), 제8장 중국이 남중국해를 가지게 된 이유 참고.

3. 과학기술, 문명을 선도하는 지식-제조 능력

근대 중국의 영토의식은 이렇게 군사 민족주의에 기반하고 있었으며, 과학기술의 힘과 그 중요성에 대한 인식 역시 군사 안보 방면에서 먼저 이루어졌다. 양무운동은 군수산업을 육성했을 뿐 아니라 번역관을 설치하여 쉬서우, 화형팡 등의 중국인 과학자와 프라이어, 와일리 등의 선교사가 중심이 되어 서구의 주요 과학 서적을 번역하였다. 구국을 위해 서구의 신지식과 신기술이 필요하다고 본 것이었으며, 이러한 생각은 구 교육에서 벗어난 신식 학당 설립으로 이어졌다. 양무운동의 대신들은 1860년대부터 30여 곳의 신식 학당을 세웠는데, 이 가운데 과학기술학당 11곳이 포함되어 있었다.

이러한 학당과 아울러 양무운동과 연결된 선교사들도 근대식 과학 교육에 큰 공헌을 하였다. 프라이어는 1876년 상해의 영국 조계지에 과학영재 교육을 위한 격치서원格致書院을 개원하여, 서양 과학과 기술, 제조의 원리를 연구하고 과학기기와 천문 지도, 건축과 제작, 전기 화학 등에 통달하는 것을 목표로 삼았다. 격치서원은 번역과 실용기술에 치중한 양무 학당과 달리, 수학 과목을 필수로 하여 광업, 전기학, 측량, 공사, 증기기관, 제조 등의 과학이론과 원리 교육을 시행하였다. 그리고 <격치휘편格致彙編>이라는 근대 과학잡지를 창간하여 최신 과학 지식을 소개하고 칼럼을 게재하여 과학의 대중화에 기여하였다.

신식 과학 교육에 이어 유학생 파견의 필요성이 대두되었는데, 청조는 1872년 평균 연령 12세의 어린아이들을 미국에 파견하여 자강을 위한 선진 기술을 배우는 프로젝트를 시행하였다. 최초의 국비유학생인 이들을 유미유동留美幼童이라고 하며, 1880년까지 예일대학 22명, 매사추세츠공과대학 8명, 컬럼비아대학 3명, 하버드대학 1명 등 50여 명이 대학에 입학하였다. 프로젝트 시행 9년 만에 보수파에 의해 중단되기는 했지만, 귀국한 유미유동들은 리훙장의 주도로 푸저우의 마미선정학당, 톈진의 북양수사학당과 해군의학교, 다구커우의 포대어뢰정부대 등 해군과 관련된 곳이나 선정국, 기기국, 전보국 등 기술 관련 부서에 배치되어 두각을 나타내기 시작했다. 특히 청불전쟁과 청일전쟁에서 해군 중간 간부로서 중요한 역할을 했지만, 북양해군의 침몰과 함께 바다로 수장되어 비극적인 결말을 맺었다.

이렇게 중단된 유학생 프로젝트는 의화단 사건 이후 새로운 전기가 마련되었다. 의화단 사건으로 촉발된 8개국 연합군과의 전쟁에서 패배하면서 청조는 막대한 배상금庚子賠款을 물게 되었는데, 미국이 배상금을 반환하면서 이 돈으로 청화학당을 건립하고 미국과 영국으로 유학생을 파견할 수 있었다. 이 사업은 장기간 지속되어 중일전쟁이 발발한 1938년 통계에 따르면, 당시 해외에서 유학하고 있는 학생이 2,500명이었다. 이 가운데 미국과 영국에서 학위과정을 밟는 학생이 1,500명이며, 70~80%가 이공계를 전공하고 있었다.

양무운동 이래 과학구국科學救國을 표방한 국가 정책이 지속되고 있었던 것인데, 이 가운데 주목할 사건이 핵무기 개발을 위한 장제스의 종자 프로젝트(1946)와 마오쩌둥의 596 프로젝트(1959)였다. 미국이 나가사키 히로시마에 원자탄을 폭격하여 2차 세계대전을 끝낸 이후에도 중국에서는 국민당과 공산당의 내전이 촉발되고 있었다. 이에 미국의 중국지역 참모장 웨더마이는 국민당 정부에 유학생을 파견하여 원자폭탄 제조 기술을 배우라는 제안을 하였다. 종자 프로젝트는 웨더마이의 제안에 따라 미국에 유학생을 파견하는 것인데, 그 경비는 미국이 의화단 사건 때 반환한 배상금을 이용하였다. 이때 파견된 유학생들은 원자물리학 분야의 리정다오·주광야, 수학 분야의 쑨번왕·쉬센슈, 화학 분야의 탕오칭·왕뤄션 등이었다. 그러나 미국 정부가 원자폭탄 제조 기술을 넘겨주지 않았을 뿐 아니라 국민당이 내전에 패하면서 종자 프로젝트는 실패를 고하였다.

공교롭게도 유학생 파견 정책의 최대 수혜자가 된 것은 미국·장제스와 적대적 관계에 있던 마오쩌둥의 596 프로젝트였다. 한국전쟁으로 인해 세계가 냉전 시대로 돌입하면서 마오쩌둥은 소련과의 협력을 통해 원자폭탄을 개발하려고 하였다. 그러나 중소분쟁이 일어나 소련이 기술진을 철수시키면서 중국 단독의 개발 프로젝트를 진행하게 되는데, 이것이 바로 소련이 철수한 1959년 6월을 상기시키는 596 프로젝트였다. 이 프로젝트는 원자폭탄(1964), 수소폭탄(1967), 인공위성(1970)으로 이어지는 양탄일성兩彈一星 제작에 성공하였다. 이때 참여한 과학자 대부분은 미국과 영국에서 핵물리학·항공우주학·탄도학 등을 전공한 유학생들로, 국민당 정부가 파견한 국비 장학생들이었다. 당시 미국 유학생들은 냉전과 매카시즘 광풍으로 간첩이나 사찰 대상으로 몰려 미국을 떠나야 할 처지가 되었는데, 대부분 장제스의 타이완이 아니라 공산당의 대륙을 선택했으며, 이들에 의해 양탄일성이 제작되었던 것이다.[14]

군함과 대포의 충격에서 촉발된 서구 과학기술 따라잡기 정책이 군사 안보 방면에서는 양탄일성의 제작으로 결실을 이루었다고 볼 수 있다. 아편전쟁 이래 130년의 시간이 소요된 것인데, 그 과정에서 과학구국의 슬로건이 중요한 역할을 하였다. 군수산업 등의 군사 안보 부문은 국가가 주도하는 영역이라 특히 그러했지만, 지식계나 민간경제 부문 그리고 일반 대중들 사이에서도 과학구국 하에 다원적인 과학-기술 개념들이 형성되고 있었다.

서구 과학기술의 충격이라는 측면에서 보면, 군함과 대포의 군사기술에 앞서 명청대 선교사들이 전래한 수학, 천문학, 지리학, 의학, 농학 등의 과학기술이 있었다. 선교사들의 진입은 명대 중기 이래 형성된 글로벌 교역에 편승한 것인데, 당시 포르투갈, 스페인을 필두로 한 유럽 상인들은 시계,

---

14 중국의 양탄일성 제작 과정에 대해서는 한성구, 『미스터 사이언스: 중국 대중과학 프리즘』(궁리, 2024), 21. 중국의 맨해튼 프로젝트 참고.

유리, 모직품 등을 들고 중국으로 왔다. 그러나 유럽의 상품은 매력이 떨어져 중국 소비자들의 외면을 받았으며, 이에 아메리카의 은으로 중국의 도자기, 비단, 찻잎을 수입하는 길밖에 없었다.[15] 상인들이 취급하는 실용 상품과 기술에서 중국이 유럽을 압도하고 있었던 것이다. 그러나 선교사들이 가져온 과학기술은 중국 황실과 지식인들의 지대한 관심을 받았다.

선교사들은 중국 과학기술의 문제점을 인식하고 선교에 유리한 환경을 조성하기 위해 유럽의 학문 성과를 소개하였다. 마테오리치를 비롯한 선교사들은 선진 과학기술을 통해 천원지방天圓地方의 중국식 우주관과 지리관에 큰 충격을 주었을 뿐 아니라, 농업·측량·공사·조운·시계 등에 관한 실용기술을 전하여 새로운 문명 세계에 눈을 뜨게 해주었다. 특히 우주 운행의 지식과 황제의 통치 정당성이 연결되어 있는 천문학 분야와, 중국 중심적 지리관의 허구성과 광활한 세계 지리를 보여준 지리학은 중국의 문화 정통성 문제를 건드리는 사안이었다.[16]

이렇게 명청대는 글로벌 교역에 필요한 실용 상품과 기술 면에서 압도적 수준을 지니고 있었지만, 국가 정통성과 안보와 연결된 과학기술 영역에서는 유럽에 뒤처지고 있었다. 1793년 매카트니가 이끄는 영국 사절단이 청 건륭제를 알현했을 때, 건륭제가 "나의 제국은 영토 안에 모든 물산이 풍부하고 부족한 것이 없다"고 한 말은 절반의 진실이었다. 신장, 몽골, 티베트 등 역대 최대의 강역에서 물산이 풍부하고 글로벌 교역에서 수출국의 지위를

15 명청대 중국과 유럽의 무역 불균형에 대해서는 리우쥔·왕쉰 편, 『명청 시대 중국의 해상무역과 상품(1368~1840)』(윤지산 옮김, 경인문화사, 2022), 344-348쪽 참고.

16 서양 선교사들이 전래한 천문학과 지리학이 중국에 준 충격에 대해선 거자오광, 『중국사상사』 2(일빛, 2015), 제3편 1절 천붕지열(天崩地裂) 상: 전통 중국의 우주 질서와 서양 천문학이 만났을 때, 2절 천붕지열(天崩地裂) 하: 고대 중국에서 그린 세계지도 속의 '천하(天下)', '중국(中國)', '사이(四夷)' 참고.

누리고 있었지만, 향후 청조를 위기에 빠트리게 될 몇 가지 부족한 물산이 있었기 때문이다.

당시 영국은 교역 적자를 메우기 위해 인도산 아편을 수출하면서 중국의 은 유출이 시작되었고, 1823년에는 영국의 은이 더 이상 중국으로 유입되지 않았다.[17] 그리고 서구의 근대적 상품들이 중국 시장에서 점유율을 높이고, 열강과의 전쟁 패배로 인한 막대한 배상금, 세계 경제의 금본위제 전환으로 인한 국제 은 가격 하락 등으로 중국은 은 기근 현상에 시달리게 되었다. 은에 이어 중국이 확연히 부족하게 느꼈던 것은 아편전쟁에서 드러난 군함 대포의 군사력이었다. 그리고 군사 안보 위기와 서구 근대문명의 충격으로 중국 중심적 세계관이 균열되면서, 이를 극복할 사상 문화적 자원이 부족하다는 사실을 깨닫게 되었다.

명청대 선교사들이 전수한 천문학·지리학은 우주 자연과 인간 세상에 대한 중국식 관념을 수정할 수 있는 지식이었지만, 천조국으로서의 강한 국력은 이를 허용하지 않았다. 명청대만을 놓고 보면, 우리에게 익숙한 중국 정신문명/서구 물질문명, 중국 형이상학/서구 형이하학과 같은 논리는 성립되지 않는다. 중국이 실용 상품과 기술에서 앞서 있었던 데 반해, 우주 자연의 형이상학과 과학적 인식에서는 유럽에 뒤처져 있었기 때문이다. 국력이 번창할 때는 중국식 형이상학(세계관)이 자부심이 될 수 있었지만, 망국 멸종의 위기가 형이하학의 세계에 닥치자 문제의 근원으로 부각되었다.

양무운동 이래 신식 학당·서원과 대중 잡지·신문을 통해 서구 과학기술이 알려지고, 무엇보다 눈앞의 현실에서 위력적인 무기와 신비한 기술의 세계를 접하면서 대중들의 인식이 변하기 시작하였다. 형이하학의 세계에서 중국 우월성의 허구가 드러나면서 중국 사회를 구축한 유교의 허위성이 폭로되었

---

17 융이, 『백은비사』(류승방 옮김, RHK, 2013), 204쪽.

고, 이에 과학이 새로운 사회 건설을 위한 형이상학이자 세계관이 될 수 있을 것이라는 믿음이 형성되었다. 1905년에 과거제가 폐지되면서 서구식 교육을 신뢰한 젊은 세대들이 출현하였고, 1914년 미국에서 유학 1세대들이 주축이 되어 중국과학사를 결성하였다. 런훙쥔, 자오위안런 등의 미국 유학생들은 과학을 제창하고 실업을 고취하려는 취지를 내세우며 <과학>, <과학화보> 등을 출간하여 합리적 과학관 형성에 기여하였다. 이러한 과학운동 속에서 1919년 천두슈는 <신청년>을 통해 과학과 민주만이 유교 사회의 어둠을 제거하고 중국을 구원할 수 있다고 선언하였다.

근대 중국의 새로운 세계관으로서 과학주의가 탄생한 것인데, 이는 우주자연에 대한 인식뿐만 아니라 인간사회의 모든 영역을 과학을 통해 새롭게 개혁하려는 생각이었다. 양무운동의 군사기술, 경제계의 산업기술, 대중적인 과학기술 인식 등에 기반하여 지식계에서 과학주의 세계관의 선언이 이뤄진 것이다. 이러한 근대 중국의 과학 인식에는 공히 과학구국의 목표가 내재되어 있었다.

1914년 1차 세계대전이 벌어져 그 원인을 과학에서 찾는 회의론이 일어나면서, 중국에서는 과학과 인생론 논쟁이 촉발되었다. 그러나 논쟁 당사자들 모두 과학만능주의를 경계하고 있었을 뿐, 과학 자체를 부정하지는 않았다. 그 결과 과학적 연구 방법을 포함한 과학에 대한 중요성이 더욱 확산되어, 공산당 진영에서는 유물론에 기반한 과학적 사회주의로 나아갔으며, 학술계에서는 1927년 중국 최고 학술연구기관인 중앙연구원이 설립되어 물리, 화학, 공학, 지질, 천문, 기상 등 14개의 연구소를 운영하게 되었다. 그리고 1928년 난징 통일정부를 수립한 국민당은 국가 주도의 정책을 통해 군사기술과 산업기술 발전을 촉진하여, 중일전쟁이 발발하기 전인 1936년까지 높은 경제성장의 시대를 이루었다.

공산혁명을 주도한 마오쩌둥도 과학주의 세계관을 신봉하고 있었으며,

「신민주주의론」(1940)에서는 과학이 경제건설, 국방건설, 문화 개조를 위해 공헌해야 한다고 주장하였다. 이러한 생각은 중화인민공화국 건설 후에도 이어져, 최고학술기관인 중앙연구원을 중앙과학원으로 개편하여 연구를 지속하게 했으며, 과학 발전을 통해 서구를 따라잡자는 슬로건 하에 중국 최초의 과학기술 발전계획인 <1956~1967년 과학기술 발전 원경 규획>을 제정하였다. 그리고 <1963~1972년 과학기술 발전 규획>에서는 단기간 내에 농업, 공업, 과학기술, 국방산업을 현대화하여 중국을 사회주의 강국으로 만들려고 하였다. 중국의 양탄일성 제작은 바로 이 기간에 나온 성과물이었다.

그러나 이 시기 중국의 과학정책은 국가안보를 위한 군사기술과 중공업 군수산업에 치중되어 있어서, 인민의 삶의 질 향상을 위한 실용 상품과 기술 발전은 뒤처지게 되었다. 명청대 글로벌 교역에서 이 분야의 압도적 우위를 지녔던 중국이었지만, 산업혁명 이후 근대적 상품생산에 성공한 선진 자본주의 국가들과의 경쟁에서 밀리면서 그 자리를 내주고 말았다. 1978년 개혁개방을 선언한 덩샤오핑은 농업, 공업, 과학기술, 국방의 4개 현대화를 내세웠는데, 이는 마오쩌둥의 과학발전관을 계승하면서 그 방식에 있어서는 자본주의적 발전을 수용하는 것이었다.

4. 신경제, 자본주의와 사회주의의 생산적 융합

근대 중국이 과학구국의 길을 걸으면서 발생한, 기술 발전과 인민 생존 사이의 딜레마가 표출된 사건이 있었다. 1929년 10월 베이징의 인력거꾼들이 폭동을 일으켜 베이징시 전차 궤도 가운데 2/3를 파괴하여 전차회사가 큰 피해를 보았다. 전차의 보급으로 6만여 명에 달하는 인력거꾼들의 생존이 위험에 처하자 '기계파괴운동'을 벌인 것이었다. 베이징 인력거꾼들의 궤도 파괴 폭동은 1810년대 영국에서 공장의 기계가 일자리를 위협하자 노동자들이 공장을 습격해 기계를 파괴한 러다이트운동을 연상케 했다.

사회적으로 큰 파장을 일으킨 이 사건에 대해 공산당은 노동자 계급의식의 성장이라는 측면에서 지지를 보냈지만, 과학기술로 새로운 국가를 건설해야 한다는 점에 있어서는 국민당과 같은 생각이었다.[18] 민족제국주의 시대에서 기술 발전을 통해 경제성장을 이루는 일은 근대 중국의 급선무였기 때문이다. 그렇지만 기술 발전으로 일자리가 사라지거나 경제성장으로 빈부격차가 생기는 등의 사회문제를 예방하는 것 역시 동시에 강조되는 목표였다. 청말 국가 개혁의 문제가 등장한 이래 중국의 개혁가들은 자본주의적 경제성장과 사회문제 예방의 이중 과제를 핵심 목표로 공유하고 있었던 것이다.

이렇게 근대 중국에서 이중 과제의 문제가 부상한 것은 자본주의 발전의 부작용과 이를 극복하기 위한 사회주의, 공산주의, 무정부주의 등의 혁명사상이 알려지기 시작하면서였다. 중국의 개혁가들은 경제발전을 위해 서구 자본주의의 장점을 수용하면서도, 자본주의가 초래한 빈부격차 문제가 중국에 출현하지 않도록 경계하였다. 사회모순이 심각한 상태에서는 국가가 발전할 수 없다고 생각했기 때문이다. 특히 사회주의 간행물이 정점을 이룬 1903~1905년 중국 지식인들은 세계 사조 가운데 사회주의가 20세기를 주도할 새로운 사조가 될 것이라고 인식하였다.

그러나 당시 중국 지식인들이 사회주의를 받아들인 목적은 중국에서 사회주의 혁명이 일어나지 않도록 예방하기 위한 것이었다. 혁명파와 입헌파 모두 사회주의 이념을 긍정적으로 수용하면서도 계급혁명을 의미하는 사회주의 혁명은 반대했고, 이를 예방하기 위한 사회개혁을 선호하였다. 신해혁명으로 중국에 공화정이 들어서면서 경제계에 기업 설립의 붐이 일어나는

---

18 한성구, 『미스터 사이언스: 중국 대중과학 프리즘』, 158-159쪽.

등 자본주의 경제발전의 공간이 열렸다. 그리고 1차 세계대전의 영향으로 서구 자본이 중국에서 후퇴함에 따라 민족경제가 활성화되는 전기가 마련되었다.

하지만 연이어 벌어진 국내외적 격변으로 인해 안정적 발전의 길은 제약되었다. 중국 내부에서 황제체제로 회귀하려는 수구적 활동과 이에 반대하는 신문화운동이 일어났고, 외부에서는 세계대전으로 유럽 근대문명이 파괴되면서 이를 극복하기 위한 세계주의, 사회주의, 무정부주의 운동이 흥기했다. 특히 러시아에서는 최초의 공산주의 혁명이 일어나 소비에트 정권이 수립되었다. 게다가 세계대전 종결을 위한 파리강화회의에서 열강들의 이익을 우선하는 결정이 이뤄지면서 중국에서는 5.4운동이 일어나 반제국주의 의식이 강화되었다.

이러한 국내외의 복합적 상황 속에서 다각적인 개혁안이 제기되었는데, 여기에 미래 중국의 방향이 함축되어 있었다. 이 시기의 주요 논쟁인 동서문화 논전, 과학과 인생관 논전, 사회주의 논전 등에 표출된 개혁안들은 공히 하나의 방향이 아니라 자본주의·사회주의·자유주의 등의 서구 사조와 중국 사상문화의 조화·융합의 길을 제시하였다. 이는 세계대전을 통해 서구 근대문명의 편향을 성찰하고 아울러 중국 사상문화 속에서 진보적 가치를 발견하려는 신문명의 흐름이 형성되었기 때문이다. 당시 신문명의 핵심 사조로 등장한 것이 세계주의·사회주의·평민주의였는데, 특히 사회주의는 20세기 초 중국에서 세계적 사조로 주목되었다가 이 시기에 다시 부상한 것이었다.

이 시기의 논쟁을 서구/중국, 문화보수주의/반전통주의, 물질문명/정신문명, 자본주의/사회주의, 과학/인생관 등 이분법적 관점으로 평가하기도 하지만, 당시 개혁 지식인들은 어느 한쪽에 치우치지 않는 융합의 길을 모색하고 있었다. 가령, 문화보수주의 진영에서 그 기원으로 평가하는 량치차오는 사회주의를 신문명의 핵심으로 보았고, 과학과 인생관 논쟁을 일으키며 인생관 주창자로 알려진 장쥔마이는 사회주의적 공평성을 중시하며 독일식 사회민주주의를 대안으로 제기하였다. 사회주의 논전에서 공산당 진영에 의해 친자본주의로 몰린 장둥순은 자본주의와 사회주의를 융합한 개혁의 길을 모색하였다.[19]

이렇게 사회주의는 이념적 차이를 넘어 세계가 나아갈 개혁 방향으로 인식되었던 것이다. 세계 사조에 대한 새로운 인식은 중국 사상문화 속에서 재발견하려는 가치의 문제와 연결되어 있었다. 세계대전 이후 대안 사조로 부상한 세계주의, 평민주의, 사회주의에 대해 량치차오는 그 사상의 원천이 중국 선진시대에서 발원한다고 주장하였다. 고대 중국에서 국가·민족보다 평화로운 천하 질서를 우선하고(세계주의), 백성의 민심을 통치의 근간으로 삼고(평민주의), 효율적 생산보다 재화의 분배를 중시하는(사회주의) 관념이 서구보다 먼저 형성되었다고 본 것이다. 이에 근거하여 량치차오는 세계주의를 천하 개념과, 평민주의를 민본 개념과, 사회주의를 민생 개념과 연결지었다.[20]

서구에서 제기된 세계 개혁을 위한 진보사상을 고대 중국 사상 속에서 재발견하는 방법을 통해, 서구와 중국의 사상이 상호 융합될 수 있는 길을 찾은 것이다. 그러나 중국의 사상에 세계주의·평민주의·사회주의와 연결되는 부분이 있다 하더라도, 고대 중국의 국가 목표가 중앙집권적 군주제 하의 조화로운 차등질서를 추구했다는 점에서 보면, 평등과 자유 그리고 참정권을 지향하는 시대와는 성격이 매우 달랐다. 정치상의 이러한 근본적 차이에도 불구하고 동서 융합의 길을 모색한 것은, 경제상에서 공동의 문제의식을 지니고 있었기 때문이다.

---

19 이 시기 량치차오, 장둥순, 장쥔마이의 사회주의 시각에 대해서는 강명희, 「5·4시기 中國의 '제3의 新文明' 건설 탐색: 硏究系 梁啓超를 중심으로」(『中國近現代史硏究』 第44輯, 2009) 참고.

20 梁啓超, 『先秦政治思想史』(北京: 中華書局, 2015), 13-19쪽.

국가를 부유하게 하는 일은 이 시기 개혁안이 내세운 공동의 목표였다. 문제는 경제발전의 방법에 있었는데, 여기에 반드시 고려할 사안이 극심한 빈부격차 없이 인민이 공평하게 부유해지는 일이었다. 이 시기에 자본주의의 폐해와 자본가의 이익 독점이 세계적 문제로 부각되면서, 이를 극복하거나 조정할 수 있는 방안이 다각적으로 모색되었다.

천두슈·리다자오의 공산당 진영에서는 생산수단의 국유화·사회화를 대안으로 제기하였고, 량치차오·장동순·장쥔마이 등은 사유제 생산과 아울러 자본–노동의 합작사 및 노동자 관리 참여 등을 핵심으로 하는 길드사회주의, 사회민주주의의 길을 제기하였다. 또 쑨원의 국민당은 절제자본의 슬로건을 제기했는데, 그 핵심은 은행, 철도, 항공과 같은 대규모의 기간산업은 국가가 관리하여 사유 자본이 국민경제를 조종하지 못하게 하는 것이었다.

공산당 진영이 제기한 생산수단의 국유화·사회화에서 주목할 점은, 이것이 빈부격차 해소뿐만 아니라 자본주의의 사유제 생산력을 앞서는 효율적인 생산방법이라고 인식했다는 사실이다.[21] 국유화·사회화 속에는 기술 발전과 생산 혁신이 포함되어 있으며, 공평한 분배를 통해 생산 의욕을 더욱 고취할 수 있다는 믿음이 내재되어 있었다. 중화인민공화국 초기에 추진한 국유화·사회화 역시 자본주의 생산방법보다 더 풍요로운 물질생산이 가능하다는 이 시기의 믿음이 연속된 것이었다. 그리고 대규모의 국유화·사회화 단계 이전에, 소규모의 합작사에서 점진적인 이행의 과정을 설정했는데, 이는 량치차오 그룹의 합작사 구상과 상통하는 것이었다.

쑨원의 절제자본에서도 주목할 점은, 국가 경제의 중추가 되는 영역은 국유 대기업 중심으로 운영하여 사유 자본의 진출을 제한(절제)하지만, 그

---

21 1920년대 중국 사회주의 논전에 대해서는 蔡國裕, 『一九二0年代初期中國社會主義論戰』(臺灣商務印書館, 1989) 참고.

외의 부문에서는 민간기업을 보호 육성하고, 아울러 중국이 취약한 부문에서는 외국 자본과 기술을 수용하여, 총체적인 산업 발전을 도모하려고 했다는 사실이다. 이렇게 이 시기 개혁안들은 자본주의와 사회주의 정책을 융합한 혼합경제의 길을 모색하였다.

문제는 이러한 개혁안들이 현실 정치의 변화 속에서 굴절되어 간다는 점이다. 1920년대 북벌을 통해 통일정부를 수립한 이후 국민당은 당국 체제 하에서 국가자본주의적 성장방식을 취하였다. 국민당은 국영기업의 성장과 정부 부문의 확대를 꾀하면서 동시에 상공업 세수의 원천인 민간경제의 보호에도 주력하였다. 이 덕분에 10년간의 경제성장을 이루었지만, 중일전쟁과 내전 시기에 전시체제가 형성되어 폐쇄적인 통제경제로 변하였다. 이러한 시대 상황 속에서 공산당은 국민당의 도시경제 중심의 친자본주의 정책을 비판하였고, 사회민주주의의 길을 주창한 지식인들은 경제상에서 혼합경제, 정치상에서 의회민주제를 지지하며 국민당의 권위주의 통치체제를 비판하였다. 개혁 구상 있어서 이중 과제의 문제의식을 공유했지만, 경제를 주도하는 통치 집단의 성격과 이들이 선택한 정치체제에 의해 현실 경제의 방향이 결정되었던 것이다.

즉 국민당은 국가자본주의 하에서 도시와 상공업 정책을 중심으로 경제발전을 추진했으며, 공산당은 농촌에서 토지개혁을 중심으로 한 민생경제에 중점을 두었다. 국민당과 공산당의 대립은 도시와 농촌의 시장 네트워크를 분절하여 농촌의 빈곤을 더욱 심각하게 만들었다. 농촌과 도시의 분절은 중국의 전통적인 경제성장 방식에 역행하는 일이었기 때문이다. 역사적으로 볼 때, 농촌의 농산물과 수공업 제품은 다단계의 시장을 통해 전국의 소비자에게 판매되었으며, 농촌과 도시를 연결하는 시장 네트워크는 중국의 자원과 재화를 유통시키는 통로가 되었다. 중국의 시장 네트워크는 국내뿐만 아니라 실크로드 무역과 해상무역을 통해 해외로 확장되었는데, 그 주요 생산지는 바로 농촌지역이었다.

근대 시기 농촌지역은 서구와 일본의 근대적 상품이 유입되고, 또 중국에서 근대 공장이 연해 무역항 근처에 세워지면서, 생산지로서의 입지가 약화되기 시작했다. 이 때문에 농촌지역의 전통적인 수입이 해외로 빠져나가거나 연해 도시들이 차지하여 그만큼 빈곤이 가중되었다. 게다가 국민당 정부의 도시경제 위주의 정책과 토지 소작료 및 부채 부담으로 인해 농촌은 급격히 빈곤의 나락으로 떨어졌다.

또 중국의 근대 도시는 철도, 도로, 해운 등의 신식 교통로를 따라 형성되었는데, 교통로가 연결되지 않는 내륙 지역은 근대적 시장 네트워크에서 주변화되어 장기간 빈곤을 면하기 힘들었다. 특히 전통적 도로망에 기대어 살던 수레꾼, 뱃사공, 가마꾼, 일꾼, 숙박 종업원 등 수많은 백성들이 실업자로 전락하여 중국 내지의 경제는 불황에 빠지게 되었다.[22] 이는 1929년 베이징의 인력거꾼들이 전차 보급으로 일자리를 잃어버렸던 근대적 실업의 기원이라고 볼 수 있었다. 이렇게 근대화 과정에서 중국은 농촌과 도시뿐만 아니라 해안 도시와 내륙 지역 간의 분절로 인해 빈부격차의 사회문제를 피할 수 없었다.

국민당의 도시와 자본가 중심의 정책은 농촌과 내륙의 소외로 이어져 내전에서 공산당에 패배하는 결과를 가져왔다. 공산당은 토지개혁을 내세워 농민의 민심을 얻음으로써 중화인민공화국을 수립할 수 있었다. 농촌의 토지개혁은 량치차오와 쑨원의 도시 기업 중심의 경제개혁에서 유보되었던 사안인데, 공산당이 이를 핵심 정책으로 부각시켜 집권을 이룰 수 있었던 것이다. 공산당이 이제 통치집단으로서 신중국의 미래 경제를 짊어진 실천 주체가 된 것이었다.

---

22 허탁운, 『중국문화사』 하(이인호 옮김, 천지인, 2013), 364쪽.

5. 대동세계, 민주공화국이 확장된 세계정부의 시대

아편전쟁 이래 장기적으로 진행된 중국의 근대적 전환 과정에는 세계화와 민족자립의 이중 변주가 작동하고 있었다. 중국은 아편전쟁 이후 피동적으로 세계와 연결되었고, 이에 제국에서 민족국가로, 중화질서에서 서구적 세계질서로, 농업문명에서 과학기술문명으로, 조공체제에서 자본주의 세계화로 근대적 전환을 추진하였다. 이 전환 과정은 미중경쟁시대인 현재까지 이어지고 있으며, 거시적으로 볼 때 세계화의 이점을 활용하여 민족자립을 이루고 민족자립에 기반하여 세계질서 속에서 세력권을 확장하는 과정이었다.

근대를 세계 속의 중국의 시기라고 본 량치차오는 1차 대전 이후 대안 사조로 부상한 세계주의·평민주의·사회주의가 다 고대 중국의 사상에서 발원한 것이며, 이에 참정권을 제외한 다른 개혁 분야는 중국의 사상을 발전시켜 도달할 수 있다고 여겼다. 특히 세계주의와 같이 일국을 넘어 국제질서와 연결된 개념에 대해선 더욱 그러했다. 제국주의 열강의 위협 하에 있으면서도 근대 중국에는 세계주의에 대한 믿음이 이어졌는데, 그 기저에 량치차오와 같은 생각이 흐르고 있었기 때문일 것이다.

개념적으로 볼 때, 근대 세계주의가 주권국가들이 경쟁보다 인류 평화를 우선하는 세계질서를 구축하려는 관념이었다면, 중국의 천하는 왕(천자)을 중심으로 중원 국가와의 우호관계에 따라 주변 국가들을 차등적으로 질서화한 세계라고 할 수 있다. 국제평화를 추구한다는 점에서는 동일하지만 그것을 추진하는 주체와 방법, 목표에 있어서는 큰 차이가 있다. 이러한 차이에도 불구하고 량치차오는 세계주의와 천하를 연결시키고 있으며, 나아가 『구유심영록』에서 말한 것처럼 세계정부로서 국제연맹 건립을 위해 춘추시대 제후국 군주들이 구성한 방백邦伯 집단정치를 참조모델로 제기하였다.

방백 집단정치를 통해 100여 년 평화 질서를 유지한 경험이 인류에게 민족·국가보다 천하를 우선하는 세계주의의 중요성을 알려준다고 보았기 때문이다. 량치차오는 민족국가들이 각축전을 벌이는 근대 유럽과 춘추시대를 비교 가능한 대상으로 보고 있었다. 유가의 오복도五服圖에 따르면, 천하는 천자의 덕이 미치는 정도에 대응하여 동심원으로 확장된 5단계 방형方形의 모습을 지니고 있다. 오복도의 복은 복속을 뜻하는 것으로 천자에 대한 복속의 정도를 표시하는 개념이다. 중앙에는 1천 리의 천자 직할지인 순복甸服이 있고, 그 바깥에 500리씩 확대되는 제후의 영지인 후복侯服, 수복綏服이 있고, 그 바깥에 남만과 동이가 거주하는 요복要服이 있고, 그 바깥에 서융과 북적이 거주하는 황복荒服이 이어지며, 주변으로 갈수록 천자의 덕이 희박해진다.[23]

이것이 유가가 보는 고대 중국의 천하인데, 그 중심에 천자와 중원 왕조가 있다. 천자의 덕, 왕도, 예의를 주변으로 확장한 것이 중국의 천하 질서이며, 이는 무력으로 주변 국가들을 지배하는 방식이 아니다. 즉 천하 질서는 강제력이 아니라 감화에 의한 것이며, 천자 아래에 부당한 차별이 없고 백성의 민생을 근본으로 하는 사상이 주변 국가들의 자발적 수용으로 확장된 것이다. 량치차오의 천하·민본·민생 개념은 이러한 천하 질서에 기반한 것인데, 이는 근대 중국을 잃어버린 고대의 부흥으로 보는 서사들과 그것을 주창한 지식인들이 공유한 관념이었다.

역사 현실로 보자면, 천하에 평화 질서가 유지되기 위해선 천자의 덕과 아울러 군사력이 있어야 했다. 덕은 천명을 받은 천자로서의 정통성을 기반으로 주변 국가들을 따르게 하는 정신적 문화적 권위일 뿐 아니라, 물질적 시혜를 베풀 수 있는 경제력을 포함하고 있었다. 군사력은 중원 왕조의 안보를 지키면서 국제 분쟁을 조정하고 야만족의 침입을 막아 질서를 유지할

---

23 단조 히로시, 『천하와 천조의 중국사』(권용철 옮김, AK, 2023), 39-40쪽.

수 있는 물리적 힘이었다. 이러한 덕과 군사력을 바탕으로 만들어진 중원 국가 중심의 평화적인 국제질서가 바로 유가가 말하는 중화 질서이자 대동세계였다.

량치차오는 이러한 천하 질서가 공자가 이상으로 삼은 서주시대에 실재한 역사라고 믿었으며, 선진정치사상의 개념은 이 시대의 정치를 모델로 삼아 구성한 것이었다. 그러나 주나라 건국자들은 통치 정당성으로 천명을 내세웠지만 지상에 세운 질서는 통치자의 조상신과 그 혈족들이 정치공동체가 되어 지배하는 가족국가의 질서였다. 군주제라고 통칭되는 이 질서는 우주 자연의 보편 가치가 아니라 혈족 안의 대종-소종의 차등, 종족 간의 정치적 차등, 백성 간의 신분적 차등에 기반하고 있었다. 통치집단의 최우선적인 관심은 언제나 권력과 부의 보존 강화에 있었다.

공자가 덕치德治를 북극성과 뭇별의 관계로 비유하더라도, 그것은 평등한 민주사회가 아니라 최상위 통치자를 중심으로 조화로운 차등질서를 확립하는 것이었다. 천명으로 보면 덕치가 당위적 목표가 되지만, 현실 정치에서는 반드시 민생의 길로 나아가지는 않았다. 백성이 참여할 수 있는 정치적 공간이 주어지지 않았기 때문이다. 백성 역시 통치자의 덕치가 자신을 보호해주지 못한다는 사실을 깨달았을 때 스스로 생존을 도모하는 길로 나아갔다.[24]

이것이 서주시대 현실 국가의 모습에 가깝지만, 량치차오가 구성한 개념 속에서는 이러한 모순이 잘 드러나지 않는다. 이렇게 된 데에는 시대적인 필요성이 작용하고 있었을 것이다. 대안 사조인 세계주의·평민주의·사회주의를 고대 중국의 사상 속에서 발견하려는 욕망이 개념의 이상화를 추동했을 것이라는 얘기다. 고대 중국의 유교적 이상화와 그 속에서 시대적 가치를 발견하려는 욕망, 이 두 가지 방향이 교차하는 지점에서 량치차오의 선진정

---

24 이종민, 『문명 중국, 현실 중국: 중국을 보는 패러다임의 대전환』, 60쪽.

치사상이 탄생한 것으로 보인다.

내가 고대 사상의 이상화에 주목하는 것은 현실과의 간극이나 허위성을 강조하기 위함이 아니다. 당시 세계주의에 대한 희망적 정서가 팽배하기는 했지만, 심각한 국내외적 위기에 처한 상황에서 이상화된 천하질서나 대동세계를 내세우는 것이 정말로 실천적인 의미를 지니는 것이었을까. 세계를 구원할 사상이 중국에 있었다면 지금 왜 위기를 극복하지 못한 것인가. 중국의 천하는 천자의 덕과 군사력을 지닌 압도적 중원 왕조가 있을 때 질서가 유지되는 구조인데, 그러한 힘을 잃어버린 상태에서는 작동될 수 없었다.

량차차오가 말한 방백 집단정치는 중원 왕조의 힘이 쇠퇴하여 더 이상 천하 질서를 유지할 수 없었던 시대의 산물이었다. 방백 집단정치는 제후국 가운데 패권을 인정받은 군주가 천자를 대신하여 국제질서를 유지한 것인데, 대체로 제 환공·진 문공·초 장왕·오 합려·월 구천으로 이어지는 춘추오패를 지칭한다.[25] 량치차오는 방백 집단정치가 가입 여부는 각국의 자유에 따르고 가입 후에도 각국의 주권은 손상되지 않으며, 맹약에 기재된 의무는 반드시 준수했다고 말한다.[26] 춘추시대의 혼란 상황에도 불구하고 중국에 천하일가 사상과 공법 정신이 있었기 때문에 방백 집단정치가 이뤄질 수 있었다고 본 것이다.

춘추시대 역사 현실로 보자면, 춘추오패는 주나라의 근거리에 있던 친위 국가들이 아니라 변방에서 힘을 키우며 영토를 확장하고 있던 국가들이었다. 친위 국가들은 문화적으로 선진지역이었지만 영토 확대의 중단과 국력 신장의 한계로 인해 소국으로 전락하고 있었다. 첫 번째 패자인 제 환공은 존왕양

25 춘추오패는 여러 가지 설이 있는데, 유가에서는 제 환공·진 문공·진 목공·송 양공·초 장왕을 오패라고 본다.

26 梁啓超, 『歐游心影錄』, 170-171쪽.

이尊王攘夷를 내세워, 주 왕실의 권위 하에서 야만족의 침입을 막고 중원의 평화 질서를 유지하였다. 이에 공자는 제 환공을 패자로 만든 관중의 공적을 높이 평가하며, 그가 없었다면 야만족의 지배를 받게 되었을 것이라고 칭송하였다.

그런데 제나라가 북방 융적 국가로부터 제후국들을 보호하기도 했지만, 제나라의 양이攘夷의 주 대상은 바로 남방의 초나라였다. 초나라를 야만족으로 보면서 천하일가에서 배제하고 있었던 것이다. 제나라는 강력한 군사력과 경제력을 바탕으로 평화 질서를 위한 맹약(공법)을 반포했는데, 당시 천하 질서를 유지한 힘은 방백 집단정치라기보다 강력한 제나라의 리더십이었다. 주나라를 존중하고 약소국을 보호하려는 의지가 있던 제 환공 시대에는 천하일가의 관념이 이어져, 주왕과 제후 간 그리고 제후국 상호 간의 결속을 유지하던 조빙朝聘·사대·자소의 예(외교)가 행해지고 있었다.

그러나 두 번째 패자에 오른 진 문공 이후로는 주나라 봉건질서를 유지하려는 정책을 쓰지 않았으며, 강력한 무력을 통해 중원을 제패하여 국제정치를 주도하려고 하였다. 변방의 열국에서 중원의 패권 경쟁에 뛰어든 초 장왕·오 합려·월 구천 시대에는 천하일가의 관념이 더욱 흐릿해졌다. 이에 대국 간의 패권 경쟁 과정에서 강대국과 약소국 간의 상호 외교는 약소국의 일방적 조빙·헌물의 사대 외교로 변하였다. 그리고 7웅이 각축전을 벌인 전국시대에는 약소국이 강대국에게 자국의 땅을 떼어서 헌납하는 조빙·할지割地의 사대 외교로 변하고, 이를 강대국에 대한 신속臣屬의 관계로 인식하였다.[27]

량치차오가 말한 방백 집단정치는 천하일가의 관념을 정책화한 제 환공 시대에서 찾아볼 수 있으며, 그 시대도 제후국 간의 협력보다는 강력한 제나라의 리더십에 의해 질서가 유지되던 시기였다. 그리고 제 환공 시대의 맹약

---

27 이춘식, 『조공과 사대: 춘추전국 시대의 국제정치』, 산지니, 2016, 332쪽.

을 보면, 국가 간의 협의에 의해 만들어진 것이 아니라 제나라 내부에서 시행한 법을 제후국들이 준수하도록 확장한 것이었다.[28] 즉 패권국의 법이 국제사회의 공법으로 작동한 것인데, 국제사회에서 이를 수용했던 것은 무엇보다 제나라의 군사적 보호와 경제적 시혜가 있었기 때문이다. 천하 질서가 천자의 덕과 군사력이 확립되어 있을 때 작동될 수 있는 것처럼, 춘추시대도 그에 상응하는 패자의 힘이 있을 때 질서가 유지될 수 있었던 것이다.

춘추시대의 이러한 모습은 국가 간 협력에 의한 세계주의 질서와 거리가 있어 보인다. 그러나 량치차오는 역사 현실과 달리, 천하일가 사상에 기반한 세계주의 정치로 이상화하여 시대 흐름에 호응하였다. 이는 사상적으로 중국이 세계와 연결되어 있다는 것을 보여주면서, 내부적으로 군벌이 할거하던 분열 시대에 대한 개혁 방향을 제시하는 것이었다. 그 길은 바로 『구유심영록』에서 제기한 세계주의 국가를 건설하는 것이었으며, 내부적으로 계급적 차별이 없는 공평한 사회를 이루고 대외적으로 국가 간의 경쟁보다 평화와 협력을 우선하는 국가였다.

량치차오는 「국가사상변천이동론」(1901)에서 향후 세계가 민족주의-민족제국주의-만국대동주의 시대로 나아갈 것이라고 했다.[29] 유럽의 경우 18세기 후반에 민족주의가 출현하여 19세기 전반에 전성기를 이루었고, 민족제국주의가 19세기 후반에 출현하여 20세기에 전성기를 맞이할 것으로 보았다. 공교롭게도 민족제국주의의 전성기에 세계대전이 일어나 만국대동주의 시대의 전망은 불투명해졌다. 세계대전의 비극을 초래하기는 했지만, 민족주의 시대에서 만국대동주의 시대로 가는 중간 단계로 민족제국주의 시대를 설정한 논리 속에는 이것이 세계 진화의 불가피한 추세라는 점이 반영되어 있었다.

---

28 이종민, 『문명 중국, 현실 중국: 중국을 보는 패러다임의 대전환』, 147-150쪽.

29 梁啓超, 「國家思想變遷異同論」(1901).

즉 민족국가로의 발전이 문명 진화이며, 또 민족국가가 확장되어 민족제국주의로 나아가는 것이 미개한 민족이나 국가를 통합하여 문명 세계로 진화하는 길이라고 본 것이다. 중국에서 천자의 덕이 주변의 야만 민족들을 감화시켜 천하 질서가 이뤄진다고 본 것처럼, 민주공화제를 구현한 문명국가가 확장되어 미개한 세력을 개화시키는 일이 세계 문명 진화의 추세라고 인식했던 것이다. 이러한 문명적 통합 과정이 세계 열강을 중심으로 경쟁적으로 이뤄지는 시대가 민족제국주의 시대이며, 통합의 추세가 더욱 진화하여 세계정부 하에 국가의 경계가 사라진 하나의 문명사회를 구현한 시대가 바로 만국대동주의 시대라고 보았다.

이러한 세계 진화 방식은 캉유웨이의 『대동서』에서도 공유한 것이었다. 민주공화정을 구현한 세계 열강들의 지역 통합을 불가피한 과정으로 보았던 것인데, 이러한 논리 속에는 민주공화정이 미개한 지역의 문명화를 촉진할 것이라는 믿음이 내재되어 있었다. 그러나 세계대전은 민족제국주의가 문명 세계를 선도할 것이라는 기대를 붕괴시켰다. 민족국가가 내부에서 외부로 확장될 때 문명적 방식이 아니라 폭력을 통한 식민 지배로 귀결되었기 때문이다. 민족국가의 기반인 민주공화정이 내부 구성원들에게만 적용되고 외부 세계는 내부의 이익을 위한 수탈의 대상으로 여겨졌다. 민족국가의 확장을 통한 문명 세계 건설은 내외 간에 형성된 등급 질서로 인해 내부를 넘어설 수 없었다. 더군다나 민족국가 내부에서도 빈부격차와 불평등의 사회문제가 고착되어, 외부로의 확장은 내부의 위기를 전가하는 일이 되었다.

세계대전은 민족제국주의에 대한 기대가 망상이었다는 점을 보여주었는데, 그럼에도 불구하고 만국대동의 세계주의에 대한 기대는 꺾이지 않았다. 세계대전 이후 오히려 세계주의에 대한 희망적 정서가 팽배하여, 량치차오가 세계주의 국가를 주창하는 배경이 되었다. 량치차오의 세계주의 국가는 세계정부를 지향하지만 국가 자체를 해체하자는 주장은 아니었다. 민족국가 내부에

갇혀 외부 세계를 차별하는 통치 방식을 바로잡고, 나아가 인류 평화를 추진하는 세계정부 하에서 생산적 경쟁과 협력을 하는 국가를 제기한 것이었다.

이렇게 민족제국주의를 지향하는 국가에서 벗어나 세계주의 국가를 건설하는 일이 바로 만국대동의 시대로 가는 우선적인 과제가 되었다. 세계주의 국가가 되려면 민족제국주의와 구별되는 몇 가지 핵심 목표를 이루어야 한다. 내부적으로 민주공화제를 통해 인간 존중과 상호 협력의 정치를 구현하고, 자본-노동이 협동하여 효율적 생산과 공정한 분배를 실현하는 것이다. 그리고 내부에서 이룩한 문명국가의 성취가 민족제국주의처럼 외부 세계에 배타적으로 확장되어선 안 되며, 국가 간의 이해관계를 조정하고 세계가 직면한 공동 문제를 해결할 구심으로서 세계정부의 건설로 나아가야 한다. 세계대전 이후 량치차오가 주창한 세계주의 국가 속에는 이렇게 민주공화제에 기반한 세계주의 국가-세계정부-만국대동의 시대로 나아가는 비전이 내재되어 있었다.

이러한 대동세계의 비전은 중국의 개혁 지식인들이 공유하고 있었던 것이며, 세계주의 국가 의 건설 주체와 방법, 목표에 따라 상이한 생각을 지니고 있었다. 량치차오 그룹이 사회민주주의의 길을 주창했다면, 공산당 진영은 대동세계 건설을 사회주의 세계혁명과 연결했으며, 쑨원은 무력에 의한 유럽식 패도가 아니라 왕도를 실현한 대아시아주의 국가를 제기하였다. 이들의 국가 비전을 보면, 공히 세계주의를 지향하면서 아울러 중국의 이상화된 대동세계와 연결되어 있었다. 천하 질서의 이상이 내외의 구별 없이 모두가 하나의 문명사회가 되는 대동세계 건설에 있다고 믿었기 때문이다.

이러한 비전은 20세기의 전쟁과 혁명의 고통을 겪으면서도 이념적 희망의 빛으로 작용했으며, 21세기 중국에서는 공동부유-인류운명공동체로 이어지고 있다. 근대 중국의 비전이 진정한 세계주의가 되기 위해선 무엇보다 외부 세계에 열려있는 민주공화국 건설이 근간이 되어야 한다. 그러나 군주제국가를 붕괴시키고 공화국으로 탄생한 중화민국과 사회주의 국가 중화인민 공화국이 당국 체제에서 벗어나지 않았다는 점은 중국식 세계주의가 풀어야 할 최대의 미래 과제가 될 것이다.

2부

상상의 제국, 어떠한 국가를 만들고 있는가

2부에서는 중국의 국가 비전으로서 상상의 제국이 실제 현실에서는 어떠한 국가를 만들고 있는지의 문제를 중국사적 지평 위에서 거시적으로 고찰한다. 이를 위해 「인민은 공화국의 주인이 되었는가」, 「국가 주도 경제는 지속 가능한가」, 「사회주의는 평등한 사회를 만들고 있는가」, 「권력은 왜 법 위에 있는가」, 「제국은 통일국가가 될 수 있는가」 등의 문제를 논의하고, 나아가 「미중 세력 경쟁과 중국식 세계화 상상」에서는 세계화와 민족자립의 이중 전략의 시각으로 미중경쟁시대 중국의 길에 대해 전망해볼 것이다.

| 8장 |

인민은 공화국의 주인이 되었는가

1. 신중국 시대와 인민의 지위

지금은 공산당 일당 체제가 확립되었지만, 신해혁명을 통해 아시아 최초의 공화국을 세운 중화민국 시기에는 선거와 다당제가 헌법에 명시된 권력 창출 방식이었다. 수천 년의 전제군주 시대를 끝내면서 열린 근대적 공간에는 자유와 민주 그리고 지방자치를 내세운 다양한 정치 실험들이 진행되었다. 그러나 위안스카이나 장쉰처럼 황제체제로 복귀하려는 시도가 끊이지 않았고, 지방 군벌들이 집권을 위해 할거하는 모습을 보면, 역대 통일왕조가 몰락한 후 분열의 시대가 출현하는 양상처럼 보였다. 1928년 장제스가 난징 국민정부를 수립했으나 도시를 넘어 광범위한 농촌지역까지 통치력이 미치지는 못했다.

장제스의 집권은 공산당 토벌과 맞물려 있었는데, 이는 다당제와 선거를 통해 권력을 창출할 의사가 없다는 것을 뜻하였다. 그러나 1937년 시작된 중일전쟁으로 국공합작이 이뤄지고 1945년 전쟁에 승리하면서, 중국의 정치 세력들이 연합정부를 구성하기 위한 협상을 시작하였다. 1946년 정치협상회의에서 '헌법초안'을 만들었지만, 그 핵심이 장제스의 권력을 제한하는 의원내각제였기 때문에, 국민당이 반발하여 이에 국공내전으로 치달았다.[1] 1949

년 공산당이 불리한 전세를 뒤집고 승리를 눈앞에 둔 시점에서 다시 국공 협상이 벌어졌다. 이번에는 공산당이 국민당의 제안을 거부하고 무력으로 대륙을 통일하였다.

1946년과 1949년 두 차례의 협상 결렬은 선거에 기반한 다당제 도입이 중국에서 실패한 것을 의미하였다. 결국 공산당이 내전을 통해 경쟁자를 물리치고 신중국을 건설함으로써, 전쟁 승리자가 새 왕조의 주인이 되는 전통적 방식을 벗어나지 못하였다. 왕족이 왕조를 지배한 것처럼, 당이 국가를 통치하는 당국 체제는 이러한 국가 건설과정의 산물이었다.

외세로부터 민족을 구하고 가난으로부터 인민을 구하는 일은, 민심을 잃은 국민당을 대체하고 신중국 건설의 주체가 되는 정당성을 얻는 것이었다. 공산당이 새로운 통치이념으로 사회주의를 내세웠지만, 그 핵심 내용은 독립된 주권국가를 건설하고 인민을 부유하게 만드는 일이었다. 이는 인민 누구나 환영하는 일로 민심을 얻을 수 있는 길이었다. 민심은 지도자를 선택할 수 있는 민주 권리를 약속하지 않은 공산당이, 자신의 통치 정당성을 얻는 통로였다.

선거를 통해 통치 정당성을 얻는 민주주의 사회와 달리, 신중국에서는 당-실적-민심이 결합된 국가 시스템이 정착되었다. 이는 천명-덕치-민심이 연결된 왕조시대 통치 정당성 방식을 계승한 것이었다. 신중국 건설로 주권국가 건설의 과제를 완수한 후 당이 해야 할 과제는 인민을 부유하게 만드는 일이었다. 대만을 흡수하여 통일국가를 재건하고, 영국과 미국을 따라잡아 세계 최강국이 되는 목표도 선전되었지만, 전쟁으로 붕괴된 경제를 활성화하는 일이 무엇보다 우선적인 과제였다. 가난한 사회주의로는 민심을 얻을 수 없었기 때문이다.

---

1 샤오젠싱, 『송나라의 슬픔』(조경희·임소연 옮김, 글항아리, 2022), 538-539쪽.

신중국 초기 공산당의 주력 과제는 경제 회복을 위한 5개년 계획의 시행이었다. 제1차 5개년계획의 과제를 보면, 중공업 발전에 주요 역량을 집중하여 국가의 공업화와 국방현대화의 기초를 건립하고, 교통 운수업·경공업·농업·상업을 발전시키는 일이었다. 그리고 경제발전의 기초 위에서 점차 인민의 물질생활과 문화생활 수준을 높이려고 하였다.[2] 제1차 5개년계획과 과도기 총노선을 보면, 중공업 육성을 위한 국가 자본주의적 발전을 우선하면서, 사적 소유가 허용되는 농업·수공업·상업에 대해서는 “상당히 긴 기간” 점진적인 과정을 통해 사회주의적 개조를 하려고 했음을 알 수 있다. 아래의 글은 이러한 공산당의 뜻을 잘 보여준다.

> 농업 생산력의 진일보한 향상을 위해 당 농촌 공작의 가장 근본적인 임무는, 농민이 쉽게 알아들을 수 있고 충분히 받아들일 수 있는 이치와 방법으로 교육하는 일이다. 이를 통해 농민 군중이 점진적으로 조직을 연합하고 농업의 사회주의적 개조를 점진적으로 실행하도록 촉진한다. 농업을 낙후한 소규모 개체경제에서 선진적인 대규모 합작경제로 탈바꿈함으로써 공업과 농업이 두 경제 부문의 발전에 맞지 않는 모순을 점진적으로 극복하게 한다. 아울러 점진적으로 농민을 빈곤 상황에서 완전히 벗어나게 하여, 공동부유와 보편번영의 생활을 누릴 수 있도록 한다.[3]

이글은 1953년 12월 16일 마오쩌둥이 주도한 「농업생산합작사 발전에 관한 결의」의 주요 내용이다. 당시 마오는 농업을 낙후한 소규모 개체경제에

---

2 周恩來, 「把我國建設成爲强大的社會主義的現代化的工業國家」, 『周恩來選集』 下卷, 人民出版社, 1984, 133쪽.

3 中央共産黨中央委員會, 「關於發展農業生產合作社的決議」, 『人民日报』 1954年 1月 9日.

서 선진적인 대규모 합작경제로 전환하여, 농민이 가난에서 벗어나 공동부유를 누리게 하려고 했다. 소규모 개체경제는 토지개혁을 통해 농촌이 자영농 중심의 소농사회가 된 것을 말하는데, 정부는 토지 소유자에게 땅문서를 발급하여 법적으로 자유롭게 땅을 매매 임대할 수 있게 하였다. 이는 농촌에서의 경제적 민주화와 생산성 향상을 위해 취한 정책이었다.

그런데 농촌의 현실은 마오의 의도와 달리, 빈농은 빚을 지거나 땅을 팔아버리고 부농은 빈농의 땅을 사들이는 양극화 현상이 심각해졌다. 이에 마오는 자영농 중심의 개체경제에서 집체 소유에 기반한 합작경제로 전환하는 것이 농민을 부유하게 하는 방안이라고 생각하였다. 사회주의적 소유제 개조를 장기적이면서 점진적으로 진행하겠다는 초기의 방침에서 벗어나게 된 것인데, 그 목적이 생산성 향상을 통한 공동부유 실현에 있었다는 점은 주목할 필요가 있다.

집체 소유로의 급진적 전환이 중국 사회주의 경제가 실패한 요인으로 간주되지만, 당시 중국에는 지금과는 다른 생각이 자리하고 있었다. 1920년대 중국 사회주의 논전에서 생산수단의 사회화는 빈부격차 해결의 길이면서 아울러 자본주의보다 우수한 생산방법이라고 인식되었다. 그리고 1930~1940년대에는 자본주의 국가가 세계 대공황의 위기에 빠져있는 동안 소련이 계획경제를 통해 고도성장을 이룩함에 따라, 맑스주의가 생산력 발전에 있어서 더 유능한 이념이라고 여겼다. 당시 마오가 집체 소유로 전환한 것도 한국전쟁 직후 냉전 국면 속에서 이것이 생산성 향상의 길이라고 믿었기 때문이다.[4] 대만을 수복하고 15년 내에 영국을 따라잡고 30년 내에 미국을 따라잡는다는 꿈도 이러한 자신감에 기반한 것이었다.

이렇게 마오 시대에 이미 인민을 위한 공동부유, 통일국가 재건, 세계 최강

---

4 필립 쿤, 윤성주 옮김, 『중국 현대국가의 기원』, 동북아역사재단, 2009, 180쪽.

국의 꿈을 내세우고 있었는데, 이것이 민심을 얻는 길이자 공산당의 통치 정당성이 유지될 수 있는 길이라고 보았기 때문이다. 하지만 마오의 믿음과 달리 사회주의 정책은 인민을 부유하게 하지 못했을 뿐 아니라, 오히려 그에 반하는 관료화와 계층 격차 그리고 지역 차별의 결과를 낳고 말았다. 가난과 불평등은 민심의 이반을 초래하였고 정치개혁을 요구하는 목소리로 나타났다.

민심 이반의 목소리는 당의 통치 정당성이 흔들리고 있었다는 점을 뜻한다. 이러한 위기적 상황 속에서 집권한 덩샤오핑이 선택했던 출로도 인민을 부유하게 만드는 일이었다. 이를 위해 덩은 마오의 실책과 당이 이룬 업적을 분리하며, 개혁개방 시대를 이끌어 갈 주체로서 당의 정체성을 재확립하였다. 1981년 6월 11기 6중전회에서 만장일치로 채택한 「건국 이래 당의 약간의 역사문제에 관한 결의關于建國以來黨的若干歷史問題的決議」[5]에서 당의 업적으로 명시한 내용이 바로 그러하였다.

특히 세 가지 업적은 신중국을 이끌어 갈 당국 체제의 정통성을 부각하는 것이었다. 1. 인민이 주인인 새로운 형태의 국가를 건설하여, 부강하고 민주적이고 문명적인 사회주의 현대화 국가로 나아가는 기반이 되었다. 2. 전국적 범위(타이완 등 섬을 제외하고)에서 국가통일을 실현하여 구 중국의 사분오열된 국면을 근본적으로 바꾸었다. 3. 제국주의와 패권주의의 침략을 물리치고 국가의 안전과 독립을 수호하였다.

덩은 공산당이 인민을 위한 국가를 건설하여 통일 과업을 이뤄가고, 패권국가로부터 중국의 안전을 지킨 일을 부각하여, 당의 정통성을 재확립했던 것이다. 그리고 "나날이 증대하는 인민의 물질적 문화적 욕망과 낙후한 사회적 생산 사이의 모순" 해결을 당면한 과제로 설정하였다. 개혁개방은 바로

---

5 이 문건의 번역은 중공중앙문헌연구실, 「건국이래 당의 약간의 역사문제에 대한 결의」(허원 옮김, 『정통 중국현대사』, 사계절, 1990) 참고.

경제건설과 생산력 발전을 통해 인민의 물질적 문화적 생활을 개선하기 위한 정책이었다. 덩은 시장경제를 성장의 수단으로 활용하고, 선부론을 통해 인민이 능력껏 욕망을 충족할 수 있는 공간을 열어놓았다.

선부론의 방식으로 공동부유를 이루려는 뜻이었다. 그런데 향후 나타나게 될 현실은 덩도 미처 예상하지 못할 정도로 빈부격차가 극심해진 상황이었다. 이렇게 개혁개방으로 인한 불평등 문제는 1989년 인민의 거센 분노를 초래하였고, 당이 무력 진압을 선택하면서 천안문사태의 비극이 벌어졌다.

공산당은 반체제 불순분자를 진압한 것이라고 선전했지만, 인민의 당이 인민에게 무력을 행사한 사실은 당의 정당성을 위태롭게 하는 사건이었다. 세계는 이에 항의하여 중국을 봉쇄하는 강경 조치를 취하였다. 글로벌 자본과 기술의 이탈은 지속적인 개혁개방을 불가능하게 했고, 이는 인민을 부유하게 할 경제환경이 사라진다는 것을 뜻하였다. 게다가 1991년 소련의 붕괴는 중국의 안전마저 위협할 수 있는 국제정치적 사태였다.

국가 존립의 위협과 민심의 이탈로 인해 공산당은 건국 이래 통치 정당성을 잃어버릴 수 있는 최대의 위기에 직면하였다. 이때 덩이 내놓은 해법은 당국 체제를 굳건히 하면서 경제성장을 위한 개혁개방을 지속하는 일이었다. 1992년 덩은 개혁개방이 시작된 남방 도시를 순례하며 세계에 중국이 안전한 투자처라는 점을 약속하였다. 그리고 인민에게는 중국 사회주의가 "생산력의 해방과 생산력의 발전, 착취의 소멸과 양극화의 소멸, 그리고 최종적으로 공동부유에 도달할 것"이라는 점을 약속하였다.[6] 개혁개방 시대의 중국식 사회주의 시장경제를 통해 인민이 부유한 세상을 만들겠다는 목표를 확고히 한 것이었다.

이후 중국은 집단지도체제를 기반으로 한 정치안정과 경제성장을 지속하

6 이희옥, 『중국의 새로운 사회주의 탐색』, 창비, 2004, 178쪽.

여 인민의 지지와 신뢰를 받았다. 경제성장 과정에서 국유기업 노동자 실직 문제, 도농 격차로 인한 삼농 문제, 사스 사태로 인한 의료체계 문제, 불평등으로 인한 사회복지 문제 등이 대두되었다. 하지만 경제대국으로의 굴기와 전반적인 삶의 수준 향상이 통치 정당성을 위한 실적으로 더 부각되었다. 1996년 마카오 반환과 1997년 홍콩 반환은 통일국가의 목표를 환기하였고, 2008년 미국발 경제위기와 중국의 세계 자본주의 구원은 미국을 넘는 세계 최강국의 꿈을 되살려 주었다.

2. 고대 중국의 천명과 통치 정당성

2022년 10월 20차 당대회에서 총서기 3연임을 확정한 시진핑은 자신의 측근으로 구성된 상무위원들과 함께 옌안 혁명성지를 방문하였다. 100년간 경제만 생각하라는 덩의 유훈에서 벗어난 시진핑이, 당의 세 가지 목표-사회주의 완성, 통일국가 재건, 세계 최강국 지위-를 열어놓은 마오를 찾은 것이었다. 2012년 첫 총서기를 확정한 18차 당대회 직후에는 선전을 방문하여 남순강화 30주년을 기념했는데, 이는 덩의 뜻에 따라 개혁개방을 지속할 것이라는 선언이었다.

옌안에서 시진핑은 선전에서와 달리 자력갱생의 정신을 강조하였다. 이는 국민당과 제국주의 세력의 봉쇄를 뚫고 오롯이 신중국을 건설한 마오정신을 계승하여, 미국의 대공세를 극복하겠다는 뜻이다. 시진핑이 당의 세 가지 목표를 처음으로 공식화한 것은 2017년 연임을 확정한 19차 당대회 보고였다. 시진핑 1기에서 개혁개방의 지속성을 표방하다가, 2기에서 세 가지 목표를 공식화하는 '전환'이 이뤄진 것이었다. 이러한 전환은 2008년 대국굴기 이후 그 징후가 보이기 시작했으며, 1기에서 당내 부정부패 척결로 권력을 강화한 시진핑이 2기에서 현실로 만든 것이다.

세 가지 목표가 공식화된 이후 미국의 대중국 공세가 시작되었으며, 세계화 시대에서 이익을 공유하던 미중 사이에 급격한 탈동조화가 이뤄졌다. 시진핑이 강조한 자력갱생의 정신이 마오 시대와 같은 고립적 분투를 의미하지는 않지만, 세계화 시대와 확연히 다른 비우호적 환경 하에서 미국과 장기간 맞서야 한다는 점은 분명해 보인다. 이제 중국의 미래는 불확실해졌다. 하지만 세 가지 목표가 마오 시대부터 내세운 것이고 또 인민이 지지하는 소망이기 때문에, 이로 인해 통치 정당성 문제가 발생하지는 않을 것이다.

관건은 어떠한 방식으로 위기를 헤쳐나가며, 인민이 만족할 성과를 낼 수 있느냐에 있다. 중국 공산당이 국가 미래목표를 기획하고 실천해가는 것을 보면, 민주주의 국가의 다당제 정당과는 확실히 다르다. 민심을 얻는 세력이 통치 정당성을 지닐 수 있다는 것은 공통된 일이지만, 다당제 정당은 민심과 아울러 선거에서 표심을 얻어야 집권할 수 있다. 그래서 다당제 정당은 원대한 목표보다는 표심의 기반인 지지 세력을 위한 정책에 중점을 두곤 한다. 장웨이웨이의 문명국가론에서는 다당제 정당과 다른 공산당의 정체성을 다음과 같이 설명한다.

> 판웨이는 매우 흥미로운 얘기를 한 적이 있다. 그는 "중국 역사에서 깨어 있는 황제 한 명이 하나의 왕조를 대표하지만 일을 수행하는 것은 유가의 집권 그룹이었다. 좋은 왕조는 수백 년 동안 지속되었다. 이는 미국의 전체 역사보다 훨씬 긴 시간이다. 하나의 왕조와 유가의 집권 그룹이 대표하는 것은 '천명天命'이다. 이러한 '천명'이 퇴색하고 타락하면 민심을 잃게 된다. 백성이 봉기해 왕조를 교체하면 새로운 왕조가 탄생하고 새로운 유가의 집권 그룹이 왕조를 유지한다. 이렇듯 '천명'은 일반적으로 수백 년 동안 이어진다"는 견해를 제시하였다. 오늘날 중국의 집권당은 중화의 부흥을 소임으로 하는 천명으로 집권한

그룹이다. 중국 공산당은 미국의 공화당이나 민주당이 아니다. 영국의 보수당이나 노동당도 아니다. 중국의 집권당이 계승한 것은 중국 고대의 '천하'로 대표되는 유가의 정치사상일 뿐 어느 특정한 일부를 대표하는 정당이 아니다. 중국의 정치문화는 보편적으로 무리를 지어 사리사욕을 탐하는 것에 반감을 품고 있다. 군자는 무리를 짓거나 당을 만들지 않는다고 인식한다.[7]

장웨이웨이는 왕조시대에 천명을 받은 황제와 유가 그룹이 집권한 것처럼, 지금의 중국 공산당은 중화민족 부흥의 천명을 위해 집권한 것이라고 인식한다. 서구의 다당제 정당처럼 일부 계층이 아니라 천하의 이익을 대변하는 공당公黨이라는 얘기다. 외세로부터 민족을 구원하고 가난으로부터 인민을 구제한 공로가 있고, 또 중화민족의 부흥을 소임으로 내세운 것을 보면 '천명당'이라고 불러도 이상할 건 없다. 그만큼 공산당이 국가와 민족 부흥의 사명감을 운명공동체처럼 깊숙이 내재화하고 있다는 뜻이다.

여기서 논의하려는 사안은 통치 정당성을 천명과 연결시킨 점이다. 천명은 중국에 새로운 왕조가 들어설 때마다 자신의 통치 정당성을 위해 내세운 것이었다. 한족 왕조뿐만 아니라 남북조 시대 북중국과 요·금·원·청과 같은 이민족 왕조가 등장할 때도 천명은 왕조 정당성의 최고 명분이었다. 이민족 통치자가 내세운 화이지변華夷之辨은 종족이 아니라 중화 문명을 계승한 주체를 강조하는 것[8]인데, 그 핵심은 천명을 받았다는 주장에 있었다.

주지하듯이 천명은 주나라가 상나라 무력 정벌과 새 왕조 건립에 대한 정당성을 위해 창안한 개념이다.[9] 주나라 창건이 사사로운 욕망이 아니라,

---

7 장웨이웨이, 『중국은 문명형 국가다』(성균중국연구소 옮김, 지식공작소, 2018), 136쪽.

8 역대 중국의 화이지변 논쟁에 대해서는 요코야마 히로아키, 『중화민족의 탄생』(이용빈 옮김, 한울, 2012), 제1장 화이지변과 대일통: 배외와 융화의 중화사상 참고.

9 주나라 천명에 대한 현실주의적 해석은 이종민, 『문명 중국, 현실 중국: 중국을 보는 패러다

민심을 잃은 상나라 주왕을 처벌하라는 하늘의 뜻에 따라 이뤄진 행위라는 주장이다. 이 천명 개념에는 부덕한 왕에 대한 무력 정벌의 정당성뿐만 아니라 새 왕조는 반드시 덕으로 백성을 다스려야 한다는 통치 정당성의 함의도 포함되어 있다. 유가 사상은 이에 기반하여 천명-덕치-민심을 연결한 통치 규범을 만들어, 왕조시대에 헌법과 같은 권위를 부여하였다.

천명은 통치 정당성을 하늘의 권위와 연결한 것인데, 문제는 통치자가 천명을 받았는지 어떻게 알 수 있느냐 하는 것이다. 천명을 받지 못하면 통치자로서 자격이 주어지지 않기 때문에, 자신이 천명을 받았다는 것을 주장(입증)하는 일이 왕조시대를 관통하는 핵심적 정치 사안이 되었다. 천명 개념을 창안한 주나라 문왕에게는 천운이었는지 천명을 입증할 만한 기이한 천문 현상이 있었다.

기원전 1059년 5월 말, 태양계의 다섯 주요 행성(목성, 토성, 화성, 금성 그리고 수성)이 주 도성의 북서쪽 하늘 적위 2°에서 7° 사이로 측정되는 좁은 공간에 모였다. 『죽서기년竹書紀年』 상나라 주왕 32년을 보면, "오성이 하늘 방 자리에 모이고, 붉은 새가 주나라 제단에 내려왔다五星聚于房, 有赤烏集于周社"[10]는 구절이 있는데, 이것이 바로 위의 오성취 현상을 기록한 내용이다. 이 기록을 별자리 시간을 측정하는 프로그램으로 조사해본 결과, 기원전 1059년 5월 말 상나라 주왕 32년 차에 실제로 일어난 천문 현상으로 확인되었다. 문왕은 오성취 현상을 천명의 계시로 받아들인 후 왕권을 선언하고 상나라에 대한 도전을 시작하였다.[11]

그러나 도중에 문왕이 사망하여 상나라 정벌을 완수한 것은 그 아들 무왕

임의 대전환』, 1장 천명, 주나라 건국의 진실 참고.

10 『竹書紀年前漢記後漢記』, 臺灣商務印書館 영인, 18쪽.

11 David W. Pankenier, The Cosmo-political Background of Heaven's Mandate, Early China, Vol. 20(1995) 및 리펑, 『중국고대사』(이청규 옮김, 사회평론, 2017), 142쪽 참고.

이었다. 무왕이 천명을 완수함에 따라 선조가 받은 천명을 후손이 이어가는 승계 시스템이 구축되었다. 이 과정에서 하늘(상제)·조상 제사와 종족 신화가 왕실의 상징적 권위를 만들었고, 군사력이 왕위 승계를 위한 권력 기반이 되었다. 그리고 통치 방면에서 백성이 편안하게 살도록 덕을 베푸는 일이 왕의 주요 책무가 되었다. 부덕한 왕이 되어 민심을 잃으면 새롭게 천명을 받은 도전자가 나타날 수 있었기 때문이다.

이상이 상주 교체기에 정립된 천명의 개념이다. 그런데 천명이 통치 정당성만 부여한 것이 아니라 이후 중국 사회에 지속될 통치 질서도 만들었다는 점을 주목해야 한다. 주나라 통치자가 천명을 통해 만든 질서는 왕을 중심으로 신분에 따라 서열 관계를 형성하는 차등 질서였다. 통치자들은 지상의 차등 질서가 북극성을 중심으로 뭇별들이 도는 우주 질서를 본받은 것이라고 여겼다. 이렇게 차등 질서가 우주 질서로 받아들여지면서 차등 질서 자체에 대해 근본적인 의문을 표하는 이들이 없었다. 차등 질서 안에서 어떻게 각 구성원이 만족할 수 있는 조화로운 관계를 만들 것인지가 바로 현실 정치의 목표가 되었다.

그러나 현실 정치에서 조화로운 차등질서를 이루는 것도 쉬운 일이 아니었다. 민생을 위한 덕치가 천명의 당위적 목표였지만, 통치자의 최우선적인 관심은 늘 자신의 권력과 부의 보존 강화에 있었기 때문이다. 그래서 천명과 그에 기반한 질서 하에서는 민주 개념이 발전하기 힘들었다. 종족 단위로 경쟁하는 사회에서 누구보다 믿을 수 있는 사람은 바로 혈족이었다. 권력에 도전하는 타 종족을 누르고 정권을 유지해야 하는 상황에서, 통치자는 혈족을 중심으로 통치 질서를 구축하는 것이 가장 안정적인 방안이라고 여겼다. 하나라가 혈족 세습을 이룬 것이나 상나라가 형제 계승과 부자 계승을 혼합한 것, 그리고 주나라가 부자 계승과 형제 분봉을 결합한 것도, 권력 안정을 위한 혈족 중심의 통치 방안이었다.

서주 초기 점령지에 대한 분봉은 동족 형제들 중심으로 이루어졌는데, 그 과정에서 관숙과 채숙의 난이 있기는 했지만, 형제들의 협력 덕분에 주나라의 판도를 확장할 수 있었다. 봉건제는 수가 적은 통치 인원이 근거지를 중심으로 넓은 지역에 거주하는 많은 이민족 토착민을 다스리는 것인데, 왕실 및 제후국 간의 군사적 정치적 협력이 있어야 유지 가능한 제도였다. 서구의 봉건제처럼 확정된 영지를 분봉 받아 계약 통치하는 안정된 구조가 아니었다. 그 실재는 대외 정복전쟁을 지속하며 힘으로 세상의 평화를 유지하는 것으로, 주나라 초기 성강지치成康之治는 바로 전쟁 승리에 기반한 평화의 국면이었다.

중국에서 천자의 칭호가 처음 사용된 시기는 성강지치의 강왕 때였다. 천명을 받은 주 문왕이나 상나라 정벌을 완수한 무왕, 대외 정복 전쟁을 시작한 성왕 때에는 천자의 칭호가 쓰이지 않았다. 이것은 주나라의 초기에 천자의 권위를 인정받을 만한 권력 기반이 형성되지 않았다는 점을 뜻한다. 지속적인 정복 전쟁을 통해 주나라 세력권이 형성되면서 천자의 칭호가 등장하였고, 본격적으로 사용된 것은 중후기 때였다.[12]

천명은 통치 정당성을 부여하지만, 그것이 지속되기 위해선 반드시 상응하는 권력 기반이 필요했던 것이다. 그런데 서주 중기에 이르면서 대외 전쟁이 중단되고, 왕실과 제후국 가족의 구성원이 늘어나면서 잠재되었던 위기가 표출되었다. 공동의 사업이 중단되자 제후국들은 협력보다 자신의 세력을 확장하는 데 주력하기 시작했다. 또 가족 구성원이 늘어나면서 대종-소종의 분가 문제가 발생했는데, 대종 중심의 종법 질서에 따라 분가한 소종들은 관직과 토지 배분에 있어 불리한 위치에 놓여 있었다.

서주시대의 군주 계승은 장자(대종) 중심의 부자 상속이 원칙이었지만,

---

12 이종민, 『문명 중국, 현실 중국: 중국을 보는 패러다임의 대전환』, 52쪽.

실제로 장자가 순조롭게 군주의 자리에 오른 경우는 별로 없었다. 그리고 혈족 간의 신뢰와 협력의 시대가 균열되면서, 오히려 가까운 혈친이 자신의 권력과 부를 위협하는 상황이 벌어졌다. 유왕 때 서주가 몰락한 것도 태자 폐위로 인한 혈족 갈등이었으며, 춘추시대 서막이 정 장공에 대한 동생 공숙단의 도전으로 시작한 것 역시, 서주 중기 이래의 내부 위기가 지속된 결과라고 할 것이다.

잦은 전쟁, 가혹한 조세, 토지 분쟁으로 백성의 안전과 생계가 도탄에 빠지면서 차등 질서의 원천인 하늘에 대한 원망이 쏟아졌다. 이것은 주나라의 천명이 권위를 상실한 것을 의미하며, 이에 춘추시대의 제후들은 주 왕실이 아닌 자신의 천명을 주장하기 시작하였다. 제후들은 천명을 받은 위대한 조상을 만들고 자신이 그 천명을 이어받은 것이라고 하였다. 주 왕실이 문왕의 천명을 이어받는 방식을 모방한 것이다. 진秦나라의 경우 양공의 천명을 내세웠는데, 주 평왕에게 영지를 분봉받아 제후가 된 게 아니라 양공의 독자적인 천명으로 진의 영토를 다스린 것이라고 만든 것이다. 이렇게 천명을 받은 위대한 조상을 만드는 과정에서 황제, 염제, 전욱, 요, 순, 우 등 신화 전설 속의 인물들이 군주와 귀족들의 조상으로 연결되었다.

위대한 조상의 천명과 연결되어 군주들은 천하 경쟁을 위한 상징적 권위를 얻을 수 있었다. 그리고 주 왕실에게만 허용되던 하늘(상제) 제사를 지내고, 위대한 조상에게 제사를 지내며 천명을 기원하였다. 춘추시대 패자들의 경우 제 환공은 천자의 의식인 봉선제를 지내려 했고, 진 문공은 천자와 같은 묘도를 가지려고 했으며, 초 장왕은 주 왕실이 보유한 구정九鼎을 만들 능력이 있다고 과시하였다. 춘추시대 군주들은 주 왕실의 권위를 인정하고 있었지만, 자신의 천명의 꿈을 애써 숨기려 하지는 않았다.

춘추시대에 천명을 실현할 수 있는 현실적 기반은 영토 국가였으며, 이에 땅과 백성을 확보하기 위한 전쟁이 끊임없이 벌어졌다. 이 전쟁은 대부분 혈족 사이인 이웃 제후국을 병합하는 것이었다. 그리고 한 나라 안에서도 군주권 승계를 둘러싸고 무력 충돌이 벌어져 이른바 동족상잔의 비극이 지속되었다. 전쟁의 승패는 땅과 백성에 기반한 군사력에 달려 있었다. 춘추시대 영토 국가는 전쟁에서 승리하기 위한 부국강병을 이루는 일이 국가 발전의 원동력이 되었다.

춘추시대에는 농업이 경제력의 근간이었고 또 백성 동원이 전쟁의 관건이었기 때문에, 백성을 정치공동체로 결속시키는 일이 통치의 주요한 과제가 되었다. 국경이 엄격히 정해져 이동이 제한된 근대국가와 달리, 당시 영토 국가는 살고 싶은 곳을 찾아 이동하는 사람들이 많았다. 그래서 나라 안의 백성들이 만족스런 생활을 하고 나라 밖의 사람들이 살고 싶어 찾아오게 만드는 일이 통치의 관건이었다. 백성이 좋아하고 싫어하는 바를 잘 이해하여 백성의 욕구를 충족시켜주는 일이 통치자의 책무가 되었던 것이다.

서주시대의 천명에도 백성을 편안하게 다스리는 덕치가 포함되어 있었지만, 실제로는 엄격한 신분질서 하에서 피통치자로 살아가는 경우가 많았다. 백성의 정치참여가 제한된 신분사회에서 백성의 삶은 통치자의 덕에 의해 결정될 수밖에 없었다. 춘추시대 영토 국가에서 비로소 백성의 욕구 충족이 통치의 과제로 인식되었던 것인데, 국가의 기반으로서 백성의 존재가치가 인정되었기 때문이다.

그러나 근대국가처럼 백성에게 참정권을 부여한 것은 아니며, 부국강병을 추구하는 군주에 의해 정치공동체로 승인된 것이었다. 이러한 통치의 모범을 만든 사람이 바로 춘추시대 첫 번째 패자인 제 환공과 관중이었다. 이 시기에 바로 민심을 통치 정당성의 근본으로 보는 생각이 형성되었다. 이들은 민심을 얻기 위해 세족이 보유하던 토지와 황무지를 수용하여 일정 단위로 정비한 후 백성에게 지급하였다. 국가 주도의 토지개혁과 경작혁신이 성공을 거두면서 백성이 살기 좋은 나라라는 소문이 널리 퍼졌고, 이에 제나라의

인구가 증가하게 되었다.[13]

관중 시대 제나라는 군주와 민심이 연결된 통치 정당성을 영토 국가에서 구현한 모범이 되었다. 중앙집권적 군주제와 토지개혁이 부국강병을 위한 비결로 알려지면서 많은 나라들이 이를 모방하였다. 진나라 문공의 군현 설치와 농민의 군사화, 정나라 자산의 토지개혁, 위나라 이회의 개혁정책 등이 그러하며, 진시황의 통일 기반을 구축한 상앙의 변법도 연속선상의 정책으로 볼 수 있다.

상앙의 변법의 핵심인 작위제와 수전제는 작위와 땅이 없는 백성의 의욕을 고취하면서, 세족의 권력 기반을 통제하여 군주권을 강화하는 데 그 목적이 있었다. 이는 군주의 운명과 백성의 이해관계가 긴밀히 연결된 것을 의미한다. 백성은 국가로부터 작위와 토지를 받은 만큼 그 의무로서 세금과 부역을 짊어져야 했다. 그리고 상벌을 규정한 국가의 엄격한 법령과 사적인 일탈을 허용하지 않는 통제 정책을 따라야 했다. 후대인들이 이것을 냉혹한 법치라고 비난하지만, 당시 진나라 백성은 냉혹함보다는 변법이 주는 명예와 이익이 더 크다고 여겼다.

군주와 민심이 밀착한 진나라가 결국 전쟁을 통해 중국 최초의 통일제국을 건설하였다. 그러나 진나라는 작위제와 수전제를 통해 백성의 의욕을 끌어내는 데는 성공했지만, 전쟁을 해야 백성이 부유해지는 기형적 사회구조를 만들었다. 전쟁 수행에는 효율적이었으나 국가 간 세력균형이나 국제평화에 관한 사유는 발전하지 못했다. 전쟁이 끝난 후 평화의 국면이 도래했을 때, 이 문제는 결국 진 제국이 육국의 민심을 얻지 못하고 급망한 원인이 되었다.

---

13 이종민, 『문명 중국, 현실 중국: 중국을 보는 패러다임의 대전환』, 134쪽.

3. 민심, 국가의 운명을 결정하는 힘

천명-덕치-민심이 연결된 통치 정당성은 한 무제 때 유교가 국가철학이 되면서 인정仁政의 통치 규범으로 정립되었다. 유교 관료들은 규범을 내세우며 덕치와 민생을 강조했지만, 현실 정치에서는 황제의 권력을 통제할 제도가 없었다. 민심이 천심이라고 했지만, 백성의 참정이 제한되어 있어서 민심을 표출할 통로가 없었다. 황제는 대부분 자신의 천명이 대일통 제국을 건설하는 것이라고 여겼으며, 유교 규범으로서의 천명과는 거리가 있었다. 오히려 유교 규범으로 황권을 제약하려는 관료들을 멀리하며, 황제 측근으로 구성된 '내정內庭'으로 제국을 통치하려고 하였다.

그래서 황제가 천명에 따라 통치한다고 하더라도, 민심과 일정한 간극이 생길 수밖에 없었다. 황제의 관심은 통치자로서 자신의 천명을 어떻게 지속시킬 것인가에 있었지만, 백성은 어떻게 안심하고 부유하게 살아갈 것인가에 있었기 때문이다. 문경지치, 정강지치, 개원성세, 선영지치, 강건성세 등 이른바 태평성세에는 국가와 민심이 근접해 있었지만, 그 기간이 짧았고 시간이 흐를수록 갈등과 분열의 시대가 기다리고 있었다.

역대 중국에서 국가와 민심의 관계가 어떠했는지 이해하려면, 『논어』 「안연」편에서 공자와 자공이 정치에 관해 나눈 대화를 살펴볼 필요가 있다.

> 자공이 정치에 대해 묻자, 공자가 말씀하셨다.
>
> "먹을 것을 풍족히 하고, 군사를 충분히 하며, 백성이 믿게 하는 것이다."
>
> 자공이 또 묻기를, "불가피하게 버려야 한다면, 세 가지 가운데 무엇을 먼저 해야 합니까?"
>
> 공자가 말씀하셨다. "군사를 버려야 한다."
>
> 자공이 또 묻기를, "불가피하게 버려야 한다면, 두 가지 가운데 무엇을 먼저

해야 합니까?”

공자가 말씀하셨다. “먹을 것을 버려야 한다. 예로부터 사람은 다 죽는 법이지만, 백성이 신뢰하면 나라가 존립할 수 있다.[14]

공자는 국가가 추구해야 할 바람직한 정치를, “먹을 것을 풍족히 하고, 군사를 충분히 하며, 백성이 믿게 하는 것”이라고 한다. 이러한 정치를 현대적으로 해석하면, 경제를 풍요롭게 하고, 안보를 굳건히 하며, 국민의 신뢰를 얻는 일이라고 할 수 있다. 경제가 발전하고 안전한 나라는 공자시대 뿐만 아니라 현재에 이르기까지 사람들이 바라는 보편적인 국가상이다. 국가 간 생존경쟁의 세계에서, 경작할 땅이 없어 식량이 부족하거나 군사력이 약해 외세의 위협에 시달리는 나라를 살기 좋은 곳이라고 믿을 사람은 거의 없기 때문이다.

이렇게 국가의 정치를 경제-안보-신뢰의 세 가지 과제를 실현하는 일이라고 본 공자의 정의는 보편적 함의를 지닌 것이라고 할 수 있다. 문제는 자공이 세 가지 가운데 선택적 상황을 가정하는 질문에서 시작된다. 즉 자공이 세 가지 가운데 불가피하게 버려야 하는 순위에 대한 질문을 던지자, 이에 공자가 안보<경제<신뢰의 순으로 중요도를 정한 답변이 이어진 것이다. 그리고 그 이유로 공자는 통치자나 백성이나 사람은 누구나 죽는 법이지만, 백성의 신뢰가 있으면 그 후손들이 떠나지 않고 나라를 지킴으로써 존립할 수 있다고 말한다.

본래 공자의 정의 속에는 먹을 것이 풍족하고 군사력이 충분해야 백성이 믿고 사는 나라가 될 수 있다는 뜻이 함축되어 있었는데, 자공의 선택적

---

14 『論語』「顏淵」. “子貢問政,子曰 足食足兵 民信之矣. 子貢曰 必不得已而去, 於斯三者何先? 曰 去兵. 子貢曰 必不得已而去, 於斯二者何先? 曰 去食.自古皆有死, 民無信不立.”

질문에 대한 공자의 답변 속에서 이러한 뜻에 균열이 생긴다. 공자가 신뢰의 중요성을 가장 역설하기는 했지만, 나라가 어떻게 해야 백성의 신뢰를 얻을 수 있는지의 문제가 모호해졌기 때문이다. 물론 이 답변을 적극적으로 해석하여, 군사가 줄어들고 먹을 것이 부족해도 백성이 나라를 목숨처럼 신뢰한다면, 어떠한 난관도 극복하여 나라를 지킬 수 있다는 뜻으로 볼 수 있다. 그러나 이러한 해석으로 기울게 되면 국가의 역할의 문제가 밀려날 수밖에 없다. 비상시기에 백성이 결속하여 한두 차례의 난관은 극복할 수 있겠지만, 통치자가 백성의 신뢰에만 의지하여 경제-안보의 과제를 후 순위로 미룬다면 나라가 존속하기는 힘들 것이기 때문이다.

그래서 공자의 정의 자체는 국가와 민심의 관계를 이해하는 보편성을 지니고 있지만, 안보-경제-신뢰의 관계는 공자와 자공의 대화를 넘어 중국의 실제 역사 속에서 현실주의적으로 재구성할 필요가 있다. 아래의 그림은 내가 중국의 역사 현실에 기반하여 재구성한 안보-경제-신뢰의 관계도이다.

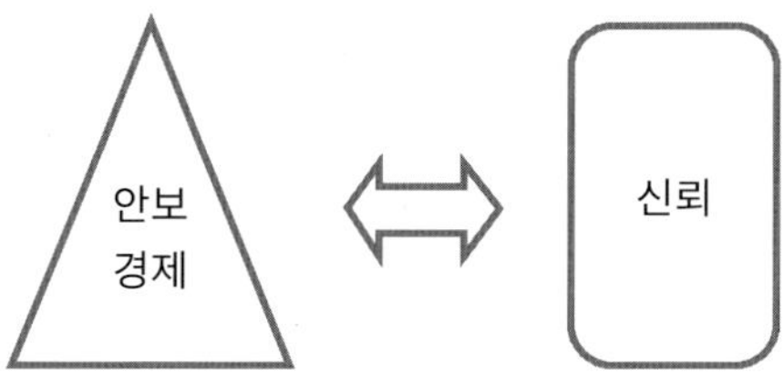

안보-경제-신뢰 관계 모형도

첫째, 안보-경제와 신뢰를 상호작용의 관계로 이해하는 것이다. 즉 통치자가 안전하고 풍요로운 나라를 만들면 백성의 신뢰를 받게 되고, 백성의 신뢰를 얻으면 내우외환과 같은 비상시기에 백성이 목숨처럼 나라를 지켜 존립할 수 있다. 반대로, 안보-경제의 과제를 해결하지 못한 통치자는 백성의 신뢰를 받기가 힘들며, 비상시기에 한두 차례 난관을 극복하더라도 결국 백성이 이탈하여 나라가 존속하지 못한다. 이러한 상호작용의 관계는 공자의 정의 속에 함축되어 있는 것으로, 동서고금의 보편성을 지닌 내용이다.

둘째, 안보-경제는 백성의 신뢰를 얻기 위한 불가분의 과제이지만, 안보-경제의 관계는 피라미드처럼 안보가 경제의 상위에 위치한다. 이는 안보에 의해 경제의 방향이 결정되거나 두 과제가 충돌할 때 안보가 경제에 우선하는 관계에 있다는 것을 뜻한다. 가령, 춘추전국시대 영토국가에서 확립된 농전農戰 정책은 국가가 백성에게 생계를 위한 토지를 제공하고 백성은 군사가 되어 국가의 안보를 지키는 것이었다. 농전 정책은 안보-경제가 국가 존립을 위한 불가분의 과제라는 점에 기반한다. 수전제는 순수한 경제제도가 아니라 국가의 안보 목적 하에 추진된 토지 정책이며, 비상시기에 농민은 전사가 되어 참전하거나 전쟁 비용을 부담하고 아울러 전쟁의 성과물을 배분받을 수 있었다.

이러한 농전 정책은 농업문명 시대에 국부의 증진이 전쟁을 통해 토지와 노동력을 약탈하는 일이었기 때문이며, 이 과정에서 백성도 전사가 되어 경제적 이익을 얻으면서 국가와 운명공동체가 되는 신뢰관계를 형성할 수 있었다. 통치자는 위로는 천명을 통해 통치 정당성을 확립하고, 아래로는 토지를 매개로 민심을 얻어 국가를 통치할 수 있었던 것이다. 이렇게 역대 중국에서 국가와 민심은 토지를 매개로 연결되어 있었다.

관중 시대 제나라에서 수전제가 시행된 이래, 수전제 토지와 낮은 세금은 왕조의 대표적 민생 정책이 되었다. 국가가 백성의 생계를 책임지고 백성은 국가를 위해 세금과 부역을 담당하는 농업-군사 공동체가 중국 왕조의 이상적 질서로 정립되었던 것이다. 당나라 때까지 매 왕조는 건국 초기에 수전제를 실시하여 백성의 민생이 안정될 수 있는 기반을 제공하였다.

수전제는 토지에 대한 통제력이 확립된 황제 직할지에서 주로 시행되었으며, 왕조의 모든 지역에서 실시된 것은 아니었다. 직할지 이외에 중국 동부와 남부의 토호 세력이 강한 곳에서는 황제의 뜻대로 토지를 통제할 수 없었기 때문이다. 그럼에도 불구하고 수전제가 시행되던 왕조 초기에는 대체로 농지와 낮은 세금을 통해 민심이 안정될 수 있었다.

당 중기 안록산의 난 이후 국가의 통제력이 약화되어 수전제(균전제)가 중단되면서, 전통적인 농전 정책이 균열되어 국가는 토지의 사유화를 인정하고 군사제도를 징병제에서 모병제로 전환하였다. 이후 송나라는 공식적으로 수전제를 포기하여 관료-지주의 대토지 소유자인 관호형세호官戶形勢戶가 출현했으며, 재정 수입을 위해 농업과 상거래에 대한 중상주의적 조세 정책을 시행하였다.[15] 요·금·서하와의 평화를 유지하기 위한 세폐와 군사비로 막대한 안보 비용이 지출되었기 때문이다. 그렇지만 유교 관료국가 체제가 정립된 송나라에서 전통적 민생 정책이 후퇴한 것은 역설적인 일이라고 할 수 있다. 국가 안보 상황의 변화에 따라 경제 정책의 전환이 이뤄졌던 것이다.

역대 왕조를 보면 수전제 시행 이후 토지 겸병의 문제가 반복적으로 출현하였다. 이러한 현상은 수전제가 민생 정책이기는 하지만, 기본적으로 수전제 토지의 규모가 안정적인 생계를 유지하기 어려운 수준이었으며, 또 부호에게 유리한 조세제도로 인해 토지 겸병이 이어지는 구조적 문제가 해결되지 않았기 때문이다. 이러한 문제를 인지한 역대 정치가들이 개혁을 시도하기는 했지만 기득권 세력의 저항에 막혀 번번이 실패하고 말았다.

송대는 농업혁명과 상업혁명이 일어나고 해상 교역이 발전한 시대라고 평가하지만, 일반 백성에게는 민생 정책이 후퇴하고 불리한 조세제도가 형성된 시대였다. 남송 군대가 북중국의 금나라와 대적했을 때 북중국 한인들이 호응하지 않았던 것도 남송 정부를 신뢰하지 않았기 때문일 것이다.[16] 또

---

15 이 문제에 대해서는 스도 유시유키·나카지마 사토시, 『중국의 역사: 송대』(이석현·임대희 옮김, 혜안, 2018), 제3장 관호형세호의 토지소유와 화폐경제·재정의 확대 참고.

몽골 원나라 치하에서 남중국 상인들은 남송 시대보다 자유로운 경제활동을 보장받아, 사업 투자와 해상 교역에 적극적으로 뛰어들었다. 민심은 이민족이라 하더라도 먹고 사는 문제를 보장해주는 통치자에게 신뢰를 보내고 있었던 것이다.

송대 이후 중국은 양적으로는 농업국가였지만, 상공업과 해상 교역이 발전하고 국가의 재정 수입도 중상주의적 방식으로 거두어들였다. 명나라 창업주 주원장이 강남 대부호의 토지를 몰수하여 전통적 농업국가로 회귀하려 했지만, 중국경제의 발전 방향을 되돌리지는 못했다. 수전제라는 전통적 민생정책이 중단되면서 국가는 점차 백성에게 세금을 걷는 수취자 집단이 되어갔다. 과거에 합격한 지방관은 세금을 걷고 소송을 판결하는 것이 주된 일이었다. 남송 이래 신사 계층이 성장하여 지역 행정과 공공사업을 담당하게 되면서, 지역의 백성은 점차 국가의 보호에서 멀어졌다. 경작지가 없는 백성은 지역 부호들의 소작이 되거나 황무지를 개간하여 생계를 꾸릴 수밖에 없었다.

명청시대 향촌에는 만인이 성인이 될 수 있다는 성리학에 기반한 신사사회가 형성되었다. 그러나 지역 리더는 신사층이 담당했으며 일반 백성은 공무에 참여할 수 있는 권한이 주어지지 않았다. 성인의 공부를 한 신사층이 통치자가 되고 백성은 생산에 종사해야 한다는 전통적 직분 관념이 지속되었던 것이다. 신사층은 소작 농민에게 생산량의 반을 세금으로 받았고, 이들에게 빌려준 돈의 이자를 받아 부를 축적할 수 있었다. 농민 가구는 경작과

---

16 남송 재상이었던 한탁주(1152~1207)는 16만 대군을 이끌고 금나라로 쳐들어가서 13만 명 가량의 금나라 군대와 대적하면, 금나라 영토에 살고 있던 한족들이 금나라보다는 자기 편을 들어줄 것으로 예상하였다. 그러나 정반대의 일이 벌어졌다. 금나라 군대에 이미 한족 병사들이 여진족보다 많을 뿐 아니라, 7만여 명의 남송 병사들이 오히려 금나라로 이탈하였다. 비슷한 맥락에서 1206년에도 북중국인들이 금나라에 맞서 봉기하지 않자, 남송 장군들은 몹시 실망한 바 있다(김영민, 『중국정치사상사』, 사회평론아카데미, 2021, 400쪽).

아울러 수공업 생산을 겸했는데, 농경만 가지고는 생계를 유지하기가 힘들었기 때문이다.[17]

명말 청초 황종희, 고염무 등은 토지 겸병을 비판하며 토지 소유 제한과 균등 분배를 주장하였다. 그러나 국가나 신사층 누구도 과거의 수전제처럼 백성에게 토지를 나눠주는 세력은 없었다. 토지 부족으로 인한 민생 파탄이 왕조의 멸망으로 이어졌지만, 청조에서도 수전제는 부활되지 않았다. 낮은 토지세를 유지하는 것이 민생 정책의 최대치였다.

이러한 상황은 중화인민공화국 초기에 토지개혁을 실시하기 전까지 지속되었다. 토지개혁은 국가가 인민의 이익을 대변하는 주체가 되어, 당대 중기 이래 중단된 전통적 민생 정책을 부활시킨 것이었다. 그러나 얼마 후 수전제 토지가 집체 소유의 토지로 바뀌었다. 국가가 토지 겸병의 주체가 되어 개인 토지를 집체 소유의 토지로 귀속시켰던 것이다. 집체 토지 속의 농민은 낯선 경작방식과 아울러 도시 공업화를 위한 국가의 수탈이라는 이중의 고초를 겪어야 했다. 소농으로 생활을 유지할 수 있는 정치 경제적 여건이 갖춰지지 않은 상태에서 수전제는 늘 붕괴의 운명에 놓여 있었던 것이다.

공산당은 집체 소유로의 전환을 공동부유를 위한 것이라고 했지만, 민심과는 일정한 간극이 있었다. 정책 전환이 인민 개개인의 이익보다는 사회주의 국가 건설을 위한 당의 결정에 의해 추진된 것이었기 때문이다. 신중국에서 인민은 대중동원의 대상이었으며, 정책 결정을 위한 참정권이 주어지지 않았다.

당시 국가의 사회주의 정책과 민심 사이에 어떠한 간극이 있었던 것인지, 저우리뽀周立波의 소설 『산향거변山鄕巨變』을 통해 살펴보자.

---

17 페이샤오퉁, 『중국의 신사계급』(최만원 옮김, 갈무리, 2019), 6장 농촌의 생계수단: 농업과 가내수공업 참고.

4. 농민의 슬픔

『산향거변』은 1955년 초겨울, 후난성의 궁벽한 산촌인 칭시향에 농업생산합작사가 건립되는 과정에서 어떠한 거대한 변화가 일어나는지에 관해 묘사한 소설이다. 신중국 초기 공산당은 토지개혁을 통해 농민들에게 토지를 분배했으나 이후 부농들이 토지를 합병하면서 빈부격차가 나타나기 시작했다. 이에 마오는 생산성 향상과 공동부유를 내세우며 개인 농지를 집체 소유의 합작농장으로 전환하였다. 『산향거변』은 이 과정의 민심을 드러내고 있어서, 당의 정책 전환과 민심이 어떠한 관계에 있는지 살펴볼 수 있다.

합작사가 건립될 당시 이 마을은 신중국 성립 이후 6년의 시간이 흘렀음에도 불구하고 여전히 구세계의 사상과 관습이 잔존해 있었다. 토지신, 재신 등의 전통적인 미신이 마을 사람들의 의식에 영향력을 행사하고 있었으며, 농민들은 개인(가족)의 근면한 삶을 통해 부농이 되려는 꿈을 간직하고 있었다. 이 마을에 신사-지주 계급의 지배구조가 사라진 것은 분명하지만, 구세계와 확연히 구분되는 새로운 사상과 관습이 형성되지는 못했다. 이 마을의 향 정부가 있는 건물은 본래 사당이었던 곳을 개조하여 사용하고 있으며, 신상을 모시던 곳에 마오쩌둥, 류샤오치, 저우언라이, 주더의 커다란 초상이 걸려있는 것은 이러한 혼재성을 잘 드러내고 있다.

이 마을의 거대한 변화는 현위원회에서 파견한 덩슈메이가 등장하여 합작사를 건설하면서부터 시작된다. 사실 덩슈메이가 출현하기 전에도 이 마을에는 이미 낮은 수준의 합작방식인 호조조互助組 운동이 진행되고 있었다. 그러나 호조조 활동을 경험한 나이 지긋한 농민들은 "철 맞춰 일하고, 유리한 때 불 맞추는 게 모두 거지 불 쬐듯 하니, 자기 것들만 챙겨. 어느 집이고 양보하려 하지 않는다"[18]고 불평을 하며, 합작의 효율성에 대해 회의적인 태도를 보이고 있었다. 이들은 조상이 물려준 땅이나 자신이 피땀 흘려 개간한 땅에 대해 목숨과도 같은 애착을 지니며, 이 땅을 성실하게 경작하여 가족의 생계를 책임지려는 전통적인 농민의식을 지니고 있었던 것이다.

이들에게 땅은 가족의 생계와 안전을 보장하는 자산이었기 때문에, 가족의 복지를 책임질 사회안전망이 불확실한 상태에서 자신의 땅을 집체 소유로 전환하는 것에 주저할 수밖에 없었다. "일이 잘못되면 우리 식구는 누구에게 의지하지?"[19]라는 생각은 당시 농민이라면 누구나 지니고 있던 우려였다. 합작사 건립은 이러한 호조조 운동의 내부 갈등과 농민들의 강한 토지애를 극복해야 실현 가능한 일이었다.

농민들의 합작사 입사를 설득하기 위해 당 간부들이 제기한 논리는 합작사의 생산력 증대와 풍요한 미래에 대한 약속이었다. 생산력 향상 방법으로서 합작사는 고립 분산된 자작농이나 소규모의 호조조와 달리, 사람이 많고 역량이 크기 때문에 공동경작으로 이모작을 할 수 있다. 또 공동으로 저수지를 만들어 황폐한 전답을 비옥한 전답으로 만들고, 철우(트랙터)·종자 개량 등과 같은 기술혁명을 통해 농업 생산력을 획기적으로 높일 수 있다. 이렇게 합작 생산방식을 장기간 추진하게 되면 가난한 농촌의 모습을 탈피하여 도시 못지않은 부유한 미래가 다가올 것이라는 낙관적 기대감을 심어주었다.

> 5년이나 10년도 안 돼서 그렇게 될 거야. 그때가 되면 우리들 농업사의 저축금을 가지고 트럭을 한 대 사서 너희 여자들은 차를 타고 도시에 연극을 보러갈 수 있어. 전등, 전화, 트럭, 트랙터가 모두 준비된 뒤에는 우리들의 생활은 도시보다 훨씬 편안할 거야. 우리 마을은 산수도 좋고 공기도 신선하기 때문이지. 일 년 사계절, 미처 다 피지 못한 꽃들과 미처 먹지 못한 과일, 도토리, 밤알

18 저우리뽀, 『산향거변』 상(조관희·이우정 옮김, 중앙일보사, 1989), 26-27쪽.

19 저우리뽀, 『산향거변』 상, 170쪽.

등이 모든 산과 골짜기에 가득 할 거야.[20]

미래에 대한 희망과 증산의 약속 덕분에 자작농들은 자신의 토지를 들고 합작사에 찾아가 입사를 결심하게 된다. 궁극적으로 이들이 토지를 소유하려는 목적은 생계 걱정 없이 가족들과 안락한 삶을 누리는 것인데, 이를 합작사에서 더 잘 보장해준다면 자작농을 고집할 필요가 없었던 것이다. 당시 농촌에서 단시간 내에 집체 소유로 전환하여 합작사가 건설될 수 있었던 것도 이러한 약속에 대한 농민들의 기대감이 있었기 때문이었다. 항일 민족운동과 토지개혁 과정에서 보여준 공산당의 헌신적 활동에 대해 농민들이 신뢰를 보내고 있었던 것이다.

이러한 맥락에서 볼 때 농민들이 합작사에 가입한 주된 목적은 농산물 증산을 통해 부유한 가정을 만들기 위한 것이었다고 할 것이다. 즉 사유제가 착취와 빈부격차의 원천이라는 이데올로기적 차원을 넘어, 합작화가 개인 농경보다 생산력을 높여 삶을 좀 더 풍요롭게 만들 수 있는 방식이라는 점에 기대를 걸었던 것이다.

집체 소유제를 선택하여 합작사에 입사한 농민들은 자작농 시절과 다른 새로운 일상생활을 습득하기 시작한다. 공산당의 입장에서 볼 때 이것이 사회주의 인민을 형성하는 과정이라고 한다면, 농민의 입장에서 볼 때는

---

20 저우리뽀, 『산향거변』 상, 202-203쪽. 이 구절은 마르크스가 꿈꾸던 공산주의 사회의 이미지로 널리 알려진 다음의 구절을 떠오르게 한다. "아무도 하나의 배타적인 활동의 영역을 갖지 않으며 모든 사람이 그가 원하는 분야에서 자신을 도야할 수 있는 공산주의 사회에서는 사회가 전반적 생산을 규제하게 되고 바로 이를 통하여 내가 하고 싶은 그대로 오늘은 이 일 내일은 저 일을 하는 것, 아침에는 사냥하고 오후에는 낚시하고 저녁에는 소를 치며 저녁식사 후에는 비평을 하면서도 사냥꾼으로도 어부로도 목동으로도 비평가로도 되지 않는 일이 가능하게 된다." 이 구절은 마르크스의 생각이라고 알려져 있지만, 사실은 생시몽주의자들이나 푸리에주의자들이 했던 말을 마르크스가 옮겨 놓은 것이다.

낯선 생활방식에 적응하는 과정이라고 할 수 있다. 무엇보다 농민들이 곤혹스러워 한 것은, 자신의 토지를 경작할 때는 자신의 오랜 농사 경험과 습관에 따랐는데, 대규모의 합작사 토지를 공동경작 할 때는 간부의 작업지시에 따라 필요한 곳에 배치된다는 점이었다. 이는 고립 분산적으로 운영되던 소농 경작에서 벗어나 대규모 집단 경작을 수행하는 과정에서 발생할 수밖에 없는 일이었다.

나아가 개인적으로 생활해온 농민들을 집단경작 속에 배치하여 노동의 효율성을 높이기 위해선 엄격한 규율이 요구되었다. 초창기에 이러한 작업방식에 익숙지 않은 합작사 농민들은, 어찌해야 할 바를 몰라 간부의 지시만을 기다리는 자신의 모습에 당혹스러움을 느끼게 되었다. 그러나 농민들 개개인의 전문성을 활용하여 작업에 배치하고, 소규모의 개인 경작이 따라올 수 없는 대규모 경작의 장점을 알게 되었다. 아울러 간부들의 헌신적 활동과 정부의 지원을 통해 생산력 향상이 실현되면서 점차 합작사가 농민들의 생활공동체로 자리하게 되었다.

이러한 과정에서 농민들은 합작사를 공동의 생계를 책임지는 대가정과 같은 공간으로 인식하고, 그 구성원들에게 가족과 같은 연대감을 느끼게 되었다. 가령, 개인 가정에 해결해야 할 일이나 어려운 일이 생기면 집안의 어른이나 친구들과 상의하기보다 합작사의 간부들을 찾아갔으며, 합작사의 간부들도 사원들의 가정에 각별한 관심을 가지면서 어떠한 문제가 생기면 솔선하여 문제 해결에 도움을 주었다. 이로 인해 루쉰의 소설 속에 등장하는 구경꾼처럼 타인의 불행을 구경거리로 삼아 쾌락을 즐기는 이들의 모습은 사라지고, 생활공동체에 소속된 구성원으로서의 유대감이 점차 확산되어 갔다. 공동으로 난관을 극복하고 풍년을 위해 솔선수범하며 행복한 미래를 건설하기 위해 노력하는 과정에서 대가족과 같은 집단의식이 배양된 것이다.

하지만 합작사 내부의 집단의식을 이해할 때 간과해서는 안 될 점이 있다.

구성원의 사생활에 대한 지나친 관심과 공개화로 인해 개인이나 가족의 사적 영역이 보호받지 못하고 간섭받을 가능성이 잠재되어 있었다. 특히 출신 성분과 가계 혈통이 의심스러운 사람들은 요주의 인물로 지목되어 집중적인 감시의 대상이 되었다. 이는 구성원 내부의 결속을 강화하고 합작사의 단합을 파괴할 수 있는 외부 세력을 차단하려는 생각에서 비롯된 현상이었다.

이러한 자기 보호적인 집단의식으로 인해 내부 구성원의 개인적이고 돌출적인 행위는 비판의 대상이 되었다. 외부에서 온 새로운 요소나 낯선 사람은 경계의 대상이 되어, 집단 내부의 경쟁이나 외적 개방을 추구하기 어렵게 만들었다. 집단의식 내부의 이런 문제는 증산의 기대감이 지속될 때에는 봉합이 되어 있었다. 하지만 생산물의 공정한 분배를 둘러싸고 갈등이 생기거나, 만족할 만한 수준의 증산이 이루어지지 않아 생계의 위협이 느껴질 때, 표면 위로 부상하였다.

실제로 대규모 경작이 그 효과를 발휘하기 위해선 농업기술 발전과 현대화된 경작방식이 수반되어야 하는데, 합작사에서는 대부분 자력갱생의 방식에 의존하여 생산력 향상에 한계를 지닐 수밖에 없었다. 더군다나 재분배 과정에 있어 공정한 분배를 위한 평가 시스템을 갖추어야 했지만, 국가의 지침이 모호하여 구성원 사이의 분쟁을 피하기 어려웠다. 합작사 자산에 대한 관리 및 회계의 책임 소재가 불분명하여 효율적인 조직 운영을 하기도 힘들었다. 예상치 못한 자연재해가 닥쳐 생산력이 하락하고 구성원 전체가 생존의 위기에 처하게 될 때에는 집단의 결속을 유지하기가 더욱 어려웠다.

이 때문에 운영의 방식에 따라 어떤 합작사는 번영을 누리고 어떤 합작사는 참담한 실패를 겪었지만, 대부분의 경우 초창기에 기대했던 경제적 성장은 이루어지지 않았다. 외부로부터의 안전 보장, 빈곤층과 장애자를 위한 복지시설, 농촌지역의 교육 및 의료 시설 확충, 농촌의 공업화 시도 등과 같이 농민의 소득통계에 잡히지 않은 사회안전망은 과거에 비해 확충되었다.

하지만 구성원들의 삶의 질이나 공동체로서의 연대감이 각별히 진전되었다고 말하기는 힘들다. 이렇게 된 원인은 무엇보다 대부분의 합작사가 농민의 생산활동을 촉진시킬 수 있는 물질적 도덕적 인센티브를 제공하는 데 실패했다는 점에 있을 것이다.[21]

수전제 토지의 부활은 공산당 입장에서 볼 때, 민생의 안정과 도시 공업화를 위한 재정 수입을 얻는 데 있었다. 농민들은 자기 소유의 토지를 보며 부농의 꿈을 꾸었으나, 곧 이은 집체 소유로의 전환은 불확실한 미래로 들어가는 것이었다. 농민들은 낯선 정책을 믿고 따랐지만, 국가는 안보와 산업발전의 이름으로 농민의 부유의 꿈을 외면하였다.

인민을 위한 사회주의 정부에서 농민을 담보로 국가 발전을 우선하는 정책이 추진되었기 때문이다. 국가 발전이 농민의 이익으로 이어진다는 공동부유의 구호를 내세우기는 했지만, 그것이 허망한 약속이라는 점이 드러나기까지는 많은 시간이 필요하지 않았다. 개혁개방 이래 40년의 경제성장을 공산당은 자신의 유능함이라고 선전했지만, 그것은 농민에게 전가한 오래된 빚을 숨기는 일이었다.

5. 불안한 사회안전망

장이뭐 감독의 영화 <인생>에서 주인공 푸꾸이가 현대사의 온갖 풍파를 겪으면서도 내려놓지 않았던 것이 있는데, 바로 안심하고 사는 삶安心日子이었다. 이러한 삶을 위해선 생계 걱정 없이 살 수 있는 물질과 아울러, 예측할 수 없는 질병과 재난 그리고 노후의 삶이 보호될 수 있는 사회안전망이 잘

21 모리스 마이스너, 『마오의 중국과 그 이후』 1, 217쪽.

구축되어 있어야 한다. 물질은 개인의 노력에 의해 어느 정도 해결될 수 있지만, 사회안전망은 인민의 삶을 보호하는 국가의 수준에 의해 결정된다. 사회안전망은 코로나 사태나 경제침체기와 같은 불안전한 시기에 그 가치를 드러내는데, 개인적 차원에서 보면 질병을 얻었을 때가 가장 절실히 다가오는 순간이다. 이때 필요한 사회안전망이 바로 의료복지를 포함한 사회복지이며, 그 혜택을 받은 인민은 국가에 대한 강한 신뢰를 느끼게 될 것이다.

국가에 보내는 이러한 신뢰/불신이 바로 민심이다. 중국 인민이 국가의 사회안전망에 대해 어떻게 느끼고 있는지 문제를 들여다보기 위해, 원무예 감독의 영화 <나는 약신이 아니다我不是藥神>(이후 <약신>으로 간칭)를 살펴보자. 영화 <약신>(2018)은 백혈병 환자였던 루융이라는 인물의 실화를 각색한 작품이다. 루융은 고가의 약값을 감당하지 못하여 인도에서 불법으로 만든 복제약을 수입했는데, 정품약과 약효가 같아서 이를 가난한 환자들에게 저가로 판매하였다. 루용은 가짜 약을 판매한 죄로 5년 형을 받았으며, 환자들의 탄원으로 2015년 3년 만에 석방되었다.

<약신>은 이러한 루용의 실화를 기반으로, 주인공 청용이 환자들의 생명을 살리는 의인이 되고, 청용이 체포되어 이 사건이 알려지면서 중국의 의료복지 개선을 이끌어낸 이야기로 만들었다. <약신>의 주인공 청용이 불법 밀수를 하면서도 의인으로 불릴 수 있는 것은 환자들이 처한 딜레마 상황 때문이다. 딜레마의 사전적 의미는 두 가지 가운데 어느 길을 선택해도 바람직하지 못한 결과가 벌어지는 곤란한 상황을 뜻한다.[22] <약신>의 행위자들은 이러한 딜레마 상황에 직면해 있는데, 행위자들의 선택 속에는 딜레마에 대한 공감과 고민이 내재되어 있다.

---

22 시진핑 시대 중국이 처한 딜레마의 총체적 양상에 대해서는 박민희, 『중국 딜레마』(한겨레출판, 2021), 6-17쪽 참고.

청용의 경우 복제약 밀수가 불법이어서 걸리면 처벌을 받게 되지만, 밀수를 하지 않으면 환자들의 생명이 위태로워진다. 또 자신의 행위가 의로운 일이라 해도 불법을 저지른 것이기 때문에, 특히 아들이 아빠를 나쁜 사람으로 보지 않을까 신경을 쓴다. 환자들의 경우 청용이 불법 밀수를 하도록 권해야 하지만, 잘못되면 자신들 때문에 청용이 처벌을 받을까 걱정이다. 환자들은 생명의 위협을 받는 상황이지만, 그들 역시 불법 약 복용으로 체포될 처지에 있다. 경찰의 경우 불법을 엄정하게 단속해야 하지만, 법을 집행하면 환자들의 생명을 위태롭게 한다. 환자들을 체포할수록 양심에 걸려, 경찰 차오빈은 체포된 환자들을 풀어주고 복제약 사건 수사를 포기하려고 한다. 유일하게 제약회사 사장만이 악인 역할을 하며, 약은 환자를 위해 만든 것인데 그 가격이 너무 비싸면 정작 환자들이 사 먹지 못한다는 딜레마를 인정하지 않는다.

이러한 딜레마 상황으로 인해 <약신>은 선/악이 대립되는 이분법적 구조를 벗어나 있다. 청용은 복제약을 밀수하는 과정에서 중국사회의 부조리한 모습을 발견하는데, 중국 제도와 법이 중국 인민의 생명을 지켜주지 못한다는 사실이다. 정품 약은 가격이 너무 비싸 가난한 환자들이 구매하기 힘든데, 중국 제약회사가 일방적으로 불공정한 가격을 결정하고 있다. 환자들은 제약회사의 불공정성에 항의하지만 제도 개선은 이루어지지 않고, 경찰은 불법 복제약을 판매하거나 복용하는 사람들을 엄중하게 처벌할 뿐이다. 이 때문에 엄정하게 법을 집행하여 법 정의를 지킬수록 환자들의 생명이 위태로워지는 역설적인 상황이 벌어진다.

이러한 상황에서는 불법의 밀수가 정의로운 일이고 합법적인 단속은 오히려 부조리한 일이 될 수 있다. 만일 정품약이 환자들이 구입할 수 있는 공정한 가격이고 국가의 의료 복지제도가 구비되어 환자들을 보호해 줄 수 있었다면, 의인 청용의 이야기는 탄생하지 않았을 것이다. 그러나 환자들을 보호해

주는 법과 제도가 결핍된 상황에서 생명을 지키는 일은 고스란히 환자들 자신의 몫이었다. 법을 피해 불법의 밀수를 하는 것이 그들의 최선의 자구책이었다. 이러한 자구책은 국가가 인민의 삶을 보호하지 못하는 상황에서, 인민 스스로 생존공동체를 구성하여 문제를 해결하는 전통적 방식에 다름아니다.

중국의 법과 제도가 인민 전체의 이익을 대변한 것이라면 <약신>과 같은 문제는 발생하지 않았을 것이다. 그러나 이해관계 충돌을 조정하는 법과 제도의 속성상, 아무리 공정하더라도 특정 세력의 손을 들어주기 마련이며, <약신>에서는 제약회사의 이익을 반영한 것이었다. <약신> 이후 인민을 위한 제도 개선이 이루어진 건 사실이지만, 현실은 여전히 안전한 삶을 보장하는 제도의 수준과는 거리가 멀다.

<약신>의 청용은 복제약 밀수를 자구책으로 삼아 생존공동체를 만들었는데, 주목할 점은 국가나 법을 대상으로 한 적극적 항의가 없다는 사실이다. 제약회사 사장에게 환자들이 오물을 투척하기는 하지만 이는 악덕 업주에 대한 항의 표시라고 할 수 있다. 청용의 행동 양상을 보면, 법을 피해 능력껏 밀수하는 데 주력하며 제도나 법의 문제에 대해서는 묵인한다. 환자들도 경찰의 동정심에 호소하거나 펑하오처럼 청용을 지켜주기 위해 자신을 희생하는 것이 생존공동체가 할 수 있는 일이다.

서로 숨겨주고 보호해주는 일만으로는 엄중해진 법망을 피할 수 없었으며, 결국 청용은 경찰에 체포되고 만다. 청용의 체포는 생존공동체의 해체를 뜻한다. 이제 누가 청용을 대신하여 환자들의 생명을 지켜줄 것인가. 청용에게 복제약 판매권을 넘겨받은 가짜약 판매상은 청용의 의로운 행위를 인정하면서도, 이 문제는 인민이 가난하여 생긴 일이기 때문에 청용 개인이 해결할 수 없는 일이라고 말한다.

영화는 청용의 자리에 엔딩 크레딧이 보여주듯이 국가를 올려놓고 있다.

엔딩 크레딧에서 영화는 루용 사건 이후 중국 의료복지 제도가 개선되어 온 과정을 열거한다. 이 영화가 개봉된 후에는 리커창 총리가 수입 항암제에 대한 관세를 철폐하고 부가가치세를 낮추었으며, 수입 약도 의료보험 적용이 가능하도록 하는 등 의료보험 적용 대상의 범위를 확대하였다.

영화는 이 사태의 원인이 제약회사의 불공정성에 있고, 국가는 청용의 의로운 행위를 대신하여 의료복지 제도를 개선하는 주체로 부각된다. 국가를 어떻게 보든, 제도 개선은 결국 국가가 담당해야 할 공적 영역이기 때문이다.[23] 하지만 국가가 인민의 이익을 전면적으로 대변할 것인지는 확신하기 어렵다. 중국의 GDP 대비 복지 지출(2019년 기준)이 OECD 최하위 수준인 한국(12.2%)에도 한참 미치지 못하는 사실(2.96%)이 이를 반증한다.

<약신>은 중국 영화 평점 사이트인 더우반에서 최근 10년간 개봉한 중국 영화 가운데 가장 높은 평점인 9.0을 받았다. 이것은 주인공의 의로운 행위에 대한 감동을 표현하는 것인데, 그렇다면 관객들은 <약신>을 보며 공동부유에 대한 국가의 약속은 어떻게 보았을까. 자본가에게 유리한 법과 인민을 보호하지 않는 의료 복지제도는 국가의 약속이 지켜지지 않았다는 것을 뜻하는데, 영화에 대한 감동은 국가에 대한 불신을 표출한 것이었을까.

2020년 7월 하버드대 케네디스쿨 애쉬센터(Ash Center for Democratic Governance and Innovation)는 2003년에서 2016년 동안 중국 도시와 농촌 주민 3만 1천여 명을 대상으로 실시한 중국 각급 정부에 대한 만족도 조사 결과를 발표하였다. 그 가운데 중앙정부에 대한 만족도는 2003년 86.1%에서 2016년에는 93.1%를 기록하였다.[24] 애쉬센터의 조사는 인민의 국가(중앙정부)에 대

23 이종민, 「<나는 약신이 아니다(我不是藥神)>와 중국식 스토리텔링의 가능성」(『미래문화』 제5호, 2022), 21쪽.

24 인민망 한국어판, 「하버드大 조사 보고서, "중국 국민, 對정부 만족도 93.1%"」, 2020.7.17.

한 만족도가 80~90%를 기록하고 있는데, 중국의 사회복지 수준을 고려하면 믿기 힘들 정도의 높은 수치다.

조사의 오차를 감안하더라도, 이것은 중국 인민이 복지수준이나 불평등에 대한 불만보다는 공산당 통치에 대한 전반적인 만족을 표출한 것이다. 경제성장으로 인한 전반적인 소득수준의 향상과 절대빈곤의 해소가 바로 중국 인민에게는 복지의 향상이면서 불평등 해소라고 느껴졌던 것으로 보인다. 공산당이 주력한 1차 분배인 소득주도 성장이 성과를 거두었다는 얘기다. 이점은 선부론의 낙수 효과가 있었으며, 불평등 지수가 높았음에도 불구하고 중국에서는 '좋은 불평등'으로 받아들여졌다는 점을 뜻한다.

그러나 공산당 통치가 아무리 만족스럽다 하더라도, 제로코로나 정책과 같은 장기간의 통제를 견딜 수 있는 인민은 없다. 백지 시위를 비롯하여 곳곳에서 터져나온 중국 인민의 불만은 인내의 한계치를 보여주는 것이다. 공산당의 정치 통제로 인해 대안 세력이 없고 인민의 민주의식이 성장하지 못했지만, 중국 역사는 국가의 운명을 결정하는 민심의 힘을 알려준다.

경제침체가 민심의 이반으로 이어지는 사태는 공산당이 가장 우려하는 일이다. 현재 세계가 직면한 경제침체는 중국도 예외가 아니다. 문제는 공산당의 최고 치적으로 자부했던 성장의 방식 내부에서 시한폭탄 같은 문제들이 불거져 나오고 있다는 점이다. 민심이 흔들리고 있는 지금, 공산당은 이제 무엇으로 인민의 마음을 붙잡을 것인가. 경제 회복에 사활을 걸고 있는 공산당, 그것이 민주 없이 민심을 얻을 수 있는 유일한 길이기 때문이다.

| 9장 |

국가 주도 경제는 지속 가능한가

1. 국가 주도 경제

인민에게 참정권을 약속하지 않은 공산당이 민심을 얻는 관건은 인민을 부유하게 하는 일이었다. 경제성장은 인민을 부유하게 하는 근간으로, 사회 안정과 더불어 공산당이 가장 중시하는 정책 목표였다. 신중국 초기 국유화 정책이 실패하여 가난에서 벗어나지 못했지만, 마오쩌둥은 자신의 정책이 생산력을 향상시킬 수 있을 것이라는 신념을 지니고 있었다. 사회주의 정책의 실패에 직면한 덩샤오핑은 '가난은 사회주의가 아니다'는 구호를 내세우며 경제성장을 위한 개혁개방 시대를 열어놓았다.

개혁개방 이후 급속한 성장으로 세계 2위의 경제대국이 되자, 중국은 본래 사회주의가 맞지 않는 나라라는 얘기가 흘러나왔다. 자유방임 경제를 추구해 온 중국 전통은 국가 주도의 경제와 맞지 않는다, 중국인의 상인 DNA가 사적 소유를 부정하는 체제에 맞지 않는다는 등의 말이 그러했다. 일견 타당해 보이지만 중국 정부와 그 씽크탱크는 이러한 의견에 동의하지 않는다. 베이징 컨센서스, 중국모델, 중국의 길 등 중국의 발전동력을 설명하는 시각은 서구 자유주의 경제와 다른 중국식 국가 주도 경제가 대국 굴기에 성공한 주요 원인이라고 인식하기 때문이다.

서구적 맥락에서 보면 두 관점은 국가/민간, 국유화/사유화, 성장/분배 등 발전동력의 상대적 차이로 보인다. 그러나 중국에서는 서로 대비되는 두 가지 동력이 모두 국가 주도로 결정된다는 사실이 중요하다. 신중국 초기 생산수단의 국유화도 국가 주도로 결정된 것이며, 개혁개방 시대 시장경제의 도입도 국가 주도로 결정된 것이다. 국유화/시장화가 상반된 정책이라 하더라도 동일하게 국가 주도로 결정되는 것이기 때문에, 서구적 맥락의 국유화/시장화와는 함의가 다를 수밖에 없다.

사회주의 정통성의 입장에서 중국의 개혁개방이 세계 자본주의에 편입된 것이라고 비판한 이론가들은, 글로벌 자본과 중국 정부 그리고 시장 세력이 공모하여 중국에 신자유주의 체제를 도입한 것이라고 보았다.[1] 즉 세계 자본주의가 개혁개방을 통해 중국을 시장으로 만들었고, 중국 정부는 그 체제에 편입하는 과정에서 경제성장을 이룩하는 한편 그 대가로 사회주의에 반하는 불평등이 심각해졌다는 얘기다. 이러한 시각은 일반적인 국가가 세계 자본주의 체제에 편입되는 과정을 설명하는 논리로는 적합해 보인다.

그러나 이러한 관점을 그대로 개혁개방 과정에 적용하면, 중국이 사회주의 국가라는 점을 간과하게 된다. 개혁개방 초기 중국 정부는 외국기업을 유치하기 위하여 각종 세제 및 금융 혜택을 제공하면서도, 발전개혁위원회의 엄격한 심사를 통해 외국기업의 투자 규모와 기술이전 정도에 따라 사업 활동의 범위를 규제하였다. 또 사업 영역에 따라 외국기업 단독 사업을 제한하고 중국기업과 합자를 하도록 규정함으로써, 중국기업이 외국기업의 기술과 경영기법 등 선진적인 요인을 가까이서 배울 수 있게 하였다.

1997년 아시아 금융위기 시기에도 중국은 신속한 대응을 하며, 관련 국가

---

1 왕후이, 『단기 20세기』(송인재 옮김, 글항아리, 2021), 6장 1989년 사회운동과 중국 '신자유주의'의 반역사적 해석 참고.

들이 안정을 되찾을 수 있도록 국제적 영향력을 행사하기도 하였다. 이것은 중국이 개방과정에서 투기자본을 경계하고 산업자본을 선별적으로 유치하여 성장동력으로 활용할 수 있었기 때문이다. 이러한 사례들은 세계 경제에 중국이 단계적으로 진입할 수 있도록 개방의 분야와 속도를 조절한 국가전략 덕분에 가능한 일이었다.[2]

이런 맥락에서 볼 때 국가 주도의 개혁개방은 낙후한 중국 경제발전을 위해 선진 기술과 자본을 수용하면서, 다른 한편으로 국내 산업 보호를 위해 신자유주의를 경계하는 이중 전략을 구사한 것이었다. 중국의 이러한 이중 전략은 현재까지 지속되고 있다. 중국이 필요로 하는 핵심기술 분야에서는 여전히 파격적인 혜택을 제공하지만, 중국과 경쟁하거나 이미 따라잡은 분야에서는 외국기업에 불리한 여건을 조성하여 자국 산업을 보호한다. 미중경쟁이 시작되기 전까지 중국은 이중 전략을 통해 첨단기술을 포함한 글로벌 공급망 기지를 구축하면서, 아울러 글로벌 브랜드들이 경쟁하는 세계시장이 되려고 하였다.

이러한 성과들이 국가 주도의 장기 계획과 실천전략을 통해 이룬 것인 만큼, 중국모델의 우수성을 자부하는 것도 충분히 인정할 수 있는 일이다. 그렇다면 중국은 이러한 국가 주도 전략을 통해 어떠한 경제를 만들려고 한 것인가? 개혁개방이 중국에 신자유주의 체제를 도입한 것이라는 이론가들의 우려와 달리, 지금 중국은 세계 어느 나라보다 국가자본주의적 특성이 강한 경제를 만들었다. 선진 기술과 자본을 수용하여 자유시장경제를 추구한 것이 아니라, 국가가 수립한 제도 하에서 국유부문, 민간부문, 외국기업이 공존하는 질서를 만든 것이다.

이러한 국가 주도의 혼합경제가 바로 중국식 사회주의 시장경제의 실체라

---

2 이종민, 『글로벌 차이나』, 산지니, 2008, 49쪽.

고 할 수 있다. 1990년대에 중국식 사회주의 시장경제라는 용어가 나왔을 때만 해도, 사회주의와 시장경제는 공존할 수 없는 제도라고 보았다. 또 중국이 세계공장으로 성장하면서 사회적 불평등이 심각해지는 것을 보고, 중국이 사회주의를 포기했다는 평가도 있었다. 중국식 사회주의 시장경제라는 말이 중국의 자본주의 전환을 은폐하기 위해 만든 모호한 용어라고 볼 정도로, 개혁개방 이후 중국경제가 나아가는 방향을 명확히 판단하지 못했던 것이다.

미중경쟁이 시작된 현재의 시점에서 되돌아보면, 중국식 사회주의 시장경제는 모호한 용어라기보다는 고도의 국가전략이 함축된 개념임을 알 수 있다. 중국식은 서구적 시장 질서가 아니라 중국이 수립한 규칙에 따르는 것이고, 사회주의는 기간산업과 전략산업 그리고 과학기술 을 국유부문에서 집중투자하는 것이며, 시장경제는 민간부문이 외국기업과의 보호적 경쟁을 통해 성장역량을 키우려는 뜻이었다. 개혁개방 이후 중국은 이러한 국가전략을 통해 경제발전을 주도하여, 2010년 일본을 제치고 세계 2위의 경제대국이 되면서 그 성과가 정점에 오르게 되었다.

개혁개방에서 현재에 이르기까지 매 시기마다 성장동력은 달랐지만, 중국식 제도에 의해 육성된 것이라는 점은 변함이 없었다. 민간부문의 경우 세계의 공장으로 급성장한 제조업, 경기 활성화에 지대한 공헌을 한 부동산업, 디지털 경제를 선도하는 빅테크 플랫폼 기업 등이 주요한 성장동력이 되었다. 이들의 성장방식은 서구의 시장원리보다는 국가와의 밀접한 관계를 통해 이루어진 것이었다. 국가가 수립한 정책에 발 빠르게 순응하면서 국가가 제공하는 막대한 혜택에 기대어 급성장할 수 있었다.

미중경쟁이 시작되면서 이제 국가 주도 경제가 더 강화될 것으로 보인다. 미국이 첨단기술 공급망을 차단함에 따라, 중국은 독자적으로 기술을 개발해야 하는 처지에 몰려있다. 첨단기술을 개발하는 기업들은 정부의 막대한 지원을 받고 있으며, 중국경제의 운명이 이들에게 달려있다고 할 정도다.

최근 세계에 중국 AI 기술 수준을 보여주었던 량원펑의 딥시크는 이러한 국가 지원 하에서 탄생할 수 있었던 것이다.[3]

그동안 중국 GDP에서 주요한 비중을 차지한 부동산업은 경기 불황과 부채 문제로 파산 상태에 있는 기업이 많은데, 이에 국가가 채무를 보증하는 국유기업으로 통합될 전망이다.[4] 디지털 경제를 선도하는 민간 빅테크 기업은 플랫폼을 기반으로 거대한 성장을 이루었으나 국가 지분이 늘어나면서 더 강한 통제를 받을 것으로 보인다.

미중경쟁이 지속되는 동안 전략산업과 중국경제에 영향력이 지대한 부문은 국유부문으로 전환되겠지만, 그 외의 분야에서는 민간기업을 지원하여 일자리 창출과 소득향상에 기여하게 할 것이다. 외국기업은 첨단기술 개발에 도움이 될 수 있는 기업이면 더 파격적인 혜택을 제공하고, 또 외국기업의 탈중국을 막기 위해 중국 내지로의 이전을 유도하는 등 정책 지원을 할 것이다.

어떤 자본주의 국가라도 완전한 자유시장경제를 시행하는 나라는 없다. 다들 국가가 입안한 산업정책이 있고, 기간산업이나 전략산업은 국유기업이 맡는 경우가 많다. 분배와 관련된 사회복지 부문은 국가가 책임 서비스를 한다. 그러나 자본주의 국가에서 행해지는 '국가의 역할'은 중국에서 행해지는 '국가 주도'와 그 목적과 범위에 상당한 차이가 있다. 중국은 모든 것을 국가의 계획하에 지원·통제하려고 하며, 궁극적인 목적은 국가 전체를 일원적이면서 부유한 사회로 만드는 데 있다. 그렇다고 마오 시기처럼 모든 것을 획일화하려는 것은 아니며, 부문별로 그 특성에 따라 경쟁을 유도하여 최대한의 능력을 발휘하게 한다.

---

3 중국 테크 기술이 급성장한 내부 요인에 대해서는 이벌찬, 『딥시크 딥쇼크』, 미래의 창, 2025 참고.

4 중국이 부동산 기업을 국유화하려는 것은 경제침체를 막으면서, 서민을 위한 장기임대주택 정책을 추진하기 위한 목적으로 보인다.

중국의 이러한 국가 주도가 현재의 중국경제를 만들었다고 해도 과언은 아니다. 그러나 문제는 국가 주도가 항상 좋은 결과를 보장하지는 않는다는 점이다. 가령, 개혁개방 이후 중국이 세계화의 장점을 활용하여 경제성장을 이룩했지만, 세계화의 함정인 사회적 불평등은 통제하지 못하였다. 이는 국가가 자본의 관리능력은 탁월하게 발휘했지만 경제 성과의 분배능력은 취약했다는 점을 뜻한다. 근대 중국의 경제 목표가 자본주의적 경제발전과 사회문제 예방의 이중 과제였다는 점을 상기한다면, 이 두 가지 능력을 동시적으로 발휘할 수 있을 때 비로소 중국식 국가 주도 경제의 우수성을 말할 수 있을 것이다.

현능정치를 내세워도 좋은 지도자가 계속 나오기 힘든 것처럼, 국가 주도 경제도 오류의 가능성은 늘 존재한다. 어떤 국가든 실정이 생기기 마련이며 그 오류를 줄이기 위해 국민 참여와 책임제도를 시행하는 것이 아닌가. 흔히 들리는 얘기처럼 자유방임 경제가 중국 전통이라는 시각에서 보면, 국가 주도 경제는 사회주의 시기에 만들어진 것으로 보일 것이다. 과연 그러한지 중국경제의 역사 속으로 들어가 보자.

2. 고대 중국의 중앙집권 경제

이념적으로 볼 때 중국의 자유방임 경제는 유가 사상과 연결되어 있다. 그렇지만 유가의 자유방임이 서구적 의미의 자유로운 이윤 추구를 뜻하는 것은 아니다. 이는 경제라는 말이 이윤 추구의 개념이 아니라, 세상을 다스리고 백성을 구제하는 경세제민經世濟民의 약칭이라는 사실에서 잘 나타난다. 즉 중국에서 경제는 통치자가 백성에게 인정仁政을 베푸는 정책 가운데 하나로 인식되었다는 것이다.

현능한 사람을 등용하여 걸출한 인물이 조정에 있으면, 천하의 사인士人이 다들 기뻐하며 그 조정에 서기를 바랄 것이다. 시장에서 점포의 자릿세만 받고 장세는 물리지 않고, 팔다 남은 상품은 나라에서 사주면 천하의 상인이 다들 기뻐하며 그 시장에 물건을 내놓길 바랄 것이다. 관문에서 기찰만 하고 관세를 면제하면 천하의 여행자(무역상인)가 다들 기뻐하며 그 길을 이용하려고 할 것이다. 농민에게 공전 경작을 하고 사전의 세금을 면제하면(정전제) 천하의 농민이 다들 기뻐하며 이 들에서 농사짓고 싶어할 것이다. 이주자에게 거처를 마련해주고 주민세를 면제하면 천하 사람이 모두 기뻐하며 이 나라 백성이 되기를 바랄 것이다. 진정으로 이 다섯 가지를 실행할 수 있다면 이웃 백성도 부모처럼 우러러볼 것이니, 인류가 생겨난 이래 자식을 끌어다가 부모를 공격하여 성공한 적은 없었다. 이렇게 되면 천하에 대적할 자가 없을 것이며, 천하에 대적할 자 없는 사람은 천명을 집행하는 관리天吏가 될 것이다. 이렇게 하고서 천하의 왕자가 되지 못한 경우는 없었다.[5]

이 글은 맹자가 왕도정치를 위해 시행해야 할 다섯 가지 인정을 설명한 부분으로, 역대 유가들이 추구한 이상적 정책에 해당한다. 맹자가 말한 다섯 가지 인정은 사인을 위한 현능한 인재 등용, 상인을 위한 시장 조세 감면, 여행자(무역상인)를 위한 관세 감면, 농민을 위한 정전제 시행, 이주자를 위한 보호 정책 등으로 정리할 수 있다. 현능한 인재 등용은 중국 정치의 출발점으로, 이들이 정치를 담당해야 나라가 부강하고 백성이 부유하게 될 수 있다는

---

5 『孟子』「公孫丑上」. "尊賢使能, 俊傑在位, 則天下之士, 皆悅而願立於其朝矣。市廛而不征, 法而不廛, 則天下之商, 皆悅而願藏於其市矣。關, 譏而不征, 則天下之旅, 皆悅而願出於其路矣。耕者, 助而不稅, 則天下之農, 皆悅而願耕於其野矣。廛, 無夫裏之布, 則天下之民, 皆悅而願爲之氓矣。信能行此五者, 則鄰國之民, 仰之若父母矣。率其子弟, 攻其父母, 自生民以來, 未有能濟者也。如此, 則無敵於天下。無敵於天下者, 天吏也。然而不王者, 未之有也."

주장이다.

맹자의 경제정책을 보면, 농민에게는 정전제를 시행하여 안정적인 토지를 제공하고, 일반 상인에게는 시장세를 감면하고 무역 상인에게는 관세를 감면하여 상업활동을 장려한다. 그리고 이주민에게 거처를 제공하고 주민세를 면제하여 생산-소비 인구를 늘리려고 한다. 이는 세금이나 부역 등 국가의 간섭을 최소화하고, 백성의 자율적 생산을 통해 민생을 해결하려는 뜻이다. 즉 민생이 안정된 항산恒產 체제를 구축하여 백성이 나라를 신뢰하는恒心 사회를 만들기 위한 것이다. 상평창처럼 물가 조절이나 빈민·재난 구제를 위한 정책이 있었지만, 사회복지 차원에서는 기본적으로 낮은 세금에 기반한 작은 정부를 지향하였다.

이것이 유가가 추구한 자유방임 경제인데, 여기에 유가의 이상인 봉건제를 결합하면 지방 분권 경제가 그 정책 방향이 된다. 유가의 입장에서는 백성의 자율적 생산에 기반한 지방 분권 경제가 바로 경세제민의 뜻에 가장 충실한 제도가 되는 셈이다. 그런데 고대 중국에서 자유방임 경제가 제기되기 전에 중앙집권 경제가 선행되었다는 점은 주목할 필요가 있다.

춘추시대 제후국이 영토 경쟁을 시작하면서 전쟁은 국가의 사활이 걸린 정치 사안이 되었다. 이 시대의 전쟁은 귀족전을 넘어 국가전의 성격을 띠고 있어서, 분산된 국가 자원을 효율적으로 집중시키는 역량에 전쟁의 승패가 달려있었다. 중앙집권 경제는 이러한 목적하에 추진된 것이었으며, 그 기준점을 세운 사람이 바로 관중이었다. 여기서 기준점이라고 한 것은, 관중의 실천이 춘추시대 제나라를 배경을 한 것이지만, 왕조시대는 물론이고 현재의 사회주의 체제에 이르기까지 중앙집권 경제가 지속되고 있기 때문이다.

관중은 분산되어 있던 토지를 구획하여 중앙집권 조직에 편재하고, 도시와 농촌의 이원 관리구조를 정립하고, 백성을 사농공상 직분에 따라 분업화하였다. 관중은 이러한 제도혁신을 기반으로 다음과 같은 중앙집권 경제를 정립하였다.[6] 첫째, 구획한 토지를 소가족 단위로 농민에게 지급하였다. 그리고 철기 농기구, 우경牛耕, 수로 관개 등의 경작혁신으로 생산성을 높이고, 낮은 세금과 공유지에서의 수익을 통해 소농 생산체제를 가능하게 하였다.

대체로 철기 농기구와 우경이 일반화된 전국시대에 소농 체제가 형성된 것으로 보지만, 제나라 관중 시대에 이미 시행하고 있었다. 철기는 국가 전략물자로 일반 농민이 접근하기 어려운 것이며, 소 역시 국가 제사에 쓰이고 있어서 농경에 활용되기 힘든 동물이었다. 이에 관중은 국가권력을 통해 토지개혁과 경작혁신을 이루어 소농 체제를 가능케 한 것이다. 전국시대의 소농체제 역시 개별 농민의 차원이 아니라, 관중의 실천이 주변 국가들로 확산되면서 출현한 중앙집권적 경제 현상으로 보아야 한다.

둘째, 상인의 교역 활동을 장려하여 지역 간 물품 공급을 원활하게 하였다. 관중은 상인들이 사계절에 따라 필요한 상품을 생산자와의 협력을 통해 유통시키고, 각 지역별 특산품 차이를 이해하여 서로 부족한 물품을 공급하게 하고, 시장 가격을 헤아려 시세 차익을 누릴 수 있게 하였다. 이는 시장경제의 원리를 통찰하여 상인이 긍정적인 역할을 하도록 장려한 것이다. 그리고 상인의 교역 활동에 기반하여 농산물 유통량과 가격을 조절함으로써 백성이 안정된 삶을 누리게 하였다. 관중은 국민경제뿐만 아니라 국가 간 교역을 위해 관세를 낮추었으며, 이에 제나라 상품이 국제적으로 유통되어 막대한 국부를 축적할 수 있었다.

셋째, 국가가 소금·철(염철)의 전략자원을 독점하는 재정정책을 사용하였다. 염철은 국가안보와 막대한 경제 이익이 걸려있는 전략자원으로, 국가가 이를 독점(국유화)하여 국부를 축적함으로써 백성의 세금을 낮출 수 있는

---

6 관중의 중앙집권 경제에 대해서는 이종민, 「관중(管仲)과 고대 중국의 질서」(『중국학보』 제101집, 2022) 참고.

재정을 갖출 수 있었다. 염철 사업을 운영하는 데 있어 관중은 국가가 개발과 판매 주체로 나서기보다는, 상인에게 수수료를 받고 운영권을 보장하는 시장경제의 방식을 택하였다. 염철은 역대 왕조에서 독점적 수익을 올리던 국유산업이 되었는데, 재정정책의 방향에 따라 한 무제처럼 국가가 직접 기업주체가 되거나 송 왕안석처럼 관중과 같은 시장경제의 방식을 채택하는 차이가 있었다.

넷째, 도시와 농촌의 이원적 관리체제와 백성을 분업화하는 생산적 직분사회를 만들었다. 관중은 도시에 통치집단과 사인, 공인, 상인을 거주하게 하고, 농촌에는 농민을 거주하게 하는 도농 분리 정책을 사용하였다. 인구의 대다수를 차지하는 농민의 유동성을 제한하면서 경작 생산성을 높이는 중농 사회가 국가 안정의 기반이 되었기 때문이다. 도시에서도 신분(직분)별로 거주지를 나누어 공동체 형성과 직업 전수에 유리한 구조를 만들었다. 이러한 정책을 통해 사회안정을 이루면서 직분별로 생산성을 높이고 아울러 안정적 징세를 가능케 하는 사회경제 시스템을 정립할 수 있었다.

다섯째, 이렇게 축적된 국부를 기반으로 강력한 상비군을 양성하고 제후국에게 시혜를 베풀어 춘추시대 첫 번째 패자가 될 수 있었다. 중앙집권 경제의 궁극적 목표는 영토 전쟁에서 승리하여 패권을 차지하는 것이었다. 관중은 행정조직과 군사조직을 일체화하여 강력한 군대를 양성했을 뿐 아니라, 인접국과 분쟁하던 영토를 반환하여 국제적 민심을 얻을 수 있었다. 그리고 국제여론을 유리하게 이끌기 위해 각국의 유력한 인사를 재물로 포섭하는 외교술(반간계)을 썼는데, 이 역시 국부가 기반이 되어야 구사할 수 있는 방법이었다. 패권은 이렇게 국가의 자원을 집중시켜 총력전을 펼 수 있는 나라의 차지가 되었다.

관중의 중앙집권 경제는 국가 주도로 지역과 신분에 따라 다원적 분업구조를 만들어 생산성을 높이는 '혼합경제'라고 할 수 있다. 제후들이 중앙집권 경제가 바로 제나라 패권의 기반이라는 점을 알게 되면서 이에 점차 확산되기 시작하였다. 그 적용방식은 나라의 상황에 따라 달랐지만, 토지 수전제와 경작혁신, 전략자원의 국유화, 생산적 직분사회 등은 공통적으로 수용되었다. 그러나 상업은 나라마다 상황이 달라, 진秦나라의 경우 엄격한 중농주의를 표방하며 상인의 교역 활동을 제한하였다. 그렇다고 지역 간 상품유통을 금지한 것은 아니며, 국가의 엄격한 통제 속에서 상업활동이 이루어져, 오히려 교역 허가를 받은 상인들은 막대한 부를 누릴 수 있었다.[7]

진나라의 중점은 황무지를 개척하여 수전제를 전면 시행하고, 공적에 따라 작위와 토지를 수여하여 생산과 전쟁의 의욕을 고취하는 데 있었다. 수전제는 전국시대에 소농 생산이 확대된 국가 요인이지만, 나라마다 수전제가 시행되는 규모는 달랐다. 대토지 소유자인 귀족과 부호 들은 자신의 땅을 국가가 수용하여 농민에게 지급하는 일에 반발했으며, 그 세력이 강한 나라에서는 당연히 수전제 시행이 제한될 수밖에 없었다. 관중의 시대에도 환공 사후 세족들이 다시 집권하여 중앙집권 경제가 균열된 것을 보면, 수전제가 전면적으로 시행되지는 못했을 것이다.

이러한 상황은 진나라도 마찬가지였다. 수전제를 주도한 상앙 자신도 효공에게 상 지역의 영지를 사여받았으며, 진시황 때의 측근인 여불위, 이사 등도 다 영지를 가지고 있었다. 이러한 점은 춘추전국시대 토지가 크게 군주의 대토지, 귀족·부호의 대토지, 그리고 소농의 토지로 구성되며, 군주와 귀족·부호의 권력관계에 따라 수전제 토지의 비율이 나라마다 달랐을 것이라는 점을 시사한다. 제후국 가운데 진나라의 수전제 토지 비중이 가장 높았던

---

7 『사기』「화식열전」을 보면, 춘추전국시대에 활약한 범려, 자공, 백규 등의 상인 이야기가 나오는데, 진시황도 목축업을 하며 가축을 유통시킨 오지현 사람 나, 단사를 채굴하여 유통시킨 파촉의 과부 청을 성공한 상인으로 존중하며 제후처럼 예우해 주었다.

것은 분명하며, 이는 진나라가 군주의 중앙집권 역량이 가장 강했다는 사실을 뜻한다.

3. 제국, 안보와 경제의 딜레마

한 무제 때 등용되어 유교를 국가이념으로 정립한 동중서는 아래의 저명한 상주문을 올렸다. 당시 귀족과 부호 들이 농민의 수전제 토지를 겸병하면서 심각한 사회 불평등 문제가 초래되었기 때문이다.

> 상앙의 변법으로 고대 제왕의 제도가 바뀌었습니다. 정전제가 폐지되어 백성이 땅을 매매할 수 있게 되면서, 부자들의 땅은 드넓게 연결되어 있지만 가난한 사람들은 송곳 꼽을 땅도 없습니다.[8]

동중서는 상앙의 변법으로 '수전제=사유토지=매매허용'이 되면서, 고대 제왕의 제도인 '정전제=국유토지=안정적 경작'이 깨져, 지금의 토지 겸병 문제가 발생했다고 보았다. 그런데 동중서의 시각은 관중 이래 시행되어온 수전제의 취지와는 맞지 않는 얘기다. 수전제는 귀족·부호 들이 세습하던 땅이나 황무지를 국가가 수용하여 농민에게 지급하는 제도다. 소유제의 측면에서 보면 사유화된 토지를 개혁하여 국유화한 것이며, 이를 농민에게 지급하여 안정적 경작을 보장하기 위한 취지라고 할 수 있다.

또 정치 역학의 차원에서 보면, 군주의 경쟁자인 세족의 권력 기반을 약화시키기 위한 제도였다. 즉 세족의 대토지에 종속된 백성을, 군주가 수전제를

---

8 『漢書』「食貨志」. "以秦用商鞅之法, 除井田, 民得賣買, 富者, 田連阡陌, 貧者, 亡(無)立錐之地."

매개로 하여 세금과 부역의 대상으로 만들어 중앙집권을 강화한 것이다. 이러한 목적에서 시행된 수전제를 동중서처럼 토지사유=매매허용으로 보는 것은, 수전제와 상반된 내용에 가깝다.

소가족 단위로 지급되는 수전은 그 가구가 먹고 사는 터전을 제공하는 것으로 매매를 위한 땅이 아니었다. 수전은 가구의 가장에게 수여하며 타인의 간섭없이 경작할 수 있는 권한이 부여되었다. 그러나 가장이 경작할 수 없는 연령이 되면 국가에 반환해야 하며, 그 자식이 수전의 자격을 갖추면 그 땅을 상속처럼 물려받을 수 있을 뿐이었다. 상앙의 변법에서도 백성이 능력껏 경작 수익을 올리는 일은 권장되었지만, 땅 매매를 통해 이익을 얻는 행위는 허용된 적이 없었다. 가구가 땅을 넓힐 방법은 작위 등급이 올라 땅을 사여받거나 황무지를 새롭게 개간하는 길이었다.

땅을 지급받은 만큼 백성으로서 의무가 엄중한 사회에서 땅 매매를 허용하는 것은 백성 관리시스템을 균열시키는 일에 다름아니다. 이는 백성이 거주지에서 이탈하지 않도록 통제정책을 시행한 취지와도 맞지 않는 일이다. 귀족들이 대토지를 세습하며 농민들에게 과중한 세금을 물리는 다른 제후국의 상황에 비한다면, 상앙의 변법이 오히려 정전제의 뜻을 계승한 제도라고 해야 한다.

그러나 백성에게 수여된 땅에 대한 관리와 반환 업무를 국가가 방치할 경우, 토지 사유화의 문제가 발생할 소지가 있었다. 국가가 세금을 과하게 부가하거나 부역이 가혹할 경우 백성이 토지에서 이탈할 수 있고, 생활이 궁핍한 백성이 수전을 호족에게 넘기고 자신은 그 소작으로 들어갈 수도 있었다. 또 장사로 크게 돈을 번 상인이 토지를 매수하여 대토지 소유자가 되는 일은 중국사에서 흔하게 벌어지는 현상이었다.

한 무제 때 토지 겸병의 문제가 심각하게 불거졌지만, 상앙에서 진 제국에 이르는 시기에 이 문제가 정치적 이슈가 되었다는 기록은 없다. 진한 교체기의 혼란과 한대 초기의 자유방임 경제를 거치면서, 한 무제 때 귀족·부호들의 토지 겸병이 정치적 문제가 된 것이었다. 즉 한대에 국가의 토지 관리가 부실해지면서 동중서가 비난한 문제가 발생한 것이라는 얘기다. 그 책임을 상앙에게 돌린 것에 불과하다.

한나라 초기 문경지치의 성세는 자유방임 경제의 성공 사례로 칭해진다. 농민은 국가에서 지급받은 수전과 낮은 세금으로 안정된 삶을 회복하였다. 상인은 상업활동이 권장되어 상거래로 수익을 얻었고, 이에 수공업자는 물품 생산을 활발하게 하였다. 상인은 지역 간 물품 공급뿐만 아니라, 국가의 공물 수송을 맡았고 염철 산업의 경영이 허용되어 막대한 수익을 얻을 수 있었다. 또 각 지역에서 화폐를 발행하는 등 정부의 간섭은 최소화하면서 시장경제의 원리를 수용하여, 국가의 곡간이 넘쳐나는 성과를 거두었다.

한나라 초기의 경제 활성화는 민생 회복을 위한 것이면서, 또 흉노에게 조공을 바쳐야 하는 안보 위기 상황에서, 경제로 평화를 유지하는 방안이기도 하였다. 이 시기의 자유방임 정책은 '무위이치無爲而治'를 경제 영역에서 실천한 것으로, 앞에서 얘기한 맹자의 경제정책과 특별히 상반된 내용은 아니다. 다만 토지제도에 있어서 정전제/수전제의 차이가 있는데, 두 제도가 무엇이 다른지 간략히 살펴보자.

주지하듯이 정전제는 땅을 9등분 한 후, 가운데 공전은 공동 경작하여 세금으로 내고, 나머지 8등분은 농민에게 사전으로 지급하여 생계수단으로 삼게 하는 것이다. 고대 제왕의 토지제도로 알려진 정전제가 실제 시행된 것인지 아니면 상상의 산물인지는 논의가 분분하다. 모든 토지가 반듯하게 구획할 수 있는 너른 땅이 아니라는 점을 고려하면 정전제는 보편적으로 시행되기 어려운 제도다. 넓은 들판에 있는 땅이라면 구획하기가 수월하지만, 도시 부근에 분산되어 있거나 협소한 땅이라면 일정 단위로 구획하기가 쉽지 않기 때문이다.

그러나 정전제의 핵심이 국가 소유의 땅을 일정 단위로 구획하여 백성에게 경작케 하는 것이라면, 지역의 상황에 따라 탄력적으로 시행할 수 있는 제도로 보인다. 균등하게 분할하기 좋은 땅은 정전제 그대로 시행하고, 그렇지 않은 땅은 모두 사전으로 분할 지급하여 1/10의 산출량을 조세로 부가하면 된다. 즉 세금을 내는 방식에 있어서 공전을 공동 경작하든 아니면 전부 사전으로 배분하여 1/10의 조세를 받든, 그 결과는 비슷하다는 것이다. 맹자도 정전제를 이러한 취지로 설명한 바 있다.

> 지방에서는 9등분하는 정전제를 실시하여 공전을 경작한 생산물을 조세로 내고, 도성 주변에는 10가구로 분할하여 소출의 1/10을 세금으로 내게 합니다.[9]

맹자의 설명에 근거하면 정전제는 국가 소유의 땅을 분할 지급하여 공전 생산량 혹은 사전 생산량의 1/10을 조세로 내는 제도라고 할 수 있다. 정전제에서 토지는 국가(왕) 소유이기 때문에 사적 소유의 문제는 발생하지 않는다. 정전제에서 말하는 공전/사전은 국유/사유의 소유제 구분이 아니라, 생산량이 누구에게 귀속되는지의 문제에 해당한다. 공전은 수확물이 모두 국가에 귀속되고, 사전은 농민에게 귀속되어 일정한 세금을 낸다는 뜻이다.

이러한 차원에서 보면 정전제는 관중이 시행한 수전제 개혁과 그 취지가 대동소이한 것이다. 관중 역시 국가가 토지를 수용하여 일정 단위로 구획하고 가구 단위로 배분하였으며, 정전제보다 더 낮은 조세(5/100)를 부가하였다. 정전제처럼 9등분 하는 소규모가 아니라, 지역 단위로 구획하여 중앙집권적으로 관리하는 차이가 있을 뿐이다. 전국시대 진나라에 이르러 지방의 토지를 대거 군현제로 편입하면서, 이른바 편호제민을 대상으로 하는 대단위

---

9 『孟子』「滕文公上」. "請野九一而助, 國中什一使自賦."

수전제가 확립된 것이다.

실정이 이러함에도 불구하고 정전제/수전제를 대립적으로 여기는 것은, 수전제를 토지 사유화로 보는 동중서식 편견이 작용한 것이다. 정전제/수전제가 토지 국유화/사유화로 대립되면서, 이 제도의 정치 경제적 성격이 묻혀버린 셈이다. 맹자도 정전제를 백성을 위한 제도라고 보지만, 수전제는 사적인 토지 욕심이라고 비판한 바 있다. 그러나 맹자의 비판은 영토 전쟁을 벌이는 군주의 탐욕이나 암암리에 수전제 토지가 거래되는 제도의 허점을 겨냥하는 말은 될 수 있지만, 수전제 자체에 대한 비판으로는 적절하지 않다.

백성의 민생을 위한 수전제가 바로 한나라 초기 문경지치라고 불린 태평시대의 기반이었다. 그런데 한 무제 때 수전제에 내재한 문제가 불거져 나오면서 정책 전환이 이뤄지기 시작했다. 즉 경제 활성화로 막대한 수익을 얻은 귀족·부호 들이 농민의 수전제 토지를 사들이면서 사회 문제가 발생했던 것이다. 토지 겸병은 국가의 관리 허점을 드러낸 것인데, 이에 무제는 재정정책을 통해 민간 상인의 활동을 제한하고 국가를 경영의 주체로 등장시켰다.

염철 산업을 국가가 직접 경영하고 공물 유통을 담당하며, 물가 조절을 위해 물품을 매매하고 화폐 발행을 단일화하여 막대한 수익을 얻었다. 이러한 재정정책은 사회 불평등을 야기한 호족·부호 세력을 통제하는 것이면서, 흉노와의 전쟁 비용을 마련하기 위한 것이었다. 그러나 백성에게도 전쟁에 쓰일 특별세를 부가하여 민생을 크게 위축시키는 결과를 초래하였다. 국가의 통제로 투자의 길이 막힌 부호들이 토지 매입에 열을 올리면서 오히려 토지 겸병이 심각해졌다. 가혹해진 세금을 감당하지 못한 농민들은 수전제 토지를 팔고 유랑민이 되거나 호족들의 장원에 들어가 소작 생활을 하는 일들이 빈번해졌다.[10]

---

10 리처드 폰 글란, 『폰 글란의 중국경제사』, 221-227쪽.

한 초기의 상황은 중앙집권 경제하에서 자유방임 정책과 재정정책의 상호 작용, 제국의 경제와 전쟁의 관계, 황제 권력과 민생의 관계, 중앙과 지방의 경제 관계 등을 잘 보여준다. 제국의 경제는 무엇보다 국가의 안보를 지키고 백성을 부유하게 하기 위한 물적 기반이었다. 국가는 제국 경영의 재원을 주로 백성의 세금, 국유자산의 수익, 무역 관세, 조공, 약탈 등에서 확보하였다. 이 가운데 백성의 세금이 가장 중요한 원천이며, 제국의 모든 지역에서 누실 없이 징세하는 것이 재정 확보의 관건이었다.[11]

대체로 왕조 초기에 국가는 전쟁 발발의 위협을 관리하는 가운데 민생 문제 해결에 중점을 두었다. 한나라의 경우 조공(화친)을 통해 흉노와의 전쟁을 관리하면서 자유방임 정책으로 경제를 활성화하였다. 그러나 안보와 경제가 충돌할 때는 언제나 안보를 우선했으며, 안보(전쟁) 비용이 필요할 때는 국가 주도의 재정정책을 통해 재원을 마련하였다. 한 무제가 흉노와의 전쟁을 결심했을 때, 자유방임적 민간경제는 국가의 통제하에 들어갈 수밖에 없었다.

전쟁에서 승리한 한 무제는 제국 팽창의 위대한 공적을 이루었다. 하지만 전쟁으로 민생의 파탄이 극심해지면서 말년에 <윤대죄기조輪臺罪己詔>라는 조서를 내렸다. 여기서 무제는 자신의 실책을 인정하고 다시 전대의 자유방임적 민생 정책으로 전환할 것을 결정하였다. 그러나 무제 사후 민생 정책으로의 전환은 원활하게 이뤄지지 않았다. 오히려 지방이 호족·부호 들의 독립적 정치 공간으로 변하면서 제국 몰락의 거점으로 성장하고 있었다. 제국 경제의 원천인 백성이 지방 세력의 수중으로 들어갈수록, 징세는 누실되어

11 레이 황의 『중국, 그 거대한 행보』(홍손도·홍광훈 옮김, 경당, 2002)는 고대 중국에서 사회주의 중국에 이르는 중국사의 흐름을, 중앙정부가 지방의 권력과 세금을 통제하는 역량이 강화되어가는 과정으로 보고 있다.

중앙의 재정이 더욱더 약화되었다. 안보와 경제의 딜레마가 제국의 운명을 좌우하는 요인으로 등장한 것이다.

한 제국 멸망 이후 장기간의 분열시대를 재통일한 수나라는 여느 왕조 초기와 같은 정책을 실시하였다. 제국의 근간인 농민들에게 가구 단위로 토지를 지급하고 낮은 세금을 부가하였다. 수전제, 균전제 등의 명칭으로 불리는 국가의 토지 지급제도는, 왕조마다 지급 대상이 가구 단위인지 남녀 성인인지, 지급 토지가 농지인지 황무지인지, 세금을 가구 단위로 받는지 토지에 따라 부가하는지 등의 차이가 있었다. 그러나 국가가 귀족·부호의 대토지 및 분산된 각 지역의 땅을 수용하여 농민에게 지급하고 낮은 세금을 부가한 점은 동일하였다. 이는 농민을 국가의 재정과 군사의 원천으로 보는 농전農戰 전통이 장기 지속되었다는 사실을 뜻한다.

선비-한족의 호한 융합 제국인 수나라는 귀족·호족의 특권적 지위를 제한하여 그 땅을 수용하고, 아울러 3성 6부의 중앙집권적 관료제를 확립하여 황제의 권력을 강화하였다. 또 남중국의 강남이 새로운 경제 중심지로 부상하면서 그 지역의 세곡을 북중국의 수도로 신속하게 운송할 수 있도록 대운하를 건설하였다. 수나라는 국가 재정을 위한 과감한 투자를 진행하여 막대한 수익을 얻었으며, 이에 제국 전역에 지역별로 기근 구제용 창고를 설치한 최초의 제국이 되었다.[12]

그러나 수나라도 안보와 경제의 딜레마를 풀지 못한 채 단기 몰락의 운명에 처하였다. 거대한 재정 수입을 기반으로 수 양제가 벌인 세 차례 고구려 침략 전쟁에 패하면서, 민심이 이반하고 내부 관리들의 암투가 극심해졌던 것이다. 특히 동남부 중국이 과중한 세금과 부역에 반발하는 등 제국 내부의 갈등이 거세져, 결국 고구려와의 과도한 전쟁이 제국의 멸망을 초래했던

---

12 리처드 폰 글란, 『폰 글란의 중국경제사』, 336쪽.

셈이다. 왕조 초기의 경제 활성화와 재정 수입이 역설적으로 전쟁에 대한 자신감을 불어넣었고, 황제의 무소불위 권력을 제어하지 못하는 체제가 안보 위기로 이어지는 역사가 반복된 것이다.

단명한 수나라를 이은 당나라는 왕조의 안정과 경제 활성화를 도모하였다. 당 태종은 과도한 토목공사와 전쟁으로 멸망한 수나라를 거울로 삼으며, 한나라 초기와 같은 무위지치의 통치를 추구하였다. 그 결과 정관지치의 성세를 이루게 되지만, 당 태종 역시 제국 팽창의 욕망에서 자유로울 수 없었다. 돌궐과의 전쟁에서는 성과를 거두었지만, 고구려와의 전쟁에서 패하면서 자칫 수 양제와 같은 운명에 빠질 수 있었다. 당 태종의 사망으로 위기를 넘긴 제국은 고종 때 삼국의 내분을 이용하여 고구려를 제압했으나, 이후 동돌궐이 부활하고 고구려를 계승한 발해가 건국되고 티베트·위구르가 부상하면서 안보 부담은 줄어들지 않았다.

이러한 안보 위기 속에서 변경 지역을 수비하기 위해 절도사에게 군사권, 징세권, 행정권을 모두 내주어 반 독립왕국이 세워지는 실책을 범하게 되었다. 안록산의 난 이후에는 내지에도 절도사가 설치되어 수도권을 제외한 제국 전역에서 지역분권 체제가 형성되었다. 이러한 분할 국면은 전통적인 경제 제도가 전환되는 계기로 작용하였다. 무엇보다 국가가 토지를 지급하는 균전제가 붕괴되어 토지의 사적 소유가 정착되고, 이에 세금이 가구 단위에서 토지 생산량에 따른 방식(양세법)으로 변화되었다. 그리고 세금을 현금으로 납부하고 부역을 세금으로 대체하여 백성의 자유로운 노동 시간이 늘어나게 되었다.

경제 활성화에 따라 화폐 공급량이 증가하고, 공적 사적 금융이 확산되면서 상거래와 투자가 더욱 원활해졌다. 특히 남중국에서 농업의 중심이 벼농사로 이동하면서 식량 생산의 비약적 발전이 이루어졌으며, 주식 작물뿐만 아니라 상업 작물의 재배도 성행하였다. 이에 상업 도시와 시장이 확대되면서 지역별로 생산의 전문화가 이루어져 비단, 도자기, 종이, 칠기, 차, 설탕 같은 상품이 출시되었다.[13]

국가의 통제력이 약화되면서 지역과 민간에서 자율적 경제 공간이 열린 것이었다. 경제 활성화 덕분에 국가는 재정 수입을 확충할 기회가 생겼지만, 지역분권 체제로 인해 재정 총액은 크게 늘어나지 않았다. 주현州縣에서 거둬들인 세금 수입은 지역 행정에 사용하고 남은 것을 번진 정부로 보냈고, 절도사는 자신에게 필요한 군사 비용을 떼고 남은 것을 중앙정부로 보냈기 때문이다. 덕종과 헌종 시기에 지역 절도사와 전쟁을 벌인 것도 중앙의 조세 수입을 확충하기 위한 목적이었다.[14]

지역분권 체제라고 하여 지역에 평등한 경제관계가 이뤄진 것은 아니다. 지방관과 지역 엘리트를 중심으로 차등적 분업관계가 형성되었으며, 다만 지역의 실정과 특성에 기반하여 경제를 발전시킬 수 있었던 것이다. 지방정부의 재정 증가와 군사·행정의 독립성은 중앙정부에 대한 위협에 다름아니었다. 이에 중앙정부는 처음으로 상인 가구에도 재산에 따른 세금을 부가했으며, 염철 전매를 관리하기 위한 염철전운사鹽鐵轉運使를 두어 재정 수입을 확대할 수 있었다. 남중국에서 받은 대부분의 세금이 염철전운사에 의한 것일 정도로 상당한 성과를 거두었다.

4. 대외 교역과 외국 상인

이러한 경제 변화와 아울러 당대에서 주목할 점은 대외 교역의 중심 루트

---

13 리처드 폰 글란, 『폰 글란의 중국경제사』, 448-449쪽.

14 마크 루이스, 『당; 열린 세계제국』(김한신 옮김, 너머북스, 2017), 167쪽.

가 서역의 실크로드에서 해상 교역으로 전환되었다는 점이다. 중국이 서역에 관심을 가지게 된 것은 한 무제 때 흉노 정복을 위해 서역 국가와 대외 관계를 구축하면서였다. 무제는 장건을 파견하여 서역에 관한 정보를 얻게 되었고, 이를 바탕으로 흉노를 정복하여 서역 변경에 군사 주둔지를 설치하였다. 대외 안보의 목적에서 서역 개척을 시작한 것이기 때문에 막대한 군사 비용이 들었고, 이에 재정 부담을 느낀 관료들의 지속적인 반발이 있었다.[15]

한 제국이 붕괴한 이후 서역의 군사 주둔지에는 외국인 상인들이 정착하였다. 남북조 시대 중국에 분열과 전쟁이 지속되었음에도 불구하고, 이들 덕분에 실크로드를 통한 국제 교역이 전성기를 구가하게 되었다. 실크로드 전성기는 당대에도 이어졌으며 인도와 아랍 국가들이 참여하면서 유라시아 교역이 더욱 활성화되었다. 당나라를 동서 문명을 융합한 개방적 제국으로 보는 것도 실크로드 문명 교류 덕분이었다.

그렇지만 당 정부가 대외 교역에 완전한 개방적 태도를 취한 것은 아니며, 국내외 상업활동과 시장을 국가적 차원에서 엄격히 관리하였다. 수도 장안에는 외국인 상인들이 서시西市에서만 장사하도록 통제되었으며, 중국인의 대외 여행도 사실상 금지되어 있었다. 중국과 인도의 교역로로 사용된 루트는 『서유기』의 주인공 현장이 개척한 것인데, 그의 인도 여행은 불법으로 행한 것이었다.[16] 소설 『서유기』에서는 당 태종의 요청으로 현장이 인도에 간 것으로 묘사되어 있지만, 실제로는 현장이 인도 여행 허가를 요청하는 상소문을 몇 차례 올렸으나 다 거절되었다. 당 정부는 대외 교역으로 이국적인 사치품과 문화를 향유하면서도, 변경의 안보 문제를 우려하고 있었던 것이다.

우리는 실크로드를 개방적이고 상업적인 국제 교역의 공간으로 알고 있지

---

15 마크 루이스, 『진·한: 최초의 중화제국』(김우영 옮김, 너머북스, 2020), 258-261쪽.

16 샤오젠성, 『송나라의 슬픔』(조경희·임소연 옮김, 글항아리, 2022), 267-268쪽.

만, 발레리 한센은 『실크로드: 7개의 도시』에서 이와 다른 주장을 하고 있다. 한센은 실크로드를 따라 발견된 기원후 200년에서 1000년 사이의 고문서와 그것이 발견된 7개 도시(누란, 쿠차, 투르판, 사마르칸트, 장안, 돈황, 호탄)에 대한 연구를 통해, 실크로드의 도시들이 통치자들에 의해 엄격한 무역 관리가 이루어졌으며 그들이 상품과 용역의 거래 주체로서 중요한 역할을 수행했다고 보았다.

> 이러한 현상은 특히 한나라나 당나라가 중앙아시아에 군사 주둔지를 설치했던 시기에 두드러졌다. 중앙정부에서는 군대에 필요한 곡식 및 의복 공급과 수천 명에 달하는 군인들의 봉급 지급을 위해 막대한 지출을 감당했다. 당나라 시기에 비단은 주요 화폐 기능을 담당했다. 화폐로 사용된 물품은 세 가지, 즉 동전과 곡식과 비단이었다. 당나라는 중앙정부의 지출을 감당할 만큼 충분한 양의 동전을 주조할 수 없었다. 흔히 동전이 부족하거나 곡물이 적어서 문제가 될 때면 대부분 평직 비단으로 지불했다. 북서부 변방의 군비는 대부분 비단으로 지출되었고, 그 결과 서역에서는 비단이 광범위하게 유통되었다. 군인들이 지역 시장에서 거래를 많이 하게 되자 무역 붐이 일어났다. 그러나 반란군이 황제를 위협할 때면 황제는 모든 군대를 중국 본토로 불러들였고, 그러면 무역은 뚜렷하게 줄어들었다.[17]

한센에 따르면, 중국 통치자에게 실크로드는 개방적 상업 공간이 아니라 군사적 목적에 의해 통제된 안보-경제 지역에 가깝다고 할 수 있다. 당 정부의 이러한 통제에도 불구하고 중국에는 상인에서 사절단, 학자, 종교인, 기예인, 용병에 이르기까지 비한족 외국인들이 곳곳에 거주하고 있었다. 소그드

---

17 발레리 한센, 『실크로드: 7개의 도시』(류형식 옮김, 소와당, 2015), 24쪽.

출신 절도사 안록산도 용병을 이끌고 있었다. 고구려 유민 고선지 장군이 압바스 왕조와의 탈라스 전쟁에 패배하면서 중국의 실크로드의 장악력은 약화되기 시작하였다. 안록산의 난 이후 변경과 지역 통치는 지방정부의 손에 넘겨졌으며, 실크로드를 대신하여 해상 교역이 새로운 대외 교역 루트로 부상하였다.

장안에서 멀리 떨어진 동남부 해안 도시에는 중앙정부의 통제력이 제한적이어서 한국, 동남아, 인도, 페르시아, 이슬람 상인들이 정착하여 교역할 수 있는 공간이 열려있었다. 당대에 중국 상인들이 해상 무역에 종사했다는 기록이 없다는 점은 외국 상인이 해상 교역에 주도적 역할을 한 것을 뜻한다. 또 지방관이 담당하는 시박사市舶使를 두어 교역세를 거두었는데, 지방정부가 외국 상인 및 해상 무역을 관리함에 따라 도자기를 비롯한 지방의 특산품이 국제 상품으로 생산되기 시작하였다.

당이 멸망하고 들어선 5대 10국 시대에 동부와 남부의 지역(10국)에서 경제가 발전한 것은 당대에 이러한 기반이 형성되어 있었기 때문이다. 5대 10국의 분열 시대를 통합한 송나라 정부는 대내외적인 안보 위기에 직면하고 있었다. 내부적으로는 당을 멸망케 한 절도사 분권체제를 중앙집권 속으로 편재하는 일이 급선무였다. 이는 지방의 독립왕국을 해체하면서 아울러 누실된 국가 재정을 확충하는 길이었다.

송나라도 세금의 원천은 농민에게 있었지만, 다른 왕조 초기와 달리 토지개혁을 통해 농민에게 땅을 지급하는 정책은 쓰지 않았다. 대토지 소유자를 비롯한 토지의 사적 소유를 인정하고, 그 대신 누락된 토지 등록을 확충하여 가구의 재산과 토지에 따라 세금을 부가하였다. 이러한 제도는 안록산의 난 이후 전환된 양세법을 계승한 것이지만, 새 왕조인 송나라에서 공식적으로 국가의 토지 수전제 전통을 포기한 사건이었다. 명나라 초기 주원장이 일시적으로 강남 부유층의 토지를 몰수하여 농민에게 나눠준 일이 있지만,

신중국 초기 마오쩌둥의 토지개혁 전까지 수전제 정책은 중국에서 사라지게 되었다.

제도 전환의 핵심은 소득과 상거래가 있는 모든 곳에서 징세하여 국가의 재정 수입을 확충하는 것이었다. 이에 따라 농민뿐만 아니라 소득이 있는 백성에게 세금을 받았으며, 국가가 소금, 철, 차, 술 등을 전매하고 대외 무역을 장려하여 막대한 수입을 올릴 수 있었다. 특히 해상 무역이 활성화되었는데 시박사를 중앙정부에서 관리하면서 교역세와 아울러 상품 판매 독점을 통해 국가의 재정 수입을 확충하였다.[18] 이는 한 무제 때의 재정정책에 비견될 수 있는데, 무제 때와 달리 국가가 경영의 주체로 나서지 않고 상인에게 위탁하거나 전매권을 판매하는 등의 상업적 방식을 활용하였다.

송의 이러한 경제정책에 의해 전국 규모의 상업과 유통이 발달하게 되었다. 중국 남북을 연결하는 대운하와 수운 중심의 운송업이 발달했고, 원격지 사이를 연결하는 객상客商의 활동이 송대 상업 발전의 특징이 되었다. 상품 거래에서는 도매에서 소매에 이르기까지 분업에 기초한 유통기구가 성장했는데, 특히 매매를 중개하는 아인牙人과 같은 중개업자와, 저점邸店, 방랑房廊, 정탑停塌 등 도시에 세워진 창고 여관업자가 발전하였다. 또 편전, 교자 등의 환어음이나 객상의 원격지 거래를 돕는 비즈니스 관행이 널리 보급되었다.

그러나 시장 유통에서 민간의 자율적 성장은 제한적이었으며, 전국 규모의 원격지 간 물류는 정부가 조직한 것이었다. 건국 초기부터 송나라는 요, 금, 서하와의 긴장관계로 인해 대규모 군대를 유지하는 데 막대한 비용을 지출하고 있었다. 원격지 간 유통업 역시 북변 군대로의 물자 공급이 주요 목적이었다. 물류의 주요 경로는 곡창지대인 강남에서 대운하를 통해 수도 개봉까지, 또 개봉을 허브로 하여 북방 거란과의 국경지대였던 하북·하동으로 연결되

18 이경규, 「宋元代 泉州 해외무역의 번영과 市舶司 설치」(『대구사학』 81호, 2005), 24쪽.

는 경로, 남쪽의 사천에서 서하와의 국경지대인 섬서로 연결되는 경로였다. 북변의 군대를 객상이 조달해 주면, 정부는 그 대가로 현금(동전)이나 각종 유가증권(교인, 염초, 다인)을 지급해주는 획기적인 시스템을 만들어냈다.[19]

송은 상업 발전으로 막대한 세금을 거둘 수 있었지만 늘 재정 위기에 시달리고 있었다. 요, 금, 서하에게 지불한 세폐와, 군대 유지를 위한 안보 비용이 재정 지출의 대부분을 차지했기 때문이다. 송 정부는 막대한 안보 비용을 마련하기 위해 중상주의적 정책을 취한 것이었으며, 이 과정에서 경제가 활성화되어 소득과 상거래가 늘어날 수 있었다.

그러나 일반 농민에게 송대의 조세제도는 부담이 가중된 것이었으며, 세금을 내기 위해 고리의 채무를 지거나 토지를 매각하는 농민이 증가하게 되었다. 신종 때 실시한 왕안석의 신법은 민생 파탄과 토지 겸병을 막기 위해 국가가 저리의 대출을 하고, 대규모 군사비용을 줄이기 위해 지역의 민병대를 조직하는 것이 핵심이었다. 신법은 대토지 소유자와 부호의 이권을 제한하는 것이라 반발이 심하였고, 왕안석을 이을 만한 유능한 관료가 등장하지 않았다.[20] 이렇게 신법은 중단되었지만, 남송에 이르기까지 국가의 재정정책은 안보 비용과 연결되어 지속적으로 시행되었다.

송나라는 성리학과 과거제에 기반한 유교 국가라고 칭해지지만, 경제의 측면에서 보면 상반된 길을 걸어갔다. 균전제를 포기했고 여러 명목의 세금이 가중되었으며, 중상주의적 방식으로 국가를 운영하여 사회적 불평등이 심화되었던 것이다.[21] 역사가들은 송대의 발전을 당송 변혁, 농업혁명, 상업

---

19 오카모토 다카시 엮음, 『중국경제사』(강진아 옮김, 경북대학교출판부, 2023), 219-220쪽.

20 왕안석의 신법에 대해서는 스도 요시유키·나카지마 사토시, 『중국의 역사: 송대』(이석현·임대희 옮김, 혜안, 2018), 제4장 왕안석의 신법-신종조의 정치재정 개혁 참고.

21 송대에는 다섯 등급으로 등록된 자작농 호구들이 조세 대상이었는데, 세금으로 요구된 직물 수량으로 보면 당대에 비해 송대의 조세 부담액이 상당히 증가하였다. 송대에 가중된

혁명 등으로 부르지만, 그것은 막대한 안보비용 하에서 중앙집권적 황제-관료 통치와 중상주의적 재정정책에 기반한 것이었다. 드러난 모습은 세계 최고 수준의 경제 번영이었지만, 국가에는 성장을 지속시킬 재정과 민생 정책이 결핍되어 있었다.[22] 일반 백성에게 국가는 세금 수탈자에 가까웠으며, 민간의 유능한 행위자들은 허용된 경제 공간 안에서 부를 축적할 수 있는 길을 경쟁적으로 찾아야 했다.

1234년 북중국의 금나라를 정복한 몽골제국은 1279년 남송을 정복하면서 중국 전체를 지배한 최초의 이민족 왕조가 되었다. 대칸에 즉위한 쿠빌라이가 제국의 중심지를 중국으로 옮긴 것은 정복지 가운데 중국이 가장 부유한 곳이었기 때문이다. 쿠빌라이는 페르시아 출신의 아흐마드, 티베트 출신의 상가 등의 상인을 재정관으로 임명하여, 소금 거래를 독점하고 대외 교역을 권장하며 농업과 상거래에 현물과 은화로 세금을 부가하였다. 중상주의적 재정정책이라는 점에 있어서는 송 정부를 계승한 것이었다.

남중국에서는 원 정부가 민간경제에 개입하는 경우가 거의 없어서, 오히려 부유한 가문이나 기업가들은 송대보다 통제가 완화된 상황이었다. 그들은 대규모로 토지를 사들이고 새로운 사업에 과감히 투자하여 상거래가 더욱 활성화되었다. 해상 무역도 민간에게 개방되면서 천주가 세계에서 가장 규모

세금 부담에 대해서는 디터 쿤, 『송, 유교 원칙의 시대』(육정임 옮김, 너머북스, 2015), 453-457쪽 참고.

22 이점과 관련하여 송대의 경제 혁명을 비판적으로 보는 시각을 주목할 필요가 있다. 나이토 코난 등의 교토학파에서 시작된 송대 경제 혁명론은 기술 발전과 노동 생산율이 전대에 비해 획기적인 발전을 이루었다는 평가를 전제한 것이었다. 이에 대해 오사와 마사아키, 리보중 등은 송대 농업혁명론이 기술 발전과 노동 생산율에 대한 과장된 평가에 기반한 '허상'이라고 비판하였다. 이들은 사료 재해석을 통해, 송대에 강남이 주요 농경지가 되는 등의 중대한 변화는 있었지만, 농업혁명론에서 말하는 수준의 경작 기술과 생산량은 명청대에 이르러야 가능한 수준이라고 보았다. 이에 대해서는 리보중, 『중국 경제사 연구의 새로운 모색』(이화승 옮김, 책세상, 2006), 108-115쪽 참고.

가 큰 항구 도시가 되었다. 선박과 항해 기술이 발전하여 중국-인도 항로를 장악하게 되었으며, 도자기를 비롯한 중국 수출품이 동남아, 이슬람 세계, 동아프리카 등으로 활기차게 판매되었다.[23]

원 정부는 정치적으로 강력한 제국 통치를 하면서 경제적으로는 세금 수입을 위한 중상주의 정책을 시행하였다. 그러나 원 정부 재정 수입의 상당 부분이 몽골 초원의 경비와 이슬람 세계로 유출되어 중국의 은 시장은 심각한 유통량 부족에 시달려야 했다. 게다가 황실 및 몽골 귀족의 사치벽으로 부채가 쌓였으며, 원나라 후기에 전 지구적으로 기온이 내려가면서 농업 생산량도 하락하였다. 홍수와 기근 등의 자연재해에 원 정부의 통치가 실패하면서 민심이 이탈하여 거대한 반란이 일어났다. 이에 원 정부는 중국을 포기하고 다시 몽골 초원으로 돌아갔다.

이민족을 몰아내고 한족 국가를 세운 명나라 주원장은 원이 실시한 중상주의적 정책을 폐지하고 다시 유교적 중농주의 노선으로 전환하였다. 상업경제에서 비롯된 불평등을 없애고 소농 중심의 항산 체제를 회복하려고 했던 것이다. 이에 강남 부유층의 토지를 몰수하여 농민에 배분하기도 하고, 세금을 현물세로 통일하고 관리의 급여를 현물로 지급하는 등 과거의 정책으로 회귀하였다. 또 해상 사무역을 금지했는데 중국 화폐의 유출을 막아 경제를 안정화하려는 목적도 있었다. 주원장의 이러한 정책 하에서 명나라는 황제 중앙집권이 강화되었고, 지방에서는 마을의 대표에게 행정을 위임하여 관리하는(이갑제) 이원적 체제가 정립되었다.

그 결과 행정비용이 절감되고 농민의 세금이 낮아지는 등의 성과를 거두었다. 명나라도 초원으로 물러난 몽골의 안보 위협에 직면하고 있었는데, 주둔지의 둔전을 경작하여 군사비 명목으로 세금을 부가하지 않았다. 전체적으로

23 리처드 폰 글란, 『폰 글란의 중국경제사』, 503쪽.

국가의 재정 수입이 줄어들고 세금을 현물로 받는 비효율성으로 인해 경제가 위축되는 현상을 피할 수 없었다. 영락제 때에는 이러한 자급 자족적 경영에서 벗어나 대외 팽창 정책을 취하였다. 몽골을 공격하고 북베트남을 점령했으며, 정화 함대를 해외로 파견하였다. 정화 함대의 7차례 대규모 원정은 남중국해를 거쳐 아프리카 해안까지 진출하는 역사를 남겼다. 하지만 경제적 이익보다는 제국의 위용을 과시하기 위한 정치적 목적이 강하여 막대한 재정 손실을 남기고 중단되었다.

제국의 경제는 명 초기의 보수적 정책에도 불구하고 과거로 회귀하지는 않았다. 중상주의적 정책은 사실 원이 아니라 안록산의 난 이후 새로운 전통이 된 것이었다. 명 초기의 안정적 국가경영으로 평화가 이어지면서 16세기에 농업 생산량이 증가하고 상거래도 활발해지기 시작했다. 도자기, 비단, 차를 비롯한 상품 전문 시장이 전국 규모로 형성되어 지역별로 생산의 전문화가 촉진되었다. 농촌에서는 이갑제의 주민 통제가 풀렸고, 해상에서는 사무역 규제를 피해 교역이 진행되었다. 1567년 사무역 금지 조치가 해제되고, 일본과 아메리카의 은이 대량 유입되면서 교역 규모가 더욱 커졌다.[24]

강남의 대도시뿐만 아니라 지역에도 수많은 상업 거점도시가 생겼고, 제국 곳곳에서 상품생산과 원거리 교역이 활성화되었다. 송원시대처럼 시장경제가 활성화되면서, 조세제도가 명 초기의 현물세에서 은으로 받는 일조편법으로 바뀌었다. 지역에서는 가문 기업, 동향 출신 상업 네트워크, 무역의 전문화 등이 진행되고, 원거리 교역에 적극 투자하면서 민간경제의 비중이 커졌다.

시장경제의 성장으로 명말에는 다시 토지 겸병이 심해지고 사치 풍조가 일어났다. 그러나 소득과 상거래가 증가했음에도 불구하고 명 정부는 부실한 관리로 인해 재정 수입을 확충하지 못했으며, 이에 빈곤층을 구제할 복지정

---

24 리처드 폰 글란, 『폰 글란의 중국경제사』, 545쪽.

책도 적극 시행할 수 없었다. 그리고 글로벌 교역으로 얻은 은화의 상당 부분은 북로남왜北虜南倭를 막는 안보 비용으로 들어갔고, 1592년 조일 전쟁에 참전하면서 막대한 재정을 소모하게 되었다. 이 때문에 만주족의 위협이 가시화되었을 때, 군사비가 재정 수입을 초과하여 백성에게 세금을 더 부가할 수밖에 없었다. 1630년대에 흉년으로 대규모 반란이 일어났으며, 세력을 확장한 이자성의 농민 반란군이 북경을 점령하였다.

명나라도 결국 안보와 경제의 딜레마를 피할 수 없었던 것이다. 주원장의 자립적 농업국가의 이상은 민생 파탄과 안보 위기로 인해 실패하고 말았다. 명말의 토지 겸병과 과도한 세금 그리고 농민 부채는 주원장의 이상과 완전히 상반된 결과였다. 시장경제가 성장하면서 농촌의 안정적 관리에 실패하고, 제국을 수호할 재정 수입도 확충하지 못한 것이 망국을 초래했던 셈이다. 명의 내분 속에서 만주족 청나라가 손쉽게 중원을 차지할 수 있었다.

정치적으로 보면 청은 역대 최대의 영토를 정복하고, 중화문명과 유목문명 그리고 티베트 불교를 융합한 문명제국을 지향하여, 정통적 한족국가를 추구한 명과 상당한 차이를 보였다. 그러나 경제적으로 보면, 16세기 이래 시장경제의 성장과 글로벌 교역의 확대 그리고 중상주의적 재정정책을 이어가고 있다는 측면에서 역사적 연속성을 지녔다.

청나라는 균전제와 같은 토지개혁은 실시하지 않았으며, 토지의 사적 소유를 인정하였다. 세금은 재산과 토지에 따라 현금으로 납부하게 했지만, 농업을 제국 경제의 근간으로 여기며 농민에게 낮은 세금을 부가하였다. 민간경제에의 개입은 최소한으로 하였으며, 지방행정과 공공사업도 명나라와 같이 지방정부와 민간에 이양하였다. 이로 인해 지역의 민간기업과 금융, 생산의 전문화, 동향 교역 네트워크 등이 더욱 발전하였다. 민간경제의 자율성 차원에서 보면, 국가의 통제가 가장 완화된 시기가 청대라고 할 수 있다. 규정된 세금을 납부하면 자율적 상업활동을 보장한 것인데, 이는 몽골 원 정부의 중상주의적 성격과 상통하는 것이다.

중상주의적 정책을 추구한다고 하여 청이 농업국가였다는 점을 간과해선 안 된다. 가령, 청대 경제의 전성기인 1766년 국가 수입을 보면 73.8%가 토지세에서 나왔으며, 국가가 전매한 소금세는 8.2%, 글로벌 교역과 연결된 관세는 7.7%였다.[25] 토지세의 압도적 비중과 상업세의 핵심인 소금세와 관세의 상대적으로 낮은 비중은 청대 경제에서 차지하는 농업과 상업의 비중을 알려준다.

또 하나 생각해야 할 점은 청대 GDP가 세계 GDP에서 차지하는 높은 비중에 대한 문제다. 매디슨의 통계에 따르면, 1820년 세계 GDP에서 중국 GDP의 점유율을 32.9%로 보고 있다. 같은 시기 서유럽의 점유율이 23%인 점을 감안하면 세계 최고의 수치를 기록한 것이다.[26] 중국은 1820년을 정점으로 점유율이 하락하다가 1973년 4.6%로 최저점을 기록하였다.

	1	1000	1500	1600	1700	1820	1870	1913	1950	1973	2003
서유럽	13.7	9.1	17.8	19.8	21.9	23.0	33.1	33.0	26.2	25.6	19.2
중국	25.4	22.1	24.9	29.0	22.3	32.9	17.1	8.8	4.6	4.6	15.1

매디슨의 통계는 기원 1년에서 시작하고 있는데 이때 중국은 25.4% 기록한다. 이후 중국은 1000년 22.1%, 1500년 24.9%, 1600년 29%, 1700년 22.3%를 기록하다가 1820년에 최고점인 32.9%를 기록한 후 아편전쟁, 태평

---

25 리처드 폰 글란, 『폰 글란의 중국경제사』, 558쪽.

26 Maddison, *Contours of the World Economy 1-2030 AD*. New York: Oxford University Press, 2007, 343쪽. 매디슨의 통계는, 자료면에서 볼 때 역대 중국의 GDP를 집계하기에 충분한 문헌이 남아있지 않다는 문제와, 중국의 실효적 지배 영토가 아닌 지역의 경제도 중국의 통계로 포함한 것이 아닌가 하는 문제를 안고 있다. 이러한 문제에도 불구하고 제국 체제가 정립된 명청대 이래의 수치는 참고할 만한 것이라고 생각한다.

천국의 난 등의 혼란을 거치면서 급감하게 된다. 그런데 기원 1년부터 중국이 20%대를 유지한 반면, 서유럽은 기원 1년 13.7%를 기록한 후 1000년 9.1%로 하락했다가, 1500년 17.8%, 1600년 19.8%, 1700년 21.9%, 1820년 23%, 그리고 중국이 하락한 후인 1870년에 33.1%, 1913년 33%로 상승한다.

중국과 서유럽의 점유율 역사를 비교해보면, 중국은 규모의 경제에 비례하여 20%대를 유지하다가 1820년에 정점에 올랐다. 서유럽은 대항해를 시작한 1500년 이후부터 점유율이 오르다가 중국이 정점에 오른 1820년 이후 산업 경쟁력 향상을 통해 비중이 급상승하였다. 1820년 이후 중국은 인구의 지속적 증가에도 불구하고 경제침체로 점유율이 낮아진 데 반해, 서유럽은 지속적인 경제성장으로 중국과의 격차를 벌렸다.[27]

이 문제와 관련하여 경제사학계에서 논쟁이 되었던 주제가 "서유럽과 동아시아 사이에 경제발전 수준의 차이가 크게 벌어지기 시작한 것은 언제부터인가"의 문제였다. 포메란츠는 이 시작점을 '대분기(The Great Diverge)'라고 명명하는데, 서구중심주의 역사에서 강조하는 대항해의 시점이 아니라 공업혁명과 신대륙의 자원이 성장동력이 된 1750년 중반 정도라고 보았다. 1750년 무렵에도 중국의 강남이나 일본, 인도 등의 선진 지역과 비교하면, 영국과 서유럽의 우위가 존재한 적이 없었다고 한다. 당시 세계적 선진지역들은 모두 생태 위기에 직면해 있었는데, 영국만이 공업혁명과 신대륙의 자원을 기반으로 경제발전의 대분기를 이룰 수 있었다는 것이다. 포메란츠의 대분기가 매디슨의 1820년과 시간 차이가 있기는 하지만, 중국의 정체 원인을 과밀형 노동집약적 성장에서 벗어날 수 있는 기술혁신이 이뤄지지 않은 데 있다고 본 점은 동일하다.

---

27 포메란츠의 대분기에 대해서는 포메란츠, 『대분기: 중국과 유럽, 그리고 근대 세계 경제의 형성』(김규태 외 옮김, 에코리브르, 2016) 참고.

5. 농업제국의 붕괴와 산업 근대화

매디슨의 통계에서는 1820년에 중국 GDP가 세계 최고 점유율을 기록하고 있지만, 1796년에 백년교도의 난이 터지면서 청 제국의 성세의 끝을 예고하고 있었다. 18세기 인구 폭증으로 인한 토지와 식량의 부족, 자원 고갈, 관리의 폭정 등이 겹치면서 사회불안과 경제불황이 시작된 것이었다. 민란이 퍼져나가는 과정에서 청 정부는 군사의 무능과 재정의 한계를 드러냈으며, 19세기 초에 흉년과 기근이 이어지면서 이른바 '도광불황'(1820~1850)의 시기에 접어들었다.

그렇다고 중국경제가 일시에 침체된 것은 아니며 차, 생사 등의 수출품은 여전히 세계적 경쟁력을 유지하고 있었다. 하지만 아편전쟁을 시작으로 열강과의 전쟁에서 연이어 패하면서, 안보 위기와 막대한 배상금으로 인한 재정위기에 시달리게 되었다. 또 태평천국의 난과 서북 변경지역의 반란을 진압하는 과정에서 지방 세력이 독립적 정치집단으로 등장하게 되었다. 청 정부는 경제불황 속에서도 안보 위기의 극복을 우선하며 양무운동을 추진하는데 그 주축은 군수산업이었다.

서구 군사기술을 수용하여 함선과 대포를 생산하기 위한 계획으로 청 정부가 시도한 최초의 산업정책이라고 할 수 있다. 역대 왕조의 재정정책이 안보비용과 연결되어 있었듯이, 청 정부의 산업정책도 군수산업을 육성하기 위한 안보의 목적에서 시작되었다. 그동안 청 정부는 자유방임 정책을 유지하며 재정 수입을 올리는 데 주안을 두었으나, 초유의 안보 위기에 직면하면서 군수산업을 육성하기 위한 산업정책을 추진했던 것이다. 그러나 양무운동 시기에 육성한 군수 무기를 동원한 청일전쟁에서 패하면서 청 정부의 안보 중심의 산업정책은 한계를 드러내고 말았다.

청 정부는 군수산업 이외에 선박, 철도, 광산, 금융 등 근대산업 발전의 주축이 되는 분야에도 투자를 했지만, 경영 능력과 자본, 기술의 부족으로 기대한 성과를 거두지는 못했다. 민간기업들은 서구의 상품과 자본이 밀려오는 상황 속에서도 차와 면직물 등의 분야에서는 경쟁력을 유지하면서, 새롭게 형성된 경제 네트워크를 활용하여 무역 세계화에 참여할 수 있었다.[28] 중국 상인들은 중국에 진출한 서구기업들의 중개상이 되어 근대산업을 수용하는 매개 역할을 했으며, 20세기 초 청 정부가 신정 개혁을 시도하면서 중국은 경제 부흥의 시기를 맞이하게 되었다.

그러나 철도부설권을 둘러싼 중앙-지방의 갈등으로 신해혁명이 일어나 청이 멸망하였다. 전통 시대의 농업제국이 붕괴하고 산업 근대화를 추구하는 공화국이 수립된 것인데, 19세기 이래 강화된 지방 분권화로 인해 중화민국은 지방 군벌이 할거하는 혼란의 시대가 되었다. 개혁을 추진할 중앙정부의 힘이 제한적이고 또 중앙-지방의 균형발전을 위한 정책이 결여된 상태에서, 국가 주도 경제는 지방 세력의 저항에 직면할 수밖에 없었다. 베이징 중앙정부는 재정의 중앙집권화를 통해 통일된 국민경제를 건설하려 했지만, 지방분권 체제로 인해 재정 수입의 한계를 드러냈다.[29] 당시 중국은 지역 군벌 간의 내전의 시기였으며, 군벌들은 세력 확장을 위해 자기 지역에 진출한 열강과 정치 경제적 협력관계를 맺고 있었다.

이러한 상황은 중국의 경제발전에 있어 치명적인 두 가지 문제점을 드러냈다. 하나는 군벌-열강-해외 교역 관계의 형성으로 인해 중국 내부 지역 간 교역이 단절 혹은 분절되어 전국적 차원에서 통합된 시장경제 체제가 형성될 수 없었다는 점이다. 다른 하나는 군벌들이 지방정부로 각기 독립되어 있어

---

28 이점에 대해선 스기하라 카오루, 『아시아간 무역의 형성과 구조』(안병직·박기주 옮김, 전통과현대, 2002), 제1장 아시아간 무역의 형성과 구조 참고.

29 강진아, 「세계사의 시각에서 본 근현대 중국 조세 구조의 전환」(『이화사학연구』 57권, 2018), 200-205쪽.

서 중국경제를 통일된 국민경제로 발전시킬 중앙정부의 역할이 미약했다는 점이다. 열강들은 무역 장벽을 통해 자국 경제를 보호하면서 해외 시장과 식민지에서 약탈적 이익을 얻고 있었는데, 열강의 이러한 추세로부터 국민경제를 보호 육성하기 위해선 지역 군벌들을 결속시킬 통일정부의 수립이 이루어져야 했다.

1928년 국공합작과 북벌을 통해 통일정부를 수립한 국민당 정부는 군벌에 의해 분할된 지역 경제를 통일된 국민경제로 결속하고, 아울러 열강의 불평등조약을 폐지하여 경제 자주권을 회복하였다. 1928~1930년에 미국, 영국, 일본과 교섭을 진행하여 숙원인 관세 주권을 되찾았는데, 이는 수입 관세가 30%까지 인상되어 국가 재정을 강화하면서 자국 산업을 보호하는 중요한 성과였다.

장제스 정권은 근대산업의 중심지인 강남 델타의 동부 연안에 기반하고 있어서, 내륙 각지가 경제적으로 이 지역에 의존하고 있어서 통일된 국민경제를 구축하기에 유리한 상황이었다. 먼저 국가 재정 확충을 위해 중앙-지방의 재정 권한을 정리하고, 관세와 염세 그리고 지금의 부가가치세에 해당하는 통세를 중앙 재정의 근간으로 삼았다. 그리고 전국적으로 분산 발행되던 화폐의 통일을 추진하여 표준 화폐인 법폐를 발행하고, 화폐가치를 기축통화인 달러·파운드와 연동시켜 대외 신용을 높였다. 나아가 확충된 재정과 관세 주권을 바탕으로 경공업 부문을 중심으로 한 수입대체 공업화를 더욱 강력하게 추진할 수 있었다.

이 덕분에 근대산업이 빠른 속도로 성장하여, 1912년부터 1936년까지 연평균 성장률이 8%를 상회하였다. 그러나 중국 GDP에서 근대산업이 차지하는 비중을 보면 1933년에 여전히 GDP 대비 2.5%에 불과하였다. 이것은 중국경제가 세계 자본주의에 편입된 이후에도 농업과 전통 상공업에 의존하고 있었다는 사실을 뜻한다. 이렇게 근대산업 육성에 한계를 보인 주요 원인은 국가 재정수입의 상당 부분을 내전 비용과 외채상환에 썼다는 점이다. 장제스 정부 역시 안보와 경제의 딜레마로 인해 성장의 제약을 받고 있었던 것이다.

1937년 중일전쟁과 이어진 국공내전은 갓 구축된 근대산업의 기반을 파괴하였고, 신중국 건립 후 공산당은 국민당 정부의 화폐 남발로 인한 인플레 극복과 전쟁으로 파괴된 경제건설의 과제를 안고 있었다. 먼저 공산당 정부는 안록산의 난 이후 중단된 토지 수전제를 시행하여 인민의 대다수를 차지하는 농민의 민생 안정을 도모하였다. 그리고 도시에서는 민간기업과 자영업자, 상인의 시장경제 활동을 인정하며 경제 활성화를 촉진하였다. 공산당의 장기적 목표는 중공업 중심의 경제발전이었지만, 건국 당시에는 여느 왕조의 초기처럼 정치안정과 경제상의 자유방임 정책에서 크게 벗어나지 않았다.

그러나 1950년 한국전쟁에 참전하면서 중국은 다시 안보와 경제의 딜레마에 빠지게 되었다. 민생을 위한 경제 회복 단계에서 안보 위기 상황이 발생하여 발전전략이 수정되었던 것이다. 소련에서 대규모 전쟁 설비가 들어옴에 따라 군수중공업이 경제성장의 주축이 되었다. 민생 회복에서 군수중공업 중심의 전시동원 체제로 전환되고 냉전 이데올로기가 작동하면서 시장경제 활동은 제한될 수밖에 없었다. 한국전쟁이 끝난 후에는 소련식 중공업 발전이 목표가 되어 소련의 자본, 기술, 인력이 중국 도시경제를 주도하게 되었다.

농촌에서는 토지개혁을 통해 1952년에는 농민 대다수가 자기 소유의 땅을 가질 수 있었다. 그러나 작물 생산량이 경작 비용보다 향상되지 않아 토지를 매각하거나 빚을 지는 농민이 증가하였다. 이러한 현상은 왕조시대에서 반복적으로 나타나 지방 호족과 부호 들의 토지겸병으로 이어진 문제였다. 중국 정부는 토지를 집체 소유로 만들어, 국가 관리 하의 공동 생산 공동 분배의 방식으로 이 문제를 해결하려고 하였다. 이러한 정책은 중국 역사상 처음 시도한 것으로, 소농 경작에 익숙한 농민들에게는 불안한 방식이었다.

공산당의 농업 사회주의의 관건은 경작혁신과 공정분배를 통해 공동체가 다 만족할 수 있는 소득을 올리는 데 있었다. 그러나 여전히 전통적인 경작방식으로 인해 생산량은 기대한 만큼 늘지 않았고 공정분배도 이루어지지 않았다. 게다가 국가가 정한 낮은 곡물가와 상대적으로 높은 세금으로 인해 농민의 실질 소득은 더욱 줄어들었다. 농업 사회주의를 내세우면서도 도시의 산업 발전을 위한 비용을 농민들에게 전가한 것이었다.

도시에서도 1957년 중소 갈등으로 소련이 투자를 중단함에 따라 산업 발전에 커다란 위기가 발생하였다. 소련 투자에 의지한 중앙재정이 전체의 80%를 차지하고 있었는데, 투자 중단으로 그 비중이 30%로 급감하게 된 것이었다. 중앙 재정의 악화로 인해 공업화를 지방으로 이전했지만, 아무런 기반이 없는 지방에서 성공을 거두기는 힘든 일이었다. 자력갱생에 의지한 대약진 운동은 참담한 결과를 초래할 뿐이었다.[30]

신중국 초기의 경제 상황은 공산당 통치자들에게 뼈아픈 교훈을 안겨주었다. 1960년대에도 국민당의 대륙 침공, 중국과 인도의 국경 분쟁, 인도차이나 지역의 긴장과 미군의 중국 영토 침범, 중소분쟁 등이 지속되어, 중국경제는 안보에 발목이 잡힌 상태였다. 민생에 기반하지 않은 안보 정책은 국가의 위기를 초래한다는 사실은 중국 역사의 오랜 교훈이었다. 건국 이후 20여 년간의 아픈 경험은 중국을 새로운 길로 나아가게 했는데, 바로 1970년대 초 미국과의 안보협력과 서구 경제에 대한 개방이었다.

이것은 미국의 대소련 견제 정책에 편승하여 미중 협력관계를 구축하고, 아울러 서구 자본을 활용하여 민생경제 발전을 이루려는 목적이었다. 이 길은 중국이 직면한 안보와 경제의 딜레마를 풀어가는 최상의 전략적 선택이었다. 중국의 개혁개방은 바로 이 시기의 정책 전환에서 시작된 것이었다.

---

30 원톄쥔, 『백년의 급진』(김진공 옮김, 돌베개, 2013), 45-46쪽.

6. 개혁개방과 중국경제의 개혁과제

개혁개방의 성공은 국가 주도 산업정책이 성과를 거두었다는 것을 뜻한다. 청말 양무운동과 신중국 초기의 정책은 군수산업 중심의 안보적 성격이 강하여 경제성장에 한계를 지닐 수밖에 없었다. 역대 중국의 안보와 경제의 딜레마를 생각해보면, 국내외의 평화 조성이 개혁개방이 성공하기 위한 선결조건이었다.

개혁개방 시대 중국은 군수산업 중심에서 벗어나 경제 영역을 국유부문, 민간부문, 외국기업으로 세분하고 개방의 범위와 속도를 조절하였다. 미국의 협력 하에 중국에 유리한 규칙을 수립하고 각 경제 영역이 조화롭게 성장할 수 있는 시스템을 만들었는데, 그것이 바로 중국식 사회주의 시장경제였다. 이것은 서구의 제도가 아니라 중국이 수립한 규칙에 따르고(중국식), 기간산업과 전략산업 그리고 과학기술은 국유부문에서 육성하며(사회주의), 민간부문은 외국기업과의 보호적 경쟁을 통해 성장역량을 키우는(시장경제) 경제질서를 총칭하는 것이었다.

개혁개방 이래 중국의 성장은 이러한 중국식 사회주의 시장경제가 주도한 것이었다. 그 결과 국유부문에서는 국가 주도의 안보 경제가 확립되었고, 민간부문에서는 세계시장에서 통할 산업경쟁력을 발전시켰으며, 외국기업은 중국의 성장에 필요한 자본과 기술을 제공하는 중국식 경제시스템이 만들어졌다. 이것은 중국의 경제정책이 효율적으로 작동한 결과로서, 국가의 유능한 정책이 성장을 주도한 것이라는 평가를 받았다.

그런데 개혁개방 이래 40년의 고속 성장이 끝이 나고 성장의 위기에 직면한 지금, 중국경제는 국가 주도의 성장을 지속시킬 수 있는지 시험대에 올라와 있다. 그간 중국은 다음과 같은 방식으로 전략산업을 육성하였다. 국가가 기업에 막대한 자금을 투여하면, 기업은 선진기업의 인수 합병·최신 설비 구입·고급 인재 스카우트 등의 방식으로 기술개발을 하고, 시장에서는 국가가 자국 기업에게 유리한 규칙을 만들어 외국기업과의 경쟁력을 높여주었다.[31]

이러한 방식으로 중국은 철강, 조선, 스마트폰, 디스플레이, 배터리 등의 전략산업을 육성하여 세계시장을 석권할 수 있었다. 그런데 첨단기술의 핵심인 반도체 분야에서는 막대한 국고를 투여한 반도체 굴기에도 불구하고 괄목할 성과를 이루지 못했다. 국가의 투자에만 기대어 성장할 수 없는 분야가 나타났을 뿐 아니라, 칭화유니 파산·HSMC 사기 사건 등과 같이 기업의 도덕적 정신적 문제점까지 드러났다. 미국의 반도체 공급망 차단이 배경이 된 사태이지만, 국가의 보호에 길들여진 중국기업의 관행으로는 반도체 기술의 장벽을 넘을 수 없을 것이라는 생각이 형성되었다.[32]

제조업과 아울러 중국의 급성장을 이끈 분야는 부동산업이었다. 부동산 시장은 중국 GDP 성장에 주요 비중을 차지하며 중국경제를 활성화시키는데 많은 공헌을 하였다. 중국의 부동산 시가 총액은 국가 GDP의 약 4~5배가 될 정도로 과열되어 있었는데, 코로나 사태와 경제침체로 인해 2021년 9월 정점을 찍은 후 급락한 상태에 있다. 당시 부동산은 중국경제의 23%를 차지하고, 인프라 건설 등을 더하면 건설업이 중국경제의 32%를 점유하고 있었다.[33]

이러한 점은 그간의 경제성장이 은행 대출을 통한 부동산 투자와 부동산 시가 상승에 기대고 있었다는 점을 알려준다. 부동산 문제는 중국뿐만 아니라 자본주의 국가들이 다 짊어지고 있는 문제이지만, 중국이 부동산 개발을

---

31 마이클 베클리·할 브랜즈, 앞의 책, 186-187쪽.

32 중국 반도체 굴기의 문제점에 대해서는 한청훤, 『차이나 쇼크, 한국의 선택』(SIDEWAYS, 2022), 207-224쪽 참고.

33 오광진, 『두 얼굴의 중국 경제』, 솔과학, 2025, 173쪽.

통해 경제 활성화를 도모했다는 점은 분명한 사실이다. 중국 정부는 부동산 침체가 경제위기로 이어지지 않도록 관리하며, 파산 상태인 부동산 기업들은 국가 보증을 통한 국유화 방식으로 처리해가고 있다.

중국의 부채 문제는 부동산 시장과 아울러 지방정부의 재정 부실이 매우 심각하다. 지방정부의 부채 문제도 중국식 성장 과정에서 벌어진 예고된 사태였다. 1994년 중국은 세금을 중앙세, 지방세, 중앙과 지방의 공유세로 나누는 분세제 개혁을 하여, 중앙정부에 유리한 조세제도를 정립하였다. 이로 인해 지방정부는 재정을 주로 지방세인 토지세에 의존하게 되었고, 부동산 시장이 활성화되어야 재정이 확보되는 구조가 만들어졌다. 지방의 부동산 시장 과열은 이러한 구조가 초래한 국가적 문제였다.[34]

중앙정부가 경제성장 목표치를 지방정부에 할당하면, 지방정부는 목표를 달성하기 위해 모든 수단을 강구하였다. 부족한 재정은 중앙정부의 지원과 허용된 채권 발행 그리고 비합법적 방식의 채무를 통해 충당할 수밖에 없었다. 지방정부의 간부들에게는 목표 책임제가 시행되어, 자신의 임기 내에 경제성장 등의 엄격한 지표를 달성하지 않을 수 없었다.[35] 이 과정에서 합법적 비합법적 부채를 통해 무리하게 사업을 추진하거나 성과를 과장하는 등의 각종 문제가 발생하였다. 현재 알려진 지방정부의 심각한 부채는 바로 이러한 일들이 누적된 결과라고 할 수 있다. 이러한 부채들이 중국의 급속한 경제성장을 이끌었던 것이다.

부채는 급속한 경제성장과 아울러 사회적 불평등을 만들었다. 대출을 받을 수 있는 사람들이 부자가 될 수 있었기 때문이다. 중국의 은행은 다 국유은행이다. 그래서 은행은 국유기업 위주로 대출을 해주며, 민간기업은 사업성이

---

34 한청훤, 『차이나 쇼크, 한국의 선택』, 207-209쪽.

35 조영남, 『중국의 통치체제: 공산당 통제 기제』 2, 21세기북스, 2022, 133-134쪽.

밝아도 대출을 받기가 쉽지 않았다. 개인 대출도 대도시의 신분이 보장된 사람들이 받을 수 있었고, 그 이외의 사람들은 은행의 문턱이 매우 높았다. 이러한 은행의 관행은 우수한 민간기업이 성장할 기회를 제한했고, 대도시 이외의 사람들이 부자의 꿈을 실현하는데 장애 요인이 되었다.

개혁개방의 성과는 대도시의 중국인들이 수혜를 받았다고 할 수 있는데, 도시와 농촌을 차별하는 호구 제도가 없어지지 않는 한 지역적 불평등은 지속될 수밖에 없다. 호구 제도는 지역의 인재들이 경제성장에 참여할 기회를 제한하는 것이지만 부분적인 개선만 이루어진 상태이고, 중국 대도시가 개방될 가능성은 여전히 보이지 않는다. 호구 제도는 지역 차별을 넘어 젊은 인재들의 성장 가능성을 제한하여 중국의 미래 경제에도 바람직하지 않은 일이다.

개혁개방 이래 중국은 국가 주도 성장을 이루었지만, 이제는 그로 인해 생겨난 문제들을 극복하지 못하면 성장을 지속하기 힘든 상황에 놓여 있다. 중국에 우호적이었던 세계화는 미국의 대중국 디커플링 시대로 바뀌었다. 이러한 변화된 환경 속에서 중국은 첨단기술 자립화의 길을 찾아야 하며, 부채로 성장을 이룬 부동산 시장을 안정화시키고 실물경제 발전에 주력해야 한다. 또 관치금융에서 벗어나 경제혁신을 위한 금융개혁을 이뤄야 하고, 지역 차별에서 벗어나 다양한 인재들이 성장할 수 있는 개방적 환경을 만들어야 한다.

이러한 국내외의 상황은 중국식 국가 주도 경제가 지속 가능한 것인지 의문을 던지고 있다. 이에 대해 중국 정부는 부동산과 지방정부의 부채 문제는 중앙정부의 재정력으로 조정 가능한 문제라고 보며, 미국의 대중국 공세는 국가 주도 기술개발과 친중국 경제권 형성을 통해 대응해가고 있다. 특히 최근 국가적 사활이 걸린 첨단기술 분야에서 긍정적인 신호가 나타났다. 전기자동차, 신에너지, 배터리 등의 부문은 이미 세계를 선도하는 수준에 올라와 있으며, AI 분야에서 괄목할 성과를 이뤄낸 딥시크는 기술 자립화가 가능하다는 점을 시사했다.

또 중국의 최대 난제였던 반도체 부문에서도 중국 메모리 반도체의 두 축인 YMTC(낸드플래시)·CXMT(D램), 반도체 설계 팹리스 기업인 하이실리콘과 유니 SOC 등이 추격 가능성을 보여주고 있다. 제조업 부문에서는 글로벌 공급망과 디지털 플랫폼을 바탕으로 가성비 제품을 글로벌 시장에 공급하고 있고, 일대일로와 글로벌사우스 국가들과 경제협력을 통해 기축통화로서 위안화의 비중을 높이고 있다. 이는 미국의 관세전쟁과 보호무역주의에 대응하여 친중국 경제권을 구축하면서, 아울러 미래를 선도하는 4차산업 분야에서 미국의 기술표준과 상이한 기술표준을 만들어 중국식 세계화[36]의 영역을 넓혀가려고 하는 것이다.

또 중국 내부적으로는 GDP에서 수출의 비중을 줄이고 방대한 내수시장을 기반으로 한 자립경제를 모색하고 있다. 그동안 중국은 정부의 투자와 수출을 통해 경제대국으로 성장할 수 있었는데, 자립경제를 추구한다는 것은 성장동력을 외부 수출에서 내수로 전환하겠다는 뜻이다. 중국인의 저축 규모와 방대한 소비시장을 고려하면 충분히 실현 가능하고 지속적인 성장을 위해서도 반드시 필요한 일이다. 중국의 자립화 방향은 장기적인 대응 전략인데, 이는 과거 세계화 시대의 미중관계를 회복하기 힘들다는 전망에 의한 것이다.[37]

미국의 대공세는 분명 중국의 붕괴를 목적하지 않는다. 패권 경쟁과 직결된 첨단기술, 금융 이외의 범용 부문에서 중국의 생산기지·소비시장의 역할

36 중국식 세계화에 대해서는 이 책 13장 전망: 미중 세력 경쟁과 중국식 세계화 상상 부분 참고.

37 미중경쟁시대 중국의 패권전략에 대해서는 김흥규, 『중국 패권전략』(더봄, 2025) 참고.

이 미국의 이익에 매우 중요한 비중을 차지하고 있기 때문이다. 중국 역시 자립경제를 지향하더라도, 첨단기술, 에너지, 식량 등의 주요 부문은 세계 경제에 의존하고 있다. 내수가 새로운 성장동력으로 부상하고 있지만, 경제 침체로 인한 일자리와 소득 감소 그리고 안정적 소비를 위한 사회안전망의 문제는 자립경제가 봉착한 최대 현안이 되었다.

소비는 심리가 큰 영향을 끼치는 행위이다. 지금 생활이 안정되고 노후가 걱정이 없다면 저축액이 적더라도 소비를 할 수 있다. 하지만 저축액이 많더라도 지금 생활이 불안정하고 노후 준비가 되어 있지 않다고 여긴다면 소비를 하기가 힘들다. 중국의 낮은 사회복지 수준은 중국인들의 저축을 주택, 의료, 노후 자금 등으로 향하게 하기 때문이다. 이에 내수를 성장동력으로 만들려면 중국인들이 안심하고 소비할 수 있도록 사회안전망 수준을 높여야 한다.

또 역대 중국이 직면했던 안보와 경제의 딜레마로 보자면, 국방비와 일대일로에 쏟아부은 막대한 비용이 중국경제에 어떠한 문제로 되돌아오게 될지 주목해야 한다. 앞으로 중국은 미국의 동맹국 경제권에 맞서는 친중국 경제권 형성을 위해 더 공격적인 대외투자를 진행할 것이다. 그러나 국방비가 무도한 전쟁으로 이어지거나 대외투자가 부실 채권으로 돌아올 경우, 그 후폭풍은 개혁개방의 성과를 날려버릴 충격이 될 수도 있다.

전체적으로 볼 때 중국경제는 이러한 문제를 안고 있지만, 미중경쟁의 국면 하에서 자립경제 완성과 중국식 세계화의 목표를 향해 국가 주도 경제를 더욱 강화할 것으로 보인다. 장기적으로 진행될 미중경쟁시대에서 가장 큰 문제는 미국의 대중국 포위가 아니라 내부에서 불거지는 인민의 불신이 될 가능성이 크다. 국가 주도 경제의 관건은 혼합경제 제 부문의 균형적 성장에 있는데, 기술 자립화·대외 투자 등 국유부문에 치중된 정책이 장기간 지속된다면, 인민의 삶이 부유해지지 못한 것에 대한 오랜 분노가 터져 나올 수 있기 때문이다.

|10장| 사회주의는 평등한 사회를 만들고 있는가

1. 공동부유의 역설

최근 연예인을 비롯한 고소득자의 탈세를 엄벌하고 민간기업의 사회적 기부를 강제하는 일련의 사건은 공동부유에 대한 시진핑 정부의 강력한 의지를 드러내는 것처럼 보였다. 반부패운동도 권력층 내부의 불법적 재산 축적을 타파하려는 것이기 때문에, 국가와 민간 두 영역에서 불평등 문제를 해결하려는 뜻이라고 할 수 있다. 그러나 시진핑 정부가 공동부유를 핵심 국정 목표로 내세우고 있지만, 중국의 제도를 보면 공동부유를 실현할 계획이 있는지 의문이 들게 한다.

반부패운동으로 수십만 명의 공직자들이 처벌되었어도 여전히 부정부패 문제는 해결되지 않았다. 그 원인 가운데 하나는 한 식구인 공산당 내부에서 부정부패 척결을 주도한다는 점이다. 공직자 재산 공개도 공산당 내부에 한정되며, 부정부패 전담 기구도 공산당이 운영하며, 공직자 급여 인상처럼 사전 예방을 위한 정책은 시행되지 않았다. 공직자 부정부패는 중국 내부의 국가 행정 시스템에 의해 장기 지속된 문제인데, 그것을 개혁하지 않은 상태에서는 좋은 결과를 기대하기가 어렵다.

고소득자 탈세에 대한 엄벌도 마찬가지다. 판빙빙 같은 유명 연예인을 본보기로 삼아 사회적 경종을 울리는 효과는 있지만, 이 역시 개인 소득세를 포함한 조세제도 개혁 위에서 이뤄져야 한다. 조세제도만을 놓고 보면 중국은 부자에게 우호적인 국가로 보인다. 부동산 보유세나 상속세가 아직 확립되지 않았고, 개인 소득세도 종합소득세가 도입되지 않아 다방면의 소득이 있는 고소득자에게 유리한 구조다. 종합소득세에 기반한 누진세가 없는 데다 개인 소득 자료도 신고에 의존하여 탈세할 통로가 열려있는 셈이다.

공동부유를 하려면 먼저 불평등을 조장하고 있는 현행 제도를 개혁하는 것이 순리다. 중국 정부도 이점을 알고 있지만 개혁은 계속 유보되고 있다. 경제발전을 위한 장기계획과 실천전략을 신속하게 내놓는 것에 비한다면, 불평등 해결의 실천은 상대적으로 속도가 느리다. 공동부유로 가는 길이 멀어 보이는 이유이다.

중국 정부가 내놓은 실천 방안은 크게 세 가지다. 첫째, 인민의 소득을 높이는 길. 이를 위해 기업에게 고용 확대와 급여 인상(사회보험료 포함)을 하게 하고 개인 소득세를 감면해주었다. 이른바 소득주도 성장의 길로, 기업의 성장이 지속되는 상황에서 가장 무난한 방안이다. 정부의 입장에서는 비용을 기업에게 전가하면서 인민에게 소득세를 감면하여 민심을 얻을 수 있는 길이기도 하다.

2000년대 중반 이래 중국은 내수를 위해 감세정책을 유지하고 있는데, 소득세 감면기준이 계속 상향되어 중산층 상당수가 혜택을 볼 수 있는 상황이다.[1] 그리고 2006년 농민에게도 농업세를 전면 폐지함에 따라, 고소득자를 제외하고 인민 대부분이 소득세 감면의 혜택을 보고 있다. 고소득자의 경우도 소득 비중이 큰 이자, 배당 등의 자본소득은 세율(45%)이 높은 소득세

1 개인 소득세의 과세 기준점은 2005년 월 800위안에서 점차 상승하여 2011년에는 3,500위안으로, 2018년에는 5,000위안으로 상향 조정되었다.

범위에 포함되지 않아 실질적인 감세 혜택을 보고 있다. 이로 인해 개인 소득세가 국가 조세 수입에서 차지하는 비중은 2000년대 이래 6~7%대에 불과하여[2] 선진국에 비해 매우 낮은 수준이다.

참고로 중국 4대 세수의 비중(2019)을 보면, 부가가치세(41.94%), 기업 소득세(25.09%), 소비세(8.45%), 개인 소득세(6.99%) 순이다.[3] 이 가운데 제품과 서비스 등에 부가되는 부가가치세와 담배·술·광물 등 특정 상품에 부가되는 소비세는 간접세에 해당되고, 기업과 개인의 소득세는 직접세에 해당한다. 간접세는 납세자의 소득에 상관없이 모든 사람이 똑같이 내는 것이며, 직접세는 납세자의 소득에 따라 세금을 누진적으로 부가하는 것이다. 그래서 간접세 비중이 높으면 저소득자에게 불리하고, 직접세 비중이 높으면 소득 재분배의 효과가 생긴다. 중국의 경우 간접세의 비중이 높기 때문에 공동부유에 역행하는 상황이라고 할 수 있다.

그래서 불평등을 완화하기 위해선 직접세의 비중을 높여야 한다. 고소득자에 대한 과세 기준을 조정하고 부동산세·상속세 등을 부가하는 일이 중국 정부가 내놓은 두 번째 방안이다. 제일 민감한 세목이 부동산세인데, 2011년 상하이와 충칭에서 시범 시행을 해보았으나, 조세 저항과 아울러 부동산 시장 침체, 전국적 실시를 위한 데이터 등의 문제로 유보되고 있는 상황이다. 시진핑 3기 정부가 직면한 경제침체와 소비 불안으로 인해 직접세 시행은 앞으로도 유보될 가능성이 커 보인다.

---

2 참고로 2019년도 국가 재정에서 차지하는 세금 세목의 비중과 중앙과 지방의 세금 관계에 대해서는 박진오, 「중국의 조세제도 개편 방향과 그 한계에 관한 小考: 소비세와 주택 재산세의 지방정부 세수원 귀속 추진과 한계를 중심으로」(『한중사회과학연구』 56권, 2020), 116-117쪽 참고.

3 박진오, 「중국의 조세제도 개편 방향과 그 한계에 관한 小考: 소비세와 주택 재산세의 지방정부 세수원 귀속 추진과 한계를 중심으로」, 125쪽.

세 번째 방안은 기부, 자선사업 등을 통해 민간이 자율적으로 소득 불균형을 조정하는 일이다. 역사적으로 볼 때 민간의 이러한 활동은 남송 이래 중앙정부와 지역의 신사층이 협력하여 빈곤과 재난을 구제해온 일련의 통치 행위였다. 그러나 사회주의 시대에 들어 국가 행정 조직이 이러한 역할을 전담하면서 민간의 활동은 일상적인 일이 아니었다. 2021년 중국 빅테크 기업들의 연이은 기부 행렬이 있었을 때 이를 순수한 선행으로 보는 사람들은 거의 없었다. 2019년 중국의 사회기부 총액 규모는 GDP 대비 0.15%에 불과했고,[4] 같은 해 영국 자선지원재단이 발표한 세계기부지수(WGI)도 중국은 조사 대상 126개국 가운데 꼴찌였다. 그렇지만 기업의 사회적 책임은 중국기업 역시 예외가 아니므로, 기부가 지속되기 위해선 사회재단과 같이 이를 권장할 수 있는 제도가 갖춰져야 한다.

세 가지 방안 가운데 중국 정부가 추진하고 있는 것은 소득주도 성장의 길이며, 직접세 강화와 민간의 사회적 책임은 아직 성과를 논할 단계가 아니다. 소득주도 성장의 길도 경제침체로 인해 기업 성장이 둔화되고 실업율이 높아지고 있는 상황이라, 이전과 같은 성과를 거두기는 힘들 것으로 보인다. 코로나 사태에서도 드러났듯이 대재난이나 경제침체기에는 국가의 사회복지 시스템이 어느 때보다 중요해진다. 인민의 삶의 위기를 보호하는 사회안전망의 수준이 바로 국가의 리더십을 평가하는 기준이 된다는 것이다.

대체로 국가의 사회복지 수준은 GDP 대비 복지 지출의 비중으로 평가한다. 2019년 OECD 38개국을 대상으로 한 복지 순위를 보면 전체 평균은 20%였다. 38개국 가운데 1위는 프랑스 31%, 2위는 핀란드 29.1%, 3위는 벨기에 28.9%였고, 미국은 20위로 18.7%, 한국은 35위로 12.2%였다. 중국은 OECD 회원국이 아니어서 이 조사에서 빠져 있는데, 『중국통계연감』에 따르

4 鄧國勝, 「第三次分配的價值與政策選擇」, 『人民論壇』 第24期, 2021年.

면, 2019년 중국의 GDP 대비 복지 지출 비중은 2.96%라고 한다.[5]

중국의 이렇게 낮은 복지 지출은 소득 불균형을 나타내는 지니계수가 세계 최고 수준인 점과 상통한다. 중국의 사회복지 문제는 고속 성장에 가려있다가 2002년 사스 사태가 발발하면서 의료복지 문제로 드러나기 시작했다. 중국 정부도 사스 사태를 계기로 사회복지의 중요성을 인지하며 지속적인 개선을 했지만, 2019년 코로나 사태가 발발했을 때 의료복지의 수준이 여전히 후진적 상태에 있다는 사실이 확인되었다. 게다가 노령연금은 국유기업이나 공무원 퇴직자 이외의 대다수 인민의 노후 생활을 불안하게 하고, 도시의 주택 가격은 젊은 세대의 중산층의 꿈을 좌절케 하고, 실직자들은 실업보험으로 재취업 시기를 버티기가 힘들고, 의료보험은 실질적인 의료 혜택과 거리가 멀어 병원 진료를 두렵게 하고 있다.

사회복지 수준만을 놓고 보면 중국은 지금 미국과 패권경쟁을 벌이거나 일대일로와 같은 대외 정책에 큰 비용을 쓸 단계가 아니다. 의지가 있는지 의문이 들기는 하지만, 공동부유를 전면에 내세운 것 자체는 시의적절한 선택이었다. 그러나 시진핑 정부의 실행 방향은 안보와 통제 정책을 우선하였고, 사회복지보다는 산업고도화를 위한 투자에 중점을 두었다. 그러한 정책이 현재와 같은 상황을 만든 것이다.

여기서 주목할 점은 사회복지 문제가 중국 지식계의 주요 이슈가 아니고, 또 인민 내부에서도 공동부유가 실현될 것이라고 환호하지도 않는다는 사실이다.[6] 고성장을 지속한 중국에서 성장이 곧 분배였기 때문에 주된 관심이

---

5 유은하, 「중국 지역별 사회보장재정 투입과 도시 편향성 차이에 관한 연구」(『국제지역연구』 제25권 2호, 2021), 167쪽. 2019년 OECD 국가들과 중국의 GDP 대비 복지 지출 비중이 최근에 이르기까지 큰 변화가 없다는 점에서 현재의 수준을 반영한 통계로 보아도 무방하다.

6 코로나 사태 이후 퇴직자들이 중심이 된 백발시위는 지방정부가 기존의 의료복지 비용을

아니었다고 볼 수도 있다. 그러나 자본주의 국가 어디에서도 성장이 곧바로 분배로 이어진 적은 없었다. 1차 분배로 불리는 소득주도 성장이 이뤄지더라도, 소득 불균형은 갈수록 커졌다. 성장의 결실이 자본-권력을 지닌 집단으로 흘러가는 구조가 만들어졌기 때문이다. 이에 사회적 갈등이 일어났으며, 국민 대타협을 통해 2차 분배인 조세제도 개혁과 3차 분배인 사회적 기부가 확립된 국가가 지금의 사회복지 선진국이 될 수 있었다.

중국의 분배 방안도 이러한 복지국가의 길을 수용한 것이다. 하지만 중국이 복지국가로 나아갈 것인지에 대해선 확신하기 어려운데, 중국의 제도적 관행을 보면 더욱 그러하다. 사회복지 차원에서 중국 역대 왕조는 작은 정부에 가까웠으며, 빈곤 구제와 공공사업은 주로 지방정부와 민간 엘리트의 몫이었다.[7] 국가는 안보(전쟁)를 위해 필요한 재정에 대해서는 특별세를 수시로 부가했지만, 복지정책은 식량 안정화를 위한 상평창 제도 이상으로 발전하지 못하였다. 낮은 세금을 유지하는 것이 바로 최대의 복지정책이었던 것이다.

2. 도시와 농촌의 차등질서

이러한 중국의 역사를 보면 사회주의 시기의 복지정책은 예외적인 경우에 해당한다. 그러나 당시 복지정책이 중국 전역에 시행된 것은 아니며, 도시의 기업 단위에 속한 구성원들이 수혜를 받은 것이었다. 농촌에서는 토지개혁을

삭감한 데 다른 반발이었다. 지방정부가 부채로 인한 재정 궁핍으로 퇴직자들의 의료복지 비용을 삭감한 것인데, 이러한 정부 행정은 공동부유에 대한 인민의 불신을 키운다.

7 왕조시대 중국의 사회복지 역사에 대해서는 원석조·이성기, 『중국 사회복지의 역사: 고대에서 개혁개방까지』(공동체, 2018), 13-32쪽 참고.

통해 땅을 지급했기 때문에 농민의 생계가 안정되었다고 보았다. 땅이 바로 복지라는 전통적인 생각이 작용했던 것이다. 당시 농촌에서는 국가 정책이 인민공사를 통해 추진되고 있었고, 도시에서는 단위라는 조직 형태를 통해 이뤄지고 있었다. 단위는 농촌에서의 인민공사와 마찬가지로 생산을 중심으로 하는 경제적 공간인 동시에 노동자 개인과 그 가족의 생활복지 및 행정관리를 포괄하는 복합적 체제였다.

주지하듯이 중국 사회주의는 농촌혁명이 주도한 것으로 도시는 혁명의 외곽 지대였다. 노동자계급 역시 중국혁명에서는 특별한 역할을 하지 못했고 농민들이 주도적인 역할을 담당하였다. 항일 민족주의에 기반한 중국혁명은 변혁 세력 내부의 통합이 우선시되어 계급 간의 갈등이 표출되지 않았으나, 신중국 건립 이후 사회주의 국가를 건설하는 과정에서 노동자계급의 취약성이 딜레마가 되었다.

마오는 「인민민주주의 독재에 대하여」에서 "인민민주주의 독재는 노동자계급의 영도가 필요하다. 노동자계급만이 가장 멀리 볼 수 있고 공평무사하며 혁명의 철저성을 지니고 있기 때문이다"[8]라고 하며, 사회주의 건설에 있어서 노동자계급의 영도성을 역설하였다. 이에 반해 중국혁명의 주체였던 농민들에 대해서는 영도계급이라는 찬사를 쓰지 않는 것은 물론이고, 오히려 계급적 성향으로 인해 사회주의 교육을 받아야 하는 개조 대상으로 인식하였다. 당시 정치적 영향력이 미비하고 또 대규모 노동자계급이 형성되지 않은 상태에서, 노동자계급의 영도성을 내세우는 것은 신중국의 지향성을 공표하는 정치적 수사에 불과할 뿐이었다.

이러한 상황에서 노동자계급을 양성하는 일은 산업 생산자이면서 사회주의 정치 계급을 육성하는 중대한 과제였다. 그런데 신중국 초기 경제 활성화

---

8 마오쩌둥, 『모택동선집』 4(김승일 옮김, 범우사, 2001), 401쪽.

정책에는 노동자계급 양성과 상반되어 보이는 문제가 있었다. 경제건설과 공업화를 추진하기 위해 일반적인 생산노동자보다 전문적인 경영능력과 고급기술을 지닌 엘리트가 더 필요했던 것이다. 공업화는 노동 분업에 기반하고 있어서 노동자는 엄격한 생산 규율에 복종해야 했으며, 동료들 사이에 서로 다른 임금과 직위가 생겨나고 있었다. 숙련노동자는 공장의 작업조를 관장하거나 자신의 동료였던 노동자들에게 권위를 행사하는 현장감독이 되었다.

임금정책의 경우 기술·전문성·생산성을 제고시킨 노동자에게 상여금을 지급하는 식으로 물질적 인센티브를 주는 방법이 점점 더 강조되었다. 이런 임금정책은 1956년 '임금개혁'으로 절정에 달했다. 이로써 기술과 생산량에 기초한 광범위한 차별적 임금이 공식적으로 승인되었다. 노동자는 공업화로 인해 경제적 물질적 이익을 얻었지만, 생산 공장은 노동자가 공장 운영에 대해 발언권을 가질 수 없는 곳이 되었다. 권위주의적 관리제도는 노동자의 경영 참여라는 사회주의 원칙 실현을 위한 희망을 주지 않았다. 이와 동시에 관료화된 정치는 노동계급을 정치권력의 중심(이론상으로는 노동계급이 '영도하는' 국가와 프롤레타리아 당인 공산당)에서 멀어지게 만들었다.[9]

마오가 「농업합작화 문제에 관하여」라는 연설을 통해 농업 합작화 운동을 가속한 데에는 농촌에서의 빈부격차뿐 아니라 도시에서 나타나기 시작한 관료화의 문제가 배경이 되었다. 농촌에서의 합작화 운동에 조응하여 도시에서도 1956년에 이르면 규모가 큰 상공업 기업들은 모두 국유화되었다. 개인이 혼자 일하는 수공업 노동자, 직인, 소 점포주, 행상인 등을 제외하면 사적 경제 부문은 더 이상 존재하지 않게 되었다.

도시에서 소유제의 사회주의적 개조가 완성되면서 한시적으로 허용하던

---

9 모리스 마이스너, 『마오의 중국과 그 이후』 1(김수영 옮김, 이산, 2007), 176-177쪽.

시장경제가 실질적으로 사라져버렸다. 국가가 모든 경제적 자원을 독점함에 따라, 행정적 방식에 의한 '노동력의 수요와 공급의 통일 관리체계統包統配'가 정착되었다. 국가가 통일적으로 노동력을 관리하려는 목표는 도시에서 가능한 한 실업이 없는 완전고용 상태를 유지하고, 노동자 및 그 가족에게 생활복지를 제공하여 평균주의적 분배를 실현하는 것이었다.

국가의 이러한 노동력 관리는 단위라는 조직적 매개를 통해 시행되었다. 특히 대약진 운동과 문화대혁명으로 인해 중앙집중적 관리체제가 붕괴되면서, 그 권한이 대폭 단위로 이전되었다. 단위는 노동자에게 종신 고용을 보장하고, 안정된 임금을 지불하고, 사회보장을 제공하는 공간이었다. 아울러 각자의 신원을 보장하고, 일상생활을 영위케 하며, 문화교육의 기회를 부여하고, 정치적 통제를 관철하는 제도이기도 했다.

국가와 지방정부를 대신해 단위가 맡은 주요한 사회적 기능에 오포五包라고 부르는 것이 있다. 이는 종업원 주택 공급, 종업원 자녀의 교육, 종업원 자녀 취업 알선, 종업원 가족의 의료·위생 책임, 종업원 가족의 집단 복리후생 등을 정부를 대신해 단위가 책임진다는 뜻이다. 이러한 사회적 기능으로 인해 단위는 정부 기능과 행정 업무를 포함하여 복합적인 역할을 담당한 '소사회'였고, 국가는 단위를 통해 경제적 정치적 사회적 통제를 달성할 수 있었다.[10] 중국의 저명한 인문학자 이중톈은 중국인에게 단위가 지니는 독특한 문화적 의미를 다음과 같이 설명한다.

> 더욱 중요한 것은 단위가 밥그릇뿐만 아니라 체면이고 인정이며, 부모이고 가정이며, 심지어 요람이자 포대기라는 점이다. 개혁개방 이전 중국에서 중등

10 단위의 사회정치적 기능에 대해서는 장영지, 「중국 단위제도와 변화 분석 연구」(서울대학교 박사논문, 2009), 제3장 '중국 단위제도의 형성과 기능 그리고 영향' 참고.

> 규모의 단위는 모두 업무, 학업, 생활, 오락, 관혼상제, 자녀양육, 자료 보존, 심지어 가족계획 기능까지 있었다. 또한 남녀를 불문하고, 어떤 일이든지 모두 단위에서 책임을 졌다. 이를테면, 부부싸움을 했을 때는 단위에 가서 소란을 피웠고, 이웃 간에 문제가 생겼을 때는 단위에서 화해시켰으며, 사고를 치고 파출소에 억류되면 단위에서 나서야만 문제를 해결할 수 있었다. 물론 상부의 표창을 받는 사람은 단위에서 자동차를 내주거나 상을 받으러 갈 수 있도록 경비를 지출했다. 요컨대 단위는 한 사람의 의식주, 생로병사, 희로애락에 이르기까지 모든 '책임'을 졌으며, '세세한 것까지 아우르는 세심한 관심'을 보여주었다. 지나친 요구와 관심만 없다면, 지나친 '자유'와 '주장'을 할 생각이 아니라면, 단위에서 어머니의 품과 같은 따스함을 느낄 수 있었다.[11]

농촌의 합작사가 농민들에게 사회안전망을 제공한 것처럼, 단위는 도시 주민들에게 대가족의 어머니 품과 같은 보호 역할을 수행하였다. 이것은 단위가 개개인의 능력이나 실적에 상관없이 큰 솥의 밥大鍋飯을 공평하게 나누어 먹고, 한번 취업하면 깨어지지 않는 철밥통鐵飯碗처럼 평생 고용이 보장되는 제도였기 때문이다. 생활공동체로서 단위의 이러한 역할로 인해 구성원들은 노동 생산에 관한 공적인 문제뿐만 아니라 개인적인 문제도 단위에 상의하게 되었다. 이에 단위에서는 구성원들의 사생활까지 가족처럼 챙겨주는 관행이 만연하였다. 이중톈의 말처럼 "개인적인 '지나친 '자유'와 '주장'을 할 생각이 아니라면", 단위는 더 할 수 없이 편안하고 자족적인 공간이 될 수 있었다. 이 때문에 개인 중심의 고립된 생활이 일반화된 도시의 풍경과 달리, 중국의 단위에서는 구성원들의 생활이 서로 밀착되어 있는 집단적인 형태를 띠게 된 것이다.

---

11 이중톈, 『이중톈, 중국인을 말하다』(박경숙 옮김, 은행나무, 2008), 271쪽.

그러나 이러한 혜택은 인민들에게 균등하게 제공된 것이 아니라 도시의 국영 단위에 국한된 것이었다는 점은 주목해야 한다. 단위 체제는 호구 제도를 통해 농촌에서 도시로의 이주를 차단하고, 도시 주민에게만 국가의 복지 혜택을 제공한 것이었다. 도시의 공업화를 위한 자본이 농촌의 수탈을 통해 축적된 것이라는 점까지 고려하면, 도시의 발전은 국가 주도의 농민 불평등을 기반으로 이뤄진 것이었다.

단위는 국가가 담당해야 할 재생산의 임무가 단위에 의탁·이전된 형태이기 때문에, 임무 수행 능력의 상당 정도를 단위 자체의 역량에 의존할 수밖에 없었다. 이로 인해 단위 내부에서는 비교적 평등한 분배가 이뤄지더라도, 상이한 단위들 사이에는 불평등한 관계가 지속되는 이중 체제가 형성되었다. 또 상급 기관은 단위 지도자에 대한 임명권을 보유하며 단위가 이용할 수 있는 자원과 기회에 대한 배분의 권한을 지니고 있었다. 그래서 단위와 단위의 지도자들은 상급 기관에 의존적이었고, 상급 기관과 단위 사이에는 온정주의적 관계가 형성되었다.

단위 간의 독립성이 높고 자체 직공의 생활을 책임져야 했지만, 각 단위는 상급 기관으로부터 자율적인 조직이 되지는 못하였다. 단위는 '독립체'로 인식되지 않았고 상급 기관은 수많은 '시어머니들'로 간주되었다. 단위와 상급 기관 간의 관계에서 중요한 것은 공식적 관계보다 비공식적 관계였으며, 단위의 관리자는 상급 주관 관료와의 공식적 비공식적 관계망을 통해 필요한 각종 자원의 확보량을 늘릴 수 있었다.

단위는 구성원들의 조직 인사, 생활복지 및 개인의 합법적 지위를 보장해주는 등 삶의 모든 측면을 보장하고 있었기 때문에, 도시에서 개인의 삶은 단위를 벗어나면 의존할 수 있는 공간이 없었다. 또한 단위가 모든 자원의 분배를 맡고 있었기 때문에, 자원 분배 과정에서 내부에 불균등한 권력관계가 형성되었다. 작업장 내에서 위계적 관리체제가 존속되는 동시에, 단위 중심의 고용, 배분 및 복지 체제가 유지됨에 따라 '온정주의'나 '피후견주의'라고 하는 상호의존적인 권력망이 형성되었던 것이다.[12]

신중국 건립이후 지속된 도시 공업화 정책 및 단위 노동자의 사회복지 덕분에 중국은 1952~1977년의 공업 생산이 연평균 11.3%씩 증가하였다. 이것은 같은 시기 다른 나라에서 이룩한 것보다도 빠른 공업화 속도였다. 마오 시대 전체를 보면, 중국의 물질 순생산에서 공업이 차지하는 비중이 23%에서 50%로 증가했으며 농업의 비중은 58%에서 34%로 감소하였다.[13] 이러한 통계는 마오의 농민 사회주의에도 불구하고, 중국 사회주의의 방향이 도시의 공업화 쪽으로 흘러갔다는 점을 역설한다.

마오는 사회주의를 통해 노동자와 농민, 도시와 농촌, 정신노동과 육체노동의 3대 차별을 해소하여 서구 자본주의 국가와 다른 평등하고 풍요로운 사회를 건설하려고 하였다. 하지만 마오의 사회주의 정책은 이에 반하는 정치적 관료화와 계급 격차 그리고 지역 차별의 결과를 낳고 말았다. 사회주의 주체로서 인민을 배양하려는 목표 역시 급진적 집단화 과정으로 인해, 공공정신을 지닌 사회적 인간보다는 집단의 보호 속에 자족하는 인간을 양산하고 있었다.

---

12 백승욱, 『중국의 노동자와 노동 정책: '단위체제'의 해체』(문학과지성사, 2001), 38-39쪽. 단위 내부에서 구성원 사이의 권력관계가 어떻게 작동하고 있고, 이러한 과정에서 구성원들이 어떻게 권력적이면서도 자족적인 모습으로 변모하고 있는지를 이해하려면 류전윈의 소설 「직장單位」(김영철 옮김, 『중국 현대 신사실주의 대표작가 소설선』, 책이있는마을, 2001)을 참고할 것.

13 모리스 마이스너, 『마오의 중국과 그 이후』 1, 583쪽.

3. 조세제도와 불평등의 기원

이렇게 사회주의 시기 중국의 불평등은 도농 간의 차별 구조와 연결되어 있었다. 여기서 도농 간의 불평등은 사회주의 시기뿐만 아니라 역대 왕조에서부터 지속된 일이었다는 점을 간략히 살펴보자.

고대 중국에서 도시와 농촌의 위계적 관계는 정복 전쟁을 통해 국가의 영토가 확장되는 과정에서 형성된 역사적 산물이었다. 도시는 통치집단이 거주하는 정치 군사 의례의 중심지였고, 농촌은 피통치 생산자인 농민이 거주하며 경작과 부역을 담당하는 땅이었다. 농촌은 통치집단이 소유한 땅이어서 생산물은 도시의 땅 소유자에게 귀속되었고, 농민은 생계를 위해 일정량이 할당되었다. 경작방식이나 생산물의 분배 비율(세금)은 시대마다 달랐지만, 도농 간의 위계적 관계는 변하지 않았다.

주나라 왕의 직할지(왕기)에 있는 왕실의 땅이나 귀족 관료에게 분봉한 영지, 제후에게 위임 통치한 새로운 개척지는 다 이러한 농촌의 땅이었다. 토지의 측면에서 보면 주나라 질서는 오래 지속되기 힘든 제도였다. 주 왕의 직할지는 한정되어 있어서 분봉을 할수록 축소되었는데, 이는 왕의 권력을 약화시키는 일이었기 때문이다. 이에 반해 제후에게 위임 통치한 개척지는 주변에 정복할 땅이 많아서 권력이 강해질 수 있는 위치에 있었다.

주 왕실이 낙양으로 천도했을 때 주나라 땅은 소 제후국 수준으로 축소되었지만 진晋, 제, 초, 진秦 등은 넓은 땅을 소유한 강국으로 성장해있었다. 제후국의 영토 전쟁이 국가 총력전이 되면서 농촌은 전쟁 승리를 위한 기반이 되었다. 이에 분산되어 있던 땅을 중앙집권적 행정조직에 통합하여 일정한 단위로 구획한 후, 농민에게 분배하고 국가가 책임 관리하는 시스템이 출현하였다. 국가가 토지를 지급하고 농민은 세금과 부역을 담당하는 수전제가 시행된 것이었다.

수전제는 가구 단위의 소농 체제에 기반한 것으로, 국가는 전쟁의 관건인 경제력과 인력을 얻을 수 있었고, 농민은 안정적인 생활을 누릴 수 있었다. 선진시대에서 수전제를 성공적으로 시행한 시기는 제 환공과 진 효공 때였다. 국가마다 환경은 달랐지만, 수전제 성공의 관건은 국가의 토지 수용에 반발하는 귀족·부호를 통제하고, 생산 의욕과 경작혁신을 통해 생산량을 높이며, 농민과 토지를 안정적으로 관리하는 일이었다.

군주는 중앙집권적 조직을 통해 농민을 관리했는데, 이는 권력 경쟁자인 귀족·부호의 토지 겸병을 통제하는 일이기도 하였다. 또 공적에 따라 토지를 차등 지급하고 사여하여 생산 의욕을 고취하였다. 중국의 수전제는 균일한 분배가 아니라, 공적과 작위에 따른 차등 분배였으며, 능력껏 경작하여 부유해지도록 권장되었다. 이를 위해 국가는 철기 농기구, 우경, 수로 관개 등을 지원하여 소농 생산으로도 안정적으로 살 수 있게 하였다.

아울러 일정한 수의 가구를 단위로 하여 상호 협력하고 공동 책임을 지며, 상위 조직의 수장이 하위 조직을 관리하는 피라미드와 같은 시스템을 만들었다. 이것은 기층 농민을 한 단위의 공동체로 만들어 경작에 협력하고 마을 문제에 공동 대응하는 효과가 있었다. 국가의 입장에서는 농민의 지역 이탈을 방지하여 세금과 부역의 안정화를 도모할 수 있었다. 연좌제나 감시체제와 같은 부정적 기능도 내재되어 있었지만, 관중 시대 제나라와 진 효공 이래의 진나라가 다른 제후국에 비해 농민이 안정적인 삶을 누렸다는 점은 긍정적인 측면이 더 컸다고 해야 할 것이다.

수전제는 국가가 백성에게 안정적 생활을 보장하고 백성은 국가를 위해 생산과 부역을 담당하는 농업-군사 공동체의 이상을 함축하고 있었다. 그래서 수전제가 이상적으로 작동할 때는 평화와 안정의 시기가 되었지만, 실제 현실에서는 그렇지 못한 경우가 많았다. 진시황의 경우도 통일 후 육국에 수전제를 실시하려 했으나 토호들의 반발로 실패하고 말았다. 한나라 시대에도 초기에 수전제를 실시했으나 이후에는 귀족·부호의 토지 겸병이 사회문제가 되었다. 이러한 현상은 수전제가 중단된 당 중기까지 반복되었는데, 동일한 현상이 역대 왕조에서 반복된 원인이 무엇인가 하는 문제는 주목해야 한다. 수전제를 부활시킨 신중국 초기에도 얼마 후 토지 겸병이 일어나 집체 소유로 전환한 사실을 포함하면, 전 역사적으로 지속된 문제라고 볼 수 있다.

먼저 수전제 세금 문제에 대해 살펴보자. 중국의 토지세는 맹자가 이상적인 토지제로 말한 정전제의 경우, 9등분 한 토지 한 곳(공전)을 공동 경작하여 세금을 내기 때문에 세율이 1/9이 된다. 모두 사전으로 배분한 경우는 생산량의 1/10을 세금으로 낸다. 수전제를 처음으로 시행한 관중은 토지세를 5/100로 정했으며, 진한대에는 1/15이었다. 역대 왕조에서 중국의 토지세는 대체로 1/10 전후의 낮은 세율로 정하였다. 그러나 지주 땅을 소작하는 경우는 생산량의 반을 소작료로 내어 수전제에 비해 높은 세금을 부담하였다.

이론적으로 보면, 1/10 전후의 토지세를 내고 경작혁신을 통해 생산량을 높이면 한 가구가 먹고 살기에 부족하지 않을 것으로 보인다. 실제로 관중 시대의 제나라에서는 농경 이외에 공유지에서 부수입을 올리게 하고, 가축을 기르게 하며, 또 국가가 물가를 조절하여 농민들이 부유하게 살았다고 한다. 그런데 전국시대 위나라 이회의 계산에 따르면, 농민은 늘 빚에서 벗어나지 못하는 삶을 살고 있었다.

전형적인 농민 가정의 구성원은 5명인데, 이들이 경작할 수 있는 토지는 100무畝였다. 여기서 수확하는 곡식은 연간 150석石이다. 국가에서 부과하는 세금은 1/10로 15석이고, 농민 1가구의 생계에 필요한 곡식은 연간 90석이다. 그러면 45석이 남는다. 시장 가격은 곡식 1석에 동전 30전錢이다. 따라서 농가의 잉여 수확량은 동전 1,350전이다. 공동체의 의례를 위해서 연간 300전이 필요하고, 1가구 5명의 옷값으로 연간 1,500전이 필요하다. 그러면 한 가정에서 연간 450전의 적자가 발생한다. 이는 질병, 사망, 장례 등의 불상사

에서 들어가는 비용이나 정부에서 요구하는 특별 징수 등 특별 사항은 고려하지 않은 계산이다.[14]

수전제 100무는 공식적인 규정이며 실제로는 훨씬 적은 토지가 지급되었다는 점을 감안하면 농민의 삶은 더 곤궁해진다. 사실 이회의 계산은 농민 소득을 위해 집약적인 토지 이용과 국가의 물가 조절이 필요하다는 자신의 주장을 위해 제시한 것이었다. 그래서 의복비처럼 자급자족할 수 있는 생활비용까지 부가하여 실제보다 더 과장된 계산을 한 것이었다.[15] 그러나 역대 농민 가구에서 경작과 아울러 수공업 생산을 겸했다는 사실은 농경만 가지고 생계를 유지하기가 힘들었다는 점을 알려준다. 농민들 가운데 빚을 견디지 못하는 이들은 토지를 매각해야 하는 궁지에 몰렸다.

관중 시대에 수전제가 시행되었지만 제나라의 모든 토지가 수전제 토지로 수용되지는 않았다. 귀족·부호 등 대토지 소유자들의 반발로 인해 일부 토지와 개간한 황무지, 새로 병합한 토지 등이 수전제 토지로 수용되었던 것이다. 수전제 토지를 받지 못한 농민들은 지주의 땅을 소작해야 했는데, 생산량의 반을 소작료로 내어 수전제 농민보다 불리한 처지에 있었다. 지주의 경우 토지세는 일반 농민과 같은 세금을 내면서도, 소작을 주면 세금보다 훨씬 많은 생산물을 얻을 수 있었다. 그 수익으로 농민들에게 돈을 빌려주고 이자를 받고, 빚에 몰린 농민들의 토지를 매수하여 땅을 늘릴 수 있었다.

효공 이래 진나라에서는 세습 토지를 폐지하고 전쟁으로 정복한 땅을 수용하여 더 광범위하게 수전제를 실시하였다. 귀족들의 특권을 제한하여 다른

---

14 班固,『漢書』「食貨志」上. "今一夫挾五口, 治田百畝, 歲收畝一石半, 爲粟百五十石, 除十一之稅十五石, 餘百三十五石。食, 人月一石半, 五人終歲爲粟九十石, 餘有四十五石。石三十, 爲錢幹三百五十, 除社閭嘗新春秋之祠, 用錢三百, 餘千五十。衣, 人率用錢三百, 五人終歲用千五百, 不足四百五十。不幸疾病死喪之費, 及上賦斂."

15 박기수 외 역주,『중국 고대 사회경제사』, 청어람미디어, 2005, 323-324쪽.

제후국에 비해 개인의 능력을 중시하는 사회를 만들었다. 그러나 진나라에서도 차등에 기반을 둔 경쟁시스템이 작동하고 있었다는 점을 잊어선 안 된다. 진나라는 17등급으로 나눈 작위에 따라 땅을 차등 지급했는데, 서민들은 최대 8등급까지 올라갈 수 있었다. 그래서 고위 등급은 귀족들의 차지가 되었고, 그에 따라 서민들보다 많은 땅을 지급받을 수 있었다. 이점이 진나라 귀족들이 자신들의 특권을 제약한 상앙을 처형하면서도 수전제는 그대로 유지한 이유였던 것으로 보인다. 또 특별한 공적을 세우면 왕이 세습 영지를 내려주어 대토지를 소유한 명문 가문으로 자리할 수 있었다.

중국의 토지세는 소농이나 대지주나 같은 세율을 적용받았으며, 사람에게 부가하는 인두세도 서민이나 부자나 동일한 세금을 부가하였다. 즉 현대적 의미의 누진세가 없어서 부자에게 유리한 조세제도였다는 것이다. 중국의 토지세는 세율로 보면 낮은 편이지만, 실제로 세금을 내는 백성의 입장에서는 낮은 게 아니었다. 중앙정부에서는 낮은 세금을 정했지만, 세금을 걷는 지방관은 세곡을 운송할 비용과 아울러 지방관이 별도의 세금을 부가할 권한이 있었다. 그리고 토지세 이외에 인두세, 전쟁을 위한 특별세 등을 포함하면 백성의 부담은 한층 가중되었다. 게다가 몸으로 때워야 하는 부역은 경작에 차질을 빚어서 민생에 부작용을 끼쳤다.

이러한 사정 때문에 일부 농민들은 수전제 토지를 경작하며 빚을 지는 것보다, 토지를 매각하고 지주의 땅을 소작하는 길을 선택하였다. 지주들은 소농과 동일한 세율을 적용받는 데다가, 관직을 얻은 사람들은 세금과 부역의 면책을 받아 부를 축적하기가 더욱 용이하였다. 백성의 생계를 위해 낮은 세금을 정한 것인데, 결과적으로 그 혜택은 부호들에게 돌아갔던 것이다. 이점이 바로 수전제가 토지 겸병으로 이어진 내부 원인이었다.

이러한 병폐가 개혁되지 않았기 때문에, 왕조 초기에 수전제를 시행하더라도 다시 토지 겸병의 문제가 발생할 수밖에 없었다. 수전제는 당 중기 안록산의 난 이후 중단되었지만, 고대의 조세제도는 오히려 전통이 되어 현재까지 지속되고 있다. 누진세가 징세 방식으로 적용되지 않으며, 부동산세·상속세·부유세와 같은 직접세가 시행되지 않는 것은 고대 중국에서부터 이어진 조세제도의 문제라고 할 수 있다. 낮은 세금과 만인에게 동일한 적용이라는 전통이 현재의 불평등을 초래한 기원이 된 셈이다.

2021년 시진핑 정부는 전면적 소강사회를 실현했다고 선언했지만, 그 기준은 절대빈곤층의 해소였다. 그 자체로 의미있는 일이지만, 중산층 사회 구현이라는 소강사회 본래의 목표와는 거리가 있는 선언이었다. 중산층 사회를 위해선 불평등을 지속시키는 전통적 제도의 개혁이 선행되어야 한다. 사회복지에 특별한 관심을 가지지 않는 지식계나, 부자들을 존중하며 빈부를 개인적 능력의 차이로 수용하는 중국인들의 사고방식 역시 이러한 전통의 산물이라고 할 것이다.

4. 개혁개방과 성공의 위기

개혁개방의 총설계자라 불리는 덩샤오핑은 '흑묘백묘黑猫白猫論'을 통해 중국을 현재와 같은 시장경제 사회로 바꾸어놓았다. '흑묘백묘론'은 검은 고양이든 흰 고양이든 쥐를 잘 잡는 고양이가 좋은 고양이라는 뜻으로, 사회주의든 자본주의든 인민을 잘 살게 만드는 체제로 전환해 나가겠다는 논리였다. 이러한 실용주의적 노선 덕분에 중국은 이념과 분배가 중심이 된 사회에서 자본과 성장을 위주로 하는 사회로 변모할 수 있었다.

개혁개방 이후 중국 정부는 연평균 7%대 이상의 고도성장을 목표로, 생산과 수출 부문을 성장 동력으로 삼아 재정을 집중 투자하고, 파격적인 지원 정책을 실시하였다. 이에 따라 중국 전역에 저임금을 바탕으로 한 제조업 생산 공장이 건설되고, 능력 있는 사람이 먼저 돈을 벌 수 있도록 사영기업을 육성하였다. 수출을 장려하기 위하여 수출부가가치세 환급제도와 같은 장려책을 시행하고, 외국기업을 유치하기 위하여 대대적인 세제 감면과 금융 혜택을 제공하였다. 그 결과, 정부의 목표치를 초과한 연평균 9.6%의 고속성장을 이루었을 뿐만 아니라, made in China가 세계시장을 석권하는 경제대국으로 부상하게 되었다.

하지만 세계를 놀라게 한 성장지표에도 불구하고 90년대 중국의 모습은 덩샤오핑이 궁극적으로 의도한 발전궤도에서 상당히 벗어나 있었다. 덩샤오핑은 흑묘백묘론을 통해 중국을 실용적인 사회체제로 전환한 다음, 온포溫飽-소강小康-대동大同의 단계로 발전해나가는 장기적 비전을 제시하였다. 온포는 생존을 위한 기본적인 의식주를 해결하는 단계이며, 소강은 경제발전과 소득증대를 바탕으로 가전제품, 주택, 자동차를 구입하여 안락하게 생활하는 단계이며, 대동은 사회구성원 전체가 현대적 생활을 영위하는 복지사회의 단계를 나타낸다.

90년대 중국은 1인당 GDP 1000달러를 목표로 한 온포 단계를 뛰어넘어 소강사회로 나아가고 있었다. 그러나 수단과 방법을 가리지 않고 쥐를 잡는 고양이처럼, 중국은 성장만을 위한 발전주의의 함정에 빠져 혹독한 성장통을 앓고 있었다. 무엇보다, 능력 있는 사람이 먼저 부자가 되어도 좋다는 '선부론先富論'은 본래 '아랫목이 따뜻해지면 윗목도 자연스레 따뜻해질 것'이라는 확산효과를 기대하며 주창한 것이었다. 그런데 이 정책이 부정적으로 작용하면서 빈부격차와 지역 간의 불균형이 갈수록 심화되었던 것이다.

후진타오 시대에 들어 중국은 외형적 성장에 치중해온 정책에 대해 성찰하며, 질적인 발전을 이룰 수 있는 방안을 모색하였다. 2006년부터 시작한 11차 5개년 계획에서 후진타오는 과학발전관을 통해 그간의 양적인 성장에서 벗어나 지속 가능한 질적인 성장을 제기하였다. 계층 간 지역 간 불균형에서 벗어나 사회구성원 전체가 소외되지 않는 균형발전을 하여 인간이 중심이 된 조화사회로 나아가는 것을 새로운 목표로 설정한 것이었다.

후진타오 시대의 이러한 방향 전환은 '성공의 위기'에 대한 국가적 차원의 대응이라고 할 수 있다. 1989년 천안문사태 이후 중국은 덩샤오핑의 남순강화를 통해 중국식 사회주의 시장경제를 내세웠다. 이 과정에서 추진된 국유기업 개혁은 노동자들의 대규모 실직 사태를 초래했다. 또 지지부진한 농촌개혁은 광범위한 삼농위기를 불러왔고, 시장화를 지향했던 사회보장체제는 사회복지의 위기를 가져왔다.[16]

이러한 위기적 상황 속에서 2000년에 삼농문제 토론을 통해 농업세 감면과 신농촌건설 운동이 시작되었고, 2003년에는 사스 사태를 계기로 사회보장제도 개선의 필요성이 제기되었다. 2005년 국유기업에 관한 랑셴핑-구추쥔 논쟁은 국유기업 개혁에 긍정적인 역할을 했고, 의료·주거·교육에 관한 토론을 통해 민생을 위한 여론이 형성되었다. 이러한 여론에 대한 반응으로 중국공산당의 정책 조정이 시작되었다.[17] 후진타오 시대의 조화사회론, 과학발전관, 포용적 성장 등은 바로 이러한 민의를 정책에 반영한 것이었다.

개혁개방 이후 중국의 급성장은 자본주의적 시장개혁이 계급투쟁이나 문화혁명보다 더 효과적인 근대화 전략이었음을 증명하였다. 그러나 개혁개방 이후 중국은 우승열패의 생존경쟁이 가속화되어 심각한 사회적 불평등이 발생하였다. 후진타오 정부의 조화사회 정책은 이렇게 지역간 계층간 불평등이 심각한 상태에서 제기된 것이었다.

---

16 왕후이, 「충칭사건: 밀실정치와 신자유주의의 권토중래」(성근제 옮김, 『역사비평』 여름호, 역사비평사, 2012), 168쪽. 이 글은 유럽외교관계위원회 위원장 마크 래너드가 편한 『CHINA 3.0』(2012.11)에 「Political repression and the resurgence of neoliberalism in China」라는 제목으로 요약 소개되어 있다.

17 왕후이, 「충칭사건: 밀실정치와 신자유주의의 권토중래」, 169쪽.

후진타오 정부는 새로운 국정 목표를 위해 소득세를 감면하고 사회보장제도를 개선하는 등의 성과를 거두었다. 그러나 여전히 분배보다는 성장이 정책의 중심에 있어서, 조화사회의 기반이 되는 복지 재정과 조세제도 개혁이 이뤄지지는 않았다. 특히 사회복지의 개선 방향이 국가의 공공 서비스보다는 개인의 사회보험이 중심이 되어 고소득자에게 유리한 구조를 만들었다.

개혁개방에 가장 성공적인 광동성의 경우, GDP 규모에서는 중국 최고의 수준을 기록하고 있었다. 하지만 사회안전망에 있어서는, 정부가 주도하는 공공부조보다 개인이 시장원리에 따라 보험금을 부담하는 개인보험 위주여서, 공공부조 재정이 전국 최저였다. 광동성이 기층민중의 저항 사태가 가장 심각한 것도 이러한 불평등한 사회복지 문제와 연결되어 있었다. 당시 광동성 당서기였던 왕양은 '행복광동'을 구호로 내세웠지만, 이러한 상황에서 행복한 공동체 사회를 실현하기가 쉽지 않은 일이었다. 이것은 중국 정부가 내세운 조화사회의 목표와 인민이 체감하는 현실 사이에 간극이 크다는 점을 뜻한다.

간극의 차원에서 보면, 조화사회보다 한층 진전된 공동부유를 내세운 시진핑 정부도 마찬가지였다. 공동부유를 위한 내세우기는 했지만 그에 걸맞는 사회복지 정책이 있는지 모호하기 때문이다. 시진핑 3기는 미중경쟁의 난관 속에서 여러 가지 정책을 내놓고 있지만, 그 핵심은 여전히 공산당 영도하의 정치안정과 경제성장이다. 이것이 공산당이 생존할 수 있는 유일한 길이기 때문이다. 특히 경제 회복의 문제가 관건인데, 5% 이상의 경제 성장률을 기대하고 있다. 이 수치는 안정적 고용을 위한 일자리 창출과 아울러 재정 적자에 시달리는 국가 재정 확충을 위한 최저선이다.

그러나 저성장 시대에 들어선 중국이 이러한 성장률을 이루기는 쉽지 않은데, 이것은 중국이 상시적인 실업 상태에 빠진다는 것을 뜻한다. 중국의 재정 적자의 주요 원인 가운데 하나는 지방정부의 부채 문제이다. 지방정부에 이렇게 부채가 쌓인 이유는, 세금은 중앙정부에 유리하게 편성되어 있는데 사업은 지방정부 부담으로 추진하는 일이 많다는 데 있다. 사회복지 사업도 마찬가지다. 중국의 복지 지출은 매우 낮은 수준인데, 그나마도 지방정부의 지출이 96%를 차지하고 있다.[18] 최저생활보장을 위한 공공부조를 제외한 주요 사업은 다 지방정부가 주관하여 지출하기 때문이다.

5. 복지사회와 작은 정부의 딜레마

사회복지 차원에서 보면 중국은 권위주의 정부가 아니라 작은 정부에 가깝다. 2019년 기준 GDP 대비 복지 지출이 2.96%, 그 가운데 지방정부 지출이 96%, 낮은 소득세와 직접세, 지역 간 격차, 개인보험 위주의 고소득자에 유리한 사회보장제도 등이 그 대표적 원인이다. 공동부유를 내세운 중국이 실제 현실에서는 복지 후진국에 가까운 것이다. 왜 이렇게 된 것인가.

중국의 사회복지는 2000년대 조화사회를 내세운 후진타오 정부에 들어와 정비되기 시작하였다. 사회적 불평등이 심각해지면서 사회복지의 중요성을 인지한 것이었다. 복지 후진국에서 탈피하기 위해 중국식 사회주의 복지사회 건설을 목표로, 2011년 사회보험법[19]을 수립하고 단계적 발전전략을 마련하였다. 2021년까지 도시 주민과 농촌 주민들을 대상으로 하는 사회보장 체계를 수립하고, 모든 사람이 사회보장 혜택을 누릴 수 있는, 선별적 복지에서 보편적 복지로의 발전을 목표하였다. 그리고 2049년에는 개인의 생존보장에

---

18 유은하, 「중국 지역별 사회보장재정 투입과 도시 편향성 차이에 관한 연구」, 167쪽.

19 중국의 사회보험법 제정 배경과 경과 및 주요 내용에 대해서는 김동하, 「중국 사회보험법 제정과 그 정책적 함의」(『중국학』 제37집, 2010) 참고.

서 인간의 자유·평등·존엄을 발전시키는 중국식 사회주의 복지사회 건설을 목표하였다.[20] 두 단계의 사회복지 목표는 전면적 소강사회와 사회주의 현대화 강국의 목표에 조응하는 것이었다.

중국의 사회복지 전문가 쩡공청에 따르면, 2006년 중국의 GDP 대비 복지 지출은 5.2%였는데, 2012년 7%, 2020년 15%, 2049년 25%로 향상되어야, 중국이 목표하는 복지국가 수준에 도달할 수 있었다.[21] 2049년에 25%의 목표를 달성하려면 매년 0.5% 정도 향상되어야 하며, 25%는 바로 OECD 중위권 수준의 복지국가가 되는 것이었다.

문제는 복지사회 실현에 필요한 재정을 어떻게 마련할 것인가에 있었다. 복지사회를 추진할 주체로서 인민의 정치참여가 제한되어 있고, 정부가 여전히 경제성장 우선 정책을 지속한다면, 복지재원이 늘어날 방안이 없었기 때문이다. 이점은 중국식 복지사회가 국가 주도의 시혜가 아니라, 인민이 주체가 되는 정치발전(20세기식 인민동원 정치가 아닌 시민권에 기반한 사회민주 정치)이 있어야 실현 가능하다는 점을 역설한다.

중국은 북유럽 복지국가를 높은 수준의 복지와 국가경쟁력을 갖추고 있다는 점을 승인하면서도, 중국이 따라야 할 모델로 삼지는 않는다. 중국은 아직 북유럽 수준의 복지서비스를 제공할 만한 경제력이 부족하다는 이유를 대고 있지만,[22] 이는 경제력의 차이 때문만이 아니라 중국 정부의 분배 의지와

---

20 중국의 사회복지 전략과 목표에 대해서는 쩡공청, 『중국 사회보장 개혁과 발전전략』(김병철 옮김, 한국보건사회연구원, 2010) 제3장 전략 목표와 절차 그리고 조치 및 김병철, 「중국 사회보장제도의 개혁과 발전전략」(『국제노동브리프』 2011년 9월호) 참고.

21 쩡공청, 『중국 사회보장 30년』(김병철 외 옮김, 공동체, 2013), 401쪽.

22 쩡공청의 경우도 이와 같은 입장을 취하고 있다. "중국은 인구가 많고 자원이 풍부하지 않을 뿐 아니라 물질적인 축적이 매우 제한되어 있는 개발도상국에 속한다. 인구와 자원적 요소는 단기간에 바뀌기 어렵고, 물질적인 부도 여전히 장기적인 발전과 노력을 거쳐야만 풍부해질 수 있다. 이러한 국내 실정은 중국이 빠른 시일 내에 북유럽 복지국가들과 동일한

연결된 문제이다.

북유럽 복지국가는 수평적 연대의 원리를 바탕으로 국가가 주도적으로 공공 서비스를 제공하였다. 그리고 시장을 민주적으로 통제하여 누진적 조세제도로 재분배를 실현하고, 경제민주화를 통해 국민 모두가 보편적 복지를 향유하는 사회공동체를 만들었다. 이에 비해 중국의 사회복지는 국가 주도의 공공 서비스보다는 고소득자에게 유리한 사회보험 중심으로 설계되어 있고, 복지서비스를 지방정부에 일임하여 지역 간, 도농 간 서비스 격차가 생길 수밖에 없는 구조였다. 이러한 차이는 경제력의 문제도 있지만, 사회복지에 대한 국가의 인식과 의지에서 기인하는 문제라고 할 수 있다. 경제성장에 있어서 중국은 자국의 산업을 보호하는 국가 주도의 발전을 취했으나, 사회복지에서는 오히려 신자유주의적인 방식을 취하고 있는 것이다.

이러한 요인 때문에 중국의 사회보장 제도에는 재분배 기능이 미약하다. 중국의 사회보장은 개인 소득에 기반한 사회보험이 중심이어서, 소득 재분배 기능을 해야 할 사회보장이 오히려 소득 역진적인 성격을 지니게 되었다. 시장소득에 사회적 급여(사회보험, 교육, 보건의료 등)를 합할 경우 불평등 지수가 더 악화되고, 소득이 높을수록 사회적 급여를 더 많이 분배받는 실정이다. 지역 간 도농 간 격차까지 포함하면 중국 사회복지의 재분배 문제는 더 심각

경로를 선택할 수 없는 현실적 여건이다."(『중국 사회보장 개혁과 발전전략』, 68쪽) 필자가 '중국식 사회주의 복지사회'을 접하면서 느낀 것은 중국 정부와 지식인들이 북유럽 복지국가와 사회민주주의(중국에서는 민주사회주의라고 부른다)에 대한 거부감이 생각보다 크다는 점이다. 그 이유는 북유럽이 국가가 국민의 복지를 보편적으로 책임지는 사회이면서 국민 개개인의 정치 참여를 바탕으로 한 개방형 사회복지정책을 시행하고 있는 점 때문이라고 생각된다. 이러한 점은 당-국 체제를 유지하고 있는 중국에게 상당히 부담스러운 모델일 수밖에 없을 것이다. 그래서 중국에서는 복지국가를 주로 북유럽식 복지모델로 지칭하고 이는 중국 실정에 부합하지 않는 모델이라고 간주한다. 중국은 복지국가보다 복지사회라는 용어를 선호하며 현재의 당-국 체제 속에서 시행 가능한 제도를 구상한다고 볼 수 있다.

해진다.[23]

2019년 중국의 GDP 대비 복지 지출이 2.96%인 것은 상당히 충격적인 수치다. 사회복지 정책이 막 추진된 2006년의 5.2%에서 절반 정도로 하락하여, 2020년 목표치인 15%의 1/5 수준이기 때문이다. 이렇게 되면, 2049년에 25%로 향상되어 중국식 사회주의 복지사회를 구현하려는 목표는 불가능한 일이 된다. 왜 이렇게 된 것일까. 후진타오 정부의 조화사회보다 더 진전된 공동부유를 내세운 시진핑 정부에서 이러한 수치가 나온 것도 충격적이지만, 저성장 경제침체 시대에 필수적인 사회안전망에 대한 준비가 부실하다는 점이 더 문제가 된다.

시진핑 정부는 공동부유를 역설했을 뿐 아니라 실제로 국무원이 저장浙江을 공동부유 시범지구로 설정하여 실행을 위한 작업을 하고 있었다. 2021년 6월에 발표한 <저장 고질량 발전 지지 및 공동부유 시범지구 건설에 관한 중공 국무원의 의견>에 공동부유 실현을 위한 구체적 방안이 제시되어 있다.

① 발전의 질과 효율을 높여 공동부유의 물질적 기초를 다진다.
 - 자주적 혁신 능력을 향상한다.
 - 산업경쟁의 새로운 비교우위를 만든다.
 - 경제 순환효율을 향상한다.
 - 각 시장 주체들의 활력을 촉발한다.

② 수입 분배 제도개혁을 심화해 경로를 다변화하여 도농 주민의 수입을 늘린다.
 - 취업 기회를 확대하고 취업의 질을 높인다.
 - 인민의 수입 수준을 부단히 향상한다.

---

23 유은하, 「중국 지역별 사회보장재정 투입과 도시 편향성 차이에 관한 연구」, 177-179쪽.

- 중등 수입 집단을 확대한다.
- 재분배 제도를 완비한다.
- 건전한 사회적 환원에 대한 격려 메커니즘을 구축한다.

③ 도농 간의 발전격차를 축소하여 공공 서비스와 양질의 혜택을 누리게 한다.

- 기본적 공공 서비스의 균등화를 솔선 실현한다.
- 도농 일체화 발전을 솔선 실현한다.
- 도농 주민의 거주조건을 지속적으로 개선한다.
- 사회안전망을 촘촘하고 굳건히 한다.
- 선부先富가 후부後富를 이끄는 지원 메커니즘을 완비한다.

④ 새 시대의 문화 고지를 조성해 인민의 정신문화 생활을 풍부하게 한다.

- 사회적 문명 수준을 높인다.
- 중화민족의 우수한 전통문화를 전승·발양한다.

⑤ 자연이 곧 가치라는 이념을 실천해 아름다운 주거생활 환경을 조성한다.

- 높은 수준의 아름다운 저장을 건설한다.
- 생산 및 생활방식의 녹색 패러다임으로의 전환을 전면적으로 추진한다.

⑥ '펑챠오楓橋경험'[24]을 새 시대에 계승·발전해 안전한 사회환경을 구축한다.

- 디지털화를 통해 사회관리의 효과를 높인다.
- 법치저장, 평안저장을 전면적으로 건설한다.(이상 요약)[25]

---

24 1960년대 초 저장성 주지諸暨시 펑챠오楓橋진에서 실시된 사회안전망 구축에 관한 경험으로, 주민 간에 분쟁 발생 시 공권력을 불러들이지 않고 현지에서 자율적으로 당사자들의 화해를 이끌어내어 문제를 해소하는 방식을 가리킨다.

25 中共 國務院, 〈中共中央國務院關於支持浙江高質量發展建設共同富裕示範區的意見〉, 2021.6.10. http://www.gov.cn/zhengce/2021-06/10/content_5616833.htm

①은 공동부유를 위한 물질적 기초로 산업고도화를 이루겠다는 뜻이다. ②는 1차 분배·2차 분배·3차 분배를 개선하여 소득향상과 재분배를 이루고, ③은 공공 서비스를 통해 도농 간의 격차를 줄이겠다는 뜻이다. ④는 문화생활 향상, ⑤는 주거환경개선, ⑥은 안전한 사회환경을 이루겠다는 뜻이다. 문건의 내용은 사회복지 사안에만 국한되는 것이 아니며, 저장을 시범 대상으로 공동부유를 향한 국가 발전방안을 전체적으로 실험하기 위한 것에 가깝다.

이 가운데 사회복지 관련 사안은 ②와 ③이다. ②와 ③의 내용은 앞에서 내가 말한 중국 사회복지의 문제점을 개선하겠다는 뜻으로 봐도 무방하다. 그렇게 하려면 무엇보다 복지 재정을 확대하고 관련 제도를 개선해야 하는데, 국정의 중점이 ①의 산업고도화와 ⑥의 사회통제에 있다면, 사회복지 수준이 향상되기는 어려워 보인다. 산업고도화를 통해 좋은 일자리와 소득향상을 이루고, 극빈층에 대해서 최저 생활비를 보조하는 지금과 같은 방식을 유지할 것이라는 얘기다. 게다가 중국에서 가장 부유한 동남부 지역이 사회복지 지출이 제일 낮다는 점이 중국 특색인데, 저장에서 이러한 문제를 바꿔나갈 수 있을지도 의문이다.

그런데 의아한 점은, 중국 지식계뿐만 아니라 국가발전개혁위원회와 인민일보 사설에서도 '복지의 게으른 함정'에 대한 경각심과 '속도 조절'을 당부하는 목소리가 나오고 있다는 사실이다.[26] 사회복지 지출은 역대 최악의 상태에 빠져 있는데, 어떻게 이런 목소리가 나오고 있는지 이해하기가 힘들다. 공동부유로 인해 인민의 복지비용이 증액되는 것에 반발하는 세력일 터인데, 오히려 지출이 축소되고 사회안전망이 부실하여 중국을 위기에 빠뜨릴 수도 있는 작금의 현실은 보이지 않는 것일까.

---

26 이와 관련해서는 「中 '공동부유' 속도조절하나...당 기관지 "점진적 추진해야」, 『연합뉴스』, 2022.2.22.일자 참고. https://www.yna.co.kr/view/AKR20220222075000083?input=1179m

중국에 복지사회는 없었다. 경제성장은 국가 주도로, 인민의 삶은 신자유주의적으로, 이것이 중국식 사회복지의 실체다. 공산당 통치하에서 아이러니하게도 사회주의 복지사회를 기대하기가 힘들게 된 것이다. 복지사회의 실천은 중국 문명국가를 강조하는 논리로는 불가능하다. 역대 중국 왕조도 사회복지에 있어서는 공산당과 같은 작은 정부를 추구했기 때문이다. 인민의 참정권이 제한된 국가에서 복지사회는 없었다.[27]

---

27 인민의 정치참여가 제한된 중국과 같은 체제에서는 장기적으로 민주공화국 건설을 위한 사회운동을 하면서, 단기적으로는 복지사회의 전망을 지닌 세력들이 연대하여 정책 제안을 하는 일이 중요하다. 복지사회는 이념대립이 아니라 생활 정치 속에서 인민의 이익을 대변하는 정책을 추진하는 과정에서 건설될 수 있다. 복지사회 연대 세력들이 이러한 정치운동을 수행할 때, 비로소 국가 주도의 발전전략을 넘어 진정한 의미의 공동부유로 나아갈 수 있다. 이것이 영미식 신자유주의와 중국식 사회주의를 넘어 인류의 더 나은 삶을 상상하는 길이 될 수 있을 것이다.

| 11장 |

권력은 왜 법 위에 있는가

1. 헌법과 공산당 딜레마

중국 정부가 중산층 사회 건설을 목표하는 전면적 소강사회를 추진하는 동안, 류샤오보劉曉波를 포함한 중국의 인권운동가와 지식인 303인은 중국의 민주화를 위한 헌장을 준비하고 있었다. 그들은 2008년 12월 UN 세계인권선언 60주년을 기념하여, 중국의 민주화와 인권개선을 촉구하는 「08헌장」을 발표하였다. 서구 자유민주주의 이념에 기초한 「08헌장」은 자유·평등·인권은 인류 공동의 보편적 가치이고, 민주·공화·헌정은 현대 정치제도의 기본구조이며, 이러한 보편적 가치와 정치제도의 기본구조에서 벗어난 '현대화'는 사람의 권리를 박탈하는 탄압일 뿐이라고 주장하였다.

「08헌장」의 주장 가운데 특히 삼권분립, 사법 독립, 군대의 국가화, 공직선거, 연방제 등 공산당 일당제를 정면 비판하는 내용은, 당시 후진타오 정부뿐만 아니라 현행 시진핑 정부에서도 수용되기 힘든 민감한 사안이었다.[1]

---

1 류샤오보는 2010년 노벨평화상을 수상하게 되지만 08헌장으로 인해 옥고를 치르다가 2017년 7월 간암으로 사망하게 된다. 그의 죄명은 국가정권 전복선동죄, 형벌은 징역 11년, 정치권리 박탈 2년이었다. 판결 이유는 이제까지 인민민주주의 독재 정권 및 사회주의 체제에 불만을 품고 계속하여 인터넷상에 문장을 공표하여 정권 전복을 선동했고, 특히 「08헌

그렇지만 「08헌장」의 전체 내용이 새롭게 제기된 주장이라거나 공산당 정부가 전혀 수용할 수 없는 급진적인 사항이라고 볼 수는 없다.[2]

중국 정치개혁의 핵심사안 가운데 하나인 법치에 대해 「08헌장」은 "법률은 있지만 법치는 없고, 헌법은 있지만 헌정은 없는" 것이 중국 정치의 현실이라고 주장하였다. 그러나 법치가 인치에 상대하는 개념으로 법에 의한 통치를 의미하는 것이라면, 중국에서도 이미 실시하고 있는 제도라고 할 것이다. 공산당은 1997년 15차 당대회에서 사회주의 법치국가의 수립과 의법치국依法治國을 새로운 당 방침으로 결정하였다. 1999년 전국인민대표대회에서는 헌법 수정을 통해 서문에 "중화인민공화국은 의법치국을 실시하여 사회주의 법치국가를 건설한다"는 내용을 추가하였다.

이러한 과정을 통해 법치는 새로운 국가 통치의 방침이 되었으며, 정책 결정과 집행이 법률에 의거하여 이루어지는 다양한 개혁정책이 추진되었다. 즉 정부의 의법행정, 법원과 검찰의 사법개혁, 공산당의 의법집정 등을 통해 당정 간부의 부패와 정책 실패를 바로잡고, 경제발전에 필요한 법률 시스템과 행정서비스를 구축하고 있었다. 시진핑 정부의 의법치국 역시 이를 계승한 것이다.

현재 중국의 법치가 추구하는 것은 인치가 아닌 법에 의한 통치 방식으로

장」에서 일당에 의한 집정 특권의 독점을 폐지하고 민주적 헌정의 틀 아래에서 중화연방공화국을 수립하자는 등의 선동을 했다는 것이다.

2 「08헌장」 본문은 류샤오보, 『류샤오보, 중국을 말하다』(지식갤러리, 2011) 참고. 「08헌장」은 19개 항목의 개혁을 요구하는데 그 내용은 다음과 같다. 헌법 수정, 삼권분립의 수립, 사법 독립, 군대의 국가화와 공무원 및 무장 역량의 중립화, 인권 보장, 공직 선거, 도농 평등을 위한 호적제도 철폐, 집회 언론 종교의 자유 보장, 사유재산의 보호, 세제 개혁, 사회보장의 완비, 환경보호, 홍콩 마카오 대만을 포괄할 수 있는 민주적 연방공화제의 수립. 공산당 일당제와 관련된 이외의 요구사항은 「08헌장」 발표 당시 이미 시행되거나 개선되고 있는 사항이라고 할 것이다.

의 전환이다. 하지만 국민의 권리를 보호하고 권력을 제한하는 선진사회의 법치 개념과는 상당한 간극이 있다. 중국 통치의 근본 문제인 공산당 권력 독점과 국민의 참정권 제한 문제를 해결할 의향이 없기 때문이다. 시진핑 정부가 강력히 시행하고 있는 당내 권력남용과 부정부패 척결이 법치의 현실적인 목표라고 할 수 있다.

그렇지만 법치의 제도화가 진행되면서 수많은 대중 시위 및 각종 권리침해 소송이 법에 근거하여 주장되고 있다는 점을 고려한다면, 중국의 법치가 통치 수단을 넘어 인민의 정치 사회적 권리 신장에 기여하고 있다는 점 역시 간과해서는 안 된다.[3] 이러한 맥락에서 볼 때 이제 중국 사회에서 주목할 점은 법치 여부가 아니라 법의 공정한 적용 여부가 되어야 한다.

류샤오보의 주장은 민주화를 위한 입법 통제는 물론이고, 현행 헌법과 법률에 규정되어 있는 조항조차 실천하지 않는 공산당 독재에 대한 비판이었다. 가령, 민주화와 관련된 사안으로 중화인민공화국 헌법 제1장 제3조에는 다음과 같은 조항이 있다.

> 중화인민공화국의 국가기구는 민주집중제의 원칙을 실행한다. 전국인민대표대회와 지방 각 차원의 인민대표대회는 동시 민주 선거에 의해 탄생하며, 인민에게 책임을 지고, 인민의 감독을 받는다. 또한 국가의 행정기관, 사법기관, 검찰기관은 일률적으로 인민대표대회에 의해 조직되고, 전인대에 대해 책임지며, 전인대의 감독을 받는다.[4]

---

3 이점에 대해서는 다카미자와 오사무·스즈키 겐, 『중국법의 역사와 현재: 통치의 도구에서 시민의 권리로』(이용빈 옮김, 한울, 2013), 제6장 현대 중국의 입헌주의 참고.

4 중국 헌법 전문은 강효백, 『중국법 기초 중국헌법』(좋은땅, 2021), <부록> 중국헌법 원문 및 한글 대조본 참고.

전국과 지방의 인민대표는 인민 각계각층의 이해관계를 대변하는 정치 주체인데, 중국 헌법에서도 민주 선거에 의해 선발하는 것으로 규정되어 있다. 이들은 인민의 이익을 대변할 책임을 지면서 아울러 인민의 감독을 받는다. 그리고 국가 권력기관은 인민의 대표 기구에 의해 조직되고 책임을 지며 감독을 받는다. 이러한 조항을 보면 중국의 헌법 역시 여느 민주국가처럼 인민이 권력의 원천이며, 선거를 통해 인민을 위한 대변인과 권력기관을 조직하도록 규정하고 있다.

그러나 실제 현실에서는 이 헌법 조항이 지켜지지 않는다. 인민대표는 인민이 아니라 공산당에 의해 선발된다. 당의 보증이나 추천이 없으면 인민대표가 될 수 없다. 당의 입장과 다른 생각을 가진 사람이 인민대표가 될 가능성은 전혀 없다. 국가 권력기관과 국가의 주요 어젠다 역시 인민이 아니라 최고 의사결정기구인 정치국 상무위원회에 의해 내밀하게 결정된다. 인민의 이익은 인민의 선거가 아니라 당의 결정에 의해 규정되는 것이다.[5]

그렇다고 공산당이 임의적으로 이러한 행위를 하는 것은 아니다. 중국 헌법에 "공산당 영도는 중국특색 사회주의의 가장 본질적인 특징이다"는 조항을 명시하여, 공산당의 어떠한 통치 행위도 정당화시킨다. 류샤오보와 「08헌장」은 이처럼 헌법의 민주 조항을 종잇장에 불과하게 만든 공산당 독재를 겨냥한 것이다.

개인의 권리도 마찬가지다. 중국 헌법 제2장 공민의 기본 권리와 의무를

---

5 공산당 내부 사정도 마찬가지다. 공식적으로 약 8천만 명의 당원을 대표하는 대의원이 2천 2백여 명의 전국대표를 뽑고, 이들이 200여 명의 중앙위원과 170여 명의 후보위원을 선출한다. 이들 중앙위원이 25명의 정치국 위원을 뽑고, 정치국 위원들이 7명의 중앙 정치국 상무위원을 뽑고, 여기서 공산당 총서기를 선출한다. 절차상으론 상향식 민주 조직으로 보일 수 있지만, 실제에서는 7인의 상무위원이 위에서 주요 인사를 결정한다. 시진핑 3기에서 상무위원 전원이 시진핑 측면으로 구성된 것으로 보면, 1인 결정권이 더 강해진 것으로 보인다.

보면, "중국 공민은 언론·출판·집회·결사·시위의 자유를 갖는다." 이번 코로나 사태를 통해 중국인들은 사회복지가 자신의 안전하고 건강한 삶을 위해 얼마나 중요한 문제인지 자각하게 되었다. 그리고 국가 공공정책의 중요성을 인지하면서, 국가는 인민을 통치할 뿐 아니라 인민의 삶의 질을 위해 복무해야 한다는 헌법 제45조의 중요성을 깨닫게 되었다. "중화인민공화국 공민은 연로하거나 질병이 있거나 노동력을 상실할 경우, 국가와 사회로부터 물질적 도움을 얻을 권리가 있다. 국가 발전은 공민이 이러한 권리가 필요로 하는 사회보험과 사회 구제 및 의료와 보건 서비스를 누릴 수 있게 하기 위한 것이다."

중국 헌법에서도 인민 행복의 근간이 되는 사회복지를 국가가 제공해야 하고, 인민은 필요한 공공 서비스를 국가에 요구할 수 있는 권리가 있다는 점을 명시하고 있다. 그동안 이러한 헌법 규정을 알고 있는 사람은 소수였고, 사회복지 문제를 공론화해야 할 학계와 언론에서는 작은 정부를 신봉하는 시장주의자들이 많았다.

이러한 문제를 심각하게 인식한 중국인들이 최근 백지 시위와 같은 행위를 하는 것은 헌법에 보장된 정당한 권리 행사라고 할 수 있다. 그러나 중국 헌법에는 "공민은 자유와 권리를 행사할 때, 국가적·사회적·집단적 이익과 기타 공민의 합법적 자유와 권리에 손해를 끼칠 수 없다"는 조항이 명시되어 있다. 이것은 중국인 개인이 비판행위는 할 수 있지만, 국가·사회·집단의 이익과 타인의 자유와 권리를 손상시키는 일이라면 금지된다는 뜻이다. 문제는 이러한 판단을 하는 주체가 공산당이며, 공산당에 반하는 어떠한 행위도 허용하지 않는다는 점이다.[6]

중국 헌법은 중국인의 민주·자유·권리를 보장하고 있지만, 아울러 공산당

6 조영남, 『중국의 통치체제: 공산당 영도 체제』 1, 21세기북스, 2022, 63-64쪽.

이 그것을 통제할 수 있도록 허용하고 있는 셈이다. 물론 공산당 독재라고 하여 인민의 이익을 대변하지 못하는 것은 아니다. 개혁개방 이래 40년의 경제성장은 인민 다수의 지지를 받았다. 경제성장 과정에서 개발독재의 성과는 한국을 포함한 여러 나라에서 이미 증명된 바 있다.

그러나 통치 규범인 헌법과 공산당 정치 사이의 간극은 법의 공정한 적용이 이뤄지지 않는 현실을 반영한다. 이것은 중국의 최고 통치 규범이 헌법이 아니라 헌법 위에 군림하는 공산당과 그 당헌이라는 점을 뜻한다. 법치는 법에 의한 통치이지만, 권력이 법 위에 군림하면 법에 의한 인치人治가 될 수 있다. 법을 만들고 집행하는 주체도 공산당이고 그것을 감시하는 주체도 공산당이라는 점, 그것이 바로 중국 법치의 딜레마이다.

2. 고대 중국의 규범과 법

왕조시대 통치 철학인 유교는 법으로 국가가 잘 다스려지거나 권력을 통제할 수 있을 것이라고 생각하지 않았다. 유교는 법이 아닌 천명과 민본주의 규범으로 통치 정당성을 부여했으며, 이를 통해 황제의 권력을 제한하려고 하였다. 이러한 유교의 영향력 때문에 우리는 법치와 상대되는 개념으로 예치가 중국 통치의 근간이며,[7] 또 법이 아닌 현자의 덕에 의지하는 인치가 중국의 통치 방식이었다는 생각을 한다.

중국에서 법이 공적 규범으로 등장한 것은 춘추시대 중앙집권 국가의 출현과 관련되어 있다. 분산되어 있던 지역을 중앙집권적 조직에 편재하고, 신분

7 미조구찌 유조 외, 『중국의 예치 시스템』(동국대 동양사연구실 옮김, 청계, 2001), 229-231쪽.

과 출신이 다른 이들이 정치공동체로 통합되는 과정에서, 누구에게나 공히 적용될 수 있는 통치 규범이 필요했던 것이다. 귀족들에게 통용되는 예나 종법질서, 지역의 씨족사회에 작동하는 관습으로는, 영토 국가 내부의 다양한 이해관계를 지닌 사람들을 통치하기가 어려웠다. 백성 누구나 쉽게 이해할 수 있고 엄정하게 시행하는 성문화된 법이 바로 중앙집권 국가에 필요한 새로운 규범으로 부상하였다.

춘추시대 관중이 설계한 중앙집권 국가를 보면 세 가지 규범이 작동하고 있다.[8] 주나라 법도, 법·형벌, 예의염치禮義廉恥가 바로 그러하다. 주나라 법도는 주나라 문왕과 무왕이 나라를 세울 때 확립했던 규범을 지칭한다. 현능한 사람을 등용하고, 법을 정하여 백성의 기강을 세우고 조직을 구성하며, 포상으로 선행을 장려하고 형벌로 악행을 바로잡는 일이 주나라 법도에 해당한다. 주나라 법도는 나라를 세우고 다스리는 보편적 규범으로서 현대국가의 헌법에 해당한다고 할 수 있다.

법·형벌은 주나라 법도를 계승하여 중앙집권의 목표와 제나라의 실정에 맞게 혁신한 법제를 지칭한다. 관중은 중앙집권적 조직을 구성하고, 농민에게 땅을 지급하고, 토지세와 교역세를 정하고, 관리를 선발하고, 포상과 형벌을 내리는 등의 공무를 국가가 정한 법·형벌에 따라 시행하였다. 이러한 법·형벌은 현대적 의미의 행정법, 경제법, 사법, 형법 등에 해당한다. 관중은 국가 목표와 백성의 욕구에 기반하여 법제를 만들어 중앙집권 체제의 근간으로 삼았다.

예의염치는 법도와 기강이 있는 나라를 세우기 위한 백성의 윤리적 규범을 지칭한다. 예는 규정된 절도를 넘지 않는 것이고, 의는 바르지 않은 일에

---

8 관중의 세 가지 규범에 대한 자세한 내용은 이종민, 「관중과 고대중국의 질서」(『중국학보』 제101집, 2022), 140-154쪽 참고.

스스로 나아가지 않는 것이고, 염은 나쁜 일을 숨기지 않는 것이고, 치는 잘못된 일을 따르지 않는 것이다. 예의염치는 백성이 규정된 법도와 직분에 따라 바른 일을 하고, 나쁘고 잘못된 일을 하지 않도록 규제하는 윤리적 규범에 해당한다. 귀족문화였던 예의가 이제 백성 모두가 준수해야 하는 국가적 윤리로 전환된 것이다.

주나라 법도가 통치자가 따라야 할 최고 규범이라면, 법·형벌은 주나라 법도에 따라 만든 제나라의 실정법이며, 예의염치는 백성이 법과 직분에 따라 살아가는 것이 바른 일임을 알게 하는 윤리 규범이다. 관중은 이러한 세 가지 규범에 기반하여 중앙집권 국가를 만들어, 제 환공은 춘추시대 첫 번째 패자가 되었고, 백성은 부유하고 예의를 아는 생활을 하였고, 현능한 인재들은 관리로 등용될 수 있었다.

제 환공의 성공으로 법치의 힘이 알려지게 되었으며, 제후국이 법을 수용하는 과정에서 통치집단 내부의 갈등이 벌어졌다. BC 536년 정나라 자산이 형법을 솥에 주조한 성문법刑鼎을 공포했는데, 진나라 경대부 숙향이 자산에게 편지를 보내 이를 질타하였다. 또 BC 513년에는 진나라에서 정나라를 본받아 형법을 솥에다 주조했는데, 이번에는 노나라 공자孔子가 이를 비판하였다.

> 1) 백성이 법률이 있다는 걸 알면 윗사람을 거리낌 없이 대하며 경쟁심을 갖고 법률 문서에만 근거한 증거로써 요행수를 찾아 자신의 뜻을 이루려 할 것이오. (중략) 백성이 분쟁할 수 있는 단서를 알게 되면 장차 예를 버리고 법률 문서에만 근거를 찾게 될 것이오. 그럼 송곳 끝만 한 작은 분쟁도 끝까지 다투려 할 것이니 어지러운 옥사가 나날이 늘어나고 뇌물도 병행할 것이오. 그대의 생애가 끝나는 동안 정나라도 멸망할 것이오.[9]

2) 진나라는 망할 것이다. 그들은 국가의 법도를 잃어가고 있다. 진나라는 선조 당숙唐叔이 전한 법도를 잘 지켜 백성을 다스리는 기강으로 삼고, 경대부들 또한 자신의 위치에서 이를 잘 준수해야 한다. 이에 백성은 귀인을 존중할 수 있고, 귀인은 가업을 지킬 수 있으며, 귀천의 질서에도 잘못이 없게 된다. 이것이 이른바 법도인 것이다. (중략) 지금 그 법도를 폐기하고 형법을 새긴 솥을 만들었으니 백성은 그 솥에서만 행동의 근거를 찾을 것이다. 무엇으로 귀인을 존중하고, 귀인은 무엇으로 가업을 지킬 수 있겠는가? 귀천에 질서가 없으니 무엇으로 나라를 다스릴 것인가?[10]

숙향과 공자는 성문법 공포를 국가의 법도가 무너지는 사태로 보고 있다. 백성이 법을 알게 되면 국가 통치의 기반인 신분 질서가 붕괴되어, 귀족이 설 자리가 없어진다고 우려한 것이다. 귀족에게 법치는 통치 방식의 변경을 넘어 자신의 권력 기반에 대한 위협으로 다가온 것이다. 정나라가 망할 것이라는 숙향의 질타는 이러한 위기감의 발로인 셈이다. 그러나 자산이 재상으로 재임한 20여 년 동안 정나라는 어린아이들이 밭갈이 등의 중노동에 동원되지 않게 되었고, 시장에서 물건값을 속이는 일이 없어졌으며, 도둑이 사라져 밤에 문을 잠그지 않아도 괜찮았다. 개혁이 뿌리내리면서 진晉과 초 두 강대국 사이에 끼어있던 정나라는 강소국으로 우뚝 설 수 있었다.

얼마 후 숙향의 진나라가 정나라를 본받아 성문법을 공포한 것도 그 효과를 알았기 때문이다. 이번에는 노나라 공자가 숙향과 같은 시각으로 진나라가 망할 것이라고 질타하였다. 향후 진나라가 위·조·한 3국으로 분열되기는 했지만, 그것은 법치가 아니라 중앙집권을 반대하는 세족들의 내분 때문이었

9 『춘추좌전』 소공 6년. 번역은 『춘추좌전』 3(신동준 옮김, 한길사, 2006), 95-96쪽.

10 『춘추좌전』 소공 29년. 『춘추좌전』 3, 331-332쪽.

다. 숙향과 공자의 질타에도 불구하고, 춘추전국시대 이래 법치는 중앙집권 국가의 통치 방식으로 정착되어 갔다.

그런데 정나라와 진나라가 솥에 주조한 성문법이 형벌에 관한 형법이라는 점은 주목할 필요가 있다. 형벌은 주나라 법도인 '명덕신벌明德愼罰'처럼 신중하게 내려야 하지만, 고대 중국의 형벌은 육형을 포함한 가혹한 벌이 많았다. 숙향과 공자도 형벌에 대해 대단히 엄중한 자세를 취하고 있었다. 『좌전』 소공 14년에 숙향이 내린 엄벌에 관한 기사가 있다.

숙향의 아우 숙어가 진나라 대부 형후와 옹자의 영토 분쟁 사건을 맡았다. 그런데 숙어가 옹자에게 뇌물을 받고 형후에게 누명을 씌웠다가 분노한 형후에 의해 살해되었다. 이 사건을 맡은 숙향은 세 사람을 같은 죄로 판정하고, 형후를 사형에 처한 후 세 사람의 시체를 늘어놓는 진시陳尸를 판결하였다. 숙향의 판결에 대해 공자는 혈연에 얽매이지 않고 엄벌을 내렸다고 칭찬하며, "숙향은 옛 유풍을 지킨 곧은 사람"이라고 평가하였다.[11]

『순자』 「유좌」와 『사기』 「공자세가」에 기록되어 있는, 노나라 대사구가 된 공자의 소정묘 판결에도 공자의 형벌관이 드러나 있다. 소정묘는 노나라에서 영향력이 있는 대부로서 처형을 당할만한 범죄를 저지르지 않았다. 그런데 공자는 소정묘가 소인의 영웅이 되어 사회를 혼란하게 만들 위험성이 높다는 이유로 처형을 하고, 그 시체를 3일간 내걸어 백성의 경종을 울렸다. 범죄 행위가 아니라 동기에 입각한 '춘추대의'식 엄벌주의를 시행한 것이었다.

『논어』에도 공자의 형벌관을 엿볼 수 있는 구절이 있다. 양을 훔친 아버지를 고발한 아들에 대해 초나라 섭공과 공자가 상반된 입장을 드러낸 대화가 그러하다.

---

11 『춘추좌전』 3, 188-189쪽.

섭공이 공자에게 말했다. “우리 마을에 정직한 궁이라는 사람이 있는데, 그의 아버지가 양을 훔치자 관청에 고발합니다.” 공자가 말했다. “우리 마을의 정직한 사람은 그와 다릅니다. 아버지는 자식을 숨겨주고 자식은 아버지를 숨겨줍니다. 정직함은 바로 그 속에 있습니다.”[12]

섭공의 사회에서는 양을 훔친 아버지를 고발하는 아들을 정직하다고 하고, 공자의 사회에서는 숨겨주는 아들이 정직하다고 한다. 신정근의 견해에 따르면, 섭공은 백성이 국가 질서에 복종해야 한다고 여기고, 공자는 부자 관계가 다른 것에 의해 결코 침해되어서는 안 된다고 여긴다. 이것은 춘추시대가 가족 질서의 우위에서 가족 질서와 국가 질서의 혼융으로, 다시 국가 질서의 우위로 변해가는 과도기에 있다는 것을 보여준다.[13] 즉 아버지의 범죄에 대한 두 자식의 차이가 국가 질서와 가족 질서의 차이에 있다고 보는 것이다.

그러나 범죄 행위는 고대 중국에서 엄벌에 처했으며, 가족 질서가 우위에 있던 서주시대에도 면죄하거나 관대하게 대하지 않았다. 『상서』「강고」에서 주공은 강숙에게 “문왕이 제정한 법에 따라 처벌하고 형에는 용서가 없도록 하라”고 했다. 다만 통치계급인 귀족은 형벌보다는 엄격한 예법 준수가 요구되었으며, 형벌은 주로 일반 백성을 다스리기 위한 것이었다. 그러나 예법이 관대한 처벌이라고 볼 수만은 없으며, 귀족에게는 감당하기 힘든 수치와 모욕의 형벌을 안겨주는 것이었다.[14]

춘추시대에 형법이 공적 규범이 되어 신분에 상관없이 적용되면서, 숙향의 판결에 나타나듯이 귀족도 예외가 될 수 없었다. 형법이 성문화되었는지의

12 『論語』「子路」. “葉公語孔子曰, 吾黨有直躬者, 其父攘羊, 而子證之. 孔子曰, 吾 黨之直者異於是. 父爲子隱, 子爲父隱, 直在其中矣.”

13 신정근, 『공자씨의 유쾌한 논어』, 사계절, 2015, 515쪽.

14 취퉁쭈, 『법으로 읽은 중국 고대사회』(김여진 외 옮김, 글항아리, 2020), 280-281쪽.

차이는 있겠지만, 공자 사회에서도 백성의 범죄는 당연히 형법이 엄격하게 적용되었을 것이다. 형벌에 있어서 국가 질서와 가족 질서 사이에 본질적인 차이가 있었다고 보기는 힘들다.[15]

『논어』의 대화에서도 공자는 아버지 범죄에 대한 면죄를 얘기한 것이 아니다. 소정묘 판결에서 나타난 것처럼 동기로도 엄벌을 내린 공자가, 범죄 행위에 대해 아버지라는 이유로 면죄를 주장할 수는 없는 일이다. 공자는 아버지의 범죄를 자식이 신고하거나 혹은 자식의 범죄를 부모가 신고해서는 안 된다고 본 것이다. 즉 가족끼리는 서로 숨겨주고 싶은 것이 솔직한 마음이며, 이 인정(인륜)은 국가 질서에서도 허용하는 것이 마땅하다고 본 것이다.

가족이 아닌 남일 경우에는 범죄사실을 고지할 수 있지만, 가족 간에는 '예외적 불고지'가 허용되어야 한다는 얘기다.[16] 실제로 전국 말기에서 진시황 시기에 기록된 『수호지진묘죽간睡虎地秦墓竹簡』「법률답문法律答問」에서는 "자식이 부모를 고발하고, 노비가 주인을 고발하는 것은 '비공실고非公室告'이니, 고발을 수리하지 않는다"[17]고 하였다. 또 법령의 전범으로 간주되는

---

15 고대 중국의 형벌 적용 방식으로 알려진 『예기』「곡례」의 "예는 아래로 서인에게 미치지 않고, 형벌은 위로 대부에게 이르지 않는다"는 말도 이러한 맥락에서 해석되어야 한다. 즉 대부의 죄는 처벌하지 않거나 관대하게 대한다는 뜻이라기보다는, 대부와 서인의 범죄를 처벌하는 방식의 차이로 보아야 한다는 것이다. 신분에 따라 법을 동일하게 적용하지 않은 것은 맞지만, 귀족은 예법의 처벌을 받은 것이며, 이를 면죄로 보기는 힘들다는 말이다. 고대 중국에서 자결은 귀족의 체면과 존엄을 지켜주는 것으로, 일반 서민에게는 보이지 않는 일이다. 또 성문법이 정착된 이후에도 형법의 적용에 신분 차이가 있었다는 점은 주목해야 한다. 상앙의 변법 시기에는 "남작과 자작에게 작위를 1급 이상 수여하고 죄가 있으면 감면한다"는 규정이 있었다. 진 제국 시기에도 죄형을 법률에 적용할 때 신분에 따른 차등을 강조하고, 공개적으로 같은 죄라도 다른 벌을 적용하였다. 이점에 대해서는 장진번 주편, 『중국법제사』(한기종 외 옮김, 소나무, 2006), 240-242쪽 참고.

16 이종민, 「논어의 언명은 어떻게 현재화될 수 있는가: '직궁(直躬)' 이야기와 사회정의 문제를 중심으로」, 『중국학보』 92집, 2020, 166-167쪽.

17 『수호지진묘죽간 역주』(수호지진묘죽간정리소조 엮음, 윤재석 옮김, 소명출판, 2010). 362-364쪽. "'公室告'何也? '非公室告'何也? 賊殺傷·盜它人爲 公室; 子盜父母, 父母擅殺·刑·髡子

『당률소의唐律疏議』에서는, 자식은 아비가 역모죄인 경우가 아니면 고발을 엄격히 금지하는 것은 물론, 고의로 부모를 고발할 경우 교수형에 처하게 하였다. 이렇게 중국 법률에 공자의 주장이 수용되어, 역모죄가 아닌 일에는 불고지가 허용되는 것이 전통이 되었다.

이러한 법 전통은 중국에서 가족 질서와 국가 질서가 갈등 상황에 있었다기보다, 법이 부권父權과 족권族權을 보호하여 중앙집권적 통치 질서를 공고히 유지하고 있었다는 사실을 알려준다.[18] 이러한 중국 법의 역사를 잘 이해하지 못하면, 『논어』의 이야기를 질서의 차이나 도덕관의 차이로 생각하게 된다.

다시 숙향과 공자의 성문법에 대한 시각 문제로 돌아가자. 성문법에서 숙향과 공자가 부정하는 것은 성문법의 내용인 형법(형벌)이 아니라, 형법을 공개하여 백성이 잘 알게 되는 사태가 벌어지는 일이다. 그렇게 되면 법을 독점적으로 행사해온 귀족들의 권위가 없어져 귀천의 질서가 무너진다고 우려했던 것이다. 귀족과 백성이 알고 있는 법률 지식이 동등해짐에 따라, 이제 백성은 귀족을 존중하지 않고 법률 근거를 가지고 귀족과 분쟁하려 들 것이기 때문이다.[19]

다양한 이해관계를 지닌 사람들이 모여 사는 영토 국가에서 시비분별의 규범으로서 법이 공개화된다는 사실 자체가 귀족에게는 자신의 특권을 제한하는 일로 다가온 셈이다. 이것은 성문화되기 이전에는 귀족이 법을 권위적으로 행사하며 백성에게 돌아갈 이익을 차지했다는 점을 시사한다. 성문법은

及奴妾, 不爲公室告; '子告父母, 臣妾告主, 非公 室告, 勿聽.' 何謂'非公室告'? 主擅殺·刑·髡其子·臣妾, 是謂'非公室告', 勿聽. 而行告, 告者罪. 告者罪已行, 它人又襲其告之, 亦不當聽."

18 김시천, 「『논어』의 직(直)-'직궁(直躬)' 이야기와 정의(justice)의 딜레마?」(『유교사상문화연구』 77집, 2019.9), 158-159쪽 참고.

19 취퉁쭈, 『법으로 읽은 중국 고대사회』, 276-277쪽.

귀족의 권력 기반을 제한하고 백성을 국가의 근간으로 삼으려는 중앙집권제의 목표와 연결되어 있었던 것이다.

성문법이 귀족의 특권을 제한한다는 차원에서 보면 숙향과 공자의 우려는 근거가 있지만, 국가의 법도를 무너뜨린다고 본 것은 과도한 생각이다. 관중의 중앙집권 국가가 주나라 법도, 법·형벌, 예의염치의 세 가지 규범에 기반한 점을 환기하면, 법치가 반드시 국가의 법도나 예의 붕괴를 초래한다고 볼 수는 없다. 실제로 관중이 추구한 사회는 신분이 사라진 평등사회가 아니라 조화로운 차등사회였다.

제자백가 가운데 가장 수평적인 세계를 추구한 묵자의 경우도 마찬가지다. 유가에서는 묵자 사상을 획일적 평등주의라고 비판하지만, 『묵자』를 전체적으로 읽어보면 이는 묵자가 추구하는 세계에 반하는 것이다. 묵자의 세계에서도 작위, 신분, 직분, 능력, 출신, 국적 등에 따른 차이가 존재한다. 묵자의 겸애는 평등의 세계가 아니라 각자가 처한 상이한 환경과 능력 차이를 인정하고 각자가 원하는 바를 이룰 수 있도록 배려하는 것에 가깝다.[20] 묵자는 겸애를 통해 강자가 차별적 질서를 만들어 이익을 독점하는 현실을 막으려고 한 것이다.

겸애는 획일적 평등보다는 조화로운 차등질서를 향한다. 묵자가 추구한 상동尙同의 동도 획일적 평등이 아니라 동일한 법을 누구에게나 공평하게 적용한다는 것을 뜻한다. 즉 특정 세력이 자신들의 이익 추구에 유리하게 만든 사사로운 구조에서 벗어나, 누구에게나 보편적으로 적용되는 규범과 법을 만들어 서로 이익을 공유할 수 있게 한다는 것이다. 법치의 목표는 차등질서 속에서 백성 누구나 자신의 몫을 보호받고 능력껏 자신의 이익을 추구하는 사회였다.

---

20 정영근, 「묵자의 직업사상」(『한국사상과 문화』 65집, 2012), 431-432쪽.

가장 냉혹한 법치를 실시했다고 불리는 진나라 상앙도 귀족의 특권을 제한하기는 했지만, 신분 질서 자체를 폐지한 것은 아니었다. 상앙은 17등급의 작위를 정하고 공적에 따라 승급할 수 있게 했는데, 서민은 최대 8등급까지 올라갈 수 있어서 상위 작위는 다 귀족들이 차지하였다. 작위에 따라 토지와 관직이 차등 수여되었기 때문에, 상앙이 추구한 세계도 신분과 능력주의가 결합된 생산적 직분사회라고 보아야 한다. 상앙의 법치는 이러한 차등화된 사회를 설계하고 법으로 엄정하게 작동시키려 한 것이었다. 상앙이 귀족에게 강제한 것은 이러한 법을 백성과 동일하게 지키라고 한 것이며, 신분이 철폐된 평등사회를 추구한 것은 아니었다.[21]

3. 외유내법外儒內法의 통치 세계

고대 중국에서 법치는 불평등한 귀족 질서를 제한하고 조화로운 차등질서의 회복을 목표로 하였다. 여기서 회복이라고 한 것은 주나라 법도 혹은 고대 성왕의 도를 당대에 구현하려고 했기 때문이다. 주나라나 고대 성왕의 세계가 조화로운 이상사회인지는 불확실하지만, 고대 중국에서 그것은 공유된 신념이었다. 조화로운 차등질서를 추구한다는 점에서는 법치와 유교의 예치가 확연하게 구별되지 않았다.

예는 본래 통치집단이 제사를 지내는 법식과 참여자의 역할(서열)을 정한 규범이었다. 서주 초기 주나라 통치집단은 상나라 전통을 계승하여 여러 종족의 구성원들과 함께 의례를 올렸다. 그러나 서주 중기부터 왕실의 권위

21 이종민, 『문명 중국, 현실 중국: 중국을 보는 패러다임의 대전환』, 5장 천하 통일을 위한 방안과 민심: 전국시대의 딜레마 참고.

가 약화되면서 이에 도전하는 귀족 관료들을 통제하고, 아울러 왕실의 가족 수가 증가하여 대종-소종의 서열관계를 정리할 필요가 있었다. 이에 의례 개혁을 통해 왕실과 대종을 중심으로 권력을 차등화했는데, 가족의 차원에서 보면 엄격한 종법 질서가 형성된 것이고, 의례의 차원에서 보면 서열을 규정한 예악문화가 정립된 것이었다.

이렇게 서주 중후기에 형성된 예악문화는 춘추시대 열국 사이에서도 지켜졌다. 첫 번째 패자인 제 환공이 천자만이 행할 수 있는 봉선의식을 올리고 싶어했으나 관중이 제지하였고,[22] 두 번째 패자인 진 문공도 양왕에게 자신의 장례에 천자만큼의 묘도를 쓰게 해달라고 요청했다가 거절된[23] 사례들이 이를 반증한다. 그러나 춘추시대 후기에 대부들이 실권을 잡으면서 의례를 참람하는 일들이 빈번해졌는데, 이는 『논어』에서 공자의 비판 대상이 되었던 부분이다.

제후국에서 군주의 중앙집권을 확립하는 과정에서 예는 통치집단을 넘어 국가 전체의 사회질서를 정립하는 규범(예제)으로 재탄생되었다. 즉 예가 군주에서 백성에 이르는 조화로운 차등질서를 형성하는 원리가 된 것이다. 이제 예 개념에는 차등적 사회질서인 예제의 의미와, 백성이 따라야 하는 윤리 규범의 의미가 포함되었다. 관중의 세 가지 규범 가운데 예의염치는 예가 백성의 윤리 규범으로 정립된 것이었다. 이때부터 예가 하늘의 질서에서 기원한 것이라는 통치 논리가 만들어졌다.[24]

이러한 예 개념 위에 공자는 개인의 윤리적 덕목으로서 예의 의미를 발전시켰다. 그래서 『논어』를 보면, 종법 질서로서 예, 차등적 사회질서로서 예제,

---

22 『사기』「제태공세가」.

23 『춘추좌전』 희공 25년.

24 춘추시대에 예악문화가 예제로 변천하는 과정에 대해서는 진래, 『중국고대사상문화의 세계』(진성수·고재석 옮김, 유교문화연구소, 2008), 제7장 예치 참고.

윤리적 덕목으로서 예, 외적 의식으로서 예, 민간 문화로서 제례 등이 공존한다. 공자가 이상으로 생각했던 주나라 문화는 종법 질서로서 예이며, 현실개혁 방안으로 제시한 것은 차등적 사회질서로서 예제였다. 또 인격 수양을 위해 윤리적 덕목으로서 예를 교육했고, 「향당」편에 보이듯이 세부적인 의식도 중시했으며, 민간의 제례나 굿거리 놀이도 그 의미를 인정하였다.[25]

예의 다층적 개념은 이렇게 공자에게서 정립되었다. 법치와 상대되는 개념으로서 예치는 예제, 예악문화, 예 윤리를 결합하여 통치하는 방식이라고 할 수 있다. 관중의 중앙집권 국가는 백성의 직분 윤리와 국가 제례는 수용하였으나, 사회 경제질서는 예제가 아닌 법제에 기반하여 구축하였다. 즉 예의 국가 통합적 기능은 수용하면서도 백성의 이해관계를 조정하고 생산력을 높이는 데는 법제가 더 효율적이라고 본 것이다. 제나라의 현실은 "창고가 가득 차면 백성이 예절을 알고, 입고 먹는 게 풍족하면 영광과 수치를 안다"는 관중의 통치 철학을 실현하는 데 있어, 법제가 더 적합한 방식이었음을 입증해주었다.

관중의 통치는 예를 포함한 세 가지 규범에 기반하여 이뤄졌기 때문에 순수한 법치라기보다는 혼합적 통치 방식에 가까웠다. 이를 통해 관중은 먹고사는 욕구가 충족된 기반 위에서 사람의 예의를 아는 백성을 길러내려고 하였다. 법치/예치의 대립이 아니라, 법치를 통해 백성의 욕구를 충족시키는 사회를 만들고, 그 위에 예의를 지키는 문화를 이루어, 법도와 기강이 있는 나라를 건설하려고 했던 것이다.

공자의 경우도 도덕 사회를 목표하는 예치를 추구하면서도 백성의 생계 문제를 중시하였다. 통치자는 솔선수범하는 도덕성이 중요하지만, 백성에게는 먹고사는 문제가 우선이었기 때문이다. 그러나 관중과 달리 공자는 백성

---

25 이종민, 『문명 중국, 현실 중국: 중국을 보는 패러다임의 대전환』, 198-199쪽.

의 욕구 충족을 위한 정책을 설계하고 이를 백성이 알고 따르도록 법제화하지는 않았다. 백성의 생계 방안은 주로 소농 생산과 낮은 세금에 의존하는 것이었다. 후대의 맹자가 내세운 인정仁政도 법치의 방안에 비하면 현실성이 떨어져, 백성이 믿고 따르게 하기가 쉽지 않았다. 조화로운 차등 사회를 내세우면서도 이를 위한 사회경제적 기반을 만들지 못하면 불평등 질서가 지속될 수밖에 없었다.

숙향과 공자는 법치가 귀족의 권력 기반을 제한한다고 우려했지만, 법치의 핵심이 중앙집권과 백성을 위한 사회경제적 기반 구축에 있었던 만큼, 귀족의 특권 제한은 불가피한 일이었다. 그래서 귀족과 귀족의 이익을 대변하는 지식인들이 법치에 반감을 가지게 되었던 것이다. 중앙집권과 법치가 부상하기 시작한 춘추전국시대는 물론이고, 공식 제도로 정착된 진한 이후에도 제도개혁(변법)이 일어날 때마다 기득권 세력의 반발이 이어졌다. 이런 반감은 권력 투쟁과 연결되어 법치에 대한 편향된 생각을 낳았다.

바로 법치를 냉혹한 형벌주의로 간주하는 시각이다. 숙향과 공자의 우려에서 보이듯이, 성문법 갈등의 시초는 형벌(형법)에 관한 일이었다. 누구에게나 형벌은 피부로 느끼는 두려움이었던 만큼, 형벌의 기준인 법을 형벌처럼 생각하였다. 또 사마천을 비롯한 한나라 유생이 상앙을 성품이 각박하여 귀족들에게 가혹한 형벌을 내렸다고 평가하면서, 법치가 냉혹한 형벌로 국가를 통치하는 것이라는 생각이 고착되었다.

그러나 관중의 세 가지 규범에서 보이듯이, 법치는 형벌뿐만 아니라 국가 통치에 관한 전반적인 사안을 규정된 법에 따라 다스리는 시스템을 말한다. 상앙의 법치도 형벌뿐만 아니라 진나라 통치 전반에 관한 실정법을 포함하였다. 귀족의 특권을 강하게 제한하고 백성과 동일하게 법을 적용하여 귀족의 원망을 사기는 했지만, 냉혹한 형벌로 공포통치를 한 것은 아니었다. 당시 진나라 백성은 냉혹함보다는 변법이 주는 명예와 이익이 더 크다고 여겼다.

변법이 시행된 이후 진나라 상황을 사마천은 다음과 같이 기술하였다. "진나라 백성은 크게 기뻐하였고, 길에 남의 물건이 떨어져 있어도 줍지 않았으며, 산에는 도적이 없었고, 집집마다 넉넉하고 사람마다 풍족하였다. 백성들은 나라를 위해 싸울 때는 용감하고 사사로운 싸움은 두려워하며, 작은 마을까지 나라가 크게 잘 다스려졌다."[26]

사마천의 평은 냉혹한 형벌주의라는 비난과는 거리가 있는 얘기다. 전국시대 말기 진나라를 방문하여 그 실정을 관찰한 순자의 소감도 사마천과 마찬가지였다. 순자가 본 진나라는 덕이 포악한 나라가 아니라 오히려 유가들이 추구하는 옛 모습을 구현한 나라에 가까웠다. 백성들은 소박하고 순종적이며 음악은 안정되고 의복도 사치스럽지 않았다. 관리들은 엄숙하고 성실하며, 사대부들은 사사로움이 없이 공정하며, 조정은 조용하면서 만사에 신중을 기하고 있었다. 순자는 진나라의 모습에서 옛날의 성인이 이룬 지극한 치세를 발견하였다. 순자는 이러한 치세가 요행으로 얻어진 것이 아니라, 좋은 방책 즉 변법의 성과라고 보았다.[27]

그러나 진시황 사후 제국이 급망하고, 한나라 정부 및 유생이 멸망의 원인을 냉혹한 법치로 몰고 가면서, 법치에 대한 편향된 생각이 고착화되었다. 진 제국 멸망의 실직적 원인은 법치 자체의 문제라기보다는, 지역적 문화적 정체성 차이를 감안하지 못한 중앙집권 정책과, 진승의 봉기에 편승한 옛 육국 토호의 집단적 반란에 있었다. 그런데도 법치가 타깃이 된 것은, 법치로

---

26 『史記』「商君列傳」. "秦民大說, 道不拾遺, 山无盜賊, 家給人足。民勇於公戰, 怯於私斗, 鄕邑大治."

27 『荀子』「疆国」. "入境, 觀其風俗, 其百姓樸, 其聲樂不流汙, 其服不佻, 甚畏有司而順, 古之民也。及都邑官府, 其百吏肅然, 莫不恭儉、敦敬、忠信而不楛, 古之吏也。入其國, 觀其士大夫, 出於其門, 入於公門; 出於公門, 歸於其家, 無有私事也; 不比周, 不朋黨, 倜然莫不明通而公也, 古之士大夫也。觀其朝廷, 其朝閒, 聽決百事不留, 恬然如無治者, 古之朝也。故四世有勝, 非幸也, 數也。是所見也。故曰: 佚而治, 約而詳, 不煩而功, 治之至也, 秦類之矣."

인해 권력 기반이 약화된 귀족과 분서갱유의 피해를 입은 유생의 반감이 증폭된 결과라고 할 것이다.

그렇지만 이들의 반감과 달리, 한나라 현실 정치에서는 진나라 법제를 계승한 통치가 이루어졌다. 집행을 관대하게 했지만 형법도 계승하였고, 한나라 제도의 핵심인 관료제와 작위제, 수전제, 조세제도, 군사제도 등도 다 진나라 법제에 기반하여 시행한 것이었다. 진나라와 확연히 달랐던 점은 찰거제를 통해 점차 등용된 유생들이 법가를 대신하여 법을 집행하는 주체가 되었다는 사실이다.

이들은 법 조항을 실정보다는 유교식 대의에 입각하여 정치적으로 해석하고, 판관의 자의적 해석까지 가미되어, 한대에는 이른바 혹리들이 판을 치는 세상이 되었다.[28] 물론 혹리가 다 유생인 것도 아니며, 혹리의 행위가 황제의 뜻과 연결되어 있었던 것도 분명하다. 그러나 엄정한 법치가 시행되지 않았고 관리의 세금 수탈이 심해질수록 민생은 위기에 빠져갔다. 중앙 관료로 성공한 유생은 대토지를 소유한 신흥 문벌이 되어 지방의 독립 세력으로 발전하였다.

중국 왕조시대의 통치 방식을 외유내법이라고 부른다. 실제로는 법에 근거한 통치를 하면서도 겉으로는 유교의 덕치와 왕도를 내세운다는 뜻이다. 다시 말하면 덕치와 왕도를 통치 규범으로 내세우면서, 실재에서는 법에 근거한 엄벌 통치를 한다는 것이다. 외유내법의 실재를 더 정확히 보려면, 법을 시행하는 주체가 누구인지의 문제까지 포함해야 한다. 한나라 관리는 대개 유생 출신이었으며, 그래서 법치에는 관리인 유생들의 이해관계가 개입될 수밖에 없었다.

법은 황제가 중앙집권을 위해 제정하고, 시행과정에서는 관리들의 이해관

---

28 어우양잉즈, 『용과 독수리의 제국』(김영문 옮김, 살림, 2020), 566쪽.

계가 작동한다는 얘기다. 이런 점을 감안한다면, 외유내법은 황제가 중앙집권을 위해 유교 규범을 내세우면서 동시에 법을 제정하고, 유교 관리는 법을 집행하는 과정에서 자신들의 이해관계를 개입시킨다는 의미가 된다.[29] 이러한 맥락에서 보면 신중국도 사회주의를 내세우면서 실재에서는 권위주의적 법치를 추구하기 때문에, 외유내법은 중국 통치체제의 실상을 보여주는 수사라고 할 것이다.

외유내법은 좋은 법과 아울러 공정한 집행자를 만나야 비로소 법치의 목표가 실현될 수 있다는 사실을 역설한다. 하지만 중국인들 사이에서 '법보다 인정情大於法'이 오랜 시간 통용되고 있었다는 것은 무엇을 의미하는가. 페이싱 감독의 영화 <침묵의 목격자>[30]를 통해 이 문제에 대해 살펴보자.

4. 중국 법조계와 이익집단

영화 <침묵의 목격자>는 개혁개방 시대 금융 재벌이 된 아버지 린타이가 살인을 저지른 딸을 무죄로 만들기 위해 증거를 조작하다가 결국 자신이

---

29 역대 중국의 중앙집권 국가는 그 시대의 실정에 따라 법제를 제정하여 통치하면서, 법 적용에 있어서는 신분과 이념에 따라 차등적인 적용을 하였다. 가령 외유내법이 시작된 한대는 황권을 반대하는 어떠한 행위도 대역무도죄로 처벌했으며, 농민봉기 등 사회안정을 위협하는 행위에 대해서는 가혹한 처벌을 하였다. 그리고 불효를 포함하여 삼강오륜을 파괴하는 행위 역시 엄벌에 처하였다. 이에 반해 귀족 관료에게는 법적 특권을 부여하였고, 노약자에게는 관대한 처분을 하였으며, 친족 범죄에 대해서는 불고지를 허용하였다. 이러한 한대 외유내법의 특성은 후대에 이르기까지 영향력을 행사하여 중국식 법치의 근간이 되었다. 이점에 대해서는 장진번 주편, 『중국법제사』, 25-34쪽 참고.

30 <침묵의 목격자>는 페이싱 감독의 <全民目擊>(2013)의 한국어 제목이다. <침묵의 목격자>에 대한 자세한 비평은 이종민, 『중국이라는 불편한 진실: 신자유주의의 대안이 될 수 있는가』(서강대학교출판부, 2017), 5장 법치, 만인에게 공정한가 참고.

딸 대신 범인이 되는 법정 이야기를 다루고 있다. 이 영화에서 주목할 점은 아버지 린타이가 딸의 죄를 숨겨주기 위해 사적 권력을 동원하여 자신이 원하는 진실을 만든다는 것이다. 이는 법의 준수보다 힘의 정의를 중시하는 중국인의 오랜 관행과 연계된 일이다. 아버지 린타이는 개혁개방시대 부자의 꿈을 이룬 사업가로 유명 가수 양단과 연인이 되어 세간의 주목을 받지만, 딸 린멍멍이 양단을 살해한 혐의로 체포되면서 딸을 구하기 위한 수단을 강구한다.

이 영화의 검사 동타오는 1997년에 로스쿨을 졸업하고 검찰에서 활동하는데, 이 해는 중국이 사회주의 법치국가 수립과 의법치국을 당의 방침으로 결정한 해이다. 검사가 된 후 동타오는 린타이를 금융사기로 세 차례 기소하지만 린타이가 증인을 매수하여 증거 부족으로 풀려난다. 이것은 당시 시장경제 관련법이 정비되어 있지 않았고 전문 법조인이 충분히 양성되지 않아, 불법적 수단을 통해 빠져나갈 수 있는 여지가 많았던 시대적 요인과 맞물린 일이다. 법치사회는 법치에 대한 정부의 의지와 아울러 법률 정비, 전문 법조인 양성 그리고 국민의 준법의식 등이 갖추어져야 가능한 일이기 때문이다.

중국이 서구적 의미의 근대법을 접하게 된 것은 아편전쟁의 결과로 영국과 체결한 남경조약(1842) 이후부터다. 남경조약에 앞서 러시아와 맺은 네르친스크조약(1689)과 카흐타조약(1727)이 있었지만, 이것은 양국 관료의 이름으로 체결한 것이었다. 조약은 주권국가 사이에 체결된 계약관계인데, 남경조약은 체결자가 대청 황제와 대영 군주였다.

이후 열강들과 차례로 불평등조약을 맺게 되면서, 중국은 『만국공법萬國公法』을 통해 근대 국제법을 배우게 되었다. 그리고 20세기 초 만청 정부는 불평등조약을 개정하기 위해 중국 고유법을 서구식 근대법으로 정비하기 시작했다. 청대의 고유법은 『대청율례大清律例』인데, 역대로 중국은 행정 문제를 포괄하는 조례와 칙령은 정기적으로 반포하고, 사법적 판결 기준과 처벌을 총괄하는 율은 성문법으로 만들었다.

『대청율례』는 법률체계인 율과 그 사례를 총괄한 성문법으로 엄격하고 합리적인 법전이었다. 하지만 국가를 보호하고 사회질서를 유지하는 과정에서 부과된 형벌에는 폭력적인 것도 포함되어 있었다. 중국법의 잔혹성을 상징하는 능지처참이 바로 그러한데, 열강들은 이를 중국에 치외법권을 주장하는 근거로 활용하였다.[31] 이러한 흐름 속에서 1902년 청영통상항해조약에서는 중국의 야만적인 법을 서구식 근대법으로 정비하는 일이 불평등조약 개정의 조건으로 명시되었으며, 이 해부터 법 정비가 본격화되었다.

근대법 정비 작업은 신해혁명 이후 헌법의 성격을 지니는 「임시약법」(1912.3) 제정으로 이어졌으며, 국민당 통치 시기인 1920년대에서 1940년대 후반에는 법전 편찬, 법조인 양성, 불평등조약 개정이 이루어졌다. 1949년 신중국이 성립된 이후에는 국민당의 구법인 육법전서가 전면 폐기되고, 법을 통치 수단으로 간주하는 소비에트 법을 계승하여 사법개혁을 단행하였다. 그러나 헌법을 제외하고 법전을 정비하지 못한 상황에서 문화대혁명이 일어나 법의 부재 시대를 겪게 되었다. 개혁개방 이후 형법과 형사소송법을 시작으로 중단되었던 소비에트 법의 입법화가 진행되었다.

1992년 덩샤오핑의 남순강화로 사회주의 시장경제가 결정된 이후에는 소비에트 법이 아닌 독일 등의 유럽 대륙법과 글로벌한 신규 법을 수용하여 현대적 법치사회 건설로 나아갔다. 중국법은 소비에트 법의 흔적이 강하게 남아있는 헌법을 제외하고,[32] 법 관념과 경제·현대사회에 관한 입법에서 신

---

31 능지처참으로 상징되는 중국법의 잔혹성 이미지를 만든 서구의 시선에 대해서는 티모시 브룩 외, 『능지처참: 중국의 잔혹성과 서구의 시선』(박소현 옮김, 너머북스, 2010) 참고.

32 중국의 헌법 개정은 주로 시장경제 시스템과 관련된 부분에 한하고 있으며, 정치제도의 민주화나 시민의 권리 확대와 보장 등에 관한 개정은 미비한 실정이다. 주목할 점은 2004년 개정된 제24조에 시민의 기본적 권리·의무의 일반적 규정으로서, "국가는 인권을 존중하고

속하게 소비에트 법을 탈피하였다. 그리고 국제사회에 통용되는 글로벌한 법체계 및 법 관념으로 전환하였다. 이 과정에서 국민당의 구법인 육법전서에서 발전한 타이완 법을 가장 많이 참조하고 있다는 점은 주목할 만하다.

국민당의 구법은 신중국 수립 이후 폐기되고, 국민당 시대에 양성된 재판관, 검찰, 변호사 등도 추방되어, 중국 법원은 일시에 법조인 공백 상태가 되었다. 퇴임 군인을 비롯한 비전문가가 그 자리를 차지하면서 중국 법조계의 문제가 시작되었다. 특히 변호사는 1957년 반우파 투쟁 때 범죄인을 변호하는 부르조아 제도라고 비판받고 직업 자체가 사라졌다.

개혁개방 이후 법이 재정비되면서 재판관·검찰의 재교육과 엄격한 자격심사가 시행되었고, 법조인의 전문화가 요청됨에 따라 2002년 3월에는 최초의 사법시험이 실시되었다. 그러나 매년 사법시험 합격률이 상승하여 전문 법조인 양성의 취지에서 멀어졌으며, 법조인 인구 구성에서 변호사보다 재판관이 많은 기이한 현상이 출현하였다. 재판관은 경험과 실적을 쌓음으로써 계급이 서열화되는 관료조직의 성원이 되었고, 법원은 방대한 소송비용과 해당 지역의 이해관계와 결탁한 이익집단이 되어갔다.

1979년 변호사제도가 재건되면서 변호사는 사법행정기관 직원의 신분을 갖게 되었으며, 국가 경비로 운영되었다. 1986년부터 변호사 시험제도가 시행되었고, 1993년 이후에는 매년 시험이 실시되었다. 그런데 중국에서 변호사사무소는 집업허가 증서, 개별 변호사는 집업증서(면허증)를 성급 사법행정기관의 심사를 거쳐 매년 갱신하지 않으면 변호사 업무를 계속할 수 없었다. 이것은 정부의 뜻에 어긋나는 변호를 하기가 힘들다는 점을 뜻하였다.

또 변호사사무소에는 당 조직의 설치가 미미했으나 최근에는 늘어나는

보장한다"는 문구를 추가한 것이다. 이는 서구의 중국 인권문제 비판을 겨냥한 헌법 수정으로 보이는데, 법 개정으로 중국의 인권문제가 실질적으로 개선되었다고 보기는 힘들다.

추세에 있다. 이는 변호사사무소가 민영화됨에 따라 당의 통제가 필요하다는 판단에서 출현한 현상이다. 이처럼 변호사의 행정적인 독립과 자치가 제약받을 뿐만 아니라, 경제성장에 따라 각종 소송이 늘어나면서 변호를 비즈니스로 간주하는 변호사와 로펌이 증가하고 있는 실정이다.

중국 법조계의 이러한 추세로 볼 때, 중국법의 현대화와 글로벌화가 법치의 공정성을 보장하는 것이 아니라는 사실을 알 수 있다. 법 적용의 공정성이 없는 사회는 법치가 아니라 법에 의한 인치에 가깝다. 이것은 권력자에 의한 인치에서 법에 의한 인치로의 전환에 불과하다. 이러한 상황에서 국민은 준법의식이 아니라, 권력과 결탁한 법에 대해 혐오하거나 자의적인 진실(정의)을 추구하려는 심리를 암묵적으로 가질 수 있다. 이는 실질적인 정의를 추구하고 이해관계를 중시하는 중국인의 오랜 관행과 맞닿아 있는 지점이기도 하다.[33]

5. 중국식 법치사회

영화 <침묵의 목격자>에서 린타이가 선택한 길에는 이러한 중국적 맥락이 내재되어 있다. 현상적으로 볼 때 영화는 악독한 재벌 린타이가 딸을 구하기 위한 아버지의 마음으로 자신의 모든 것을 희생하는 이야기로 보일 수 있다. 그러나 법적 진실의 차원에서 볼 때 아버지로서 린타이의 행위 역시 진실을 은폐한다는 면에서는 동일하다. 이를 위해 린타이는 반전에 능한 변호사를 선임하고, 부하 순웨이의 자발적 제안이기는 했지만 거짓 증언을 승인한다.

---

33 중국 법조계의 현황에 대해서는 다카미자와 오사무·스즈키 겐, 『중국법의 역사와 현재: 통치의 도구에서 시민의 권리로』, 제7장 현대 중국의 '사법' 참고.

검사가 순웨이의 자백을 의심하지 않았다면 재판이 의도대로 진행되어 린타이는 법 위에 군림하는 삶을 지속했을 것이다.

그렇게 되면, 순웨이의 충성(희생)은 린타이에 대한 보은이 되고, 딸 린멍멍은 죄책감보다는 아버지에 더욱 의존하는 생활을 하고, 피해자 양단의 죽음은 린타이의 권력에 의해 먼지처럼 사라졌을지 모른다. 그러나 자신의 과거 범죄사실로 인해 검사의 의심을 받으면서, 린타이는 순웨이의 범행 장면을 조작하여 확실한 증거로 만들려고 한다. 또 이 역시 의심을 받을까 걱정되어 결국 자신이 범인이 되는 동영상을 제작한다. 동영상이 의심받는다는 건 딸의 석방에 위험스런 일이었기 때문에, 자신을 희생하여 검사 동타오의 의심을 피하는 길을 선택했던 것이다.

린타이는 법정에서 조작된 동영상으로 자신의 잘못을 인정하고, 재판관과 검찰에 대해 사과한다. 그렇지만, 린타이의 발언에는 피살자 양단은 물론이고 그간 자신에게 피해를 입은 사람들에 대한 어떠한 사과도 없다. 이것은 그의 행위가 딸을 구하기 위한 것일 뿐, 딸을 대신하여 세상에 사죄하기 위한 것은 아니었다는 점을 뜻한다. 물론 그 역시 진실을 은폐하는 일이지만.

여기서 더 주목해야 할 점은 딸 린멍멍의 선택이다. 린멍멍은 살인 혐의로 체포될 때 아버지 린타이에게 구해달라고 애원하는데, 첫 번째 재판에서 순웨이가 범행 자백을 할 때 안도의 한숨을 쉬었다. 린멍멍은 차로 양단을 밀친 후 떠나버려 사망원인을 알지 못했는데, 순웨이가 그 이후의 상황을 자백하여 그걸 사실로 믿었기 때문이다. 그러나 두 번째 재판에서 아버지 린타이가 차로 양단을 밀치고 죽였다고 한 말은 린멍멍이 사실이 아님을 분명히 알았다.

변호사 저우리가 린멍멍을 찾아가 누가 차로 밀친 것인지 물었을 때 자신이 했다고 한 것은, 그게 사실일 뿐 아니라 아버지를 희생시키고 자신이 풀려나고 싶은 마음이 없었기 때문이다. 아버지가 구속되고 린멍멍이 풀려났을 때 그녀는 죄책감에 시달리고 있었다. 집에서 아버지의 영상을 보며 눈물을 흘리고, 밖으로 나가 비 내리는 하늘을 우러러보면서, 그녀는 사건의 진실을 선택하였다. 린멍멍이 선택한 새로운 삶은 아버지의 희생으로 얻은 죄스러운 삶이 아니라, 자신의 잘못을 사죄하고 진실을 바로잡는 용기있는 삶이었다.

자신의 스무 살 딸이 수십 년 감옥에서 지내야 한다는 사실을 쉽게 받아들일 아버지도 없겠으나, 아버지를 희생한 대가로 얻은 삶을 죄책감 없이 살 수 있는 자식도 거의 없을 것이다. 린타이가 만일 재벌이 아니고, 또 재벌이라 하더라도 불법적 수단으로 범죄를 은폐한 경험이 없었다면, 린타이가 이러한 선택을 할 수 있었을까? 또 린타이가 용배장龍背墻의 신화[34]를 믿는 아버지라 하더라도, 법이 공정하게 적용되어 자의적 진실을 추구하려는 심리가 약화된 상황이라면, 린타이와 같은 선택을 하기는 쉽지 않았을 것이다.

공정한 법 적용의 문제는 법조계만의 일이 아니라 이를 감시하는 시민사회의 문제이기도 하다. 영화에서 감시의 역할을 맡고 있는 주체는 언론이다. 공중파 방송은 재판과정을 실시간으로 보도하고, 기자들은 사건 관련자들에

34 용배장의 신화는 린타이의 심리를 드러내기 위해 등장시킨 이야기다. 순순히 범행을 자백한 린타이에게서 석연치 않음을 느낀 검사 둥타오는, 법정에서 린타이가 용배장 뒤에 묻힐 것이라고 한 미묘한 말을 떠올린다. 그리고 린타이의 고향인 수셴으로 가서 마을 주민으로부터 용배장의 의미를 알아낸다. 용배장은 마을 근처의 산으로 아들을 대신하여 희생한 아버지 용의 신화가 전해지고 있다. 옛날 남룡왕이 늘그막에 아들 소룡왕을 얻었는데, 아버지의 극진한 사랑 속에 자라 성격이 제멋대로여서 천상의 감실을 태워버리는 잘못을 저질렀다. 천상의 법정에서 아들을 잡으려하자 남룡왕은 아들처럼 변장하여 산을 오르는 척하다가 하늘로부터 번개 공격을 받아 죽을 지경에 이른다. 이를 본 아들 소룡왕이 양심의 가책을 느끼고 징벌을 받으러 나오는데, 남룡왕은 아들을 저지하기 위해 금강석 벽에 몸을 던져 목숨을 끊었고, 그 시체가 변하여 용배산이 되었다. 그제서야 깨달음은 얻은 아들은 평생 본분을 지키며 타인에게 선행을 베풀며 살았다. 후대 사람들이 용배산을 용배장으로 바꿔 불렀는데, 그 산을 통해 소룡왕의 모든 악행이 벽처럼 가려졌기 때문이라고 한다. 린타이는 용배장의 신화를 통해 자식을 위한 아버지의 희생을 정당화한 셈이다.

대한 취재 경쟁이 뜨겁고, SNS와 인터넷 방송은 재판과정을 법정에서 생중계하여, 전 국민이 이 사건을 목격할 수 있게 한다. 그런데 이 사건을 보도하는 언론의 태도를 보면, 유명 가수와 사업가 사이의 염분설이나 사건의 발단이 된 불륜 동영상 문제 등 시청자의 흥미를 유발시키는 자극적인 내용에 집중되어 있다.

언론은 배신한 아버지의 연인을 딸이 살해한 복수극이나 검사 동타오와 린타이의 오랜 악연 등에 초점을 맞추고 있을 뿐, 불법 촬영되어 유포된 동영상이 살인사건으로 이어진 사회문제에 대해서는 침묵한다. 언론은 살인사건을 오락물로 만들고, 그 주인공 린타이는 아버지의 이름으로 법적 진실을 농락하는 신파극이 연출된 것이다.

법을 감시하는 주체가 없는 상황에서 법치는 권력의 수단이 되기 십상이다. 언론 통제와 검열이 극심한 중국이지만, 미디어가 법치 발전에 기여한 사안도 있었다. 2003년 3월 쑨즈강 사건이 바로 그러하다. 이 사건은 위생국에 무단 연행된 청년 쑨즈강이 집단구타를 당하여 사망한 사건이다. 무단 연행의 근거가 된 수용견송제도[35]에 대해 미디어 보도, 인터넷상의 논의, 학자에 의한 위헌 심사 건의 등이 이루어지면서 비판적인 여론이 형성되었다. 이에 전국인대의 위헌 심사가 발동되기 전에 국무원이 먼저 자발적으로 법령을 개정하였다.

이처럼 미디어 여론이 활성화되면서 주목받은 것이 바로 '영향성 소송'[36]이다. 영향성 소송은 개별 사건의 가치가 해당 사건 당사자의 청구 내용을 초월하여, 동 종류의 사건, 입법, 사법의 개선, 공공 관리 제도의 개선 및

---

35 「城市生活無著的流浪乞討人員救助管理辦法」은 1982년에 제정된 행정 법규로, 노상 생활자의 신병을 구속하는 행정 조치였다.

36 영향성 소송(impact litigation) 개념을 최초로 제기한 사람은 베이징의 인권변호사 우거吳革이다.

사람들의 법 의식 변화에 커다란 영향을 준 사건을 뜻한다. 영향성 소송을 통해 개별 소송사건이 계기가 되어 법규 변동, 새로운 규칙 형성, 사회 권력자에 대한 문제 제기를 끌어낸 사례들이 나타났다.

정치 민주화의 진척이 없는 상황에서 재판은 다양한 이의 신청의 합법적 회로가 될 수 있었고, 영향성 소송은 시민, 인권 변호사, 미디어 여론 등의 힘이 규합되어 법을 통한 사회변혁의 길을 모색한 사례가 되었다.[37] 이러한 미디어의 사회변혁 사례가 축적되어, 2013년 1월 개혁적 성향의 신문인 『남방주말南方週末』의 기자들이 공산당의 검열에 맞서 공개적으로 항의하는 사건이 일어날 수 있었다.[38]

오늘날 중국인은 누구나 부정부패, 토지 강탈, 부의 불평등, 환경파괴 등의 쟁점을 잘 알고 있다. 미국의 중국전문가 앤드루 네이선(Andrew Nathan)은 지나치게 많은 정보로 인한 과부하가 오히려 많은 의제들에 대한 관심을 약화시키는 결과를 초래한다고 주장한다. 예전처럼 한 가지 사건을 통해 시민들이 분노로 들끓고, 이러한 분노가 정권에 대항하는 거대한 운동으로 확대될 가능성이 오늘날에는 오히려 줄어들고 있다는 것이다.[39]

하지만 정보의 홍수 문제보다는 정보를 가공하는 시각이 훨씬 큰 문제다. 이 점에서 볼 때 영화에서 미디어는 역작용을 한다. 사건을 쾌락적인 오락물로 가공하고, 법에 대한 감시를 하지 않기 때문이다. 이러한 역작용에도 불구하고, 영화의 원 제목 '전민목격'처럼 전 국민이 재판을 목격한다는 것은, 소송을 통해 이의를 표출하고 권리를 주장하는 것이 상식적인 제도가 되었다

37 중국의 법을 통한 권리보호 및 제도변혁 가능성에 대해서는 다카미자와 오사무·스즈키 겐, 『중국법의 역사와 현재: 통치의 도구에서 시민의 권리로』, 제6장 현대 중국의 입헌주의 참고.

38 조영남, 『중국의 꿈: 시진핑 리더십과 중국의 미래』, 민음사, 2013, 215-216쪽.

39 마르테 세르 갈퉁·스티그 스텐슬리, 『중국의 미래』(오수원 옮김, 부키, 2016), 247-248쪽.

는 것을 의미한다.

이는 법치 자체가 아니라 법의 공정한 적용과 감시가 더 중요한 시대 과제가 되었다는 뜻이다. 이를 위해선 전 국민의 용기 있고 공정한 목격이 필수적이다. 딸 린멍멍이 아버지 세대의 관행을 넘어 용기 있는 삶을 선택하고, 신세대 검사 동타오가 개인적인 감정을 넘어 법적 진실을 추구하고, 전 국민이 감시의 눈을 뜨고 있을 때, 비로소 중국이 법치사회로 나아가는 길이 열리게 될 것이다. 문명국가의 법치는 법에 의한 통치가 아니라 권력을 제한하고 국민의 권리를 보호하는 일이기 때문이다.

그러나 중국의 현실은 그러한 방향으로 나아가고 있지 않다. 법 위에 공산당 권력이 있는 중국식 법치가 인민이 공감하는 사회를 만들 수 있을까. 디지털 감시망이 촘촘히 설치되어 있고, 모든 국민에게 신용등급을 매기는 사회신용시스템을 구축하는 중국에서, 이제 자유로운 개인이라는 존재는 불가능한 개념이 되었다. 사회신용시스템은 사후의 행위를 통제하는 법치를 넘어, 감시시스템을 통해 사전에 일탈을 예방하겠다는 취지이다.[40] 중국식 법치와 사회신용시스템이 결합된 중국은 앞으로 어떠한 사회로 나아갈 것인가.

중국식 법치가 인민 개개인에게는 법에 의한 일상생활의 안전과 통제를 추구하는 것이라면, 국가 전체적으로 볼 때는 인민 결속을 통해 일체화된 통치체제를 구축하기 위한 것이라고 할 수 있다. 청 제국의 판도를 일체화된 통일국가로 만들려고 한 근대 중국의 국가 비전이 21세기 중국에서 공산당의 통치력에 의해 현실적인 모습을 드러낸 것이다.

---

40 이점에 대해선 김명준, 「시진핑 시기 중국 사회신용체계(社會信用體系) 연구」(서울시립대학교 석사논문, 2022) 참고.

| 12장 |

제국은 통일국가가 될 수 있는가

1. 정통성 만들기

1929년 군벌 장쉐량은 러시아와 공동 건설하여 운영하던 중국동북철도를 독자적으로 운영하려고 하였다. 중국동북철도는 1896년 이홍장과 제정러시아가 맺은 중러밀약에 의해 건설 운영된 사업인데, 이 지역을 지배하고 있던 장쉐량이 소련을 배제하고 이권을 독차지하려고 했던 것이다. 이에 반발한 소련이 만주를 침공하려고 하자 중국에 반소 감정이 불붙기 시작하였다.

이러한 분위기 속에서 1929년 7월 26일 자 『신문보』에 징취의 「우리나라의 러시아 정벌사의 한 페이지」라는 글이 실렸다. 그 내용은 다음과 같다. 원나라 칭기즈 칸이 '중국의 통치자'가 된 후 러시아 원정을 명하여 모스크바를 공략하고 그 아들 주치가 러시아 칸의 자리에 올랐다. 원나라 군대가 유럽과 아시아 주요 지역을 점령하고 천하를 장악하려는 기세가 있었으니, 그 후세들은 용기를 가지고 우리의 것을 견지하여 변경을 튼튼하게 보위해야 한다.

이 글의 취지는 러시아를 정벌한 우리나라 원나라의 역사를 용기로 삼아 소련의 중국 침공을 잘 방비하자는 것이다. 이 글을 보면서 루쉰은 중국인으로서 구국의 사명감은 인정하지만, 이 글이 기반하고 있는 역사 시각에 대해선 씁쓸한 풍자를 가하고 있다.

> 이는 이글의 작가인 징춰 선생이 몽골사람이어야 그런대로 말이 된다. 그렇지 않으면 칭기즈 칸이 '중국의 통치자'가 되고 주치가 모스크바에서 '군주의 자리에 오르고' 했던 그때, 우리 중국과 러시아 양국은 똑같은 처지로, 바로 몽골인에게 정복당한 것인데 왜 중국인은 지금 굳이 '원나라 사람'을 자신의 선조라고 여기고, 마치 매우 영예롭고 영광스러운 듯이 같은 처지에서 억압받은 슬라브족을 교만하게 대하는가? 이러한 논법에 의한다면 러시아인도 '우리나라의 중화 정벌사의 한 페이지'라는 글을 써서 그들이 원나라 때 중국의 영토를 차지했다고 말할 수 있다. 또한 이런 논법에 의하면 설령 러시아인이라 할지라도 지금 당장 '중하의 주인'이면서 '유럽과 아시아의 혼합 세력'이며, '충분히 우리나라 후세를 키우는' 후세의 '용기 있는 자'라고 할 수 있다.[1]

징춰가 원나라의 러시아 정벌을 자부한 것은 원나라를 중국이라고 여기기 때문이다. 그러나 루쉰은 원나라는 몽골의 나라로서 중국이나 러시아나 다 몽골의 피정복자에 불과했다고 인식한다. 원나라를 중국이라고 여겨 마치 중국이 러시아를 정벌한 것처럼 보는 것은 자기 기만적인 생각이다. 이러한 논리라면 러시아도 원나라를 자기 나라라고 여길 수 있으며, 그렇게 되면 오히려 중국이 러시아에 정벌당한 역사가 생기게 된다.

이는 중국이 몽골에게 정벌당한 원인에 대해 성찰하지 않고, 원나라를 중국의 새로운 나라로 섬김으로써 중국의 치욕을 감추려는 것이다. 이런 일이 정당화되면, 소련의 침공으로 중국이 점령될 경우 또 소련을 중국의

---

1 루쉰, 「우리나라의 러시아 정벌사의 한 페이지」(루쉰전집번역위원회 옮김, 『루쉰전집』 제5권, 그린비, 2014), 431쪽.

새로운 주인으로 섬기는 역사가 반복될 수 있다. 이에 루쉰은 원나라의 러시아 정벌을 자부하는 것은 후세에게 용기를 주는 것이 아니라 노예로 만드는 일이라고 비판한 것이다.

중국 지식계에서 이렇게 원나라 역사에 촉각을 세운 시기는 러시아를 비롯한 서구 열강이 중국을 침입하기 시작한 19세기 이후의 일이다. 당시 중국은 러시아의 남하에 대비한 대륙 방어뿐만 아니라 서구 열강의 해양 침입을 방어해야 하는 위기에 직면해 있었다. 이러한 위기 상황에서 위원은 『해국도지』를 편찬하여 해양 세력의 침입에 대비하는 한편, 『성무기』를 지어 청의 판도를 확대한 황제들의 무훈을 기리면서 신장과 인접한 러시아를 경계하였다. 또 『원사』에서 잘못 기술된 점과 부실한 면을 보완한 『원사신편』을 편찬했는데, 그 목적은 러시아를 방비하기 위한 역사 기술 작업이었다.

중국의 대륙 방어에서 핵심 경계 대상은 러시아였고, 원대사 연구는 바로 러시아와의 분쟁에서 역사적 영토권을 차지하기 위한 지식계의 역사 만들기였다. 이렇게 원나라 역사와 러시아 방어를 연결하는 생각이 루쉰 당대까지 지속되었고, 1929년 러시아의 침공에 대한 『신문보』의 글도 그러한 시각 위에서 쓰인 것이었다. 루쉰은 국민 각성의 차원에서 원나라의 러시아 정벌을 중국사로 자부하는 시각을 풍자한 것이지만, 지식계에서는 이미 국익의 차원에서 원나라를 중국사로 포함시키고 있었다.

원나라 문제는 이렇게 중국의 안보 이익과 밀접히 연결되어 있었던 것이다. 왕조 정통성의 차원에서 볼 때 원나라 문제에 가장 민감했던 나라는 명나라였다. 이적夷狄의 통치에서 '송나라 회복復宋'의 명분을 내걸고 왕조를 창립한 명 태조 주원장은 원나라 처리 문제로 곤혹스러워 하였다. 복송의 명분에 따라 원나라를 이적으로 처리하면, 명은 송을 계승한 정통 한족의 나라가 된다. 그러나 그렇게 되면 원나라 통치 시기에 중국은 멸망하여 원의 식민지였음을 인정하는 문제가 생긴다.

더군다나 중원에서 북쪽 초원으로 돌아간 원나라 잔존 세력이 여전히 강성한 상황에서, 중국의 패망을 인정하는 것은 그들에게 재침입의 정당성을 부여할 수 있었다.[2] 영토상으로 볼 때도 송은 원에 비해 매우 협소한 땅을 차지하고 있어서, 송의 계승을 선언하는 것은 명의 판도 형성에 유리한 점이 없었다. 이에 주원장은 원의 통치를 중국의 지속성 차원에서 인정하며 중국의 패망과 단절을 부정하는 시각을 취하였다. 즉 몽골이 이적이기는 하지만, 송의 천명이 다한 상태에서 몽골이 그 천명을 이어 중국을 통치했다고 본 것이다.

종족보다 천명을 국가 정통성의 기준으로 삼은 것이다. 이에 따르면 원은 이적이 세우기는 했지만 중국 통치의 천명을 받았기 때문에 중국의 정통성을 계승한 나라가 된다. 그리고 주원장의 명나라는 천명이 다한 원을 물리치고 천명을 새롭게 이은 한족 정통의 국가가 된다. 천명을 정통성의 기준으로 삼아 송-원-명이 단절되지 않고 중국 국가로 이어졌으며, 원의 판도 역시 명이 계승해야 할 유산으로 인정되었다.

이러한 입장이 정해지면서 주원장은 『원사』의 편찬을 명하고 정사의 지위도 부여하였다. 명은 정사 기술을 통해 원의 천명을 계승한 것이라고 주장함으로써 원의 통치를 받은 광활한 세계를 이어받을 수 있는[3] 명분을 쥘 수 있었다. 물론 한족 신료들의 반대가 있었고 급작스런 『원사』 작업으로 인해 내용의 부실함과 오류를 피할 수는 없었다.[4] 하지만 주원장의 이러한 입장이 자의적 판단만은 아니며, 원나라 내부에서도 중국 국가의 정통성을 계승하려는 움직임이 있었다는 점은 주목해야 한다.

---

2 실제로 1405년 티무르는 명나라에 대한 원정을 감행하여 과거 몽골제국의 중국 영토를 회복하려고 하였다.

3 이성규, 「중화제국의 팽창과 축소: 그 이념과 실제」(『역사학보』 186집, 2005), 41쪽.

4 신승하, 『중국사학사』, 고려대학교출판부, 2000, 238-240쪽.

몽골은 중국의 원나라와 유라시아의 세 칸국을 건설했는데, 『신문보』의 글처럼 몽골제국 전체를 중국의 원나라로 여긴 적은 없었다. 그들은 몽골제국의 세계인 '대몽골 울루스'를 건설하기 위해 유라시아를 정복한 것이며, 중국 국가의 정통성을 계승하기 위한 행위는 아니었다. 이런 시각에서 보면 원나라는 본래 중국의 국가가 아니라 루쉰이 풍자한 것처럼 몽골제국의 식민지로 보아야 한다. 원나라의 신분제가 몽골인, 색목인을 상위에 두고 남송 출신의 한인(남인)을 장인이나 창부보다 못한 하위 등급으로 차별한 점이 이를 반증한다.

그런데 원나라 지배집단 내부에서 중국 통치를 위해선 중국 국가의 정통성을 이어가는 것이 필요하다고 주장하는 사람들이 있었다. 바로 원나라에 출사한 북중국 출신의 한인 관리들이었다. 이들은 몽골의 군주에게 한·당·송을 이은 정통성을 갖추고 중국 제도를 실행하여 덕치를 구현하라고 권유하였다. 이들의 권유에 따라 원나라는 "연호를 갖추고 국호를 정했으니 전대의 융성함에 견줄 만하고, 천하를 일신시켰으니 한당의 장거라고 할 있습니다"라고 할 정도로 중국식 통치 기반을 갖추었다. 쿠빌라이 즉위 초년부터 요금의 정사를 편찬해야 한다는 주장도 원나라가 중국 왕조의 정통성을 갖추었다는 믿음에 기반한 것이었다.[5]

원은 『송사』와 아울러 『요사』·『금사』도 정사로 편찬하여 자신의 정통성을 부각하였다. 이렇게 원나라 통치집단 내부에서 중국의 국가 정통성을 이어가려고 했으며, 주원장이 말하는 원나라의 천명은 바로 이점에 근거한 것이라고 볼 수 있다. 사실 몽골인에게도 중국의 천명에 해당하는 '탱그리'의 명령과 축복이 있었다. 몽골의 창업자들은 탱그리의 힘을 받고 국가 건설을 한 것이라고 여겼으며, 중국처럼 전대 국가의 정통성을 계승한다는 관념은 없었

5 김호동, 「몽골제국과 '大元'」(『역사학보』 192집, 2006), 229쪽.

다. 원나라의 천명은 한인 관리들의 주장에 따라 중국화된 방식으로 만들어진 것이라고 해야 한다.[6]

원나라의 중국 정통성 계승은 정복왕조로서 원의 딜레마가 내재되어 있었다. 이는 정복왕조를 물리치고 정통 왕조를 세운 명의 딜레마와 상통하는 것이다. 몽골 국가로서 원의 정통성은 탱그리에 있었으나, 중국 통치자로서 원의 현실은 중국의 제도를 따르지 않을 수 없었다. 명이 명분으로 한족 정통성을 내세웠으나, 실제 현실은 국가 판도를 위해 원의 천명을 인정해야 했던 것처럼 말이다.

이렇게 원과 명은 정통성과 현실 정치의 간극에 직면하면서 그 균형점을 찾아야 하는 딜레마를 안고 있었다. 이들이 찾은 균형점은 중국사 전체로 보면 전통처럼 지속된 '경로의존성'[7]이었다. 원 이전에는, 이민족 북중국과 한족 남중국을 통합한 수당의 정통성 작업[8]이 있었다. 그리고 명 이후에는, 천명을 통해 중국 지배의 정통성을 확립하려는 청의 작업과, 청 제국 판도를 일체화된 통일국가로 만들려고 한 근대 중국의 정체성 구축 작업이 있었다. 이들의 작업은 모두 종족을 초월하여 중국 정통성을 지속시키면서, 그 위에 현실 국가의 판도를 확장하려고 하였다.

---

6 김호동, 「몽골제국과 '大元'」, 232쪽.

7 경로의존성(path dependence)은 과거에 형성된 관행이나 제도, 규격, 제품 등에 익숙해져 시간이 지난 후 이것이 비효율적인 것으로 밝혀지거나 변화의 필요성이 제기되었을 때에도 벗어나지 못하게 되는 사회경제적 현상이다.

8 이점에 대해서는 박한제 「위진-수당시대 호족군주의 중화제왕으로서의 변신과정과 그 논리- '다민족국가' 형성의 일 계기에 대한 탐색」(『중앙아시아연구』 9집, 2004)와 이성규 「중국제국의 분열과 통일」(민현구 외, 『역사상의 분열과 재통일』 상, 일조각, 1992) 참고.

2. 통일국가와 제국의 딜레마

역대 수많은 왕조가 흥망하면서도 정통성 계승 작업이 이어졌다는 사실은, 중국사를 통일국가를 지향하는 서사로 볼 수 있게 한다. 방대한 영토, 다민족, 다원적 문화와 제도가 공존하는 제국을 통일국가로 본다는 것은 무엇을 의미하는 것인가? 이러한 서사는 역사적 실재에 부합하는 것인가?

중국의 역사는 전쟁과 평화, 통일과 분열이 점철되었고, 왕조 교체는 대개 전쟁을 통한 폭력적 방식으로 이뤄졌다. 이러한 역사를 보며 맹자는 중국이 치세와 난세가 순환하는 '일치일란一治一亂'의 방향으로 나아간다고 했다. 또 『삼국지』에서는 합쳐진 상태가 오래되면 반드시 분열되고, 분열된 상태가 오래되면 반드시 합쳐진다合久必分, 分久必合고 했다. 맹자의 치세-난세와 『삼국지』의 통일-분열의 관계를 보면, 치세와 통일이 연결되고 난세와 분열이 연결되어 있다. 즉 통일된 상태가 치세이고, 분열된 상태가 난세라고 본 것이다.

또 종족을 정통성의 기준으로 삼아 중국의 역사를 보면, 한족이 통치하는 나라와 비한족이 통치하는 나라로 구별된다. 도덕성을 기준으로 하면, 덕치가 이뤄진 나라와 부덕한 나라로 변별할 수 있다. 이렇게 기준에 따라 역사를 보는 시각이 달라지는데, 한족 입장에서 보면, 한족 왕조가 덕치를 통해 통일과 치세를 이룬 나라가 가장 이상적일 것이다. 그 대척점에는 비한족 왕조가 포악한 통치를 하여 분열과 난세를 이룬 나라가 있다.

만일 이상적 기준으로 중국 역사를 본다면 이에 부합하는 시대를 찾을 수 있을까? 한나라 문경지치 시기는 제후왕들이 지방을 장악하여 통일에 부합하지 않고, 무제 시기는 공포정치를 수반하여 덕치에 부합하지 않는다. 당 태종의 정관지치와 현종의 개원지치 시기가 부합해 보이지만, 당나라 황족을 선비족-한족의 혼혈 가문으로 보면 한족 정통성에 해당하지 않는다. 송나라 시기는 중원지역을 제한적으로 통치하여 영토 통일에 해당되지 않으며, 명 영락제 시기는 명의 판도를 확장하기는 했지만 덕치의 기준에는 부합하지 않는다.

이렇게 이상적 기준으로 중국의 복잡다단한 역사를 평가하는 것은 무의미한 일에 가깝다. 마찬가지로 중국 역사에서 통일국가를 이상적 상태로 본다면, 상당한 기간의 분열 시대는 부정적인 역사에 불과해진다. 그럼에도 불구하고 통일국가는 최근 중국 학술계에서 규범성이 더욱 강화되고 있다.

현재의 중국 영토 안에서 벌어진 모든 활동을 중국사로 보는 시각을 들여다보면, 통일이라는 말에 두 가지 의미가 있다. 하나는 통일국가이든 분열 시대이든, 현재의 중국 영토에서 벌어진 모든 활동을 중국사의 범주에서 이해한다는 의미이다. 다른 하나는 중국사는 개별적 요소들이 궁극적으로 일체성을 이루는 통일국가를 지향한다는 의미이다. 즉 현재의 영토에서 벌어진 모든 시대의 활동을 중국사에 귀속시키고, 궁극적으로 일체화된 통일국가를 지향하는 서사로 보려는 것이다.

하지만 이러한 통일국가 개념은 실제 역사에 기반한 것이라기보다는 중국이 추구하려는 이상적 세계를 투영한 것이라고 해야 한다. 현재의 방대한 영토를 기준으로 하기 때문에, 과거 중국에 속하지 않았던 국가와 민족 들이 중국사에 편입되는 일들이 벌어지고 있다. 고대 한국을 포함하여 현재의 중국 국경 안에 있는 고대 국가들이 중국사로 편입된 것인데, 이는 통일국가의 역사적 영토 팽창으로 초래된 문제들이다. 또 대만·홍콩과 소수민족 등 여전히 이질적으로 존재하는 요소들을 하나의 중국으로 일체화함으로써 통일국가의 폭력성 문제가 발생하였다.

통일국가의 개념에는 분열과 난세를 넘어 치세와 덕치의 세계를 구현하려는 뜻이 함축되어 있을 터인데, 역사적 영토 팽창과 일체화로 인해 대내외적인 갈등이 생긴다면 오히려 혼란의 시대로 들어설 수 있다. 현재 중국과 동아시아 국가들 사이의 갈등도 이러한 문제에서 기인하는 것이다. 그렇다면 중국은 실제 역사와의 간극이 있음에도 불구하고 왜 이렇게 통일국가를 고수하는 것인가.

중국 역사에서 전대 왕조의 정통성을 계승한다는 것 속에는 통치 권위뿐만 아니라, 전대 왕조가 지닌 영토, 민족, 제도, 문화 등의 유산을 이어가는 책임도 포함되어 있었다. 한나라는 진의 계승보다 폭정의 극복을 자신의 명분으로 삼았지만, 실재에서는 진의 영토와 제도, 문화 등 모든 유산을 계승하였다. 왕망의 신나라를 타파한 동한은 서한의 정통성을 부각하며 그 판도를 회복하려고 하였다. 신하로서 왕위를 찬탈한 위진도 전대의 정통성을 계승하려고 하였다. 이민족의 북중국 왕조와 한족의 남중국 왕조에서도 각기 자신의 중국 정통성을 설파하였다. 남북조시대를 통합한 수당에서는 남북조 왕조를 정사로 기술하며 통일국가로서 자신의 정통성을 내세웠다.

송나라는 요, 금, 서하 등 이민족 국가와의 경쟁 속에서 한족 정통성을 역설했지만, 한당의 영토를 회복하지 못하는 딜레마를 안고 있었다. 신종 때 왕안석의 신법으로 국력을 향상시켜 영토 회복을 시도했으나, 금에게 북중국을 빼앗기고 남송 때 원에게 멸망하였다. 몽골의 원나라는 『송사』, 『요사』, 『금사』를 정사로 기술하며 중국 국가의 정통성을 계승하였고, 명나라는 『원사』를 정사로 기술하면서 한족 국가로서의 정통성을 내세웠다.

만주족 청나라는 몽골제국처럼 동아시아 제국으로서의 정체성을 확립하면서, 다른 한편으로 천명을 통해 중국 국가로서의 정통성을 계승하였다. 강희제·옹정제·건륭제 150년간의 치세를 통해 역대 최대의 영토를 개척하고 제국으로서의 통치체제를 확립하였다. 그러나 서구 열강의 침입으로 국력이 쇠퇴하고 신해혁명이 일어나면서, 아시아 최초의 공화국인 중화민국에게 천명을 내주었다. 쑨원은 본래 명 주원장처럼 이민족을 몰아내고 한족 정체성을 지닌 국가를 건설하려고 했으나, 실재에서는 청 제국의 판도를 계승하는 오족공화의 국가가 건립되었다.

중화민국 건립 이후 군벌이 할거하는 분열 시대가 이어지는 가운데 장제스가 난징 국민정부를 수립하였다. 그러나 중일전쟁이 벌어져 국공합작을 통해 일본을 물리치고, 국공내전에서 공산당이 승리하면서 사회주의 신중국을 건립하였다. 정통성의 차원에서 보면 신중국은 왕조의 천명이 아니라 인민과 사회주의라는 근대국가의 권위를 내세웠다. 하지만 국가 판도의 차원에서 보면 청 제국의 유산을 계승한 것이며, 이는 '청사'를 정사로 수용하는 정통성 계승 작업이 이어질 것임을 뜻하였다.[9] 현재 중국에서 진행되는 역사 공정은 바로 청 제국이 개척한 판도를 중국사로 일체화(통일)시키는 작업이다.

이렇게 역대 통치자들이 중국 국가로서의 정통성과 판도를 계승하는 과정에서 중국의 영토, 민족, 역사 등이 거대하게 통합되어 있다는 대일통大一統 관념이 형성되었다. 현재 중국이 설정하는 통일국가의 판도는, 영토상으로 보면 18세기 청 제국이 개척한 영토를 기준으로 하여 아직 미수복된 영토나 중국 역사에서 잠시라도 점령한 땅도 잠재적 중국 영토로 보고 있다. 민족상으로 보면 통일국가 영토에서 활동한 모든 민족이 중화민족에 속한다. 중화민족은 생물학적 종족 개념이 아니라 중국 안에 살고있는 모든 종족을 포괄하는 정치공동체를 뜻한다. 이는 고대 중국에서 화하족이나 한족이 뚜렷한 종족적 실체가 없지만 중국인으로서의 정체성을 공유하는 사람들을 총칭하는 정치공동체인 것과 마찬가지다.

역사상으로 보면 청 제국의 판도에서 벌어진 모든 활동을 중국사로 일체화할 뿐 아니라, 세계 최고最古의 신석기 유적인 요하문명을 중국의 시조인 황제 종족이 만든 것으로 정립하고 있다. 요하문명은 동아시아 문명의 시원

---

9 '청사'는 1914년 위안스카이 정부가 청사관을 설치하고 자오얼쉰·커샤오민 등이 참여하여 1928년 『청사고』의 서명으로 기술되었다. 대륙과 대만에서 모두 『청사고』를 간행하여 이 책이 청대의 정사로 인정받고 있다.

과 연결되어 있는 유적인데, 신석기 시대부터 중국이 타 지역으로 문명을 전파한 것으로 만들고 있는 것이다.[10] 또 황하 유역의 도사 유적을 발굴하여 전설 시대 요 임금의 도읍으로 특정함으로써 중국 고대국가 성립 시기를 앞당기고 있다. 이러한 중국사 시공간 확장 작업은 고고학 발굴에 기반하고 있지만, 유물 해석은 사마천의 『사기』를 기준으로 하여 중국화하고 있다는 점은 주목해야 한다.[11]

이러한 작업을 통해 현재 중국 통일국가의 판도가 역대 최대치의 시공간으로 만들어지고 있는 것이다. 그 과정에서 발생하는 역사의 진실 문제와 주변국과의 역사 분쟁은 통일국가 중국이 안고 있는 숙명적인 딜레마가 되었다.

3. 고대 중국의 정치 역학

현대 중국은 이러한 통일국가론에 기반하고 있는데, 거젠슝은 『중국통일 중국분열』[12]에서 이를 역사적 시각으로 비판한 바 있다. 거젠슝의 비판의 핵심은 크게 두 가지로 볼 수 있다. 하나는, 18세기 청 제국의 최대 판도를 기준으로 하면 중국 역사에서 통일 시기보다 분열 시기가 훨씬 길다는 것이다. 다른 하나는, 분열 시기에서도 중국의 지역 발전에 긍정적인 역할을 했기 때문에, 통일/분열을 반드시 긍정/부정으로 해석할 수 없다는 것이다.

통일국가의 기준을 18세기 청 제국의 판도로 하면 현재의 중국도 대만을 통합하지 못했기 때문에 분열 국가라고 해야 한다. 이러한 기준은 중국 역사

---

10 중국의 요하문명 만들기 작업에 대해서는 우실하, 『요하문명론』, 소나무, 2014 참고.

11 김인희 편, 『중국 애국주의와 고대사 만들기』, 동북아역사재단, 2021, 22쪽.

12 거젠슝, 숙사연구회 옮김, 『중국통일 중국분열』, 신서원, 1996.

상당 부분을 분열 시대로 만들어 중국이 바람직하지 못한 분열 국가로 존재했다는 점을 자인하는 셈이다. 최대치의 통일국가를 만들기 위해 불가피하게 분열의 역사가 만들어진 것이다.

이러한 서사는 통일국가의 핵심 기준을 영토로 보며, 분열된 국가를 통일국가로 만드는 일을 통치 정당성으로 여긴다. 문제는 영토 안의 통일성을 어떤 방식으로 이룰 것인가에 있다. 즉 영토 안의 모든 요소들을 통합할 수 있는 중심이 무엇인지가 관건이라는 것이다. 대체로 국가의 통치자는 중앙집권을 통해 분산된 지역을 통합하려 하고, 지역의 세력은 중앙정부로부터 자신의 이익을 지킬 수 있는 공간을 확보하려고 한다. 이러한 상황에서는 중앙과 지역의 대의와 이익이 합치되어 조화롭게 통합되어 있을 때가 가장 평화로운 시기가 된다.

하지만 중국 역사에서 분열 시기가 길었다는 것은 현실 정치에서 중앙과 지역의 통합이 쉽게 이뤄지지 않았다는 것을 뜻한다. 이 문제는 국가 통치의 핵심적 사안이 되어 주나라에서 현재에 이르기까지 중앙집권과 분권에 관한 논쟁으로 이어지고 있다. 이 문제의 오랜 근원은 주나라 봉건제에서 시작되었다.

봉건이라는 말이 서구 feudalism에 해당하는 번역어로 사용되면서 feudalism의 시각으로 주나라 봉건을 이해하는 흐름이 있었다. 즉 왕은 제후에게 분봉한 영지를 매개로 왕을 보위하는 계약관계를 정립하고, 그 대가로 제후는 영지에서 독립적 통치를 할 수 있는 권력을 가지게 된다는 내용이다. 이러한 봉건 개념은 통일국가와 관련된 다음의 관점을 초래하였다. 완정한 영토를 가진 주나라가 그 일부를 제후들에게 분봉해주었는데, 주 왕실의 세력이 약해지면서 제후국들이 독립 국가로 분열되었다. 즉 서주시대에 주 왕 중심의 분권적 통일국가를 이루었다가, 주 왕의 권위가 약해진 춘추전국시대에 제후들의 분열·경쟁 시대가 되었고, 진한시대에 다시 통일국가가 건립되었다는 서사가 바로 그러하다.

그런데 서주시대 청동기 금문에 기반한 리펑의 연구에 따르면, 주 왕이 분봉한 지역은 반란 세력에 의한 잠재적 위협이 되는 장소이면서 중국 동부의 교통 요충지였는데, 이들은 주 왕국을 방어하는데 효율적인 연계망을 형성하였다고 한다. 위, 진, 노, 연 등 주의 대표적 제후국은 이러한 전략적 근거지나 교통 요충지에 건설되었으며, 주 왕국의 안보와 밀접한 곳이었다.[13] 이는 제후국이 완정한 영지를 분봉 받은 소왕국이 아니라, 반란의 위협이 있거나 세력 확장을 위한 전략적 요충지에 건설된 중간기지에 가깝다는 얘기다.[14]

이와 관련하여 김정렬은 서주 초기에 주요 제후들은 특정 지역에 고정되지 않고 전략적 중요성이 있는 곳으로 이동했다는 점을 밝힌다. 서주 초기 분봉 상황이 잘 묘사된 <의후측궤宜侯夨簋>를 포함하여 여러 금문에서 제후의 이동이 관찰되는 것은 주나라의 역동적인 팽창과 영향력 확대에 따라 나타난 현상이다. 이러한 점에 기반하면 서주 초기 제후들은 천하를 분할 통치하는 '소왕'이라기보다는 외관外官으로서의 관료적 성격을 더 강하게 지니고 있었다.[15]

주나라가 상나라를 공격할 때 반反 상나라 종족연합을 통해 세력을 구축했고, 상 정복 후에도 반란 세력 및 동남쪽 국가와의 전쟁이 지속되었다는 것은 주나라의 판도가 불안정했다는 것을 뜻한다. 주 왕이 '천자'라고 칭해진 기록이 강왕 때 처음 나타난 점은, 주 초기의 지속적인 정복 전쟁을 통해

---

13 리펑, 『중국고대사』(이청규 옮김, 사회평론, 2017), 155쪽.

14 서구 feudalism에 가까운 봉건 영지는 주왕의 직할지인 왕기의 땅을 분봉받은 귀족 관료들의 땅에 해당한다. 분봉의 성격에서 볼 때, 왕기 내의 영지는 왕기 밖의 요충지인 제후의 관할지와 구별해야 한다.

15 김정렬, 『서주 국가의 지역정치체 통합 연구』, 서경문화사, 2012, 202쪽.

이때 비로소 주 '천하'가 형성된 것이라 할 수 있다. 이 과정에서 혈족 형제들이 전략적 요충지에 분봉되어 주 천하 형성에 지대한 공헌을 했던 것이다. '성강지치'라고 불리는 이 시기는 평화의 시기라기보다 대외전쟁에 기반한 주 천하 형성기에 가까웠다.

하지만 당시 사방에는 제후들에게 분봉한 전략적 요충지 이외에, 타 종족이 다스리는 지역 국가들이 산재해 있었다. 이들 가운데 주 왕의 권위를 인정하고 복종하는 국가는 주방周邦에 속하고, 주 왕을 인정하지 않고 경쟁하는 국가는 타방他邦이라고 불렀다. 주방의 국가는 주 왕국의 울타리 역할과 일정한 조공을 바치고 그 대신 지역 국가로서의 안전 보장과 하사품을 받았다. 그러나 이러한 관계는 주 왕국의 영향력에 따라 변동되는 것이어서, 서주 중기 이후에는 점차 주방에서 이탈하는 국가들이 생겼다.

이렇게 보면 당시 주 천하는 크게 세 가지 지역으로 나눌 수 있다. 수도 호경을 중심으로 왕이 직할 통치하는 지역, 제후들이 분봉 받은 전략적 요충지와 그 통치 지역, 주방에 속하는 국가들의 지역. 주 천하의 세 지역을 주 왕국과의 관계로 보면, 중심국가로서 주 왕국-중간기지로서 제후국-자치지역으로서 주방 국가로 볼 수 있다. 서구 feudalism의 시각으로 보면 제후국이 독립 소왕국이 되겠지만, 주 초기의 봉건은 변경 지역을 직접 지배하기 위해 설치한 후대의 군현과 같은 역할을 수행하였다. 또 주방의 국가는 후대의 기미주나 토사처럼 자치를 허용하며 간접 지배를 한 지역이라고 할 수 있다.

지역에 따라 통치 방식이 다른 것은 주 왕과 각 지역 통치자 사이의 정치 역학이 작용한 결과라고 할 것이다. 마이클 만(Michael Mann)의 파워 이론에 따르면, 인간이 어떠한 목적을 달성하려면 파워(권력)가 있어야 하는데, 그 파워의 원천에는 이데올로기적 파워·정치적 파워·경제적 파워·군사적 파워의 네 가지가 있다.[16]

이러한 파워 개념에 기반하여 당시 주 왕의 힘에 대해 살펴보면, 이데올로기적 파워에서 주 왕은 통치 정당성으로서 천명과 주족의 대종주라는 권위를 지니고 있었다. 정치적 파워에서 주 왕은 주 왕국을 통치할 수 있는 중앙 권력과 제후에게 분봉할 수 있는 인사권을 지니고 있었다. 경제적 파워에서 주 왕은 천하의 땅과 백성을 왕의 소유라고 여기며 제후에게 하사할 수 있는 재산권을 지니고 있었다. 군사적 파워에서 주 왕은 중앙 상비군과 아울러 제후의 군대를 동원할 수 있는 지휘권을 가지고 있었다.

주나라 왕은 바로 이러한 파워를 기반으로 봉건제를 실시할 수 있었던 것이다. 그러나 주나라 왕이 미칠 수 있는 영역이 황하 유역에서 장강 유역에 이르는 공간이었으며, 서주 중기 이후에는 그 파워가 점차 약화되기 시작하였다. 왕이 영토를 직접 통치할 수 있는 힘이 있음에도 불구하고, 영지를 분봉하여 소왕국을 허용하는 사례는 중국사에서 찾아보기 힘든 일이다. 주 왕이 제후에게 분봉한 것은 소왕국을 허용한 것이 아니라 믿을 수 있는 혈족 관료에게 안보 요충지에 대한 위임 통치를 한 것이었다.

주 초기의 제후는 후대의 제후왕과 같은 지방 분권세력이 아니라, 군현의 장관과 같이 중앙에서 파견한 관료에 가까웠다. 주의 봉건은 적은 통치 인원이 근거지를 중심으로 넓은 지역에 거주하는 많은 이족 토착민을 다스리는 일이었다. 그래서 왕실 및 제후국 간의 군사적 정치적 협력이 있어야 봉건제가 유지될 수 있었다.

지속적인 정복 전쟁은 주나라 판도를 대외적으로 넓히는 일이면서, 내부적으로 혈족 형제들이 협력해야 하는 공동의 사업이기도 하였다. 그런데 서주 중기에 대외전쟁이 중단되었고, 공동의 사업이 멈추자 제후국들은 협력보다 자신의 세력을 확장하는 데 주력하기 시작했다. 제후국들이 근거지 중심으로 세력을 형성하고 있을 때에는 국경에 대한 명확한 개념이 없었고, 근거지

16 김영민, 『중국정치사상사』, 사회평론아카데미, 2021, 737-738쪽.

도시 사이에 비읍이 산재해 있어서 완충지대 역할을 하였다. 그러나 제후국들이 도시 국가에서 영토 국가로 전환하면서 인접한 약소국의 영토를 침탈하거나 심지어 멸망시키는 일들이 빈번하게 벌어졌다.

주 왕이 분봉한 제후국은 서로 병합하지 않는 것이 불문율이었으나, 이것이 깨지면서 열국 사이에 영토 전쟁이 일어나기 시작했던 것이다. 이렇게 주 왕실의 권위가 약화되고 제후국이 영토 국가로 성장하면서, 비로소 일반적으로 알고 있는 지방분권 세력으로서 봉건 혹은 군현에 상대되는 봉건 개념이 형성되었다. 서주 초기 군현에 가까운 봉건에서 중기 이후 독립 세력으로 변모하는 과정은 중앙과 지방의 정치 역학의 변동을 반영하는 것이다.

이러한 변동이 발생한 원인은 무엇보다 주 왕실과 제후국이 공동으로 추구한 대의와 이익이 균열되었기 때문이다. 세력 확장과 영토이익은 주 왕실과 제후국을 정치공동체로 연결하는 끈이었다. 그러나 그 끈이 끊어지면서 주 왕실의 통합의 힘이 약화되었고, 제후국은 점차 지방 세력으로 독립하여 영토국가로서 역량을 키울 수 있었다.

춘추시대에 제후국은 독립국가로 존재했지만 그 내부에서는 군주와 세족들이 권력을 분점하고 있었다. 이러한 상황에서 국가의 총자원을 집중시킬 수 있는 체제를 만드는 일이 바로 영토 전쟁에서 승리할 수 있는 관건이었다. 제후국에서 처음으로 중앙집권을 확립한 사람은 제 환공과 관중이었다.

제 환공의 중앙집권적 군주제는 서주시대 봉건제보다 강한 국가적 통일성과 부국강병을 실현하였다. 이에 춘추시대 첫 번째 패자를 만든 정치체제가 되었으며, 이후 열국 사이에서 부국강병의 비결로 수용되었다. 진晉 문공, 진秦 목공, 초 장왕, 정 자산, 위 이회, 진 상앙 등이 추구한 개혁은 모두 중앙집권 강화를 위한 정책이었다. 진시황이 육국을 통일할 수 있었던 것도 상앙의 변법 이후 진나라가 이 체제를 가장 강력하게 운용할 수 있었기 때문이다.

4. 중앙집권과 분권 논쟁

주나라 건국에서 진 제국 통일에 이르는 시기를 영토의 변화로 보면, 주나라 초기 황하 중상류의 소 영토에서 진 제국의 광활한 영토로 확장된 것을 볼 수 있다. 이러한 영토 확장의 출발점은 주 왕이 전략적 요충지에 제후들을 분봉하여 세력 확장을 도모한 데서 찾을 수 있다. 옛 상나라 영토뿐만 아니라 동부의 요충지까지 세력을 확장함으로써 이들이 춘추시대 영토 국가로 성장할 수 있는 기반이 되었던 것이다.

그런데 서주 중기 이후 주 왕실 중심의 세력 확장은 중단되었으나, 제후국에 대한 권력 행사를 멈추지는 않았다. 주 왕이 제후국에 경대부를 임명하여 군주를 견제하도록 했는데, 제 환공 때 권력을 분점한 고씨·국씨의 양대 세족 역시 주 왕이 임명한 세력이었다. 선왕 때에는 노나라 군주 계승 작업에 개입하여 제후국의 반발을 사기도 하였다. 또 중후기에 왕실과 대종의 권위를 강화하는 의례 개혁이 이루어져 제후들의 권력을 제한하는 역할을 수행하였다. 이러한 주 왕실의 자구책 덕분에 서주 후기에도 일부의 제후국을 전쟁에 동원할 수 있는 권위를 유지할 수 있었다.

주 왕실의 이러한 의지는 분봉이 소왕국을 허용하는 일이 아니라 주나라 판도를 확장하기 위한 정책이었음을 의미한다. 그러나 주 왕의 실정과 이민족의 침입은 제후국이 독자적인 지역 세력으로 성장할 수 있는 계기가 되었다. 중앙 권력의 약화와 지방 세력의 강화로 인한 천하 경쟁의 시대가 열린 것이다. 게다가 춘추시대 제후들은 주 왕족이 아닌 자신의 위대한 조상을 만들어 천명을 받았다고 주장함으로써 상징적 권위까지 갖추게 되었다.

이제 주요 제후국은 파워의 네 가지 원천인 천명(이데올로기적 파워), 중앙집권(정치적 파워), 영토와 백성(경제적 파워), 상비군(군사적 파워)을 갖추어 명실상부한 국가가 된 셈이다. 이것은 영토 전쟁을 통해 천하의 주인을 가리는 시대가 도래한 것을 뜻하였다. 그런데 전쟁 시대가 장기간 지속되었음에도 불구하고, 그 대안으로 나온 아이디어가 중앙집권에서 크게 벗어나지 않았다는 점은 주목할 필요가 있다.

공자는 당시의 전쟁이 종법질서가 붕괴되어 벌어진 하극상이라고 보며, 주나라 천자 질서를 바로잡는 일이 평화를 회복하는 길이라고 인식하였다. 천자 질서는 인간 세상에서 따라야 하는 하늘의 질서가 되고, 하늘과 천자의 관계에서 보면 하늘이 천자에게 명한 규범적 질서였다. 공자가 세상에 도가 있으면 예악과 정벌이 천자에서 나오지만, 무도해지면 제후, 대부, 가신에서 나온다[17]고 한 것은 천자 질서에 기반한 언명이라고 할 수 있다. 공자의 대안은 주나라 천자 질서를 재건하여 천자를 중심으로 피라미드적인 차등 관계를 재정립하는 것이었다. 이는 천자를 정점으로 하는 중앙집권적 체제로서, 각자 자신의 지위에 부합하는 대의와 이익을 균형있게 추구하는 사회라고 할 것이다.

묵자는 강자가 자신의 탐욕을 위해 약자를 침탈하는 데서 전쟁이 일어난다고 보며, 천자-삼공-제후-경-대부-향-리에 이르는 중앙집권적 천자 질서를 대안으로 제시하였다. 천자는 하늘의 뜻을 따르면서 백성의 추천을 받는 현자로, 하늘이 임명한다고 생각하였다. 묵자의 천자는 주나라 천명에서 하늘로부터 덕치 실현의 명을 받은 왕이었다. 그러나 묵자는 하늘의 뜻을 특정 종족을 위한 혈연질서에 두지 않았다. 정치공동체로서 백성의 삶을 보호하고 그 이익을 존중하는 공적 질서가 바로 하늘의 뜻이라고 여겼다. 천자 질서는

---

17 『論語』「季氏」. “天下有道, 則禮樂征伐自天子出; 天下無道, 則禮樂征伐自諸侯出. 自諸侯出, 蓋十世希不失矣. 自大夫出, 五世希不失矣, 陪臣執國命. 三世希不失矣. 天下有道, 則政不在大夫. 天下有道, 則庶人不議.” 다만 공자는 주 천자의 유명무실함을 현실적으로 인정하며, 제후국의 군주에게도 천자를 대신하여 세상을 다스리는 통치 권위가 있는 것으로 간주한다. 공자가 무도한 시대라고 한 것은 대부나 가신이 군주의 통치권을 위협하는 사태가 된다.

특정 세력을 위한 세상에서 벗어나, 누구에게나 보편적으로 적용되는 규범과 질서를 만들어 서로 이익을 공유할 수 있게 하였다. 천자 질서 역시 차등적인 세계이지만, 백성 누구나 자신의 몫을 보호받고 능력껏 자신의 이익을 추구하는 사회라는 점에서 약육강식의 질서와는 달랐다.

공자와 묵자의 아이디어 속에는 춘추시대 이래 지속된 전쟁이 천하의 중심인 천자가 부재한 데서 비롯되며, 이 천자 질서를 재정립하는 것이 평화를 회복하는 길이라는 생각이 내재되어 있었다. 춘추시대 패자 중심의 회맹질서나 전국시대 전쟁국가 체제도 천자 질서의 회복을 명분으로 내세웠다. 춘추전국시대 개혁가(변법가)들의 아이디어도 최고 통치자인 군주(천자)를 중심으로 법도있고 부강한 나라를 만드는 길을 제시한 것이었다. 그 실천의 중심에 일국의 군주가 있었지만, 타국이 그 하부 단위로 들어오면 천하 질서로 확대될 수 있는 그러한 세계였다.

이러한 천하 질서를 현실 정치에서 실현한 사람이 바로 진시황이었다. 하지만 진시황 역시 제후국들을 하부 단위로 편재하면 천하 질서가 이루어질 것이라는 소박한 생각을 하고 있었다. 이는 정체성이 다른 국가들이 천하 경쟁을 펼치고 있는 현실을 이해하지 못한 것이었다. 진시황은 군현 통치로 대일통 질서를 만들 수 있을 것이라 생각했지만, 육국 출신의 신료들은 낯선 군현 통치에 대해 상이한 의견을 가지고 있었다.

> 제후들이 막 무너졌지만 연나라, 제나라, 초나라 땅은 멀어서 왕을 두지 않으면 그들을 제압할 수 없습니다. 자제분들을 왕으로 세울 것을 청하오니 황상께서 허락해 주십시오.[18]

---

18 『사기』「진시황본기」, 번역본은 김원중 옮김, 『사기본기』, 민음사, 2017, 225쪽.

진시황은 옛 육국을 황제의 관리가 직접 통치하는 군현으로 편재하려고 했는데, 이에 승상 왕관 등은 진시황의 자제들을 왕으로 세워 제후국 방식으로 통치해야 구 세력을 제압할 수 있다고 간언한다. 진의 행정조직으로 편재하여 책임 관리하는 군현제보다 옛 육국처럼 제후가 소왕국으로 통치하는 봉건제가 더 효율적이라는 얘기다. 왕관은 봉건제를 제안하고 있지만, 옛 육국에 기반이 없는 진시황의 자제들이 어떻게 구 세력을 효율적으로 통제할 수 있는 것인지에 대한 구체적인 언급은 없다.

권력 기반이 약한 낯선 통치자가 중앙의 지원 없이 지역 토착 세력을 다스릴 수 있는 길이 있는 것일까. 명청대의 경험은 토착 세력과 협력체제를 구축하고 그 대가로 그들에게 준 관료적 권한을 제공하는 길이 유력하다고 알려준다. 그렇지만 이러한 길은 지역의 힘을 강화하여 중앙의 통제에서 벗어나면 도전 세력으로 변모한 역사가 있었던 만큼, 이사는 이러한 위험성을 다음과 같이 경고하였다.

> 주나라 문왕과 무왕이 분봉한 자제들은 성이 같은 이들이 매우 많았으나, 이후에 후손들은 사이가 멀어져서 서로 치고받는 것이 마치 원수 같았고, 제후들은 더욱이 서로 죽이고 정벌했는데도 주나라 천자는 이를 막거나 그치게 할 수 없었습니다. 지금 천하가 폐하의 신령에 힘입어 통일되어 모두 군현으로 삼았으니, 자제들이나 공신들에게 그곳의 부세로써 후한 상을 내리신다면 매우 충분히 쉽게 통제할 수 있습니다. 천하에 다른 마음을 품는 이가 없게 하는 것이 편안하게 하는 기술인 것입니다. 제후를 두는 것은 이롭지 않습니다.[19]

이사는 주나라의 분봉이 후대에 제후국들의 전쟁을 초래한 원인이라고

---

19 『사기』「진시황본기」.

보며, 군현제를 통해 자제와 공신 들을 황제의 통제하에 두는 것이 천하를 통일하는 길이라고 인식한다. 이러한 이사의 생각 속에는 봉건이 중앙에서 독립된 소왕국 통치이고, 군현은 황제 통제 하의 위임 통치라는 개념이 자리하고 있다. 앞에서 살펴보았듯이, 주나라 초기 분봉은 소왕국보다는 군현과 같은 위임 통치에 가까운데, 이사는 이를 소왕국 분봉으로 여기고 있는 것이다. 이사는 군현이 천하에 다른 마음을 품는 이가 없게 하는 제도라고 여기지만, 후한 말 조조와 같은 군웅이나 당나라 때 반란의 주역인 절도사도 황제가 임명한 관료들이었다.

지역 위임 통치인 분봉에서 세력이 확장되어 소왕국 제후국이 된 것처럼, 지역의 관료들도 파워의 네 가지 원천을 갖추면 중앙정부에 도전하는 세력으로 변모할 수 있는 것이다. 권력의 역사는 혈족 사이에도 골육상잔의 비극이 벌어지고, 황제가 총애한 신하도 반란의 주역이 될 수 있다는 사실을 알려준다. 이사가 생각하듯이, 천하의 안정성에 있어서 봉건/군현에 절대적 차이가 있는 것은 아니었다. 승상 왕관도 이사의 뜻과 마찬가지로, 황제의 중앙집권 하에 지역의 안정성을 위해 봉건제를 간언한 것이었다. 모두 황제의 중앙집권을 전제로 하면서 지역의 안전성에 있어서 봉건/군현의 장점을 주장한 셈이다.

천하의 안정성은 봉건/군현에 의해서가 아니라, 황제의 중앙 권력과 지방 권력 사이의 정치 역학에 의해 결정되는 것으로 보아야 한다. 황제가 파워의 네 가지 원천을 잘 갖추어 지방을 통제할 수 있는 힘을 지니고 있으면 천하는 안정적으로 통치될 수 있다. 즉 통치 정당성으로서 천명의 권위를 유지하고, 중앙집권을 통해 지방에 대한 인사권과 재정권을 확립하고, 상비군을 육성하여 천하의 안보를 지킬 수 있다면, 두 마음을 품는 세력이 성장하기 어렵다는 것이다. 황제의 중앙집권이 정상적으로 작동하는 환경에서는 소왕국으로서 봉건 제후국이나 지방의 독립 세력이 존립하기는 힘들었다. 이들은 모두 황제의 위임 통치를 하는 것으로, 황제가 제정한 규범과 국법에 따라 지역을 다스려야 했기 때문이다.

문제는 늘 황제의 중앙 권력이 약화되어 지방을 통제하지 못하는 국면에서, 민심과 군사력을 얻은 세력이 등장할 때 발생하였다. 한나라 초기 제후왕들이 강성했던 것은 공신들의 협력을 통해 건국한 결과였으며, 문제와 경제의 억제책을 시작으로 무제에 이르면 제후 세력이 제거되고 중앙집권이 확립되었다. 이후 제후에게 분봉하여 소왕국 통치를 허용하는 봉건제는 사실상 중앙집권의 정착과 더불어 현실 정치에서 사라진다.

황제의 중앙집권이 확립된 상태에서 지방의 제후국을 허용하는 것은 반역을 부추기는 일로 여겨졌다. 왕관의 봉건론도 제후가 지방을 장악하여 진제국의 울타리 역할을 충실하게 하자는 취지이지 독립 통치가 그 핵심은 아니었다. 한 무제 이후 중앙집권이 확립되면서 소왕국 통치로서 봉건론은 더 이상 자리하기 어려웠다.

그런데 근대에 이르기까지 봉건/군현 논쟁이 사라지지 않고 지속되었다는 점은 무엇을 의미하는 것인가. 주지하듯이 한 무제는 동중서를 등용하여 유교 국교화를 이루었다. 동중서는 천명-황권을 연결하여 대일통 중앙집권제를 강화하였다. 그렇지만 『예기』를 신봉하는 유가들은 주나라 초기의 봉건론을 이상적 분권 통치로 여기며, 중앙집권과 상호 모순되어 보이는 주장을 하였다. 한 초 유생들은 주 문왕과 무왕의 유지를 이어 주공이 제후들에게 1800국으로 분봉한 봉건제를 가장 이상적인 통치 제도로 인식하였다. 주나라 초기 1800국 분봉은 『예기』「왕제」편에 근거한 것인데,[20] 유생 가산賈山의

---

20 『禮記』「王制」. "四海之內九州, 州方千里. 州, 建百里之國三十, 七十里之國六十, 五十里之國百有二十, 凡二百一十國. 名山大澤不以封, 其餘以爲附庸閒田. 八州, 州二百一十國. 天子之縣內, 方百里之國九, 七十里之國二十有一, 五十里之國六十有三, 凡九十三國. 名山大澤不以封, 其餘以祿士, 以爲閒田. 凡九州, 千七百七十三國. 天子之元士, 諸侯之附庸不與".

상소문에 봉건론의 취지가 잘 나타나 있다.

> 과거 주나라의 천 팔백 국은 구주九州의 백성들이 천 팔백 국의 제후를 보양했기에 백성의 힘을 아무리 써도 기껏 한 해 3일이었고, 세금은 10분의 1에 그쳤지만, 제후는 재정적으로 여유가 있어서 칭송이 자자했다. 진시황은 천 팔백 국의 백성들이 모두 자신을 보양하게 만들어서 힘을 다해도 노역을 이길 수가 없고, 재화는 정부가 요구하는 양을 당할 수가 없었다.[21]

가산을 포함한 한나라 유생들은 진시황의 군현제를 황제 개인의 이익을 도모하는 사사로운私天下 제도라고 비판하고, 주나라의 1800국 분봉은 백성과 제후 모두의 이익을 보장하는 제도라고 칭송하였다. 이들의 봉건 개념은 소왕국 통치보다는 천하의 이익을 균형있게 분배하는 분권 제도로서 공천하公天下를 부각한 것이다. 이는 황제에게 모든 권력이 집중되는 중앙집권화를 견제하면서, 지방의 행위자들에게도 합당한 권한이 분배되어야 함을 강조한 것이다. 물론 유생들이 황제의 중앙집권을 부정한 것은 아니며, 황제체제하에서 자신들에게 배분되어야 할 분권의 문제를 제기한 것이었다.

그런데 유생들이 말하는 주공의 1800국 분봉은 실제 역사라고 보기는 힘들다. 앞에서 나는 주나라 초기 분봉이 군현처럼 전략 요충지에 위임 통치하기 위한 것이라고 설명한 바 있다. 주공의 1800국 분봉은 왕이 소유하고 있는 땅을 제후에게 분할해주는 개념이지만, 전략 요충지 분봉은 제후들이 전초기지를 중심으로 주변 지역으로 세력을 확장해야 하는 책무를 수행하는

21 班固, 『漢書』. "昔者, 周蓋千八百國, 以九州之民養千八百國之君, 用民之力, 不過歲三日, 什一而籍. 君有餘財, 民有餘力, 而頌聲作. 秦皇帝以千八百國之民自養, 力罷不能勝其役, 財盡不能勝其求."

것이다. 주 왕의 통치 영역은 황하 중상류 유역이었을 뿐이며, 제후들은 수도에서 멀리 떨어진 근거지를 중심으로 주변의 광활한 땅에 세력을 확장하였다. 춘추시대에 제후국이 인접국을 병합하며 주 왕국보다 훨씬 광활한 영토 국가가 되었을 때, 주 왕이 이들을 통제할 수 있는 힘은 천자로서 이데올로기 파워 이외에 남아있는 것이 거의 없었다. 제후국은 이미 오랜 시간 세습 통치를 하고 있었고, 그 영토 역시 제후국의 힘으로 확장한 것이어서 반환을 강제할 길이 주 왕에게 없었던 것이다.

주나라 분봉을 이런 시각에서 보면, 한 초 유생들은 이상적인 봉건론을 만들어 황제의 중앙집권 하에서 제후들의 지방 권력을 창출하려고 한 것이다. 그리고 그 명분은 공천하를 위한 분권이었다. 유교 국교화 이후 봉건론이 진시황의 사천하 군현론에 대비되는 이상적 질서로 찬미되었지만, 현실 정치가 중앙집권적 군현제로 흘러가는 것을 되돌리지는 못했다. 유교적 이상 질서와 현실 정치의 간극이 생긴 것이며, 지방의 제후는 중앙의 갖가지 간섭 하에서 군현의 장관과 같은 존재에서 벗어나지 못하였다.[22]

이렇게 제후는 유명무실한 존재가 되었는데, 동한 말에 호족, 문벌, 명사 등 지방 세력이 강해지고 중앙 권력이 약화되면서 봉건론이 다시 대두되었다. 순열은 지방 세력을 사사로운 이익집단으로 간주하며, 이들을 대신해 동성 제후를 분봉하여 중앙 권력의 약화를 방지하려고 했다. 이러한 봉건론은 중앙에서 황제가 백성을 위한 통치 질서를 정립하고 지방에서 동성 제후가 그 질서를 실현해가자는 주장인데, 황제 중앙집권의 회복이라고 할 수 있다.

동한 말 봉건론은 제후가 지방의 독립 세력을 억제하여 황권을 수호하자는 것으로, 역할 상으로 보면 군현과 별다른 차이가 없었다. 군현론의 주요 취지

---

22 미조구치 유조 외, 『중국 제국을 움직이는 네 가지 힘』(조영렬 옮김, 글항아리, 2012), 91쪽.

가 황권의 도전 세력인 제후를 억제하기 위한 것인데, 도전 세력이 지방의 이익집단으로 바뀐 상황에서 이제 봉건론의 이름으로 황권 수호의 역할을 제기한 것이다. 위진 시대에도 지방 세력이 득세하여 서진 사마염 정부에서 동성 분봉을 시행하였으나, 결과는 '팔왕의 난'이 일어나 남북조 시대가 열렸다. 중앙 권력이 약화된 원인을 지방 세력의 교체만으로 해결하기는 어려웠던 것이다.

수당 시대에 다시 통일국가가 들어섰으나, 중당 때 지방의 절도사가 군사권을 지니며 황권의 도전 세력으로 등장하자, 유종원은 '군현제'를 그 대안으로 제기하였다.[23] 절도사는 황제가 임명한 군현제의 산물인 만큼 전통적 사유라면 봉건제를 해법으로 내세웠을 것이다. 그러나 유종원은 지방 세력의 분권화가 혼란의 근본 원인이라고 여기며 황제의 중앙집권 강화를 주장하였다. 제후든 절도사든 모두 지방 분권 세력이라고 본 것이다. 유종원은 진시황의 군현제를 문제의 근원으로 몰아붙이던 전통적 시각과 달리, 진시황으로부터 분권에서 벗어나 공천하가 시작되었다고 역설하였다. 황제의 중앙집권을 재정립하는 것이 근본적으로 지방의 도전을 막을 수 있는 길이라고 인식했던 것이다.

송나라는 지방 군웅들의 도전을 막기 위해 금군과 절도사의 병권을 빼앗고, 과거제-관료제의 확대와 왕안석의 신법을 통해 황제 중앙집권을 정점에 올려놓았다. 국가 주도의 책임관리를 강조하는 왕안석의 신법파와 비간섭적 방임 정책을 중시하는 사마광의 구법파가 갈등을 벌이긴 했지만, 이들은 기본적으로 중앙집권 위에서 정책 경쟁을 한 것이었다.

금나라에 북중국을 빼앗기고 남하한 남송 시대에는 중앙정부의 실정으로

---

23 유종원의 군현제 논리에 대해서는 유종원, 「봉건론」(오수형 외 옮김, 『유종원전집』 1, 소명출판, 2009), 115-122쪽.

북송이 멸망한 것이라는 시각이 대두되었다. 향촌사회에 기반을 둔 신유학(도학) 지식인들은 무기력한 중앙이 아니라 지방의 힘을 통해 나라를 보위하자고 주장했는데, 그 논리로 등장한 것이 바로 봉건론이었다. 주목할 점은 남송의 봉건론이 전통적 봉건론처럼 제후 분봉을 추구한 것이 아니라는 사실이다. 제후가 아닌 사대부 중심의 향촌공동체를 만들 수 있는 지방 분권을 정립하는 것이 그 출발점이었다. 그리고 향촌공동체를 바탕으로 전국 규모의 대통합으로 나아가는 상향적 협치를 추구하였다.

지금까지의 봉건론과 군현론이 황제의 일원 지배가 지방까지 미치는 길을 모색한 것이라면, 남송의 봉건론은 아래의 향촌공동체를 기반으로 중앙정부를 구축할 수 있는 상향식 방안을 제기한 것이었다. 그렇다고 이들이 소왕국을 형성하여 황제의 도전 세력이 되려고 한 것은 아니었다. 도학이념-과거제-종족공동체를 기반으로 중앙정부와 지방사회를 연결하는 매개 역할을 수행하려고 하였다.[24]

몽골 원이 남송을 멸망시킨 이후에도 지방의 종족공동체는 자치 활동을 지속하면서 명대로 이어졌다. 명 주원장은 황제 일원 지배를 강화하기 위해 승상직을 폐지하는 등 군신 협치를 무너뜨렸고, 지방에서는 세금 징수와 농민 감시를 위한 이갑제를 시행하여 황제가 직접 백성을 관리하는 일군만민一君萬民 체제를 형성하려고 하였다. 그러나 전국의 일원 지배에 필요한 관료 수가 절대적으로 부족하고 토지 겸병과 빈부격차 문제로 사회가 혼란해지면서, 지방 신사 중심의 종족공동체와 협력하여 사회를 안정시킬 수밖에 없었다. 황제의 통치력이 미치지 못하는 지방사회에서 지방관과 신사가 협력하여 공공사무와 소송, 복지 전반에 관한 일을 처리하는 이른바 향치鄕治가 시행된

---

24 남송대 봉건론에 대해서는 송재윤, 「경(經)의 통치: 남송대(南宋代, 1127~1279) 봉건(封建) 논쟁」(『공자학』 48집, 2022) 참고.

것이었다.

이러한 상황에서 지방사회의 특성을 강조하는 담론이 부상하는데 바로 황종희. 고염무 등의 봉건론이다. 이들의 봉건론은 전통적인 제후 분봉이 아니며 남송 도학자들의 봉건론을 계승한 것이었다. 그동안 지방관은 출신지 회피와 임기 제한이 있었는데, 이들의 봉건론은 반대로 그 지방 출신이거나 그 지방을 잘 알고 있는 지방관을 장기간 임용해야 한다고 주장한다. 이것은 지방관과 신사층이 협력하여 국가-사회가 공치하는 지방사회 발전 모델을 제시한 것이다.

청 옹정제의 경우 지방이 황권에 도전하는 할거 세력이 될까 우려하기도 했지만, 지방을 일원 통치할 관료체제가 결핍된 상황에서 다른 대안이 없었다. 또 신사층도 황제의 권위를 인정하는 도학 이념에 따르고 있었을 뿐 아니라, 황제가 제공하는 준 관료적 지위에 불만을 느끼지 않았다.[25]

청 말에 제국주의 침입과 민란으로 인해 중앙정부의 힘이 약화되면서 봉건론이 다시 대두되었다. 청 말의 봉건론은 남송 때처럼 무기력한 중앙정부를 대신하여 지방 중심으로 국가를 재건하기 위한 방안으로 등장한 것이었다. 즉 거듭된 실정으로 위기에 처한 청 정부가 20세기 초 입헌국가 건설을 위한 신정을 추진하면서, 선거를 통해 지방의회를 수립하고 성 자치를 하려는 운동이 일어난 것이었다. 남송 이후의 봉건론은 도학 이념을 중심으로 중앙과 지방의 협력관계를 이룰 수 있었지만, 만청 시기에는 만주족 정부에 대한 불신으로 지방이 독립 세력으로 변모되었다.

이러한 지방 세력을 바탕으로 청조를 무너뜨린 신해혁명이 일어날 수 있었다. 그 결과 오족공화의 중화민국이 건립되었지만, 곧 지방이 할거하는 분열

---

25 명말 청초 봉건론에 대해서는 미조구치 유조 외, 『중국 제국을 움직이는 네 가지 힘』, 239-245쪽 참고.

시대가 열렸다. 여기서 주목할 점은 이러한 세력 가운데 지방이 독립 국가로 분리되어야 한다고 주장하는 이들이 거의 없었다는 사실이다. 어우쥐쟈처럼 연성자치를 개별 독립국 수립의 차원으로 보는 이들도 있었지만, 대개 량치차오처럼 지방자치에서 시작하여 지방 연합을 통해 중앙집권적 입헌국가를 건설하려는 것이 궁극적인 목표였다. 또 봉건론을 반대한 장타이옌 같은 이들은 지방 분권은 분열로 이어지기 때문에, 좋은 통치자를 중심으로 중앙집권 국가를 건설하는 것이 중국 현실에 부합하는 일이라고 주장하였다.[26]

량치차오와 장타이옌은 상반되어 보이는 주장을 하면서도, 중국 역사에서 중앙집권과 분권이 어떠한 관계에 있었는지 잘 이해하고 있었던 것이다. 이들의 주장처럼 근대 이후 중국의 현실 정치도 중앙집권적 통일국가의 방향으로 나아가고 있었다.

5. 문명제국과 지역 보호정치

중앙집권과 지방분권의 관계에서 통일국가의 문제를 보면, 중앙정부는 대일통 규범을 내세워 지방을 포섭하고, 지방 세력은 중앙집권 하에서 자율적 권한을 행사하려고 하였다. 중앙과 지방의 대의와 이익이 균형을 이룰 때는 평화적인 시기가 되었는데, 그 관건은 중앙정부의 파워에 달려있었다. 그렇지만 중앙정부의 파워가 아무리 강한 시기라 하더라도, 지방을 중앙의 뜻대로 일체화시켰던 적은 없었다. 제국으로서 중국의 특성인 방대한 영토와 다민족이 일체화를 불가능하게 했으며, 그 대신 중앙과 지방의 이익이 균형을 이루는 혼합적 통치 방식이 출현하였다.

---

26 필립 쿤, 『중국 현대국가의 기원』(윤성주 옮김, 동북아역사재단, 2009), 208-213쪽.

명청대의 경우 황제 직할 통치-지방관+신사층 향치-이민족 자치 등이 혼합되어 있었는데, 이것은 통일국가의 규범에 일치하는 국가가 중국 역사에 출현한 적이 없다는 것을 뜻한다. 그리고 분열 시대라 하더라도, 개별 국가들이 상호 경쟁하던 시기와 한 국가 내부에서 지방세력이 강성하던 시기는 구별해야 한다. 전자는 남북조 시대 북중국처럼 분열 시대라고 부를 수 있지만, 후자는 중당 시기처럼 약한 정부하의 지방 분권시대라고 명해야 할 것이다. 이렇게 중국 역사 속의 현실 국가는 중앙정부와 지방 세력 사이의 이익 균형과 혼합적 통치 방식에 의해 움직이고 있었다.

중국의 이러한 통치 방식은 사회주의 중국에도 이어져 있다. 타이완을 제외하고 청 제국의 판도를 계승한 신중국은 방대한 공산당 조직을 기반으로 전역에 통치력을 행사하고 있다. 통치력 차원에서 보면 역대 최고 수준이라고 해도 과언이 아니다. 그렇다고 중국 전체가 공산당 뜻대로 움직이는 것은 아니다. 공산당은 자신의 뜻에 따라 중국이 일체화되기(하나의 중국)를 원하지만, 방대한 영토와 다민족 그리고 중국의 역사는 애초에 그것이 가능한 일이 아님을 알려준다.

공산당 역시 하나의 중국을 내세우면서 다민족 통일국가·일국양제처럼 혼합적 방식으로 통치할 수밖에 없다는 사실을 잘 알고 있다. 그렇다면 방대한 영토에 다민족이 살면서 다원적 제도가 공존하는 중국을 하나의 통일국가로 만든다는 것은 무엇을 의미하는가. 소수민족에게 자치를 허용하고 타이완·홍콩에 일국양제의 자율성을 준다는 약속을 환기하면, 중국이 개방적이고 보편적인 제국을 지향하는 것처럼 보인다.

그러나 티베트·신장에 대한 지속적인 탄압과 일국양제를 뒤집는 홍콩보안법(2021), 대만에 대한 무력 침공 시사 등을 보면, 공산당의 뜻은 다민족·양제보다는 일국·통일국가의 강화에 가깝다. 일국·통일국가의 규범이 보편 제국을 지향하는 것이라면, 그 구성원들이 수용할 가능성이 더 크겠지만 현실은 그렇지 않아 보인다.

2010년대 초반 중국 도시 1인당 GDP 순위를 보면 상하이, 베이징, 선전 등의 대도시를 제치고 항상 1, 2위권에 있는 낯선 도시가 있었는데, 바로 내몽고의 오르도스였다. 오르도스의 GDP는 중국 대도시와 같은 생산, 소비, 문화 등의 성장동력에 의한 것이 아니라 자원 에너지 개발에 기반하여 이룩한 것이다. 오르도스의 산업화 속도는 화시춘보다 빨랐고 도시화 속도는 충칭시와 맞먹으며 시민 평균임금은 이미 상하이보다 높아졌다. 오르도스 밑에는 중국 최대 가스 유전과 희토류 등의 희귀광산이 있고, 외곽에는 산시성 어떤 탄광보다 큰 노천 탄광이 있으며, 유가 상승에 대비하여 개발한 석탄액화공장을 대규모로 가동하고 있었다. 또 중국 정부는 거대한 풍력발전소와 맨해튼보다 넓은 면적을 차지하고 300만 가구에 전력을 공급할 세계 최대의 태양열 발전소를 건설할 계획에 있었다.[27] 이러한 에너지 자원의 보고 덕분에 오르도스는 급속도로 성장하여 1인당 GDP 기준으로 중국 도시 가운데 가장 잘사는 도시가 될 수 있었다.

그러나 오르도스는 세계에서 가장 선진적인 생산시스템을 갖추고 있음에도 불구하고, 화석연료와 물에 과도하게 의존하여 탄소 배출량이 가장 많고 물이 제일 부족한 곳이 되었다. 에너지 자원 개발로 소득은 증가하였으나 그 대가로 생활환경이 악화되어 생기를 잃어가는 사막도시로 변화한 것이다. 오르도스에는 또 다른 불명예가 있는데 이른바 유령도시鬼城가 건설되어 있다는 점이다. 집만 있고 사는 사람은 없는 유령도시는 중국 전역에 수십 곳이 되는데, 지방정부들이 거주 수요를 고려하지 않고 신도시 건설을 통해 성장률을 높이기 위한 잘못된 부동산 정책에서 비롯된 것이었다. 오르도스의 캉바스의 경우, 70억 위안을 투자해 32㎢에 인구 150만 명을 수용할 수 있는

---

27 조나단 와츠, 『중국 없는 세계』(윤태경 옮김, 랜덤하우스, 2011), 444-445쪽.

신도시를 건설했으나 거주 인원은 2만 8천여 명에 그치고 있었다.

오르도스의 에너지 자원 개발은 관련 국영기업들이 주도하고 지역민들은 임금노동자로 참여하여 평균임금이 다른 도시보다 높다 하더라도, 개발로 인한 전체 수익은 지역민이 아니라 국영기업이 독점한다. 또 지방정부는 오르도스에 적합한 지속 가능한 성장전략을 마련하여 사막도시라는 불리한 환경을 극복하고 생태도시를 건설하는 정책을 추진해야 함에도 불구하고, 잘못된 부동산 정책으로 유령도시를 만들고 말았다. 소수민족 지역이라는 민감한 공간에서의 에너지 자원 개발이란 점으로 볼 때 그 수익의 일정 부분은 지역사회로 환원하여 개발이익을 공유하는 정책이 수반되어야 했다. 가령, 미국의 알래스카에서는 그 지역에서의 석유개발로 얻은 수익의 일정 부분을 시민에게 균등 분배하는 시민배당[28] 제도를 시행하여 지역사회의 복지수준을 향상시키고 있다. 중국의 에너지 자원 개발의 상당 부분이 소수민족 지역에서 이루어지고 있는 만큼 수익의 일정 부분을 지역사회에 환원하는 제도가 필요하지만, 개발주체인 국영기업이 수익을 독점하여 오히려 소득 불평등이 가중되는 현상은 소수민족의 불만과 갈등을 초래하고 있었다.

소수민족 지역에서 자본수익을 우선하는 현상은 에너지 자원 개발뿐만 아니라 무형의 문화 선점을 통해 관광개발 수익을 얻으려는 욕망으로도 나타났다. 그 대표적인 것이 샹그리라를 자기 지역이름으로 선점하려는 지역 간에 각축전이 벌어진 일이었다. 샹그리라는 영국 소설가 제임스 힐튼(James Hilton)의 소설 『잃어버린 지평선(Lost Horizon)』에 등장하는 티베트 산악지대에 위치한 이상향의 명칭이다. 소설 속의 샹그리라는 18세기 초 룩셈부르크에서 온 가톨릭 수사가 지은 히말라야 깊은 산중 어딘가 '푸른 달'이라는

28 알래스카의 시민배당에서 대해서는 피터 반스, 『우리의 당연한 권리, 시민배당』(위대선 옮김, 갈마바람, 2016), 6장 알래스카 모델 참고.

이름을 가진 카라칼 산 아래에 있는 사원이다. 본래 티베트 불교에는 샴발라(Shambala. 香巴拉)라는 영적 유토피아를 뜻하는 명칭이 있었으며, 힐튼이 샹그리라는 말을 만들 때 샴발라를 참고했다는 게 통설이다.[29] 그런데 지금은 외국소설 속의 상상공간인 샹그리라를 중국 현실에서 찾기 위해 경쟁을 하다가 윈난 티베트 자치주인 중뎬中甸이 샹그리라로 확정되어 2001년 현의 이름을 중뎬에서 샹그리라로 바꾸었다. 그리고 샹그리라의 중국어가 香格里拉로 정해져 티베트어 샴발라香巴拉도 샹그리라香格里拉로 바뀌었다고 한다.

<티베트에서의 7년>과 같이 티베트에 대한 오리엔탈리즘적 시선이 반중국 운동으로 이어지는 서구와 달리, 이제 중국에서는 샹그리라 신화가 관광개발을 위해 내부로 수용되어 실용적인 문화자본이 되었다. 샹그리라가 관광지로 확정되어 호텔, 식당, 유흥시설, 도로 등을 건설하는 과정에서 지역주민의 소득이 올라가기는 했지만, 대부분 자본과 여행사를 소유한 한족을 포함한 외지인들이 수익을 독점하였다.[30] 그리고 관광지 개발과정에서 지역주민의 토지가 몰수되거나 환경파괴와 오염이 뒤따른다는 것은 상식에 속하는 일이라는 점을 고려하면, 소수민족 지역에서 개발이익의 수혜자가 누구인지는 자명하다고 할 것이다.

중국의 비판적 지식인 왕후이는 최근 증가하고 있는 소수민족의 분리 독립운동을 포함한 한족과의 갈등현상이, 개혁개방 이전의 사회주의혁명 시기에는 존재하지 않았던 일이라고 주장한다. 즉 사회주의혁명 시기에는 평등과 해방의 정책이 시행되어 상대적으로 갈등이 적었는데, 개혁개방 이후에 중국

---

29 조나단 와츠, 『중국 없는 세계』, 29쪽.

30 중국의 상업적인 관광지 개발은 샹그리라뿐만이 아니며 중국의 혁명 성지 및 경제성장 모델 지역, 역사문화 공간 등도 이미 상업적 공간으로 변모되고 있다. 이점에 대해서는 양한순, 「관광을 통해 본 중국문화: 국가·현대성」(한국고등교육재단 편, 『중국, 새로운 패러다임』, 한울, 2015) 참고.

전체적으로 불평등이 심화되고 특히 소수민족 지역에 진출한 한족 자본들이 수익을 독점하면서 발생한 불만이 민족갈등의 양상으로 나타나고 있다는 것이다. 중국 정부는 경제발전을 근거로 소수민족의 생활이 향상되었다고 변호하지만, 사회적인 위기는 경제가 발전한다고 사라지지 않는다. 오히려 그 반대로 발전주의의 주도 아래에 빈부의 분화, 지역 간의 분화, 도시와 농촌의 분화, 생태계의 위기가 아주 심각한 규모에 이르렀고 대규모 인구이동도 사회적인 동요의 중요한 조건이 되었다.[31]

사회주의혁명 시기에 평화적 해방이 있었다는 시각은 동의하기 힘들지만, 개혁개방 시기의 불평등 심화 현상에 대해서는 정확한 비판이라고 생각한다. 문제는 이 문제를 풀어나갈 방법이 무엇인가 하는 점이다. 왕후이는 민족 상호 간의 교류와 공존을 추진하는 것은 물론이고, 기존의 정체성 정치를 초월하는 일이 더 중요한 과제라고 주장한다. 즉 계급정치가 쇠퇴한 지금, 서로 다른 집단이 평등하게 참여하여 사회를 유지하는 다양성의 보편정치를 창출할 수 있는지가 관건이라는 것이다. 민중적인 정치 기반(자주적이고 능동적인 참여)이 없다면 민족 문제는 소수민족과 정부 사이의 게임에 불과해지기 때문이다. 가령, 서양 주류 언론과 서로 다른 종족 민족주의자가 힘써 만들어 낸 한족-티베트족 이원론의 구조를 타파하려면, 발전주의의 논리를 철저히 곱씹어보고 더욱 포용성을 갖춘 공공의 공간을 창조해야 한다. 그리고 일반 인민의 목소리가 이 공간에서 충분히 표현될 수 있게 하여 새로운 평등정치의 초석을 다져야 한다.[32]

중국 정부의 소수민족 정책은 여러 가지 우대정책에도 불구하고 근본적으로 경제 발전주의를 우선시한다는 점에서는 우대가 아니라 불리한 조건으로

31 왕후이, 『아시아는 세계다』(송인재 옮김, 글항아리, 2011), 234쪽.

32 왕후이, 『아시아는 세계다』, 267쪽.

작용한다. 이 때문에 경제성장을 통해 민족자치구역의 생활수준을 향상시켰다고 선전하지만, 실제에서는 오히려 민족갈등을 초래하는 경제 불평등이 심화되고 있는 것이다. 왕후이는 이 문제가 경제 발전주의 정책의 심각한 폐해라고 비판하며, 그 해법으로 모든 민족이 평등하게 참여하는 다양성의 보편정치를 창출하는 것이라고 주장한다. 왕후이가 말하는 새로운 정치는 소수민족의 종족성에 기반한 정체성 정치를 초월하여 보편적 인간으로서의 해방과 평등을 실현하기 위한 인민주권 정치를 지향한다.

그러나 이러한 보편정치의 추구가 장기적인 과제가 될 수는 있겠지만, 당면한 경제적 불평등을 해결할 수 있는 현실적인 방법은 아니다. 소수민족의 불평등은 무엇보다 민족자치구역의 특수성을 고려하지 않는 발전주의 정책에서 비롯된 것이기 때문이다. 이 지역을 보호하는 정책 없이 현재와 같은 개방적인 발전주의 정책을 지속한다면 불평등과 민족갈등은 더욱 악화될 수밖에 없을 것이다. 알래스카처럼 지역의 자원을 공공재로 인정하여 개발수익의 일정 부분을 지역사회의 보호 육성을 위한 복지비용으로 사용하는 등의 정책을 쓰지 않는다면, 이 지역주민이 외지인과의 경쟁에서 우위를 점할 가능성은 거의 없기 때문이다. 물론 이러한 보호정책을 입안하여 시행케 하는 것이 정치의 역할이지만, 이것은 왕후이가 말하는 보편적인 평등정치보다는 지역 보호정치를 통해 실천할 수 있는 방안이다.

이 문제를 중화민족의 단일민족화 경향성과 연계지어 살펴본다면, 중국 정부의 경제 개발주의는 중국 전역을 경제 개발주의의 단일한 시장공간으로 만들어 지역보호망을 붕괴시키는 기능을 한다. 또한 인민주권을 단위로 보편적 평등정치를 추구하는 것은 지역주민과 지역문화를 기반으로 한 지역 보호정치의 중요성을 경시하는 이념적 역작용이 될 수도 있다. 이런 맥락에서 볼 때 중국 정부의 공식 입장과 왕후이의 시각은 경제 개발주의에서는 갈등을 빚고 있지만, 중화민족의 단일민족화 경향성에서는 공통점이 형성되어 있었다.

나는 이러한 중국의 관점보다 문명제국의 시각이 더 유효하다고 생각한다. 내가 사용하는 문명제국은 보편과 상생의 원칙으로 구성된 다민족 정치공동체를 뜻하며, 다민족을 민족국가 내부로 강제 통합시키려는 체제와 구별하기 위한 개념이다. 다민족 정치공동체로서 제국은 민족의 단일화를 목표로 하지 않으며, 민족의 차이를 바탕으로 공공의 정치적 목표를 설정하고, 그 실현을 위해 연대하고 협력한다. 제국 정부는 구성원들이 동의하는 공공의 정치 목표를 수립하고 이를 위해 민족 간의 차별과 위계관계를 해소하여 자유롭고 활력있는 제국 건설을 추진한다. 이는 중화민국 <임시약법>에서 명시한 입헌 중화민족 공동체의 시대정신과 부합하는 것이기도 하다.

이러한 정치적 공동 목표를 실현하는 과정에서 구성원들이 행복과 자부심을 느끼게 된다면, 제국 밖으로 분리 독립하기보다는 살고 싶은 세상이라고 여기게 될 것이다. 중국은 일체화된 민족국가가 아니라 문명제국의 비전을 제시하는 것이 오히려 내부 분열의 문제를 해결할 출발점이 될 수 있다. 이러한 문명제국의 통치 규범을 실천할 때 비로소 중국이 직면한 민족문제를 상생의 길로 융합할 방안을 찾을 수 있을 것이다.[33]

문명국가로서 중국이 보편과 상생의 원칙을 수립하고 그에 부합하는 정치적 실천을 행한다면, 티베트 문제를 포함한 여러 문제의 해결 가능성을 찾을 수 있다. 그러나 문제는 공산당이 하나의 중국 이외의 방식과는 확연하게 선을 긋고 있다는 점이다. 가령, 티베트의 지도자 달라이 라마는 1988년 유럽 연방의회에서 제기한 스트라스부르 선언을 통해, 티베트 독립이 아니라 하나의 중국 하에서 고도의 자치를 보장받을 수 있는 타협안을 제기하였다.

스트라스부르 선언은 1979년 덩샤오핑이 “독립을 제외한 나머지 모든 문

---

33 이종민, 『중국이라는 불편한 진실: 신자유주의의 대안이 될 수 있는가』, 99쪽.

제는 대화로 해결될 수 있다"는 제안에 대한 티베트 망명 정부의 중도적인 타협안이었다. 이러한 타협안에 반대하는 티베트 독립운동 세력들은 현재까지 무장투쟁을 포함한 급진적 방식의 실천 운동을 벌이고 있다.

스트라스부르 선언에서 제기한 고도의 자치는 중국이 티베트의 외교권을 갖고, 티베트 정부는 비정치적 활동 부문에서 자율권을 가진다는 구상이다. 티베트인은 고도의 자치를 통해 인권과 민주주의의 이상, 환경, 문화적 자율성을 존중하고 적합한 사회경제 체제를 선택하여, 인간과 자연이 조화 속에 살 수 있는 평화 성소로 만들겠다는 것이다. 달라이 라마가 제기한 고도의 자치는 연방제 구상에 가깝고, 또 그 건설 방향에 있어서도 중국 정부가 현실적으로 수용하기 힘든 사항이 포함되어 있었다.

> 티베트 정부는 야생식물군을 보호하기 위해 엄격한 법령을 선포해야 할 것입니다. 자연자원을 마음대로 개발, 이용하는 행위에 조심스럽게 제약을 가해야 할 것입니다. 핵무기 및 기타 무기의 생산, 실험과 비축은 금지해야 할 것입니다. 핵에너지 및 위험한 폐기물을 남기는 기술도 마찬가지로 금지될 것입니다. 티베트를 지상에서 가장 큰 자연의 보고로 바꾸는 일이 티베트 정부의 과업이 될 것입니다. 티베트를 완전히 비무장화된 평화의 성지로 만들기 위해 지역 평화회의가 소집될 것입니다. 이러한 협상이 좋은 결과를 낳을 수 있도록 신뢰 분위기 조성을 위해서라도 중국 정부는 당장 티베트 인권 침해 행위를 중단하고 중국인들을 티베트에 이주시키는 정책을 포기해야 합니다.[34]

에너지 자원 개발 제한과 핵실험 금지, 티베트 인권 보장과 중국인 이주

---

34 Lama, Dalai, "Strasbourg Proposal 1988: Adress to the Members of the European Parliament". (http://www.dalailama.com/messages/tibet/strasbourg-proposal-1988).

정책 포기 등은 중국의 결단이 필요한 사항이다. 하지만 중국의 성원이 되어 티베트를 자연과 인간이 공존하는 평화 성지를 만들려는 구상은 시진핑 정부의 생태문명에서 벗어난 일이 아니다. 오히려 무분별한 에너지 자원 개발로 생태 위기를 일으키고 그 개발이익을 특정 세력이 독점하는 것이 문제다. 비핵화 평화 정착이 인류 공생의 길로 인정되는 추세에서 핵실험을 강행하고 폐기물을 방치하는 것은 문명국가가 선도적으로 금지해야 할 일이다. 티베트 인권 보장과 중국인 이주 정책 포기 등은 지역보호 차원에서 얼마든지 해결 가능한 문제다.

티베트는 중국 안보를 위한 지정학적 요충지일 뿐 아니라 황하, 장강, 메콩강의 수원으로서 중국 수자원의 목줄이며, 구리·리튬 등 각종 전략자원이 개발되어 지경학적 중요성이 갈수록 커지고 있다. 현실적으로 볼 때 티베트가 중국에서 독립하거나 국제원조를 통해 생존하기는 힘든 상태에 있다. 티베트의 구상이 중앙정부와의 긴밀한 연계 하에 추진된다면, 이는 중국의 관용과 문화의 힘이 확장되는 역사적 사건이 될 수 있다. 이는 중국을 위협하거나 분리 독립하려는 사태를 방비할 수 있는 길이기도 하다.

중국이 이 부분을 수용하지 못하는 건 하나의 중국을 '민족 일체화'라는 방식으로 접근하고 있기 때문이다. 즉 소수민족들의 분리 독립 운동과 이를 직간접적으로 지원하는 미국을 비롯한 강대국들의 행위가 중국을 불안하게 하고, 중국은 자국의 핵심이익을 수호하기 위해 소수민족을 중국이라는 민족국가 내부로 통합하려고 하는 것이다. 소수민족 지역을 교통 인프라 건설로 촘촘히 연결하고, 한족 이주를 통해 지역 경제권을 장악하고, 소수민족에 대한 언어 문화적 일체화 교육을 강화하는 정책이 바로 그러하다. 명청대 제국 정부가 이민족 자치 지역을 내부 행정단위로 결속시킨 정책을 연상케 한다.

역대 제국 정부의 불안과 불신은 늘 자기 보호적인 대일통 규범을 우선했으며, 이러한 불안감이 지속되는 한 제국의 관용 정책은 제한적일 수밖에 없었다. 그러나 제국 흥망의 역사는 민족국가적 방식이 더 큰 갈등을 초래할 수 있으며, 정치적 대의와 이익을 공유하는 문명제국의 정책이 해결 가능성을 찾을 수 있는 길이라는 점을 시사한다.

이상으로 중국의 국가 비전으로서 상상의 제국이 실제 현실에서 어떠한 국가를 만들고 있는지 중국사적 지평 위에서 고찰해 보았다. 다음의 마지막 장에서는 미중경쟁시대에 들어선 중국이 앞으로 어떠한 길을 가게 될 것인지, 세계화와 민족자립의 이중 전략의 시각으로 전망해보려고 한다.

|13장| 전망: 미중 세력 경쟁과 중국식 세계화 상상

1. 딥시크 쇼크와 중국식 서사

2025년 1월 20일 중국 스타트업 딥시크는 새 AI 모델 R1을 출시하였다. 세계 디지털 문명을 선도할 최첨단 기술 분야인 AI에서 미국의 제재를 뚫고 중국식 기술표준을 탄생시킨 것이었다. 미국이 장비 수출과 기술을 강하게 통제하는 상황 속에서 중국이 자력갱생으로 기술을 개발함에 따라 미국은 큰 충격에 빠졌다. 딥시크 쇼크로 미국 증시는 엔비디아를 필두로 테크 기업들의 주가가 폭락하였다.

바이든 정부의 기술 통제가 시작될 때 중국은 반도체 굴기를 내세우며 천문학적 기금을 쏟아부었지만 별다른 성과를 거두지 못하고 있었다. 게다가 칭화유니 파산, HSMC 사기 사건 등이 터지면서 기업의 도덕적 정신적 문제점까지 드러났다. 그간 중국은 국가의 적극적 투자를 통해 급속한 산업 발전을 이룩했는데, 반도체를 비롯한 첨단기술 분야는 국가 주도 방식이 통하지 않을 것이라는 생각이 형성되었다.[1] 미국의 공급망 차단이 큰 장벽이 되었을 뿐 아니라, 첨단기술 개발을 위한 창의성이 국가의 보호에 길들여진 중국

---

1 전병서, 『한국 반도체 슈퍼乙전략』, 경향BP, 2023, 176쪽.

기업들에게 결핍되어 있다고 보았기 때문이다.

딥시크 창업자 량원펑은 유학 경험이 없는 중국 대학 석사 출신이며, 딥시크 개발팀 대부분도 유학파가 아닌 중국 대학을 나온 토종들이었다. 이들은 중국에게 구매가 허용된 저사양의 엔비디아 반도체 칩과 딥시크가 창의적으로 개발한 알고리즘을 연결하여 생성형 AI 모델을 개발하였다. 고사양의 반도체 칩에 막대한 돈을 들여 만든 미국의 오픈 AI와 달리, 딥시크는 독자 개발한 알고리즘의 창의성과 소액의 돈으로 미국에 필적하는 모델을 개발했다는 점이 알려지면서 더 큰 주목을 받았다.

사실 딥시크 이전에 이미 화웨이는 구세대 노광 장비DUV로 7나노 반도체 생산에 성공하였고, 메모리 반도체의 두 축인 YMTC가 낸드플래시를, CXMT가 D램을 개발했으며, 하이실리콘과 유니SOC는 반도체 설계 팹리스 분야에서 두각을 나타내고 있었다. 또 중국의 기업 가운데 딥시크와 같은 세계적 기술을 보유한 기업들이 다수 육성되어 있다는 점은, 딥시크가 돌출적으로 나타난 성과가 아니라 중국식 기술개발 생태계 속에서 경쟁을 통해 탄생한 것이었다는 사실을 알려주었다.

미국의 강한 통제가 오히려 중국의 자력갱생의 힘을 키워준 셈이다. 딥시크 개발 과정을 보면 1960년대 중국이 원자탄을 개발했던 당시의 상황을 떠오르게 한다. 왜 그런 것인지 간략히 살펴보자. 한국전쟁 이후 중국은 타이완을 수복하기 위한 군사 행동을 취했는데, 이 과정에서 미국인이 사망하는 사건이 발생하자 미국은 핵무기 사용을 고려하였다. 이에 중국은 1955년 개최된 반둥회의에서 평화공존 5원칙을 발표하고, 제네바회의에서 미국과 타협하여 핵전쟁의 위기를 모면하였다.

마오는 이러한 사태를 겪으면서 타이완 통일을 위해 핵무기 개발이 필수적이라고 여기며, 소련의 지원을 통해 원자탄을 개발하려고 하였다. 그러나 1959년 6월 중소분쟁이 심각해져 소련이 지원을 철회하자, 마오는 자력갱생으로 원자탄을 개발하려는 이른바 '596 프로젝트'를 추진하였다. 이 프로젝트는 원자폭탄(1964), 수소폭탄(1967), 인공위성(1970)으로 이어지는 양탄일성兩彈一星 개발의 성과를 이루었다. 이 프로젝트의 주역인 첸쉐선을 비롯하여 과학자 대부분은 미국과 영국에서 유학한 학생들로 공교롭게도 국민당 정부가 파견한 국비 장학생들이었다. 당시 미국의 중국 유학생들은 반중국적 매카시즘 광풍으로 간첩이나 사찰 대상으로 몰려 미국을 떠나야 할 처지가 되었는데, 상당수가 장제스의 타이완이 아니라 공산당의 대륙을 선택했으며, 이들에 의해 양탄일성이 제작되었던 것이다.[2]

이 사건은 애국의 신념과 국가 지원이 있으면 어떠한 장벽도 극복할 수 있다는 자력갱생의 신화를 만들었다. 이러한 신화는 공산당의 시각에서 보면, 국민당의 탄압 속에서도 대장정을 통해 옌안에 근거지를 구축하고 결국 국민당에 승리하여 신중국을 건설했던 역사에 기반한 것이었다. 또 량치차오·왕징웨이 등의 근대 지식인이 만든 역사 서사에서 보면, 아편전쟁 이래 백년국치의 고난을 극복하고 위대한 문명을 부흥시킨 르네상스의 빛이 되는 것이었다.

딥시크 쇼크는 이러한 중국식 르네상스 서사와 연결되어 있었다. 과학기술의 측면에서 보면, 양탄일성이 근대 이래 지속된 과학구국의 슬로건 하에서 양무운동의 군사기술 개발을 정점에 올린 것이라면, 상용 제조기술은 개항장 도시들의 근대적 공장에서 시작하여 개혁개방 이후 세계의 공장의 지위를 구축하였다. 세계를 선도할 첨단기술 개발은 2015년 '중국제조 2025' 프로젝트에서 시작하여 딥시크 AI를 이어 '중국표준 2035' 프로젝트로 나아가고 있다. 딥시크가 개발한 생성형 AI 모델은 분명 기업이 분투한 성과이지만,

---

2 중국의 양탄일성 제작 과정에 대해서는 한성구, 『미스터 사이언스: 중국 대중과학 프리즘』(궁리, 2024), 21쪽. 중국의 맨해튼 프로젝트 참고.

딥시크 스토리 속에는 이러한 중국식 르네상스 서사가 내재되어 있었다.

양탄일성처럼 딥시크 AI 역시 미국의 전방위적 제재를 뚫고 이룩한 고난의 결실이었다. 딥시크의 성공은 거국동원체제를 통해 구축한 AI 기반 시설과 인재풀 그리고 정책 지원 없이는 불가능한 일이었다. 상대적으로 덜 알려져 있지만, 딥시크는 엔비디아의 저사양 칩과 아울러 중국 기업이 개발한 칩을 혼용하고 있었는데, 이는 향후 중국 기술의 자립화가 가능하다는 것을 뜻한다. 딥시크가 AI 모델을 공개한 2025년 1월 20일은 바로 트럼프 대통령 취임일이었고, 당일 량원펑이 리창 총리와 공개적 만남을 가졌다는 사실은, 그 근저에 중국식 서사가 작동하고 있다는 점을 보여준다.[3]

그렇다면 중국식 서사는 지금 어디를 향해 가고 있는 것인가. 미중경쟁 시대 중국의 길에 대해 전망해보기 위해선, 이 문제가 아편전쟁을 통해 중국이 자본주의 세계화에 편입된 사건에서 시작된 것이라는 점을 주목할 필요가 있다. 중국은 아편전쟁 이후 피동적으로 세계경제와 연결되면서, 제국에서 민족국가로, 중화질서에서 서구적 세계질서로, 농업문명에서 과학기술문명으로, 조공체제에서 자본주의 세계화로 근대적 전환을 진행하였다. 지금의 미중경쟁은 장기적으로 진행된 중국의 근대적 전환 위에서 출현한 역사적 사건이기 때문에, 그 방향을 예측하려면 반드시 근대적 전환의 역사와 그 추동 원리에 대해 거시적인 고찰을 해야 한다. 나는 이 문제를 세계화와 민족자립의 이중 전략의 시각으로 설명하려고 하는데, 이는 중국의 근대적 전환이 세계화의 이점을 활용하여 민족자립을 이루고 민족자립에 기반하여 세계질서 속에서 세력권을 확장하는 과정이었다고 보기 때문이다.[4]

---

3 이벌찬, 『딥시크 딥쇼크』(미래의창, 2025), 116-117쪽.

4 20세기 중국의 근대적 전환을 거시적으로 고찰한 관점 가운데 리쩌허우의 계몽과 구망의 이중 변주가 있다. 리쩌허우는 근대 중국에 제국주의의 침략에 저항하기 위한 구망(반제)의 과제와 봉건적 이데올로기에서 벗어나 자유, 평등, 민주, 민권 등 인간성의 이념을 구현하기

2. 명청대 글로벌 교역과 중국의 지정학

미국은 지금 신자유주의의 이름으로 자신이 만든 세계화 시대에서 중국을 분리시키고 있다. 돌이켜 보면, 중국의 세계화 시대 편입을 알리는 개혁개방은 1970년대 초 소련 견제를 위한 미중 간의 데탕트에서 시작된 것이었다. 미중의 협력관계는 1978년 개혁개방 선언에서 2018년 무역전쟁 개시 전까지 40년의 시간 동안 전 지구를 하나의 시장으로 연결하는 세계화 시대를 열어 놓았다.

역사적으로 볼 때 중국과 세계화 시대의 관계에는 몇 차례의 전환이 있었다. 서구에서는 대체로 콜럼버스의 대항해를 세계사가 시작되는 기점으로 보는데, 이러한 흐름이 중국에 나타난 것은 명대 중엽 이래 동남 해안에서 포르투갈, 스페인, 네덜란드를 필두로 한 글로벌 교역이 시작된 일이었다. 유럽의 대항해 기점에 대해 발레리 한센은 의문을 제기하며, 바이킹의 아메리카 상륙, 중앙아시아 카라한 왕조의 호탄 정복과 이슬람화, 요나라·송나라에서 소비된 시리아·이집트·북유럽 상품, 송나라 자기의 국제적 수요, 동남

위한 계몽(반봉건)의 과제가 공존한다고 보았다. 그러나 이 두 가지 과제는, 개인주의의 기초위에서 서구문화를 소개하고 전통을 타도하던 5.4시기에 '상호 촉진'되었을 뿐이며, 5.30운동, 북벌전쟁, 10년 내전, 항일전쟁 등의 시대적 흐름 속에서 계몽의 과제는 구망의 과제에 압도되었다. 그래서 개인의 존엄과 권리에 대한 사상은 구망의 정세, 국가의 이익, 인민의 기아와 고통에 떠밀리어 그 정당한 가치가 부차적인 것으로 유보되었다. 그리고 국가의 독립과 부강, 인민의 의식주 해결, 외국 침략자의 압박과 모욕을 더 이상 받지 않겠다는 의지 등이 주선율이 되어 근대 중국인의 영혼을 지배하였다. 리쩌허우는 이러한 관점을 바탕으로 구망에 압도되어 주변부로 밀려난 계몽의 과제를 실천하는 일이 현재 중국의 시급한 과제라고 인식하였다. 내가 제기한 세계화와 민족자립의 이중 전략은 리쩌허우가 반제=구망으로 보는 것과 달리, 제국주의 문제에 피동적 개방과 세계화의 이점이라는 이중적 기제가 있고, 민족자립은 제국주의를 비판하면서 세계화의 이점을 활용하는 이중 전략을 통해 진행된 것이라고 본다. 그리고 구망이 계몽을 압도하는 관계로 보는 것과 달리, 민족자립의 과정에서 수행한 국가의 역할과 정책의 성패 요인이 무엇인지에 주목한다.

아시아의 중국 소비자를 위한 향신료 재배 등 기원후 1000년 무렵에 일어난 사건들의 배후에 최초의 세계화가 작동하고 있었다고 주장한다. 이러한 사건들은 국지적으로 분산되어 배후의 동시대적인 연결성이 잘 드러나지 않지만, 500년 후의 대항해를 위한 토양이 되었다는 것이다.[5]

중국 입장에서 보면, 1405년에서 1433년까지 정화의 7차례 대원정은 동남아시아, 인도, 아라비아반도, 아프리카 동부 연안을 항해하며 서구가 동방으로 들어오는 항로를 개척한 선구적 사건이었다. 정화의 대원정은 콜럼버스의 대항해보다 수십 년 빨랐지만 세계화를 선도하지는 못했다. 한·당대 중국이 통치한 실크로드 도시들이 개방적인 상업 도시가 아니라 군사적 목적에 의해 제한적인 교역이 이뤄진 공간[6]이었던 것처럼, 중국의 해상 교역 역시 국가 안보 하에 작동되는 통제된 활동이었기 때문이다. 이는 안보 상황에 대한 국가의 판단에 따라 대외 개방과 폐쇄가 결정되었다는 것을 뜻한다.

유럽이 대항해를 시작한 16세기 이래 중국의 해상에 대한 주된 관심은 국가 통제에서 벗어난 세력들을 내부화하는 데 있었다. 조공무역과 해금령, 무역항의 제한된 허용 등은 공히 국가 안보를 위해 해상을 통제하는 정책이었다. 유럽의 대항해가 국가와 상인 그리고 전 국민적인 투자가 연결되어 적극적인 대외 확장으로 나아갔다면, 중국의 상황은 국가의 통제가 가해질 뿐 아니라 이에서 벗어난 사적인 활동은 엄금하는 보호주의적인 것이었다. 왜구라고 불린 중국인 무역집단뿐만 아니라 명청대에는 동남아시아에 식민

---

5 발레리 한센, 『1000년: 세계가 처음 연결되었을 때』(이순호 옮김, 민음사, 2022), 1장 1000년의 세계 참고.

6 발레리 한센은 『실크로드: 7개의 도시』(류형식 옮김, 소와당, 2015)에서 실크로드를 따라 발견된 기원후 200년에서 1000년 사이의 고문서와 그것이 발견된 7개 도시(누란, 쿠차, 투르판, 사마르칸트, 장안, 돈황, 호탄)에 대한 연구를 통해, 실크로드의 도시들이 통치자들에 의해 엄격한 무역 관리가 이루어졌으며 그들이 상품과 용역의 거래 주체로서 중요한 역할을 수행했다고 보았다.

지를 건설한 양도명·장련과 같은 세력도 있었지만, 이들은 해적으로 몰려 국가의 탄압을 받았다. 영국이 드레이크와 같은 해적을 국가 고관으로 임명하여 약탈 사업을 장려하고, 동인도회사를 식민 지배를 위한 국영기업으로 운영한 것과 대비되는 정책이었다.

중국의 통치집단 역시 해상 교역에서 얻을 수 있는 이익과 통화 유동성을 위한 은의 필요성을 인지하고 있었지만, 아편전쟁 이전까지 통제와 제한된 허용 정책에서 벗어나지 않았다.[7] 이는 중국이 경제적 이익과 지정학적 안보 문제가 충돌할 때 후자를 더 우선했기 때문이다. 글로벌 교역이 시작된 명대 이래 중국은 크게 3가지 지정학적 안보 문제에 직면해 있었다. 첫째, 중국 왕조의 실효적 지배 영토인 중원의 내부 통일을 유지하는 것. 둘째, 중원의 내륙 변경 지역인 몽골, 만주, 신장, 티베트를 완충지대로 통제하는 것. 셋째, 동남 연안 지역을 외국의 침입으로부터 방어하고 내국인의 해상 이탈을 금지하는 것.

이 세 가지 문제는 서로 연결되어 있었으며, 안보 순위로 보면 중원 통일-변경 통제-연안 방어의 순이었다. 명대 중엽 동남 연안에서 글로벌 교역이 본격화되었을 때, 중국은 북로남왜의 지정학적 문제에 직면해 있었다. 즉 중원의 안정적 통치를 위해 북쪽의 몽골 세력과 남쪽의 왜구 세력을 통제해야 하는 지정학적 과제를 안고 있었다는 것이다. 정화의 대원정이 지속될 수 없었던 원인 가운데 하나는 북쪽 몽골 세력에 대한 방어를 우선시했기 때문이며, 또 유럽과의 글로벌 교역을 제한적으로 허용한 것도 남쪽의 민간 무역집단인 왜구를 통제하기 위한 것이었다.

이렇게 중국의 대외 교역은 지정학적 안보 상황에 따라 조정되었으며,

---

7 케네스 포머란츠·스티븐 토픽, 『설탕, 커피 그리고 폭력』(박광삭 옮김, 심산, 2003), 40-44쪽 참고.

경제 이익은 그 후순위에 있었다. 이 문제는 중앙정부와 지역 상인집단 간의 이해관계가 충돌하는 지점이었지만, 중앙정부로부터 변경의 군수물자 조달이나 해상 교역의 허가를 받은 상인집단은 거대한 부를 얻을 수 있는 이권이기도 했다. 이 때문에 유럽의 대항해가 국가적 차원에서 적극적인 식민지 개척으로 이어진 것과 달리, 중국의 해상 교역은 중원의 안정을 우선하는 제한적 허용에 그칠 수밖에 없었다.

중국의 제한적 허용 정책은 아편전쟁이 일어나기 전까지 지속되었는데, 경제적 측면에서도 나름의 이유가 있었다. 당시 유럽 상인들은 시계, 유리, 모직품 등을 들고 중국에 왔으나, 상품의 매력이 떨어져 중국 소비자들의 외면을 받았으며, 이에 아메리카의 은으로 중국의 도자기, 비단, 찻잎을 수입하는 무역 불균형이 지속되었다.[8] 상인들이 취급하는 실용 상품과 기술에서 중국이 유럽을 압도하고 있었던 것이다. 1793년 매카트니가 이끄는 영국 사절단이 교역 개방을 위해 청 건륭제를 알현했을 때, 건륭제가 "나의 제국은 영토 안에 모든 물산이 풍부하고 부족한 것이 없다"고 거절한 것도 이러한 상황을 투영한 것이었다

서구식 서사에서는 당시 상황을 글로벌 교역 체제에 중국을 편입시키는 과정으로 보겠지만, 중국식 서사에서 보면 동남 연안에 출현한 야만적인 외국인들을 달래기 위해 통상을 허하는 기미羈縻정책의 일환이었다. 기미정책은 건륭제의 자부심을 과시한 것이었지만 절반의 진실일 뿐이었다. 청조는 분명 역대 가장 넓은 강역에서 물산이 풍부하고 글로벌 교역에서 수출국의 지위를 누리고 있었다. 하지만 향후 청조를 위기에 빠트리게 될 부족한 물산이 있었다. 명이 붕괴된 원인 가운데 치솟는 물가와 인플레이션이 꼽히는데,

---

8 명청대 중국과 유럽의 무역 불균형에 대해서는 리우쥔·왕쉰 편, 『명청 시대 중국의 해상무역과 상품(1368~1840)』(윤지산 옮김, 경인문화사, 2022), 344-348쪽 참고.

이는 거대한 시장에 필요한 은의 유통량이 부족한 데서 기인한 것이었다.[9] 이 문제는 청조도 똑같이 직면하고 있었다. 18세기 이래 청의 최대 교역국이었던 영국은 무역적자를 메우기 위해 1781년부터 인도산 아편을 수출하면서 중국의 은 유출이 시작되었고, 1823년에는 영국의 은이 더 이상 중국으로 유입되지 않았다.[10] 그리고 서구의 근대적 상품들이 중국 시장에서 점유율을 높이고, 열강과의 전쟁 패배로 인한 막대한 배상금, 세계 경제의 금본위제 전환으로 인한 국제 은 가격 하락 등으로 중국은 은 기근 현상에 시달리게 되었다.

은에 이어 청조가 확연히 부족했던 것은, 아편전쟁에서 드러났듯이, 군함과 대포를 만드는 군사기술이었다. 청조는 18세기에 중앙아시아를 정복하며 군사 최강국의 면모를 지니고 있었는데, 아편전쟁 이래 동남 연안에서 벌어진 전쟁에서는 무기력한 모습을 보였다. 이는 중국의 지정학적 안보 순위가 동남 연안보다 내륙 변경 지역이 급선무였으며, 이에 유럽을 포함한 해상 세력은 야만국으로 치부되어 경계를 소홀히 했던 것이다.

건륭제는 잘 인지하지 못했지만, 대외 팽창이 정점에 도달한 당시 쇠락의 징후가 나타나기 시작했다. 피터 퍼듀는 18세기 중엽 대대적인 정복 전쟁을 통해 제국 질서를 수립했던 청조가 19세기에 쇠락에 접어든 결정적인 요인을 4가지로 들고 있다. 내륙 변경의 몽골을 격퇴한 직후 남부 해안에서 새로운 도전자들이 등장한 것, 초원 유목민들에게 성공했던 정책을 남쪽의 해양 세력에게 적용했으나 실패한 것, 중앙정부와 지방 세력 사이에 이익 균형이 깨지면서 탈중앙집권화가 시작된 것, 16세기부터 진행되던 상업화가 중앙정

---

9 티모시 브룩, 박찬근 옮김, 『몰락의 대가: 기후위기와 물가 그리고 명제국의 붕괴』, 너머북스, 2024.

10 융이, 『백은비사』(류승방 옮김, RHK, 2013), 204쪽.

부에 대한 충성심을 약화시킨 것 등이 바로 그러하다.[11]

피터 퍼듀는 청조의 팽창 동력이 정복 전쟁이었고, 뛰어난 황제와 아울러 그를 뒷받침하는 군사전략, 관료조직, 상업화, 외교력 등이 있어서 대제국 건설이 가능했다고 보았다. 그런데 정복 전쟁을 완수한 후 팽창 동력이 사라지면서, 외부 충격에 대응하고 새로운 기회를 이용하는 제국의 능력과 유연성이 감소하기 시작했다. 1780년대에서 1820년까지 무슬림의 반란이 지속되었고, 홍수와 기근으로 인해 중원에서 농민봉기가 일어나고, 남부 해안에서 아편 밀수를 포함한 서구 세력의 위협이 있었지만, 청조는 이에 효과적으로 대응하지 못했다. 오히려 반란과 봉기를 진압하는 과정에서 중앙정부의 한계가 드러나고 이를 지방 세력이 대신하면서 권력과 재정의 탈중앙집권화에 봉착했던 것이다.

건륭제가 매카트니를 만났을 때 천하의 모든 것을 가진 듯이 말했지만, 건륭제는 이러한 위기적 징후에 직면해 있었고, 공교롭게도 영국을 포함한 열강 세력들은 이미 동진을 시작하고 있었다. 이때의 서구는 량치차오가 말한 것처럼, 민족주의에서 민족제국주의로의 전환을 모색하는 팽창 세력이었다. 매카트니는 당시 청조의 실상을 관찰하면서 다음과 같은 생각을 하고 있었다.

> 중국 제국은 늙고 미친 일급 군함인데, 유능하고 추호도 방심하지 않는 관리들이 과거 130년 동안 이 배(중국)를 용케 물에 떠 있게 하고 그 외관상의 덩치만으로 이웃들을 위압해왔지만, 능력이 부족한 사람이 갑판에 올라 명령권을 갖기만 하면 배의 규율이나 안전과는 고별이다. 그 배는 아마도 철저히 파괴되어 가라앉지는 않고, 난파선으로 한참 떠돌다 산산조각 나서 해안으로 밀려들

11 피터 퍼듀, 『중국의 서진』, 720쪽.

것이다. 그러나 그 배는 이전의 기반 위에서 절대 다시 건설될 수 없을 것이다.[12]

매카트니는 유럽에서 지녔던 중국 제국의 이미지와 직접 여행하며 관찰한 현장 사이의 간극을 이렇게 난파에 직면한 배의 징후로 표현하였다. 중국이라는 일급 군함이 유능한 관리들 덕분에 위협적으로 항해하고 있지만, 무능한 선장(황제)이 나타나 지휘를 맡게 되면 난파의 위기에 빠질 것이라고 본 것이었다. 중국의 체제와 관료의 능력은 인정하면서도, 황제의 무능이 결국 중국을 위기로 몰고 갈 것이라는 얘기였다. 이는 피터 퍼듀가 말한 청조 쇠락의 역사적 요인을 지적한 것은 아니지만, 무능한 황제의 출현에서 쇠락이 시작될 것이라는 예언에 가까웠다.

매카트니의 이러한 중국 인식은 18세기 말에 서구의 주요 접촉지역이 베이징에서 광동으로 옮겨가고 상업적인 문제가 관심사가 되면서, 중국에 대한 서구의 관점이 존경에서 경멸로 바뀐 상황과 관련되어 있었을 것이다. 그렇다고 매카트니의 인식이 감정에 치우친 것은 아니었다. 중국으로 오기 전에 매카트니는 러시아 궁정에서 3년의 시간을 보내면서 러시아와 통상조약을 맺는 성과를 이루었다. 이러한 국제적 경험 속에서 그는 약해진 중국이 유라시아의 지정학적 균형에 끼치는 영향에 대해 관심을 가졌다.

매카트니는 영국이 남쪽 해안의 마카오나 란타우 섬을 점령하면 러시아가 행동을 개시할 것이라고 보면서, 19세기 중국의 지정학적 운명에 대해 다음과 같이 예견하였다. "그런 주의를 분산시키는 일을 접하고 러시아가 가만히 있을 것인가? 러시아는 알바진을 수복하고 아무르에 자신의 세력을 구축할 기회를 외면할 것인가? 오날라스카를 넘어 동쪽으로 뻗어나간 예카체리나 여제의 야심이 손 닿을 정도로 자신의 문간 안에 있는 지방과 구역들을 간과

12 피터 퍼듀, 『중국의 서진』, 639쪽.

할 것인가?" 이렇게 매카트니는 러시아의 동진에 직면한 중국의 내륙 변경과 유럽 세력의 위협에 처한 동남 연안의 운명이 서로 얽혀 있다는 점을 통찰하고 있었다.[13] 이것은 웨이위안과 같은 중국 지식인들이 한참 후인 아편전쟁 즈음이 되어서야 깨달을 수 있었던 지정학적 인식이었다.

중국의 지정학에서 볼 때 아편전쟁은 전통적인 안보 순위를 뒤흔드는 역사적 사건이었다. 즉 동남 연안 지역이 내륙 변경 지역을 넘어 안보의 핵심지대로 부상한 것이었다. 당시 내륙 변경은 건륭제가 마지막 유목제국 중가르를 정복하면서 중국 내부화가 이루어진 지역이었다. 그후 지역 이슬람 세력의 산발적인 반란이 있었지만 과거와 같은 국가 간의 지정학적 대립은 사라지게 되었다. 그렇지만 이것이 내륙 변경의 안정화를 뜻하는 것은 아니었다. 청이 내륙 변경을 정복할 수 있었던 배경에 러시아가 모피 무역을 위해 중앙아시아와 시베리아로 동진하는 국제정치적 사태가 있었기 때문이다.

청과 러시아는 청이 명을 정복하기 전인 1639년부터 아무르강 유역에서 충돌이 벌어져 조선의 병력이 동원되는 나선정벌이 일어나기도 했다. 1480년 몽골의 킵차크 칸국에서 완전히 독립한 모스크바대공국은 남쪽과 동쪽으로는 몽골-타타르 칸국들, 서쪽으로는 현재의 우크라이나와 벨라루스를 점령한 리투아니아대공국에 의해 봉쇄되어 있었다. 러시아는 이렇게 봉쇄된 중앙아시아 초원 지역과 북유럽평원을 점령하는 과정에서 대제국으로 탄생하였다. 서유럽의 대항해가 지중해의 베네치아와 이슬람 세력이 연대한 글로벌 상권을 돌파하기 위한 것이었듯이, 러시아의 동진도 이러한 시대적 흐름 속에서 진행된 것이었다.

코사크 용병과 모피무역을 앞세운 러시아는 중앙아시아 초원 유목국가들을 진압하고 시베리아를 횡단하여 1649년 태평양 연안의 오호츠크해에 도달

---

13 피터 퍼듀, 『중국의 서진』, 639쪽.

하였다. 당시 청과 러시아는 영역 충돌이 있었지만, 제국의 팽창을 위해 몽골의 중가르를 제압해야 하는 공동의 목적이 있었다. 이에 청은 러시아와 네르친스크조약(1689)과 캬흐타조약(1727)을 체결하여, 국경선을 획정하고 교역을 진행함으로써 정복 활동이 순조롭게 이뤄질 수 있었다. 중가르 제국이 멸망하고 러시아가 초원세력을 정복하여 중앙유라시아를 장악함에 따라, 내륙 변경에서 중국의 지정학적 경쟁자는 이제 유목세력에서 러시아 제국으로 바뀌게 되었다. 매카트니가 중국의 지정학적 운명이 내륙의 러시아와 동남 연안의 유럽 세력에 달려있다고 본 것도 이러한 상황을 통찰한 것이었다.

동남 연안에서 새로운 도전자들이 등장했을 때 청은 내륙 변경의 유목국가에게 취했던 동일한 방식으로 대응하였다. 청이 취한 방식은, 중국의 정복왕조가 변경 지역이나 변경 외부의 종족과 국가에 대응하던 기미정책으로, 중국의 제국 질서에 순응하지 않는 외부 세력과 평화관계를 만들기 위한 일종의 관용 정책이었다. 즉 자치 지역을 제공하여 이민족의 언어·문화·제도를 허용하고, 무역상의 특혜를 제공하며, 또 군사적 역관계에 따라 중국이 조공을 바치는 화친 정책 등을 시행하여 중국의 제국 질서를 유지하려고 한 것이었다.

아편전쟁 패배 이후 체결된 난징조약(1842)과 그 후속 조약인 후먼조약(1843), 그리고 중미 간의 왕사조약(1844)에서 청은 무역항의 개방, 조계지, 치외법권, 관세 협정권, 최혜국 대우 등의 파격적인 조건을 제공하였다. 우리는 이것을 주권을 침해한 불평등 조약이라고 보지만, 당시 청조는 내륙 변경에서와 마찬가지로 동남 연안의 위협과 혼란을 방지하기 위한 기미정책의 일환으로 간주하였다.[14] 제국의 관용으로 위기를 극복하려 한 것인데, 이러한 방식이 내륙 변경과 달리 서구 열강들에게 통하지 않는다는 사실을 자각한

---

14 차태근, 『제국주의 담론과 동아시아 근대성』, 61-63쪽.

것은 제2차 아편전쟁에서 패배한 이후였다.

3. 아편전쟁, 자본주의 세계화와 중국의 근대화

제2차 아편전쟁 패배로 체결된 베이징조약(1860)은 청조의 제국질서가 해체되고 서구적 세계질서 속에 편입되었음을 뜻하는 역사적 사건이었다. 이때의 서구는 민족국가에서 민족제국으로 전환하여 전 지구적 차원에서 시장과 식민지 개척에 나선 세력이었다. 오늘날 사용되는 의미로서의 세계화는 유럽 열강들이 아프리카와 아시아 전역에 상업적 연결망을 구축하고, 육군과 해군 그리고 식민지의 전문 공무원 집단을 통해 자신들의 이익을 보호한 19세기 산업 자본주의의 탄생과 함께 출현하였다.[15]

발레리 한센이 말한 1000년 무렵의 세계의 연결이나 유럽의 대항해 이후의 글로벌 교역이 각 지역의 다양한 질서가 공존하는 상황에서 상품 교역을 하던 시대였다면, 이 시대는 민족제국-군사력-산업자본주의에 기반한 서구 열강이 자신들이 수립한 만국공법의 질서 하에 전 지구를 하나의 시장으로 연결하는 시대라고 할 수 있다. 이 시기에 비로소 자본주의 세계화가 시작된 것이며, 청조는 이제 제국에서 서구적 세계질서 속의 하나의 국가로 재편되어 고난의 시간을 겪게 되었다.

그렇지만 세계화가 중국의 정치적 식민지화나 경제의 몰락을 뜻하는 것은 아니었다. 아편전쟁이 영국과 중국 간의 오랜 무역적자 구조를 해소하기 위한 무역전쟁이었듯이, 중국의 수출국의 지위는 세계화로 인해 일시에 붕괴되지는 않았다. 중국의 개항은 영국 자본가들에게 '랭커셔의 모든 공장으로

---

15 마크 레빈슨, 『세계화의 종말과 새로운 시작』(최준영 옮김, 페이지2북스, 2023), 9쪽.

도 중국 일개 성의 양말 재료를 다 못 댈 것'이라는 기대를 품게 했지만, 영국 면제품 수출은 아편전쟁 이후 상승하다가 1840년대 후반에 오면 다시 하락하였다. 오히려 1850년대에는 캘리포니아와 오스트리아의 골드러시로 중국의 차·생사 해외 수출이 급증했고, 또 국산 아편이 늘어나 수입을 대체하는 등 은 유입이 일어났다. 영국은 중국의 무역 개방이 미진하다고 여기고, 제2차 아편전쟁을 비롯한 무력 개입을 통해 개항장 수를 늘리고 내지 시장으로 침투했으나 큰 성과를 거두지는 못했다.

아편전쟁 이후 중국은 세계 경제로의 피동적 개방으로 근대적 기술 상품과의 경쟁에 직면하게 되었으며, 이에 다층적인 대응 방안을 모색하였다. 국가적 차원에서는 양무운동을 통해 군사기술과 군수산업 및 관련 근대 산업을 육성했으며, 민간에서는 전통 경제기반을 보호하면서 근대적 기술과 세계시장을 이용하여 내부의 생산력을 유지하였다. 그리고 중국 시장으로 들어온 외국의 선진 자본과 상품, 기술, 인력은 중국의 근대 전환을 위한 세계화의 이점을 제공하는 것이기도 하였다.

지속적인 전쟁의 패배와 시장 개방에도 불구하고 중국은 다층적 대응을 통해 세계화의 거대한 충격을 흡수하고 있었다. 이러한 대응 과정은 1870년과 1910년의 수출입 내역의 변화에서 잘 확인할 수 있다. 수입품의 주종이었던 아편은 43%에서 12%로, 면포는 28%에서 14.7%로 줄어든 반면, 면사는 3%에서 13.6%로 증가하였다. 또 1910년에는 1870년의 수입품목에 없던 철도 자재와 차량(3.8%), 석유(4.7%), 기계(1.5%) 등 근대적 생산재가 등장하였다. 수출품의 경우, 1870년에 주종인 차(49.9%)와 견사·견직물(38.8%)의 비중이 88.7%를 차지하던 것에서, 1910년에는 두 상품의 비중이 34.8%로 격감했으며, 그 자리를 종자유, 콩류, 피혁, 원면 등 다양한 수출상품이 차지하였다.[16]

이 기간의 무역량은 수출입 모두 3배 정도 증가했는데, 급속히 늘어난 것은 1900년 이후였다. 1872~76년 사이는 무역흑자를 기록하기도 했으나, 1880년대부터 무역적자가 수천만 냥 단위로 늘어나다가 1900년대에는 1억 냥 수준으로 급증하였다. 그 원인을 보면, 오랫동안 누엣병으로 침체되었던 유럽의 잠업·제사업이 회복되고, 일본의 제사업과 인도의 차가 발전하여, 중국의 전통적인 수출 시장을 점유했기 때문이었다. 그리고 공업화에 성공한 인도와 일본의 방적업이 생산한 기계제 면사가 중국에 대량으로 들어와 수입 품목 1위를 차지한 데서 기인한 것이었다.[17] 중국의 적자는 무역규모가 확대되는 과정에서 수입이 수출보다 빨리 증가하여 발생한 일이었다. 이러한 수출입 실정은 아편전쟁 이후 자본주의 세계화로 인해 중국이 서구의 식민지 시장으로 종속되거나 경제가 붕괴된 것이 아니었다는 사실을 알려준다. 오히려 국내 면방적업의 원료가 된 면사 수입과 생산재 수입이 늘어나고, 수출에서도 차·비단과 같은 전통적인 수출품 의존도에서 벗어나 품목의 다양화가 이뤄졌다. 이는 중국경제가 피동적인 대외개방 속에서 근대화에 대한 적응력을 보여주는 현상이라고 할 수 있다.

자본주의 세계화는 중국경제가 세계경제와 연결되는 기회를 제공하기도 했지만, 무엇보다 청조의 국가 존립과 지정학적 안보 위기와 연동된 것이었다. 즉 자본주의 세계화가 서구 열강의 민족제국-군사력-산업자본주의의 합력에 기반하여 출현한 것이었던 만큼, 중국의 대응으로서 근대화 역시 국가 안보의 차원에서 추진된 개혁 방안이었다. 역대 중국의 3대 지정학적 과제에서 이 시기를 본다면, 그동안 가장 후 순위에 있던 동남 연안의 외국 침입 방어의 문제가 가장 긴급한 현안으로 부상했으며, 제한적 통상에 중점을 둔 기미정책에서 개항과 조계지 등을 허용하는 조약체제로 바뀌었다. 동남

---

16 강진아, 『문명제국에서 국민국가로』(창비, 2009), 127-128쪽.

17 오카모토 다카시 엮음, 『중국경제사』, 315쪽.

연안의 개방으로 자본주의적 경제성장에 대한 자각이 일어났을 뿐 아니라, 서구 열강과의 전쟁을 통해 해상에 대한 주권적 영토의식이 점차 형성되었다.

동남 연안의 안보 중요성은 해군 육성과 군함 대포 제작을 핵심으로 한 양무운동을 촉진하였다. 양무운동은 서구의 군사기술 학습을 통한 군수산업 육성에서 시작하여, 이를 위한 학당 설립과 인재 교육 및 관련 근대기업의 설립으로 이어졌다. 이는 양무운동이 군사 안보에서 시작하여 중국 시장 보호를 위한 경제 안보의 영역으로 확장되었다는 것을 뜻한다. 여기서 주목할 점은 양무운동이 중앙정부가 아니라 지방의 한족 고위 관료들에 의해 주도된 것이었다는 사실이다. 그들은 18세기 말 이래 발생한 내륙 변경의 동란과 중원의 민중 봉기를 진압하는 과정에서 중앙정부를 대신하여 공로를 세움으로써 지방의 군사권-재정권을 장악한 세력이었다.

이에 양무운동 세력 가운데는 자신의 지역적 이해에 기반하여 지정학적 안보 순위를 동남 연안이 아니라 내륙 변경에 두는 이들이 있었다. 앞에서 서술했듯이, 당시 내륙 변경의 지정학적 경쟁자는 초원 유목국가에서 러시아로 바뀌어 있었다. 제2차 아편전쟁에 편승하여 청과 영국의 중재자로 등장한 러시아는 그 대가로 연해주 지역을 할양받고 신장의 카슈가르와 몽골 수도 우르가에 러시아 영사관 설치권도 얻었다. 그런데 1860년 무슬림 지도자 야쿠브 벡이 반란을 일으켜 카슈가르를 장악하고 신장 일대에 왕국을 건설하였다. 러시아는 군대를 파견하여 카슈가르 북동쪽의 이리를 점령했는데, 이는 러시아가 만주에 이어 신장을 장악한 사건으로써 청조에 내륙 변경의 안보 위협을 느끼게 만들었다.

이렇게 동남 연안과 내륙 변경에서 동시에 가해진 안보 위협 속에서 청조 관료들 사이에 안보 순위와 타개책을 둘러싼 논쟁이 벌어졌다. 리훙장을 중심으로 한 해방海防파는 유럽과 일본에 맞설 대함대를 건조하여 동남 연안의 방어에 집중하고, 러시아와는 타협하여 신장 지역을 할양해야 한다고 주장했다. 쥐종탕을 중심으로 한 새방塞防파는 내륙 변경에서의 러시아의 위협을 최대 안보 문제로 보면서, 지상군 육성을 우선하고 동남 연안의 방어를 후 순위로 두었다.

그리고 중국 안보의 최우선 지역인 중원에서 태평천국의 난 등의 반란을 진압하는 과정에서 쩡궈판 같은 지방 세력들이 성장하였다. 양무운동은 이렇게 지역적 기반을 가진 고관들에 의해 주도되었으며, 청조의 실권자인 서태후는 이들을 중용하여, 외자 도입을 통해 최신 무기와 증기선을 구입하고 철도 건설과 광산 개발을 추진하게 하였다. 또 내지 통행세인 이금을 비롯하여 지방 재정을 증대할 수 있는 권한을 부여함으로써, 군사력을 강화하고 지방 경제발전을 위한 근대기업 건설과 투자, 인재 교육을 진행할 수 있었다. 아편전쟁 이래 안보 위기 속에서 지방 고관들이 주도하는 군사력 육성-근대기업 설립-인재 교육 등이 초보적으로 이뤄지고 있었던 것이다.

양무운동을 통해 중국경제는 근대화 적응력을 보여주었을 뿐 아니라 군사력은 내륙 변경에서 러시아를 제어하고 신장을 지키는 성과를 거두었다. 그러나 동남 연안에서는 청불전쟁(1884)과 청일전쟁(1894)에서 연패하여 아시아 최강을 목표하던 북양함대가 궤멸되는 참사가 벌어졌다. 이에 서태후의 예산 남용 등 낡은 정치체제의 문제가 드러나면서 정치개혁을 핵심으로 하는 변법론이 부상하였다. 변법론은 캉유웨이, 량치차오 등 입헌파 지식인들이 주축이 된 정치운동인데, 이로부터 중국의 근대화가 군사력·과학기술 방면에서 정치제도 방면으로 옮겨간다는 통설이 형성되었다. 이러한 통설은 국민성 개조를 중심으로 하는 5.4 신문화운동과 연동되어, 중국의 근대화가 양무운동-변법운동-신문화운동으로 진화한다는 시각에 기반한 것이다.[18]

---

18 3단계 개혁론에 내재한 문제점 비판과 대안 시각에 대해서는 이종민, 『근대 중국의 문학적 사유 읽기』(소명출판, 2004), 제2장 근대 중국의 시대 인식 참고.

그러나 이러한 시각은 신문화운동 시기 계몽주의 지식인들에 의해 형성된 것이며, 군사력 강화와 이를 위한 과학기술의 문제가 통치집단의 최우선적인 관심에서 벗어난 적은 없었다. 청일전쟁 패배 이후 영토 분할의 위기에 처하면서 군사력은 더욱더 절박한 현안이 되었다. 변법운동과 신문화운동은 젊은 지식인들이 중심이 된 개혁운동이었으며, 중앙정부뿐만 아니라 지방의 유력 관료들과 군벌들은 여전히 양무운동의 핵심 목표인 군사력 강화-경제 근대화-인재 교육 등이 자신의 세력을 유지 확장하기 위한 관건적 사안이라고 보았다.

이 책 1부 량치차오와 근대 중국의 국가 상상에서 논의한 것처럼, 자본주의 세계화 속의 중국의 근대화 문제를 살펴보기 위해선 지식인 계몽운동의 차원을 넘어 근대국가 건설과정과 연결된 거시적이면서 장기적인 문제로 고찰해야 한다. 중국의 근대화가 무엇보다 아편전쟁 이래의 국가안보 위기에서 시작된 것인 만큼, 군사력 강화는 근대국가 건설에 있어서 언제나 최우선적인 과제였다. 청일전쟁의 참패로 인해 정치개혁을 위한 변법운동이 흥기했을 뿐 아니라 새로운 지역 군대가 건립되었다. 대표적인 것이 장즈둥이 난징에서 적립한 자강군과 위안스카이가 직예성에서 건립한 무위군이었다. 새로운 군대는 서구적인 모델의 훈련, 장비, 조직을 기반으로 만들어졌으며, 군사력을 통제하는 사람들이 정치권력과 경제적 자원 그리고 인재를 장악하는, 지방 세력 주도의 민족군사주의 시대가 지속되었다.[19]

중국의 경제 근대화도 국가안보와 연동되어 진행된 것이었다. 산업자본주의 시대에서 후발 국가의 근대화는 선진국의 산업기술 따라잡기가 관건이었다. 명청대 이래 글로벌 교역에서 압도적인 수출국의 지위를 누리고 있었던 중국은, 1760년 산업혁명을 기반으로 1820년대 이래 비약적 경제발전을 이

---

19 클라우스 뮐한, 『현대 중국의 탄생: 청 제국에서 시진핑시대까지』(윤형진 옮김, 너머북스, 2023), 254-255쪽.

룩한 유럽과 기술격차가 벌어지고 있었다. 1793년 영국 매카트니 사절단이 무역 개방을 위해 건륭제를 알현할 때 가져간 선물을 보면, 군함 모형, 망원경, 기관총, 자명종, 유리등, 지구의, 천체의, 악기, 열기구, 곡사포 등 유럽 기술문명의 정수를 망라한 것이었다.[20] 건륭제는 유럽의 근대 상품을 애써 무시하며 수입을 늘리지 않았고, 이에 무역적자를 줄이기 위해 영국이 선택한 것이 바로 아편이었다.

그러던 청조가 유럽과의 기술격차를 확실하게 인지한 분야는 대포 군함으로 상징되는 군사기술이었다. 양무운동 관료들은 서구 군사기술을 수용하여 군수산업을 육성하고, 과학학당 건립과 유학을 통해 인재를 양성하였다. 1861년에서 1894년까지 쩡궈판이 세운 안칭내군계소를 시작으로 강남제조총국, 금릉기기국, 푸저우선정국 등 24개의 군수공장이 세워졌는데, 대부분 원자재를 수입하고 기술은 외국인에게 의지하였다. 군사기술 따라잡기는 과학구국의 슬로건 하에 지속적으로 추진되어 안보와 기술발전이 연결된 핵심 분야가 되었다.

군사기술에 이어 근대화가 추진되었던 것은 면 방적·방직업 등의 실용 경공업 분야였다. 양무운동 관료들은 군수산업에 이어 운수, 광산, 방직업 등의 분야로 투자를 확장했는데, 특히 면제품 수입이 많아지고 영국이 방적공장을 직접 세우려 하자 중국 시장 보호를 위해 공장 설립을 추진한 것이었다. 중국이 외국기업 설립을 공식 허용한 것은 청일전쟁 후 체결한 시모노세키조약(1895)이었으며 그 전에는 수입 시장만 개방되어 있었다. 중국의 면방적공장은 리훙장이 설립한 상하이기기직포국(1891)을 시작으로 장즈동이 한커우에 설립한 후베이직포관국(1893)이 가동되었으며, 전국 각지에 공장 분

---

20 자오타오·류후이, 『세계사를 바꾼 15번의 무역전쟁』(박찬철 옮김, 위즈덤하우스, 2020), 115쪽.

국을 세우려고 하였다. 면제품 관련 품목의 수입이 급증하면서 이를 대체하기 위한 국가 주도의 산업정책이었던 것이다.

그런데 시모노세키조약으로 외국기업이 허용되면서 상하이에 영국, 미국, 독일 자본의 공장이 설립되어 당시 중국 방적공장 전체 보유 방추수에 필적하게 되었다. 이에 청조가 민간 공장 설립을 자유화하자 민영 방적공장이 크게 늘어났으며, 지역도 상하이뿐 아니라 강남 델타 전역으로 확장되었다. 민간의 근대식 공장 설립은 면 방직·방적업을 넘어 기계동력을 사용하는 제조업체 광산업체 신설로 이어졌다. 그러나 민간 공장의 규모는 대부분 영세하여, 근대산업에서 외국자본이 차지하는 비중(1913년 기준)은 제조업 42%, 광업 50%, 철도 95%, 항운업 74%였다. 이렇게 중국의 경제 근대화는 양무운동 관료에 의해 주도되다가, 1895년 시모노세키조약 이후 외국과 민간 기업의 설립으로 이어졌고, 외국 기업의 우세 속에서 1904년 근대기업 진흥을 위한 법안인 공사율公司律이 제정되어, 산업 근대화가 상하이를 넘어 개항장 도시로 확장되었다.[21]

4. 세계대전, 세계화의 굴절과 국가자본주의의 탄생

이렇게 경제 근대화를 위한 노력이 지속되고 있었지만, 청일전쟁 이후 중국에는 제국주의적 영토 분할과 개항장·관세·철도부설 등을 둘러싼 경제 침탈의 위기가 더 심화되고 있었다. 중국의 위기는 자유무역을 내세운 세계화가 19세기 말 과잉생산으로 세계적 불황이 닥치면서, 열강들이 보호 무역주의와 제국주의적 팽창으로 전환한 시점에서 가속화된 일이었다. 즉 세계적

21 강진아, 『문명제국에서 국민국가로』, 137-138쪽.

불황으로 자유 무역주의 시대가 지나가고 보호 무역주의, 기업의 대규모 독점화, 제국주의적 팽창이 경쟁적으로 펼쳐지는 시대가 도래한 것이었다. 향후 벌어진 중국의 근대화 과정을 이해하기 위해선 이 시기 서구에서 자본주의 세계화가 굴절되어 가는 과정을 먼저 고찰할 필요가 있다.

이 시기에 보호 무역주의가 시작되면서 유럽의 국가들이 무역전쟁에 휩쓸렸다. 1888~1889년에는 프랑스와 이탈리아가, 1876~1894년에는 러시아와 독일이, 1906~1910년에는 오스트리아와 세르비아가 식민지와 관세 등을 둘러싸고 크고 작은 무역전쟁을 벌였다. 당시 무역전쟁은 주로 관세전쟁의 방식이었으며, 관세를 이용해 상품의 수입과 수출을 제한하고 통상국에 손해를 입히는 것이었다. 무역의 세계화로 유럽 각국의 경제는 서로 긴밀히 연결되어 있었는데, 경제 불황과 보호 무역주의 시대가 도래하면서 벌어진 무역전쟁은 세계화의 파국을 예고하고 있었다.

그렇지만 1880~1914년에 관세장벽이 높아졌다고 하여 세계 무역량이 줄어든 것은 아니었다. 오히려 세계 무역량은 이 시기에 세 배가량 증가했는데, 윌리엄 번스타인은 이에 대해 두 가지 요인을 들고 있다. 하나는 증기선이 발전하여 해상 운송비가 줄어들면서 수입 관세 인상분을 만회하고도 남았다는 점이다. 다른 하나는 세계가 점차 부유해져 교환할 물건이 많아짐에 따라 교역이 더욱 활발하게 이루어졌다는 점이다.[22]

무역의 세계화가 시작된 이래 세계 교역의 약 40%는 유럽 국가들 사이에서 진행되었고, 약 37%는 유럽과 세계 다른 지역 사이에서 이뤄진 것이었다. 또 이 시기 국제 투자의 3/4이 유럽 자본에 의한 것이라는 점은, 유럽이 전 지구적 차원에서 식민지와 시장을 개척하는 과정에서 세계 무역량이 증가한 것이었다는 사실을 알려준다.[23] 이렇게 세계 무역량이 증가하고 세계가

22 윌리엄 번스타인, 『무역의 세계사』(박홍경 옮김, 라이팅하우스, 2022), 535쪽.

하나의 시장으로 연결되고 있었지만, 국가 간의 안보 문제가 이로 인해 해소된 것은 아니었다. 경제성장이 국력의 바탕이 되면서 무역 이익을 둘러싼 국가 간의 갈등이 안보 문제의 핵심 사안으로 부상했기 때문이다.

1914년 6월 24일 보스니아 사라예보에서 오스트리아 황태자를 향한 세르비아 암살자의 총성은 동유럽을 둘러싼 독일과 러시아의 지정학적 갈등을 촉발하였다. 이어 유럽 열강이 진영을 이루어 참전하는 세계대전으로 확산되었는데, 그 밑바탕에는 1880~1914년에 벌어진 무역전쟁으로 인한 불신이 내재되어 있었다. 전통적인 지정학적 안보 문제와 아울러 유럽 및 글로벌 시장에서 자국의 경제권을 지키려는 욕망이 맞물려 있었던 것이다. 아편전쟁처럼 무역 경쟁이 국가 전쟁으로 이어진 것인데, 중국의 입장에서 볼 때 세계대전과 그로 인한 세계화의 파국은 민족자립을 위한 새로운 공간을 열어주는 사건이었다.

세계대전과 경기침체는 서구 열강의 군사력을 유럽에 집중케 했을 뿐 아니라 유럽이 주도한 무역과 투자의 흐름을 약화시켜, 중국의 경제성장과 수출에 유리한 조건이 형성되었기 때문이다. 아편전쟁 이래 피동적 대외개방 속에서 근대화에 적응하던 중국에게 민족자립을 추구할 기회가 다가온 것이었다. 그렇다고 민족자립이 세계 경제에서 단절되어 고립주의의 길을 가는 것은 아니었다. 양무운동이 서구 기술을 이용하여 군사력과 경제 근대화 문제를 해결하려고 한 것이었듯이, 민족자립도 세계질서의 변화 속에서 국가안보와 경제성장을 다각적으로 모색하는 길이었다.

19세기에 시작된 자본주의 세계화는 세계대전(1914~1918) 이후 국가적 지역적 상황에 따라 분절되기 시작하였다. 세계대전은 국가 간 무역량을 급감하게 했을 뿐 아니라 참전국들이 극심한 경제난과 국가부채에 시달리게 만들

---

23 마크 레빈슨, 『세계화의 종말과 새로운 시작』, 55-56쪽.

었다. 영국, 프랑스 등 승전국들은 파리강화회의에서 세계대전 이전의 자유무역 시대로의 회귀가 그 해결책이라고 여기고 있었다. 그러나 전후 유럽은 자국의 경제침체 회복을 우선하며 수입 관세를 올리는 등의 보호주의 정책을 시행하였고, 패전국들에게 영토·인구 분할뿐 아니라 상환이 불가능할 정도의 배상금을 물게 하였다. 경제 활성화를 위해선 통화량을 늘이는 재정정책이 필요함에도 불구하고, 자유무역 시대의 규범인 금본위제에 고정되어 화폐 발행을 제한하였다. 이에 유럽 전체가 전쟁 기간 군수물자를 조달하여 막대한 이익을 취한 미국 자본에 의존할 수밖에 없었다. 이러한 상황은 유럽을 세계대전 이전의 자유무역 시대로 돌아가기 힘들게 했을 뿐 아니라, 세계대전을 일으킨 국가 간 갈등의 원인을 지속시키는 것이기도 하였다.

이 책 1장에서 살펴보았듯이, 세계대전 직후 유럽 현장에서 파리강화회의를 관찰한 량치차오 역시 이러한 문제를 통탄하며 2차 세계대전에 대한 우려를 표명한 바 있었다.[24] 그리고 21세기의 시점에서 1차 세계대전 이후의 상황을 성찰한 로버트 거워스는 승전국의 불합리한 사태 처리로 인해 갈등과 혼란이 더욱 가중되어 오늘날까지 이어지는 전 지구적인 민족분쟁의 기원이 되었다고 비판하였다.[25] 이러한 우려 속에서 탄생한 국제연맹의 활동과 미국 자본에 기대어 1920년대 중반 유럽은 일시적인 정치 경제적 안정기를 누렸지만, 세계화의 표상인 무역, 투자, 이민의 흐름은 세계대전 이전보다 현저히 약화되었고, 미국의 산업 발전과 금융에 의존하여 유럽 경제가 움직이는 불균등한 관계가 형성되고 있었다.

이렇게 유럽 경제의 미국 의존성이 심화되는 과정에서 1929년에 대공황이

---

24 梁啓超, 『歐游心影錄』(1920).

25 로버트 거워스, 최파일 옮김, 『왜 1차 세계대전은 끝나지 않았는가: 폭력과 갈등으로 얼룩진 20세기의 기원』, 김영사, 2018.

발생하였다. 미국에서 공산품·농산물이 과잉생산 되어 물가 하락과 실업 문제가 심각해지고, 과열된 금융시장의 버블이 붕괴되면서 산업 투자가 급감하여 경제 대불황이 시작되었던 것이다. 대공황은 미국을 불황의 나락에 빠뜨렸을 뿐 아니라 대규모의 미국발 대출에 의존하던 독일을 비롯한 유럽에서 미국 자본이 빠져나감으로써 유럽 각국은 심각한 경제난에 시달리게 되었다. 이에 각국 정부는 자국 경제를 보호하기 위해 화폐 발행량을 늘이며 다각적인 재정정책을 쓰고, 관세장벽·수입쿼터제·환율 인하 등을 통해 수출입을 관리 통제하였다. 미국과 유럽이 만든 높은 무역 장벽은 원자재와 농산물을 수출하는 아시아, 아프리카, 아메리카의 약소국들과 상품 수출을 하는 제조기업들에게 커다란 위협으로 다가왔다.

세계 각국의 보호주의 정책 속에서 대공황 이후 세계는 일련의 무역 블록으로 나뉘고 있었다. 일부 국가에서는 선호하는 파트너에게 특혜를 주고 다른 국가를 차단하기 위해 관세를 부가하였다. 가령, 대영제국의 식민지인 캐나다, 인도, 호주, 남아프리카공화국의 수출품 대부분은 관세가 부과되지 않는 제국 내부에서 판매되었다. 그리고 미국과의 교역이 붕괴된 독일은 세계대전 이후 분할되었던 속국들을 다시 정복하여 제국의 생활공간(Lebensraum)을 구축하였고, 이탈리아는 지중해와 북아프리카에서 군사적 경제적 영향력을 확장하였다. 조선과 대만을 지배하고 있던 일본은 만주와 중국 동부 일대를 점령하고 이 지역을 주요 수출 시장으로 만들었다.[26]

이렇게 전후 자유무역 시대를 재건하려는 승전국들의 구상과 달리, 세계는 대공황을 겪으면서 국가의 재정정책과 산업정책이 경제발전의 주축이 되는 국가자본주의의 길로 나아가고 있었다. 각국이 통화 발행량을 급격히 늘이면서 세계 경제의 안정성을 추구하던 금본위제 고정환율제가 깨졌으며, 자국의

---

26 마크 레빈슨, 『세계화의 종말과 새로운 시작』, 73-74쪽.

수출입에 유리한 각종 보호주의 정책들이 시행되었다. 패전국에서는 전후 부과된 부당한 조치들을 무효화하였고, 각국의 파시스트 정당들은 집권 세력의 무능 속에서 급진적 수단으로 조국의 정치 경제적 위기를 해결하려는 정책을 내세워 대중들의 지지를 받았다. 전후 질서의 제약에서 벗어나려는 국가들은 폭력적 방식을 통해 자국의 이해관계에 부합하는 국가나 식민지를 병합하여 배타적인 경제권을 형성하고 있었다.

국가자본주의 형성과 아울러 전후 질서에서 새로운 한 축을 이룬 문제가 사회주의 소련의 탄생이었다. 1905년 러일전쟁에서 패배하여 중국에서 밀려난 러시아는 그 충격으로 정치체제가 입헌군주제로 변환되었다. 그리고 팽창의 방향을 오스만 투르크 제국이 지배하는 유럽 남동부 발칸 지역으로 전환하고, 오스트리아-헝가리 제국 내의 러시아계 민족을 지원하여 분열을 조장하였다. 당시 유럽은 급부상한 통일제국 독일을 견제하기 위해 영국-프랑스-러시아가 연대하고 독일은 이 삼국과 지정학적 갈등 관계에 있는 오스만 투르크 제국, 오스트리아-헝가리 제국과 연대하여 유럽 전체가 진영화 된 갈등 속에 빠져들고 있었다. 1912~1913년에 벌어진 두 차례의 발칸 전쟁은 이러한 진영화 된 갈등이 표출된 사건으로, 세계대전은 사라예보의 총성 이전에 발칸에서 이미 시작되고 있었다.

독일이 등장하기 전에 해양 세력과 대륙 세력의 대표로서 세계 요충지에서 그레이트 게임(대격전)을 벌였던 영국과 러시아는 이제 독일 견제를 위해 같은 진영에 속하게 되었다. 이것은 유럽의 오랜 세력균형 의식이 작동한 결과이지만, 무역의 세계화와 식민지 경쟁, 그리고 각국의 사회혁명 등이 중첩된 유럽의 상황은 과거와 확연히 구별되는 전쟁의 성격을 지니게 했다. 무역의 세계화가 진행되면서 개전 이전에는 국가 간의 무역전쟁이 징후처럼 벌어졌으며, 개전 이후에는 진영 간의 무역 봉쇄가 이어져 군사력과 경제력이 연결된 총력전 양상을 띠게 되었다. 이 총력전 속에는 첨단 군사기술

개발이 포함되어 있었으며, 독가스·항공기·탱크·잠수함 등 새롭게 출현한 군사무기가 전쟁의 향방에 중요한 영향을 끼쳤다.

또 유럽 내부의 지정학적 경쟁과 전 지구적인 식민지 쟁탈전이 서로 얽혀 있어서, 사라예보의 총성이 유럽을 넘어 아시아와 대서양으로 확전됨에 따라 결국 세계대전의 참극으로 이어졌다. 전쟁이 국가 총력전에 기반한 진영 간의 세계대전이 되면서, 국가 자원을 결집하여 지속적으로 동원할 힘이 있는 민족국가(민족제국)와 그렇지 못한 느슨한 제국 간에는 갈수록 전쟁 수행 능력에 차이가 벌어졌다. 민족국가를 이루어 노동자·농민을 공동체 성원으로 통합하고 진보적 사회운동을 국가 내부로 수용하는 데 성공한 나라는 총력전 체제를 지탱할 수 있었다. 1789년 프랑스혁명 이래 유럽은 1840년대 자유주의 혁명의 흐름에 이어 사회주의, 공산주의, 무정부주의 등의 사회운동이 끊이지 않았다. 양 진영의 주축국인 영국, 프랑스, 독일 등은 이러한 사회운동을 수용하여 인민 결속에 기반한 중앙집권 체제를 형성한 국가였다. 민족국가 체제를 이루지 못했거나 느슨한 다민족 제국 체제를 유지한 나라들은 총력전 수행 과정에서 내부 분열이 일어나 체제 위기에 몰리게 되었다.

이러한 총력전의 성격으로 인해 전쟁 승리를 위해선 전쟁 목적의 선전뿐만 아니라, 상대국 체제의 약점을 잡아 내부 분열을 일으키는 일이 효과적이었다. 즉 상대국 내부의 사회혁명을 지원하고, 제국 내의 민족모순을 자극하여 소수민족의 저항운동을 지원하는 일이 그러했다. 세계대전 초기 전쟁의 한 축이 독일-러시아였는데, 1917년 스위스에 망명 중인 레닌이 러시아로 돌아가 혁명에 성공할 수 있었던 요인 가운데 하나가 독일의 분열 공작이었으며, 레닌이 집권한 이후 독일은 러시아와의 휴전으로 전력을 서부전선에 집중할 수 있었다. 이러한 정세 속에서 전쟁 당사국들은 내부 인민의 결속과 다민족의 지지를 받는 일이 중요해졌으며, 이에 권리 보장과 자치 약속이 이어져 전후 질서 재편을 추동하는 내재적 동력으로 작용하였다.[27]

세계대전 와중에 발생한 러시아혁명은 총력전 체제에서 내부 한계를 가장 먼저 드러낸 나라가 바로 러시아라는 것을 뜻했다. 러시아혁명은 제국 체제를 붕괴시켰을 뿐 아니라 세계대전의 참극 속에서 전쟁 반대와 반제국주의, 민족자결의 이슈가 국제적인 공감을 받았다. 계급해방, 인민민주주의, 생산수단의 국유화, 토지개혁 등을 핵심으로 하는 사회주의는 전후 국가 체제의 대안으로 급속히 확산되었다. 1919년 영국과 미국에서 전례 없는 파업의 물결이 일어났고, 독일에서는 독립사민당이 '모든 권력을 소비에트로'라는 구호를 채택하였다. 이탈리아 사회당은 거대한 물결의 파업과 농민의 토지 점거를 선두에서 이끌었는데, 그들에게 핵심적인 질문은 이러한 투쟁을 어떻게 러시아 혁명의 중심과 연결할 수 있는가의 문제였다.

또 신생국 헝가리의 봉기는 중부유럽의 혁명적 변화 가능성을 열어놓았을 뿐 아니라, 뮌헨의 소비에트공화국 수립과 베르사유 강화회의의 큰 위기가 시기적으로 겹치면서 파리를 공포로 빠뜨렸다.[28] 이에 체제 전복을 우려한 각국 정부는 볼세비즘의 확산을 차단하기 위해 물리력을 행사했지만, 당시 중국 지식계에서 볼 수 있듯이, 사회주의가 대안적 이념으로서 세계적인 사조가 되는 것을 막을 수는 없었다.

그러나 사회주의 평화 이념과 달리, 제국 체제 붕괴 이후 러시아는 내전에 휩싸이며 전시 공산주의 시기의 혼란을 겪고 있었다. 레닌 정부는 취약한 권력구조와 합법적으로 선출된 의회에 대한 강제 해산으로 인해, 반볼세비즘을 내세운 백군 및 반혁명을 의심받는 각종 세력과 폭력적 충돌을 벌였다. 그리고 러시아 제국의 서쪽 변경인 폴란드·우크라이나 및 캅카스 지방에서

---

27 와다 하루끼, 『역사로서의 사회주의』(고세현 옮김, 창작과비평사, 1994), 65-66쪽.

28 애덤 투즈, 『대격변: 세계대전과 대공항, 세계는 어떻게 재편되는가』(조행복 옮김, 아카넷, 2020), 532-533쪽.

분리 독립하려는 움직임을 진압해야 했다. 러시아는 독일과의 휴전으로 세계대전에서 물러나 있었지만, 볼세비즘의 확산을 우려하여 백군을 지원하기 위해 파견된 연합군과, 1918년 이후에는 라트비아와 에스토니아 민족주의자들 및 독일 의용군과 같은 외부 개입 세력과 싸워야 했다. 게다가 공산당이 부족한 식량을 강제 징발하여 농민 반란이 일어나면서 러시아 내전은 세계대전 및 국내외의 정치 세력과 연결된 복잡한 양상을 띠게 되었다.

공식적으로 세계대전은 1914년 사라예보 총성에서 시작되어 1918년 파리강화회의에서 종결된 것으로 본다. 하지만 전쟁의 내적 연결성으로 보면, 1912~1913년의 발칸 전쟁에서 촉발되어, 1918년 이후에도 1923년 로잔조약에 이르기까지 세계대전과 연결된 국가 간 전쟁과 내전이 지속되었다. 내전은 1917~1920년 사이에 러시아를 시작으로 27차례의 폭력적 정권 교체 과정에서 벌어졌으며, 국가 간 전쟁은 러시아-우크라이나·폴란드의 민족전쟁을 비롯하여 패전국의 영토 분할과 신생 국가 탄생 과정에서 발생하였다. 또 그리스와 이탈리아는 전승에 힘입어 터키에 침입하여 옛 제국의 영광을 되살리기 위한 영토 쟁탈전을 벌였다. 파리강화회의로 즉시 평화가 찾아온 것이 아니라, 세계대전이 초래한 각국의 사회혁명·민족혁명과 내전, 민족 독립전쟁 그리고 영토 수복과 팽창을 위한 국가 간 전쟁 등이 1923년까지 지속되었던 것이다.

이렇게 세계대전의 시작과 종결 그리고 전후 질서 재편 과정에서 러시아는 중요한 한 축을 이루고 있었다. 개전 초기에는 영국·프랑스와 한 진영이었으나, 러시아혁명 이후에는 독일과 휴전을 하였고, 사회혁명·민족혁명이 맞물린 내전을 끝낸 후 1922년에 러시아·벨라루스·우크라이나·자캅카스의 4개 사회주의 공화국의 연합국가로서 소련(소비에트사회주의연방공화국의 약칭)이 탄생하였다. 유럽 차원의 전쟁과 혁명운동이 새로운 국가 형태를 창출한 것이었다. 영토상으로 보면 소련은 옛 러시아 제국에서 핀란드, 폴란드, 발트

3국이 제외된 영역을 차지하고 있었다. 그리고 1919년 레닌의 제안으로 창립된 코민테른은 유럽의 거의 모든 국가와 중국을 포함한 세계 여러 나라에서 공산당을 창당케 하여 국제적인 영향력을 행사하였다. 소련은 코민테른을 통해 혁명의 국제적 확산을 시도하면서 제국의 잃어버린 세력 판도(이 속에는 러일전쟁과 1921년 워싱턴회담에서 상실한 중국 내륙 변경과 만주에 대한 영향력이 포함되어 있었다)를 회복하려고 했다.

전후 러시아는 서부 변경에서 분리 독립 세력과 전쟁을 벌였을 뿐 아니라 중앙아시아에서도 세력 확장을 시도하였다. 이러한 러시아에 대항하여 반볼세비즘을 후원하는 주된 배후 세력은 바로 영국이었다. 독일을 견제하기 위해 중단되었던 영국과 러시아의 그레이트 게임이 독일의 패전으로 다시 시작되는 듯했다. 1920년 4월 민족문제인민위원 스탈린은 적군을 아제르바이잔으로 들여보냈는데, 바쿠와 그 유정에 주둔한 공산주의자들은 아시아의 무슬림 주민을 혁명 세력으로 만들기 위한 운동에 착수했다. 5월, 소비에트 해병대 병사들이 카스피해 해안선을 따라 전진하여 페르시아 항구도시 반다르에안잘리에서 영국을 몰아냈다. 철수하기 전에 소비에트 군대는 무너져가는 테헤란 정권에 대한 도전으로서 북부 페르시아에 길란소비에트공화국의 수립을 도왔다. 이에 1920년 9월 8일 바투에서 코민테른 주최로 열린 동양민족대회에는 페르시아와 아르메니아, 터키 곳곳에서 29개 민족과 소수민족 집단을 대표하는 대의원들이 참석하였다.[29]

이렇게 1920년에 코민테른의 열기가 충만했는데, 1921년 독일과 이탈리아에서 혁명이 좌절된 후 민족주의 세력과 협력을 모색하는 방어적 전략을 취하게 되었다. 코민테른의 이러한 전환 속에서 당시 레닌 정부에게 더 긴급한 문제는 전쟁의 폐허 위에서 경제를 재건하는 일이었다. 1917년 레닌 정권

---

29 애덤 투즈, 『대격변: 세계대전과 대공황, 세계는 어떻게 재편되는가』, 540쪽.

은 국유화와 계획경제에 기반한 산업발전을 추구했지만, 곧바로 내전이 일어나면서 전쟁 수행을 위한 통제 정책을 시행하여, 토지분배 이외에는 혁명의 성과를 이루지 못하였다. 내전 후 경제 재건을 위해 소련이 선택한 길은 시장경제의 인센티브를 허용한 신경제정책(NEP)이었다.

하지만 신경제정책이 전면적인 시장경제를 추구한 것은 아니었으며, 국가 주요 부문인 행정·대기업·은행보험·교통·국제무역은 중앙정부에서 통제 관리하고, 경공업·농업의 분야에서는 시장 판매 수익을 제한적으로 허용하는 등 계획과 시장이 혼합된 방식이었다. 이것은 전시 통제 정책으로 인한 경제 침체와 농산물의 강제 징발로 인한 농민의 불만을 해소하여 생산력을 높이고, 아울러 산업발전에 필요한 자본과 설비를 유럽 자본주의 국가에서 수입하기 위한 유화적 방안이기도 했다.[30] 즉 NEP 시대의 혼합경제는 공산당의 중앙권력을 공고히 하고 경제 주요 부문을 국가가 관리 통제하는 기반 위에서, 민간 부문의 경제 활성화를 위한 자본주의적 요소와 외국의 자본 기술을 선별적으로 허용한 정책이라고 할 수 있다.

혼합경제는 당국의 예상을 뛰어넘는 성과를 이루어 1928년의 경제 지표가 세계대전 이전(1913년)의 수준을 상회할 정도가 되었다. 이 과정에서 네프맨이라고 불리는 새로운 부유 계층(부농, 사농, 사적 유통인, 기업인)이 출현하고 자본주의적 요소가 사회주의 경제체제에 광범위하게 자리하게 되었다. 그런데 1927년 들어 소련에 전쟁의 공포로 인한 사회적 공황 상태가 벌어졌다. 4월에 장제스의 반공 쿠데타가 일어나 중국과의 연결이 끊어졌고, 5월에는 런던에서 영소 합작회사 탄압과 대소 단교 조치가 이루어졌다. 러시아혁명 이래 줄곧 자본주의의 포위를 받고 있었기 때문에, 스탈린 정부는 당면한

30 한종만, 『러시아경제의 이해: 체제전환과 경제개혁』(배재대학교출판지원실, 2009), 21-22쪽.

전쟁의 위협이 네프 시대에 성장한 경제 세력과 결탁하여 체제 위기로 전이될 것을 우려하였다. 이에 스탈린은 1928년에 신경제정책을 폐기하고 중앙집권적 계획경제 체제를 위한 제1차 5개년 계획을 시행하였다.

5개년 계획의 핵심은 생산수단의 국유화, 중공업 발전, 농업의 집단화였다. 전쟁과 자본주의의 포위를 대비하여 국가 주도의 중공업 중심의 자립경제를 구축하는 것이었다. 즉 모든 생산 자원과 네프 시기에 발전한 생산수단을 국유화하여 국가의 계획 하에 효율적인 생산과 균등한 분배를 추진하고, 군수산업을 포함한 중공업에 집중 투자하여 급속한 산업발전을 이루려는 것이었다. 소련이 자립경제를 추구한다고 하여 국제 교역을 단절한 것은 아니었다. 산업발전에 필요한 설비는 수입에 의존하였고 농산물 수출로 그 대금을 충당하는 방식의 교역이 이루어졌다. 1차 5개년 기간 중 수입에서 공산품이 차지하는 비중은 64.7%에 이르렀으며, 1928~1937년 연평균 공업 성장률은 11.3%에 달하여 전체 경제 성장률 6.2%를 상회하였다.

문제는 경제계획을 추진할 자본축적이 결핍되고 외자 유치가 제한된 국내외적 상황이었다. 이에 스탈린의 선택은 인구의 대다수인 농민과 농업의 희생에서 돌파구를 찾는 내부 축적의 길이었다. 그것이 바로 농업의 집단화였는데, 핵심은 부농이 된 네프맨의 자산을 국유화하고, 농산물의 처분권을 국가가 소유하며, 경작 기계화를 통해 잉여 노동력을 공업으로 전환하는 일이었다. 농업 집단화를 통해 도시 노동자들은 농산물을 저렴하게 구입할 수 있었고, 공산품 수입 금액을 농산물 수출로 충당할 수 있었으며, 공업 발전에 필요한 노동력을 농촌에서 조달할 수 있었다. 그러나 이러한 정책은 토지 소유자에게는 자기 자산의 몰수에 해당하고, 농산물의 국가 처분은 농민들이 수익을 얻을 기회를 박탈하는 것이며, 도시 노동자가 되는 것은 농토 밖으로의 강제 이주를 뜻하는 일이었다. 이에 농민들의 강렬한 저항운동이 일어났으며, 스탈린 정부의 강제 진압과 이주 정책으로 경작 생산성이 떨어져 대기근 사태를 초래하기도 하였다.

농촌에서의 이러한 사태에도 불구하고 소련은 도시의 중공업 투자에 기반하여 1928년에서 2차 세계대전 이전까지 연평균 6.2%의 성장을 기록하였다.[31] 동시기 미국과 유럽이 대공황으로 경제침체에 빠진 상황과 대비되면서, 소련의 계획경제는 지속적인 산업 발전과 균등 분배를 이룰 수 있는 대안으로 부상하게 되었다. 소련의 고도성장은 미국 자본과 연결된 대공황의 그늘에서 자유로운 경제체제를 구축한 덕분이었으며, 대공황 이후 형성된 미국과 유럽의 국가자본주의는 사회주의 정책의 장점을 수용한 혼합경제의 길이었다. 세계대전과 러시아혁명을 통해 확산된 사회주의의 사조가 대공황 이후 국가자본주의와 계획경제라는 현실 제도 속에서 시대적 역할을 수행하고 있었다.

5. 민족자립과 냉전체제

자본주의 세계화는 세계대전과 대공황 이후 보호무역에 기반한 국가자본주의의 길로 나아가고 있었는데, 이러한 세계 경제의 변화는 중국 근대화의 향방에도 커다란 영향을 끼쳤다. 먼저 산업기술력의 우위를 점하던 열강의 자본이 세계대전 이후 중국에서 빠져나가면서 중국 기업이 이들을 따라잡을 성장의 기회를 맞이할 수 있었다.

중국은 신해혁명을 통해 1912년 중화민국을 수립했지만, 양무운동 이래 성장한 지방 군벌 세력에 의해 중앙-지방의 이원적 체제가 지속되었다. 청일

31 한홍순, 「소련의 산업」(『연구총서(N/A)』 6집, 한국외국어대학교 러시아연구소, 1981), 198-205쪽.

전쟁 이후 열강 자본은 불평등조약과 개항도시의 조차지를 기반으로 급속한 중국 진출을 이루었는데, 중국 시장에 안착하기 위해선 지방 경제를 장악하고 있는 군벌과 관료, 상인 들의 협력이 필요하였다. 이에 중국 각 지역에서는 열강-군벌의 협력 하에 산업 근대화가 이루어지고 이들을 통해 해외 교역이 늘어나는 현상이 나타났다. 열강의 영향력 하에 있던 지역들이 열강의 해외 교역 네트워크와 연결된 것인데, 화북·화중 지역은 북미 시장과 연결되었으며, 장강·화남·홍콩·마카오 지역은 유럽 시장과, 만주 지역은 유럽·일본 시장과 연결되었다.

이러한 경제관계 속에서 중국에는 열강의 외국기업, 이들을 따라잡으려는 국영·공영 기업, 그리고 지역의 소규모 민간 기업이 피라미드식 생산 구조를 형성하고 있었다. 그런데 1914년 발발한 세계대전은 마오쩌둥의 말대로, 구미 제국주의 국가가 전쟁에 집중하여 중국에 대한 압박을 약화시킴으로써, 방적업·제분업·제사견직업 등의 근대산업이 한 단계 발전할 수 있는 기회를 제공하였다.[32] 일반적으로 1917년에서 전후 열강의 자본이 다시 중국으로 돌아오는 1922년 사이의 경제성장기를 민족자본의 황금시대라고 칭한다. 특히 면방직업은 영국에서 면제품 수입이 끊겼을 뿐 아니라, 원료인 면화 가격은 하락하고 면사 가격이 오르는 호황으로 공장이 급증하여 국내 자급률이 높아지고 있었다.[33] 또 세계대전으로 밀가루 수입이 중단되고 외국 시장으로의 수출이 급증하면서 기계 제분업이 발전했으며, 성냥·비누·시멘트 등의 산업으로 중국 자본이 투자되면서 수입품을 대체하기 시작하였다.[34]

하지만 1922년 이후 외국자본이 회귀하여 국내 시장을 점유하고 유럽의

---

32 毛澤東, 「中國革命與中國共産黨」(1939).

33 이케다 마코토 외, 『중국공업화의 역사』(김태승 옮김, 신서원, 1996), 82쪽.

34 오카모토 다카시 엮음, 『중국경제사』, 375쪽.

불황으로 인해 수출이 줄어들면서 황금시대가 막을 내리게 되었다. 이에 중국 기업들이 침체에 빠지면서 정부에 산업 보호정책의 시행을 요구했으나 열강의 이해관계를 우선하여 운영의 어려움을 겪었으며, 지속적인 투자를 하지 못하여 정체에 빠진 기업들이 속출하였다. 또 석탄·제철 등의 중공업 부문에서는 여전히 외국 기업의 채탄량과 선철 생산이 압도적이어서 중공업 부문의 자립적 발전을 저해하고 있었다. 선반·내연기관·방직기계 등의 기계공업 부문에서는 공장의 수가 증가했으나, 수리업 중심에 머물러 본격적인 기계제조 단계에 이르지 못하는 상황이었다.

당시 중국은 지역 군벌 간의 내전의 시기였으며, 군벌들은 세력 확장을 위해 자기 지역에 진출한 열강과 정치 경제적 협력관계를 맺고 있었다. 이러한 상황은 중국의 경제발전에 있어 치명적인 두 가지 문제점을 드러냈다. 하나는 군벌-열강-해외 교역 관계의 형성으로 인해 중국 내부 지역 간 교역이 단절 혹은 분절되어 전국적 차원에서 통합된 시장경제 체제가 형성될 수 없었다는 점이다. 다른 하나는 군벌들이 지방정부로 각기 독립되어 있어서 중국경제를 통일된 국민경제로 발전시킬 수 있는 정치체가 없었다는 점이다.

전후 열강들은 무역 장벽을 통해 자국 경제를 보호하면서 해외 시장과 식민지에서 약탈적 이익을 얻고 있었는데, 열강의 이러한 추세로부터 국민경제를 보호 육성하기 위해선 지역 군벌을 결속시킨 통일정부의 수립이 이루어져야 했다. 1924년 광둥의 지역 세력이었던 국민당과 천두슈의 공산당은 국공합작을 이루어 통일정부 수립을 위한 기틀을 마련하였다. 국공합작은 소련의 협력 하에 이뤄진 것인데, 당시 미국은 전후 문제 처리를 위한 워싱턴회의(1921) 등에서 북양군벌이 장악한 베이징 정부를 중국의 대표로 인정하고 있었다. 그러나 1926년 7월 중국 통일을 위한 북벌을 개시한 이후에는 국민당을 대화 상대로 인정했으며, 열강에 대한 민족주의적 조치에도 불구하고 장제스 정부에 우호적 입장을 취하였다.

이렇게 국민당은 1928년 통일정부를 수립하는 과정에서 소련과 미국의 협력을 얻었으며, 이후 친자본주의 정책을 지향하면서도 소련식 당국 체제와 계획경제를 혼합한 국가 건설을 추구할 수 있었다. 이러한 기반 위에서 국민당 정부는 군벌에 의해 분할된 지역 경제를 통일된 국민경제로 결속하고, 아울러 열강의 불평등조약을 폐지하여 경제 자주권을 회복하려고 하였다. 1928~1930년에 미국, 영국, 일본과 교섭을 진행하여 숙원인 관세 주권을 되찾았는데, 이는 수입 관세가 30%까지 인상되어 국가 재정을 강화하면서 자국 산업을 보호하는 중요한 성과였다.

또 장제스 정권의 기반은 근대산업의 중심지인 강남 델타의 동부 연안이었고, 내륙 각지가 경제적으로 이 지역에 의존하고 있어서 통일된 국민경제를 구축하기에 유리한 상황이었다. 먼저 국가 재정 확충을 위해 중앙-지방의 재정 권한을 정리하고, 관세와 염세 그리고 지금의 부가가치세에 해당하는 통세를 중앙 재정의 근간으로 삼았다. 그리고 전국적으로 분산 발행되던 화폐의 통일을 추진하여 표준 화폐인 법폐를 발행하고, 화폐가치를 기축통화인 달러·파운드와 연동시켜 대외 신용을 높이게 하였다. 나아가 확충된 재정과 관세 주권을 바탕으로 경공업 부문을 중심으로 한 수입대체 공업화를 더욱 강력하게 추진할 수 있었다.

장제스 정부는 민족주의적 성향을 지니고 있었으나 세계경제 하에서 발전을 추구하여 그 변화에 따라 커다란 영향을 받았다. 1929년 세계 대공황은 국제 은 가격을 하락시켜 중국이 일시적인 수출 호황을 누리게 했으나, 1931년부터 대공황의 악영향이 중국에 밀려오기 시작하였다. 대공황으로 미국의 자본이 유럽에서 급속히 빠져나감에 따라 각국은 금본위제를 폐지하고 관리통화제로 이행하였고, 이에 국제 은 가격이 상승하면서 중국의 수출이 급격히 줄고 물가가 하락하는 디플레 현상이 나타났다. 그 타격은 농산물 수요와 수출이 하락한 농촌의 불황에서 시작되어 도시의 경공업 위기로 확장되고 중소 금융 특히 전장의 도산으로 이어졌다.

또 열강들은 자국의 지배지역에 스털링 블록, 프랑 블록과 같은 배타적 통화권을 설정하여 블록 속에서 수탈을 강화함으로써 국내 경제문제를 해결하려고 했다. 이러한 배타적 경제권 형성에 자극받은 일본은 자국의 불황을 타파하기 위해 1931년 중국 동북 지역을 침략했는데, 이곳은 수출 농산물인 대두의 산지이면서 근대적 공업 생산과 소비가 이뤄진 중요한 시장이었다. 이에 중국은 수출 불황과 디플레 그리고 중일전쟁으로 이어지는 대공황의 공습에 직면하게 되었다.

이러한 국내외적 위기 속에서 장제스 정부 내부에는 경제발전을 위한 두 가지 구상이 경쟁하고 있었다. 국가의 통제와 민간 부문에 대한 지원을 결합하여 민족경제 발전을 지향한 왕징웨이·쑹즈원의 정책과, 국가 통제를 강조할 뿐 아니라 국가가 기업의 소유자이자 경영자가 되어 군사 지향적 중공업 발전을 우선한 장제스의 정책이 그러했다.[35] 장제스 정부 초기에는 경제자주권과 수입대체 공업화를 추구한 첫 번째 정책이 주도하였다. 그러나 1930년대 중반 이후에는 일본의 전쟁 위협 속에서 국가 자원위원회의 주도로 전략적 물자를 수출하고 그 대가로 각종 공업설비와 무기를 수입하는 군수공업 중심의 전시동원체제가 형성되었다. 흔히 알려진 장제스 정부의 국가자본주의와 그에 수반된 부정적 현상은 총동원령 하에 비대해진 군사비를 조달하는 과정에서 벌어진 일들이었다.

이 시기의 국가 주도 경제는 중국뿐만 아니라 소련의 계획경제, 미국·유럽의 국가자본주의, 독일·이탈리아·일본의 파시스트 통제경제에서 보이듯이, 대공황과 세계대전에 직면하여 공통적으로 출현한 세계적 현상이라고 할

---

35 클라우스 뮐한, 『현대 중국의 탄생: 청 제국에서 시진핑시대까지』(윤형진 옮김, 너머북스, 2023), 360-361쪽.

수 있다. 특히 소련의 계획경제는 2차 세계대전 이전까지 6.2%의 높은 성장률을 기록했는데, 장제스 정부가 추구한 국가자본주의도 소련식 경제에 근접하고 있었다. 그러나 1938년 일본의 군사력에 밀려 충칭으로 천도한 장제스 정부는 일본이 동북과 산동, 그리고 근대산업 중심지인 동남 연안 지역을 점령함에 따라 국가 재정의 근간을 상실하게 되었다. 이에 취약해진 경제기반을 영국·미국·소련의 차관과 화폐 발행, 기업의 국유화, 내륙 주민에 대한 과세 등을 통해 해결하려 했으나 심각한 부정부패와 경제난을 초래하였고, 1945년 중일전쟁이 끝난 후 농촌지역에 기반한 공산당과 내전에 돌입하게 되었다.

중일전쟁으로 중국은 일본이 점령한 선진경제지역, 국민당이 통치한 후진 내륙지역, 공산당이 지배한 농촌지역으로 분할되었으며, 국공 내전은 일본이 점령한 선진경제지역을 선점하기 위한 각축전의 양상을 띠고 있었다. 국민당은 물질적 조건에서 유리한 입장에 서 있었음에도 불구하고, 결국 인민의 지지를 받은 공산당이 내전에서 승리하였다. 공산당의 승리는 이념적으로 보면 사회주의의 승리이지만, 지역적으로 보면 농촌이 도시에 승리한 것이고, 가난한 서부지역이 부유한 동부지역에 승리한 것이며, 농업지역이 공업지역에 승리한 것이었다. 이렇게 내전은 경제발전과 역행하는 결과를 가져왔으며, 공산당은 전쟁의 폐허와 심각한 경제위기 속에서 국가 재건을 이뤄야 하는 난제에 직면하게 되었다.

2차 세계대전 후 바로 냉전체제가 형성된 것을 보면서, 중국 공산당이 줄곧 서구 자본주의 세계와 대립하고 있었다는 생각을 하게 한다. 2차 세계대전이 미국 중심의 자본주의 국가와 사회주의 소련이 연대하여 파시스트 국가인 독일·이탈리아·일본에 승리한 것임에도 불구하고, 전후 미소 냉전체제로 인해 그 중요성이 가려져 있는 것이나 마찬가지다.[36] 역사적으로 볼 때 중국 공산당은 반제 반봉건을 정치과제로 내세우기는 했지만, 소련 일변도로 치우치지 않았으며 미국과도 우호적인 관계를 유지하고 있었다. 1936년 국공합작의 성립과 지속은 미국과 소련의 협력 하에 이뤄진 일이었으며, 내전에 승리한 공산당은 전후 경제건설에 있어서 미국과의 협력을 고려하고 있었다. 미국 역시 전후 세계질서 재건에 있어서 사회주의 중국을 소련 견제를 위한 파트너로 고려하고 있었으며, 1950년 1월 미국의 동아시아 방어선을 표명한 에치슨 선언에서 타이완을 제외한 것도 미국의 이러한 의도를 투영한 일이었다.[37]

그러나 마오의 선택은 한국전쟁 참전을 통해 소련 중심의 사회주의 진영으로의 귀결이었다. 이후 미중 데탕트가 시작된 70년대 초까지 양국은 냉전체제 속의 대결 관계가 이어졌다. 이러한 맥락에서 볼 때 냉전체제의 시각으로 중국을 이해하는 것은 한국전쟁에서 미중 데탕트 이전까지의 시간에서 유효하며, 그 기간에도 중소분쟁이 일어나 중국이 소련 중심의 사회주의 질서와 다른 세력권을 형성하려고 했다는 점은 주목해야 할 부분이다.

사회주의 중국의 탄생과 냉전체제의 형성은 아편전쟁 이래 지속된 중국의 지정학적 과제가 변화되었다는 점을 알리는 사건이었다. 아편전쟁이 역대 중국의 지정학적 과제에서 후 순위에 있던 동남 연안을 자본주의 세계화와 연결된 핵심지역으로 바꾸었다면, 냉전은 동남 연안을 미국의 침입을 방어하고 타이완의 분리 독립을 봉쇄하는 해금령의 시대로 회귀하게 했다. 경제발전의 측면에서 볼 때 냉전 기간은 중국의 근대화를 저해하는 지정학적 함정에 포위된 시기였다. 중원은 내전에서 패배한 국민당 정부가 타이완으로 옮겨감에 따라 불안정성이 지속되었다. 내륙 변경은 중국 영토로 내재화되었으나, 소수민족의 분리 독립 운동이 끊이지 않았고 새롭게 형성된 내륙 국경

---

36 백승욱, 『연결된 위기』(생각의힘, 2023), 154-181쪽 참고.

37 박홍서, 『미중 카르텔』, 후마니타스, 2020, 89쪽.

은 이제 소련과 마주하고 있었다. 이러한 지정학적 환경 속에서 중국은 1960년대에 국민당의 대륙 침공, 중국과 인도의 국경 분쟁, 인도차이나 지역의 긴장과 미군의 중국 영토 침범, 중소분쟁 등이 지속되어, 경제가 안보에 발목이 잡힌 상태였다.

미중냉전과 중소분쟁 속에서 공산당이 경제발전을 위해 선택한 방식은 장제스 정부의 길과 유사한 것이었다. 중화인민공화국 초기 공산당은 당국체제 하에 혼합경제를 발전시키려고 하였다. 혼합경제는 생산수단을 국유화·사회화 하는 사회주의 경제와 달리, 도시에서 공적 부문을 운영하는 국유기업과 아울러 민간의 사영기업을 육성하고, 농촌에서 토지개혁을 통해 소농생산을 활성화하는 방안이었다.[38] 이 방식은 장제스 정부가 집권 초기에 추진한 왕징웨이·쑹즈원의 정책과 유사한 것이었으며, 국민당이 세계경제와의 연결 하에 경제발전을 추진한 데 반해 공산당은 주로 소련에 의지했다는 점이 달랐다.

이러한 방식으로 두 정부 모두 높은 성장을 이루었는데, 문제는 중일전쟁과 한국전쟁이라는 비상시기를 거치면서 중공업 국유부문이 중심이 된 국가자본주의와 사회주의 계획경제의 방식으로 전환된 이후였다. 이 방식은 전시동원체제 하에서 국가자원이 집중 투자된 중공업 부문 특히 군수산업은 높은 성장을 이룰 수 있었지만, 인민의 소비재 생산과 연결된 경공업 부문은 낮은 투자로 인해 성장을 지속하기가 힘들었다. 또 농촌 부문에서 국민당은 경자유전의 토지개혁이 유보되어 농촌을 빈곤하게 만든 데 반해, 공산당은 토지개혁으로 소농경작을 이루었지만 이후 집단농경으로 전환하고 도시의 기업 성장을 위해 농촌을 수탈하는 체제를 만들어 농민이 가난하기는 마찬가지였다.

국가 주도 경제의 관건은 혼합경제 각 부문의 특성에 기반하여 제 부문이

---

38 클라우스 뮐한, 『현대 중국의 탄생청 제국에서 시진핑시대까지』, 536쪽.

균형적 성장을 이루게 하는 데 있다. 즉 국가가 주도한다고 하여 경제가 퇴행하는 것은 아니며, 효율적 정책을 통해 제 부문의 균형적 성장을 이룬다면 국민경제 전체가 번영을 누릴 수 있는 것이다. 국유부문은 국가의 경제 안보와 연결된 공적 영역이기는 하지만, 국가자원을 총동원하는 전시체제를 장기간 지속하는 것은 제 부문의 불균등한 발전과 인민의 삶의 불평등을 초래하여 결국 국민경제 전체가 침체의 나락으로 빠지게 한다. 전후 국민당의 국가자본주의의 실패와 공산당의 국유화 계획경제의 실패는 무엇보다 전시동원체제 하에서 혼합경제 제 부문의 균형적 성장을 간과한 정책의 실패에서 기인한 것이었다.

이 문제와 관련하여 소련식 계획경제를 살펴본다면, 소련은 대공황 시기인 1930년대 그리고 2차 세계대전 이후 1970년대까지 높은 성장을 이루기는 했지만, 첨단 군사기술을 포함한 국유부문의 과도한 투자로 인해 국민경제 내부의 불평등이 심각하게 누적되어 있었다. 소련이 이러한 불균등경제를 지탱할 수 있었던 주요 동력은 세계적 산유국이라는 점 때문이었는데, 70년대 들어 국제 원유가가 급상승하여 수입이 늘면서 소련 경제의 구조적 문제가 더 은폐되었다. 1973~1985년 동안 소련의 에너지 수출은 소련 현금 수입의 80%를 차지했으며, 중동 산유국들의 무기 구입으로 소련의 수입은 더욱 늘어났다.

1970년대에 소련 GDP는 미국의 40% 수준이었는데 국방비는 거의 동등하게 지출했으며, 당 간부나 국가 관료 등의 특권 계층인 노멘클라투라가 소득의 상당 부분을 차지하였다. 생필품 등 부족한 소비재는 서구에서 수입했는데, 이는 소련 인민들의 체제 불만을 달래는 수단이었다. 소련의 이러한 상황은 모순을 은폐하여 구조 개혁의 시간을 놓치게 했다. 소련 경제에서 중공업의 비중은 1980년대 중반 70%까지 이르게 되었고, 스탈린 시절에 만들어진 노후한 산업시설을 혁신하지도 않았던 것이다.

이러한 상황 속에서 소련의 결정적 실수는 늘어난 재정 수입을 믿고 무리한 대외 팽창을 시도한 것이었다. 1970년 전후 일어난 세계적 데탕트에도 불구하고 소련은 세계 각지에 군대를 파견하였다. 1975년 베트남전쟁에서 북베트남이 승리하자 아시아, 아프리카, 중남미 국가들의 민족해방운동이 고조되었고, 미국을 비롯한 서구 자본주의 국가들의 경제 불황은 소련의 세계 진출을 더욱 자극했던 것이다. 그러나 국제 유가의 급락과 제3세계 진출의 정점인 아프간전쟁의 덫에 빠져, 결국 소련은 재정의 한계를 드러내면서 붕괴의 길을 걷게 되었다.[39]

6. 신자유주의 세계화와 개혁개방의 이중 전략

2차 세계대전 이후 서구 자본주의 세계는 미국의 마샬플랜을 기반으로 한 경제 재건 과정에서 자본주의 황금기라고 불리는 고성장의 시기를 누리게 되었다. 소련의 경우도 풍부한 에너지 자원을 바탕으로 국가 역량을 중공업 발전에 집중하여 고성장을 이루고 있었다. 냉전체제 하에서 서구 자본주의 세계와 소련이 경쟁적으로 고성장을 이룬 것인데, 이는 냉전의 의미처럼 세계대전과 같은 전쟁을 차갑게 억제하려는 얄타회담의 이상을 양 진영 모두 공유하고 있었기 때문이다. 이러한 분위기 속에서 양 진영은 경제성장을 바탕으로 완전고용과 국민의 삶의 질 향상을 위한 사회복지 정책을 추진하여 냉전 속의 번영기를 만들었다. 이에 대해 홉스봄은 자본주의/사회주의 대립

---

39 정의길, 『지정학의 포로들』, 한겨레출판, 2018, 297-301쪽. 세력 판도로 볼 때, 소련의 붕괴는 2차 세계대전 이후 팽창한 소비에트 제국의 판도가 무너지고 그 이전의 러시아 제국의 영토로 돌아간 것이었다. 러시아는 21세기에 세계 무대에 복귀하여 우크라이나를 비롯한 상실한 서부 요충지를 둘러싸고 다시 지정학적 갈등을 벌이고 있다.

서사로 이 시기를 보는 통설과 달리, 세계대전 기간 인류 공공의 적인 파시즘에 맞서기 위한 자본주의/사회주의 협력과 전후 두 체제의 장점을 결합하여 이룩한 황금시대의 시각으로 이 시기의 의미를 설명한 바 있다.[40]

홉스봄의 시각에 더해 국가 주도 경제의 측면에서 보면, 이 시기는 혼합경제 제 부문의 균형적 성장과 그 결실이 국민의 삶의 질 향상으로 이어지게 한 정책의 성공적인 사례라고 할 수 있다. 그런데 70년대 들어 번영의 기반이 된 3저 호황(유가, 물가, 금리)이 끝나고 경제난이 가중되면서 전후 번영의 시대가 막을 내렸다. 이에 미국은 크게 세 가지 부문의 혁신을 통해 세계경제의 흐름을 전환하려고 했다. 첫째, 달러를 금 태환과 연동시킨 브레튼우즈 체제를 종결하여 금융산업 발전을 위한 통화체제의 확립. 둘째, 연구개발·디자인·유통과 같은 고부가가치 부문은 국내에 두고 저부가가치 제조생산은 해외로 이전하여 전 지구적 차원의 분업생산 체제 구축. 셋째, 달러 가치를 원유가격과 연동시켜 전 세계 에너지 주도권의 확립. 이렇게 미국은 70년대의 불황 속에서 에너지, 금융, 기술 부문의 혁신과 세계 패권을 확립하여 향후 신자유주의 세계화라고 불리는 경제 흐름을 주도할 수 있었다.

소련이 내부의 구조적인 문제를 은폐하고 에너지와 무기 수출에 의존하여 대외 팽창을 지속한 것과 달리, 미국은 혁신을 통해 신자유주의 세계화로 전환하였고, 이점이 향후 두 패권국의 운명을 가른 핵심 요인이 되었다. 이 시기의 신자유주의를 세계화의 측면에서 보면, 19세기 자유무역에 기반한 세계화가 두 차례의 세계대전과 대공황을 거치면서 국가자본주의에 기반한 블록화로 굴절되었다가, 이 시기에 글로벌 분업생산에 기반하여 세계가 다시 하나의 시장으로 연결되는 제2차 세계화의 시대가 열린 것이라고 할 수 있다.

1978년 중국의 개혁개방은 바로 미국이 주도하는 신자유주의 세계화에

---

40 에릭 홉스봄, 이용우 옮김, 『극단의 시대: 20세기 역사』, 까치, 1997.

편입되어 글로벌 분업생산 속의 하위공정을 맡는 과정이었다. 한국전쟁 이래 냉전을 벌인 미중이 다시 협력관계를 회복한 것인데, 그 출발점은 70년대 초 소련 견제를 위해 맺은 안보 협력관계부터였다. 이것은 개혁개방이 순수한 경제적 결정이 아니라는 점을 뜻하며, 이로부터 냉전 시기 동남 연안의 해금령 시대에서 벗어나 다시 바다를 개방함으로써 자본주의 해양 세력과의 교역의 시대를 열었다.

이렇게 개혁개방은 신자유주의 세계화라는 새로운 시대에 편입되는 과정이면서, 중국 내부의 경제정책에서 보면 사회주의 계획경제에서 혼합경제로 다시 전환하는 과정이었다. 혼합경제는 개혁개방 시대의 언어로 중국식 사회주의 시장경제라고 불렀는데, 이 복잡하고 모순되어 보이는 용어 속에 중국 경제의 운명이 달려있었다. 중국이 세계화를 다시 선택했다는 것은 아편전쟁과 같은 피동적인 개방이 아니라 주체적으로 세계와 연결하여 경제성장을 이루려는 뜻이었다. 당시 소련이 구조적 문제를 은폐하며 대외 팽창을 시도한 것과 달리, 중국은 자신의 사회주의 정책의 실패를 인정하며 내부 개혁과 대외 개방의 길을 선택한 것이다.

신자유주의 세계화는 아편전쟁과 같은 폭력에 의해 강제된 것은 아니었지만, 중국이 세계와의 격차를 따라잡기는 쉬운 일이 아니었다. 게다가 신자유주의는 미국의 금융, 기술, 에너지 패권을 통해 전 지구적으로 확장된 것이었기 때문에, 중국의 세계화 편입은 복잡하고 위계적인 방식으로 진행되고 있었다. 개혁개방은 기축통화로서 미국의 달러 체제를 수용하는 것이면서, 하위 기술의 제조공정이 이전되어 미국의 상위 기술에 종속되는 것이며, 또 미국의 에너지 공급에 따라 중국의 생산이 통제되는 등 미국 중심의 세계경제에 하위 단위로 편입되는 것이었다.

중국의 목표는 세계화에 먼저 적응하면서 이를 통해 낙후된 제 부문의 현대화를 이루는 것이었다. 덩샤오핑이 목표한 공업·농업·국방·과학기술의

4개 현대화는 세계화의 이점을 활용해야 실현 가능한 과제였다. 즉 세계화 속에서 현대화된 자립경제를 추구하려는 것인데, 중국의 딜레마는 세계화에의 적응이 바로 미국의 패권체제에 편입되는 것이라는 점이었다. 그래서 개혁개방 속에는 세계화의 이점을 활용하여 성장을 하면서 아울러 그 딜레마를 해결하려는 이중 전략이 내재되어 있었다.

중국식 사회주의 시장경제는 이러한 이중 전략에 의해 탄생된 개념이라고 할 수 있다. 중국식은 서구적 시장 질서가 아니라 중국이 수립한 규칙에 따르는 것이고, 사회주의는 기간산업과 전략산업 그리고 과학기술을 국유부문으로 집중 투자하는 것이며, 시장경제는 민간부문을 외국기업과의 보호적 경쟁을 통해 성장역량을 키우려는 것이었다.

사회주의 정통성의 입장에서 개혁개방을 비판하는 이론가들은, 글로벌 자본과 중국 정부 그리고 시장 세력이 공모하여 중국에 신자유주의 체제를 도입한 것이라고 보았다.[41] 그러나 개혁개방 초기 중국 정부는 외국기업을 유치하기 위하여 각종 세제 및 금융 혜택을 제공하면서도, 발전개혁위원회의 엄격한 심사를 통해 외국기업의 투자 규모와 기술이전 정도에 따라 사업 활동의 범위를 규제하였다. 또 사업 영역에 따라 외국기업 단독 사업을 제한하고 중국기업과 합자를 하도록 규정함으로써, 중국기업이 외국기업의 기술과 경영기법 등 선진적인 요인을 가까이서 배울 수 있게 하였다. 세계 경제에 중국이 단계적으로 진입할 수 있도록 개방의 분야와 속도를 조절했던 것이다.[42]

경제발전을 위해 선진 기술과 자본을 수용하면서, 국내 산업 보호를 위해

---

41 왕후이, 『단기 20세기』(송인재 옮김, 글항아리, 2021), 6장 1989년 사회운동과 중국 '신자유주의'의 반역사적 해석 참고.

42 이종민, 『글로벌 차이나』, 산지니, 2008, 49쪽.

신자유주의를 경계하는 이중 전략을 구사한 것이었다. 중국의 전략산업 육성 방식을 보면, 국가가 기업에 막대한 자금을 투여하고, 기업은 선진기업의 인수 합병·최신설비 구입·고급 인재 스카우트 등의 방식으로 기술개발을 하고, 시장에서는 국가가 자국 기업에게 유리한 규칙을 만들어 외국기업과의 경쟁력을 높여주었다.[43] 이러한 방식으로 중국은 하위공정의 제조업 부문에서 철강, 조선, 스마트폰, 디스플레이, 배터리 등의 전략산업에 이르기까지 전례없는 급성장을 이루며 세계의 공장으로 부상할 수 있었다.

중국의 경제 성적만을 놓고 보면 개혁개방의 이중 전략이 성공한 것처럼 보였다. 그러나 경제성장을 통해 눈부신 현대화를 이루었지만, 미국의 패권체제에 더 깊숙이 편입되어 제 부문에서 자립화된 실력을 갖추지 못했다. 그리고 재정 투자와 부동산업 중심의 발전전략으로 인해 경제성장이 막대한 빚에 의존하는 부작용이 나타났다. 게다가 성장의 결실이 인민의 삶의 질 향상으로 이어지지 않아 사회적 불평등과 환경문제가 심각한 문제로 대두되었다.

중국이 성장의 딜레마를 통감한 것은 2008년 미국발 금융위기로 인해 세계 경제가 침체에 빠지면서였다. 그간 중국이 땀 흘려 번 달러 자산이 미국의 결정에 의해 한순간에 폐지가 될 수 있다는 사실을 알게 되었던 것이다. 아울러 글로벌 분업생산에서 최고 수익은 상위공정을 차지한 선진국 기업의 몫이었기 때문에, 핵심 첨단기술을 자립화하여 산업고도화를 이루는 일이 시급한 과제임을 인지하였다. 또 세계 경제의 위기는 지속적인 생산과 수출을 위해선 공급망의 안정화와 수출 시장의 다변화가 필요하다는 사실을 깨닫게 해주었다.

---

43 마이클 베클리·할 브랜즈, 『중국은 어떻게 실패하는가(Danger Zone)』(김종수 옮김, 부키, 2023), 186-187쪽.

이렇게 중국은 미국발 금융위기를 겪으면서 성장의 딜레마를 인지했으며, 그것을 해결하기 위한 방안으로 달러체제 탈피, 핵심 제조기술의 자립화, 공급망 안정화와 수출 다변화 등을 모색하게 되었다.[44] 그리고 2012년 집권한 시진핑 정부는 이러한 방안을 국가 정책을 통해 실천해가는데, 바로 중국제조 2025, 일대일로, 위안화 국제화 그리고 새로운 성장동력으로 내수시장이 그러했다. 중국의 이러한 전환 속에는 경제 자립화와 아울러 대외 세력권을 확장하려는 욕망이 내재되어 있었으며, 이는 개혁개방 이래 지속된 미중 협력관계가 경쟁관계로 변모하는 징후적 사건이었다.

7. 미중경쟁과 중국식 세계화 상상

2018년 개시된 미중 무역전쟁은 1970년대 초부터 시작된 미중 데탕트가 막을 내리는 신호탄이었다. 지금은 미중경쟁이 본격화되어 첨단기술, 전략자원, 기축통화 등 미국 패권체제의 근간을 이루는 영역으로 확장되어 있다. 그간의 글로벌 분업질서가 유지되었다면, 중국이 빠르게 추격하더라도 상위 공정의 기술을 개발하여 격차를 유지하는 방식을 썼을 것이다. 기술격차로 상위-하위 공정의 관계가 유지되면 협력적 분업관계를 유지할 수 있기 때문이다. 그러나 미국이 선택한 방식은 무역전쟁과 아울러 글로벌 공급망에서 중국을 디커플링하는 것이었다.[45]

---

44 김흥규, 『중국 패권전략』(더봄, 2025), 200-201쪽.

45 2018년 대중국 공세를 시작한 이래 미국은 미중 경제가 세계화로 인해 복잡하게 통합되어 전면적 분리가 불가능한 현실을 인지하면서, 목표를 디커플링(Decoupling)에서 디리스킹(Derisking)으로 수정하였다. 즉 중국 생산에의 과도한 의존성 탈피, 첨단 장비와 기술 차단을 뜻하는 제한적인 의미로 조정한 것이었다. 그러나 중국은 디커플링이든 디리스킹이든

이는 글로벌 분업질서의 균열이 미중의 세력 경쟁에 의해 추동된 것임을 뜻한다. 1990년대 이후 미국을 비롯한 전 세계 제조기업들이 중국으로 생산기지를 이전하면서 중국이 세계의 공장으로 성장하였고, 여기서 생산된 제품의 주요 수출 시장이 미국이 되는 글로벌 분업구조가 형성되었다. 이로 인해 미국은 중국에 수십 년 동안 막대한 무역적자를 기록하게 되었고, 아울러 제조기업의 중국 이전으로 일자리가 줄어들고 중산층의 소득이 줄어드는 현상이 나타났다. 미국의 무역적자와 일자리 감소는 미국이 주도한 신자유주의 세계화가 진행된 결과였으며, 미국이 수입한 메이드 인 차이나 가운데는 중국 내 미국 기업의 제품이 상당한 비중을 차지하고 있었다. 기축통화국으로서 미국은 트리핀 딜레마(Triffin Dilemma)를 안고 있었다. 미국의 세계 경제 영향력은 달러 공급을 통해 이뤄지는 것인데, 이 과정에서 무역수지 경상수지 적자는 필연적이었고 무역수지의 적자는 미국의 고용에 영향을 끼칠 수밖에 없었다. 중국은 미국으로부터 얻은 무역 이익을 미국 국채를 사는 방식으로 균형을 맞추었고, 이러한 과정이 수십 년 진행되면서 미중의 상호 경제 의존성은 높아져 갔다. 이러한 세계화 덕분에 세계는 수십 년간 전례없는 평화 상태를 누리게 되었고, 세계의 소비자들은 중국의 공장에서 생산된 저가의 제품을 향유할 수 있었다.

작금의 미중 무역전쟁이 문제가 되는 것은 일반적인 무역 분쟁이 아니라 수십 년간 작동하던 글로벌 분업질서의 종결을 뜻하는 일이기 때문이다. 미국은 기축통화국의 지위는 그대로 유지하면서 관세와 환율 조정을 통해 제조업을 부활시키고 일자리를 늘리려 하고 있다. 미국의 제조업 부활을

수사적 변화일 뿐 실제로는 중국을 특화한 공급망 분리를 뜻한다고 보았다. 미국의 무역, 기술, 금융 및 해상에서의 포위망은 글로벌 경제에서 중국과의 분리를 위한 단계적 조치라고 인식한 것이다.

부정적으로 보는 사람들은 1인당 GDP 8만 달러가 넘는 인건비, 제조업 이전으로 인한 숙련공과 공급망이 결여된 제조환경의 문제를 제기한다. 하지만 엔지니어 양성 및 로봇 생산체제와 공급망을 구축한다면 전연 불가능한 일은 아니다. 시스템 구축에 걸리는 시간이 문제이며, 그렇게 되면 기대했던 제조업 일자리를 로봇이 대체할 것이라는 게 딜레마다.

이러한 시스템 구축을 통해 중국산 의존도는 줄여나가겠지만 완전한 절연은 불가능한 일이며, 오히려 절연으로 인해 중국에서 이익을 얻고 있는 미국 기업과 월가 자본의 반발이 만만치 않은 상황이다. 미국도 이점을 인정하며 첨단기술 부문에서 중국의 성장을 봉쇄하는 디리스킹 정책을 펼치고 있고, 중국은 미국의 봉쇄를 뚫고 기술 자립화를 이루는데 사활을 걸고 있다. 70년대 미국이 에너지·무기 자금을 기반으로 세력 팽장을 시도한 소련을 억제하기 위해 중국을 끌어들여 신자유주의 세계화를 구축한 것이라면, 지금은 제조 생산과 수출의 세계화를 이룬 중국을 억제하기 위해 관세와 미국 우선주의를 내세우며 글로벌 분업질서에 균열을 내고 있는 것이다. 또 우크라이나-러시아 전쟁 이후 한층 밀접해진 중국과 러시아를 분열시켜 미국-러시아 협력관계를 조성하고, 친중적인 중동의 경제 지형을 바꾸어 지정학적 세력 경쟁에서 우위를 점하려고 한다.

그 전장에서 기술패권 전쟁이 벌어지고 있다. 중국이 미국의 봉쇄를 뚫지 못하면 2등 경제대국의 지위를 유지하며, 미국 기업의 수출을 위해 중국 내수시장이 더 개방되고 미국 자본의 수익을 위해 중국 자본시장이 더 개방되는 상황이 이어질 것이다. 이것은 미중 무역전쟁의 대타협이 이뤄질 수 있는 길로, 관세를 푸는 대신 위안화 절상을 선택하는 방식이다. 이러한 상황은 제조업 수출 경쟁력에 일정한 영향을 받더라도 내수와 자본 시장 육성에 있어서는 장기적으로 유리한 조건을 만드는 일이다. 이는 지금과 같이 미국의 패권 하에서 중국이 미국을 위한 시장으로 더 개방되고 이 과정에서 중국이 성장방식을 전환하는 길이 된다. 자본시장 개방은 중국이 안고 있는 금융 문제를 개선하는 기회가 될 수 있고, 내수 성장은 기술 자립화를 위한 시간을 벌어주는 일이기도 하다.

만일 중국이 미국의 봉쇄를 뚫고 기술 자립화를 이룬다면 중국식 기술표준이 만들어져 미국식 기술표준과 공존하는 두 기술표준의 시대가 열릴 것으로 보인다. 세계가 두 가지 기술표준에 따라 상이하게 작동하는 이른바 일구양제一球兩制[46]의 질서가 만들어질 것이라는 얘기다. 중국은 첨단 반도체 칩과 사물인터넷, 클라우드 컴퓨팅, 통신망, 인공지능 의료서비스, AI, 로봇 등 차세대 기술 부문에서 국제표준 경쟁을 벌이고 있다. 이를 위해 중국은 '중국제조 2025'에 이은 '중국표준 2035' 정책을 국가 자원을 집중하여 추진하고 있다.[47] 중국이 기술 자립화에 성공하여 국제표준을 만들고 세계 각국을 그 기술 통제권 안으로 끌어들일 수 있다면, 미국의 대중국 포위망을 뚫고 글로벌 세력권을 이룰 수 있다[48]는 중국식 세계화 상상을 하고 있는 것이다.

나는 중국의 기술 자립화가 이러한 세계화 상상과 연결되어 있다고 생각한다. 이미 시작된 일대일로와 역내포괄적경제동반자협정(RECEP) 등을 통해 대외 세력권을 확장하는 그 연장선 위에 있는 것이다. 그렇다고 중국식 질서가 지금의 자본주의 세계와 절연하려는 것은 아니며, 자본주의 세계 안에서 미국과 주도권 경쟁을 하는 양상이 될 것이다. 이렇게 보는 것은 현재 중국에서 미래 세계 건설의 이념으로서 사회주의는 존재하지 않으며 국가 주도 경제의 방식으로 제도화되어 있기 때문이다. 국가가 총력전을 통해 기술 자립화를 이루려는 것은 자본주의와 다른 질서를 만들려는 것이 아니라 자본

46 전병서, 『차이나 퍼즐』, 연합인포맥스북스, 2025, 264쪽.

47 김흥규, 『중국 패권전략』, 215-216쪽.

48 마이클 베클리·할 브랜즈, 『중국은 어떻게 실패하는가(Danger Zone)』, 194쪽.

주의 세계의 주도권을 잡기 위한 분투에 가깝다.

지금은 미국이 기술, 금융, 군사, 외교, 문화 등 대부분의 영역에서 중국과 큰 격차를 유지하고 있으며, 중국은 제조 생산력과 수출 규모가 미국에 앞서 있는 상태이고 중국의 계획대로 성장이 지속된다면 2035년경 GDP 규모가 미국을 앞설 것으로 보인다.[49] 그러나 중국의 새로운 성장동력이 되어야 할 내수가 살아나지 않는다면 그 가능성은 크지 않으며, 설령 달성한다 하더라도 경제 규모만으로 세계 질서의 주도권을 잡을 수 있는 것도 아니다. 오히려 '중국표준 2035'를 통해 기술 자립화와 중국식 기술표준을 이룰 수 있는지의 문제가 주도권 경쟁의 모멘텀이 될 것으로 보인다.

이에 미중경쟁은 4차 산업혁명의 기술 패권을 누가 선점할 것인가의 문제로 달려가고 있다. 반도체, 배터리, 통신망을 기반으로 빅데이터에서 IP를 만들고 이것으로 AI를 개발하여 로봇의 머리에 넣으면 4차 산업혁명이 완성된다. 4차 산업혁명의 결정체로서 로봇이 상용화되면 미국은 제조업의 부활에서 군사 안보 그리고 세계질서를 재구축 할 수 있는 새로운 기술문명의 힘을 얻게 되는 것이다. 이 때문에 미국이 중국의 추월을 절대 허용할 수 없는 분야가 바로 AI이다. 2023년 미국이 중국의 슈퍼컴퓨터 기술 차단, 14nm 이하 첨단 반도체 생산장비 수출 제한, AI용 첨단반도체 수출 제한을 실시한 것도 이러한 이유에서였다.[50] 그런데 2025년 1월 출시된 딥시크 AI는 미국의 봉쇄를 뚫고 중국이 기술 자립화에 다가가고 있다는 신호탄이었다.

---

49 미국의 컨퍼런스보드나 골드만삭스는 2024년 중국의 GDP가 미국의 63% 수준이지만, GDP 성장 속도가 미국의 1.7배 수준을 그대로 유지하고 환율이 일정한 정도로 절상 추세를 유지한다면, 2031~2035년경 중국이 미국을 추월할 것이라고 예측한다. 또 블룸버그는 2040년대, 영국경제경영연구소는 2037년을 추월 시점을 예측하며, 일본경제연구소는 2035년 이후에도 추월 불가하며, 캐피털이코노믹스는 2030년에 미국의 87%가 된 후 하락할 것이라고 예측한다.

50 전병서, 『차이나 퍼즐』, 244쪽.

이제 미중 기술패권 경쟁이 본격적으로 시작된 것이다.

미중경쟁이 두 기술표준 시대로 나아간다면 그것이 세계경제와 인류평화에 어떠한 영향을 끼치게 될 것인지, 이 문제는 AI 시대가 어떠한 인류사를 만들게 될 것인지 만큼이나 불확실하다.[51] 그렇지만 아편전쟁 이래 중국에서 작동하고 있는 세계화와 민족자립의 이중 전략의 관점에서 미중경쟁시대를 볼 때 몇 가지 주목할 점이 있다.

첫째, 미중경쟁 속에는 백년국치의 고난의 시간을 극복하고 제국의 부활을 꿈꾸는 중국식 르네상스 서사가 작동하고 있다는 점이다. 거시적으로 볼 때 이 시대는 량치차오와 근대 중국이 구상한 상상의 제국[52]을, 20세기의 전쟁과 혁명 그리고 경제건설을 거쳐 21세기 중국에서 현실 국가로 만드는 '백년 대변혁'의 국면으로 볼 수 있다.

둘째, 중국은 아편전쟁 이후 피동적으로 세계경제와 연결되어, 제국에서 민족국가로, 중화질서에서 서구적 세계질서로, 농업문명에서 과학기술문명으로, 조공체제에서 자본주의 세계화로 근대적 전환을 진행하고 있었다. 미중경쟁은 장기적으로 진행된 근대적 전환 위에 위치하며, 이는 세계화의 이점을 활용하여 민족자립을 이루고 민족자립에 기반하여 세계질서 속에서 세력권을 확장하는 과정이었다.

셋째, 근대로의 문명 전환 과정에서 중국에게 가장 문제가 된 것은 군사기술을 비롯한 과학기술의 낙후성이었다. 그래서 중국은 양무운동 이래 과학기술 발전을 안보 문제로 여기며 과학구국의 슬로건 하에 국가자원을 집중 투자하였다. 이러한 기반 위에서 양탄일성과 세계의 공장을 이루었고 나아가

---

51 상이한 AI 기술표준에 기반한 디지털경제가 인류 세계를 어떻게 갈라놓을지에 대한 예측으로 유발 하라리, 『넥서스』(김명주 옮김, 김영사, 2024), 11쪽. 실리콘 장막: 세계 제국인가, 세계 분열인가? 참고.

52 상상의 제국에 대해서는 이 책 「서론」 참고.

지금 4차 산업혁명의 기술패권에 도전하고 있는 것이다.

넷째, 중국은 근대국가 건설 과정에서 지정학적 과제를 최우선적으로 관리하였다. 내전으로 타이완이 분리되었지만 청 제국의 판도를 대부분 내재화하였고, 새로운 내륙 변경으로서 러시아 및 중앙유라시아와 우호적 세력권을 형성하였다. 역대 중국에서 후 순위에 있던 동남 연안은 세계경제와 연결되어 핵심지역으로 변모되었고, 미중냉전 시기에는 해금, 개혁개방 시기에는 개방 그리고 미중경쟁 시대에는 팽창과 포위의 힘이 충돌하는 지역이 되었다.

다섯째, 중국은 안보문제와 아울러 경제발전을 근대국가의 건설의 핵심 목표로 삼았다. 경제 근대화 과정에서 중국은 국가 주도로 국유부문·민간부문·외자부문 그리고 농촌을 발전시키는 혼합경제를 통해 성장을 이루었다. 항일전쟁시기와 사회주의 시기의 국유화 계획경제는 전시동원체제로 인해 혼합경제의 관건인 제 부문의 균형적 발전에 실패한 정책이었다. 개혁개방 시대의 중국식 사회주의 시장경제는 세계화 속에서 국가 주도 혼합경제의 장점을 되살려 발전시킨 것이었으며, 미중경쟁 시대 중국은 거국동원체제에 기반한 국가 주도 경제를 더욱 강화하고 있다. 그러나 국가 주도 경제의 관건이 혼합경제의 균형적 성장에 있는 것인 만큼, 중국이 이러한 길을 더욱 발전시킬 수 있는지가 바로 미래의 운명을 결정하는 핵심 사안이 될 것이다.

여섯째, 근대 중국은 청 제국의 판도를 내부 영토라고 주장했으나 실효적 지배 영토가 된 것은 중화인민국화국 건립 이후 무력 정복을 통해서였다. 중국은 사회주의 시기의 경제적 빈곤에도 불구하고 동남아와 아프리카에 경제 원조를 통해 세력권을 확장하려고 하였다. 냉전시기 중국은 미국과 소련의 세력권과 구분되는 제3세계 세력권을 형성하려고 했으며, 개혁개방 시대에는 일대일로와 국제기구를 통해 글로벌 경제권을 구축하였다. 미중경쟁 시대 중국은 향후 중국식 기술표준 개발을 목표로 하며 미국식 기술표준의 세계와 경쟁관계를 형성하려고 할 것이다.

이렇게 아편전쟁 이래 지속되어온 몇 가지 중국의 길이 있었다. 이 길은 미중경쟁시대에도 이어져 있으며, 국가안보와 경제발전 그리고 세력권 확장의 세 가지 목표 하에 중국식 세계화의 길을 모색할 것으로 보인다. 이러한 흐름과 함께 주목해야 할 점은 중국 내부에서 불거질 수 있는 신뢰의 위기 문제이다. 이 책 2부에서 논의한 신중국 건설과정에서 누적된 불평등 문제 위에, 기술 자립화·일대일로 등 국유부문에 치중된 정책이 장기간 지속된다면, 인민의 삶이 부유해지지 못한 것에 대한 분노가 터져 나올 수 있기 때문이다.

일찍이 공자는 국가가 해야 할 일에 대해, 경제를 풍요롭게 하고 안보를 굳건히 하며 백성의 신뢰를 얻는 일[53]이라고 했다. 이렇게 할 수 있는 국가만이 가까이 있는 백성의 삶을 편안하게 하여 기쁘게 하고, 멀리 있는 각지의 사람들이 살고 싶어 오게 할 수 있는 것이다.[54] 미중경쟁시대 중국이 되새겨야 할 공자의 혜안이 아닐까 한다.

---

53 『論語』「顔淵」. “足食足兵, 民信之矣.”

54 『論語』「子路」. “近者悅, 遠者來.”

참고문헌

『관자』, 김필수 외 옮김, 소나무, 2021.
『국어』, 신동준 옮김, 인간사랑, 2017.
『맹자』, 김용옥 역주, 통나무, 2019.
『묵자』, 신동준 옮김, 인간사랑, 2018.
『상군서』, 우재호 옮김, 소명출판, 2005.
『서경』, 김학주 옮김, 명문당, 2015.
『순자』, 김학주 옮김, 을유문화사, 2019.
『시경』, 김학주 옮김, 명문당, 2018.
『여씨춘추』, 김근 옮김, 글항아리, 2012.
『장자』, 김갑수 옮김, 글항아리, 2019.
『춘추좌전』, 신동준 옮김, 한길사, 2006.
『한비자』, 김원중 옮김, 휴머니스트, 2019.
가이즈카 시게키·이토 미치하루, 배진영·임대희 옮김, 『중국의 역사: 선진시대』, 혜안, 2015.
강명희, 『근현대 중국의 국가건설과 제3의 길: 비자본주의의 이론과 실천』, 서울대학교출판부, 2003.
강붕, 김영진 옮김, 『혼군, 명군, 폭군』, 왕의서재, 2016.
강신주, 『관중과 공자』, 사계절, 2016.
康有爲, 이성애 옮김, 『대동서』, 민음사, 1994.
강진아, 『문명제국에서 국민국가로』, 창비, 2009.
거자오광, 이등연 외 옮김, 『중국사상사』 1~2, 일빛, 2015.
거젠슝, 숙사연구회 옮김, 『중국통일 중국분열』, 신서원, 1996.
김상준, 『맹자의 땀 성왕의 피: 중층근대와 동아시아 유교문명』, 아카넷, 2011.
김영민, 『중국정치사상사』, 사회평론아카데미, 2021.
김흥규, 『중국 패권전략』, 더봄, 2025.
단조 히로시, 권용철 옮김, 『천하와 천조의 중국사』, AK, 2023.
대니얼 벨, 김기협 옮김, 『차이나 모델: 중국의 정치 지도자들은 왜 유능한가』, 서해문집, 2017.
디터 쿤, 육정임 옮김, 『송, 유교 원칙의 시대』, 너머북스, 2015.
레이 황, 권중달 옮김, 『허드슨 강변에서 중국사를 이야기하다』, 푸른역사, 2006.

_______, 홍손도·홍광훈 옮김, 『중국, 그 거대한 행보』, 경당, 2002.
로버트 거워스, 최파일 옮김, 『왜 1차 세계대전은 끝나지 않았는가: 폭력과 갈등으로 얼룩진 20세기의 기원』, 김영사, 2018.
루쉰, 루쉰전집번역위원회 옮김, 『루쉰전집』, 그린비.
리링, 김갑수 옮김, 『집 잃은 개』 1~2, 글항아리, 2012.
___, 황종원 옮김, 『논어, 세 번 찢다』, 글항아리, 2011.
리보중, 이화승 옮김, 『중국 경제사 연구의 새로운 모색』, 책세상, 2006.
리우쥔·왕쉰 편, 윤지산 옮김, 『명청 시대 중국의 해상무역과 상품(1368~1840)』, 경인문화사, 2022.
리쩌허우, 정병석 옮김, 『중국고대사상사론』, 한길사, 2010.
리처드 폰 글란, 류형식 옮김, 『폰 글란의 중국경제사』, 소와당, 2019.
리펑, 이청규 옮김, 『중국고대사』, 사회평론, 2017.
마이클 베클리·할 브랜즈, 김종수 옮김, 『중국은 어떻게 실패하는가(Danger Zone)』, 부키, 2023.
마크 레빈슨, 최준영 옮김, 『세계화의 종말과 새로운 시작』, 페이지2북스, 2023.
마크 에드워드 루이스, 김우영 옮김, 『진·한: 최초의 중화제국』, 너머북스, 2020.
__________________, 김한신 옮김, 『당: 열린 세계 제국』, 너머북스, 2017.
__________________, 최정섭 옮김, 『고대 중국의 글과 권위』, 미토, 2006.
마틴 자크, 안세민 옮김, 『중국이 세계를 지배하면』, 부키, 2010.
미조구찌 유조 외, 동국대 동양사연구실 옮김, 『중국의 예치 시스템』, 청계, 2001.
___________, 조영렬 옮김, 『중국 제국을 움직이는 네 가지 힘』, 글항아리, 2012.
박민희, 『중국 딜레마』, 한겨레출판, 2021.
박홍서, 『미중 카르텔』, 후마니타스, 2020.
발레리 한센, 류형식 옮김, 『실크로드: 7개의 도시』, 소와당, 2015.
__________, 이순호 옮김, 『1000년: 세계가 처음 연결되었을 때』, 민음사, 2022.
벤자민 슈워츠, 나성 옮김, 『중국 고대 사상의 세계』, 살림, 2004.
사마천, 김원중 옮김, 『사기』, 민음사, 2017.
_____, 한가람역사문화연구소 사기연구실 옮김, 『신주사기』, 한가람역사문화연구소, 2020.
샤오젠성, 조경희·임소연 옮김, 『송나라의 슬픔』, 글항아리, 2022.
孫中山, 『孫中山全集』, 北京: 中華書局, 1981.
송병건, 『경제사: 세계화와 세계 경제의 역사』, 해남, 2022.

스도 요시유키·나카지마 사토시, 이석현·임대희 옮김, 『중국의 역사: 송대』, 혜안, 2018.
애덤 투즈, 조행복 옮김, 『대격변: 세계대전과 대공항, 세계는 어떻게 재편되는가』, 아카넷, 2020.
梁啓超, 『梁啓超全集』, 北京出版社, 1997.
______, 『歐游心影錄』, 北京: 商務印書館, 2014.
______, 『先秦政治思想史』, 中華書局, 2015.
______, 『新中國未來記』, 廣西師範大學出版社, 2008.
______, 이혜경 주해, 『신민설』, 서울대학교출판문화원, 2014.
어우양잉즈, 김영문 옮김, 『용과 독수리의 제국』, 살림, 2020.
에릭 홉스봄, 이용우 옮김, 『극단의 시대: 20세기 역사』, 까치, 1997.
오금성, 『국법과 사회관행: 명청시대 사회경제사 연구』, 지식산업사, 2007.
오카모토 다카시 엮음, 강진아 옮김, 『중국경제사』, 경북대학교출판부, 2023.
와다 하루끼, 고세현 옮김, 『역사로서의 사회주의』, 창작과비평사, 1994.
왕후이, 송인재 옮김, 『단기 20세기』, 글항아리, 2021.
요코야마 히로아키, 이용빈 옮김, 『중화민족의 탄생』, 한울, 2012.
원석조·이성기, 『중국 사회복지의 역사: 고대에서 개혁개방까지』, 공동체, 2018.
윌리엄 번스타인, 박홍경 옮김, 『무역의 세계사』, 라이팅하우스, 2022.
유발 하라리, 김명주 옮김, 『넥서스』, 김영사, 2024.
__________, 조현욱 옮김, 『사피엔스』, 김영사, 2017.
융이, 류승방 옮김, 『백은비사』, RHK, 2013.
이벌찬, 『딥시크 딥쇼크』, 미래의창, 2025.
이종민, 『문명 중국, 현실 중국: 중국을 보는 패러다임의 대전환』, 역락, 2024.
______, 『글로벌 차이나』, 산지니, 2008.
______, 『역사의 거울로 보는 시진핑 시대 중국과 그 딜레마: 중국이 풀어야 할 7가지 근본문제』, 서강대학교출판부, 2023.
______, 『중국이라는 불편한 진실: 신자유주의의 대안이 될 수 있는가』, 서강대학교출판부, 2017.
______, 『흩어진 모래: 현대 중국인의 고뇌와 꿈』, 산지니, 2013.
이중톈, 박경숙 옮김, 『이중톈, 중국인을 말하다』, 은행나무, 2008.
이철, 『디커플링과 공급망 전쟁』, 처음북스, 2023.
____, 『중국의 선택』, 처음북스, 2021.
이춘식, 『조공과 사대: 춘추전국 시대의 국제정치』, 산지니, 2016.

이케다 마코토 외, 김태승 옮김, 『중국공업화의 역사』, 신서원, 1996.
이희옥, 『중국의 새로운 사회주의 탐색』, 창비, 2004.
자오팅양, 노승현 옮김, 『천하체계』, 도서출판 길, 2010.
장웨이웨이, 성균중국연구소 옮김, 『중국은 문명형 국가다』, 지식공작소, 2018.
재레드 다이아몬드, 김진준 옮김, 『총, 균, 쇠』, 문학사상, 2005.
전병서, 『차이나 퍼즐』, 연합인포맥스북스, 2025.
______, 『한국 반도체 슈퍼乙전략』, 경향BP, 2023.
정의길, 『지정학의 포로들』, 한겨레출판, 2018.
정재훈, 『흉노 유목제국사: 기원전 209~216』, 사계절, 2023.
정지호, 『합과: 전통 중국 상공업의 기업 관행』, 세창출판사, 2022.
진정, 김효민 옮김, 『중국 과거 문화사』, 동아시아, 2003.
차태근, 『제국주의 담론과 동아시아 근대성: 현대 중국의 정치적 무의식을 찾아서』, 소명출판, 2021.
치량, 이승모 옮김, 『현대신유학비판』, 심산, 2012.
클라우스 뮐한, 윤형진 옮김, 『현대 중국의 탄생: 청 제국에서 시진핑까지』, 너머북스, 2023.
테일러 프레이블, 장성준 옮김, 『중국의 영토 분쟁: 타협과 무력 충돌의 매커니즘』, 김앤김북스, 2021.
토마스 바필드, 윤영인 옮김, 『위태로운 변경: 기원전 221년에서 기원후 1757년까지의 유목제국과 중원』, 동북아역사재단, 2009.
페이샤오퉁, 최만원 옮김, 『중국의 신사계급』, 갈무리, 2019.
포메란츠, 김규태 외 옮김, 『대분기: 중국과 유럽, 그리고 근대 세계 경제의 형성』, 에코르브르, 2016.
프라센지트 두아라 문명기·손승희 옮김, 『민족으로부터 역사를 구출하기: 근대 중국의 새로운 해석』, 삼인, 2004.
프랜시스 후쿠야마, 함규진 옮김, 『정치질서의 기원』, 웅진지식하우스, 2012.
피터 퍼듀, 공원국 옮김, 『중국의 서진: 청의 중앙유라시아 정복사』, 도서출판 길, 2012.
필립 쿤, 윤성주 옮김, 『중국 현대국가의 기원』, 동북아역사재단, 2009.
한성구, 『미스터 사이언스: 중국 대중과학 프리즘』, 궁리, 2024.
한종만, 『러시아경제의 이해: 체제전환과 경제개혁』, 배재대학교출판지원실, 2009.
한청훤, 『차이나쇼크, 한국의 선택』, 사이드웨이, 2022.
허탁운, 이인호 옮김, 『중국문화사』 상·하, 천지인, 2013.
홉스봄, 이용우 옮김, 『극단의 시대: 20세기 역사』, 까치, 1997.

이종민
서울대 중문학과 박사. 중국문명연구자. 한밭대·경성대 교수, 홍콩영남대·북경수도사범대 방문학자, <중국의 창> 편집인 역임. 현재 전남대 동아시아연구소에서 중화주의와 서구보편주의를 넘어 한국 표준의 중국학 정립을 위한 시리즈 저술 작업을 하고 있다. 이번 책은 『문명 중국, 현실 중국: 중국을 보는 패러다임의 대전환』에 이은 두 번째 저작이다. 그간 쓴 책으로 『글로벌 차이나』, 『중국이라는 불편한 진실』, 『흩어진 모래』, 『근대 중국의 문학적 사유 읽기』 등이 있고, 역서로 『진화와 윤리』, 『구유심영록』, 『신중국미래기』, 『중국소설의 근대적 전환』 등이 있다. 시집으로 『길이 열렸다』, 『눈사람의 품』을 출간하였다.

상상의 제국
현대 중국에 대한 문명사적 성찰

초판 1쇄 인쇄 2025년 11월 3일
초판 1쇄 발행 2025년 11월 13일

지은이 이종민
펴낸이 이대현

편집 이태곤 권분옥 임애정 강윤경
디자인 안혜진 최선주 김다윤 | **마케팅** 박태훈
펴낸곳 도서출판 역락 | **등록** 1999년 4월 19일 제303-2002-000014호
주소 서울시 서초구 동광로46길 6-6 문창빌딩 2층(우06589)
전화 02-3409-2060(편집부), 2058(영업부) | **팩스** 02-3409-2059
전자우편 youkrack@hanmail.net | **홈페이지** www.youkrackbooks.com

ISBN 979-11-7396-208-0 93300

책값은 뒤표지에 있습니다.
파본은 구입처에서 교환해 드립니다.

이 저서는 2021년 대한민국 교육부와 한국연구재단의 저술출판지원사업의 지원을 받아 수행된 연구임
(NRF-2021S1A6A4046584)